Ciencia de la Administración

Ciencia de la Administración

XAVIER BALLART y **CARLES RAMIÓ**

tirant lo b||anch
Valencia, 2000

Director de la Colección:
ISMAEL CRESPO MARTÍNEZ
Profesor titular de Ciencia Política y
de la Administración en la Universidad de Murcia
PABLO OÑATE RUBALCABA
Profesor titular de Ciencia Política y
de la Administración en la Universidad de Valencia

EDITA: TIRANT LO BLANCH
C/ Artes Gráficas, 14 - 46010 - Valencia
TELFS.: 96/361 00 48 - 50
FAX: 96/369 41 51
Email:tlb@tirant.com
http://www.tirant.com
Librería virtual: http://www.tirant.es
DEPOSITO LEGAL: V - 4337 - 2000
I.S.B.N.: 84 - 8442 - 196 - 1
IMPRIME: GUADA LITOGRAFIA, S.L. - PMc

ÍNDICE

II. EL GOBIERNO Y LOS MINISTROS

III. PRESIDENTES DEL GOBIERNO Y LIDERAZGO POLÍTICO

ÍNDICE DE FIGURAS, GRÁFICOS, ILUSTRACIONES Y TABLAS

Figuras

Ilustraciones

Tablas

INTRODUCCIÓN

La Administración pública es un elemento básico del Estado para el ejercicio ejecutivo del poder bajo las órdenes de un Gobierno configurado, en nuestros sistemas políticos, de forma democrática. Es decir, conceptos básicos en la ciencia política como «democracia», «poder», «Estado» o «Gobierno» están totalmente relacionados con la Administración pública. Por esta razón, el estudio de la Administración pública es uno de los objetos básicos de análisis de la ciencia política, circunstancia totalmente avalada por la importancia que se concede a esta materia en los diferentes programas de estudio, en nuestro país, en las licenciaturas de Ciencia Política y de la Administración así, como, en programas también de base politológica como los de las diplomaturas de Gestión y Administración Pública. El objetivo de esta obra es ofrecer un material de estudio, trabajo y consulta a todos los estudiantes de estos programas, sin olvidar, evidentemente, a los estudiantes de los múltiples postgrados de Administración pública, a los candidatos a funcionarios (opositores) que se preparan para integrase en algunas de las administraciones públicas de nuestro país y a los empleados públicos en ejercicio, siempre preocupados por la mejora de su formación con el objetivo de optimizar su desempeño. A todos ellos va dirigido este manual de ciencia de la administración que incorpora, y esto lo aleja de un manual entendido en un sentido clásico, contenidos inéditos que han sido objeto de investigación por parte de los autores. En este sentido, este libro tiene elementos propios de un manual y elementos vinculados a un libro de investigación.

En esta introducción se van a tratar un conjunto de dimensiones que bien podrían haber dado lugar a un primer capítulo, de carácter conceptual, pero se ha optado por ofrecer una versión sintética que destile la esencia y no el proceso de debate en temas tan importantes como el objeto y el método de la ciencia de la administración, la integración de esta disciplina en la ciencia política, la evolución histórica internacional de la ciencia de la administración, el desarrollo de esta disciplina en España y, finalmente, lo imprescindible en una introducción: la exposición del contenido y de la estructura del libro que se presenta.

a) Sobre el objeto y el método de la ciencia de la administración:

Delimitar el objeto científico de la ciencia de la administración es una tarea previa indispensable para poder definir el alcance de esta disciplina. Cada escuela y cada autor buscan el establecimiento de un criterio diferenciador. Por una parte parece incuestionable que existe una cantidad suficiente de producción investigadora para poder hablar de un estudio de carácter científico sobre Administración pública. Pero una cosa es que la Administración pública sea el objeto de estudio de algunos científicos-sociales y otra que exista una ciencia, lo cual exigiría la constatación de un cuerpo de conocimientos sistemáticos elaborados bajo ciertos requisitos. Para ello nos tenemos que plantear el objeto y el método de la denominada ciencia de la administración.

El objeto de la ciencia de la administración es la Administración pública. Este punto de inicio que parece simple encierra distintas interpretaciones que dan lugar a enfoques bien diferenciados.

¿Qué se entiende por Administración pública? Hay dos parámetros básicos relevantes en la definición de Administración pública: por una parte, la diferenciación entre política y Administración o, en sentido contrario, la consideración que tanto política como Administración conforman un todo común. Por otra parte, la diferenciación entre organizaciones públicas y organizaciones privadas o, más genéricamente, entre sector público y sector privado.

Respecto al primer punto, diferenciación entre política y Administración, buena parte de los autores, empezando por un clásico como Waldo (1964), apuntan que esta tradicional distinción no es defendible desde la ciencia de la administración. Es decir, política y Administración son elementos complementarios de un fenómeno común que denominamos Administración pública. Pero hay otros autores que han sostenido lo contrario. Wilson (1887) es el primer autor en plantear la diferenciación entre el nivel político y el nivel administrativo distinción que es compartida por otros autores clásicos. Esta discusión no es un asunto menor ya que, siguiendo a los clásicos, el objeto de la ciencia de la administración sería la Administración pública como organización y como aparato, obviando el núcleo estratégico y los procesos de toma de decisiones que son *políticos* y, como tales, escapan al interés de la disciplina. Esta perspectiva negaría, lógicamente, la vinculación de la ciencia de la administración con la ciencia política, y su enfoque predominante sería la gestión (a nivel práctico) o la sociología organizativa de carácter weberiano (a nivel teórico). Es una delimitación que tiene la ventaja de dar coherencia a la ciencia de la administración y le confiere suficiente autonomía para constituirse en una disciplina científica independiente. Por esta razón es un argumento que abunda en la literatura: desde los clásicos de la teoría de la organización hasta la tradición francesa clásica de ciencia de la administración. Algunos autores llegan más lejos con esta delimitación del objeto científico: si contemplamos una Administración pública ajena a los condicionantes políticos no hay diferencias prácticas entre una organización pública y una organización privada. De ahí surge la corriente *gerencialista* que separa la decisión de la acción (la decisión corresponde al terreno político y la acción a los gestores). La acción es gestión y no existen diferencias entre gestión pública y gestión privada sino sólo entre buena o mala gestión. Este planteamiento posibilita que la gestión pública pueda adoptar las «recetas exitosas» de la gestión privada.

Afirmando, en sentido contrario, que no hay separación entre la esfera política y la esfera privada, excluimos, en términos generales, los argumentos anteriores y afianzamos el vínculo entre ciencia política y ciencia de la administración. Esta posición es fácilmente argumentable: ¿cómo podemos adoptar un objeto científico extrayendo sus elementos más importantes (como por ejemplo los procesos de toma de decisiones)? Decisión y acción no se pueden separar y están íntimamente relacionados. En los procesos políticos decisionales la influencia de los técnicos-profesionales de la gestión es importante y durante la acción (implementación de programas) se sustituyen, en muchas ocasiones, las decisiones políticas por consideraciones técnicas y, también, se reconsideran las estrategias técnicas por matizaciones políticas. Políticos y profesionales ocupan posiciones distintas en la Administración pública pero se encuentran y se interfieren constantemente durante todo el proceso: desde la definición de la agenda hasta la gestión operativa. La conexión ente política y Administración enriquece la gestión pública y hace que ésta sea distinta a la gestión privada.

Otro parámetro en discusión es qué entendemos por organizaciones públicas o por sector público. Es decir, la clásica polémica en definir los límites de la Administración pública (o del Estado) con respecto a la sociedad. Una primera postura consiste en definir restrictivamente el concepto Administración pública. Pero incluso delimitar restrictivamente qué agrupa el concepto Administración pública es bastante complicado. En primer lugar la propia denominación «Administración pública» es una licencia del lenguaje ya que no estamos ante un actor sino ante una pluralidad de actores: varias administraciones públicas que agrupan muchas organizaciones públicas formalmente independientes. Así, organizaciones como los organismos autónomos, las empresas públicas, las agencias de regulación independientes y organizaciones complejas como colegios profesionales, fundaciones, etc. son «Administración pública». Otra posibilidad es entender Administración pública en un sentido más amplio ya que el criterio de personalidad jurídica pública es insuficiente. La Administración pública es un actor económico y social que se configura en una organización que se inserta en la estructura social concurriendo con otras y, simultáneamente, empleando todo tipo de formas jurídicas y estrategias para lograr sus objetivos, utilizando distintos mecanismos como el *partenership* (partenariado) y la asociación o *joint venture*[1] con organizaciones privadas y organizaciones no gubernamentales. En definitiva, existen múltiples puntos de contacto entre el sector público y el sector privado. Muchas políticas públicas son implementadas

1 En este libro se intenta evitar los términos en inglés cuando existe vocablo en castellano. Sin embargo, en algunos casos mantenemos la palabra en inglés que luego traducimos al castellano como una llamada de atención al lector en el sentido que nos estamos refiriendo a una cuestión específica que tienen un tratamiento singular en la literatura. Así podemos hablar de personal en lugar de *staff* o podemos referirnos a *staff* como una parte del personal con unas determinadas funciones.

por organizaciones privadas (por ejemplo centros escolares y sanitarios concertados). Podemos, actualmente, encontrar muchos otros servicios públicos objeto de decisión y financiación pública que se prestan fuera de las organizaciones públicas. Esto significa que si adoptamos un criterio restrictivo al adoptar la Administración pública como objeto de estudio estamos fragmentando realidades complejas que difícilmente podremos comprender. Además, si tomamos en consideración un criterio restrictivo el análisis de políticas públicas difícilmente tendría cabida en el cuerpo teórico que denominamos ciencia de la administración. El enfoque de políticas públicas no «parcela» sus análisis diferenciando lo público y lo privado sino que precisamente su virtud está en intentar conseguir comprender en todos los estadios de un programa público como se articula la Administración con la sociedad. Desde el proceso de decisión, donde participa toda una red de actores los cuales no todos son públicos (grupos de presión, sectores de opinión, etc.), a la fase de implementación donde se articulan organizaciones públicas y privadas, y la fase de evaluación donde se analiza el impacto de los programas públicos sobre la sociedad o sobre sectores específicos de la misma.

El conjunto de reflexiones asociadas a los dos parámetros (dicotomía entre la dimensión política y la dimensión técnica, y entre lo público y lo privado) irá modificando, con el tiempo, la revisión del objeto de estudio de la ciencia de la administración. En efecto, el concepto de Administración pública debe ser revisado para alejarlo de los aspectos formales y hacer más hincapié en la función de gestionar o de administrar el interés público. Para la redefinición de este objeto de estudio nos puede ser de gran ayuda el enfoque de políticas públicas donde la Administración pública está asociada a la especificidad *de lo público* y a varios principios propios de la gestión pública: desde la tradicional eficacia y eficiencia hasta la equidad y la gestión acorde a unos determinados principios éticos y deontológicos.

En cuanto al método de la ciencia de la administración, la complejidad es todavía mayor que con el objeto. Baena (1998:28) ya nos lo advierte al afirmar que «la ciencia de la administración no es una ciencia en el sentido convencional, ya que no existe en ella el condicionamiento mutuo entre el objeto y el método que es característico de cada una de las ciencias como se entienden normalmente. Por el contrario la ciencia de la administración utiliza métodos y enfoques distintos, tomados de las diferentes ciencias sociales». La ciencia de la administración requiere para su desarrollo las aportaciones de distintas ciencias, entre las que destacan la ciencia política, la historia, el derecho publico (básicamente el derecho administrativo), las ciencias empresariales (teoría de la organización) y económicas y la sociología.

Pero la ausencia de un método propio, ¿genera debilidad o fortaleza a nuestra disciplina? La cuestión reside en si la ciencia de la administración puede desarrollar una teoría propia de carácter interdisciplinar o bien, sin poder dar unidad y coherencia, se va limitando a agregar análisis desde diferentes disciplinas científicas. Es decir si estamos ante una disciplina interdisciplinar o multidisciplinar. Perry y Kraemer (1990: 348) ahondan en las debilidades metodológicas de la ciencia de la administración. Para estos autores la metodología en Administración pública se caracteriza por cuatro rasgos: «1) La naturaleza ecléctica de la materia hace difícil identificar metodologías que definan o estén asociadas exclusivamente con este campo. 2) La investigación refleja poca comunicación interdisciplinaria. 3) El enlace entre teoría y práctica, que es una importante consideración en la metodología, es débil. 4) El soporte institucional (planes de estudio, etc.) es poco adecuado». Es decir, desde esta perspectiva, la ciencia de la administración es multidisciplinar y difícilmente puede aspirar a generar una teoría propia aunque Perry y Kraemer consideran que la investigación en Administración pública no es sólo acumulativa ni su análisis se trata de un estudio pluridisciplinar puro y simple.

La falta de consenso sobre la amplitud del objeto y la dispersión metodológica de la ciencia de la administración la configuran como una ciencia todavía inmadura. No hay, en todo caso, que acomplejarse ya que se trata de una ciencia muy joven y compleja, y es lógico que tenga problemas de carácter epistemológico y metodológico. De todos modos, el resbaladizo debate sobre el objeto y el método no puede ocultar el impresionante desarrollo de esta disciplina durante las últimas décadas. Este desarrollo científico de la Administración pública como objeto de estudio es posible si se atiende a un objeto de estudio amplio que integra política y gestión, y que abarca todo aquello que tiene que ver con las decisiones y la gestión del interés público. En el plano metodológico los obstáculos se pueden salvar mucho mejor vinculando de forma decidida la ciencia de la administración con la ciencia política.

b) Sobre los referentes de la ciencia de la administración y sus conexiones con la ciencia política:

Las disciplinas científicas que han sido las catalizadoras o que han influido sobre las distintas perspectivas de la ciencia de la administración son: el derecho (derecho administrativo), la sociología, las ciencias empresariales (teoría de la organización), la economía y la ciencia política.

Las relaciones entre el derecho administrativo y la ciencia de la administración han sido en el ámbito europeo bastante tormentosas. Al derecho administrativo, precisamente, se le atribuye en el siglo XIX la desaparición de una incipiente y poco reglada ciencia de la administración. Pero, años más tarde, es en el derecho administrativo donde surgen autores (básicamente en Francia, Alemania, Holanda, Italia y España) que generan una nueva ciencia de la administración. Además, el derecho administrativo tuvo sobre la incipiente ciencia de la administración una influencia beneficiosa para la formalización del conocimiento administrativo. La ciencia de la administración clásica europea está bastante ligada al derecho y sus objetos de estudio vienen a ser un cierto complemento de esta disciplina: descripción y análisis de estructuras y análisis de los procesos administrativos.

La sociología es otra disciplina que está estrechamente relacionada con la ciencia de la administración clásica europea y también con la norteamericana, al recibir ésta fuertes influencias de las perspectivas más sociológicas de la teoría de la organización. Observar las organizaciones públicas como una red de actores sociales que interactúan entre ellos y que, al hacerlo, condicionan la actividad y los resultados de las mismas es un enfoque certero e indispensable para la ciencia de la administración. La sociología ha facilitado un marco conceptual y un instrumental metodológico que ha permitido a la ciencia de la administración clásica (fundamentalmente europea, en concreto, la sociología de la organización) afianzar su desarrollo científico. Autores tan significativos como Crozier y Mayntz adoptan explícitamente un enfoque sociológico. La sociología de la organización quizá sea la línea de desarrollo en teoría de la organización que presenta una evolución más pausada y sin grandes sobresaltos, sobre la base de las teorías burocráticas weberianas y postweberianas. Desde esta perspectiva se estudia la complejidad estructural de las administraciones públicas, sus principales debilidades en tanto que estructuras maquinales o profesionales, así como las posibles oportunidades de innovación y de reforma. La sociología de la organización europea ha tenido la habilidad de apreciar la Administración pública en toda su complejidad (a diferencia de la norteamericana) ya que tiene una percepción clara de las especificidades de lo «público» e incorpora en sus modelos la variable política. Mayntz en su conocido libro *Sociología de la Administración pública* (1985) presenta un cuadro de limitaciones que impone la capacidad de gestionar las administraciones públicas, su dependencia de la política y, de forma más general, su carácter público. Otro campo de estudio relevante desde la sociología de la organización es la relación que se establece entre las organizaciones públicas y el entorno, con el objetivo de analizar la capacidad de adaptación que tienen estas rígidas organizaciones con contextos organizativos muy dinámicos. Finalmente, hay que señalar que la sociología es la disciplina más cercana a la ciencia política cuando ambas convergen en su análisis de los fenómenos administrativos. La fluidez entre estas dos disciplinas es tal que Mayntz (1985: 14) llega a reconocer que, desde el aspecto sistemático, no existen fundadas diferencias entre sociología, ciencia política y ciencia de la administración a la hora de tratar la Administración pública, entendiendo las dos últimas disciplinas como ciencias sociales de base empírica.

Las ciencias empresariales, de la mano de la teoría de la organización, han sido el gran catalizador de la ciencia de la administración en Estados Unidos. Su vinculación es tan estrecha que una y otra se confunden generando la teoría general de la Administración, es decir, una perspectiva válida tanto para organizaciones privadas como públicas. Autores de la teoría de la organización como Taylor y Fayol (corriente científica) o Mayo, Herzberg y Argyris (escuela de relaciones humanas) han tenido un gran impacto sobre la ciencia de la administración clásica de los Estados Unidos. Con el tiempo, ciencia de la administración y teoría de la organización han seguido una evolución diferenciada pero con muchos puntos en común. Los avances de los enfoques de la teoría de la organización han sido una rica fuente de inspiración para los estudiosos de la Administración pública. Hay pocos enfoques administrativos que escapan a esta influencia. La influencia de la teoría de la organización sobre los análisis de Administración pública no sólo ha sido intensa en los Estados Unidos sino también en Europa.

La influencia de la economía sobre la ciencia de la administración es más reciente que la del resto de las disciplinas referentes. La principal aportación de la economía a la ciencia de la administración viene de la mano del enfoque de la elección racional. Este enfoque que se fundamenta en el comportamiento racional y optimizador de los individuos tuvo una doble repercusión sobre la manera de analizar determinados fenómenos de la Administración pública. Por una parte, en el análisis de las políticas públicas, con la formulación de modelos analíticos (análisis coste-beneficio y sistemas de evaluación de programas) y en la elaboración de modelos explicativos del comportamiento burocrático en los procesos de implantación de estas políticas. Por otra, influyeron sobre la corriente de gestión pública al incorporar el enfoque económico-racional al análisis del comportamiento y, en especial, a los procesos de toma de decisiones.

Finalmente, la ciencia política es la disciplina que, desde nuestra posición, tiene una mayor relación con la ciencia de la administración llegando al punto en que, tanto a nivel conceptual como institucional, la ciencia política se convierte en la ciencia común de la cuál depende la ciencia de la administración. A pesar de todo, la ciencia política tuvo poca influencia sobre la ciencia de la administración más clásica. Pero la evolución de la ciencia política y de la ciencia de la administración ha facilitado este encuentro. Por una parte, la ciencia política ha vivido durante mucho tiempo de espaldas a la realidad administrativa, de espaldas a los *productos* del poder. La preocupación esencial de la ciencia política fue el estudio de la formación del poder, su legitimación y su estructura interna, y no tanto cómo se ejercía este poder o qué efectos tenía sobre la estructura social. Pero a partir de Dahl y de Easton se produce una inflexión en los estudios de ciencia política que permite contemplar la actividad política de un modo más genérico y abierto. Es entonces cuando la Administración pública se convierte en uno de sus objetos de estudio. Cómo ignorar las evidentes relaciones entre Administración pública y poder y, Administración pública y Estado. Además, las transformaciones que han experimentado los Estados y las sociedades han unido todavía más estos dos enfoques: por ejemplo, los problemas de gobernabilidad o las complejas interrelaciones entre el Estado y la sociedad. Pero no sólo la ciencia política ha evolucionado; también lo ha hecho la ciencia de la administración que ha ido dejando de lado su interés exclusivo por contemplar la Administración sólo como organización que gestiona y pasa a estudiar una Administración pública más completa y compleja, que toma decisiones donde participan políticos y técnicos, que es influida e influye en su entono político y social. El análisis de políticas públicas, por ejemplo, es una perspectiva que representa y rentabiliza la unión entre la ciencia política y la ciencia de la administración. En este sentido, buena parte de las perspectivas emergentes de la ciencia de la administración son una muestra de la potencia de vincular ambas disciplinas.

Si retomamos los problemas sobre el objeto y el método del apartado anterior puede afirmarse que hay un orden jerárquico entre la ciencia política y la ciencia de la administración. La Administración pública tiene como misión el interés público, interacciona con la sociedad estableciendo relaciones asimétricas, opera bajo el mandato del poder político, como organización agrupa una pluralidad de interacciones políticas... En definitiva, es la ciencia política la que proporciona a la ciencia de la administración una unidad conceptual y metodológica; es desde la ciencia política donde pueden surgir enfoques que comprendan en la mayor parte de su extensión el fenómeno multidimensional que representa la Administración pública. Esto significa que desde el derecho, la sociología, la teoría de la organización y la economía se pueden analizar y comprender fenómenos concretos que acontecen en el sector público pero sin poder trascender estos limitados espacios y sin poder plantear teorías integradoras que sólo desde la ciencia política se pueden o se podrían proporcionar. De esta manera la ciencia de la administración abarca un subobjeto de la ciencia política y tiene la ventaja de nutrirse de los enfoques politológicos. Si en los estudios sobre Administración pública la base predominante es algún enfoque de la ciencia política y, además, se complementa con enfoques de otras disciplinas, podría ser posible saltar del nivel multidisciplinar al nivel interdisciplinar.

La inclusión de los temas asociados a la ciencia de la administración en la agenda de la ciencia política permite superar, como se ha dicho anteriormente, uno de los clásicos déficits de la disciplina que ha vivido durante mucho tiempo de espaldas a la realidad administrativa, de espaldas a los *productos* del poder. En este sentido, la ciencia política y de la administración incluye necesariamente la constatación de la dependencia e interrelación entre la formación del poder y la decisión, la ejecución y el impacto del mismo. Es decir, la ciencia de la administración es una disciplina que puede contribuir a dotar de un mayor equilibrio a los contenidos de la ciencia política.

A nivel formal, en la mayoría de los países la ciencia política y la ciencia de la administración son dos enfoques integrados que configuran el área de conocimiento común denominado Ciencia Política y de la Administración. Esta vinculación se produce en países como Francia, Alemania, Italia, Gran Bretaña y España, siendo la relación más variable en otros como Estados Unidos y Holanda. En Francia la ciencia de la administración está integrada a nivel docente y de investigación en los institutos de ciencias políticas. En Italia la vinculación entre ambas disciplinas es indiscutible. En Alemania la ciencia de la administración configura un espacio reconocido en la ciencia política y dispone de una sección específica dentro de la Asociación Alemana de Ciencia Política. Pero es en Estados Unidos y Holanda donde la ubicación institucional de la ciencia de la administración es más variable ya que hay departamentos universitarios que integran la ciencia política y la ciencia de la administración así como departamentos independientes para cada uno de estos ámbitos. La tendencia en Estados Unidos, que es donde la ciencia de la administración está más consolidada como disciplina, da a entender un proceso de gradual y lenta diferenciación aunque manteniendo una estrecha relación tanto con la ciencia política como con la economía.

c) Sobre la evolución histórica en Europa y en los Estados Unidos de la ciencia de la administración:

Los primeros esfuerzos de estudio más o menos científicos que intentaron institucionalizar el análisis de la Administración pública hay que buscarlos en los siglos XVII y XVIII con los cameralistas en Alemania y, más tarde, con la denominada ciencia de la policía, desarrollada en varios países, que se ocupaba de las formas de Gobierno del Estado. Estas primeras disciplinas estaban orientadas a la formación de servidores públicos y, por lo tanto, sus contenidos tenían un carácter muy instrumental. El progresivo desarrollo del Estado durante el siglo XIX parecía que facilitaría una mayor globalidad, unidad y aspiración científica de esta incipiente ciencia de la administración. Pero, a pesar del evidente desarrollo del Estado, la ciencia de la administración no cuajó, no se institucionalizó como consecuencia de la fuerza con que arrancó la nueva ciencia jurídica positivista. El derecho administrativo se convirtió en el enfoque predominante de cara al estudio de la Administración pública. Este monopolio juridiscista sobre la materia y la casi práctica desaparición de la ciencia de la administración como disciplina se prolongaría hasta justo después de la Segunda Guerra Mundial, momento en el que se abrió el debate sobre si la ciencia de la administración era o no era una disciplina independiente del derecho administrativo. Hay que tener presente que existía todo un campo de interés configurado básicamente por los aspectos organizativos y de gestión que el derecho administrativo no podía abordar y que era el ámbito lógico de expansión de una reformulada ciencia de la administración. A este resurgir no fueron ajenas las aportaciones de la teoría de la burocracia. Weber fue el primero en describir las características de las burocracias modernas y en considerar el modelo burocrático como un progreso en la medida que ofrecía la posibilidad de una acción rápida, racional y objetiva, haciendo abstracción de todo lo que era subjetivo. También contribuyeron a hacer renacer la ciencia de la administración en Europa las aportaciones norteamericanas, país que había experimentado un proceso intelectual muy distinto al Europeo.

En los Estados Unidos la ciencia de la administración se desarrolló con libertad al no existir una hegemonía del derecho sobre la Administración pública. Wilson planteaba, en *The study of Administration* (1887) la distinción radical entre política y Administración y proponía un paradigma de «buena Administración», inspirado en las burocracias francesa y prusiana. El ensayo de Wilson, generalmente considerado como el punto de partida de la ciencia de la administración norteamericana, tuvo continuidad en la búsqueda de unos principios de gestión que debían observar las administraciones públicas para ser más eficaces, hasta que Simon, en *Administrative behavior* (1945) demostró la falta de lógica de estos principios a los que calificó como «proverbios» y propuso reconstruir la teoría administrativa sobre nuevas bases. Para Simon, Administración equivalía a tomar decisiones, con las limitaciones que impone la racionalidad de la organización a la que los individuos que toman las decisiones pertenecen. Las decisiones no son verdaderas o falsas, correctas o incorrectas ya que implican valores. De ahí que, una de las principales preocupaciones de este autor fuera la consolidación del criterio de eficacia como norma para la evaluación y el desarrollo de medidas claras de resultados. Por otra parte, dado que no existe razón alguna por la que asumir que la organización jerárquica es siempre la más eficaz, Simon propuso llevar a cabo la evaluación empírica de distintas formas organizativas con el fin de determinar su eficacia relativa.

Paralelamente a la evolución conceptual de la ciencia de la administración norteamericana se producía en este país una evolución institucional marcada por las conflictivas relaciones entre la ciencia de la administración y la ciencia política. Inicialmente, ambas disciplinas estaban vinculadas. Wilson, por ejemplo, consideraba que el estudio de la Administración pública era una parte de la ciencia política. Pero lentamente la ciencia política y la ciencia de la administración fueron separando sus lógicas científicas e institucionales. En 1939 nace la *American Society for Public Administration* y se escinde de la *American Political Science Association*. Esta escisión supuso un paso atrás para la ciencia de la administración, ya que los estudios sobre Administración pública fueron perdiendo densidad teórica y se orientaron preferentemente a prácticas organizativas y de gestión. Los estudios de Administración pública quedaron reducidos a contenidos instrumentales de capacitación de los empleados públicos. Se podría decir que mientras en Europa, en los años 40, la ciencia de la administración intentaba adquirir identidad propia y abandonar el derecho administrativo para acercarse a la ciencia política, en Estados Unidos la ciencia de la administración perdía la identidad previamente conseguida para reproducir a su manera algunos enfoques empresariales sobre organización y gestión.

Mientras tanto, en Europa iba consolidándose una corriente sociológico-organizativa que conectaba con la tradición weberiana de estudios sobre el modelo burocrático y sus diversas implicaciones. En el contexto de esta corriente, cabe estudiar la obra de Crozier (1969) y del Centro de Estudios de la Organización de París o de Mayntz (1985) en Alemania, a partir de análisis muy detallados de carácter estructural, con el objeto de examinar las características de organizaciones específicas, con propósitos de reforma. La ciencia de la administración se alejaba del derecho y se acercaba a la sociología y a la ciencia política. Podría decirse, en concreto, que el trayecto trazado por la ciencia de la administración parte del derecho hacia la ciencia política pasando por la sociología. El que la sociología sea paso intermedio entre el derecho y la ciencia política puede defenderse argumentando que la ciencia política fue una de las últimas ciencias sociales en constituirse de forma autónoma (la sociología logró su consolidación antes) y también es explicable por las raíces weberianas del resurgir de la ciencia de la administración europea.

En Estados Unidos, en cambio, después de la Segunda Guerra Mundial, la ciencia de la administración entró en una evidente crisis debido a la falta de rigor científico de la que adolecía. No era posible construir un enfoque científico abarcando tan solo técnicas organizativas y de gestión para solucionar problemas concretos. La ciencia de la administración en Estados Unidos malvivía entre dos ámbitos: una ciencia política cada vez más consolidada y unas ciencias empresariales de carácter muy instrumental. En los años 60 y 70 aconteció una revolución en los estudios sobre Administración pública de la mano del *public policy*, con una orientación politológica, y del *policy analysis*, con una base más económica, a los que en esta obra nos referimos como análisis de las políticas públicas. En efecto, el estudio de las políticas o de los programas públicos de actuación constituye una línea muy fructífera de investigación de la Administración pública. Si para la sociología organizativa la descripción de las estructuras y el análisis de los grupos organizados de empleados públicos son la clave para entender el proceso administrativo, desde esta nueva perspectiva las burocracias existen para elaborar y poner en práctica políticas y programas, cuyo éxito o fracaso se debe enjuiciar a partir de la forma como se llevan a término y de los resultados conseguidos. El estudio de las políticas, al tomar a los programas públicos como unidad de análisis, rompe con la separación entre instituciones políticas, Administración y sociedad. El estudio de las políticas públicas también ha servido para poner de relieve la importancia del conocimiento substantivo respecto a unas áreas o políticas sectoriales concretas. Pero estos estudios han sido criticados por considerarse meras descripciones de instituciones o decisiones específicas, por utilizar métodos muy subjetivos de recogida de datos y, especialmente, por su modesta contribución al desarrollo de teorías. Si bien una mayoría de los estudios de caso adolecen de estos defectos, también es cierto que existen ejemplos paradigmáticos de investigaciones que utilizan un caso específico para comprobar teorías sobre partes del proceso político como, por ejemplo, el trabajo de Pressman y Wildavsky (1973) sobre implementación o el laureado trabajo de Kingdon (1995) sobre la formulación de las políticas.

El análisis de las políticas públicas no fue la única tendencia que renovó el panorama norteamericano sobre los estudios de Administración pública ya que también tuvo un gran impacto la aparición del enfoque de gestión pública (*public management*) que permitió superar la traslación directa de conceptos y herramientas de la gestión privada hacia las organizaciones públicas y, de este modo, empezar a construir unos conceptos e instrumentos de gestión específicamente públicos.

En Europa, en cambio, prosiguió el dominio del enfoque estructuralista derivado de la tradición weberiana pero tuvo influencia la *revolución norteamericana* y se adoptó con mayor o menor entusiasmo las perspectivas de análisis de políticas públicas y de gestión pública. Como muestra del impacto de esta influencia norteamericana en Europa señalar que en los años 80 la mayoría de países europeos tenían núcleos consolidados de especialistas que estudiaban la Administración pública desde estos nuevos enfoques. Además, tanto en Europa como en los Estados Unidos, el desarrollo del análisis de políticas públicas permitió conectar el estudio de la Administración pública con los enfoques más actuales de la ciencia política (perspectiva racional e incluso la neoinstitucionalista) ya que aparecieron ambiciosos intentos de desarrollar mejores teorías sobre el proceso político que integraban las aportaciones del estudio de las políticas con otras de varios enfoques de la ciencia política. El trabajo de Ostrom (1990) en esta dirección es significativo. Este autor parte de considerar la acción individual como el producto de dos factores: primero, las características, intereses y preferencias individuales (valores, recursos, autoridad) y, segundo, las características de la *situación decisional* (que, a su vez, viene determinada por las reglas institucionales, los mecanismos para agregar acciones individuales en una acción colectiva, la naturaleza de los bienes en conflicto y la condición socio-económica de la comunidad). La idea principal es que un mismo individuo tendrá comportamientos diferentes en situaciones diversas y que lo que se trata es precisamente de delimitar cada situación decisional, para después examinar cómo los cambios en las reglas institucionales afectan al comportamiento individual. La propuesta de Ostrom incorpora el enfoque del estudio de las políticas en la medida que define tres niveles de análisis institucionales (el constitucional, el de la elección colectiva y el operativo) y entiende que las políticas de cada nivel determinan las reglas del siguiente. En conclusión, el estudio de las políticas aparece como un excelente campo donde combinar el análisis empírico con planteamientos de carácter normativo, puesto que lo que se establece en último término es hacia donde deben dirigir sus esfuerzos las instituciones y la sociedad.

d) La ciencia de la administración en España:

La ciencia de la administración es una disciplina muy reciente en nuestro país y podemos afirmar que no es hasta los años 70 cuando aparece de forma explícita en nuestro panorama académico y hasta los años 90 cuando muestra evidentes síntomas de una cierta expansión y consolidación. Esto no significa que antes de estos períodos no se hayan producido significativas aportaciones de una embrionaria ciencia de la administración; se han producido y han sido relativamente numerosas pero todas tenían una característica común, independientemente de su interés y calidad: su aislamiento y su falta de continuidad. Sin estos referentes quizás hubiera sido más difícil la consolidación de esta disciplina tal y como la conocemos en la actualidad.

Los primeros estudios sobre Administración pública en España pueden encontrarse en el siglo XVIII con la denominada ciencia de la policía que se ocupaba de las formas de Gobierno del Estado. Esto significa que en España la ciencia de la administración tiene unas raíces muy profundas, configurándose en un país pionero en este tipo de estudios junto con otros países occidentales, entre los que destaca Alemania con la disciplina denominada cameralista. De todos modos, estamos ante unos inicios poco brillantes ya que son obras acientíficas que tratan cuestiones morales dirigidas a los gobernantes, o bien textos de carácter más bien jurídico. En el siglo XIX aparecieron diversos estudios de carácter administrativo que hacían una reflexión general sobre la situación de la Administración española del momento y buscaban su renovación mediante la implantación del sistema administrativo francés. Es en esta época cuando nació el derecho administrativo, que ha tenido un desarrollo intenso y hegemónico en el análisis global de la Administración pública en nuestro país pero que ha sido el principal «culpable» del evidente retraso en el surgimiento y la consolidación de la ciencia de la administración. A finales del siglo XIX y hasta bien entrado el XX se produjo una desigual disputa entre una vieja tradición administrativista y una nueva ciencia jurídica positiva. De todos modos, desde el dominante derecho administrativo surgieron algunos estudios que se pueden catalogar como propios de la ciencia de la administración. En este sentido, destacan algunos artículos de García de Enterría publicados agrupadamente en 1961 bajo el título común *La Administración pública española*. Parece como si en todo momento hubiera la conciencia, más o menos explícita, de que había una parte de la Administración pública que requería una comprensión distinta a la que podía ofrecer el derecho administrativo. No es ajeno a este sentimiento de vacío y de insatisfacción con la hegemonía del derecho administrativo el desarrollo de nuevas teorías sociales entre las que destacan la teoría de la burocracia de Weber (y posteriormente de Merton y Selznick) y las aportaciones gerencialistas norteamericanas. Estas nuevas contribuciones reanimaron, después de la Segunda Guerra Mundial, a la ciencia de la administración europea y, con más retraso, a la española.

En los años 70 aparecieron en el ámbito de la sociología estudios sobre la burocracia pública de Linz y de Miguel (1968), Beltrán (1964) y Moya (1972) y, también, algún solitario análisis sobre el mismo objeto desde el derecho de la mano de Nieto (1976). Pero el punto de partida de la ciencia de la administración actual debe ubicarse en la Facultad de Ciencias Políticas de la Universidad Complutense donde el profesor Baena y, bajo su dirección, un grupo de estudiosos de la Administración pública consiguieron introducir la ciencia de la administración en el plan de estudios de 1974 de la Licenciatura en Ciencias Políticas y Sociología, y se creó una cátedra con el mismo nombre que ocupó el profesor Baena. Ambos acontecimientos significaron un importante salto adelante en la refundación de la ciencia de la administración en el panorama científico español. Otro momento relevante fue la aparición en 1985 del *Curso de ciencia de la administración* del profesor Baena.

La creación de nuevas facultades de ciencias políticas a partir de 1985, con el surgimiento de nuevos planes de estudio, significa un aumento de las materias conectadas con el estudio de la Administración pública en general, un incremento del pluralismo científico y metodológico en los estudios de Administración pública en España. Así, en el plan de estudios de 1985 de la nueva Facultad de Ciencias Políticas y Sociología de la Universidad Autónoma de Barcelona se emprendió la puesta en marcha de materias como la tradicional «ciencia de la administración» pero complementadas con «análisis de políticas públicas», «Gobierno local» y «problemas actuales de la gestión pública». Como resultado del interés en estas nuevas materias apareció el libro de Subirats *Análisis de políticas públicas y eficacia de la Administración* (1989) que permitió incorporar el análisis de las políticas públicas en el estudio de la Administración pública.

Finalmente, también ha contribuido en gran medida a la consolidación de la ciencia de la administración en el panorama científico del país la aparición a partir de 1991 de las diplomaturas en Gestión y Administración Pública con una proliferación de asignaturas especializadas propias de la ciencia de la administración. Es a partir de los años 90 cuando acontece toda una explosión de aportaciones (tesis doctorales, libros y artículos científicos) sobre los distintos campos que van configurando la ciencia de la administración en España. Estas aportaciones se pueden clasificar en tres tipos de análisis: análisis institucional de carácter teórico sobre las administraciones públicas, análisis teóricos sobre políticas públicas y estudios de caso vinculados a programas públicos sectoriales y, en tercer lugar, análisis teóricos e instrumentales sobre los problemas de organización y de gestión.

Otros indicadores formales que manifiestan la consolidación de la ciencia de la administración en España son, por una parte, la presentación de comunicaciones y ponencias en congresos científicos y las publicaciones periódicas que difunden los avances de los investigadores circunscritos en esta disciplina. En cuanto a los congresos, a nivel internacional hace ya unos cuantos años que hay una significativa presencia de ponencias y responsables de grupo en los congresos anuales del ECPR. Los especialistas en el campo de la Administración pública en España también han estado presentes en otros congresos internacionales; destacan los congresos generales de carácter anual y las reuniones regionales y temáticas del *International Institute of Administrative Sciences*. En el plano doméstico nos pueden servir de referencia los cuatro congresos de Ciencia política y de la Administración (Bilbao, Santiago de Compostela, Salamanca y Granada) celebrados hasta el momento. En estos congresos ha estado siempre presente una área temática de Administración pública y el análisis de políticas públicas que ha atraído a un grupo muy numeroso de ponentes y comunicantes. Los congresos del ECPR y de Ciencia política y de la Administración reflejan dos hechos importantes: el volumen de las investigaciones sobre Administración pública en España y la vinculación institucional entre la ciencia política y la ciencia de la administración.

En cuanto a la presencia de la disciplina en revistas científicas hay que destacar la aparición de la revista *Gestión y Análisis de Políticas Públicas*, creada en 1994 bajo la dirección de Subirats como máximo representante de la producción sobre ciencia de la administración en España y, la experiencia más reciente de la *Revista Española de Ciencia Política* que en tanto que revista de la asociación española del área de Ciencia Política también lo es de la ciencia de la administración. Por último, hay que resaltar la proliferación de números monográficos y artículos con contenidos propios de la ciencia de la administración en las revistas *Documentación Administrativa*, *Revista Vasca de Adminis-*

tración Pública, Autonomies, Revista Galega de Administración Pública, Política y Sociedad, Revista de Estudios Regionales y Administración de Andalucía.

e) Sobre el contenido y la estructura del libro:

El libro agrupa 10 capítulos que abarcan los temas que, a nuestro entender, configuran la esencia de la ciencia de la administración y que combinan una visión institucional de la Administración pública, los elementos, problemas y retos con relación a la organización-gestión y al análisis de políticas públicas. Es, obviamente, un libro especializado por la materia que trata pero no es, en cambio, un libro especializado desde la perspectiva de la ciencia de la administración ya que no está focalizado en alguno de sus ámbitos de conocimiento sino que opta por presentar una visión general y global de la Administración pública en España y en su contexto occidental. El objetivo del libro es introducir con profundidad el estudio de nuestras administraciones públicas como primer contacto necesario e imprescindible antes de abordar aspectos más concretos de la mano del análisis de políticas públicas (este libro incluye un capítulo introductorio sobre esta materia), del estudio de la Administración pública desde la teoría de la organización y de la gestión o del análisis de la Administración local, por citar los tres subámbitos de estudio más desarrollados en nuestro país.

El primer capítulo ofrece una sintetizada revisión histórica del desarrollo de la Administración pública y finaliza exponiendo el pasado inmediato y el presente (programas de reforma) y el posible futuro de nuestras administraciones públicas. El segundo capítulo analiza el Gobierno y los ministros, desde un punto de vista teórico, empírico y comparado: los gobiernos, los miembros de la Administración General del Estado y de los gobiernos de las cuatro comunidades autónomas que accedieron a la autonomía por la vía del artículo 151 de la Constitución: Andalucía, Cataluña, Galicia y el País Vasco. Además, incorpora un análisis sociológico de los miembros de estos gobiernos. El tercer capítulo, el más novedoso y original del libro, trata la importancia del liderazgo político en la Administración exponiendo cuatro análisis de caso sobre otros tantos líderes políticos indiscutibles: Adolfo Suárez, Felipe González, Jordi Pujol y Manuel Fraga. Los capítulos II y III hacen totalmente explícito los vínculos entre la ciencia de la administración con otros enfoques de la ciencia política. Los capítulos IV, V y VI exponen y analizan las características y organización de los tres niveles administrativos de nuestro Estado: la Administración General del Estado (capítulo IV), la Administración de las comunidades autónomas (capítulo V) y la Administración local (capítulo VI). Estos tres capítulos configuran lo que se podría conceptualizar como un análisis a la *anatomía* de las administraciones públicas de España. El capítulo VII ofrece un panorama completo sobre los recursos humanos de la Administración pública y sus complejos parámetros de gestión. El capítulo VIII presenta elementos para la comparación del sector público de diferentes países, mediante la exposición y análisis de macroindicadores, definiendo distintos modelos de gestión pública y, también, de distribución territorial del poder. Tras este análisis comparado, el capítulo VIII prosigue presentando de forma sintética los elementos básicos de la estructura institucional, administrativa y de los empleados públicos de Francia, Alemania, Reino Unido y Estados Unidos. Finalmente también se incluye en este capítulo la organización del aparato administrativo de la Unión Europea. El capítulo IX hace una breve y ágil exposición del enfoque de políticas públicas, que tiene desde hace varias décadas un importante relieve en al análisis e interpretación de los fenómenos administrativos. Este capítulo expone la lógica de las políticas públicas desde la perspectiva de la economía y se centra en los procesos de formulación e implementación. Finalmente, en el capítulo X se estudian los mecanismos institucionales de control político y de gestión sobre y dentro de la Administración pública desde una perspectiva politológica y organizativa que permite plantear los problemas actuales de estas instituciones de control.

El libro parte de la concepción que los tres pilares de estudio que agrupa la ciencia de la administración son:

a) Análisis institucional, que consiste en estudiar el diseño institucional de las administraciones públicas así como los actores subjetivos (los líderes políticos por ejemplo) que definen y condicionan este diseño institucional. Es un enfoque teórico, descriptivo y analítico.

b) La organización y gestión de los parámetros definidos por el desarrollo institucional. Es un enfoque analítico e instrumental.

c) El análisis de políticas públicas que estudia los procesos de elaboración, decisión, implementación de los programas públicos y los impactos de éstos sobre sus destinatarios finales. Es un enfoque teórico, descriptivo y analítico que articula la dimensión externa e interna de la Administración pública.

Atendiendo a estas tres perspectivas, las bases analíticas de los diez capítulos del libro quedan reflejadas en la tabla 0.1.

TABLA 0.1.
PERSPECTIVAS DE CIENCIA DE LA ADMINISTRACIÓN Y CAPÍTULOS DEL LIBRO

Análisis institucional	*Análisis gestión / organización*	*Análisis políticas públicas*
Capítulo I (Evolución histórica de la Administración)		
Capítulo II (Gobierno y ministros)		
Capítulo III (Presidentes y liderazgo)		

<table>
<tr><td colspan="2">Capítulo IV (Administración General del Estado)</td><td></td></tr>
<tr><td colspan="2">Capítulo V (Administración comunidades autónomas)</td><td></td></tr>
<tr><td colspan="2">Capítulo VI (Administración local)</td><td></td></tr>
<tr><td></td><td colspan="2">Capítulo VII (Gestión de recursos humanos)</td></tr>
<tr><td colspan="3">Capítulo VIII (Administraciones públicas comparadas)</td></tr>
<tr><td></td><td></td><td>Capítulo IX (Políticas públicas)</td></tr>
<tr><td colspan="3">Capítulo X (Control sobre las administraciones públicas)</td></tr>
</table>

Fuente: Elaboración propia.

Una cuestión importante que hay que destacar es que el objetivo principal de este libro que se presenta es ser un manual de ciencia de la administración sobre la realidad y la problemática de la Administración pública en España en el marco de su contexto internacional más cercano. La mayoría de los conceptos y reflexiones se realizan sobre las administraciones públicas de España. Hay que señalar que un manual de ciencia de la administración puede poseer dos tipos de contenidos: por una parte unos contenidos teóricos sobre análisis institucional, sobre gestión y organización y sobre análisis de políticas públicas cuyas aportaciones deberían ser válidas para todas las realidades administrativas con relativa independencia de los elementos específicos de la organización administrativa de cada país. Por otra parte, la aplicación de algunos de estos conceptos a unas administraciones concretas, perspectiva que se esfuerza más en analizar unas administraciones específicas que en articular unos conceptos teóricos genéricos. La mayoría de los manuales combinan con mayor o menor intensidad estas dos perspectivas generando algunos problemas de articulación. Por ejemplo la obra *Curso de ciencia de la administración* (1985) de Baena agrupaba las dos perspectivas. Situación que ha abandonado en su reciente revisada edición (2000) en la que trata sólo los aspectos teóricos, conceptuales y de Administración pública comparada no entrando en el análisis de las administraciones públicas españolas. Otra obra reciente, *Ciencia de la administración*, de Olmeda y Parrado (2000) organiza la mencionada dualidad en dos volúmenes: el primero sobre teoría de la organización y gestión pública, de carácter conceptual y general y, el segundo volumen, sobre los sistemas administrativos, analiza las administraciones públicas españolas y una selección de administraciones foráneas.

El libro de Ciencia de la administración que presentamos tiene como objetivo principal analizar la situación y los problemas de las administraciones públicas de España aunque introduce algunos elementos conceptuales de carácter general, en especial en los capítulos I (procesos de reforma y modernización), VII (gestión de personal) y IX (análisis de políticas públicas). Los contendidos generales de carácter conceptual no son objeto preferente de nuestra atención en este libro ya que han sido parcialmente tratados en tres de nuestros trabajos anteriores: *¿Cómo se evalúan programas y servicios públicos? Aproximación sistemática y estudios de caso* (1992) de Xavier Ballart, *Teoría de la organización y Administración pública* (1999) de Carles Ramió y en *Lecturas de teoría de la organización* (1993) de Carles Ramió y Xavier Ballart.

La vocación de manual de este libro impulsa que presente una gran amplitud temática y que, evidentemente, se utilicen múltiples fuentes secundarias. Pero hay que destacar, como se ha dicho al principio de la presentación, los numerosos temas que han sido objeto de investigación directa por parte de los autores y que confieren a esta obra novedad y originalidad y que la configuran parcialmente como una publicación de investigación. Los temas inéditos que han sido objeto de investigación para la elaboración de este libro son: en el capítulo I, la evolución experimentada por la administración de los países occidentales con el objeto de contextualizar los hechos históricos y las reformas que se producen en España. En el capítulo II, se aportan nuevos datos sociológicos y sobre la duración de los miembros de los gobiernos de la Administración General del Estado y de las administraciones autonómicas de Andalucía, Cataluña, Galicia y el País Vasco. La totalidad del capítulo III que hace referencia a los presidentes de Gobierno y el liderazgo es inédito. En el capítulo IV, la novedad reside en estudiar la organización de la Administración General del Estado después del impacto de la Ley de Organización y Funcionamiento de la Administración General del Estado (LOFAGE) de 1997 y de los otros cambios organizativos introducidos durante el primer y segundo gobierno del Partido Popular. En el capítulo V se ofrece los resultados de una investigación sobre la organización de las comunidades autónomas, presentándose los datos más completos y actuales que se han publicado hasta el momento sobre su organización administrativa así como un análisis teórico de su proceso de institucionalización. En el capítulo VI se exponen todo un conjunto de reflexiones sobre cómo afronta la Administración local los retos para mejorar su gestión explicando, por ejemplo, el modelo gerencial en la Administración local. En el capítulo VII se analizan los empleados públicos desde una conceptualización moderna de gestión de recursos humanos. En el Capítulo VIII se comparan los modelos administrativos de una selección de países de la OCDE a partir de indicadores de gasto público y densidad de empleados públicos y de los distintos mecanismos de articulación de las administraciones públicas en el territorio. Por último, en el capítulo IX, se presenta los distintos instrumentos de políticas públicas de una forma novedosa sobre la base de la lógica económica y se describen con detalle las aportaciones teóricas de autores clave sobre formulación e implementación que no han sido publicadas en castellano, mientras que en el capítulo X se presenta algunos resultados de los trabajos de campo realizados en las instituciones de control con el propósito de señalar los problemas estratégicos y operativos que se encuentran estas instituciones en la actualidad.

Por último, queremos agradecer a los compañeros que se dedican al estudio de la Administración pública desde diferentes perspectivas de las instituciones universitarias a las que estamos vinculados (Universidad Autónoma de Barcelona y Universidad Pompeu Fabra). Joan Subirats, Ricard Gomà, Quim Brugué (UAB) y, Jacint Jordana, David Sancho y Miquel Salvador (UPF), especialistas reconocidos en la materia que nos ocupa, preocupa y fascina. Entre todos han generado la masa crítica que ha permitido generar este libro. La ciencia de la administración avanza con paso firme en España y esperamos que este trabajo contribuya con modestia en esta línea.

Xavier Ballart y Carles Ramió
Barcelona, agosto del 2000

I. EVOLUCIÓN HISTÓRICA DE LA ADMINISTRACIÓN, PROGRAMAS DE REFORMA Y RETOS DE FUTURO

SUMARIO

1. Introducción

El nivel de presencia del sector público en una sociedad varía de un país a otro, pero en el siglo XX se observa una tendencia general al crecimiento en el número de administraciones públicas, presupuestos y empleados públicos. Durante muchos siglos, la participación en la toma de decisiones políticas y en la preparación de los instrumentos necesarios para su puesta en práctica quedaba limitada a un número reducido de altos funcionarios. Sin embargo, en la segunda mitad del siglo XX se produjo un elevado crecimiento del personal al servicio de las administraciones públicas como consecuencia de las nuevas tareas en las que se implicaron los poderes públicos y de un cierto giro desde tareas administrativas clásicas a funciones de planificación y de gestión de servicios.

El gran crecimiento del sector público, de sus presupuestos y del número de sus empleados se sitúa en la segunda mitad del siglo XX. Sin embargo, el nacimiento del sistema moderno de función pública es anterior: entre 1880 y 1930, en un contexto histórico completamente distinto y con un Estado con otras funciones y otro nivel de implicación en la sociedad. La modernización de las administraciones y de la llamada «función pública» resulta de una necesidad de racionalización de un aparato del Estado que se democratiza y tiene que responder a nuevos valores y demandas sociales.

En el contexto de la teoría de la racionalización, el desarrollo de la Administración y de la función pública puede ser analizado en términos de burocratización. Lo que se entiende por «moderno» en la estructura y funcionamiento de la Administración está muy relacionado con el concepto de Weber de la autoridad legal-racional que se traduce en la Administración burocrática. La burocratización, Weber (1946) se refiere a 17 características del funcionamiento de las organizaciones y de los empleados públicos, es un aspecto crucial del desarrollo administrativo a lo largo del tiempo. Sin embargo, el desarrollo administrativo tiene una dimensión social que va más allá de los aspectos puramente organizativos.

Para comprender el desarrollo de la Administración y de los sistemas de función pública hay que tener en cuenta los contextos conceptuales, culturales, constitucionales y legales de cada sociedad. Para un norteamericano y para un francés, los conceptos de Estado, autoridad, servicio público, la forma en que se practica la política y se gestiona la economía suelen ser distintos. Si bien utilizamos los términos *civil servant*, *verwaltungsbeamte*, *funzionario pubblico*, *fonctionaire publique* y *funcionario público* como si fueran sinónimos, su traducción literal no es posible y habrá que explicar en cada caso de quién se está hablando y hasta el tipo de vinculación jurídica que mantienen distintos grupos con la Administración. El mismo problema se produce con los términos «Administración» y «Gobierno» o cuando hay que traducir, *politics* y *policy* al alemán, al francés, al italiano o al castellano, puesto que estas lenguas no establecen diferencias entre los dos. Los problemas de transferibilidad y comparación aumentan si se dirige la atención al desarrollo de la Administración y de los funcionarios públicos fuera del ámbito occidental hacia otras regiones y lenguas del mundo.

Todo ello pone de relieve la importancia de comprender la realidad actual en función de las demandas de cada momento histórico y de las tendencias históricas. En este capítulo se incluyen tres apartados. El primero ofrece una síntesis de la historia de la Administración española desde el siglo XIII hasta la actualidad. Este apartado se subdivide en cinco secciones dedicadas a los siguientes períodos: del XIII al XVI (etapa de construcción del Estado), de principios del XVII a mitad del XVIII (etapa de absolutismo monárquico), de finales del XVIII a finales del XIX (etapa de formación del sistema moderno de función pública), de finales del XIX a mitad del XX (etapa de profesionalización y consolidación de las bases de la Administración contemporánea), y desde la Segunda Guerra Mundial hasta nuestros días.

En el segundo apartado de este mismo capítulo se sintetizan las grandes líneas de los programas de reforma de la Administración pública contemporánea en el contexto europeo y norteamericano a partir de los setenta. Finalmente, en el tercer apartado se presenta un cuadro resumen que permite analizar el modelo administrativo de las grandes fases históricas de desarrollo del Estado con los cambios que se producen en lo que, siguiendo una práctica docente original del profesor Subirats de la Universidad Autónoma de Barcelona, hemos llamado el *qué*, el *quién* y el *cómo* de la Administración pública.

Si bien existen pocas obras sobre historia de la Administración española y europea, sí que existe una abundante literatura de historia en la que se hacen continuas referencias a temas institucionales, constitucionales y administrativos. En la medida que la historia de la Administración no es la especialidad de los autores, se ha optado por escribir este capítulo sobre la base de la síntesis de textos de otros autores. Concretamente se ha utilizado:

– Algunas obras generales de historia de España: de Simón Tarrés para la etapa de los Reyes Católicos; de Bouza para la etapa de Carlos I y Felipe II; de Sánchez Belén para el siglo XVII y de Fernández Díaz para el siglo XVIII. A estas habría que añadir el trabajo reciente de Fusi y Palafox, que nos ha ayudado a comprender mejor el período 1808-1996.

– Algunas obras específicas de historia de la Administración española: de García Madaria para la evolución de la Administración central a partir de 1808; de Nieto para el período de las dos regencias de 1833 a 1843; y de Baena del Alcázar para todo el período histórico considerado.

– Algunos análisis comparados sobre la evolución de los sistemas de función pública europeos y norteamericanos, fundamentalmente el de Raadschelders y Rutgers, en menor medida Gladden y Mayntz para aspectos concretos como el desarrollo de la cameralística en Alemania y en general la evolución del Estado contemporáneo[1].

1 No se incluyen referencias a los autores en el texto de este apartado sobre hechos históricos dado que las referencias serían muy numerosas y repetitivas de los autores que se acaban de citar, cuyas obras se pueden encontrar en la bibliografía.

2. *Historia de la Administración española*

En este apartado queremos dar una visión sintética de la historia de la Administración española en el contexto de la evolución experimentada por las administraciones de los principales países de nuestro entorno. El objetivo es presentar las grandes líneas evolutivas y el detalle de las instituciones españolas centrales y territoriales para que los lectores tengan una referencia sencilla y práctica que les permita situarse en el contexto histórico.

Hemos dividido las etapas históricas en cinco conforme a la tabla siguiente en la que se destacan las principales ideas que se quieren transmitir sobre cada período:

TABLA I.1.
DESARROLLO HISTÓRICO Y CAMBIOS INSTITUCIONALES

Etapa	*Grandes cambios*	*Instituciones específicas*
XIII-XVI	Construcción del Estado-nación: Hacienda, Ejército, Marina y Justicia real Confusión entre ámbito público y la Casa del Rey	Consejos Secretarios reales Virreyes Corregidores
XVII-mediados XVIII	Absolutismo monárquico Organización por bureaus o servicios de la Adm. central Desarrollo de la ciencia de la policía y de la cameralística	Validos Juntas Secretarios de Despacho Universal Intendentes
1780-1880	Constitucionalismo Creación del sistema moderno de estructuración de la Adm. Creación de las categorías básicas de empleados públicos Separación Política-Adm.	Consejo de Ministros Ministerio del Interior-Fomento Banco Central y Tribunal de Cuentas Subsecretarios Presupuestos ministeriales División provincial
1880-1950	Creación de organismos gestores de servicios Desconcentración territorial del poder Experiencias de descentralización en la Administración autonómica o local Profesionalización de la función pública	División ministerial contemporánea Organismos autónomos y empresas públicas Conciertos económicos vascos y Mancomunidad de Cataluña Supresión de las «cesantías»
1950-2000	Crecimiento Cuerpos especializados Prestación de servicios sociales y regulación de la actividad económica Replanteamiento y reforma	Organismos autónomos, empresas, fundaciones, agencias Administraciones autonómicas Entes de cooperación local Administración europea

Fuente: Elaboración propia

2.1. Del siglo XIII al siglo XVI: la construcción del Estado y de la Administración central

2.1. A Las bases del Gobierno secular

Empezaremos en el siglo XIII, si bien el Gobierno y la Administración pública van mucho más atrás en la historia de la civilización. De forma general, se puede afirmar que en esta etapa histórica los «servidores públicos» se definen por su relación de servicio al Rey, ya fuere en el Ejército y la Marina o en los tribunales que impartían la justicia real a nivel local o central. Los funcionarios en el sentido de «administradores públicos» apenas existían y constituían una minoría en la Casa del Rey donde prestaban servicios personales de administración de las propiedades del Monarca y de apoyo administrativo en su papel de escribientes. No existía una diferencia entre los ámbitos público y privado y los servidores públicos constituían el brazo administrativo de la Casa Real.

En la segunda mitad de la edad media, se producen cambios importantes en la organización de la Iglesia. En palabras de Waldo: «para el desarrollo de la Administración, es mucho más importante la Iglesia romana que el Sacro Imperio Romano» (1980: 8). Desde el siglo XI, la Iglesia había operado sobre la base de una estructura jerárquica en la que cada posición desde el nivel central al nivel local estaba claramente definida (papa, obispo, capellán). En su estructura territorial y jerarquizada, la Iglesia se construyó sobre la base de los principios organizativos desarrollados durante el Imperio Romano (distinción entre lo público y lo privado, diferenciación departamental, el derecho romano como fuente de legitimación del emperador que en el contexto de la Iglesia se substituye por el derecho canónico)[2].

Las instituciones políticas y legales del Gobierno secular se construyeron de acuerdo con los principios de la organización eclesiástica: centralización y sistematización (Berman, 1983). La estructura de las grandes monarquías europeas evolucionó y los departamentos especializados constituyeron una nueva base de poder para el Rey. Así, el rey Henry II de Inglaterra (1154-1189) creó una *chancery*, un *exchequer* y un *judiciary* (Gladden, 1972). Esta nueva estructura fue desarrollada por hombres laicos formados en las nuevas universidades que irían substituyendo a los clérigos en el entorno de la Casa Real[3].

2 El monje Graciano escribió en torno a 1140 los llamados *Decretum Gratiani* donde se establecía que la Iglesia debía estar organizada en unidades territoriales administradas por clérigos subordinados a la autoridad central. Graciano prescribió que sólo se podía hacer carrera administrativa sobre la base del mérito, no de la antigüedad, y que para ser seleccionado para un puesto, los clérigos debían superar un examen. Por otra parte, cada puesto tenía unas obligaciones asignadas y éstas debían cumplirse según las instrucciones escritas.

3 El proceso de aparición del Estado moderno en la alta edad media no se puede entender sin hacer referencia al desarrollo de las ciudades, el comercio, y las universidades. A

Los nuevos departamentos de Gobierno se llamaron «secretarías», mientras que los consejos pasaron a ser los cuerpos formales políticos para la toma de las principales decisiones que afectaban al Reino. En los siglos XIV y XV, el principio de la Administración colegiada tuvo impacto directo en los altos funcionarios reales en tanto tenían que responder ante el señor y ante el Consejo, lo que les obligaba a mantener archivos de las decisiones, actas de las reuniones, de los ingresos y de los gastos. Todo ello suponía que los funcionarios reales estaban a menudo ocupados con tareas administrativas o escribiendo la información que necesitaban el Rey y los consejos. Es importante señalar que durante el período absolutista, el Rey perdió el monopolio absoluto sobre los asuntos del Estado que se iba unificando y formalizando. El poder fue transferido de una persona a un grupo. El soberano necesitaba a sus «servidores públicos» de la misma manera que éstos le necesitaban a él.

2.1.B. Administración central: consejos y secretarios reales

En España, en el período 1284-1474 (de la muerte del rey Alfonso X el Sabio a la proclamación de Isabel I como Reina de Castilla) se generan los fundamentos de un Estado moderno que tuvo por bases a la Monarquía, una fortalecida Administración central y un cuerpo de letrados que asume las funciones de Administración de la Monarquía y de las instituciones centrales.

El Consejo Real de Castilla, institucionalizado en las Cortes de Valladolid de 1385, constituía el instrumento fundamental de la Corona para el Gobierno de Castilla. La creación del Consejo de Aragón en 1494 supuso también un paso decisivo en el proceso de organización de la Monarquía española por tratarse de una confederación. Los consejos eran la expresión institucional de los pactos entre el Rey y su Reino, constituyendo una importante limitación al poder del Rey y al mismo tiempo una instancia de apoyo al servicio de los intereses del Monarca en la Administración del Estado. El Consejo de Aragón cumplía además la función de nexo entre las distintas administraciones territoriales de los reinos catalano-aragoneses y la Monarquía[4].

partir del siglo XII, la tendencia a ampliar los territorios, fue apoyada por el fuerte desarrollo de las ciudades en el norte de Italia, en el sur de Alemania y, más tarde, en las regiones flamencas. Las ciudades recibieron cartas del Rey y tuvieron un trato distinto del resto del campo a cambio de financiación. Las nuevas ciudades desarrollaron el comercio de una forma muy rápida. Al mismo tiempo se edificó una nueva formación superior universitaria y se crearon las primeras universidades en el norte de Italia que se embarcaron en el estudio del derecho romano.

4 Los miembros del Consejo de Aragón eran: el vicecanciller (que ocupaba la presidencia de las sesiones), el tesorero general de la Corona y siete regentes (dos para Cataluña, condado de Rosellón y Cerdaña y Mallorca; dos para Aragón, dos para Valencia, y uno para Cerdeña).

Las principales funciones de los consejos eran las de instancia judicial suprema del Reino y las de órgano político consultivo donde se discutían las grandes decisiones de Gobierno, el nombramiento de altos cargos militares y la concesión de señoríos y otros beneficios reales. El Consejo de Aragón proponía además la terna de posibles candidatos para el puesto de virrey. Los Reyes Católicos profesionalizaron los consejos dando un mayor protagonismo a los letrados. En este sentido, un puesto en el Consejo constituía la cima de la carrera administrativa y suponía una elevada retribución.

Junto a los consejos aparece la figura de los secretarios reales, personas próximas a los monarcas que servían de enlace entre éstos y los consejos. Se ocupaban de tareas de administración como la preparación del orden del día de las sesiones de los consejos o la elaboración de los documentos que luego eran presentados para su deliberación. También se ocupaban de instruir y examinar los expedientes de cada tema y refrendar los documentos firmados por los monarcas.

2.1.C. Administración territorial y local: virreyes, corregidores, alcaldes y regidores

Otros puestos institucionales clave fueron los de virrey y gobernador general que se crean a partir de 1479 ante la imposibilidad de que los monarcas estuvieran presentes en todos sus territorios. El puesto de virrey, desde el siglo XVI, cumplía funciones de representación del Rey, judiciales, administrativas y militares. Había virreyes en Aragón, Navarra, Portugal, las Indias e Italia. En Milán y en los Países Bajos había un gobernador. Las audiencias cumplían una función similar a los consejos en la medida que actuaban como tribunales de Justicia y al mismo tiempo asesoraban a los virreyes en la toma de decisiones sobre asuntos de importancia para el Gobierno de su territorio.

Durante la edad media, los municipios tuvieron una gran autonomía política y cumplieron una importante función de apoyo a los monarcas en sus operaciones militares. Las ciudades tenían competencias, dentro de su territorio, sobre temas judiciales, administrativos y fiscales. En 1345, Alfonso XI instituyó el regimiento en el Gobierno de los municipios con la creación del regimiento de Burgos. Este sistema se extendió por toda la Corona de Castilla donde cada Consejo municipal estaba compuesto por un número variable de regidores, jurados y otros cargos impuestos por el Rey y que garantizaban el control del poder municipal por los grupos oligárquicos locales entre los que dominaban los caballeros, encuadrados dentro de la llamada «baja nobleza».

Las responsabilidades públicas de los regidores se limitaban a la administración de los bienes del municipio y a garantizar el abastecimiento de productos de alimentación y consumo en los mercados. Además, regulaban precios, se ocupaban de la salubridad pública y del mantenimiento de la vía pública. Alcaldes y regidores, como responsables del orden público, podían juzgar en primera y segunda instancia. Los consejos municipales estaban presididos por un corregidor en las capitales de provincia y de partido, por un alcalde mayor en las villas y por alcaldes en los municipios menores. La posición de regidor se transmitía por herencia de padres a hijos. Era un cargo vitalicio que se obtenía directamente del Monarca por compra-venta o simple designación real.

La figura del corregidor se extendió y arraigó durante el reinado de los Reyes Católicos. Los corregidores eran los delegados del Rey por encima de los regidores y de los consejos municipales. Cumplían una función de nexo entre el mundo local y el Monarca, asumiendo su representación política y defendiendo, cuando era necesario, los intereses de la Corona frente a los intereses locales que defendían los regidores de la oligarquía local. Los corregidores tenían amplios poderes en el ámbito judicial y en el ámbito del control del poder local. En este sentido, actuaban como segunda instancia judicial (sus sentencias eran apelables en la Chancillería y en la Audiencia)[5], y podían fiscalizar las cuentas de los consejos municipales, además de actuar como inspectores de aquellos «servicios» que dependían tanto de los consejos como de los mercados y abastecimientos. También tenían funciones de carácter militar y de mantenimiento del orden público. Según la literatura histórica especializada en este tema (véase Simón Tarrés, por ejemplo, que cita a Lunefeld) a partir de la muerte de la reina Isabel en 1504, los municipios castellanos fueron distanciándose, oponiéndose y rebelándose contra la presencia de estos oficiales reales, rechazo que estaría presente en la génesis del movimiento comunero de 1520-1521.

En la Corona de Aragón, cada Reino contaba con instituciones propias de Gobierno. En Cataluña, los *veguers* tenían competencias muy parecidas a las de los corregidores, si bien éstas estaban condicionadas por el poder efectivo de la nobleza local y de los municipios. En las grandes ciudades como en Barcelona y Valencia, el sistema era más complejo. En Barcelona, el *Consell de Cent*, formado por 144 miembros de los cuales 32 representaban a los «ciudadanos honrados», 16 a los militares, 32 a los mercaderes, 32 a los menestrales y 32 a los artistas, elegían por insaculación a cinco *consellers*, que eran quienes gobernaban la ciudad, tres del grupo de ciudadanos, uno del grupo de los mercaderes y el quinto del grupo de los menestrales o artistas.

La capacidad representativa de las Cortes fue disminuyendo. Las Cortes eran una Asamblea en la que estaban representadas las ciudades que debía aprobar el pago de las cantidades que servían para la financiación de los gastos de la Monarquía. Su reunión fue cada vez menos frecuente y su papel solía ser el de aceptar las propuestas de los monarcas. A partir del reinado de Carlos II dejaron de convocarse. La Corona prefirió negociar directamente con las ciudades su participación en el mantenimiento de los gastos públicos generales.

[5] Por encima quedaban el Consejo de Castilla y la propia instancia real.

Las Cortes perdieron la mayor parte de su fuerza política tras la derrota de las Comunidades en 1521.

2.2. De principios del siglo XVII hasta la mitad del siglo XVIII: la Administración en el Absolutismo monárquico

2.2.A. Organización burocrática y alta función pública

En el siglo XVII, la esfera pública y la privada no estaban todavía separadas, pero se producen los desarrollos teóricos que preparan el camino para que esta dicotomía se convirtiera en un principio de organización gubernamental. Si antes sólo el Rey había sido objeto de la teoría política, a partir de esta época se desarrollan ideas sobre el alto funcionario público ideal[6]. Organizada sobre la base territorial y el principio de jerarquía, la Administración central se racionaliza y estructura, lo que permite una mayor centralización y control real.

Bajo el reinado de Luis XIV de Francia (1660-1714) los departamentos en el nivel central se subdividieron en *bureaus*, y el número de funcionarios creció de forma significativa. También se nombraron *intendants*, después conocidos como prefectos, en cada una de las regiones para representar al Gobierno central y organizar la Administración sobre el territorio. Algunas décadas más tarde, Federico Guillermo I de Prusia (1713-1740) designó a los *steuerräte* para ejercer el control sobre las autoridades regionales y locales.

En Inglaterra, bajo Thomas Cromwell, principal consejero de Enrique VIII, se creó un sistema de servicios que podía funcionar con independencia de la persona que ocupara el puesto. En el caso inglés, el control central sobre la Administración local era predominantemente de naturaleza legislativa y judicial. La administración del día a día era dejada en manos de jueces de paz locales reclutados entre la *gentry* local (Gladden, 1972). Mientras en Prusia y Francia, se desarrolló un administrador profesional, en Inglaterra había una tradición de administradores públicos *amateurs*. Como se señala en la literatura (véase Raadschelders y Rutgers, 1996), esto constituye una simplificación de la realidad. La principal diferencia radica en que mientras en Francia y Prusia se desarrolla un cuerpo de administradores del Estado, en Inglaterra, la tradición de Gobierno por cooperación y consenso no permite la exclusión de las clases sociales con poder en el ámbito rural.

6 Althusius (1557-1639) presentó en su *Politica methodice digesta* una lista de las características que debía reunir el alto funcionario (inteligente, experimentado, formado, eficiente, leal, modesto, flexible y fiable) y de las consideraciones normativas sobre lo que debía y no debía hacer (no debía falsificar decretos en respuesta a los deseos de ciudadanos, no debía apresurarse y no debía tener intereses personales que fueran un obstáculo para cumplir con sus obligaciones legales).

La demanda de conocimientos y competencia técnica en los altos funcionarios reales cambia con la evolución del Estado. Si antes eran suficientes la capacidad de leer y escribir y el conocimiento de las leyes, surgió la necesidad de unos conocimientos específicos sobre Administración pública, economía y contabilidad. La necesidad de nuevos conocimientos y habilidades se refleja en el interés francés y alemán por la literatura sobre Administración pública. La *ciencia de la policía* y la llamada *cameralística* (fundamento de la actual ciencia de la administración) desarrollaron aspectos relacionados con la organización administrativa y con la regulación de los municipios y propiedades públicas. En Alemania se crearon cátedras de cameralística en las universidades de Halle y Frankfurt en 1727. En Francia, creció rápidamente el interés por los temas relacionados con el derecho público así como la formación técnica con las escuelas *du genie*, precedente de la escuela politécnica y la escuela de puentes y caminos creadas en 1747.

Los progresos en el ámbito de la formación de los funcionarios públicos no tuvieron igual desarrollo en otros ámbitos de lo que en la actualidad entendemos por gestión de personal. En el tema de la selección y la promoción quedaba mucho por hacer en unos sistemas de función pública que se fundamentaban en la cooptación. La retribución de los funcionarios públicos era una mezcla de salarios, pensiones e inmunidades. El funcionario público central ganaba influencia como consecuencia del hecho de que la burocracia había crecido y se empezaba a identificar como un poder separado, pero la profesionalización se limitaba a unos pocos aspectos. En Francia y Prusia, como en España, los principales problemas tenían que ver con las necesidades de financiación de la Administración central y con la venta de puestos. Un buen número de oficiales (secretarios, contadores, tesoreros, alguaciles, escribanos y otros empleos inferiores) obtenían el cargo por compra o como compensación real. Lo más usual era que el oficio fuera traspasado por su titular a un pariente.

2.2.B. Administración central: validos, juntas y Secretaría de Despacho Universal

A finales del XVI, la Monarquía poseía un sistema de catorce consejos, que se dividían en dos grupos en función de su vinculación con un ámbito sectorial de la política: Estado para política exterior, Guerra, Inquisición, Hacienda, Cruzada, Castilla o Real, Cámara de Castilla, Ordenes Militares. O con un territorio: Indias, Navarra, Aragón, Italia (Milán, Nápoles y Sicilia), Flandes, Borgoña y Portugal.

Un factor explicativo del desarrollo de la Administración moderna por documentos escritos es la substitución de los procedimientos orales por consultas escritas y respuestas a estas consultas mediante un sistema de anotaciones marginales cuyo gran impulsor fue Felipe II. Como explican los especialistas (véase Bouza, 1996), en esta época, el Rey tomaba decisiones a través de dos fórmulas: el llamado «despacho de boca a pie» y el sistema de despacho por escrito. El primer sistema se basaba en la oralidad y la posibilidad de ver al Monarca que recibía en audiencia o escuchaba a sus consejeros que elevaban la consulta de forma oral. En el segundo sistema, ni los particulares ni los consejeros trataban directamente con el Rey. La audiencia quedaba substituida por el envío de un memorial al que respondía el Rey de forma escrita. La substitución de la audiencia «boca a pie» por la consulta escrita se produjo durante el reinado de Carlos I y Felipe II, época en la que también se fundan los grandes archivos reales. La imposición de la consulta escrita se debe a Felipe II que es el Monarca absoluto que rompió con la tradición de un Rey accesible e impuso la comunicación escrita y las anotaciones marginales a los documentos que le entregaban sus ayudantes y secretarios.

El papel de los secretarios, a su vez, se vio favorecido por la adopción de la escritura en la gestión de los asuntos públicos. Aquéllos que manejaban los informes administrativos y que además contaban con la confianza y la posibilidad de acceso físico al Monarca acumularon más poder. Si a ello se añade su conocimiento de las leyes y de sus modificaciones, el conjunto explica que acabara siendo una figura central en el Gobierno del Estado. Carlos I y Felipe II fueron los monarcas que, con la progresiva absolutización de la Monarquía, utilizarían a los secretarios para ir marginando a los consejos de la toma de decisiones.

Pero no es hasta el siglo XVII que, aparece la figura del valido en las personas de Lerma, Uceda y Olivares[7] (véase Elliot y Brockliss, 1999). Ello se traducirá en el debilitamiento de la función de los secretarios reales tal y como se había desarrollado en la última parte del reinado de Felipe II. Hasta el siglo XVII, los validos eran aquellas pocas personas, próximas al Monarca, en las que éste tenía una especial confianza y que lo ayudaban en las tareas de Gobierno. En la última época de Felipe II, estos secretarios, validos o consejeros reales formaron una Junta Permanente o Junta de Gobierno que fue sustrayendo progresivamente los asuntos de Gobierno a los consejos[8].

La creación de las juntas se justificaba por la necesidad de resolver las cuestiones más urgentes que se acumulaban en los consejos sin necesidad de convocar a todos sus miembros. Pero también respondían al interés de los monarcas por gobernar sin contar con los consejos. La tipología de las juntas era muy diversa: mientras unas eran sólo consultivas, otras gozaban de amplias competencias (consultivas y ejecutivas) aunque, en principio, dependían de un Consejo[9].

En 1621 se creó el cargo de secretario del Despacho Universal con la función de despachar con el Rey todos los asuntos y actuar de enlace entre el Monarca

7 El régimen de validos se inició cuando Felipe III encomendó a Francisco de Sandoval y Rojas, Duque de Lerma, la tarea de gobernar y se prolongó en 1618 en la persona de su hijo, el Duque de Uceda a quien le seguiría ya en el reinado de Felipe IV, el Conde-Duque de Olivares. El cese del Conde-Duque de Olivares se produjo en 1643.

8 Mateo Vázquez de Lecca fue el más importante de los secretarios de Felipe II y principal colaborador del Monarca en la creación de las juntas de Gobierno desde 1570.

9 La Junta de Gobierno, instituida por Felipe IV para asesorar a la Reina gobernadora durante la minoría de edad de Carlos II era el último eslabón en el proceso de creación de las juntas. Los tres últimos «primeros ministros» con Carlos II fueron Juan José de Austria, el Duque de Medinacelli y el Conde de Oropesa.

y los consejos. Este cargo adquirió con el tiempo más importancia hasta que con los Borbones la Secretaría de Despacho se dividió en varias que asumían cada una competencias específicas, de las que más adelante surgieron los ministerios. Los consejos sectoriales y territoriales continuaron existiendo[10], pero fueron progresivamente reformados y relegados a funciones judiciales para que no entraran en competencia con otros órganos del Estado.

Con la muerte de Carlos II en 1700 sin descendencia y la Guerra de Sucesión, se produjo el cambio de dinastía. La guerra permitió a los Borbones homogeneizar la organización político-administrativa de la Monarquía. Con la promulgación de los decretos de Nueva Planta en los reinos de la Corona de Aragón se creó una estructura institucional única para todo el territorio. La reforma de la Administración central y de la Administración territorial, junto a la práctica desaparición de la vieja autonomía local, constituyeron las bases del Absolutismo centralizador.

En relación con la Administración central, Felipe V promulgó en 1705 un real decreto por el que se dividía en dos la única Secretaría del Despacho Universal y se creaba una para Guerra y Hacienda y otra para todo lo demás. Las sucesivas reformas de la Administración central siguieron el modelo francés donde los asuntos de Estado estaban divididos en cuatro grandes áreas a cuyo frente se situaba a un secretario de Estado. En 1714 se aumentó el número de las secretarías de Despacho a cinco: Asuntos de Estado, Asuntos Eclesiásticos y de Justicia, Guerra, Indias y Hacienda.

En 1787, Floridablanca creó la Junta Suprema, una especie de Secretaría superior dirigida por un primer ministro que coordinaba semanalmente las siete secretarías existentes en aquel momento con lo que se estructuraba el Gobierno sobre la base de un Consejo de Ministros y un primer ministro. En la ilustración I.1 se recogen algunas normas de funcionamiento del Consejo de Ministros del año 1838 de las que nos ha llamado la atención los días y horas de reunión.

ILUSTRACIÓN I.1.
NORMAS PARA FACILITAR EL DESPACHO DE NEGOCIOS EN CONSEJO DE MINISTROS (1838)

«1ª El Consejo de Ministros se reunirá en la 1ª Secretaría de Estado los miércoles y domingos, en atención a que el despacho de Marina que le tiene —Su Majestad— el miércoles es el más corto, y que el domingo ningún ministro despacha con S.M.»
2ª «El Consejo se reunirá a las 10 de la noche para que cada secretario del Despacho pueda vacar en todo el día a sus negocios respectivos.»
3ª «Los asuntos que hayan de tratarse se fijarán con un Consejo de antelación para el inmediato.»

Fuente: J.M. García Madaria (1982): *Estructura de la Administración central (1808-1931)*, Madrid.

10 En la crisis de 1808, el Consejo de Castilla todavía tenía capacidad para gobernar España.

2.2.C. Administración territorial y local: capitanes generales, intendentes y corregidores

La Administración territorial se organizó sobre la base de capitanes generales, intendentes y corregidores:

– Los capitanes generales sustituyeron a los antiguos virreyes que tenían como misión la representación real, simbolizar el poder político sobre el territorio y mantener el orden público.

– Los intendentes, tomados de la tradición francesa, fueron instituidos para cumplir una función de promoción de la vida económica y social de las poblaciones que pertenecían a su jurisdicción. En la literatura histórica se recoge su labor de información acerca del estado socioeconómico de las provincias al tiempo que impulsaban los planes gubernamentales en ellas.

– Los corregidores entraron en conflicto con los intendentes dado que buena parte de sus funciones fueron asumidas por esta nueva figura. La literatura histórica señala que, si bien en una primera etapa fueron utilizados por la Monarquía como un instrumento de control de los reinos de la Corona de Aragón, a partir de 1783 perdieron poderes en beneficio de los intendentes, quedando limitadas sus responsabilidades a tareas de policía y de Administración de justicia.

En el ámbito municipal, los Borbones impusieron un modelo de Administración municipal que eliminó las distintas formas preexistentes de autogobierno. Las tareas de las autoridades locales se limitaban a la gestión del patrimonio municipal y a la reglamentación de algunos servicios públicos esenciales como el abastecimiento de alimentos a través de los mercados. Las dificultades de las haciendas locales tenían su origen en la política centralizadora de los Borbones y en la mala gestión de las oligarquías locales. En este momento histórico, las instituciones locales quedaron en manos de los intendentes para todo lo relativo al control de las finanzas municipales, de los Síndicos que actuaban como portavoces de los ciudadanos, de los llamados diputados del común, encargados del control de los mercados y del orden municipal y de los alcaldes de barrio, que eran los responsables del cumplimiento de las ordenanzas municipales.

Entre 1785 y 1789 se elaboró el nomenclátor de los pueblos de España y se estableció una división en provincias para Castilla y los territorios de la antigua Corona de Aragón. La provincia quedaba, a su vez, subdividida en partidos que adoptaron distintos nombres en los antiguos reinos.

2.3. De 1780 a 1880: la formación del sistema moderno de Administración y función pública

2.3.A. Creación de los departamentos ministeriales y regulación de los empleados públicos

El período 1780-1880 fue importante para la formación de los sistemas modernos de función pública. Fue en esta época histórica cuando el *servidor real* pasó a ser un *empleado público del Estado*, no ya responsable ante el Monarca sino ante algún tipo de poder soberano civil. La Administración pasaba a definirse por la cameralística como un servicio al Estado. Para ello fue muy importante la introducción de la noción de separación de poderes basada en las ideas de Locke y Montesquieu. El funcionario pasó a ser un funcionario al servicio del poder ejecutivo. En Francia y Alemania, Administración y *Verwaltung* se definían por primera vez en el sentido moderno. Ello también llevó a la separación entre estudios políticos, administrativos y de derecho.

Con las reorganizaciones y la creación de nuevos departamentos, los gobiernos intentaron poner orden en la variedad de tareas que iba asumiendo la Administración. En Francia se creó un sistema de servicios territoriales sobre la base del Ejército, el abastecimiento de alimentos, la hacienda pública y los servicios de policía, correos, archivos y registros de propiedad. Estos servicios tenían funcionarios supervisores en el ámbito central, lo que explica el crecimiento del número de empleados públicos. La utilización de documentos escritos también creció rápidamente, lo que requirió la regulación del procedimiento administrativo y la creación de sistemas de registro de los documentos a finales del XVIII.

Al emplear más trabajadores de bajo nivel, aumentó el componente no político de la Administración y se empezó a diferenciar entre política y Administración. Los antiguos altos funcionarios que desarrollaban funciones administrativas quedaron entre las nuevas tareas políticas y un número creciente de personal por abajo que desarrollaba tareas administrativas. Hasta este momento, estos funcionarios se movían en los mismos círculos que los altos funcionarios con una misión claramente política. A pesar de la confusión entre unos y otros, era posible distinguir entre altos y bajos funcionarios así como entre tareas más analíticas e intelectuales de formulación de políticas de otras más rutinarias y de simple aplicación de las decisiones tomadas en otros ámbitos. Ello también llevaría a desarrollar los sistemas de clasificación y de promoción de los empleados públicos. En Francia se desarrollaron escalas y categorías pero no se acompañó de un sistema formalizado de promoción. El patronazgo aún era importante en la época post napoleónica.

Otra cuestión que se planteaba al distinguirse entre política y Administración era la opción por un sistema colegial o por un sistema de administración por oficinas. Hasta este momento, las funciones más importantes, tanto en el ámbito central como en el local, no fueron desarrolladas por funcionarios individuales sino por consejos. El principio de la administración colegial se percibía como una garantía de continuidad y seguridad en la toma de decisiones. Progresivamente, sin embargo, se dio preferencia a los llamados sistemas ministeriales en los que un ministro nombrado políticamente supervisaba los asuntos de un departamento ministerial entero.

El principal problema de la Administración era el de la venta de los oficios y la confusión entre medios públicos y privados, hasta el punto de que los altos funcionarios estaban autorizados a vender los servicios que prestaba la Administración para, con los ingresos extraordinarios que obtenían, financiarse ellos mismos y su personal. La restricción y abolición de estos sistemas fueron compensadas por el pago de un salario regular y por la garantía a los funcionarios de una pensión para la vejez para su mujer e hijos después de su muerte. En Francia los primeros sistemas de pensiones para empleados públicos datan del período 1790-1810.

La estructura administrativa y de gestión de personal creada en el período 1790-1850 todavía existe en la actualidad. La jerarquía, los sistemas de clasificación de los puestos, los procedimientos administrativos, el salario regular y las pensiones, permitieron la transformación de un amplio cuerpo de empleados públicos en funcionarios en el sentido moderno del término.

Las innovaciones introducidas por Francia, Inglaterra y Prusia fueron seguidas por otros países como España con Floridablanca y las reformas de López Ballestero y Bravo Murillo. Los cambios tuvieron lugar como consecuencia de las expectativas puestas por la sociedad en la Administración del Estado, como consecuencia del desarrollo económico y la expansión de Europa en otros continentes. En la segunda mitad del siglo XVIII, la burocracia aparecía como un poder independiente.

La estructura de Gobierno político también cambió con la aparición del constitucionalismo a partir de 1787 y 1789. En el plano académico, la Administración pública desapareció como disciplina separada y se substituyó por el derecho administrativo. La Administración ya no se percibía como una forma de policía socio-económica sino como la ejecución del derecho.

En el caso de los Estados Unidos, el proceso fue diferente. Frente a la idea francesa y prusiana de la función pública como una carrera al servicio del Estado, en Estados Unidos, hasta principios de 1830, el Gobierno federal aplicó una política de selección de las personas a corto plazo, en función de las necesidades. El llamado *spoils system* se justificaba en términos de su contribución a la viabilidad de los partidos políticos. Dar trabajo a los que apoyaban al partido servía para contribuir a consolidar la unidad en el Gobierno. Por su parte, la rotación en los puestos públicos protegía contra los abusos que pudieran cometer aquellos que permanecían en el poder un tiempo excesivamente largo. Además, el sistema permitía que más personas tuvieran el privilegio y la oportunidad de servir al Gobierno de la nación.

El *spoils system* funcionó mientras el Gobierno y la Administración fueron reducidos. A partir del momento en que en Europa se adoptaba como criterio principal el mérito y la idea de carrera en la función pública, el sistema norteamericano de Gobierno entró en crisis y fue objeto de duras críticas por la corrupción que generaba. Tanto en Estados Unidos, como en Canadá, en la segunda mitad del XIX, la neutralidad política pasó a ser un principio fundamental del *civil service*[11].

2.3.B. Administración central: antecedentes del Consejo de Ministros y grandes reformas de López Ballesteros, Mon y Bravo Murillo

El programa de reforma impulsado durante el reinado de Carlos III necesitaba una organización más avanzada de la estructura superior del Gobierno. Esta evolución se produjo progresivamente. Como se ha señalado, Floridablanca fue el primero en presidir el Gobierno actuando como un primer ministro aunque no tuviera propiamente el título. En 1787 se creó la Junta Suprema de Estado, la reunión institucionalizada, regular y semanal de los secretarios de Despacho Universal, que es considerada como el principal precedente del Consejo de Ministros de la época contemporánea. La finalidad de la Junta, era según el propio Floridablanca, facilitar la visión global de los problemas de la Monarquía española y propiciar una gestión más unitaria y coherente[12].

En 1833, con Martínez de la Rosa como presidente del Gobierno, se creó el cargo de subsecretario en todos los ministerios, que se ubicaba entre el ministro y el oficial mayor y con prácticamente las mismas competencias que tiene en la actualidad (ver el capítulo IV). Las subsecretarías eran unos órganos dependientes del Rey en los que recaía la responsabilidad del Gobierno. La constitucionalización del término «ministro» se produjo con la Constitución de 1837, aunque los departamentos continuaban denominándose secretarías de Despacho. Los ministerios introdujeron en esta época las direcciones generales como unidades básicas de estructuración[13]. En la ilustración I.2 se describen las funciones de la Secretaría de Despacho de Gobernación que es la que históricamente reunía todas las competencias de Gobierno interior del conjunto de asuntos públicos.

[11] Para una visión más detallada y completa de los procesos históricos que aquí se sintetizan, véase la contribución de J. Raadschelders y M.R. Rutgers, 1996.

[12] En esta época se crearon dos secretarías nuevas de Indias por lo que en total eran siete: Estado, Marina, Gracia y Justicia, Hacienda, Guerra y las dos de Indias, situación que se mantuvo hasta 1790 en que Carlos IV reinstauró una estructura de cinco. Todos estos datos sobre la estructura del Gobierno y de la Administración central proceden, en su mayoría, de la obra histórica de García Madaria (1982).

[13] Para Silvela «los ministros tenían la obligación de dar dirección e impulso a todos los empleados públicos». Pero cuando los ministerios tenían muchas atribuciones como los de Gobernación y Hacienda, «entonces, se auxilian de direcciones generales. No debe perderse nunca de vista que el director general de todos los ramos es el ministro».

ILUSTRACIÓN I.2.
FUNCIONES DE LA SECRETARÍA DE DESPACHO DE GOBERNACIÓN

«Gobierno político y económico del Reino, como es la policía municipal de todos los pueblos sin distinción alguna, entendiéndose por ella la salubridad de los abastecimientos y mercados, limpieza y adorno de las poblaciones, todo lo respectivo a instrucción pública, como escuelas, colegios, universidades, academias y demás establecimientos de ciencias y bellas artes, lo correspondiente a caminos, canales, puentes, acequias, disecaciones de lagunas y pantanos, y toda obra pública de utilidad u ornato; en el ramo de la sanidad; en todo lo que por leyes pueda tocar al Gobierno para promover y fomentar la agricultura e industria nacional en todos sus ramos. Tendrá a su cuidado las minas y canteras; la navegación y comercio del interior, los hospitales, cárceles, casas de misericordia y de beneficencia, la fijación de límites de provincias y pueblos, y todo lo correspondiente a la estadística y economía pública, el ramo general de correos y postas, la estampilla del Rey y del presidente de la Regencia».
La Secretaría estaba organizada en diez grandes secciones y en otros tantos negociados principales a cuyo frente se situaba a un oficial. Además había otros diez negociados llamados secundarios. En total en esta Secretaría en 1813 había: 1 secretario de despacho, 11 oficiales de secretaría, 10 escribientes, 5 archiveros, 3 porteros y 2 barrenderos.

Fuente: J. M. García Madaria: *Estructura de la Administración central (1808-1931),* Madrid: INAP-1982, pág. 36.

En esta época se empezaron a formar equipos relativamente preparados para el desempeño de funciones de Gobierno en áreas sectoriales específicas. Prueba de ello son las reformas que impulsa Luis López Ballesteros como responsable de Hacienda. En 1824, reorganizó todos los servicios y fue el primero en imponer la elaboración de presupuestos por departamento por lo que se le considera el generador de la hacienda moderna en España. Defensor de la creación de un Ministerio del Interior coordinador de la actividad de la Administración en una serie de ámbitos muy variados, consiguió generar en 1832 el llamado Ministerio de Fomento General del Reino que en sucesivas remodelaciones cambiaría su nombre por el de Interior. López Ballesteros también creó el Banco de San Fernando en 1829 y el Tribunal Mayor de Cuentas en 1828, antecedentes respectivamente del Banco de España y del Tribunal de Cuentas actuales.

Otras reformas administrativas importantes fueron las de Alejandro Mon que estableció un nuevo sistema tributario y una nueva organización central y provincial del Ministerio de Hacienda, y la de Bravo Murillo que planteó en España la reforma administrativa y la separación entre política y Administración que se ha comentado más arriba como características de este período histórico. En la ilustración I.3 se recoge la visión de López Ballesteros sobre la misión de la Administración pública en la sociedad de su época. Como puede observarse, la Administración iba ampliando progresivamente su campo de actuación.

ILUSTRACIÓN I.3.
EXPOSICIÓN DE LÓPEZ BALLESTEROS DE 10 DE OCTUBRE DE 1830 SOBRE LA FUNCIÓN DE LA ADMINISTRACIÓN PÚBLICA

Para López Ballesteros, la Administración está ya en 1830 presente en la vida de las personas desde la cuna hasta la tumba puesto que ofrece «socorros con el profesor del arte de partear. Si la pobreza condena a los padres a confiar en la caridad pública el fruto de su amor, la Administración tiene asilos prontos a recibirlo, y a alimentar su infancia desvalida. Para cuando salga de ellos le crea escuelas primarias gratuitas, de donde puede pasar más tarde a otras enseñanzas y llegar así, guiado de la mano por una Administración protectora, a ser un día útil a su patria. Si necesita viajar, la Administración le abre caminos por donde pueda hacerlo cómodamente..., si tal vez concurre al paseo, la Administración ha cuidado antes de hacérselo agradable, de desobstruirle las calles, de proporcionarle fuentes sanas y copiosas que le consuelen y recreen..., si cultiva la tierra, la Administración le facilita la concurrencia de compradores para sus frutos..., si se ejercita en la industria, la Administración le revela métodos, le descubre máquinas, le facilita mercados, le aleja concurrencias funestas, le incita con estímulos..., si se aplica al comercio, la Administración le abre canales, le multiplica caminos, le fabrica inmuebles, le limpia ríos y puertos, le uniforma los pesos. Si enferma cuando aún puede trabajar, la Administración le previene los socorros en los hospitales; si enferma en la vejez, se los guarda en los hospicios. Si las epidemias afligen a sus vecinos, le dicta medidas con que se preserve. Si en fin muere, la Administración, cuidando de la policía de su entierro acompaña su cadáver hasta la tumba».

Fuente: J. M. García Madaria: *Estructura de la Administración central (1808-1931),* Madrid: INAP-1982, pág. 82.

La reforma de Bravo Murillo de 1852, tras las medidas introducidas en Hacienda por López Ballesteros y Alejandro Mon, extendió a toda la Administración la política racionalizadora de las estructuras administrativas y de la gestión de personal. Este primer Estatuto de los funcionarios estableció unas categorías básicas para todos los empleados públicos, ordenó a los empleados existentes dentro de estas categorías, determinó una escala de sueldos por categorías y de forma general estableció una política de remuneraciones. Todo ello contribuyó a sistematizar y ordenar la función pública española en la línea de lo realizado en otros países. El conjunto de los cambios introducidos en este período histórico fue muy importante por lo que algunos autores como Baena

(1988: 175) hablan de una «década increíble» en la historia de la Administración española.

La reforma no abordó el tema de la vinculación jurídica del empleado público con el Estado, por lo que los empleados públicos continuaron en una situación de precariedad y de clara dependencia de los avatares políticos. La figura del «cesante», esto es, de aquellos funcionarios ministeriales o locales que perdían el empleo con cada cambio de Gobierno no desapareció, lo que no impidió que algunos funcionarios pertenecientes a categorías técnicas se empezaran a organizar en cuerpos con el objeto de conseguir garantías en la aprobación de normas especiales para ellos. Hasta la Constitución de 1869 no se recogió en un texto constitucional el derecho de todos los españoles a los empleos y cargos públicos, según su mérito y su capacidad.

2.3.C. Administración territorial y local: división provincial y representación local

En 1833 Javier de Burgos llevó a cabo la división en 49 provincias que se ha mantenido con pequeños cambios hasta la actualidad. La Instrucción del Ministro a las primeras autoridades provinciales ha quedado como uno de los documentos clásicos de la historia de la Administración española. Los entonces subdelegados de Fomento, cambiaron su denominación por la de jefe político primero y gobernador de provincia hasta que en 1845 recibieron la denominación de gobernadores civiles. La provincia y la Diputación estaban bajo el mando del gobernador del que dependían orgánicamente. Sus competencias fueron las de mantenimiento del orden público y control de la Administración local. Esta se encomendaba a los ayuntamientos y a los alcaldes que eran la máxima autoridad municipal, pero que la ley de ayuntamientos definía como delegados del poder central y subordinados a los gobernadores civiles quienes los nombraban entre los concejales.

La ley provincial y municipal de 1870 concebía a los municipios como entidades de carácter asociativo, cuyos puestos de gobierno se elegían por todos los ciudadanos que tenían derecho electoral y se subrayó el carácter del alcalde como autoridad del municipio. Una ley posterior de 1877 sentó las bases del caciquismo al limitar el derecho de voto a propietarios, funcionarios, y personas con título académico. Los concejales elegían, a su vez, entre ellos a los alcaldes pero el nombramiento se reservaba al Rey en los municipios de más de 6.000 habitantes.

2.4. De 1880 a 1950: la profesionalización y creación de la estructura organizativa contemporánea

2.4.A. Ampliación de servicios públicos y creación de organismos gestores de la función pública contemporánea

El concepto de *función pública* y de *civil service* se empezó a utilizar a partir de la segunda mitad del siglo XIX. La función pública se había convertido en una profesión y la Administración en una organización subordinada a la política al servicio del Estado. La sociedad pedía más servicios públicos y los gobiernos empezaron a asumir, de forma significativa, en la provisión de servicios sociales y sanitarios.

En esta época aparecieron organismos técnicos gestores de productos y servicios como el gas, la electricidad, las comunicaciones y los transportes. La legislación aprobada en este momento culminó las reformas organizativas y tendió a proteger al empleado público para que no pudiera ser expulsado de su trabajo sobre la base de criterios políticos o religiosos. La profesionalización y el progresivo incremento de la conciencia profesional de los funcionarios llevó a mayores demandas de protección legal. Ello puede observarse en el repaso de los cambios ocurridos en las principales potencias europeas y norteamericanas.

A finales del XVIII los británicos habían tomado medidas para limitar la cooptación y la corrupción en la India. Los candidatos a la Administración colonial eran formados en colegios profesionales, había competición por la entrada en estos *colleges* y se había establecido un sistema formal de oposiciones para la entrada en el *civil service* de la India. Estos cambios fueron introducidos en Inglaterra como consecuencia de un informe de Northcote y Trevelyan en 1854. Como resultado de todo ello se creó en 1855, la *Civil Service Comission*. La nueva legislación supuso una mayor seguridad para los funcionarios en su empleo, si bien su puesto de trabajo no quedó garantizado hasta una ley posterior de 1947.

En Francia, tras el Imperio, los altos funcionarios volvieron a ser funcionarios políticos. El resto de los funcionarios públicos no tenía protección alguna contra las reformas que pudieran darse en respuesta a las crisis económicas. La inestabilidad y las diferencias en el trato entre altos y bajos funcionarios se encuentran entre las razones por las que los empleados públicos se resistieron en 1848 a la creación de una escuela de formación especial para altos funcionarios, la conocida *Ecole Nationale d'Administration* (ENA). En 1946, la Asamblea aprobó una ley general de Estatuto de los funcionarios, justo un año después de la creación de la ENA.

En los EE.UU., Woodroow Wilson y Frank Goodnow fueron los primeros en recoger los desarrollos en la teoría administrativa sobre Administración pública. La práctica administrativa, por su parte, siguió los pasos dados por Gran Bretaña. En 1880 la ciudad de Nueva York creó una Asociación para la Reforma de la Función Pública que junto con otras asociaciones formaron la *National Civil Service Reform League* en 1881. La *Pendleton Act* de 1883 estableció la primera *National Civil Service Commission* que introdujo los exámenes competitivos para la entrada en la función pública y que luego se convertiría en una agencia moderna de gestión de personal. La principal idea era enterrar el *spoils system* y que la función pública se organizara sobre la base de las ideas de mérito y de Gobierno no partidista. Una ley de 1939 impuso importantes incompatibilidades a los empleados públicos de cualquier nivel para entrar en política.

En Canadá se aprobó la *Civil Service Act* en 1868 creando exámenes para la función pública. En una enmienda a esta ley se creó una *Civil Service Commission*, responsable de la administración de los exámenes competitivos y obligatorios y de la organización y clasificación de la función pública.

En Alemania, a pesar de que el sistema basado en el mérito y la capacidad existía desde el siglo XVIII, la realidad era que la entrada en la Administración pública fue muy difícil para los que no procedían de los segmentos más formados de la sociedad y en particular de la nobleza. La élite burocrática controló las posiciones clave en la Administración hasta bien entrada la República de Weimar y sólo a partir de 1945 la función pública tuvo protección legal.

2.4.B. Administración central: división ministerial, organismos autónomos y Estatuto de los funcionarios

La Restauración supuso para España un sistema político estable, con un derecho al voto muy limitado (se pasó de más de cuatro millones de electores en 1873 a pocos más de ochocientos mil en 1881) pero que permitió construir un Estado centralizado y estructurado en torno a una constitución de soberanía compartida entre la Corona y el Parlamento. La Constitución de 1876 designó como titular del poder ejecutivo al Rey y responsables de los actos de éste, a los ministros. El Rey nombraba y separaba libremente a sus ministros, expedía los reglamentos, decretos e instrucciones y decidía sobre los presupuestos de cada departamento de la Administración.

En la primera década del siglo, la división departamental quedó configurada por una decena de ministerios que se fueron manteniendo con algunos cambios de nombre hasta la actualidad. Son los ministerios de Estado, Gracia y Justicia, Hacienda, Guerra, Marina, Gobernación, Instrucción Pública y Bellas Artes, Agricultura, Industria, Comercio y Obras Públicas (que volvería a cambiar su nombre por el de Fomento)[14].

También se crearon los primeros organismos autónomos: en 1903 se creó un Instituto de Reformas Sociales para impulsar la legislación social. En 1909, el gobierno Maura creó el Instituto Nacional de Previsión. Posteriormente, durante la dictadura de Primo de Rivera, se crearon los grandes monopolios públicos: la Compañía Telefónica en 1924, las Confederaciones Hidrográficas

[14] Durante la dictadura de Primo de Rivera, el presidente quedó configurado como un ministro único que era asesorado por un Directorio y sometía al Rey las resoluciones adoptadas. Se prescindió de los ministros hasta 1925 en que se restablecieron los cargos de presidente del Consejo de Ministros y de ministros de la Corona.

en 1926, la compañía de aviación comercial Iberia, el monopolio de suministro de gasolinas y petróleos Campsa y los bancos oficiales en 1927.

En relación con la función pública, el Estatuto de Maura de 1918 supuso un salto cualitativo en la modernización del régimen de los funcionarios públicos. Se suprimieron definitivamente las «cesantías», se introdujo el principio de inmovilidad de los funcionarios y se consagró de forma definitiva el sistema de cuerpos especiales para distintos organismos de la Administración: correos, sanidad, pensiones, contabilidad y tesorería, aduanas, profesorado, fiscales, inspectores de hacienda. La creación de los Cuerpos Nacionales de Administración Local (secretarios, interventores y depositarios, reclutados por el Estado y que sirven a la Administración local) fue posterior, durante la dictadura franquista.

La II República, bajo el impulso regeneracionista, situó la reforma de la Administración y del Estado en su punto de mira. A la reforma militar de Azaña cuando era ministro de Defensa en el Gobierno provisional prosiguió la reforma administrativa que consistió en la reorganización de los ministerios de la Administración central y la reducción de plantillas con la aplicación de un ambicioso plan de jubilaciones anticipadas. En 1934, se creó un Comité de Estudios para la Reforma del Estado que tuvo por objeto racionalizar los servicios de la Administración y los organismos autónomos, además de regular el sistema de retribuciones y pensiones para los funcionarios públicos. Las políticas de mejora de las condiciones laborales de los trabajadores, de reforma agraria y de construcción de escuelas y formación de maestros, junto con la nueva organización territorial del Estado conformaron una etapa embrionaria en el desarrollo en España de un Estado del bienestar combinado con una estructura de tipo federal. Esta evolución se vio truncada por la Guerra Civil y por el largo período de la dictadura de Franco.

La Guerra Civil y la dictadura de Franco significaron la vuelta a la Administración previa a la República. El régimen de Franco creó algunos organismos autónomos en los sectores de la alimentación y de la agricultura, primero, y de los transportes (RENFE) y de la industria (INI), después, con el objeto de gestionar sectores clave de la economía en un contexto de posguerra, de depresión económica y de autarquía. A lo largo de la dictadura, la Administración consolidó una estructura central en torno a una división ministerial similar a la existente en España a principios de siglo pero con la proliferación de ministerios militares. El crecimiento de la Administración central, a partir de los años sesenta supuso la creación de un gran número de delegaciones provinciales en los ministerios.

Durante la etapa de consolidación institucional del régimen franquista fueron relevantes la Ley de Régimen Jurídico de la Administración del Estado de 1957 y la Ley de Procedimiento Administrativo de 1958. La primera fue importante en la medida en que sentó las bases organizativas de la Administración que tuvo su continuidad en el período posterior democrático. Así, por ejemplo, el Gobierno crea las comisiones delegadas del Gobierno, como instancias de coordinación de los ministerios de un mismo sector, mientras que en la Administración, se generalizan las secretarías generales técnicas como órganos de *staff* de los directivos públicos. La Ley de Procedimiento Administrativo fue importante como instrumento de racionalización de las relaciones entre la Administración y los ciudadanos en un sentido modernizador de las mismas.

Durante la misma época, la legislación sobre funcionarios de 1963-1964 introdujo criterios de racionalidad técnica en la gestión de personal sobre la base de la unificación de los cuatro cuerpos generales (técnico, administrativo, auxiliar y subalterno), la creación de órganos de competencia general en materia de personal (Comisión de personal) y la introducción de sistemas de clasificación de los puestos de trabajo. Esta ley y el sistema de función pública que estableció constituyeron la base del modelo actual de función pública.

2.4.C. Administración territorial: conciertos vascos, descentralización administrativa y reformas republicanas

La Restauración abolió en 1876 por ley los fueros vascos, el sistema tradicional de Administración provincial por el que se gestionaban las provincias vascas. Esta ley tuvo su compensación en otra posterior de 1878 por la que se estableció el sistema de conciertos económicos que supusieron una importante autonomía fiscal.

En 1913 se inició la descentralización administrativa del Estado con la regulación de las mancomunidades de provincias. La *Mancomunitat de Catalunya* se creó en 1914 como consecuencia de esta legislación. Sin embargo, no fue hasta la Constitución de 1931 cuando se reconoció el derecho a la autonomía de las regiones españolas. En 1932 se aprobó el Estatuto de autonomía de Cataluña y en 1936 los estatutos de Galicia y País Vasco. En Cataluña, con la aplicación del Estatuto se disolvieron las diputaciones provinciales cuyas competencias fueron asumidas por la *Generalitat* restaurada.

En el ámbito local, la II República aprobó en 1935 una ley por la que se reforzó el carácter de presidente de la Corporación local y de jefe de la Administración local de los alcaldes. Con el franquismo, sin embargo, las autoridades locales volvieron a ser nombradas por el Ministerio de la Gobernación o por el gobernador civil que se reservaban la potestad jerárquica sobre la Administración local.

2.5. De la Segunda Guerra Mundial hasta los años setenta

2.5.A. Crecimiento del sector público, profesionalización y críticas

Después de la Segunda Guerra Mundial, la Administración pública de los países occidentales experimentó importantes cambios caracterizados por el crecimiento, la especialización y la reorganización. La expansión y el desarrollo del Estado del bienestar dieron paso a una Administración de mayor volumen, profesionalizada y más fuerte con respecto a su capacidad para intervenir de forma efectiva en la solución de los grandes problemas sociales y en la mejora de la calidad de vida de los ciudadanos.

En Francia, Alemania y los Estados Unidos, una parte de la función pública se convirtió en una cuerpo altamente especializado, directamente dependiente del Gobierno. En función de los resultados de las elecciones y de los gobiernos formados, estos altos funcionarios podían ocupar puestos de dirección «políticos» o volver a sus puestos de administración general. En el Reino Unido y en Holanda, los funcionarios desarrollaron un cuerpo leal de generalistas que permanecían en el poder cuando un nuevo Gobierno toma el poder (Chevalier y Loschak, 1987, Perry, 1989).

La Administración pública en su conjunto experimentó un claro avance hacia la profesionalización a través de la exigencia de formación, de procesos selectivos abiertos, competitivos y objetivos. El crecimiento de la Administración y del pluralismo profesional entre su personal generó, asimismo, una necesidad de gestión de la misma Administración pública, de estudio de sus problemas y de propuestas de mejora de sus sistemas de gestión.

A partir de mediados de los sesenta, se produjeron una serie de críticas al funcionamiento de la Administración en los países occidentales como consecuencia del crecimiento en la actividad y las dificultades para adaptar una maquinaria que se había pensado para un Estado liberal a la nueva situación de una Administración directamente prestadora de servicios en un contexto de Estado del bienestar.

En el Reino Unido, las críticas al funcionamiento de la Administración pública dieron lugar al Fulton *Report* en 1968. Las críticas de expertos y políticos se centraron en que la Administración continuaba siendo muy parecida a aquella Administración rutinaria del siglo XIX que actuaba con gran secretismo, aconsejando a los ministros de la Corona en temas de políticas públicas o actuando como árbitro entre intereses en conflicto.

En Francia y en Alemania las críticas se centraron en el carácter elitista de los altos funcionarios civiles. Si bien el sistema francés introdujo criterios de mérito en la selección sobre la base de rigurosos exámenes a partir de la Segunda Guerra Mundial, las principales escuelas de formación continuaban siendo la ENA y la Escuela Politécnica y la composición social de los altos funcionarios seguía presentando un importante sesgo a favor de los hijos de las personas que ocupaban posiciones de poder en el Estado o en la sociedad. En el mismo sentido, los puestos de la alta función pública alemana eran ocupados por los hijos de los altos funcionarios que en su origen procedían de la nobleza y de la burguesía urbana.

En los Estados Unidos, las críticas en los años sesenta se centraron en el excesivo tamaño de la Administración, en el carácter burocrático de su funcionamiento y en las condiciones de trabajo de los empleados públicos dada su elevada retribución por el rendimiento que se les atribuía. La *Civil*

Service Reform Act de 1978 introdujo algunas reformas importantes: se substituyó la *Civil Service Comission* por una *Office of Personnel Management* directamente dependiente del presidente, se traspasó la tutela de los derechos de los funcionarios a una nueva comisión, la *Merit System Protection Board* y se creó el *Senior Executive Service*, un grupo de unos 8.000 altos funcionarios federales a los que se sometió a un nuevo Estatuto, en tanto que «directivos públicos», inspirado en la lógica de la gestión privada (Perry, 1989).

El caso de Canadá es diferente en la medida que las principales reformas de finales de los años sesenta se referían a dos temas de representación: el *Afirmative Action Plan* tenía por objeto convertir los funcionarios públicos en una muestra más representativa de la sociedad, mientras que la *Official Language Act* regulaba el bilingüismo, en tanto que factor básico en la selección para la función pública. Ello no excluía una crítica más general al tamaño, a la falta de eficiencia y a los déficits de gestión en la Administración federal.

2.5.B. Administración central y local: la Constitución de 1978 como punto de partida

El debate sobre la reforma de la Administración en los términos que se produjo en los países occidentales desde mediados de los años sesenta, no se registró en España hasta mediados de los ochenta. Antes fue necesario pasar por la etapa de la transición y de la normalización de España como democracia occidental. La Constitución de 1978 estableció las bases institucionales de un sistema que se fundamenta en una pluralidad de centros de poder y de administraciones públicas. El artículo 137 se refiere a las comunidades autónomas, a los municipios y a las provincias como las tres administraciones que junto con la central son objeto de regulación constitucional. Sin embargo es en el título IV donde la Constitución regula al Gobierno, artículos 97 a 102, y a la Administración, artículos 103 a 107. El artículo 103 establece la finalidad de la Administración, los grandes criterios que han de guiar su actuación así como los principios en los que debe inspirarse su organización.

Las políticas de los sucesivos gobiernos democráticos (centrales, autonómicos y locales), supusieron la creación, en un corto espacio de tiempo, de un Estado del bienestar propio sobre la base de unas administraciones que empezaban a competir entre sí y que tenían que rendir cuentas a la sociedad por el mecanismo electoral. Desde la integración de España en la Unión Europea en 1986, la misma evolución de la sociedad española, en particular en la última década del siglo, generó un nuevo debate sobre los problemas de la Administración pública y la reforma de algunas políticas públicas en términos muy similares a los que se plantearon en los países occidentales del entorno y respecto a los que España conseguía recortar distancias.

3. *Los programas de reforma de las administraciones públicas a partir de los años setenta*

3.1. *¿Qué pone la reforma en la agenda?*

La reforma de las administraciones públicas se hizo un lugar en la agenda de los gobiernos occidentales a mediados de los años setenta y a principios de los ochenta. La percepción general era que las administraciones públicas eran menos eficientes que el sector privado. Existía una insatisfacción generalizada con el rendimiento de las organizaciones públicas y, en particular, con el de los funcionarios. En muchos países, una mayoría de ciudadanos reclamaban un Gobierno más reducido, más flexible y más receptivo a las demandas sociales. Los ciudadanos contribuyentes estaban cada vez más informados y eran cada vez más exigentes. Las demandas de mayor eficacia pública y de exigir responsabilidades por lo realizado con el dinero público (*accountability*, *value for money*, *performance*) se agudizaron entre una opinión pública que perdía la confianza en la Administración pública como organización capaz de desarrollar su misión con éxito en los ámbitos en los que intervenía.

En el mismo sentido, el incremento del déficit público y de la deuda pública, los desequilibrios fiscales y el gasto público excesivo, junto con la internacionalización de la producción, de los flujos financieros y la globalización de la competencia, crearon un escenario complejo que dificultó aún más la gestión pública. La presión por la reforma del sector público aparece en el proceso político de algunos países occidentales avanzados. Para Ronald Reagan, «el Gobierno no es la solución al problema, sino que el Gobierno es el problema». Para la OCDE (Organización para la Cooperación y el Desarrollo Económico), la disciplina presupuestaria y la gestión pública ordenada y eficiente deviene una prioridad. Con variaciones entre países, se iniciaron a principios de los años ochenta procesos de privatización de empresas públicas y de fragmentación y descentralización de las administraciones centrales.

En las democracias angloamericanas ha existido una larga tradición de comisiones y estudios para la reforma de la Administración pública. Según Ingraham (1992), a quien seguimos en este apartado, en los Estados Unidos ha habido una comisión de reforma cada siete años. En este país, Canadá, Gran Bretaña, Australia y Nueva Zelanda, la tradición *managerialista* y la visión de las organizaciones públicas y privadas como similares llevan a aplicar análisis del sector privado en el sector público. Los escrutinios del Rayner, antiguo directivo de unos grandes almacenes, impulsados por el Gobierno de Margaret Thatcher son un buen ejemplo. En la Europa continental (en Alemania, Francia, Italia y España) la reforma de la Administración es más dependiente de la visión de las organizaciones públicas como esencialmente diferentes de las organizaciones privadas si bien algunas de las grandes soluciones (privatización, descentralización, desconcentración) se aplican de forma similar.

Los factores que empujaron a la reforma de las administraciones y que ubicaron el tema en las agendas de los gobiernos se resumen en los puntos que siguen, sintetizados en el trabajo de Wright (1997). La referencia a estos factores que presionan a favor del cambio es importante para entender después las políticas de reforma y modernización.

1. La presión económica y financiera causada por los problemas de deuda y de déficit públicos o por las exigencias de la integración europea. Se pasó de un cierto optimismo financiero, siguiendo el incrementalismo presupuestario, al convencimiento de que ya no habrá en el futuro más recursos disponibles para hacer frente al crecimiento de los presupuestos y del personal.

2. El cambio paradigmático general en contra de la Administración. Se percibe un descontento generalizado debido a distintas causas: ya sea por entender que el intervencionismo estatal es excesivo e ineficiente, cuando se compara con el mercado, por considerar que el Estado es demasiado débil para tener un impacto en algunos problemas, o que las formas con las que interviene la Administración, a menudo, no respetan las relaciones sociales o incluso la vida privada de las personas. La politización excesiva, el tráfico de influencias o la corrupción también han contribuido de forma clara en este cambio de modelo.

3. La presión democrática por más servicios. En las sociedades europeas continentales los ciudadanos tienen una visión estatista en el sentido de esperar que la Administración resuelva los problemas. Si bien se demanda que el sector público gaste menos y sea más eficiente, se continúan pidiendo más servicios y que la Administración resuelva los nuevos problemas sociales. Todo ello, con mayor efectividad, rapidez, transparencia y participación.

4. La concienciación del ciudadano como pagador de impuestos. En las democracias avanzadas se extiende la conciencia de que el ciudadano ya no es un súbdito cautivo sino un pagador de impuestos, usuario de la Administración o cliente y que, por tanto, tiene derecho a exigir y a comprobar el rendimiento de la Administración como proveedora de servicios

5. Las transformaciones en el entorno institucional. Los cambios en la agenda política con la inclusión de nuevos problemas como el tráfico de drogas, la migración ilegal, las variaciones climáticas, nuevas enfermedades y catástrofes naturales... requieren nuevas estructuras administrativas que se adapten al nivel local, regional o supranacional de los problemas. En la mayoría de países europeos se crearon nuevas estructuras territoriales[15]. El impacto de la pertenencia a la Unión Europea es notable para el sector público, tanto por el conjunto de políticas que pueden ser objeto de regulación,

[15] Nuevos länder orientales en Alemania, devolución de poderes en el Reino Unido, progresiva separación de las administraciones que sirven a las dos comunidades culturales en Bélgica, ampliación de la autonomía de las regiones en Francia, adopción de la lógica federal en la España de las autonomías (ver el capítulo VIII).

como por la necesidad de coordinación administrativa y de hacer realidad la libre circulación.

6. El cambio tecnológico y la internacionalización de los mercados. La difusión de las fronteras estatales y las mayores oportunidades de colaboración entre empresas y administraciones a nivel internacional, junto con las nuevas tecnologías informativas y de telecomunicaciones, cambian las condiciones de prestación de los servicios públicos y añaden confusión sobre las responsabilidades de las administraciones nacionales. Algunas empresas públicas pasan de monopolios a empresas multinacionales prestadoras de servicios competitivos en el mercado internacional.

3.2. Tipología de los programas de reforma

El conjunto de estos factores generaron importantes presiones para las administraciones públicas. Entre los distintos caminos de modernización y reforma adoptados en Europa occidental, cabe distinguir entre grandes líneas de cambio estratégico en la Administración central de los Estados, de aquellos programas más concretos que habría que situar en el contexto de la gestión y de la incorporación de prácticas previamente desarrolladas en el sector privado. Otra forma de sistematizar las políticas de cambio parte de la distinción (Ingraham, 1996) entre reformas presupuestarias, estructurales, privatizadoras, técnicas y relacionales. Dentro de cada una de estas categorías, cabe valorar el alcance estratégico de las iniciativas.

3.2.A. Reformas presupuestarias

Estas reformas se produjeron en los años setenta y tenían como objetivo mejorar la planificación presupuestaria, la gestión y la capacidad de control central por parte de las administraciones públicas. Las primeras iniciativas de este tipo son anteriores a la crisis financiera que se produjo a principios de los años setenta con el aumento del precio del petróleo. Canadá y Estados Unidos introdujeron el llamado *planning, programming and budgeting system* en 1968. La idea central era planificar mejor, racionalizar la gestión e introducir técnicas como la dirección por objetivos que permitieran un mayor control de las operaciones y la evaluación de los resultados de los programas públicos. En el Reino Unido, en Australia y en otras democracias angloamericanas se introdujeron reformas similares en el marco de las políticas de mejora de la gestión. En la Europa continental (Alemania, Holanda, países nórdicos, Francia, Italia y, con posterioridad España) adoptaron el sistema de presupuesto por programas[16]. En la ilustración I.4 se incluye un ejemplo de presupuesto por objetivos y actividades en una Administración local.

[16] Una publicación de la OCDE ilustra la amplia utilización de estas reformas (OCDE, 1990).

3.2.B. Reformas estructurales

Dentro de este apartado, se pueden incluir distintos tipos de reformas: la reorganización departamental, la trasferencia de competencias a nuevas estructuras territoriales, la desconcentración y, en particular, la separación entre responsabilidad política y responsabilidad ejecutiva.

La reorganización departamental es una respuesta visible en el plano político simbólico a la presión externa para que se produzcan cambios en la Administración. Suele ser la medida preferida por los políticos cuando asumen un nuevo cargo en el Gobierno por entender que necesitan cambiar las dependencias orgánicas para alcanzar sus objetivos. En la mayoría de los casos, la reorganización es la consecuencia inmediata de las elecciones. En algunos casos, existía una voluntad de reducir de forma importante el número de departamentos centrales o de crear una nueva estructura para administrar un ámbito específico de la gestión pública.

ILUSTRACIÓN I.4.
EJEMPLO DE PRESUPUESTOS POR OBJETIVOS Y ACTIVIDADES

Descripción de las actividades principales
YOU es una agencia de servicios generales a la juventud abierta a los jóvenes entre 10 y 21 años, con la prioridad puesta en aquéllos que no reciben servicios de otras agencias.
Se ofrecen los siguientes programas:

- Vivienda de emergencia para jóvenes.
- Consulta y asesoramiento individual y familiar.
- Servicios *drop in*, sin cita previa.
- Servicios externos, fuera del centro, en la calle.
- Servicios de ocupación.

Objetivos para el año fiscal 1985-1986
Servir a 70 jóvenes en vivienda de emergencia.
Ofrecer servicios de consulta y asesoramiento a 550 jóvenes.
Ofrecer servicios *drop in* sin cita previa a 650 jóvenes.
Ofrecer servicios fuera del centro, en la calle, a 750 jóvenes.
Reclutar a 300 jóvenes para nuevos empleos.

Actividades desarrolladas recientemente	***83-84***	***84-85***	***85-86***
Jóvenes en vivienda de emergencia:	43	60	70
Consulta y asesoramiento:	452	442	550
Drop in:	858	651	675
Servicios externos:	832	750	750
Servicios de ocupación:	205	259	30

Fuente: 1985-1986 Budget, city of Evanston.

Otra reforma estructural consistió en traspasar competencias de la Administración central a los gobiernos estatales, regionales o locales. En EE.UU., la devolución de poderes a los Estados o a los gobiernos locales fue un instrumento de reducción de la Administración federal y, a su vez, de devolución de la responsabilidad sobre la toma de decisiones a las administraciones más próximas a los ciudadanos. En otros países, la descentralización sirvió como instrumento de pacificación y de resolución de conflictos políticos entre nacionalidades y/o como instrumento de mejora en la gestión de algunos servicios públicos sobre la base de incrementar la eficiencia (unidades administrativas más reducidas), acceso público (Gobierno más cercano a la población), control local y responsabilidad pública.

En algunos casos, se traspasó la gestión operativa de los servicios pero no necesariamente la toma de decisiones, por lo que se habla de desconcentración. Un caso de desconcentración fue la iniciativa *Next Steps* en el Reino Unido. Un informe de 1987 recomendaba la separación (*splitting off*) de las llamadas agencias con responsabilidad ejecutiva para la gestión de los servicios de la responsabilidad política por los resultados de los programas de los departamentos del Gobierno. El caso de Nueva Zelanda es conocido por tratarse de la Administración donde se produjo con mayor intensidad esta separación, de forma que la autoridad de gestión se transfirió a un responsable ejecutivo con autoridad para la gestión independiente del personal y por tanto de su selección, formación, promoción y retribución (Ingraham, 1996 y OCDE, 1990).

3.2.C. Privatización y reducción del volumen del sector público

La idea de la privatización ha ido apareciendo de forma recurrente si bien el contenido de una política privatizadora varía en función de los contextos nacionales y de las tradiciones administrativas. Privatizar significa poner en manos privadas funciones o servicios que antes estaban bajo control público. Los conservadores británicos y los republicanos estadounidenses de los años ochenta entendían que era necesario que la Administración devolviera al sector privado algunas de sus funciones, lo que, por otra parte, contribuiría a reducir el volumen del sector público.

Generalmente, sin embargo, se entiende por privatizar la idea de que organizaciones privadas o del tercer sector asuman el riesgo empresarial y el personal necesario para la gestión de algunos servicios, mientras la Administración se reserva el papel habilitador, en el sentido de generar un sector de actividad, especificar los contratos con los proveedores privados y controlar su ejecución. De hecho es en el ámbito de la *accountability* y por tanto de rendir cuentas a la sociedad de la gestión por una empresa privada de un servicio «público» donde aparecen los principales problemas.

Otra forma de privatizar es la «corporatización», esto es, la creación de grandes empresas o corporaciones de capital público o mixto que asumen la gestión de los servicios a través de organizaciones sometidas al derecho mercantil privado y que operan de forma similar a la de cualquier empresa privada. En contextos de producción de bienes y servicios que por su naturaleza pueden ser objeto de transacción en el mercado, la fuerte inversión pública, la profesionalización de sus directivos y las mejoras en la eficiencia se han traducido, en algunos casos, en la producción de dividendos que son devueltos a los gobiernos.

La privatización tiene un componente político-ideológico que la asocia necesariamente con políticas de desmantelamiento del Estado y de abandono por parte de los poderes públicos de sus responsabilidades sociales. Si bien en las democracias occidentales la privatización suele ir asociada a nuevas formas de regulación de una actividad, el menor grado de control público que «externaliza» funciones o responsabilidades, la voluntad explícita de reducir el volumen del empleo público y aligerar el peso de las administraciones centrales está en la base de un debate social intenso en el que las ideologías políticas están muy presentes.

3.2.D. Reformas en la gestión del personal

En un plano más técnico y de gestión operativa de los servicios, se producen una serie de cambios en la gestión de personal (sistemas de selección, formación, promoción, retribución) y en la forma de relación de la Administración con los usuarios, en la medida que se entiende necesario superar el carácter «burocrático» de estas relaciones y acercarlas al modelo de atención «clientelar» de los servicios privados.

Nuevamente, existen diferencias importantes entre las democracias angloamericanas y las democracias continentales, estas últimas vinculadas a sistemas administrativos inspirados en el modelo francés. En las primeras se introducen reformas en la línea de la flexibilización de la gestión del personal y de aplicación de esquemas más propios del sector privado. En los sistemas continentales, la rigidez es mayor dado que se parte de la especialidad del vínculo entre el empleado público y la Administración. La rigidez y la especialidad de la relación laboral con la Administración también se mantiene en sus niveles más elevados, salvo cuando se trata de cargos de confianza política.

Las reformas más interesantes tienen que ver con la simplificación de la selección, la flexibilización de los sistemas de clasificación de los puestos de trabajo para evitar rigideces y la introducción de sistemas de retribución variable, en particular para los niveles directivos. En casi la totalidad de los sistemas políticos occidentales, el pago por rendimiento o productividad se ha agregado al sistema previo de retribución del personal, pero sólo en algunas (Nueva Zelanda y Australia) ha sido éste un elemento central de reforma del sistema público. La creación en Estados Unidos del *Senior Executive Service* es el mejor ejemplo de cambio en las condiciones laborales de los altos funcionarios. A su vez, el programa intentaba, en la línea de las políticas desarrolladas en otros países, la separación de responsabilidades políticas y ejecutivas, mejorar la responsabilidad de los altos funcionarios ante los niveles políticos, encargados en última instancia de la evaluación de la *performance* de estos directivos públicos. Sin embargo, Perry (1989) indica que se trata de un sistema muy formal y estandarizado que ha producido elevados niveles de insatisfacción[17].

3.2.E. Reformas en la relación con los ciudadanos

Las reformas que tienen por objetivo la relación entre Administración y administrado han sido muchas y muy variadas. De forma general, se pretende hacer la Administración más abierta, flexible y receptiva a las necesidades de los usuarios. Dentro de este capítulo, habría que incluir las cartas de los ciudadanos, *citizens charter* o cartas de servicios públicos entendidas como «contratos» por los que la Administración se compromete a programar un determinado nivel de calidad. Los programas de calidad total y las ventanillas únicas representan otras estrategias que tienen como objetivo mejorar la relación entre la Administración y los ciudadanos.

Otra política relacionada con esta línea de reforma procura democratizar los servicios públicos sobre la base de organizar la participación de los usuarios, incorporar la representación de grupos con intereses específicos al proceso de toma de decisiones o invitar a los trabajadores de base a participar en las decisiones que afectan a su trabajo a través de formulas de congestión, el trabajo en equipo o los llamados círculos de calidad.

3.3. La nueva gestión pública como filosofía de fondo

En los programas de cambio existe una filosofía de fondo que es compartida por las administraciones de las democracias occidentales. Su formulación más concreta adopta el término *new public management* (NPM en inglés que, en castellano, se puede traducir por «nueva gestión pública» o NGP). La idea principal de la NGP es la de romper con las grandes organizaciones públicas

[17] En general, los sistemas de retribución variable han sido criticados por su insuficiente financiación (la bolsa de la parte variable no es significativa), por la insuficiente discriminación entre los empleados (son excepción los que no son valorados positivamente), por tratar la retribución variable como algo que se gana una vez para el resto de la vida profesional, o por no diferenciar adecuadamente entre los empleados susceptibles de un programa de retribución variable (ver esta cuestión en el capítulo VII).

estructuradas jerárquicamente. Se entiende que la eficiencia reside en unidades organizativas reducidas, descentralizadas, flexibles y autónomas, dirigidas por jerarquías menos altas y que son más propensas a facilitar la participación de los peldaños más bajos de la estructura o que están en contacto directo con los problemas. La nueva gestión pública, sin embargo, no se limita a propuestas estructurales. A continuación se resumen algunos de los componentes principales de esta nueva visión de la gestión pública sobre la base de las propuestas de Hood (1992) y de Ferlie *et al* (1996) que, como se puede observar, recogen algunas de las reformas y propuestas puestas en práctica y comentadas más arriba:

a) En primer lugar, como se ha apuntado, se habla de fragmentación, de separación de la decisión política de la ejecución y de la creación de agencias relativamente independientes. De forma paralela, de la división comprador/proveedor. Todo ello en un contexto de receptividad a soluciones alternativas a la provisión pública única y tradicional que favorece la descentralización y la contratación externa. Se delega la capacidad de decisión a los gestores incorporando, a la vez, controles *ex post* en los contratos para verificar el cumplimiento.

b) En segundo lugar, se pone un gran énfasis en los resultados y en la capacidad de dar respuesta a los problemas de la sociedad. Con la gestión por objetivos definidos por contrato y el despliegue de indicadores de actividad y de coste se intenta desplazar el centro de interés hacia los resultados.

c) En tercer lugar, se asocia la consecución de objetivos con el diseño de mecanismos institucionales que incentiven el rendimiento organizativo. Concretamente, por lo que respecta a la gestión de personal, se defiende la revisión del Estatuto tradicional de la función pública para acercar la gestión de los recursos humanos a los parámetros ordinarios de la gestión de personal en el mundo laboral privado.

d) En cuarto lugar, se insiste en la eficiencia y en la competitividad, lo que lleva a crear mercados donde no los había o a introducir competición entre unidades internas como elemento de presión estructural. Se parte de la necesidad de un cambio de valores y de la adopción de nuevas culturas organizativas que pongan por delante valores como la eficiencia económica, la competitividad, la orientación al cliente, el servicio al ciudadano u otros más propios de la cultura empresarial de servicios que de la burocracia tradicional legalista y centralista[18].

e) Finalmente, se defiende un nuevo papel de las administraciones como centro neurálgico con capacidad estratégica para la toma de decisiones, a la vez que garantía pública a la que pueden recurrir los usuarios de los servicios ante los posibles incumplimientos de las entidades prestadoras.

18 En la medida que estos valores proceden del sector privado, producen rechazo entre los defensores de los valores «públicos» como la justicia redistributiva, la igualdad, la participación democrática, la transparencia, entre otros que se suelen asociar a lo público.

4. Modelos de Administración pública y grandes retos para el futuro

Como se ha visto en el apartado anterior, durante los años setenta y ochenta los países occidentales han hecho esfuerzos notables para reformar las administraciones públicas. Algunas reformas han sido criticadas por su carácter formal o insuficiente, o por los valores políticos implícitos. Otras han ido profundizando tendencias de cambio en la gestión.

Una vez presentada la evolución histórica de la Administración y las políticas de reforma practicadas durante los últimos treinta años, en este apartado se cierra el capítulo con la presentación de un esquema que relaciona los tipos de Estados (el Estado liberal, el Estado del bienestar y el que pueda producirse en un futuro inmediato) con los cambios de modelo en la Administración. Ello nos permite concentrarnos en cómo cambia la Administración desde finales del siglo pasado, durante este siglo y como es previsible que evolucione a la vista de los desarrollos recientes en la política actual y en las tendencias organizativas y de reforma administrativa. El esquema se presenta sobre la base de la formulación de una triple pregunta retórica sobre el *qué* (qué hace el sector público), el *quién* (quien es el actor protagonista) y el *cómo* (cómo actúa el sector público).

Si se estudian las funciones que la teoría del Estado clásica asigna al sector público y a la Administración, durante muchos siglos la Administración pública se concentra en tres funciones básicas para la existencia de un Estado (Mayntz, 1985: 55):

a) la regulación de las relaciones entre la sociedad y su entorno, esto es, garantizar la seguridad del sistema (las fronteras) con relación al exterior y mantener la capacidad para las relaciones internacionales;

b) la regulación de las relaciones entre los miembros del sistema, esto es, el orden interno entre los individuos y los grupos;

c) el mantenimiento de la capacidad de acción del sistema institucional sobre la base de garantizar los recursos necesarios (impuestos, soldados, funcionarios reales) para su supervivencia.

Solamente en el siglo XIX y en el XX la Administración asume las funciones que caracterizan a los Estados en su fase de desarrollo más avanzado:

a) El Estado liberal del siglo XIX y de principios del XX se caracteriza por ampliar las tareas de la Administración a la regulación de los alimentos, los servicios contra incendios, la reglamentación de la edificación, de la higiene y la salud pública, la construcción de vías de comunicación y de transporte terrestre y fluvial, el desarrollo de los ferrocarriles y de correos, la distribución de agua, electricidad y gas, la canalización de las aguas residuales y la provisión de instrucción pública.

b) Desde principios del siglo XX, y sobre todo a partir de la Segunda Guerra Mundial, la Administración ha ido asumiendo nuevas responsabilidades que superan claramente las funciones de soberanía y de fomento de la actividad privada que intensifican la presencia del sector público en nuevos ámbitos de actividad: el desarrollo económico sostenido, la ordenación del territorio, la comunicación y los transportes, la educación y la cultura, la sanidad, la política social y la protección del medio ambiente.

A cada una de estas dos grandes etapas de desarrollo del Estado y a la que pueda desarrollarse en el futuro inmediato, corresponde una Administración pública que aparentemente es similar pero que va experimentando importantes cambios que afectan de forma radical la posición del Estado en la sociedad. A continuación se analiza cada una de estas etapas por separado. La tabla I.2 sintetiza los principales cambios.

TABLA I.2.
EVOLUCIÓN DEL ESTADO Y CAMBIOS EN LA ADMINISTRACIÓN PÚBLICA

	Qué	*Quién*	*Cómo*
Estado liberal	Funciones de soberanía y de fomento.	Estado, único intérprete del interés general Estado superpartes	Concepción garantista de los derechos Actuación procedimentalista Burocracia maquinal
Estado del bienestar	Estado como empresa monopolista de servicios públicos estandarizados	Fragmentación del Estado único Pluralismo administrativo Administración como parte Legitimación especial derivada de su posición	Burocracia maquinal y profesional Informatización Adopción de la idea de usuario-cliente y mejora de las relaciones con los ciudadanos
Situación actual y retos de futuro	"Timonear pero no remar" Planificación, financiación, provisión de servicios relacionados con las funciones de soberanía Análisis de las políticas, control de la gestión y evaluación de resultados	Pluralismo administrativo Tercer sector y empresas privadas Administración local de los servicios de proximidad	Agencialización Competitividad en la provisión Nuevas formas de gestión pública más próximas a las del sector privado Democratización de la gestión vía participación

Fuente: Elaboración propia.

4.1. El Estado liberal: el qué, *el* quién *y el* cómo *del sector público*

La Administración del Estado liberal es una Administración que, como se ha señalado anteriormente, cumple las funciones básicas de soberanía (relaciones exteriores, defensa, orden público, justicia, hacienda, obras públicas), de regulación de la actividad de ciudadanos y empresas y de fomento de la actividad comercial e industrial sobre la base de facilitar su tarea a los emprendedores privados.

El protagonista de la actividad pública es el Estado, un actor revestido de características diferenciales por su papel de supremo intérprete del interés general, lo que le sitúa en una posición por encima de los demás actores que defienden intereses privados. Los funcionarios públicos participan del *ethos* del Estado y en algunos países perciben su trabajo en la Administración pública como un compromiso de por vida con el servicio público.

La Administración de este Estado es una organización que, cuanto más desarrollada está, actúa de forma más previsible y maquinal en la medida que racionaliza los procesos y, sobre la base de la diferenciación y la especialización, consigue importantes mejoras desde el punto de vista de la aplicación igualitaria de la ley y de la eficiencia operativa. En los Estados menos desarrollados (por ejemplo la mayoría de los países de América Latina), el modelo orgánico de Administración supone un caos considerable en la medida que no sólo no se consiguen los objetivos previstos sino que se suele actuar por la vía excepcional, saltándose a veces la legalidad, tratando de forma no igualitaria a los ciudadanos o dedicando excesivos recursos a la producción de servicios simples.

En este contexto, son importantes los principios básicos del constitucionalismo y, en particular, el sometimiento de la propia Administración a la ley. El funcionamiento de la Administración en esta fase se fundamenta en una concepción procedimentalista de la actuación de los poderes públicos basada en el derecho administrativo y en el respeto de los derechos y garantías de los ciudadanos

4.2. El Estado del bienestar: el qué, *el* quién *y el* cómo *del sector público*

El Estado del bienestar se desarrolla sobre la base del Estado liberal y democrático de derecho. El principal cambio en relación con el *qué* es la progresiva acumulación de nuevos mandatos, tareas y responsabilidades por parte de un sector público cada vez más amplio. Además de cumplir las funciones propias de un Estado liberal, la Administración desarrolla su capacidad para la prestación directa de servicios a los ciudadanos, de forma particular en el campo de la sanidad, la educación y la política social. La visión de la Administración como una gran empresa de servicios se corresponde con esta etapa.

El *quién* también se transforma. Es importante señalar aquí el pluralismo administrativo y la fragmentación de la antes unitaria estructura de la Administración central. La creación de nuevas administraciones territoriales o la descentralización del poder de decisión y de los presupuestos en las administraciones locales, junto con la integración en organizaciones supranacionales son relevantes en este proceso. En el mismo sentido, la descentralización territorial de los servicios de la Administración central con la creación de delegaciones territoriales y la descentralización funcional, con la aparición de organismos autónomos, empresas, consorcios y fundaciones, a menudo con la participación del sector privado, cambian de forma radical el panorama administrativo, que aparece cada vez más poblado por organizaciones distintas y es más complejo.

En este nuevo contexto, resulta difícil determinar en que consiste el interés general así como quién debe ser su intérprete. Las grandes decisiones políticas, en un contexto político pluralista, representan conflictos en los que puede tener intereses un número importante de actores, públicos y privados. Ver como ejemplo la ilustración I.5

ILUSTRACIÓN I.5.
EJEMPLO DE PLURALISMO, FRAGMENTACIÓN Y NEGOCIACIÓN. EL PLAN DE INFRAESTRUCTURAS DEL DELTA DEL LLOBREGAT

Con el objeto de ilustrar el pluralismo, el nuevo contexto en el que opera la Administración y la dificultad objetiva para encontrar consensos y definir el interés general en cada caso concreto, se presentan los proyectos y actores afectados por el conjunto de proyectos que afectan la zona del Delta del Llobregat en la parte sur de la ciudad de Barcelona.

En esta zona coinciden los siguientes proyectos, públicos y privados:

1. La ampliación de la parte industrial del Puerto de Barcelona. Este proyecto se considera esencial para poder competir con otros puertos del sur de Europa (Génova, Marsella, Tarragona y Valencia) por el liderazgo en la zona del Mediterráneo.
2. La ampliación de las zonas de actividad logística del Consorcio de la Zona Franca, área industrial situada entre el río Llobregat y el Puerto de Barcelona.
3. La desviación dos kilómetros al sur del río Llobregat en su desembocadura, para permitir la expansión del Puerto de Barcelona. Para ello es preciso excavar un nuevo lecho que sin embargo destruiría el acuífero superficial que se extiende por toda la zona del delta. El desvío del río también contribuiría a la destrucción del acuífero profundo dado que facilitaría el proceso de intrusión de agua del mar y, por tanto, la salinización del agua.
4. La ampliación del Aeropuerto de Barcelona con la construcción de una tercera pista para poder incrementar el número de operaciones que se realizan por hora, la

construcción de una nueva terminal de pasajeros, la ampliación de la terminal de carga y de las áreas destinadas a aparcamiento de vehículos.
5. La construcción de nuevas vías de ancho europeo para el tren de alta velocidad que está previsto tenga una estación en el Aeropuerto de Barcelona. En el mismo lugar está también prevista la construcción de una nueva estación ferroviaria.
6. Existe un proyecto de incremento y mejora de los espacios naturales protegidos por la Unión Europea y que se encuentran en la llamada zona natural de la laguna de El Remolar, de la Ricarda y Ca l'Arana. La primera de estas zonas se vería afectada directamente por la construcción de la tercera pista del aeropuerto dado que se ubica entre el aeropuerto y el mar.

Entre los actores promotores de estos proyectos y los afectados, se puede identificar:
1. El Ministerio de Fomento, Administración que aporta la mayor parte de los recursos necesarios para la implementación del Plan de Infraestructuras del Delta. El Gobierno central ha sido gobernado durante el desarrollo de esta política por el Partido Socialista Obrero Español y por el Partido Popular.
2. El Aeropuerto de Barcelona, dependiente del organismo autónomo AENA, dependiente a su vez del Ministerio de Fomento.
3. La Generalidad de Cataluña y en particular los departamentos de Obras Públicas y Medio Ambiente con competencias en la planificación urbanística de Cataluña y la preservación de espacios naturales. Gobernada por *Convergencia i Unió*.
4. El Puerto de Barcelona, dependiente de la Generalidad de Cataluña. Al inicio de este proceso, el puerto dependía del Ministerio de Fomento.
5. Más de 277 empresas ubicadas en la comarca del Baix Llobregat (algunas con importantes derechos de explotación de agua como Seat, Cervezas Damm, Courtaulds, La Seda y Papelera Española Sarrió y las dos compañías suministradoras de agua: Aguas de Barcelona y Aguas de El Prat). Estas empresas están asociadas en la Comunidad de Usuarios de Aguas del Delta del río Llobregat y defienden la conservación del acuífero del Delta.
6. El Ayuntamiento de Barcelona que defiende sus políticas estratégicas para el desarrollo económico de la ciudad, gobernado por el Partido de los Socialistas de Cataluña.
7. El Ayuntamiento de El Prat, que mantiene diversos contenciosos con todas las administraciones y con el Aeropuerto de Barcelona por cuestiones fiscales, medio ambientales y en general sobre la gestión de su territorio. Gobernado por *Iniciativa per Catalunya i els Verds*.
8. Los demás ayuntamientos de la zona, como los de l'Hospitalet y Viladecans entre otros que pueden verse afectados por las ampliaciones del puerto y del aeropuerto o la salinización del acuífero.
9. Las organizaciones ecologistas que defienden los espacios naturales de El Remolar, de la Ricarda y Ca l'Arana y que entienden que Cataluña precisa de la construcción de otro aeropuerto en otra zona.

Fuente: Elaboración propia.

Entre distintas administraciones (europea, central, autonómica o local) o entre distintos organismos de una o varias administraciones (Departamento de Medio Ambiente contra Departamento de Agricultura o entidad gestora de los aeropuertos contra empresa dedicada a la aviación comercial) la definición de un mismo problema es, a menudo, totalmente distinta lo que lleva a situaciones de conflicto en la toma de decisiones.

En el Estado del bienestar, el *cómo* cambia en la medida que la estructura burocrática está mucho más desarrollada y perfeccionada. La ampliación del ámbito de actividad de la Administración lleva consigo la incorporación de grupos profesionales con niveles de formación diversos que, en algunos casos, pueden ser muy elevados. La mayor parte del personal de las administraciones publicas es personal sanitario, personal docente e investigador, policías, bomberos, guardias forestales, trabajadores sociales... La Administración central actúa como una burocracia maquinal, pero muchos de sus departamentos y unidades son auténticas burocracias profesionales.

La introducción masiva de la informática en la gestión de los servicios cambia tanto los procedimientos internos de la Administración como la interacción con los ciudadanos. Las ganancias en productividad interna junto con la preocupación por la mejora de la atención de los usuarios suponen importantes avances desde la perspectiva del trato recibido, de los tiempos de tramitación y de espera y, en general, de la calidad percibida por los ciudadanos. Profesionalidad del personal, informatización y orientación al cliente constituyen tres palancas de cambio en la forma de actuar de la Administración, si bien la estructura organizativa básica de la Administración pública no cambia.

4.3. El Estado actual y retos para el futuro: el qué, *el* quién *y el* cómo *del sector público*

Respecto al *qué*, los cambios sociodemográficos, económicos y culturales suponen la aparición de nuevas demandas sociales. Desde distintos sectores se ha argumentado que el modelo clásico del Estado del bienestar en tanto que proveedor de servicios públicos de carácter universal es ineficiente porque absorbe un volumen importantísimo de recursos públicos y no trata adecuadamente las necesidades y demandas cada vez más diversificadas de los ciudadanos. Durante muchos años, ante una demanda de servicios homogénea, la Administración ha ofertado una serie de servicios estandarizados. En el contexto actual en el que aparecen nuevos problemas, el reto para la Administración pública consiste en encontrar nuevos mecanismos e instrumentos que permitan satisfacer las nuevas demandas de forma más flexible y eficiente.

Una visión de las alternativas que debería adoptar la Administración en el futuro consiste en «mantener el timón» pero dejar que otros «tomen los remos», esto es, mantener la capacidad de decidir sobre las materias que deban ser objeto de regulación pública, financiar algunas políticas y servicios, prestar en algunos casos directamente los servicios, pero, de forma general, concentrarse mucho más en tareas de planificación y análisis que no en tareas de gestión operativa de los servicios que pueden asumir otras organizaciones. Ello supone fortalecer su capacidad de análisis, control y evaluación frente a la tendencia histórica de la Administración a asumir la gestión.

Los cambios en el *qué* y en la orientación estratégica del sector público se asocian a cambios en el *quién*. Así, se descubre a otros actores que no pertenecen a la Administración pública y que reclaman u ofrecen su participación en la provisión de bienestar, lo que permite ceder protagonismo a la sociedad civil y al mercado. El llamado «tercer sector» (ni público ni privado) aparece como el mejor situado para la prestación de determinados servicios. También se argumenta que el mercado puede permitir algunas mejoras en la eficiencia de los servicios ofreciendo una mayor libertad de elección a los ciudadanos-usuarios finales. Otro actor llamado a jugar un papel clave es la Administración local ante la demanda de servicios de proximidad, a escala humana, en contacto directo con el ciudadano, menos estandarizados y más flexibles y territorializados.

Desde la perspectiva de los actores, se intensifica el pluralismo con la combinación de proveedores del sector público, del sector privado y del tercer sector, formal, voluntario o informal. En este nuevo contexto, los partenariados público-privado y con los actores sociales permiten conciliar la necesidad política de cohesión y justicia social con las exigencias de flexibilidad y eficiencia.

El *cómo* de la Administración pública actual y futura tendrá que cambiar en función de las transformaciones que se produzcan en el *qué* y en el *quién*. Por el momento existe una clara tendencia hacia distintas formas de descentralización, ya sea bajo fórmulas de agencialización o de cesión de la gestión a otras administraciones u organizaciones del tercer sector con un mayor nivel de contacto con el ciudadano. Se espera que el pluralismo en la oferta genere competitividad entre los proveedores de servicios y entre las mismas administraciones que ya no tendrán roles adscritos de forma permanente (véase la ilustración I.6). Otros cambios que se prevén por los proponentes de la nueva gestión pública como Hood (1991, 1996) se relacionan con las siguientes cinco líneas:

a) Mayor control de las organizaciones públicas por directivos profesionales sujetos a contratos similares a los característicos del sector privado;

b) utilización de estándares de rendimiento explícitos y verificables en lo que respecta a la cobertura, el contenido y la calidad de los servicios;

c) control de las organizaciones y del personal a través de indicadores de producto y de resultados, en particular, retribución por rendimiento;

d) intensificación de la disciplina en la utilización de recursos públicos;

e) en general, utilización de prácticas de gestión, en unos casos similares a las que se instrumentan en el sector privado y, en otros casos, completamente distintas, en función de la naturaleza de los servicios.

ILUSTRACIÓN I.6.
EJEMPLO DE FLEXIBILIDAD EN LOS PROGRAMAS CONTRA LA POBREZA

Desde hace ya algunos años, los programas de formación ocupacional descubrieron que no resulta fácil para personas con un nivel de estudios muy bajo, con poca o ninguna experiencia laboral y que viven en contextos urbanos muy degradados, pasar de la dependencia de la asistencia social al trabajo.

Para estas personas el proceso de transición al mercado de trabajo requiere tiempo, tiende a ser errático y muy distinto en cada caso individual. Algunos programas como los llamados GAIN en California o ET en Massachussets, introdujeron la idea de «acompañar» a los beneficiarios durante todo el proceso hasta que éstos encuentran un trabajo estable, mientras se les ayuda con servicios a la medida de sus necesidades y se les apoya durante los fracasos y los despidos.

Se entiende la asistencia social como *proceso* y el papel de la Administración como de apoyo personal, flexible y a largo plazo, con el objetivo de maximizar las probabilidades de éxito. Esta política utiliza la metáfora de la *escalera* con sus distintos peldaños hasta llegar a la autosuficiencia y a una vida reglada e integrada socialmente. En el último peldaño se sitúa el trabajo a tiempo completo y estable. A medio camino puede haber un programa de formación o un trabajo a tiempo parcial. Para aquellos que no están preparados para trabajar pero que tienen que acostumbrarse a salir de casa y cumplir con los compromisos adquiridos, están los trabajos de voluntario en su comunidad local o asistir a un curso de formación como, por ejemplo, de ayudante de geriatría.

Este tipo de políticas y la idea de la *escalera*, en esencia, intentan crear y facilitar el mismo tipo de progresión e idéntico entorno social que la mayoría de los trabajadores experimentan en sus primeros trabajos hasta la autosuficiencia cuando son adultos. Buena parte de los trabajadores adultos tuvieron trabajos temporales cuando eran jóvenes y la mayoría tienen la oportunidad de aprender a desenvolverse profesionalmente de forma gradual, mientras están en casa con la familia. Este tipo de consejo y ayuda es lo que pretende hacer la Administración para aquellos que no tuvieron la suerte de crecer en un entorno estructurado socialmente.

Fuente: Esta ilustración se ha elaborado a partir de las ideas contenidas en el caso «The ladder and the scale» de la Kennedy School of Government, Harvard University (KSG#C16-92-1076.0)

II. EL GOBIERNO Y LOS MINISTROS

SUMARIO

1. Introducción

La autoridad política y personal de un presidente, su fortaleza política y el apoyo que tiene entre la población, en el partido y entre la oligarquía de su entorno, tiene efectos en la distribución de poder entre el presidente y sus ministros, y en el funcionamiento del Gobierno. En este capítulo nos planteamos avanzar en el conocimiento de cómo se gobiernan los pueblos y de si las estructuras de Gobierno a nivel de Consejo de Ministros y altos cargos, tendencialmente asimilables en los sistemas parlamentarios europeos, presentan de hecho variaciones significativas. Lo mismo se puede afirmar de las estructuras administrativas como se verá en los siguientes capítulos, en la medida que si bien el modelo tiende a ser el mismo, el análisis comparado de las realidades nacionales muestra divergencias notables.

Los estudios de las estructuras de los gobiernos y de las administraciones normalmente se refieren a un único contexto nacional y tienden a ser de carácter descriptivo. En algunos casos adoptan la forma de compendio y recogen información de distintas naciones para establecer comparaciones. Esta visión presenta algunas limitaciones si se quieren analizar las relaciones entre política y Administración o entre cambios en el entorno y estructura y comportamiento gubernamental. Al mismo tiempo, sin un conocimiento detallado de cada caso, de la regulación constitucional y de las características de los ministros y presidentes, de los partidos y de la distribución de poder en las instituciones y en la sociedad, no es posible avanzar.

Uno de los posibles caminos en el análisis de las relaciones de poder y de la manera en que el poder se distribuye dentro de los gobiernos pasa por estudiar las relaciones entre el presidente y sus ministros sobre la base de distinguir entre gobiernos unitarios o compactos y gobiernos en los que sus ministros son más autónomos y actúan con mayor libertad. Otro camino puede partir del análisis del tamaño del Gobierno, de su profundidad vertical y de su extensión horizontal, lo que, sin duda, tiene consecuencias sobre la capacidad de sus miembros de influir en la formulación de políticas y de coordinar las acciones que se deriven de aquéllas. Un tema menos relevante aparentemente es el de la frecuencia de las remodelaciones ministeriales. Sin embargo, las remodelaciones y los cambios en la división ministerial y en las dependencias orgánicas (de quién depende una Secretaría o una Dirección General) son una manifestación de otros problemas como la representación de intereses en el Gobierno o la fortaleza política del presidente en la sociedad que lo ha elegido o entre el grupo de su entorno más inmediato.

De la misma manera que los estudios de liderazgo, como se verá en el capítulo tercero, no pueden prescindir de aspectos relacionados con la biografía política o con la personalidad del líder, también respecto a los gobiernos es pertinente plantearse cuestiones básicas como quienes son los ministros, cuáles son sus antecedentes personales y profesionales, cómo llegan al Gobierno, cuánto tiempo permanecen en el Gobierno o cómo se relacionan con la persona que los ha nombrado y que eventualmente puede obligarles a presentar su dimisión.

En este capítulo se presentan las principales aproximaciones al estudio de la estructura de los gobiernos y su funcionamiento sobre la base de una síntesis de aportaciones que se pueden encontrar en las principales fuentes bibliográficas. Estos fundamentos teóricos permiten elaborar un esquema para el análisis comparativo de los gobiernos que se aplica al Gobierno central español y a los gobiernos de las comunidades autónomas de Andalucía, Cataluña, Galicia y País Vasco desde su creación hasta el año 2000. El análisis de estos cinco casos permite presentar una serie de observaciones sobre las relaciones de poder y sobre la manera en que el poder se distribuye dentro de los gobiernos, entre presidente, ministros y altos cargos. En el mismo sentido se plantea el problema de la relación entre política y Administración, es decir, entre liderazgo y estructuras gubernamentales y tendencias organizativas en el seno de la Administración.

2. Estructura del Gobierno y ministros en la literatura científica

Las estructuras del Gobierno, los ministros, la administración pública y la función pública son unidades analíticas características de los estudios de administración pública y de teoría de la organización, pero también de las ciencias «madre» de éstas: la ciencia política, la sociología, el derecho o la economía. A menudo, el estudio de la burocracia es la que ha dado pie a estudiar un sistema administrativo completo, una unidad organizativa o a comparar las estructuras administrativas de distintos países. A partir del renovado interés por el Estado y del resurgimiento del análisis institucional que se produce en los años 80, el Gobierno y las administraciones vuelven a ocupar un espacio central en la disciplina.

A pesar de la diversidad y riqueza de los enfoques, se pueden reducir las aportaciones teóricas sobre la relación entre presidentes y ministros, estructura y funcionamiento de los gobiernos a tres perspectivas fundamentales:

a) La primera se centra en la rotación de los ministros y en la duración de los gobiernos y de las coaliciones. En el fondo, existe una preocupación por la estabilidad de los gobiernos y por su capacidad para enfrentarse a los conflictos (Brown *et al.*, 1984; De Swaan, 1973; Dood, 1984; Lijphart, 1984; Taylor y Herman, 1977; Warwick, 1994).

b) La segunda tiene que ver con la eficacia de la organización, tanto del Gobierno como de la superestructura administrativa. En esta línea caben estudios sobre el rol de los primeros ministros o sobre la eficiencia de las oficinas de apoyo al primer ministro o al Consejo de Ministros. Es más difícil, en cambio, determinar la eficacia de los gobiernos en términos de su capacidad para resolver problemas o para hacer frente a crisis (Blondel, 1982 y Mackie y Hogwood, 1985; Laver y Shepsle, 1995).

c) La tercera examina la relación entre el origen político y la experiencia previa de los ministros y su duración y rol en el Gobierno (Blondel, 1980, 1985).

De estas tres aproximaciones, el análisis de las coaliciones ha sido muy importante en ciencia política. Algunos análisis se centran en la distribución de las carteras y en el número de partidos que participan en las coaliciones. Otras aproximaciones intentan entender el comportamiento de los partidos sobre la base del análisis de juegos (Laver y Schofield, 1990; Budge y Keman, 1990) En cambio, el efecto de la posición del primer ministro en la relación con sus ministros y el efecto del origen político profesional de los ministros han recibido menos atención (Jones, 1991).

Es precisamente esta cuestión a la que se dedica una especial atención en este capítulo sobre la base del planteamiento teórico de Blondel (1982, con Müller-Rommel, 1988,1997). En su análisis de la organización de los gobiernos, este autor plantea tres grandes cuestiones que se van a exponer a continuación:

el problema de la estructura y el funcionamiento de los gobiernos,

la cuestión de su tamaño, y

el tema de las tareas de los gobiernos y de las habilidades y rol de los ministros.

2.1. La estructura y el funcionamiento del Gobierno

En una situación en la que el presidente es el principal beneficiario de la autoridad política, éste dispone de una amplia libertad para organizar su Gobierno, para nombrar y separar a quien quiera o para estructurar las relaciones entre los ministros o entre éstos y el segundo nivel ejecutivo por debajo del de ministro. Al contrario, en una situación en la que ningún individuo tiene el apoyo mayoritario de la población o el partido está dividido y cada ministro depende de sí mismo y de las relaciones que pueda establecer dentro del partido o con grupos externos, ni el presidente podrá organizar al Gobierno con total libertad ni sus ministros podrán actuar con discrecionalidad respecto a sus colegas y a los dirigentes de su partido.

Estas dos situaciones permiten distinguir entre gobiernos jerárquicos y gobiernos colectivos. Los gobiernos pueden ser jerárquicos y centrados en torno a su líder, o colectivos sobre la base de un consejo de personalidades políticas más iguales en términos de capacidad de influencia política. La dirección jerárquica llevaría a formas de Gobierno en la que los presidentes ejercerían más poder y por tanto serían más «presidencialistas», mientras que la dirección contraria llevaría hacia gobiernos de tipo «republicano», donde los distintos sectores de la Administración serían gobernados de forma más independiente por ministros menos integrados a pesar de las líneas de decisión marcadas por el colectivo.

2.1.A. Gobiernos jerárquicos y colectivos

En los gobiernos jerárquicos, las decisiones emergen de un único centro, ya sea una persona o un grupo reducido de personas, mientras que el resto del Gobierno depende de las orientaciones y de la iniciativa o el impulso del centro. Ello no excluye que en un modelo de estructura jerárquica los ministros adopten decisiones estratégicas, pero que, en cualquier caso, derivarán de las adoptadas por el centro. En la práctica habrá que distinguir entre la formulación de las políticas y la coordinación «por arriba» de las tareas gubernamentales, de las actividades de mera gestión y administración. En un Gobierno de modelo jerárquico, las primeras en manos del presidente y, en cambio, la gestión y la administración quedarán en manos de sus ministros o consejeros, que incluso en estas actividades actuarán influidos por el estilo y la opinión del presidente.

En este tipo de Gobierno, el líder puede nombrar y separar a sus ministros con toda libertad. Las restricciones a las que se somete derivan más del sistema parlamentario y de los problemas políticos que le pueda suponer obligar a dimitir a alguno de sus ministros que de la capacidad de oposición de éstos. En sentido contrario, el presidente puede preferir mantener a un ministro para salvaguardar su prestigio o su popularidad.

La capacidad de un presidente para adoptar un modelo jerárquico está, sin embargo, limitada en un contexto de Estado del bienestar, por la amplitud de la intervención gubernamental en la sociedad y por la complejidad del aparato burocrático. La fragmentación de las estructuras administrativas, la descentralización territorial y funcional, así como la creación de empresas impiden de hecho que el presidente pueda ejercer un control efectivo y le fuerzan, por tanto, a recurrir a la extensión horizontal de su Gobierno y a la creación de nuevos cargos de coordinación y apoyo. Desde esta perspectiva, el modelo jerárquico de Gobierno presenta importantes limitaciones para la gestión de una burocracia moderna.

El modelo opuesto al modelo jerárquico es el modelo en el que la responsabilidad política es compartida y el líder (que puede tener más o menos autoridad personal) puede contar con la autoridad y la solidaridad del resto de miembros de su Gobierno. El modelo colectivo supone que todos los miembros del Gobierno participan en la formulación de las políticas y en la coordinación al más alto nivel, además de ocuparse de la gestión de los asuntos de su departamento sectorial. En este sentido, los ministros son a la vez generalistas y especialistas y tienen que dividir su tiempo entre la gestión de su departamento y la participación en las comisiones y en las estructuras diseñadas para que se produzca una mejor coordinación para la adopción de decisiones colectivas.

Como en el modelo jerárquico, la expansión de la actividad de la Administración y la complejidad de las estructuras administrativas también suponen un límite a la posibilidad de funcionar de forma eficiente manteniendo el carácter participativo amplio en la toma de decisiones. Por otra parte, los miembros del Gobierno difícilmente serán «iguales» en términos de poder y de capacidad de influir en el presidente y en las decisiones del colectivo. Algunos ministros pueden mantenerse en mayor grado la esfera técnica mientras otros participan más en la decisión política, lo que puede explicarse por la competencia que tienen asignada o por la personalidad individual y política de cada ministro.

La concentración o la dispersión del poder, el momento político y el valor de la solidaridad gubernamental en el sistema parlamentario explican la proximidad a uno u otro modelo.

En primer lugar, cabe esperar que cuando un solo partido dispone de una amplia mayoría, y el partido está unido y fuertemente disciplinado en torno al líder (en particular en aquellos casos en que el líder y presidente del Gobierno ha creado el partido o ha ayudado a organizarlo), el poder esté más concentrado en una sola persona que podrá organizar el Gobierno según su visión, de forma jerárquica y bajo su control directo. Al contrario, en la medida que el poder está más compartido entre los partidos políticos, entre grupos de un mismo partido o entre el presidente del Gobierno y el líder del partido, el Gobierno será menos jerárquico y más un órgano colectivo o una plataforma de negociación entre iguales en la que el líder será menos decisivo y tendrá menor capacidad para controlar la actividad de los demás miembros del Gobierno.

Al mismo tiempo, cuando el momento político se caracteriza por la inexistencia de líderes fuertes o de partidos políticos consolidados o, simplemente, se trata de una democracia joven que no está consolidada, el Gobierno tendrá que ganarse la credibilidad y el apoyo de la población lo que le obligará a adoptar estrategias que ayuden a su consolidación y a la de su líder, incorporando, por ejemplo, a personalidades políticas que representen a grupos y a sensibilidades políticas que el Gobierno entiende que no pueden quedarse en la oposición y contraponerse al Gobierno si éste quiere tener éxito. En estos casos, la necesidad de apoyo político llevará al Gobierno a adoptar una estructura y una composición más abierta y a funcionar de una manera menos jerárquica y más colectiva.

El factor de naturaleza ideológica podría tener una influencia en la adopción de modelos de Gobierno colectivos e igualitarios en perjuicio de los jerárquicos y piramidales. Históricamente, la idea de un Gobierno colectivo e igualitario es la consecuencia lógica del proceso de democratización y se contrapone al Gobierno del Monarca absoluto. La idea de Gobierno igualitario encaja mejor en la idea de responsabilidad parlamentaria y de responder políticamente ante la sociedad. La influencia de las ideas cede ante la lógica de los procesos políticos y de la necesidad de eficiencia en la toma de decisiones. Así, si bien los gobiernos de los sistemas parlamentarios europeos se estructuran de manera colectiva e igualitaria, en la práctica, el mantenimiento de este modelo depende de la fortaleza de los líderes, de la unidad de los partidos y de la configuración de las fuerzas políticas.

2.1.B. Gobiernos de líder fuerte, de equipo y de consenso

A partir de dos modelos teóricos puros, es posible distinguir entre tres modelos más realistas: el Gobierno de líder fuerte, el Gobierno de equipo y el Gobierno de consenso. Estas tres formas de Gobierno se situarían en un continuo como el representado en la figura II.1.

FIGURA II.1.
TIPOS DE GOBIERNO

Gobierno jerárquico .... *Gobierno de líder fuerte* .... *Gobierno de equipo* .... *Gobierno de consenso* .... *Gobierno colectivo*

Fuente: Elaboración propia.

2.1.B.a. Gobiernos de líder fuerte

Este tipo es el más próximo al Gobierno jerárquico. Se trata de gobiernos en los que la autoridad del líder es sustancialmente mayor que la de los demás miembros del Gobierno. El líder tiene una posición de fuerza en la nación que no depende de los demás miembros del Gobierno, ya sea por el sistema de elección en los regímenes de tipo presidencialista, o porque tiene una autoridad personal superior sobre la base de una reputación que se ha ganado en el pasado con su acción política. Esta autoridad puede derivar de un éxito político que la población atribuye de forma directa a su persona o de su participación en la fundación de la nación o en su reconstrucción. En estos casos, los líderes o bien son fundadores de nuevos partidos políticos, o bien utilizan partidos preexistentes que supieron reconvertirse en partidos políticos dominantes.

En este tipo de Gobierno, sus miembros tienen una influencia limitada en la formulación de las políticas y es posible que la coordinación quede completamente en manos del líder. Pero éste se verá obligado a discutir los temas en el seno del Gobierno. En los sistemas parlamentarios, el líder debe defender sus políticas ante el Parlamento directamente o a través de sus ministros y, por tanto, tiene que contar con el apoyo de personalidades políticas de una cierta talla, lo que contribuye a reducir las distancias entre el líder y sus colegas. Incluso en aquellos casos en que el presidente del Gobierno ha creado una estructura de apoyo extensa en torno a su Oficina de Presidencia, ésta puede suplir algunas instancias gubernamentales de coordinación, pero no puede sustituir a los miembros del Gobierno en algunos de sus actos.

2.1.B.b. Gobiernos de equipo

Para que pueda existir un Gobierno de equipo son necesarias dos condiciones: que los miembros del Gobierno sean leales a su líder y que el líder respete y apoye las iniciativas de los miembros de su Gobierno. Esta lealtad es más fácil que se dé en gobiernos de un solo partido en el que las estructuras y los procedimientos están consolidados y el proceso por el que se llega a la posición de liderazgo es menos vulnerable a las conspiraciones y a los enfrentamientos personales. En sentido contrario, la existencia de facciones organizadas dentro de los partidos supone minar el espíritu de equipo y la fuerza de los posibles líderes.

El funcionamiento del Gobierno se basa en el colectivo por lo que se refiere a la formulación de las políticas y la coordinación, pero este funcionamiento se combina con una cierta jerarquía que viene dada por la experiencia en el Gobierno y por la capacidad de hacer frente a los problemas y encontrar soluciones. El talento, la antigüedad y la capacidad son los que determinan una cierta jerarquía, que en principio debería coronar el primer ministro escogido por el colectivo. En buena parte, se trata de gobiernos oligárquicos en el sentido de constituir un equipo reducido de personas que comparten el poder pero que al mismo tiempo limitan la capacidad de tomar decisiones del líder en la medida que depende del grupo.

2.1.B.c. Gobiernos de consenso

Los gobiernos de consenso son aquellos que se articulan en una serie de grupos que se ponen de acuerdo en trabajar conjuntamente sobre la base de compromisos. Los grupos pueden ser facciones de un partido con líderes fuertes, coaliciones de partidos o hasta representantes de grupos sociales como, por ejemplo, grupos religiosos o lingüísticos, si bien esta representación suele canalizarse a través de los partidos políticos. En los tres casos, el poder del líder se ve limitado por los compromisos y porque el poder del Gobierno está repartido entre los distintos partidos y líderes políticos.

En este tipo de gobiernos, todos los ministros son iguales y pueden, por tanto, implicarse en la formulación de las políticas y en la coordinación, además de tener la responsabilidad de la gestión de los asuntos que les correspondan por su ministerio. En la medida que los ministros tengan la vertiente técnica y administrativa resuelta sobre la base de los altos cargos y del personal funcionario, pueden dedicarse más a la política. Las crisis de Gobierno, las negociaciones políticas, la rotación frecuente de los ministros pueden hacer que el sistema acabe siendo ineficaz salvo que se pueda reconducir hacia un Gobierno de equipo.

2.2. El tamaño y la extensión del Gobierno

Una segunda cuestión a tener en cuenta en relación con los gobiernos es la de su tamaño y extensión hacia los niveles inferiores propios de la Administración. Normalmente, se entiende por el «Gobierno de una nación», el grupo reducido de hombres y mujeres que, conjuntamente con su líder, adoptan las principales decisiones a las que se enfrenta una nación. Estos hombres y estas mujeres son los responsables de los distintos sectores de los servicios públicos. La literatura se plantea la necesidad de marcar los límites del Gobierno, si es necesario reducir su ámbito a los miembros del Consejo Ejecutivo o Consejo de Ministros o si también sería conveniente incluir a algunos altos cargos.

La determinación de qué altos cargos constituyen el Gobierno suele resultar una tarea compleja. En el caso de la comparación del Gobierno central español con las comunidades autónomas aún es más difícil dado que la definición sobre la base de criterios formales en función de la posición que ocupan las personas puede llevar a incluir en el Gobierno a altos cargos de «bajo nivel». En sentido contrario, algunos asesores o hasta miembros de la ejecutiva de los partidos que ocupan posiciones importantes para la dirección ejecutiva de un país, no pueden ser incluidos en el Gobierno por razones formales a pesar de que parecen ocupar posiciones con mucho poder.

Otra manera de formular esta misma cuestión parte de la distinción entre profundidad vertical y profundidad horizontal del Gobierno. Desde la perspectiva vertical se pueden distinguir diferentes niveles: el primer nivel es el formado por los ministros y por aquellos que, en su caso, tienen el rango de ministro. Se trata de los hombres y mujeres que se encuentran en el ápice de la jerarquía de la toma de decisiones públicas. En la mayoría de países, el Gobierno solamente está constituido por hombres y mujeres de este rango. Pero como se apuntaba más arriba, el Gobierno también puede incluir un segundo y hasta un tercer nivel de cargos que ayudan a los ministros, normalmente sobre la base de concentrarse en una división del departamento. Estos altos cargos están subordinados al ministro y, teóricamente, es éste el que siempre adopta las decisiones formales relevantes. En algunos países, como el Reino Unido, algunos altos cargos tienen la consideración formal de pertenecer al Gobierno mientras que en otros países se considera que forman parte del Gobierno, entendido éste, en sentido amplio.

La realidad es que los gobiernos han ido ampliando los sectores de actividad en los que de una manera u otra intervienen y que este proceso ha complicado todavía más el dar una respuesta adecuada a la cuestión de en qué nivel de la jerarquía es preciso trazar la línea que separa el Gobierno del resto. El incremento de la carga que soportan los gobiernos y las administraciones ha llevado a crear nuevos departamentos o a dividir éstos en dos o más unidades, que son encabezadas por un alto cargo de segundo o tercer nivel. Desde este punto de vista, se podría ver a los «ministros» de segundo nivel como formalmente distintos de los ministros que ocupan los ministerios más importantes, pero cumpliendo funciones muy similares. En cada país, las prácticas institucionales y la tradición parecen ser las que han determinado que el término «Gobierno» solamente se refiera al nivel superior o también incluya uno o dos niveles subordinados.

Desde la perspectiva horizontal, se observa la extensión del Gobierno hasta el punto en el que sus límites se van difuminando y resulta difícil, también en esta dirección, determinar dónde acaba. Esta extensión se produce de forma más clara a nivel del entorno presidencial y de creación de organismos y agencias con dependencias directas de Presidencia. Los altos cargos que asesoran directamente a los presidentes, los directores de Gabinete, los directivos de los departamentos o ministerios de Presidencia, los presidentes de algunas corporaciones públicas como, por ejemplo, los entes gestores de radio y televisión, no pertenecen formalmente al Gobierno pero substantivamente cumplen funciones similares a las de un ministro o a las del mismo presidente. A menudo, algunos altos cargos de Presidencia actúan como la mano derecha del presidente y/o coordinan las reuniones de preparación del mismo Gobierno. En otros casos asesoran o asumen responsabilidades ejecutivas. Así, que algunos altos cargos acaben formando parte del Gobierno entendido como Consejo Ejecutivo, depende de lo que el presidente y sus asesores entiendan que es mejor para su organización[1]. En el mismo sentido, el nombramiento de

[1] Blondel se refiere a la idea de la «eminencia gris», entendida como la persona a la que el Rey o el Príncipe confía el consejo o delicadas misiones que se llevan en secreto o al

comisionados, de delegados del Gobierno, de representantes permanentes en determinadas instituciones supranacionales, expresa la voluntad de crear nuevas líneas de actuación y comunicación más allá de los gobiernos formales.

Fuera del Gobierno formal y de las instituciones, las ejecutivas de los partidos y sus líderes pueden «compartir el Gobierno», entendido como la dirección ejecutiva de una nación, con los responsables formales elegidos para esta función. Ello es más claro en aquellos casos en los que el presidente del Gobierno no es el líder del partido y se produce una dirección bicéfala. Entonces puede resultar útil distinguir entre el Gobierno y el poder político dado que, si bien el Gobierno-organización queda bajo la responsabilidad de su líder, la función de gobernar en sentido amplio y, por tanto, de toma de decisiones al más alto nivel escapa al núcleo restringido de individuos que forman parte de una institución concreta. Al sustituir el concepto de Gobierno por el de poder o por el de sistema de gobernabilidad, la difuminación del concepto y el recurso a la abstracción es más evidente.

En síntesis, el término Gobierno se refiere al grupo que se sitúa en el ápice del órgano ejecutivo del sector público pero que se puede ampliar tanto verticalmente como horizontalmente. En el sentido vertical, el Gobierno puede limitarse a los altos cargos con rango de ministro o ampliarse a una pirámide de altos cargos que se sitúan uno o dos niveles por debajo de éstos. Al mismo tiempo, se produce una expansión horizontal de los gobiernos que tiene su origen en la necesidad de su líder de buscar maneras alternativas de recibir asesoramiento, de cumplir con determinadas misiones o de estar presente en determinadas instancias. A su vez, por razones políticas, el líder de un Gobierno se puede ver obligado a integrar en el mismo a individuos que, por su posición fuera del mismo, podrían ejercer una influencia política disfuncional.

2.3. Las tareas de los gobiernos y las habilidades y roles de los ministros

Las definiciones del Gobierno sobre la base de la Constitución y de la legislación se construyen a partir de listas de funciones formales que no pueden ser exhaustivas dado que los gobiernos cumplen una multiplicidad de funciones e intervienen en una variedad ingente de actividades que difícilmente se pueden describir de forma detallada[2]. Al mismo tiempo, el Gobierno ocupa una posición

margen del Gobierno. Son la ilustración histórica de los asesores actuales, de los gabinetes y de los delegados especiales que, a pesar de no formar parte del Gobierno, acaban materialmente ampliándolo.

2 La Constitución española atribuye al Gobierno en su artículo 97 «la dirección de la política interior y exterior, la Administración civil y militar y la defensa del Estado. Ejerce la función ejecutiva y la potestad reglamentaria de acuerdo con la Constitución y las leyes.»

muy específica y, en este sentido, cumple una función y tiene una responsabilidad única: el Gobierno se sitúa en el vértice estratégico del sector público y existe para gobernar, es decir, para adoptar decisiones que afectan a los ciudadanos de forma general sobre la base de convertir las ideas, las propuestas, los valores y los objetivos del mismo Gobierno o de otros actores políticos en decisiones, reglas, programas y acuerdos que habrán de ser negociados para su aplicación efectiva. Esta función implica actividades de naturaleza muy diferente pero que pueden sintetizarse en las siguientes ideas generales:

a) Escuchar, aceptar o, en su caso, rechazar las ideas y las propuestas de actuación concreta. Esta es una actividad política que supone la consideración de los valores implícitos, calibrar las propuestas, determinar prioridades y analizar la factibilidad de las ideas para finalmente aceptarlas, reformularlas o rechazarlas.

b) Elaborar las respuestas institucionales y, por tanto, las políticas y los programas o las decisiones y los acuerdos. Ésta es también una actividad política en la medida que supone optar, fijar prioridades y considerar las implicaciones de una propuesta en relación con sus posibles alternativas. A la vez, se trata de una actividad técnica que tiene que ver con los instrumentos y herramientas concretos que se utilizan, con el detalle de las operaciones y con el análisis de su coste.

c) Supervisar a la Administración en su papel de ejecutora, y más allá de la mera ejecución como implementadora de las políticas, con todo lo que ello supone de reto organizativo y de coordinación de instancias públicas y privadas. Una parte de esta actividad es política y se relaciona con las decisiones «políticas» que se producen en la fase de implementación. Pero otra parte de esta actividad es de naturaleza directiva, en el sentido de control de la gestión y de la administración de las políticas y de los servicios.

Estas actividades permiten, a su vez, ver más claramente qué significa gobernar o adoptar decisiones vinculantes para la comunidad, e identificar el tipo de habilidades que deben reunir los individuos que forman parte del Gobierno. Así, siguiendo el mismo esquema, los gobernantes deberían tener conocimientos y habilidades de tres tipos:

a) Los gobernantes tienen que ser capaces de optar y asignar prioridades a las ideas y a las demandas que compiten entre sí para hacerse un lugar en la agenda del Gobierno. Esta es una habilidad distinta de la de administrador. Es una habilidad de carácter político que tiene que ver con la capacidad estratégica de visión a corto y a largo plazo, de negociación y de persuasión para convencer sobre la base de una buena comprensión de los intereses que están en juego, de ver la posibilidad de acuerdos y de coordinación de las acciones, de valorar los beneficios y los costes, y de identificar a los afectados directa o indirectamente por las diferentes propuestas consideradas.

b) Los miembros del Gobierno también deben de tener capacidad para la formulación de las políticas, esto es, para la elaboración de respuestas institucionales a los problemas sociales y, en su caso, para persuadir a los afectados para que las acepten. Nuevamente aquí es preciso distinguir entre las habilidades políticas y las habilidades técnicas. Estas últimas requieren una adecuada utilización de conocimientos substantivos y de herramientas o instrumentos de intervención, mientras que las habilidades políticas tienen relación con la gestión del apoyo político necesario, el mantenimiento de la credibilidad del Gobierno entre los actores afectados y entre la población en general que, directa o indirectamente, se ve impactada por las alternativas propuestas.

c) La habilidad más evidente que se espera de los miembros del Gobierno es la de naturaleza administrativa, de gestión o directiva. Hasta qué punto los ministros deban ser buenos gestores dependerá, sin embargo, de cada situación específica. Aquí habría que distinguir entre aquellas áreas del Gobierno más y menos técnicas que pueden requerir conocimientos de especialista por parte del ministro. En cualquier caso, por su volumen y por el nivel de centralización de la Administración, los ministros deberán tener capacidades directivas en el sentido de liderazgo, de relación con el entorno, de coordinación horizontal con sus colegas en el Gobierno y de control de la organización que tienen bajo su mando.

En función de que los gobiernos pongan más énfasis en actividades de gestión política y de elaboración de las políticas o en actividades de administración y gestión de servicios públicos establecidos y en funcionamiento, las actividades y habilidades requeridas de los gobernantes serán distintas, si bien la multiplicidad de tareas y la variedad de funciones son consustanciales a la idea de función directiva de cualquier institución.

3. Una propuesta para el análisis comparado de los gobiernos

Sobre la base de lo expuesto en el anterior apartado, se presenta a continuación un esquema de análisis de los gobiernos a partir del estudio de las siguientes cuestiones: el carácter jerárquico o colectivo, de líder fuerte, de equipo o de consenso; la división departamental, profundidad vertical y extensión horizontal; las habilidades de los ministros y su participación en la elaboración de las políticas, la coordinación gubernamental y la gestión de los asuntos de sus respectivos departamentos.

El primer tema se desarrolla a partir del análisis de si se trata de un Gobierno presidencialista o cooperativo integrado por personalidades de un mismo nivel. Algunos elementos como el rol que juega el vicepresidente o el ministro o consejero de la Presidencia, la estabilidad de los ministros en sus cargos o las diferencias de categoría política entre los ministros pueden servir para determinar el tipo de Gobierno del que se trata. Si existe un Gobierno de coalición, la influencia de este hecho en las relaciones de los ministros/consejeros con el presidente o en el funcionamiento efectivo del Gobierno a través de comisiones u otras reuniones pueden servir así mismo para percibir las diferencias entre distintas estructuras gubernamentales.

El segundo tema conduce al estudio del tamaño y estructura del entorno presidencial y en particular de los gabinetes de los primeros ministros y de los presidentes. El entorno presidencial puede estar muy organizado y ser complejo o, por el contrario, tratarse de un entorno informal y simple que facilite la relación directa del presidente con un núcleo reducido de ministros/consejeros. La cuestión de la extensión del Gobierno se relaciona con la configuración departamental y con los cambios en ésta como consecuencia de las necesidades políticas. Según se trate de unidades orgánicas grandes con pocos directivos o de unidades más fragmentadas y con más directivos, el número de altos cargos y de niveles entre éstos también variará, dando lugar a estructuras diversas.

El tercer tema se construye a partir del análisis de las características sociológicas de los ministros. Estas pueden poner de relieve los objetivos políticos detrás de cada nombramiento, elementos relacionados con la formación de los ministros y con su perfil generalista y político o especialista y técnico. El análisis de las personas a las que nombran ministros los presidentes permite reconstruir las rutas profesionales seguidas hasta llegar a ministro y los medios por los que éstos establecen una relación de confianza política y personal con el presidente.

Como se ha señalado más arriba, este esquema de análisis se aplica al Gobierno central español y a los gobiernos de las comunidades autónomas de Andalucía, Cataluña, Galicia y País Vasco desde su creación hasta el año 2000. El análisis de estos cinco casos permite observar variaciones estructurales y de funcionamiento, de tamaño y en las características de los ministros/consejeros que, a su vez, cabe relacionar con las especificidades de los presidentes estudiados y con el modelo de Administración que se describe en los capítulos siguientes de esta obra[3].

4. *Gobiernos y ministros en el Gobierno central español y en los gobiernos de las comunidades autónomas de Andalucía, Cataluña, Galicia y País Vasco*

Al comparar el Estado con las comunidades autónomas, se están analizando instituciones que si bien son muy similares desde el punto de vista de su responsabilidad en un ámbito territorial específico, presentan diferencias obvias como consecuencia de sus distintos tamaños, ámbitos competenciales y

[3] A estas tres cuestiones se añade una breve referencia al peso del sector público en cada caso y al volumen y orientación organizativa de la Administración por debajo de un Gobierno, lo que permite vincular este capítulo con los capítulos dedicados a la estructura de la Administración General del Estado (capítulo IV) y de la Administración de las comunidades autónomas (capítulo V).

tradición histórica, que convierten al Estado en una estructura más compleja y extensa tanto desde el punto de vista vertical como horizontal.

El presupuesto consolidado del Estado (Administración General del Estado, organismos autónomos y Seguridad Social) superaba en 1998 los 35,4 billones, mientras que en Andalucía, la comunidad autónoma con mayor presupuesto de las cuatro consideradas, fue de 2,5 billones, en Cataluña de 1,8 billones, en Galicia de 0,9 billones y en el País Vasco de 0,7 billones. Si se considera la población de cada comunidad, el nivel de gasto más elevado por habitante corresponde a Cataluña, seguida de Andalucía, País Vasco y Galicia

Por volumen de empleados públicos, la comunidad autónoma con más empleados públicos es Andalucía, seguida de Cataluña, Galicia y el País Vasco. En función de la población, Andalucía es la que tiene un mayor porcentaje de empleados sobre población total (2,8%), seguida por el País Vasco (2,7), Galicia (2,3) y Cataluña (1,9) (ver el capítulo V).

4.1. El carácter jerárquico o colectivo del Gobierno: Gobierno de líder fuerte, de equipo o de consenso

Resulta difícil para un investigador observar el funcionamiento del Gobierno, (*unlocking the Government* como proponen Mackie y Hogwood, 1985), analizar la toma de decisiones en el seno del Consejo de Ministros/consejeros, las relaciones entre el presidente y sus colaboradores y la participación de éstos en las tareas de formulación de las políticas y coordinación política, administrativa o de gestión. Los ministros juran mantener el secreto de las deliberaciones del Consejo de Ministros en una especie de rito iniciático que se ha convertido en una barrera notable para aquellos que quieren observar el funcionamiento real de los Consejos de Ministros.

Una manera de avanzar en el análisis del funcionamiento de los gobiernos y de la relación entre presidentes y ministros o consejeros con el objeto de distinguir entre comportamientos propios de modelos de Gobierno de «líder fuerte», de «equipo» o de «consenso» podría articularse sobre la base de combinar un conjunto de variables como las que se analizan a continuación.

4.1.A. La dinámica de las reuniones del Consejo de Ministros o consejos ejecutivos

Son raros los casos como el del ex presidente del Gobierno Leopoldo Calvo Sotelo, en que un político escribe unas notas sobre el funcionamiento de los consejos de ministros durante su etapa como presidente y de los que le precedieron en el cargo y de los que él formaba parte como ministro.

Así, en las notas de Calvo Sotelo (1990:180 y ss.), este ex-presidente compara los consejos de ministros y los consejos de las grandes empresas en un sentido que es favorable para los consejos de ministros por su carácter de órgano colectivo y deliberante:

> «El Consejo de Ministros puede ser más real y menos formal, más colegiado y menos presidencialista, más vivo y menos protocolario que algunos consejos de administración y sus órganos delegados. En el Consejo de Ministros se discute con más libertad y mayor profundidad, la dictadura del presidente es menos visible, el asentimiento de los presididos es menos dócil, la información previa mucho más amplia: y todo ello a pesar de que las materias sobre las que decide el Consejo de Ministros pueden ser más delicadas y complicadas, y el acoso de la opinión pública mucho más angustioso.»

Sobre los consejos de ministros que presidía Adolfo Suárez, en los que Calvo Sotelo fue ministro y vicepresidente del Gobierno, distingue dos etapas:

> *«Adolfo Suárez impuso en las reuniones del Consejo una gran disciplina, que es esta: se interviene previa petición de la palabra dirigiéndose siempre al presidente; las referencias a otros ministros se hacen en tercera persona, citando la cartera y nunca el nombre propio. Cualquier ministro puede salir cuando le parece. Si alguna intervención tediosa ahuyenta a muchos ministros, el presidente hace llamar a los que se han ido por un ujier respetuoso...»*

Sin embargo, a medida que avanza su mandato...,

> «Suárez encuentra más aburrido el Consejo, se levanta con mayor frecuencia y sale al Salón de las Columnas, dando al pasar un golpecito en la espalda a algún ministro para que le acompañe en sus reflexiones...»
>
> «...buena parte del Consejo se dedica a informes largos de ministros diligentes, casi siempre primerizos, a los que sólo el presidente escucha; o a polémicas entre dos ministros, siempre a través del presidente, sobre prolijas cuestiones de competencia interministerial.»

Las citas permiten hacerse una idea de la forma de desarrollarse las reuniones y, para el caso concreto de Suárez, permiten observar una evolución desde una primera etapa en que el presidente marca claramente las reglas e intenta controlar directamente las reuniones a otra en que éste, más confiado por su dominio del Consejo, se permite delegar las funciones de presidencia de la reunión en un vicepresidente.

El dominio de la posición del presidente por encima de los ministros podría igualmente deducirse de algunos comentarios periodísticos sobre la presidencia de Felipe González y que se refieren al temor reverencial que experimentaban algunos ministros ante su propio líder. Lo mismo se podría afirmar de la relación entre los presidentes de Cataluña y de Galicia con sus consejeros en las etapas de Pujol y Fraga.

4.1.B. La existencia de vicepresidentes

La inexistencia de vicepresidentes puede ser indicativa del carácter fuerte del presidente y de su interés por marcar claramente la distancia entre el presidente y los demás miembros del ejecutivo a los que sitúa en un plano igualitario. Así, ni Pujol ni Fraga cuentan con un vicepresidente en sus gobiernos, si bien en los dos casos sí existe un consejero de la Presidencia que acaba siendo la mano derecha del presidente. En el caso de Pujol, hasta principios de 1996, esta función la desempeñaba un alto cargo que no tenía el rango de consejero, el secretario general de la Presidencia. En sentido contrario, el caso vasco se caracteriza por los gobiernos de coalición y por el recurso a varias vicepresidencias con el objeto que los partidos que forman la coalición tengan una representación al mismo nivel en el seno del ejecutivo.

En el caso del Gobierno central la situación es distinta y todos los presidentes optaron por tener uno o varios vicepresidentes. Suárez tuvo dos vicepresidentes (uno político y otro económico), lo mismo que hizo años más tarde Aznar. González, en cambio, siempre tuvo un único vicepresidente (su mano derecha en el Gobierno), salvo en el tramo final de su mandato en el que optó por no tener ninguno.

4.1.C. El número de ministros/consejeros y el tiempo de permanencia en el cargo

El número de ministros/consejeros que utiliza un líder y el tiempo que permanecen en el cargo también puede ser indicativo del grado de control político por parte del presidente. En la tabla II.1, sobre la base de 334 casos considerados, se puede observar la distribución de los ministros/consejeros, en función del tiempo que consiguen mantenerse en el cargo.

Como se puede observar, Cataluña y Andalucía utilizan un número similar de consejeros (44 y 43), mientras que Galicia y País Vasco cambian más a menudo y utilizan un total de 59 y 63 consejeros, respectivamente. El mandato corto se da con mayor frecuencia en Galicia y el País Vasco lo que parece confirmar la tendencia a cambios y remodelaciones más frecuentes. Al mismo tiempo, sin embargo, País Vasco, al igual que Cataluña, tiene un grupo de consejeros (12 y 13) con mandatos largos, superiores a los 9 años. Los consejeros de Andalucía, por su parte, gozan de bastante estabilidad en su posición, dado que casi su totalidad permanece en el Gobierno entre una y dos legislaturas.

TABLA II.1.
MINISTROS/CONSEJEROS. AÑOS DE PERMANENCIA EN EL CARGO

	Andalucía	*Cataluña*	*Galicia*	*País Vasco*	*Gobierno central*
Hasta 1 año	1	2	2	6	16
Hasta 2 años		2	15	7	29

TABLA II.1. CONTINUACIÓN
MINISTROS/CONSEJEROS. AÑOS DE PERMANENCIA EN EL CARGO

	Andalucía	*Cataluña*	*Galicia*	*País Vasco*	*Gobierno central*
Hasta 3 años	10	3	16	9	11
Hasta 4 años	6	7	9	6	34
De 5 a 8 años	20	18	11	22	26
De 9 a 12 años	5	9	6	11	6
Más de 12 años	1	3		2	3
Total	43	44	59	63	125

Fuente: Elaboración propia

El caso del Gobierno central del Estado resulta difícil de comparar dado que los 125 ministros han formado parte de gobiernos de partidos políticos distintos. Cabe observar, sin embargo, tres grupos:

– más de un tercio (56) no llegan a los 3 años como ministro;

– 34 llegan a mantenerse una legislatura, y

– 35 superan la legislatura (sólo 9 ministros han conseguido superar los 9 años en el cargo).

Este indicador es complementario del que se suele utilizar en la literatura (Lijphart, 1987; Bar, 1997, Montabes, 1997) que mide el tiempo transcurrido entre cambios de Gobierno y/o remodelaciones ministeriales. Según Bar, los gobiernos españoles en el período 1975-1996 duraron una media de 28,3 meses, pero con remodelaciones en algunos ministerios cada 10,1 meses[4]. Sin embargo, si se analiza la permanencia de los ministros en el cargo, los gobiernos son más estables de lo que este indicador sugiere.

4.1.D. El número de ministros que ocupan varias carteras

Que un mismo ministro o consejero sea utilizado para distintos ministerios o consejerías podría ser indicativo de su fortaleza en el partido o en su relación con el presidente del Gobierno. La tabla II.2 muestra el número de casos de intercambio ministerial para el Gobierno del Estado y para las cuatro comunidades autónomas estudiadas.

4 En el mismo sentido, Montabes que remite a Lijphart.

TABLA II.2.
MINISTROS/CONSEJEROS QUE OCUPAN ENTRE UNO Y CUATRO DEPARTAMENTOS DIFERENTES

	1dep	*2dep*	*3dep*	*4dep*	*T*
Andalucía	35	7	1		43
Cataluña	33	10	1		44
Galicia	46	4	3		53
País Vasco	48	10	2	1	61
Gobierno central	83	32	4		119
Total	245	63	11	1	320

Fuente: Elaboración propia.

Estos datos indican que del total de los ministros y consejeros, entre un 20 y un 25% tienen un peso político por encima de sus compañeros en el Gobierno. Esto se puede ver de forma más clara en los casos de los gobiernos centrales, catalán y vasco. En el Gobierno central, 32 ministros de un total de 119, fueron ministros en dos ministerios diferentes. Sólo en cuatro casos, una misma persona ocupó tres ministerios diferentes y en ningún caso, un mismo ministro ocupó cuatro carteras distintas[5]. En Cataluña y en el País Vasco, 11 y 13, respectivamente, fueron consejeros de dos o más consejerías. En Galicia y Andalucía, el intercambio de consejeros entre departamentos fue menos frecuente.

4.1.E. Gobiernos de coalición

La coalición de dos o más partidos para formar Gobierno también resulta determinante del funcionamiento más colectivo y menos jerárquico de un Gobierno.

En el ámbito autonómico, Cataluña y el País Vasco tuvieron gobiernos de coalición de forma continua (desde 1980 en Cataluña y desde 1985 en el País

[5] Como curiosidad, cabe decir que hay cuatro consejeros autonómicos que han sido también ministros del Gobierno central. Se trata de Luis Atienza y Juan Antonio Griñán que fueron consejeros en el País Vasco y en Andalucía respectivamente y después ministros con el PSOE. Los otros dos casos son los de José Manuel Romay y Mariano Rajoy, que primero fueron consejeros en Galicia y después ministros con el PP. También nos encontramos con el caso de Francisco Fernández Ordóñez que fue ministro con la UCD y después con el PSOE.

Vasco). Pero mientras en el País Vasco los partidos nacionalistas tuvieron que pactar con los socialistas o con otros partidos nacionalistas, en Cataluña se trataba de dos partidos afines que forman una coalición electoral y de Gobierno desde las primeras elecciones.

En el ámbito del Estado, los gobiernos de la democracia han sido siempre monocolores, pero por la forma como se creó la Unión de Centro Democrático (UCD), como una plataforma electoral que aglutinaba a personalidades políticas en torno a Suárez, su funcionamiento fue muy similar al de una coalición de pequeños partidos con sus respectivos líderes, los llamados «barones»[6].

4.2. División departamental, profundidad vertical y extensión horizontal de los gobiernos

4.2.A. División departamental

Los cuadros de ministros y consejeros correspondientes a las cuatro comunidades autónomas estudiadas y al Gobierno central español desde 1979 hasta el 2000 (figuras II.2 a II.8 al final del capítulo) permiten captar a primera vista los cambios en la división ministerial o departamental, la sucesión de los ministros/consejeros en un ministerio o consejería, la complejidad y el tamaño del Gobierno así como una primera impresión sobre su estabilidad.

En la primera época constitucional de Suárez, el número de ministerios fue de 22 mientras que en la etapa de Calvo Sotelo se redujo a 16 (ver figura II.6) con González osciló entre 13 y 16 (ver figura II.7) y Aznar trabajó con 14 en la primera legislatura y con 16 en la segunda (ver figura II.8). En términos generales, la tendencia es a la reducción, a un Gobierno manejable y a una estructura estable de ministerios. En las comunidades autónomas, el número de consejerías es similar si bien Galicia con Fraga opta por un menor número de consejeros (entre 11 y 13) mientras que Cataluña (sin contar los comisionados) y Andalucía se sitúan entre 13 y 15 y el País Vasco varía entre 10 y 14 (ver figuras II. 2 a II.5).

Les denominaciones de los ministerios de la etapa pre-constitucional como «Ejército», «Marina» y «Aire», «Secretaría General del Movimiento», «Relaciones Sindicales», «Información y Turismo», «Adjunto para las Regiones» o «Adjunto para las Comunidades Europeas» desaparecen definitivamente. La división ministerial se consolida con los ministerios de la etapa del Partido Socialista Obrero Español (PSOE) y del Partido Popular (PP), con pequeños

6 Galicia también tuvo un Gobierno de coalición pero durante un período relativamente corto, entre mediados de 1987 y 1989.

cambios que afectan áreas de Gobierno estrechamente relacionadas como Administración Territorial, Secretaría del Gobierno y Función Pública, Relaciones con las Cortes y Portavoz del Gobierno[7], Transportes, Comunicaciones y Obras públicas, Industria, Energía, Turismo y Comercio, Trabajo, Seguridad Social y Bienestar Social, y finalmente, Educación, Investigación y Cultura. Medio Ambiente pasa a ser un ministerio con el Gobierno del Partido Popular a partir de 1996. Lo mismo ocurre con Ciencia y Tecnología a partir del 2000 (ver el capítulo IV).

En las comunidades autónomas estudiadas, la división departamental es similar con pequeñas particularidades significativas. En el caso de Cataluña, se utilizó durante un tiempo la figura del comisionado con atribuciones y rango similares a los de los consejeros pero sin formar parte del Consejo Ejecutivo. En Galicia, Fraga crea un departamento de «Familia y Mujer», en Andalucía existe un departamento de Turismo y Deportes, mientras que el País Vasco es la comunidad dónde hay más reestructuraciones, produciéndose la desagregación del área de Transportes, Comunicaciones, Obras Públicas y Urbanismo mientras, por otro lado, se reúnen en un departamento Justicia, Trabajo y Seguridad Social, al que se añaden Economía y Planificación durante la etapa del consejero Jáuregui (ver el capítulo V).

A pesar de las diferencias en las competencias entre Estado y las comunidades autónomas y la mayor concentración del presupuesto de las comunidades autónomas en unos determinados sectores (sanidad, educación y obras públicas), la división departamental es muy similar a la del Estado, salvo para aquellas funciones de soberanía como defensa o asuntos exteriores que no aparecen, lógicamente, en la división departamental de las comunidades autónomas.

4.2.B. Extensión vertical de los gobiernos

La estructura del Gobierno del Estado prevé un mayor número de altos cargos y de categorías jerárquicamente dependientes. Cabe diferenciar (Bar, 1997) entre tres niveles de altos cargos, si bien en un mismo nivel el rango puede ser diferente:

– Un primer nivel agrupa al presidente del Gobierno, al vicepresidente del Gobierno y a los ministros, es decir, todos aquellos que forman parte del Consejo de Ministros.

– Un segundo nivel integra a secretarios de Estado, subsecretarios y secretarios generales, estos dos últimos con el mismo rango y ligeramente por debajo de los primeros. Los secretarios de Estado, si bien podrían asistir a las

[7] La tendencia es a integrar todos estos ámbitos dentro de dos ministerios, el de Presidencia y el de Administraciones Públicas.

reuniones del Consejo de Ministros, no son formalmente considerados miembros del Consejo de Ministros.

– Un tercer nivel comprende a directores generales y secretarios generales técnicos y que es el nivel intermedio entre el mundo político del Gobierno y el mundo técnico de la Administración.

Como se puede observar en la tabla II.3, el número de altos cargos en el Estado se sitúa en 540 incluyendo a los ministros. Esta tabla también permite comparar el número de altos cargos con el gobierno socialista y con el gobierno popular que, como puede observarse, es prácticamente el mismo en el momento de producirse el relevo.

TABLA II.3.
ALTOS CARGOS. GOBIERNO CENTRAL

	PSOE	*PP*
Ministros	15	14
Secretarios de Estado	23	26
Subsecretarios	57	53
Directores generales	316	250
Personal eventual Moncloa	104	164
Otros altos cargos	27	34
TOTAL	542	541

Fuente: Elaboración propia y *El País*, 20 de octubre de 1996.

La estructura del Gobierno de las comunidades autónomas estudiadas presenta algunas diferencias significativas. Los altos cargos de las consejerías varían en cada comunidad autónoma, si bien en todas aparece la figura del consejero y del director general como responsables de las unidades básicas de las consejerías. Como en el caso del Estado, se diferencian tres niveles:

– Un primer nivel que agrupa al presidente de la comunidad autónoma y del Gobierno, a los vicepresidentes en el caso del País Vasco y de Galicia en la etapa pre-Fraga y a los consejeros. Nuevamente, se trata de todos aquellos que forman parte del Consejo Ejecutivo.

– Un segundo nivel que agrupa a los viceconsejeros (muy numerosos en el caso del País Vasco) y a la instancia que se encarga de la gestión interna de los recursos materiales, personales, financieros y jurídicos de las consejerías, que puede recibir la denominación de Secretaría General o de Secretaría General Técnica.

– Un tercer nivel que agrupa a los directores generales y que, como en el caso del Estado, es el nivel intermedio entre el mundo político del Gobierno y el mundo técnico de la Administración.

La tabla II.4 permite comparar el número de altos cargos del Estado y de las cuatro comunidades autónomas consideradas. Destaca el elevado número de altos cargos en el País Vasco, 199, por los 79 de Galicia. En el caso de Cataluña, el número de altos cargos permanece estable en torno a los 121, mientras que en Andalucía son 114. Tanto si se considera el volumen presupuestario como el número de empleados en cada una de estas administraciones, las *ratios* más favorables (menor densidad de altos cargos) son, por razones de tamaño, la del Estado y, entre las comunidades autónomas, la de Andalucía.

El recuento de empleados por secretarías generales y por direcciones generales permite elaborar la mediana de empleados por cada una de estas unidades orgánicas. Como se puede observar en la tabla II.5, el número de empleados por Dirección General es muy superior en el Estado (311) si se compara con Cataluña (142) o Galicia (36,1). Las secretarías generales, tanto en Cataluña como en Galicia, son significativamente mayores que las direcciones generales, lo que pone de relieve su papel como unidades centrales de los departamentos más allá de la gestión de los recursos. Este hecho también es indicativo de la tendencia a promocionar a secretario general a los responsables de las direcciones generales importantes.

TABLA II.4.
ALTOS CARGOS

Estado	542
Andalucía	114
Cataluña	121
Galicia	79
País Vasco	199

Fuente: Elaboración propia a partir de datos de las CCAA (1990) y del *Boletín Estadístico del Registro central de personal.*

En sentido contrario, en la Administración General del Estado, las secretarías generales tienen una dimensión menor ya que el grueso de los empleados se concentra en las direcciones generales (ver tabla II.5), excepto en el Ministerio de Presidencia que es un departamento de apoyo institucional al presidente y, en menor medida, en el Ministerio de Fomento, donde más del 50% de los efectivos se encuentran en unidades que no son direcciones generales.

TABLA II.5.
MEDIANA DE EMPLEADOS EN LAS SECRETARÍAS Y DIRECCIONES GENERALES

	Secretaría General	*Dirección General*
Estado	64,6	310,9
Andalucía	-	-
Cataluña	150,0	142,0
Galicia	67,5	36,1
País Vasco	-	-

Fuente: Elaboración propia a partir de datos de las CCAA y del *Registro Central de Personal*: MAP.

4.2.C. Extensión horizontal de los gobiernos

La dificultad de poner límites al Gobierno es más evidente en su dimensión horizontal. Cabe, sin embargo, analizar dos aspectos de la extensión horizontal:

– la creación de estructuras estables en torno al presidente, los gabinetes presidenciales como una extensión de su poder, y

– la creación de organismos autónomos, agencias y empresas con la misión de gestionar un determinado sector de servicios bajo la autoridad y responsabilidad del Gobierno.

4.2.C.a. Gabinetes presidenciales

El análisis de los gabinetes presidenciales permite aproximarse a la forma de trabajar y al estilo de los presidentes. Si se toman los ejemplos de los cuatro líderes que se estudian en el capítulo siguiente, la comparación entre presidentes ilustra algunas variaciones en el plano horizontal. Como se podrá comprobar, existe una diferencia básica de complejidad entre el Gabinete de la Presidencia del Gobierno central en la Moncloa y los gabinetes de los presidentes autonómicos. Si ello se relaciona con los estilos de liderazgo, habría que distinguir entre Felipe González que crea una estructura permanente de apoyo a su alrededor y todos los demás líderes estudiados. Sin embargo, en el caso de Adolfo Suárez, la inexistencia de una organización compleja, estable y permanente puede explicarse por una razón simple: la falta de tiempo de maduración del sistema. Si bien este es un tema que se explica en su vertiente organizativa en el capítulo IV, a continuación se describe brevemente el entorno presidencial de los presidentes del Gobierno central y de las comunidades autónomas de

Cataluña, País Vasco, Galicia y Andalucía a los efectos de ilustrar la extensión horizontal de estos gobiernos.

En la etapa de Adolfo Suárez y de Calvo Sotelo al frente del Gobierno, la Secretaría personal del presidente fue ocupada por personas de su entorno familiar o que habían trabajado con él desde hacía muchos años. A parte de lo que constituía su Secretaría personal, Suárez contaba con un reducido grupo de profesionales de la diplomacia y/o de la Administración civil del Estado para hacerse cargo de la asistencia directa y personal del presidente.

El Gabinete del presidente tenía unas dimensiones reducidas si se compara con el Complejo de la Moncloa que se desarrollará posteriormente. Además de los ayudantes militares y del Gabinete de Telecomunicaciones, el presidente tenía un grupo de seis asesores que se ocupaban de la Secretaría del Gobierno, de la relación con los ministros y preparación de los consejos, situación parlamentaria y política en general, preparación de dictámenes jurídicos e información económica, seguimiento de los asuntos internacionales y portavocía del Gobierno.

A diferencia de los gabinetes estructurados por secciones y con jefes responsables de cada una de las secciones, los gabinetes de la época UCD tienen una estructura más flexible en la que los asesores del presidente no realizan unas tareas predeterminadas sino que responden a las demandas caso por caso, ya sea, de estudio de un tema, de preparación de un dictamen o de análisis previo a una decisión concreta. El reducido tamaño de esta unidad permitía una coordinación informal entre sus miembros y con el mismo presidente del Gobierno.

Con Felipe González como presidente del Gobierno, el Complejo de la Moncloa cambió radicalmente. Las transformaciones llevaron a la creación de una estructura de apoyo al presidente y al vicepresidente del Gobierno que se administraba autónomamente a través de una consignación global en el presupuesto y que venía a ser el equivalente español de la estructura de la que dispone el *premier* francés en el Palacio de Matignon o el primer ministro británico en el 10 de *Downing Street*.

Siguiendo el modelo francés de gabinetes de apoyo a la presidencia, González separó su Secretaría personal del Gabinete de la Presidencia del Gobierno que pasaba así a ser una unidad permanente con un director, un subdirector y un conjunto de áreas por políticas sectoriales, cada una de ellas integrada por asesores y bajo la responsabilidad de un jefe de Área. El Gabinete del presidente tiene por misión estudiar los proyectos de los ministerios y preparar la documentación necesaria para la toma de decisiones políticas por parte de la Presidencia del Gobierno.

Con González, el Gabinete de la Moncloa pasa a ser un importante filtro, un instrumento de control del presidente y del vicepresidente y un centro de poder paralelo al Consejo de Ministros y a sus órganos de trabajo. Sin embargo, la creación de esta unidad supone alejar al presidente del contacto directo con su propia Administración y edifica una barrera que dificulta el acceso a su persona.

Juntamente con el Gabinete, el otro órgano que asiste al presidente y al vicepresidente del Gobierno es el Ministerio de la Presidencia. Este fue objeto de distintas remodelaciones dado que inicialmente incluía la Secretaría de Estado para las Administraciones Públicas, en 1986 desapareció como Ministerio de la Presidencia, pasando a ser el Ministerio de Relaciones con las Cortes (se había creado al mismo tiempo un Ministerio para las Administraciones Públicas), en 1988 se dio rango de Ministerio al Portavoz del Gobierno, y en 1993 se volvió a la fórmula del Ministerio de la Presidencia incluyendo las funciones de relaciones con las Cortes, secretaría del Gobierno y portavoz del Gobierno (ver el capítulo IV).

En el ámbito autonómico, el *staff* de apoyo del presidente de la Generalidad de Cataluña es muy reducido si se compara con el Gobierno central. El entorno más cercano al presidente se reduce a su Secretaría personal, a un jefe de Prensa y a un jefe de Protocolo. En el nivel político, los principales colaboradores del presidente han sido los dos secretarios generales de la Presidencia cuando no había un titular de este departamento, y el titular del Departamento de la Presidencia desde 1996. Esta posición es clave en el Gobierno catalán dado que es el único alto cargo que tiene el contacto directo con el presidente, asiste a las reuniones del Consejo Ejecutivo y preside el Consejo Técnico en el que participan los demás secretarios generales de los departamentos para coordinar las políticas y preparar las sesiones del Consejo Ejecutivo.

A otro nivel, también forman parte del entorno más inmediato del presidente, algunos secretarios y directores generales de Presidencia (como los encargados de la coordinación de las políticas interdepartamentales), el delegado de la Generalidad en Madrid (que tiene rango de consejero) y, en menor medida según la persona que ocupa el cargo, el Comisionado para Asuntos Exteriores o hasta los delegados territoriales de la Generalidad en las cuatro provincias catalanas (que se reúnen de forma periódica con el presidente formando un Consejo Territorial).

No existe, sin embargo, una estructura al estilo del Gabinete de la Moncloa. El presidente se relaciona directamente con sus consejeros y a lo sumo, algunos intelectuales cumplen la función de eminencia gris al servicio del Gobierno. Hasta el año 2000, no hubo tampoco un portavoz del Gobierno y sólo el consejero de Presidencia cumplía funciones asimilables a las de un vicepresidente del Gobierno[8]. El presidente de la Generalidad tampoco ha utilizado la figura del «*conseller en cap*» prevista en el Estatuto de autonomía ni ha nombrado vicepresidentes formales si bien en distintas épocas ha utilizado la expresión de «super-consejeros» para distinguir a dos políticos que quería situar a un mismo nivel y por encima de los demás consejeros[9].

8 Durante la primera legislatura M. Coll i Alentorn ocupó la posición de consejero adjunto a la Presidencia con funciones de carácter formal y protocolarias.

9 Es la situación de Durán Lleida y Mas, la distinción se debe a la necesidad de situar a un mismo nivel los principales aspirantes a suceder a Pujol en cada uno de los dos partidos que forman la coalición.

En el caso vasco, el entorno presidencial es muy reducido y relativamente profesionalizado si se compara con el complejo de la Moncloa. Los presidentes tienen en su entorno inmediato su Secretaría personal, a los jefes de Protocolo y Relaciones con la Prensa y a algunos altos cargos del Departamento de Presidencia o de la misma Oficina del *Lehendakari* que se ocupan de las relaciones con los departamentos del ejecutivo o con el Parlamento, las diputaciones y los ayuntamientos. El presidente Ardanza tenía un asesor político en la línea de la eminencia gris, mientras el resto de los altos cargos que tenían su puesto de trabajo en la *Lehendakaritza* cumplían las funciones especificadas.

En el caso gallego, la llegada al Gobierno de Manuel Fraga supuso articular un entorno amplio que agrupa a secretarías generales políticamente significativas como las que se ocupan de la representación de Galicia en Madrid, de las relaciones con la Unión Europea y de las relaciones con las comunidades gallegas en el extranjero. Sin embargo, también se situaron cerca del presidente otras secretarías como Investigación y Desarrollo o Deportes que podrían haber sido encuadradas en otros departamentos. En la cuarta y en la quinta legislatura, la tendencia al crecimiento del entorno presidencial ha tendido a mitigarse hasta llegar a un punto de estabilización. Como en el caso de Cataluña, no existe una estructura al estilo del Gabinete de la Moncloa. El presidente se relaciona directamente con sus consejeros y las personas que tienen mayor influencia sobre el presidente son algunos de sus consejeros. Así, el consejero de la Presidencia que luego se presentó a las elecciones a alcalde de Santiago, el consejero de Cultura y responsable de la política comunicativa de la *Xunta* o el hombre fuerte del partido durante un largo período y también consejero serían algunos de los políticos gallegos con mayor influencia en el entorno más próximo al presidente. Al igual que Pujol, Manuel Fraga tampoco utiliza la figura del vicepresidente lo que refleja un estilo donde prima el control directo sobre sus colaboradores.

Por último, en el caso de Andalucía, el llamado Gabinete del Palacio de San Telmo está integrado por un grupo reducido de seis personas que cumplen funciones de secretaría clásica del presidente y asesoría política personal y directa. Los servicios de apoyo al Gobierno y al presidente más allá de esta pequeña unidad se encuentran en el Departamento de Presidencia del que son directores generales el mismo jefe de Gabinete y el portavoz de la Junta y de la Presidencia.

4.2.C.b. Creación de organismos autónomos, agencias y empresas

El Gobierno también tiene su expansión horizontal en los organismos autónomos (OO.AA.) y en las sociedades públicas (las sociedades anónimas o los entes de derecho público) que se crean para gestionar una parte de los servicios que en épocas todavía recientes gestionaba una única estructura de Gobierno y administrativa nucleada en torno a los ministerios centrales.

Esta expansión horizontal de los gobiernos es común en el Estado, las comunidades autónomas y hasta en los gobiernos locales, si bien Estado y comunidades autónomas se encontraban en momentos distintos de ciclo organizativo a finales del siglo XX, en la medida que el Estado está en un momento más avanzado de transformación de sus viejos organismos autónomos en empresas y entes de derecho público, lo que se combina con una estrategia de privatización de empresas, mientras que las comunidades autónomas se encontraban en un momento anterior de creación o consolidación de un entramado corporativo que a finales del siglo XX aún crece.

Entre las cuatro comunidades autónomas consideradas, tanto por sus presupuestos (tabla II.6) como por el número de entes y sociedades creados (tabla II.7), Cataluña y el País Vasco, aparecen como las dos comunidades autónomas más activas en la creación de este tipo de organismos incrementando la extensión de su sector público y los niveles de gasto de forma notable.

TABLA II.6.
GASTOS DEL SECTOR PÚBLICO EMPRESARIAL 1998
(EN MILLONES DE PTAS.)

	Entes públicos	*Sociedades públicas*
Andalucía	116.152	30.069
Cataluña	124.556	141.046
Galicia	34.900	60.817
País Vasco	24.130	85.343

Fuente: Elaboración propia a partir de las leyes de presupuestos de 1998.

TABLA II.7.
NÚMERO DE ENTES: SECTOR PÚBLICO DE ANDALUCÍA, CATALUÑA, GALICIA Y PAÍS VASCO

	OOAA Adm.	OOAA *Com.*	*Entes SS*	*Entes públicos*	*Empresas públicas*	*Total*
Andalucía	7	0	2	8	32	49
Cataluña	21	7	3	22	24	77
Galicia	6	3	2	9	18	38
País Vasco	7	0	1	3	62	73

Fuente: Elaboración propia a partir de las leyes de presupuestos de 1998.

Los cuadros de organismos autónomos, entes públicos y sociedades (figuras II.9, II.10 y II.11 al final del capítulo) permiten comparar su misión y su volumen presupuestario además de señalar algunas especificidades. Así, en las cuatro comunidades autónomas existen organismos autónomos característicos como los entes gestores de la sanidad y de los servicios sociales. También suele haber institutos de la mujer, de estadística, escuelas de formación de funcionarios y de policía. Cada comunidad autónoma tiene organismos autónomos para la gestión de políticas sectoriales importantes en la comunidad, como puede ser la reforma agraria en Andalucía, la ganadería y los productos lácteos en Galicia o la *euskaldinización* en el País Vasco.

En relación a las empresas (como fórmula distinta del organismo autónomo) también existe un cierto mimetismo entre las cuatro comunidades autónomas y, a la vez, una diversidad que es ilustrativa de las distintas políticas seguidas por sus gobiernos. Así, por ejemplo, en Andalucía y Galicia aparecen hospitales como fundaciones y empresas, mientras que en Cataluña las empresas sanitarias ofrecen servicios complementarios o se ocupan de actividades relacionadas con la investigación. En todos los casos, existen organismos dedicados a la gestión de la energía, infraestructuras y puertos, promoción económica, juventud y radio y televisión.

En las cuatro comunidades autónomas, organismos y empresas tienen un volumen presupuestario muy variado: muchas organizaciones son muy reducidas mientras que otras tienen presupuestos muy importantes, superiores a los de la mayoría de consejerías de los gobiernos autónomos.

4.3. Las características de los ministros y su participación en las tareas del Gobierno

El análisis de las características sociológicas, de formación y de experiencia profesional de los ministros y de los consejeros autonómicos puede resultar útil para determinar la posición de éstos en relación con los demás miembros del Gobierno y con su presidente.

La procedencia geográfica, el sexo o la edad tienen relación con objetivos de representación política del partido en el Gobierno, mientras que la formación y la experiencia previa pueden dar un perfil más técnico (de especialista en un ámbito sectorial o de experto en gestión) o un perfil más político (de persona formada en el partido, en el Parlamento o en la política local donde el conocimiento sectorial o la experiencia en gestión acaba siendo relativamente menos importante).

4.3.A. Sexo y edad

La presencia de las mujeres en los gobiernos centrales y autonómicos españoles es muy reducida. Comparativamente, el Gobierno central español ha tenido más mujeres ministras (9) que los gobiernos de las comunidades autónomas, y entre las comunidades estudiadas, la representación de las mujeres en el

Gobierno ha sido particularmente reducida en los casos de Cataluña (2) y Galicia (2) hasta 1999. En el País Vasco (6) y Andalucía (5), la representación de las mujeres continúa siendo muy baja, si bien es algo superior.

La edad de los ministros y consejeros varía de forma notable con mínimos que se sitúan justo por encima de los 30 años y máximos que superan los 70. Los intervalos de edad donde se concentra la mayoría de los ministros y consejeros varía en función de los ámbitos territoriales. Así, mientras Andalucía cuenta con consejeros más jóvenes, entre 30 y 35 años en el momento de asumir el cargo, en el Gobierno central y en los gobiernos de Cataluña, País Vasco y Galicia tienen una edad superior (entre 35 y 55 años), mientras que sólo en el Gobierno del Estado y en los gobiernos de la Generalidad de Cataluña y de la Junta de Galicia se pueden encontrar ministros y consejeros de más con 65 años en el momento de la toma de posesión.

4.3.B. Origen geográfico

La representación territorial en el Gobierno a través de los ministros y de los consejeros puede estudiarse a partir del análisis de su procedencia geográfica. Como se puede observar en la tabla II.8 para los ministros del Gobierno central, un 34% de todos ellos nacieron en la provincia de Madrid y entre los que nacieron fuera de ésta (un 62,4%), sólo un 28,5% nacieron en Cataluña, País Vasco, Andalucía o Galicia.

TABLA II.8.
MINISTROS: ORIGEN GEOGRÁFICO

Ministerio	*Nacidos en Madrid* %	*No nacidos en Madrid* %	*CCAA 151* %
Administración Territorial	8,3	91,7	41,7
Agricultura	30,0	60,0	0,0
Exteriores	50,0	50,0	16,7
Bienestar Social	33,3	66,7	66,7
Comercio / Turismo	45,5	54,5	18,2
Cultura	50,0	50,0	37,5
Defensa	40,0	60,0	30,0
Economía	20,0	80,0	10,0
Educación	25,0	66,7	33,3
Industria	22,2	66,7	44,4
Interior	0,0	100,0	57,1
Justicia	33,3	55,6	33,3
Medio Ambiente	0,0	100,0	0,0
Obras Públicas	50,0	50,0	33,3

TABLA II.8. CONTINUACIÓN
MINISTROS: ORIGEN GEOGRÁFICO

Ministerio	*Nacidos en Madrid* %	*No nacidos en Madrid* %	*CCAA 151* %
Portavoz y Relaciones Cortes	75,0	25,0	12,5
Presidencia	45,0	50,0	20,0
Sanidad	30,0	60,0	30,0
Trabajo	30,8	69,2	38,5
Total	33,9	62,4	28,5

Fuente: Elaboración propia.

El mismo análisis para las cuatro comunidades autónomas estudiadas (tabla II.9) refleja una mayor proporción de consejeros nacidos fuera de la comunidad en el caso de Andalucía (30%). En sentido contrario, Cataluña es la comunidad autónoma con menos consejeros nacidos fuera de las cuatro provincias catalanas. Concretamente los no nacidos en Cataluña son cuatro consejeros, tres nacidos en otras provincias españolas y uno nacido fuera de España. En los casos de Galicia y el País Vasco, al igual que Cataluña, la proporción de consejeros nacidos fuera de la comunidad es muy baja, en torno al 8%.

TABLA II.9.
CONSEJEROS CCAA: ORIGEN GEOGRÁFICO

	Andalucía	*Cataluña*	*Galicia*	*País Vasco*	*Total*
Nacidos fuera de la CA (%)	30,2	6,8	8,2	8,7	12,3
Nacidos en la CA (%)	69,8	93,2	91,8	91,3	87,7

Fuente: Elaboración propia.

4.3.C. Formación académica

La formación académica sólo es indicativa del dominio de determinados perfiles formativos, con las consecuencias que en términos de valores y maneras de definir los problemas pueda tener el hecho de que una parte significativa de ministros hayan recibido una determinada formación. En cambio, no parece correcto identificar una determinada formación con un perfil técnico o político de un ministro o consejero.

Los datos que se recogen en la tabla II.10 confirman la impresión generalizada del dominio de los juristas en los gobiernos españoles, tanto centrales como autonómicos. En el caso del Gobierno central, la formación en derecho supone más del 50%, mientras que la formación en economía y en ciencias experimentales o técnicas suponen un 20,7 y un 18,1%, respectivamente. Los consejeros de las cuatro comunidades autónomas estudiadas presentan perfiles formativos ligeramente diferentes. En todos los casos, la formación en derecho es mayoritaria, si bien lo es menos en Cataluña.

En el caso de Cataluña, el porcentaje de consejeros con una formación científico-técnica es el mismo que el de los que tienen una formación jurídica. El otro grupo importante en Cataluña es el de los consejeros con formación en economía y administración de empresas.

TABLA II.10.
MINISTROS Y CONSEJEROS: FORMACIÓN ACADÉMICA

	Andalucía	*Cataluña*	*Galicia*	*País Vasco*	*Gobierno central*	*Total*
Derecho	37,9	33,9	43,0	43,7	50,8	44,4
Economía	13,8	25,8	7,0	21,4	20,7	18,3
Humanidades	27,6	6,5	23,3	7,8	6,2	12,0
Militar	0,0	0,0	0,0	0,0	4,1	1,6
Ciencias e ingenierías	20,7	3,9	26,7	27,2	18,1	23,7

Fuente: Elaboración propia.

En el caso del País Vasco, el perfil formativo de los consejeros es muy similar al de Cataluña, si bien se observa una mayor presencia de juristas y de consejeros con formación en humanidades.

Andalucía destaca por el elevado número de consejeros con formación en humanidades y por el menor peso relativo de los economistas. Esta observación también es válida para Galicia donde todavía es menor el número de consejeros con formación económica.

4.3.D. Ruta profesional

El análisis de las profesiones de los ministros y de los consejeros antes de asumir el cargo puede servir para ofrecer una indicación más ajustada de los itinerarios más usuales hasta llegar a ministro o consejero y de su carácter más técnico o político. Con este propósito se han agrupado las carreras profesionales de los ministros y consejeros en siete categorías y se ha asignado a cada ministro o consejero uno o varios orígenes profesionales, entendiendo que dos o hasta tres condiciones de las consideradas podían coincidir en una misma persona.

TABLA II.11.
RUTA PROFESIONAL PREVIA DE LOS MINISTROS Y CONSEJEROS

	Andalucía	*Cataluña*	*Galicia*	*País Vasco*	*Gobierno central*
Parlamento/aparato partido	52,0	39,2	32,2	28,8	10,2
Política local	4,0	10,1	17,4	6,8	3,9
Universidad	28,0	5,1	8,3	9,1	15,1
Profesión sector privado	10,0	11,4	14,0	18,9	9,5
Administración (funcionario de carrera)	2,0	12,7	9,9	9,8	27,5
Sindicatos	2,0	0,0	0,8	0,8	1,8
Administración (puesto de confianza política)	2,0	21,5	17,4	25,8	32,0

Fuente: Elaboración propia. Un ministro/consejero puede tener más de una ruta profesional previa.

Como se puede observar en la tabla II.11, la ruta profesional presenta variaciones significativas. De forma general se puede afirmar que Cataluña, País Vasco y Galicia son más parecidas mientras que Andalucía, por una parte y el Gobierno central, por otra, tienen perfiles distintos.

En el caso del Gobierno central, la experiencia previa de los ministros se concentra en tres categorías: altos cargos promocionados a ministro, funcionarios de carrera y catedráticos de universidad. El análisis por año de incorporación de cada grupo de profesionales permite formular algunas hipótesis sobre las diferencias entre los gobiernos centristas, socialistas y populares. En el caso del Gobierno central, es destacable la menor presencia relativa de ministros con experiencia profesional previa relacionada con tareas claramente políticas o de partido, ya sean miembros fundadores, parlamentarios o responsables del aparato.

En el caso de las tres nacionalidades históricas, la principal «cantera» de consejeros es, en cambio, el partido: 39,2% en Cataluña, 32,2% en Galicia y 28,8% en el País Vasco. A este grupo, habría que añadir a los altos cargos, es decir, aquellos que han «promocionado» a la posición de consejero después de ocupar un puesto de director general o de secretario general y que en Cataluña representan el 21,5%, en el País Vasco el 25,8% y en Galicia el 17,4%. Otra categoría relacionada con estas dos, es la de los consejeros con experiencia en el mundo local (ayuntamientos y diputaciones), permite acabar de perfilar las tres vías políticas de llegar al Gobierno en estas comunidades autónomas. Entre las vías profesionales, el sector privado, los funcionarios de carrera y los profesores universitarios serían las tres categorías más comunes.

El caso de Andalucía es diferente por el peso superior de los consejeros «políticos» o de partido. También es diferente por la importancia de los consejeros con experiencia profesional previa en la universidad (28%) y por los bajos porcentajes de consejeros que provienen del mundo local, funcionarios de carrera o promocionados desde altos cargos de la misma Administración andaluza.

Una forma complementaria de analizar la ruta profesional consiste en examinar si un determinado grupo profesional ha entrado en mayor medida en el Gobierno en una determinada etapa lo que permite distinguir entre los tipos de profesionales que han ido seleccionando distintos presidentes de un mismo Gobierno o los cambios en el perfil profesional de los gobiernos de un mismo líder político.

Las figuras II.2 a II.8 al final del capítulo para el Gobierno central y para las cuatro comunidades autónomas estudiadas, permiten observar algunas tendencias en relación con esta cuestión.

En el caso del Gobierno central, los ministros funcionarios de carrera y los catedráticos de universidad se concentran en los gobiernos de Suárez y, en menor medida, en el primer gobierno de González que también recurre a catedráticos a principios de los 90. Los ministros formados en la Administración como altos cargos se corresponden con la etapa Suárez y los gobiernos de González de principios de los 90.

Los profesionales del sector privado tienen una mayor presencia en los gobiernos de Suárez y son una constante en los gobiernos de González que suele tener tres ministros con este origen profesional. Todos los ministros con experiencia profesional previa sindical son socialistas y se integran en el Gobierno en los años 80.

Los ministros políticos (con experiencia profesional relacionada con el partido) entran en el Gobierno durante toda la etapa de González y con el primer gobierno de Aznar. En el caso de González, en 1982 y en 1984, se producen incorporaciones cuantitativamente importantes de ministros con esta ruta profesional. El primer gobierno de Aznar también incorpora políticos con experiencia regional o local previa, lo que es una novedad en este contexto.

En el caso de Cataluña, existe una gran diferencia entre los años 80 y 90, en la medida que si en los primeros gobiernos, los consejeros tendían a ser hombres de partido y en menor medida profesionales del sector privado y algún catedrático, a mitad de los 90 se produce una incorporación importante de altos cargos (directores generales y secretarios generales) promocionados a consejero. En menor medida también se incorporan al Gobierno políticos que hicieron su carrera en el mundo local.

En el caso del País Vasco, el número de consejeros «políticos» es importante en todos los gobiernos salvo en el primero. Los primeros gobiernos de Garaikoetxea y de Ardanza incorporaron a profesionales del sector privado. Ardanza acudió a algunos catedráticos, en mayor medida que Pujol o Fraga, mientras que los políticos locales se incorporaron a partir de la segunda mitad de los 90 y los altos cargos de forma más evidente en la etapa Ardanza.

En el caso de Galicia, cada cambio de presidente (en 1982, 1987 y 1990) supuso la incorporación de un número significativo de consejeros «políticos», procedentes del partido o de la política local. Los profesionales del sector privado tuvieron un mayor peso en el primer gobierno Fernández Albor, mientras que a partir de 1986 se produce la incorporación progresiva de altos cargos promocionados a consejero. El único consejero sindicalista gallego lo fue en el gobierno socialista de González Laxe.

En el caso de Andalucía, la incorporación de consejeros políticos se reparte a lo largo del tiempo. Los catedráticos se incorporan con mayor intensidad en la etapa Chaves, mientras que las demás procedencias profesionales tienen un peso relativo menos importante.

5. *¿Qué aprendemos de los casos estudiados?*

a) Sobre el modelo de Gobierno:

La comparación de los casos estudiados permite elaborar algunas observaciones sobre el funcionamiento, la estructura y la composición de los gobiernos. A su vez, cabe relacionar las características del liderazgo fuerte de algunos líderes españoles, que se comentarán en el próximo capítulo, con las características de los gobiernos que presidieron.

Los gobiernos de tres líderes (González, Pujol y Fraga) se aproximan a la idea de un Gobierno jerárquico de líder fuerte, dada las distancia entre presidente y ministros y el hecho de que los tres presidentes fueron los fundadores o refundadores de sus respectivos partidos (ver el próximo capítulo).

En el caso de Suárez (a pesar de tratarse de un líder fuerte), y en el caso de los gobiernos vascos, el modelo de Gobierno es más próximo a un modelo colectivo, de equipo o hasta de consenso. Los gobiernos de Andalucía se sitúan en una posición intermedia en el continuo entre gobiernos jerárquicos y colectivos y, por tanto, pueden ser clasificados como gobiernos de equipo.

Los gobiernos de González, Pujol y Fraga disfrutan de una notable estabilidad política, lo que permite a los miembros de sus gobiernos mandatos largos y que el presidente pueda controlar la designación o renuncia de los ministros/

consejeros. Entre un 20 y un 25% del total de ministros/consejeros intercambian departamento y tienen mandatos largos.

Los gobiernos de Suárez no disfrutan de la misma estabilidad política ni de mandatos tan largos. El Consejo de Ministros de Suárez es más numeroso y más complejo si se observan las distintas categorías de los ministros. Su grado de dependencia del presidente es menor dado que éste se ve obligado a respetar las cuotas de poder de los distintas familias del partido.

Los gobiernos vascos también utilizan un mayor número de consejeros y tienen una estructura más compleja que incluye a *vicelehendakaris* y viceconsejeros. La necesidad de formar coaliciones de dos o más partidos y la dirección bicéfala que supone la separación entre el jefe del Gobierno y el presidente del partido debilita la posición del primero y lo hace más «igual» al resto de consejeros.

Los gobiernos andaluces son gobiernos de un solo partido con una cierta jerarquía que viene dada, más por el hecho de que el presidente haya sido propuesto por el partido que por la actuación o peso específico de éste. Se trata de gobiernos de equipo en el sentido que un grupo reducido de personas que comparten el poder donde la principal fuente de consejeros es el mismo partido.

b) Sobre la división departamental, la profundidad vertical y la extensión horizontal:

La división departamental es muy similar en todos los casos considerados, salvo en lo que concierne a funciones de soberanía desarrolladas por el Estado como defensa o asuntos exteriores. Lo más común es una división en 14 departamentos.

Todos los gobiernos mantienen tres niveles básicos de altos cargos y las direcciones generales como unidad fundamental de organización de la Administración. Las direcciones generales de las comunidades autónomas son más pequeñas si se comparan con las del Estado, mientras que la necesidad de controlar una estructura administrativa compleja ha llevado a concentrar poder y recursos en las secretarías generales de las comunidades autónomas. El número de altos cargos es muy superior en el País Vasco lo que complica de forma notable su estructura administrativa.

Felipe González crea un Gabinete de apoyo a la Presidencia complejo y, en este sentido, «amplía» el Gobierno pero también la distancia entre el presidente y sus ministros. La posición inicial de Suárez como presidente era frágil y se fundamentaba en la relación directa y personal del presidente con un núcleo reducido de personalidades políticas. Pujol, Fraga y los presidentes andaluces utilizan sistemas menos complejos y estructurados sobre la base del apoyo técnico de la Consejería de Presidencia. En estos tres casos se evita la figura del vicepresidente lo que tiende a facilitar la relación directa entre el presidente y sus consejeros.

Cataluña y País Vasco son las comunidades autónomas más activas en el proceso de fragmentación de sus administraciones «centrales» y de extensión horizontal de sus gobiernos con la creación de entes públicos y sociedades mercantiles. El caso de Cataluña es el más claro en cuanto a creación de organismos de tamaño relativamente pequeño con una misión específica y diferenciada. Al mismo tiempo algunas empresas tienen presupuestos muy superiores a los de algunas consejerías. En general, existe una tendencia al mimetismo en las cuatro comunidades autónomas y en relación con el Estado (ver el capítulo V).

c) Sobre las habilidades de los ministros y su rol en el Gobierno:

La ruta profesional es el indicador más claro del carácter político o técnico de los consejeros. La principal «cantera» de ministros y de consejeros para González, Pujol y Fraga es el partido político, los altos cargos en su Administración (en particular en los últimos gobiernos de González y en Cataluña) y los políticos locales (en particular, en Galicia). En la medida que estos líderes controlan el partido, controlan el Gobierno.

Los ministros de Suárez tienen un origen profesional distinto. Fundamentalmente, se trata de altos funcionarios que desempeñaron funciones directivas en el sector público y que participaron en la creación de la UCD o de pequeños partidos políticos que se integrarían en el partido de Suárez.

En todos los gobiernos es muy bajo el porcentaje de mujeres ministras o consejeras. También son pocos los ministros y consejeros con una carrera profesional previa en el sector privado o con una formación en ciencias experimentales o ingenierías. Los consejeros andaluces son los que tienen características más diferenciadas en lo que respecta a edad (más jóvenes), formación (mayor peso de las humanidades) y procedencia geográfica (mayor número de consejeros no nacidos en la comunidad).

FIGURA II. 2. CUADRO DE CONSEJEROS DE CATALUÑA

	1980	1981	1982	1983	1984	1985	1986	1987	1988	1989	1990
Presidencia	M. Coll										
Gobernación	J. Vidal		Alavedra				Bassols		J. Gomis		
Econ. y Finanz.	Trías F.[10]			Cullell				Basáñez	Trías F.		
Pol. Territorial	Cullell			Bigatà					Molins		
Educación	Guitart								Laporte		
Cultura	M. Canher				Rigol		Ferrer		Guitart		
Sanidad	Laporte								X. Trías		
Agricultura	A. Carol				Miró					Vallvé	
Trabajo	Rigols				Badía				I. Farreras		
Justicia	I. Gispert				Bassols		Xicoy		Bassols		
Industria	V. Oller				Hortalà			Alavedra		Subirà	
Com., Cons., Tur.	F. Sanuy						Molins[11]		Alegre		
Bienestar Soc.									A. Comas		
Medio Ambiente											

10 Durante algunos meses de 1982 ocupa la consejería J. Planasdemunt.
11 Durante algunos meses de 1986 ocupa la consejería N. Oliveres.

FIGURA II.2.
CONTINUACIÓN. CUADRO DE CONSEJEROS DE CATALUÑA

	1991	1992	1993	1994	1995	1996	1997	1998	1999	2000
Presidencia						X. Trias				
Gobernación y Rel. Instit.									J. A. Duran i Lleida	
Gobernación / Interior		Cuenca			X. Pomés					
Econ. y Finanzas	Alavedra						A. Mas			
Pol. Territorial			Cullell		A. Mas[12]		Macias			
Educación		Pujals				X. Hernandez			C. Laura Gil	
Cultura						Pujals			J. Vilajoana	
Sanidad						E. Rius				
Agricultura		Marimon							J. Grau	
Trabajo									L. Franco	
Justicia		Isaac		N. de Gispert						
Industria						[13]			A. Subirà	
Comer. Consu. y Turis.										
Bienestar Soc.									I. Rigau	
Medio Ambiente	Vilalta					Macias	Puigdoller		F.Puig	
Univ., Investig. y Soc. Inf.										A. Mascolell

12 Durante algunos meses de 1995 ocupa la consejería J. Roma.
13 A partir de 1996, Industria, Comercio y Turismo.

FIGURA II.3.
CUADRO DE CONSEJEROS DE ANDALUCÍA

	1982	1983	1984	1985	1986	1987	1988	1989	1990	1991	1992	1993	1994	1995	1996- ...
Agricultura	Manaute								Marín			Planas	Plata		
Presidencia	Rubiales		A. López		M. Gracia		G. Zarrías		Gutiérrez				Planas		G. Zarrías
Gobernación	Rdguez. B.		Salinas		E. Linde		M. Gracia		Lagos				Hermosín		
Educac. y Cienc.	M. Gracia				A. Pascual								Romacho		M. Pezzi
Sanidad	P. Recio				E. Rejón				Griñán		J.L. García				
Cultura	Román		J. Torres						Suárez[14]				Martín		C. Calvo
Medio Ambiente													M. Pezzi		Blanco
Econ. y Hac.[15]	Rdguez B.				Salinas				Montaner				M. Álvarez		
Turis. y Deport.	Castillo[16]				J.A. Recio[17]								Pascual[18]	G. Zarrías	J. Núñez
Obras Públicas	Montaner								López M.				F. Vallejo		
Trabajo e Ind.[19]	J.J. Galán				Romero				F. Oliva				R. Marrero		Gutiérrez
Asuntos Soc.									Hermosín						Pérez S.
Relac. Parlam.															A. Ortega
Hacienda			Estrada												

14 1990-1994: Cultura y Medio Ambiente.
15 Hasta 1986 Consejería de Economía. A partir de 1986, Consejería de Economía y Hacienda.
16 1982-1986: Consejería de Comercio, Turismo y Transportes.
17 1986-1990: Consejería de Fomento y Turismo.
18 1994-1996: Consejería de Industria, Comercio y Turismo.
19 1984-1990: Consejería de Trabajo y Seguridad Social.

FIGURA II.4. CUADRO DE CONSEJEROS DE GALICIA

	1982	1983	1984	1985	1986	1987	1988	1989	1990	1991	1992	1993	1994	1995	1996	1997-...
Presidencia	Barreiro				Villanueva[20]	González			Rodríguez							
Agricultura	Rey		Garrido		Ruiz F.	Sineiro			Romay	Pérez V.						Gago
Cultura	Filgueira	[21]			Fernández	Conde			Barata			Vázquez			Pérez V.	
Econ y Hac.	Otero[22]				Orza/Otero	Salgado			Orza							
Educación	Cacharro	Vázquez			Sanz	Suárez	Núñez		Piñeiro						Currás	
Familia Muj.												López B.				
Industria	D. Vicente	Fuente	Díaz		Oujo				Fernández				Couceiro			
Just. y Inter.	González	Pía M.										Diz G.			Palmou L.	
Medio Amb.																Del Álamo
PTOP	Carreño				Pedrosa[23]	Sánchez			Cuiña							
Pesca	Díaz del R.				Páramo	Rodríguez			López V.			Camaño				Landín J.
Relac. instit.									Vázquez P.							
Sanidad	Hernández	Suárez-V.			Hernández	Padín S.			Montero	Romay B.					Hernández	
Trabajo	Corral P.				Asorey	Martínez			Pérez A.	Gil S.						
Tur. y Trans.	Villanueva															
Vice-presid.	Romay B.	Barreiro[24]			Barreiro[25]	Barreiro	Suárez-V									

20 Este año comienza ocupando el cargo J.L. Barreiro, que será substituido por M.A. Villanueva.
21 1983-1985: se fusionan Educación y Cultura.
22 La Consejería de Economía y Hacienda se divide el año 1983, quedando en Economía J.C. Mella Villar y F.J. Suárez-Vence en Hacienda.
23 Durante el 1986 ocupan esta consejería F. Pedrosa y F. Suárez-Vence.
24 Vice-presidente de Administraciones Públicas. Vice-presidente de Asuntos Exteriores Mella Villar (1983-1984).
25 Durante el 1986 ocupan la Vice-presidencia J.L. Barreiro y M. Rajoy.

FIGURA II.5. CUADRO DE CONSEJEROS DEL PAÍS VASCO

	1980 1981	1982	1983	1984	1985	1986	1987	1988	1989	1990	1991	1992	1993	1994	1995-1999	1999-...
Presidencia	Garraikoetxea				Ardanza											J.J. Ibarretxe
Secret. Presidencia	J. Caño			J. Porres	Guevara						J. Zubia					
Cultura	R. Labayen[26]			J. Arregi	Bandrés		J. Arregi								Garmendia	
Justicia	Renobales[27]										J. Caño[28]	Recalde				Intxaurraga[29]
Interior	Retolaza							J. Lasa			Atutxa					J. Balza
Sanidad y S.S.	J. Aguirre			Larrañaga	[30]		Freire				I. Azkuna					
Agricultura	Ormazábal							Goikoetxea								Guerenabar.
Econ.y Hacienda	Uriarte			Otxoa	Spagnolo			Basagoiti			Larrea					
Trabajo	Fdez-Pelaz			Caño	Azua		J.I. Arrieta				Auzmendi[31]					
Industria	J. García		J.C. Isasti		J.I. Arrieta[32]		R. Glez.				J.I. Azua				Retegui[33]	Jon Imaz
Transp. Comunica.	J.L. Robles	[34]					Antolín		P. Ruiz		J. Bergara					
Obras Públicas	Lasagabaster			C. Garate	Estomba		Martín H.				Maturana[35]				A. Amann[36]	
Com. y Turismo	Blasco										Díez M.					

26 13-4-83 Este departamento es absorbido por el Departamento de Educación.

27 14-5-82 Este departamento es absorbido por el Departament de Presidencia.

28 Cesa el 17-9-91, asume el cargo J.R. Recalde.

29 A partir de enero 1999, Consejería de Justicia, Trabajo y SS.

30 Enero 1985-marzo 1987: Departamento de Trabajo, Sanidad y SS.

31 Cesa el 14-9-91, asume el cargo P. Luesma.

32 Enero 1985-marzo 1987: Industria y Comercio

33 Enero 1995-enero 1999: Industria, Agricultura y Pesca.

34 24-5-82. Este departamento es absorbido por el Departamento de Política Territorial y Obras Públicas.

35 Febrero 1991-octubre 1991 asume el cargo J. Larrinaga.

36 A partir de enero 1999, Consejería de Transportes y Obras Públicas.

3

FIGURA II.5. CONTINUACIÓN. CUADRO DE CONSEJEROS DEL PAÍS VASCO

	1980 1981	1982	1983	1984	1985	1986	1987	1988	1989	1990	1991	1992	1993	1994	1995-1999	1999-...
Educación	Etxenike			Urrutia	Churruca		Recalde				Buesa[37]					I. Oliveri
Econ. Planificac.[38]							García C.				J. Larrinaga[39]				R. Jáuregui[40]	
Urbanismo															Ormanzábal	[41]
Vice-presidencia				Fdez. Pelaz		García E.	Jáuregui				Buesa Blanco					Zenarruzabeitia

7 Febrero 1991-setiembre 1991: asume el cargo I. Oliveri.
38 Este departamento se crea en marzo de 1987.
39 Febrero 1991-setiembre 1991: asume el cargo M.C. Gallastegui.
40 Enero 1995-enero 1999: Economía, Trabajo, Justicia y SS.
41 A partir de enero de 1999, Consejería de Ordenación del Territorio, Vivienda y Medio Ambiente.

FIGURA II.6. CUADRO DE MINISTROS. GOBIERNOS SUÁREZ Y CALVO SOTELO (ABRIL 79-DICIEMBRE 82)

	1979	1980	1981	1982
Presidente	A. Suárez		L. Calvo-Sotelo	
Vice-presidente 1º	M. Gutiérrez Mellado			R. Martín Villa J. García Díez
Vice-presidente 2º	F. Abril Martorell	L. Calvo-Sotelo		J.A. García Díez
Asuntos Exteriores	M. Oreja Aguirre	J. Pérez-Llorca		
Justicia	I. Cavero	F. Fdez. Ordóñez	P. Cabanillas	
Defensa	A. Rodríguez Sahagún		A. Oliart Saussol	
Interior	A. Ibáñez Freire	J.J. Rosón Pérez		
Hacienda	J. García Añoveros			
Economía	J.L. Leal Maldonado	J.A. García Díez		
Industria y Energía	C. Bustelo	I. Bayón Mariné		
Agricultura	J. Lamo de Espinosa			J.L. Álvarez Álvarez[42]
Trabajo	R. Calvo Ortega	S. Sánchez Terán	F. Pérez Miyares J. Sancho Rof	S. Rodríguez Miranda[43]
Educación	J.M. Otero Novas	J.A. Ortega[44]		F. Mayor Zaragoza
Obras Públicas	J. Sancho Rof		L. Ortiz González	

42 A partir de diciembre de 1981, este ministerio pasa a denominarse Ministerio de Agricultura, Pesca y Alimentación.
43 A partir de diciembre de 1981, este ministerio pasa a denominarse Ministerio de Trabajo y Seguridad Social.
44 El mes de febrero de 1981 pasa a ser Ministerio de Educación y Universidades.

FIGURA II.6. CONTINUACIÓN. CUADRO DE MINISTROS. GOBIERNOS SUÁREZ Y CALVO SOTELO (ABRIL 79-DICIEMBRE 82)

	1979	1980	1981	1982
Sanidad	J. Rovira Tarazona	A. Oliart Saussol		M. Núñez Pérez[45]
Cultura	M .Clavero Arévalo	R. de la Cierva	I. Cavero Lataillade	S. Becerril Bustamante
Transportes y Comunicaciones	S. Sánchez Terán	J.L. Álvarez		L. Gamir Casares
Investigación y Universidades	L. González Seara			
Adjunto al presidente	J. Garrigues Walker		J. Lamo de Espinosa	
Relaciones con las CCEE	L. Calvo-Sotelo	E. Punset Salas		
Adm. Territorial	A. Fontán Pérez	J.P. Pérez Llorca	R. Martín Villa	Arias Salgado L. Coscuella
Presidencia	J.P. Pérez Llorca	R. Arias Salgado	P. Cabanillas M. Rdguez.	
Administraciones Públicas		S. Martín Retortillo		
Relaciones con las Cortes	R. Arias Salgado	J.A. Ortega Díaz		
Portavoz del Gobierno				

45 El mes de febrero de 1981 pasa a ser Ministerio de Sanidad y Consumo.

FIGURA II.7. CUADRO DE MINISTROS. GOBIERNOS GONZÁLEZ (DICIEMBRE 1982- MAYO 1996)

	1982	1983	1984	1985	1986	1987	1988	1989	1990	1991	1992	1993	1994	1995	1996
Presidente	F. González														
Vicepres. 1º	A. Guerra								N. Serra						
Vicepres. 2º															
AA.EE.	F. Morán			Fdez. Ordóñez							J. Solana			C. Westendorf	
Justicia	F. Ledesma						E. Mújica		T. de la Quadra			J.A. Belloch[46]			
Defensa	N Serra								J. García V.					G. Suárez	
Interior	J. Barrionuevo								J.L. Corcuera						
Hacienda															
Economía[47]	M. Boyer			C. Solchaga								P. Solbes			
Ind. / Energ.	C. Solchaga			J. Majó	L.C. Croissier		C. Aranzadi					J.M. Eguiagaray			
Agricultura	C. Romero								P. Solbes			V.Albero	L. Atienza		
Trabajo	J. Almunia				M. Chaves				L. Martínez			J.A. Griñán			
Educación	J.Mª Maravall						J. Solana				Rubalcaba		G. Suárez	J. Saavedra	
Obras Públ.	J. Campo			Sáenz de C.											

46 Mayo 1994-mayo 1996: se fusionan las carteras de Justicia e Interior.

47 A partir de diciembre de 1982 se fusionan las carteras de Economía y Hacienda.

FIGURA II.7. CONTINUACIÓN. CUADRO DE MINISTROS. GOBIERNOS GONZÁLEZ (DICIEMBRE 1982- MAYO 1996)

	1982	1983	1984	1985	1986	1987	1988	1989	1990	1991	1992	1993	1994	1995	1996
Sanidad	E. Lluch				J. García Vargas					J. García	J.A. Griñán		A. Amador		
Cultura	J. Solana						J. Semprún			J. Solé Tura			C. Alborch		
Trans./Com	E. Barón			A. Caballero			J. Barrionuevo			J. Borrell					
Adm. Terrt.	T. de la Cuadra			J.F. Pons											
Presidencia													A. P. Rubalcaba		
AA.PP.	J. Moscoso				J. ALmunia					J.M. Eguiagaray			J. Saavedra	J. Lerma	
Rel. Cortes							V. Zapatero								
Portavoz							R. Conde								

FIGURA II.8. CUADRO DE MINISTROS. GOBIERNOS AZNAR (MAYO 1996-2000)

	1996	1997	1998	1999	2000 - ...
Presidente	J.Mª Aznar				
Vicepresidente 1º	F. Álvarez Cascos				M. Rajoy
Vicepresidente 2º	R. Rato				
Asuntos Exteriores	A. Matutes				J. Piqué
Justicia	M. Mariscal de Gante				A. Acebes
Defensa	E. Serra				F. Trillo
Interior	J. Mayor				
Hacienda					C. Montoro
Economía[48]	R. Rato				
Industria y Energía / Innovación y Tecnol.	J. Piqué				A. Birulés
Agricultura	L. de Palacio			J. Posada	M. Arias Cañete
Trabajo[49]	J. Arenas			M. Pimentel	J.C. Aparicio
Educación					
Obras Públicas[50]	R. Arias–Salgado				F. Álvarez Cascos

48 Ministerio de Economía y Hacienda hasta abril del 2000.
49 Ministerio de Trabajo y Asuntos Sociales.
50 Ministerio de Fomento.

FIGURA II.8. CONTINUACIÓN. CUADRO DE MINISTROS. GOBIERNOS AZNAR (MAYO 1996-2000)

	1996	1997	1998	1999	2000 - ...
Sanidad	J.M. Romay				C. Villalobos
Cultura[51]	E. Aguirre			M. Rajoy	P. del Castillo
Transportes y Comunicaciones					
Adm. Territorial					
Presidencia	F. Álvarez Cascos				
Adm. Públicas	M. Rajoy			A. Acebes	J. Posada
Relaciones con las Cortes					
Portavoz			J. Piqué		P. Cabanillas
Medio Ambiente	I. Tocino				J. Matas

51 Ministerio de Educación y Cultura.

FIGURA II.9. PRESUPUESTO ORGANISMOS AUTÓNOMOS[52] (1998)

Andalucía	Pres. 98	*Cataluña*	Pres. 98	*Galicia*	Pres.98	*País Vasco*	Pres.98
Inst. Andaluz Juventud	3.451	Inst. Nac. Educación Física	1.542	Segapihom	742	Inst. de Educación Física	424
Patr. Alhambra/Generalife	1.274	Patr. Montaña Montserrat	205	Inst. Vivienda y Suelo	15.789	Inst. Alfabetiz. y Euskalduniz.	3.599
Inst. Andaluz de la Mujer	3.074	Inst. Catalán de la Mujer	384			Inst. Vasco de la Mujer	310
Inst. de Reforma Agraria	11.372	Inst. Catal. Mediterránea	210	Inst. Lácteo y Ganadero	11.441		
Inst. Andaluz Adm. Pública	541	Esc. de Adm. Pública	609	Esc. Gallega de Adm. Públ.	413	Inst. Vasco Adm. Pública	1.314
Inst. Servicios Sociales	39.964	Esc. de Policía de Catal.	1.208	Academia de Seguridad	261	Academia de Policía	1.600
		Inst. Catal. Segur. Viaria	104			Inst. Segur. y Salud Laboral	1.392
Inst. Estadística de Andal.	981	Inst. Estadística de Catal.	981	Inst. Gallego Estadística	677	Inst. Vasco de Estadística	1.159
		Inst. Catal. Nuevas Profes.	162				
Centro Arte Contemporáneo	439	Inst. de las Letras Catalanas	254	Inst de Artes Esc. y Music.	663		
		Museo de la Cienc. y la Técn.	482				
		Museo Arqueológico	661				
		Biblioteca Nac. de Catal.	1.301				
		Inst. Estudios de la Salut	505				
		Junta de Aguas	14.898	Aguas de Galicia	17.178		
		Inst. Desarr. Comarcas Ebro	49				

[52] En millones de pesetas.

FIGURA II.9. CONTINUACIÓN. PRESUPUESTO ORGANISMOS AUTÓNOMOS[52] (1998)

Andalucía	Pres. 98	*Cataluña*	Pres. 98	*Galicia*	Pres.98	*País Vasco*	Pres.98
		Inst. de la Viña y el Vino	261				
		Inst. Formac. y Promoc. Coop.	136				
		Centro Estudios Jurídicos	314				
		Inst. Catal. del Consumo	256	Inst. Gallego del Consumo	700		
		Inst. Catal. del Voluntariado	159				
TOTAL OO.AA.	61.096	TOTAL OO.AA.	24.195	TOTAL OO.AA.	47.864	TOTAL OO.AA.	9.798

FIGURA II.10. PRESUPUESTO DE LOS SERVICIOS DE SALUD[54] (1998)

Andalucía	Pres. 98	*Cataluña*	Pres. 98	*Galicia*	Pres.98	*País Vasco*	Pres.98
Servicio Andaluz de Salud	728.157	Servei Català de la Salut	685.347[53]	Servicio Gallego de Salud	289.139	Osakidetza[54]	174.008

53 En millones de pesetas.

54 *Servei Català de la Salut, Inst. Català de la Salut, ICASS-Generalitat y ICASS-Seguretat Social* (descontadas transferencias internas).

55 En el presupuesto se incluye como «Sector público empresarial» (hasta 1997 era organismo autónomo).

FIGURA II.11 PRINCIPALES ENTES Y EMPRESAS. SECTOR PÚBLICO ANDALUCÍA, CATALUÑA, GALICIA Y PAÍS VASCO (1998)

Andalucía	*Cataluña*	*Galicia*	*País Vasco*
Entes y empresas > 1.000 millones	Entes y empresas > 1.000 millones	Entes y empresas > 1.000 millones	Entes y empresas > 1.000 millones
Escuela de Salud Pública Desarrollo Agr. y Pesque. Deporte Andaluz Gestión de Infraestructuras Turismo Juvenil Gestión Cultura Puertos Hospital Costa del Sol Emergencias Sanitarias Hospital de Poniente	Centre Informàtic Túnels i Accessos Forestal Catalana Emergències Med. Turisme Juvenil EPLICSA Teatre Nacional ADIGSA Crèdit Agrari Comis. de Ports Jocs i Apostes Diagnòs. Imatge Serveis Sanitaris Asistència Sanit. Oncologia Transfusió CIDEM Tecn. Agroalim. Laboratori Gral. Invest Automòb. Institut Energia Aigües Ter-Llobr. Inst. Cartogràfic Junta de Residus	Gestión Urbanística A Coruña Plan Xacobeo Instituto Medicina Técnica Promoción Turística Soc Desarrollo Industrial Puertos de Galícia Fundación Hospital Verín Fundación Hospital Barbanza	EJIE IHOBE. SA
Entes y empresas > 10.000 millones	Entes y empresas > 10.000 millones	Entes y empresas > 10.000 millones	Entes y empresas > 10.000 millones
Gestión Medio Ambiente Empresa Pública de Suelo Instituto de Fomento Empresa de Radio-TV	Recs de Catalunya Túnel del Cadí Institut de Finances Institut Català del Sòl Ferrocarrils de Catalunya Centre Telecomunicacions	Soc. Medio Ambiente Soc. Pública de Inversiones Instituto Promoción Económica Cia de Radio y Televisión	Grupo SPRI Eusko Trenbideak Ente vasco de la Energía Euskal Itarri Telebista

FIGURA II.11 CONTINUACIÓN. PRINCIPALES ENTES Y EMPRESAS. SECTOR PÚBLICO ANDALUCÍA, CATALUÑA, GALICIA Y PAÍS VASCO (1998)

Andalucía	*Cataluña*	*Galicia*	*País Vasco*
Entes y empresas > 40.000 millones	Entes y empresas > 40.000 millones Gestió Infrastructures Junta Sanejament Corporació Ràdio i TV	Entes y empresas > 40.000 millones	Entes y empresas > 40.000 millones

III. PRESIDENTES DEL GOBIERNO Y LIDERAZGO POLÍTICO

SUMARIO

1. Introducción

El liderazgo político y administrativo es uno de los temas más atractivos y a la vez más difíciles de someter a un esquema de análisis académico-científico. Sin embargo, existe un amplio consenso en entender que el comportamiento de las personas individualmente consideradas al frente del Gobierno de una nación, de una Administración, de una empresa o asociación es importante.

Entre las distintas formas de liderazgo, el liderazgo político ocupa una posición especial dado que es más visible y tiene una importante componente simbólica. Como afirma Blondel (1987), si reducimos la política a su esencia, a lo que es más visible para la mayoría de los ciudadanos, ésta se reduce a los líderes nacionales que quedan en la memoria colectiva cuando todo lo demás ha desaparecido. En este sentido, son el elemento más universal, más reconocido y del que más se habla en la vida política de un país.

El liderazgo es esencialmente un fenómeno de poder. En el caso específico del liderazgo político es poder porque consiste en la habilidad de uno o de unos pocos que están en el ápice de las instituciones para conseguir que otros, muchos, una nación o un conjunto de naciones hagan una serie de cosas que en principio no harían o que no habrían hecho por sí mismos. Se trata de poder que, en principio, se ejerce de arriba abajo, de un líder que se encuentra en la cúspide, por encima de la nación y que tiene autoridad formal para dar órdenes al resto de los ciudadanos. Sin embargo, el poder sobre un conjunto de individuos, por su amplitud, plantea cuestiones sobre sus fuentes de legitimidad, su forma de operar y sus efectos, por lo que activa reacciones políticas que se fundamentan en otros recursos que también pueden ser considerados fuentes de poder como, por ejemplo, los derechos fundamentales.

El tema del liderazgo tiene, por tanto, una conexión directa y, es importante, para la teoría de la democracia. En un ensayo reciente Barber (1998) plantea un tipo de liderazgo —el liderazgo fuerte—, como un problema para la democracia. Este reconocido experto en teoría de la democracia establece una distinción entre los líderes que «llegan a pie» y los líderes que «llegan montados en un caballo blanco». Barber prefiere a los primeros y advierte del peligro de la pereza ciudadana ante los delegados, representantes y líderes que con su vigor y sus habilidades reducen a los ciudadanos a observadores pasivos, cuya actividad principal acaba siendo el aplauso.

El liderazgo que no enajena o desactiva a la sociedad es por el contrario visto como un motor de cambio, como un instrumento de inducir acción colectiva, de movilización social para conseguir desarrollo democrático y progreso social. Esta es la idea intuitiva a la que se hacía referencia al principio. ¿Cuántas veces se asocia el éxito de un Gobierno o de un partido político, de un colegio, de un hospital, de una ONG, de una empresa familiar o de una Dirección General dentro de la administración a la persona que asume el timón, tiene ideas claras e impulsa y da seguridad a los demás? ¿Cuántas veces la substitución de una persona histórica clave no se ha traducido en una importante crisis para una organización?

La principal pregunta en ciencia política y de la administración en relación con el tema del liderazgo ha sido la que se plantea qué características son comunes a los líderes que se entiende tuvieron éxito en la gestión de la política o de una organización pública. Otra cuestión propia de las ciencias sociales pasaría por intentar determinar qué mantiene a una persona al frente de una organización y, por tanto, qué tipo de intercambios son necesarios con sus seguidores para que éstos le mantengan en una posición de poder.

El análisis que da respuestas a estas cuestiones se fundamenta en una combinación de puntos de vista intuitivos y de comprobaciones empíricas. El análisis de estas comprobaciones empíricas requiere, por su parte, algún modelo que permita comparar las características de los líderes o su comportamiento en determinadas situaciones. Sin embargo, todo ello se complica, como sucede a menudo en ciencia política y en ciencia de la administración, por la importancia del contexto, del momento y de la época en que actúa el líder. Así, por ejemplo, si hablamos de Churchill, quizás se deba distinguir entre el de la primera época y la del primer ministro que vuelve al poder por su actitud enérgica frente a la Alemania nazi y lidera su país durante la guerra hasta convertirse en un héroe nacional. Lo mismo podría afirmarse de algunos líderes españoles. Por ejemplo, no es el mismo el Fraga que lidera con amplia aceptación popular su Galicia natal que el político que fracasa en su intento de liderar la transición democrática española.

Dada la variedad de enfoques y respuestas que cabe dar a la cuestión del liderazgo, en este capítulo se ha optado por presentar las principales aproximaciones al tema en ciencia política y de la administración. Ello permite elaborar un esquema conceptual propio pero que se estructura a partir de la literatura sobre liderazgo. Este esquema se aplica después a los principales líderes políticos españoles con el propósito de ilustrar el análisis de características relevantes para el liderazgo e incluso plantear el estudio de su comportamiento en relación con algunos problemas concretos.

Con el objeto de limitar el análisis a unos pocos líderes se ha optado por dos presidentes del Gobierno central (Adolfo Suárez y Felipe González) y dos de las comunidades autónomas (Jordi Pujol y Manuel Fraga). Esta selección se justifica por entender que se trata de cuatro líderes que consiguieron obtener un rendimiento superior a la posición que ocuparon sobre la base de una atribución formal de poderes similar a la que tienen otros líderes.

2. *Grandes preguntas y aproximaciones al tema del liderazgo en la literatura científica*

Las aportaciones teóricas sobre el liderazgo intentan responder a dos tipos de preocupaciones o grandes preguntas relacionadas con los factores explicativos del éxito de algunos líderes y con la relación de confianza entre el líder y aquellos que proporcionan la base de su autoridad.

La primera cuestión se centra en analizar lo conseguido por líderes individualmente considerados actuando en un contexto inestable donde se produce la unión probabilística de sucesos o de situaciones de hecho. Se trata de revisar la actuación del líder para intentar determinar qué elementos o características explican su éxito o fracaso.

La segunda cuestión se ocupa de la llamada relación entre «agente» y «principal» (líder y seguidores) y de la actuación del primero como «empresario político» (impulsor de determinadas políticas) y como «manipulador de la agenda» (cambiando el orden de los temas objeto de atención pública) para conseguir satisfacer los intereses del grupo que representa. Se parte de la hipótesis que los actores políticos son maximizadores racionales que actúan de forma previsible en función de los incentivos con los que se enfrentan. Todo ello en contextos institucionales, sociales o culturales concretos y que determinan las «reglas del juego».

Como se puede apreciar, la terminología y la forma de plantear el problema en el segundo caso responde a una visión específica propia de la perspectiva conocida como elección racional, mientras que el análisis de los factores explicativos del éxito de una personalidad política queda más abierta desde una perspectiva metodológica. Una forma de organizar las distintas aproximaciones al tema consiste en distinguir entre estudios biográficos, estudios sistemáticos y comparativos de las características de los líderes y estudios que siguen los presupuestos de la elección racional.

2.1. Estudios biográficos

Los análisis más entretenidos de liderazgo político son biográficos. Casi todos los grandes personajes políticos de las democracias occidentales han sido objeto de obras de este estilo. En el caso de los EE.UU. este tipo de obras es aún más frecuente debido al sistema presidencialista y al culto de la personalidad individual propio de aquella sociedad. Así, podemos leer biografías muy completas y obras de análisis dedicadas a los grandes presidentes históricos desde Washington y Lincoln hasta F.D. Roosevelt, Kennedy o Reagan. En Europa también han sido objeto de atención preferente presidentes como De Valera, De Gaulle, Miterrand y primeros ministros como Churchill, Adenauer o Thatcher. A estos aún habría que añadir grandes «héroes» de talla mundial como Gorbachev, Walesa, Mandela o el mismo Ayatollah Jomeini. En España, estos libros han sido escritos por historiadores y por periodistas políticos.

Algunos de estos estudios son académicamente excelentes y sumamente interesantes si bien, cuando el autor escribe movido por la admiración que siente por la personalidad política objeto de estudio, suele producirse una tendencia a atribuir mayor influencia al sujeto de la que probablemente sería correcta. La falta de objetividad o de distancia respecto al objeto de estudio puede llevar al autor a describir un mundo que se somete a los deseos del «gran líder», cuya figura se hace cada vez mayor y cuyos éxitos son el fruto de una personalidad excepcional.

2.2. Estudios sistemáticos de las características de los líderes

La investigación académica se caracteriza por buscar regularidad en la vida política y administrativa. Existe, pues, un buen número de estudios que establecen una comparación sistemática entre líderes para determinar pautas de comportamiento, estilos o características que se suelen asociar a una buena gestión de los asuntos públicos.

El trabajo de Neudstadt, publicado inicialmente en 1960 y reeditado varias veces hasta incluir al presidente Reagan es un buen ejemplo de esta aproximación. En *Presidential power and the modern presidents. The politics of leadership from Roosevelt to Reagan*, Neustadt (1990) se pregunta si el presidente de los EE.UU. es un líder o un mero administrador (*leader* o *clerk,* en inglés) dadas las restricciones institucionales con las que tiene que gobernar. Su respuesta está en las personas que ocuparon la Presidencia de su país y en la forma que desarrollaron su función. Este planteamiento permite diferenciar entre la posición institucional y las personas que ocuparon el cargo.

Concretamente, en el capítulo noveno del libro, Neustadt propone evaluar el rendimiento de los presidentes sobre la base de los cuatro criterios siguientes:

– sus grandes objetivos y la relación de estos objetivos con el momento histórico;

– su capacidad de encaje en el puesto, en el sentido literal de sentirse cómodo;

– su capacidad de hacer frente a la presión en situaciones de crisis; y

– su legado e influencia sobre los que les sucedieron.

Otros autores de los años setenta y ochenta precisaron más en el análisis de las características del liderazgo político. El *Handbook of leadership* de Bass y Stogdill (1990) recoge más de 7.500 estudios de liderazgo. Desde la perspectiva de ciencia política, los estudios de Burns (1973), Paige (1977), Barber (1977) y Tucker (1981) pusieron los fundamentos para trabajos más recientes. Burns habla del liderazgo transformador, idea que reaparece posteriormente con una visión normativa del liderazgo, como los de Rost (1991) o Heifetz (1997). Para estos autores, la definición de liderazgo no se puede hacer al margen de los valores de los líderes[1].

Blondel, que había realizado un análisis sociológico de los líderes del mundo en *World leaders* (1987), elabora en *Political leadership* (también de 1987) un análisis más conceptual que se traduce en una serie de proposiciones de clasificación de los líderes sobre la base de cuatro criterios:

a) su impacto,

b) sus características personales,

c) su posición institucional y

d) las características del entorno.

Una de las distinciones que introduce Blondel es la que establece diferencias entre líderes en una situación de normalidad y en una situación de amenaza. Blondel también distingue en función del ámbito nacional o internacional, y de si se trata de un *policy maker* (decisor de políticas al más alto nivel) o de un gestor que interviene en un ámbito más reducido de gestión.

1 Barber enlaza con el estudio psicológico de la personalidad de los líderes. Tucker elabora un interesante análisis comparado de líderes elegidos y no elegidos mientras que Kellerman (1984) tiene una visión multidisciplinar.

Esta última diferenciación permite introducir una literatura de tipo más organizativo o de gestión pública que parte de una situación de normalidad y que básicamente distingue entre líderes gestores-administradores y líderes innovadores. Esta distinción se puede ver en el libro de Moore (1995) donde se establece diferencias entre:

– el *líder-administrador* (que de hecho no sería un líder) más conservador, que se relaciona con el poder establecido y que deriva su influencia de la posición y de la autoridad formal que tiene por el mero hecho de ocupar un determinado cargo; y,

– el *líder-creativo e innovador*, más arriesgado que se asocia al cambio, a la capacidad de ver más allá del *status quo*, a la persona que tiene autoridad personal derivada, no tanto de su posición formal como de sus conocimientos y habilidades, del mérito de su actuación pasada y de la calidad de sus propuestas.

En una línea parecida, Doig y Hargrove (1990), identificaron las características principales de los líderes que ocupaban posiciones directivas en organismos públicos, señalando los factores de éxito de su gestión. Dentro de esta línea se inscribe todo un importante sector emergente de la literatura en gestión pública que define la importancia del liderazgo emprendedor para el éxito de las organizaciones públicas y de sus políticas.

2.3. Estudios que parten de los presupuestos de la elección racional

Desde la perspectiva de la elección racional (*rational choice*) se tiende a presentar a los líderes como individuos que ante las fuerzas políticas, económicas o sociales, responden racionalmente a incentivos estructurados. Ante la ambivalencia, la posible falta de rigor, pero también la creatividad de las aproximaciones basadas en las características biográficas y personales, el análisis racional ofrece un planteamiento más riguroso sobre la base del estudio de las interacciones y de los «juegos» entre actores, pero que, a la vez, es más limitado en la medida que no logra captar toda la riqueza y los matices que se producen en el mundo real.

Un elemento clave de esta aproximación es el tipo de interacción que se produce entre líderes y seguidores, agente y principal. Teóricos de la elección racional como Fiorina y Shepsle (1989) distinguen entre:

– líderes como «agentes», aquellos que son seleccionados por sus seguidores por su habilidad para mediar, coordinar, razonar, argumentar, persuadir y, en general, encontrar soluciones satisfactorias para los intereses de sus seguidores;

– líderes como «manipuladores de la agenda», en el sentido de personas que controlan un recurso esencial y que consiste en la capacidad de proponer el orden en que se presentan los temas y las decisiones; y

– líderes como «empresarios políticos», en la medida que el líder tiene la capacidad de impulsar determinadas soluciones en función de su visión de los problemas.

Con anterioridad a estos trabajos, Riker (1986), uno de los principales teóricos de la elección racional, ya había insistido en el amplio margen para la manipulación con el que cuentan los líderes políticos a pesar de que sus seguidores tengan preferencias fijas y ordenadas. Según Riker (1986), los líderes pueden manipular la agenda, las votaciones estratégicas o la definición de los problemas con la introducción de nuevas dimensiones en la conceptualización de las políticas. En este sentido, los líderes creativos manipulan la conexión entre objetivos y políticas, utilizan la retórica para convencer a los votantes en el sentido de que existe una conexión entre una iniciativa y sus objetivos y, de hecho, consiguen cambiar de esta manera las preferencias de sus eventuales seguidores.

La historia y la biografía de los líderes son utilizadas en este contexto de una forma distinta para ilustrar las diferentes facetas de los líderes como agente, manipulador de la agenda y empresario político. Shepsle y Bonchek (1997) ejemplifican estos conceptos con tres personajes históricos de épocas distintas: Burke, Roosevelt y Nixon. Para estos autores, estos personajes históricos consiguieron la confianza necesaria, sobre la base de una sólida reputación ganada, para hacer lo que otros políticos no habían conseguido antes. En el caso de Burke, se plantea la distinción entre delegado del pueblo o *trustee*: Burke se presenta ante sus electores y pide la confianza de sus votantes para actuar en el Parlamento, no como un delegado sino como alguien que pone su inteligencia y su experiencia al servicio de los intereses de sus electores y que actúa con total libertad. En el caso de Roosevelt, su liderazgo se puso de manifiesto al saber preparar con tiempo la entrada de EE.UU. en la Segunda Guerra Mundial, cuando partía de una situación en la que una gran mayoría de la opinión pública estaba en contra. En el caso de Nixon, un presidente al que se suele criticar con dureza, su principal logro consistió en reconocer y visitar la China comunista en uno de los peores momentos de la Guerra Fría.

3. Un esquema de análisis del liderazgo político y administrativo

El éxito o el fracaso de un presidente en su gestión al frente del Gobierno depende de una multiplicidad de factores. Depende de su posición institucional y por tanto de los poderes, de los condicionantes y limitaciones que establecen las leyes a sus actos. En este sentido, la posición del presidente del Gobierno español, la de los presidentes autonómicos o la de los alcaldes no es exactamente la misma. Pero más allá de la regulación institucional, su *performance* o rendimiento está, también, en función de sus características personales y habilidades políticas. Junto a estos dos factores (institucionales y personales) habría que añadir un tercero al que a menudo se refieren los políticos: la suerte. Efectivamente, el carácter aleatorio de muchos sucesos explica una parte importante del resultado final de los procesos políticos y del comportamiento de los actores políticos.

En la evaluación de la actuación de los presidentes del Gobierno y de los primeros ministros, se puede analizar las características del personaje político y las circunstancias históricas en las que ejerce su mandato, sobre la base de la definición institucional del puesto de jefe del ejecutivo que se recoge en la Constitución. Dentro de lo que son las características personales caben muchos factores. Sin embargo, estos factores se pueden reducir al análisis de su biografía antes de asumir el cargo, de su ideología política y de las capacidades que la literatura científica asocia al líder para ser un buen agente del principal y un buen decisor público. Siguiendo esta lógica que distingue el cargo de la persona y del contexto, a continuación se distinguen cinco categorías para el análisis de los líderes que sintetizan las principales aportaciones de la literatura en este campo. Con el objeto de sistematizar y comparar el rendimiento de los líderes políticos al frente de un Gobierno y, por extensión, el rendimiento de líderes organizativos en sectores más concretos, cabría examinar de los líderes individuales, su:

a) visión política
b) habilidades políticas
c) capacidad para la toma de decisiones en situaciones críticas
d) bondad del contexto histórico en que actúan
e) influencia sobre sus sucesores.

El conjunto de estos cinco elementos permite una mayor aproximación a la persona y a la idea de rendimiento del líder en su posición institucional. Se intenta, de esta manera, diferenciar entre personas que ocupan un mismo cargo incorporando a la vez elementos aleatorios propios del entorno inestable en el que se produce la política así como aquellos elementos que están determinados por la relación entre el líder y el conjunto de personas que le apoyan.

4. Las características del liderazgo de cuatro presidentes: Adolfo Suárez, Felipe González, Jordi Pujol y Manuel Fraga

La selección de estos cuatro líderes se justifica por el interés de comparar un número reducido de dirigentes políticos españoles de nuestra historia reciente. Sin embargo, salvo en el caso de José Mª Aznar que por razones de inmediatez hacía más difícil un estudio reposado de su gestión como presidente del Gobierno, la selección coincide con los cuatro líderes mas relevantes que se han dado en la España democrática de finales del siglo XX y, en este sentido, nos permite analizar los fundamentos de su fortaleza.

Si el análisis se circunscribe a los gobiernos centrales, de las tres comunidades históricas y de Andalucía, los demás presidentes del Gobierno y autonómicos o bien no consiguen ganar de forma muy clara las elecciones o bien no llegan a controlar el partido, no pudiendo consolidar su posición ni convertirse en líderes fuertes como los propuestos. Estos serían los casos de los presidentes gallegos que antecedieron a Fraga, de los *lehendakaris* vascos que se someten a la disciplina del partido y de su máximo líder o se ven forzados a salir del partido como en el caso de Garaikoetxea; de los presidentes andaluces que en dos ocasiones son obligados a dimitir por la dirección del partido u obligados a asumir el cargo por el bien del partido en la región; e incluso del mismo Leopoldo Calvo Sotelo, que en un entorno político muy complicado, no consigue recomponer el partido.

En el texto de este capítulo hemos integrado como ilustraciones (III.1 a III.4), breves notas biográficas de los cuatro líderes seleccionados con el propósito de llegar a comprender mejor su personalidad y su visión de las cosas a partir de datos sobre su origen familiar, formación y trayectoria profesional y política hasta llegar al cargo de presidente.

4.1. Visión política

La visión política de cada líder es el resultado de la ideología política, de la biografía personal y del momento histórico que viven la comunidad nacional e internacional. En el análisis de la visión política cabe poner el énfasis en la coherencia a lo largo del tiempo y en la aceptación social de los planteamientos. Ambos aspectos pueden estar relacionados o por el contrario, la coherencia a lo largo de los años podría llevar a un líder político a perder el contacto con los valores predominantes en una sociedad que evoluciona.

4.1.A. Adolfo Suárez

Adolfo Suárez no tiene el perfil de hombre político que desde joven lucha por unos ideales y que durante su vida mantiene de forma coherente la fidelidad a una causa, ya sea el socialismo, el liberalismo o el nacionalismo. Adolfo Suárez llena su juventud luchando por abrirse camino y en este sentido es un auténtico «*self made man*» que progresa gracias a su paciencia, a su esfuerzo y a su olfato y recursos políticos que le permiten estar en el lugar adecuado en el momento preciso e intuir en cada situación las personas que tendrán un papel clave en la historia de España.

Adolfo Suárez no es un líder con una ideología muy marcada. Durante el franquismo, se relaciona con círculos del Opus Dei dentro de la Administración española, pero también con los representantes más fundamentalistas del régimen, dada su carrera en la Secretaría General del Movimiento. Suárez se pone la *camisa azul* cuando es necesario pero también se entiende con los llamados *tecnócratas* o con los seguidores de Fraga dentro de la Administración franquista. Desde el inicio de su carrera, adivina que su futuro pasa por la figura del Príncipe. Interpreta la voluntad de reforma del que será Monarca, ve el camino que debe seguir y se presta para asumir los servicios que se le exijan en esta línea.

Suárez desarrolla un ideario político a partir de la necesidad de reforma democrática y la oportunidad de ocupar el centro político a partir del momento que Fraga y los llamados «siete magníficos» de Alianza Popular (AP) quedan como los representantes de la derecha franquista. El referente del centrismo de Suárez no es la socialdemocracia, ni la democracia cristiana ni el liberalismo. El centrismo se define como una posición en el espectro político equidistante entre el conservadurismo y el socialismo y que se traduce en una política posibilista e incrementalista.

En el año 1976, su visión de lo que había que hacer era efectivamente bastante más progresista que la que mantenían en aquel momento otros líderes del franquismo como el mismo Fraga. Este progresismo, junto al coraje y dinamismo que aportaba su persona al proyecto de democratización, fueron los dos factores inherentes a su elección como conductor del cambio. Entre estos dos factores, Suárez destaca más por su habilidad de adaptación a los cambios y por su capacidad de actuar conforme a lo que requiere la situación política en un entorno incierto que por la solidez y coherencia de su pensamiento político.

4.1.B. Felipe González

Felipe González es un socialista pragmático que tiene como referentes a los grandes líderes socialdemócratas europeos y de la Internacional Socialista: sus amigos Willy Brandt, Olof Palme, Bruno Kreinsky y Jacques Delors. González no fue nunca un radical de izquierdas. En su juventud, en el contexto universitario y de partido, González utiliza un lenguaje radical antifranquista pero ni en aquella época conecta con la tradición obrerista y revolucionaria que existía en el socialismo español de Largo Caballero, con la que podría relacionarse al líder del sindicato socialista, Nicolás Redondo.

ILUSTRACIÓN III.1.
NOTA BIOGRÁFICA ADOLFO SUÁREZ

Adolfo Suárez González nació en Cebreros (Ávila) en 1932 y llegó a presidente del Gobierno en 1976 a los 44 años de edad. Ha sido el gran protagonista de la transición española de la dictadura a la democracia junto con el rey Juan Carlos I y Torcuato Fernández Miranda. Desde 1976 a 1981, Adolfo Suárez presidió el Gobierno que aprobó y sometió a referéndum la Ley de la Reforma Política y ganó las dos primeras elecciones competitivas, en 1977 una vez legalizados los partidos políticos y en 1979 después de la aprobación de la Constitución.
Vivió en Ávila hasta los 26 años en el seno de una familia de cinco hermanos. Su madre era propietaria de un pequeño negocio de alcoholes y de una bodega, y su padre era procurador en los tribunales. Suárez estudió en el colegio religioso San Juan de la Cruz, en el Instituto de Ávila y cursó la carrera de derecho en la Universidad de Salamanca como alumno libre. El joven Adolfo Suárez no tuvo ningún tipo de actividad política ni en la Universidad ni en su ciudad, únicamente presidió el Consejo Diocesano de Jóvenes de Acción Católica.
Una vez acabados sus estudios consiguió su primer trabajo en la Secretaría del Gobernador Civil, lo que le permitió entrar en contacto con su principal mentor, Fernando Herrero Tejedor. Suárez dejó Ávila para ir a Madrid a probar suerte donde, junto a su padre, montó un despacho y consiguió reagrupar a su familia en torno a la casa que compartían padre e hijo.
La carrera política de Adolfo Suárez es en gran parte su carrera profesional dentro de la Administración central española desde los inicios de los años sesenta hasta que es nombrado ministro en el gobierno de Arias Navarro. Empezó trabajando en Madrid en la Secretaría personal de Herrero Tejedor, cuando éste fue llamado a ocupar un cargo directivo en la Secretaría General del Movimiento. (continúa)

Fuente: Elaboración propia.

En términos generales, González mantiene una postura abierta, englobadora que no se deja llevar por lo que denomina «conservadurismo de izquierdas», pero que tampoco abandona la utopía de una sociedad más igualitaria, justa y solidaria. No es un socialista ortodoxo ni cercano a posiciones comunistas o ecologistas pero tampoco es un liberal que quiera enterrar el Estado del bienestar a cuyo desarrollo dedicó una buena parte de su tiempo al frente del Gobierno. Se podría definir como un líder integrador que contribuyó a una cierta desideologización en beneficio de la apertura de miras y de la flexibilidad.

En el XXVIII Congreso de su partido, González sorprendió a todos sus compañeros proponiendo la eliminación de la referencia al marxismo de los principios básicos del partido. En al campaña de 1982, ante la experiencia del primer gobierno socialista francés con Miterrand, González se muestra muy prudente en relación con posibles nacionalizaciones de empresas privadas y pone el énfasis en la modernización y en la lucha contra las desigualdades sociales. Un elemento fundamental para González es Europa como espacio para el desarrollo de una sociedad justa y solidaria y como elemento de presión para una buena gestión económica. Sus planteamientos coinciden con los del socialista Delors y con los del democratacristiano Helmut Khol.

ILUSTRACIÓN III.1.
CONTINUACIÓN. NOTA BIOGRÁFICA ADOLFO SUÁREZ

Se casó con Amparo Illana, hija de un coronel del Ejército e inició una carrera administrativa llena de éxitos. Su ascensión política tuvo lugar en Radio Televisión Española, ente en el que entró primero como secretario de una comisión asesora en temas de programación para ser nombrado más tarde jefe de programación y, finalmente, director de la primera cadena. En esta época, Suárez aparecía como un joven del círculo opusdeista con estrechos contactos con el ministro de Gobernación, Camilo Alonso Vega y con el mismo Carrero Blanco.

La dirección de la primera cadena de Radio Televisión Española le sirvió para ganar prestigio como gestor y para consolidar sus relaciones personales con las personas más influyentes del régimen y, de forma muy especial, con el príncipe Juan Carlos. En 1969 sería nombrado director general del ente RTVE, posición que le abriría muchas puertas de la alta política y de los negocios.

Con la muerte de Carrero Blanco en el atentado de ETA de 1973, Suárez volvió con su mentor Herrero Tejedor al Ministerio del Movimiento quien, más tarde, murió repentinamente en un accidente de circulación. Fue entonces cuando Fernández Miranda propuso a Arias Navarro nombrar a Adolfo Suárez como ministro. Suárez conseguía llegar a ministro un mes después de la muerte de Franco, en un Gobierno con Fraga en el Ministerio de Gobernación y Areilza en Asuntos Exteriores.

Como ministro del Movimiento, Suárez tuvo una actuación destacada poniendo orden y controlando las dos potenciales fuentes de conflicto en el Estado a raíz de los sucesos de Vitoria y Montejurra de los que se hizo cargo por ausencia de Fraga. Sancionó la revista Cambio 16 por una caricatura del Rey, pero su prueba de fuego como posible candidato a la Presidencia del Gobierno tuvo lugar con la defensa del proyecto de ley de asociación política en las Cortes, en sustitución del ministro Osorio.

El julio de 1976 fue designado por el Rey jefe de Gobierno. La elección de Suárez, después de un complicado sistema de votaciones, sorprendió a todo el mundo a excepción del Rey y Fernández Miranda.

Fuente: Elaboración propia.

Al igual que en el caso de Suárez, González destaca más por sus habilidades políticas, por su capacidad de convencer y adaptar su discurso que por la ortodoxia de su ideario político. Salvo en la etapa final de su mandato, en la que se acumulan los escándalos, el asunto de los GAL, la crisis económica y la presión de los medios de comunicación, González es un político con un innato sentido de adaptación a lo largo de los años.

4.1.C. Jordi Pujol

Jordi Pujol tiene una visión política muy específica y clara que actúa de motor de toda su vida política. Jordi Pujol es, por encima de todo, catalanista. Desde muy joven decidió que la misión de su vida sería la reconstrucción nacional de Cataluña y hoy se puede afirmar que ésta ha sido su gran tarea al frente de la *Generalitat de Catalunya* durante seis mandatos consecutivos[2].

Jordi Pujol no es independentista pero es un claro defensor de cambiar las formas de relación entre España y Cataluña de manera que no impidan el progreso de Cataluña, el respeto a su lengua y su cultura y, en general, a sus características diferenciales. En su juventud, Jordi Pujol escribe sobre los movimientos migratorios y defiende la necesidad que el inmigrante que llega a Cataluña desde otras partes de España se integre plenamente en Cataluña para que ésta conserve su identidad. (Pujol, 1976).

La claridad de su posición respecto a la cuestión catalana ha llevado a que la coalición *Convergència i Unió* (CiU) fuera identificada en la política española con «los catalanes». Las demás fuerzas políticas le han acusado reiteradamente de apropiarse de Cataluña pero siempre entendió que si se producía esta asociación era porque su coalición era la que de una forma más directa aparecía como la defensora de los intereses de Cataluña (Pujol, 1977). En cualquier caso, Pujol tiene una idea diáfana de lo que él entiende es mejor para Cataluña en cada momento y su coalición es probablemente la fuerza política catalana que más influencia tuvo en la política española a lo largo del siglo XX.

Además de nacionalista, Pujol es un reformista fuertemente influido por los valores cristianos de su familia. Durante su juventud, Pujol mezcla la reivindicación catalanista y antifranquista con la catequesis y la ayuda social. En el debate sobre el Estado del bienestar, Pujol defiende el crecimiento económico sobre la base de la iniciativa privada y de una sociedad civil fuertemente estructurada, pero, a la vez, defiende la seguridad ante la enfermedad, la vejez y el desempleo o la promoción social a través del sistema educativo. Todo ello por razones morales pero también por razones de cohesión social y de integración nacional.

2 En su biografía oficial se explica como en 1940, a los diez años de edad, Pujol se quedo muy impresionado cuando desde la cima del Tagamanent en la sierra del Montseny, su tío Narcís Pujol le comentó cuantos años tardarían en reconstruir el país. Para Pujol, su misión en este mundo era reconstruir su país. El modelo podía ser Holanda, Suecia, Israel..., pequeños países desarrollados y con un peso específico en el mundo occidental. Pero para que Cataluña pudiera ser una «pequeña Holanda», Cataluña necesitaba una acción política propia y autónoma de Madrid.

4.1.D. Manuel Fraga

La ideología política de Manuel Fraga evoluciona de forma notable desde sus años de juventud en los que ocupa altos cargos en la Administración y el Gobierno del régimen franquista[3], hasta que incorpora los valores democráticos, impulsa un proyecto de partido clásico de derecha conservador y, finalmente, opta por el galleguismo regionalista. La evolución de su pensamiento se puede percibir en su voluminosa obra escrita[4].

La constante en Manuel Fraga es el conservadurismo. Perteneciente a una familia profundamente católica, educado en la religión, el respeto a la autoridad y el trabajo como fundamento de toda ambición, son conocidas sus costumbres prusianas así como su respeto por el sacrificio y el esfuerzo individual. Su conservadurismo se traduce en la defensa de los valores morales frente al materialismo, el respeto de la ley y el orden público, la familia como fundamento del orden social y la condena del aborto que es visto como contradictorio con la defensa de la vida y la moral cristiana.

En el planteamiento de los problemas socio-económicos, las fórmulas puramente utilitaristas no son aceptables para Fraga que, si bien defiende a los empresarios y a la iniciativa privada como motor del desarrollo económico y del progreso social, no excluye el papel de las instituciones públicas, ya sea para facilitar la actuación de las empresas privadas o para asumir una política social orientada a la plena ocupación y a crear las condiciones necesarias para que las personas tengan acceso a la educación, a las pensiones, a la vivienda, o a la asistencia sanitaria y social.

Desde su vuelta a su Galicia natal, Fraga incorpora el regionalismo gallego a su pensamiento conservador. Su regionalismo se construye sobre la herencia histórica del galleguismo de Rosalía de Castro y la adaptación moderna que del galleguismo hacen Alfonso Castelao y Alfredo Brañas. Fraga incorpora el término «autoidentificación» como alternativo al de autodeterminación que utilizan los nacionalistas. Para Fraga, es compatible la defensa de la unidad de la nación española y el patriotismo español con el reconocimiento de la personalidad propia de Galicia definida en términos culturales. Su regionalismo tiene una vertiente populista y algo folclórica pero también se alimenta de

[3] Dentro de las familias del régimen franquista, Fraga era considerado un falangista por el círculo de apoyos con que contaba como ministro de Información y Turismo. Fraga inició su trayectoria política como un tecnócrata vinculado a Acción Católica y bajo la protección de Joaquín Ruiz-Giménez en el Ministerio de Educación.

[4] Así, si en 1955 descalificaba abiertamente el sistema democrático parlamentario en *La crisis del Estado*, en 1971 escribía un opúsculo titulado *La monarquía como forma de Estado* en el que defendía que el Rey presidiera un Estado representativo y democrático. En 1974, en un libro blanco sobre la reforma democrática, se planteaba crear una gran asociación de centro que abarcaría desde la derecha evolucionista hasta las posturas socialdemócratas de origen cristiano y talante liberal con el objetivo de permitir la gradual transformación de España en una democracia.

reivindicaciones competenciales y de su conocida propuesta de un modelo de Administración única como medida racionalizadora del Estado de las autonomías.

4.2. Habilidades políticas

Las habilidades políticas se refieren a la medida en que se trata de una persona con un cierto nivel de recursos (como por ejemplo, capacidad de organización, talento para la comunicación verbal, atractivo personal, acceso a los medios de comunicación y o a las instituciones) para desarrollar habilidades políticas como las citadas por Riker:

- introducir cambios en la agenda,
- plantear alternativas a las soluciones consideradas,
- utilizar la retórica para convencer,
- justificar nuevos objetivos y
- replantear las expectativas de los votantes.

La popularidad de los líderes y la valoración que obtienen de la opinión pública pueden ser un indicador aproximado de estas características.

4.2.A. Adolfo Suárez

Existe un amplio consenso en señalar a Suárez como un hombre político con una gran habilidad para la negociación, para replantear temas y objetivos y para convencer a sus oponentes. Para empezar, Suárez tiene una gran ambición política[5]. Se trata de una persona joven, dinámica, con ganas de hacerlo bien, y que además de ser un excelente relaciones públicas demuestra una magnífica capacidad para la comunicación política. Suárez gana experiencia a muy temprana edad dado que se verá obligado a luchar y arriesgar mucho para hacerse un lugar y no verse desplazado de las posiciones centrales del poder durante el franquismo.

Suárez aprovecha las oportunidades que se le presentan. Como ministro asume todo el riesgo pero también todo el protagonismo en el momento de presentar la Ley de Reforma Política ante las Cortes franquistas. Llega al poder por una coincidencia de intereses en la que juega un papel relativamente marginal, pero una vez es elegido presidente del Gobierno y a diferencia de su

5 Cuando debe dejar el puesto, confiesa a Calvo Sotelo cómo nunca tuvo otras aficiones ni intereses en la vida que no fueran estar cerca del poder, participar y ejercer el poder político.

antecesor, impulsa la reforma política, gana el referéndum constitucional del 15 de diciembre de 1976 con un 94% de votos afirmativos y dos elecciones sucesivas. En el transcurso de este tiempo pasa de ser una pieza necesaria en el proyecto de cambio dirigido por el presidente de las Cortes Torcuato Fernández Miranda, a ser el líder y principal responsable del proyecto de cambio.

Su capacidad de «manipulación política» no deja lugar a dudas si se analizan los distintos episodios de la transición: su explicación del proyecto de reforma política a los principales jefes del Ejército, las distintas negociaciones que mantiene con las fuerzas de la oposición, ya fuesen representantes de la izquierda o del Gobierno de la *Generalitat de Catalunya* en el exilio. Suárez demostró una gran capacidad de maniobra para hacer realidad sus objetivos políticos, satisfaciendo al mismo tiempo los intereses de sus interlocutores.

Suárez crea un partido para ganar las primeras elecciones competitivas. Como explica Calvo Sotelo (1990) en sus memorias, Suárez era *«la piedra angular del edificio, hecho por él a su imagen y semejanza y fundado en su carisma personal»*. El edificio se mantuvo con dificultades hasta 1979-1980. Para Calvo Sotelo, *«Suárez era el clavillo del abanico que mantuvo frágilmente juntas las varillas —las familias— de la Unión de Centro Democrático (UCD)»*. En buena medida, el partido se sustentaba en la persona de Suárez, en su dominio de los medios de comunicación, en su imagen y en su capacidad de seducción ante el electorado español. Los éxitos obtenidos en 1976 y en 1977 ayudaron a convencer a personalidades políticas de procedencias muy diversas a unirse y participar en su operación de gran coalición de centro que dejaba a su derecha a los principales representantes del franquismo residual[6].

Pero Suárez no pudo consolidar su autoridad sobre la UCD ni convertir esta plataforma electoral en un partido fuerte con un ideario claro que desde el centro pudiera formar un Gobierno de centro derecha, pactar con los nacionalistas o con los socialistas. El fracaso de la UCD fue en buena medida un fracaso de organización y liderazgo. Cuando los llamados «barones» perdieron la confianza en Suárez, el partido se fue rompiendo y los abandonos fueron cada vez más frecuentes[7]. Por el contrario, en sus gobiernos, Suárez siempre contó

6 A. Osorio, L. Calvo Sotelo, L. Lavilla y P. Cabanillas, que habían formado el Partido Popular con Areilza, J. Garrigues y I. Camuñas de procedencia liberal, los social-demócratas de F. Fernández Ordóñez, los demócrata cristianos de Álvarez Miranda, entre otros grupos de distintas regiones españolas.

7 El partido no llegó a organizarse de forma efectiva. Sus dirigentes no consiguieron crear una organización eficaz con la estructura, mecanismos de toma de decisiones, personal y capacidad de penetración en la sociedad que requiere la democracia. La excesiva dependencia del mismo Suárez no generó la seguridad que necesitaban sus seguidores. La falta de un referente ideológico claro tampoco contribuyó a la integración. Si bien se trataba de una opción de derechas en su origen, por razones de oportunidad política nunca se definió como tal. Tras muchos conflictos y deserciones, Suárez, cansado, desencantado y amargado también dimitiría y abandonaría el partido. Por ello, Calvo Sotelo lo definiría como el *«máximo, último y carismático tránsfuga de UCD.»*

ILUSTRACIÓN III.2. NOTA BIOGRÁFICA FELIPE GONZÁLEZ

Felipe González nació el 1942 en Sevilla y llegó a presidente del Gobierno de España el 1982, a los 40 años de edad. Ocho años antes había sido elegido secretario general del PSOE en el histórico Congreso de Suresnes, cerca de París. Felipe González encadenó cuatro mandatos consecutivos desde octubre de 1982 hasta marzo de 1996, lo que significó más de 13 años en la cabeza del Gobierno con el apoyo de mayorías absolutas muy amplias durante los tres primeros mandatos y gobernando en minoría durante la última legislatura.

González era hijo de una familia de ganaderos que se dedicaban a la compra y venta de ganado y productos lácteos. Su padre, de convicciones republicanas y procedente de la provincia de Santander, era un hombre trabajador que montó una vaquería y consiguió ganarse la vida en la difícil situación económica y política de la España franquista de la década de los cuarenta. La madre de Felipe González, nacida en un pueblo de la provincia de Huelva, tuvo cuatro hijos a los que dio una buena educación y garantizó un futuro sobre la base del esfuerzo y el ahorro familiar.

Estudió en el Colegio Claret de Sevilla, escuela religiosa a la que asistían familias de clase media alta de Sevilla y de toda Andalucía. Durante su juventud, Felipe González no tuvo ninguna actividad social o política y pretendía ponerse a trabajar y ganar dinero para poder casarse y hacer una vida independiente. Fue en la Universidad de Sevilla, donde estudió derecho, cuando Felipe González entró en contacto con la política. Uno de sus profesores, Manuel Giménez Fernández, de ideología democristiana ejerció una gran influencia sobre él, hasta el punto de invitarle a viajar y asistir a algunas reuniones en Madrid con líderes demócrata-cristianos como Joaquín Ruiz Jiménez. En este contexto, Felipe González asumió el compromiso moral de luchar contra el franquismo. La principal organización política en este momento era el Partido Comunista Español (PCE) pero a González no le pareció una opción atractiva y decide, junto a Alfonso Guerra, crear un partido socialista. Bajo la protección de Alfonso Fernández Malo, hijo de un histórico del PSOE, el grupo de jóvenes universitarios andaluces se puso a trabajar en la organización del partido socialista como lo estaban haciendo otros grupos en Madrid y en el País Vasco.

Al terminar sus estudios, Felipe González decidió ponerse a trabajar como abogado laboralista en Sevilla, profesión que combinó con muchas horas de reuniones y trabajo para el partido. En esta época conoció a la que sería su esposa, Carmen Romero, hija de un médico militar. Se trataba de una mujer con inquietudes intelectuales, estudiante de filología que se dedicó profesionalmente a la enseñanza de literatura en un instituto de secundaria. (continúa)

Fuente: Elaboración propia.

con algunas personas de su confianza como Fernando Abril Martorell, o M. Gutiérrez Mellado, el militar que pasará a la historia por su intento de reducir a los guardias que asaltaron las Cortes Generales durante el golpe de Estado del 23 de febrero de 1981.

4.2.B. Felipe González

El caso de Felipe González parece encajar perfectamente con el caso de un joven interesado en política cuya disponibilidad para viajar, para asistir a reuniones o para dedicar tiempo y esfuerzos a reconstruir una organización política fueron determinantes para su posterior elección como *agente* y líder del Partido Socialista Obrero Español (PSOE). La idea que se transmite desde su entorno y en sus biografías es la de una persona que no tiene excesiva ambición política pero que distintas circunstancias le llevan a un punto de no retorno por lo que se refiere a su carrera política.

La promoción del joven González se debe a sus características personales, a su manera de ser y actuar: se trataba de una persona joven, abierta, espontánea, vitalista, muy segura de sí misma y sin demasiados complejos. Su optimismo, la capacidad para desdramatizar y encontrar soluciones a los problemas, incluso la frescura con la que asume el papel de líder a una edad muy temprana, su inteligencia y capacidad retórica le convierten en un líder —«carismático» para la prensa— con una gran capacidad de persuasión política.

Felipe González es también un buen ejemplo de líder creativo que sabe manipular la conexión entre objetivos y políticas, utilizar la retórica para convencer a los votantes y cambiar las preferencias de sus seguidores. Algunos congresos históricos del partido socialista y el referéndum sobre la permanencia de España en la OTAN constituyen otros tantos ejemplos de su habilidad para conseguir sus objetivos partiendo de una situación con una mayoría de la opinión en contra.

Al iniciar su primera legislatura, González contaba con un partido unido y nucleado entorno a su persona. González fue elegido secretario general del PSOE el año 1974 en el Congreso de Suresnes y desde septiembre de 1979 había forzado al partido (presentando su dimisión) a convertirse en una alternativa moderada de centro izquierda. La doble condición de González como presidente del Gobierno y secretario general del partido junto a la dirección del grupo parlamentario a través de una ejecutiva bajo el control estricto del vicepresidente Alfonso Guerra garantizaron que el partido no fuera un obstáculo para González durante su primera etapa de Gobierno.

Al final de su mandato, sin embargo, Felipe González tendría que luchar contra la imagen de falta de autoridad y de incapacidad para poner orden en su propio partido. Las políticas del gobierno socialista (la reconversión industrial, la reforma de las pensiones, el referéndum de la OTAN, la participación en la Guerra del Golfo, la reforma de la contratación laboral y la ruptura con el sindicato socialista) llevaron a la división del partido, a la dimisión de Guerra como vicepresidente del Gobierno y a la separación Gobierno-partido en manos de González y Guerra respectivamente.

4.2.C. Jordi Pujol

Pujol tiene algunas características personales que son importantes para el liderazgo político. En primer lugar, se trata de un político con una gran vocación. Existe un momento en la vida de Pujol, en la década de los setenta, en el que opta claramente por la política, actividad en la que se siente muy cómodo y que no piensa abandonar mientras la salud física y el apoyo de su partido y de los votantes se lo permitan.

ILUSTRACIÓN III.2.
CONTINUACIÓN. NOTA BIOGRÁFICA FELIPE GONZÁLEZ

A través de las reuniones de las juventudes socialistas y de la Unión General de Trabajadores (UGT) que se celebraban en el sur de Francia, Felipe González se dio a conocer entre los miembros y dirigentes del PSOE en el interior y en el exilio. Intervino en conflictos laborales importantes como abogado e incluso defendió al líder de UGT, Nicolás Redondo, cuando éste fue encarcelado. Ante la avanzada edad de los dirigentes del PSOE en el exilio y de su desconocimiento de la realidad española, González se convirtió en un elemento renovador del partido por su manera de hacer, por su lenguaje e ideas. Esto le supuso la primera confrontación con Rodolfo Llopis en 1970 en el Congreso de Tolousse. Pero en el 1972 entró en la ejecutiva del partido como representante de los socialistas en el interior, y en 1974, en el famoso Congreso de Suresnes, fue elegido secretario general con el apoyo de los vascos, de Rubial y de Redondo que repentinamente optó por dedicarse a la UGT y propuso a González como secretario general del partido.

A los 32 años de edad, se instaló en Madrid como secretario general del PSOE. Con el apoyo de los dirigentes socialistas y del empresario Enrique Sarasola, conoció a muchas personalidades del mundo de la política y de la economía, viajó y diseñó una estructura de apoyo. Mientras, su compañero Alfonso Guerra se ocupaba del partido y de su extensión por todo el país. González intervino en la creación de las plataformas que agruparon a los personajes clave de la oposición democrática.

En las primeras elecciones competitivas, el 15 de junio de 1977, el PSOE consiguió 118 escaños por detrás de la UCD del presidente Suárez y muy por delante del Partido Comunista que se quedó con 20 y de Alianza Popular de Fraga que consiguió 16 escaños. En las elecciones del marzo de 1979, una vez aprobada la Constitución, algunas encuestas ya daban como ganador al PSOE. En este período y hasta la victoria de 1982, González supo combinar el papel de cabeza del partido mayoritario de la oposición, sin dejar un momento de respiro a Suárez, con el papel de hombre de Estado, de político reformista moderado, preocupado por cuestiones económicas, conocedor de los problemas internacionales y forjador de consenso en las grandes cuestiones que afectaban al país.

La moción de censura presentada en la primavera de 1980 fue su ocasión para demostrar públicamente que podía ser presidente del Gobierno. El declive de la UCD a la que abandonaban socialdemócratas y demócrata-cristianos, la dimisión de Suárez, el golpe de Estado y la incapacidad de Leopoldo Calvo Sotelo de reagrupar a la UCD y presentar un proyecto alentador, llevó a la contundente victoria del PSOE en 1982.

Fuente: Elaboración propia.

Pujol se convierte en líder porque dedica su tiempo, dinero y esfuerzo a coordinar a una serie de personalidades políticas con las que creará un partido y, sobre la base de una reputación de nacionalista ganada durante el franquismo, se erige en representante de los intereses de Cataluña en las negociaciones que distintas fuerzas políticas mantienen con los gobiernos de la UCD para restablecer el autogobierno en Cataluña. A partir del momento en que es elegido presidente de la *Generalitat*, consolida y fortalece su posición política, su prestigio personal y su poder, no solamente en Cataluña sino también en España. Su poder político aumenta de forma notable en el contexto español a partir de 1993 cuando primero el gobierno socialista y después el gobierno popular necesitan su apoyo parlamentario. Su proyección internacional es mucho mayor a partir del momento en que aparece como el socio que necesitan los gobiernos españoles para conseguir estabilidad política.

En segundo lugar, se trata de un político muy profesional que dedica una buena parte de su tiempo a hacer política en el sentido de establecer contactos con todos los sectores de la sociedad, viajar mucho por su circunscripción electoral (que para él es toda Cataluña) y demostrar conocimiento y preocupación por los problemas de la población[8].

En tercer lugar, Pujol tiene una gran capacidad de adaptación a la audiencia a la que se dirige. Habla seis idiomas y lo mismo puede dirigirse a los líderes económicos del mundo reunidos en Davos que a los habitantes de un pueblo que le esperan en la plaza mayor ante el ayuntamiento. Su discurso es directo, claro y simple. Utiliza un lenguaje oral que le permite acortar distancias y conectar con la audiencia. Su discurso y sus objetivos políticos han variado poco a lo largo de los años lo que le da credibilidad y autenticidad en la medida que plantea cuestiones centrales que preocupan a los catalanes con un sentimiento nacionalista.

En términos de valoración por la opinión pública, la sociedad catalana ha valorado a su presidente por encima de lo que valora la gestión de su Gobierno o la actuación política de su partido. Entre las comunidades españolas, Cataluña fue la que tuvo un presidente mejor valorado en el período 1988-1995 (Fundación Encuentro-CECS, 1997). Esta valoración positiva fue creciendo de forma ininterrumpida sin que se observaran dinámicas cíclicas en la valoración por la opinión pública.

Pujol cuenta con una organización con una significativa militancia política (unos 35.000 militantes) cohesionada y fiel a su persona. Pujol fue el fundador

8 En un discurso de 1997, Pujol se pregunta retóricamente: «¿Qué hice ayer?, ¿Qué hizo el presidente de la *Generalitat*?», para responder que el presidente había inaugurado una piscina y un centro cultural en Renau, una población de unos cincuenta habitantes en la provincia de Tarragona (Pujol, 1997).

9 Para Pujol CDC, es el «pal de paller», el punto de encuentro y centro de gravedad en el que convergen «intereses, inquietudes, ilusiones, necesidades, gente y preocupaciones de esta gente» (Pujol, 1997).

de *Convergència Democràtica de Catalunya* (CDC) en 1974, en la que ocupó el puesto de secretario general primero y, a partir de 1989, el de presidente[9]. Pujol siempre ha controlado el partido. Los principales focos de tensión en el partido han sido las relaciones con su socio de coalición *Unió Democràtica de Catalunya* (UDC) y la rivalidad personal entre Pujol y Roca. El conflicto entre Pujol y Roca se resolvió de forma clara a favor del presidente y en perjuicio de Roca que acabaría abandonando la política activa. Las relaciones entre CDC y UDC han pasado por etapas de crisis periódicas a raíz de la elaboración de las listas electorales y la constante reclamación de mayor poder por parte de UDC hasta el punto en que se plantea si el sucesor de Pujol debe ser el líder de CDC[10].

En el Gobierno, Pujol contó en su primera época con fundadores e históricos de su partido como R. Trías Fargas, M. Alavedra y J.M. Cullell. Durante los más de 20 años de Gobierno, Pujol fue substituyendo a los políticos de su generación por otros que fueron promocionados por él mismo. En su entorno más cercano, Pujol siempre ha contado con personas de la más absoluta confianza.

4.2.D. Manuel Fraga

La carrera política de Manuel Fraga se inicia en un entorno no democrático entre la oligarquía del régimen franquista. Su larga vida política en la etapa democrática se explica por una fuerte voluntad de estar presente en la política española y por una gran capacidad de recuperación ante el fracaso. Manuel Fraga quería ser el timonel de la transición, pero el rey Juan Carlos I optó por Adolfo Suárez, fundó un partido político que en 1979 solamente sacó 9 diputados, perdió todas las elecciones hasta que se retiró a su Galicia natal, pero allí sí consiguió el apoyo mayoritario del pueblo gallego en las sucesivas elecciones democráticas convirtiéndose en el líder indiscutible de la Galicia autónoma.

Manuel Fraga no tiene un especial atractivo personal, ni habilidades comunicativas ni una gran capacidad de maniobra política. Al contrario, tiene una reputación de persona dura, inflexible, implacable y hasta agresiva. Durante la transición tuvo dificultades para leer la realidad política y para adaptar formas y contenidos a las exigencias de cada momento. Areilza explica como, para Manuel Fraga, la sociedad española del año 1976 «tendrá que responder con un diez de conducta» para que «el Gobierno otorgue graciosamente sus reformas democráticas»[11].

10 El partido coaligado con CDC ha crecido a lo largo de los años, a veces en perjuicio de CDC en la medida que podía ser más fácil hacer carrera en UDC. La implantación territorial de UDC en los municipios y el progresivo fortalecimiento de su organización se ha traducido en un discurso que intenta marcar diferencias con CDC.

11 Como ministro de la Gobernación en 1976, obsesionado por el orden público y el respeto a la autoridad, Fraga se convierte en la bestia negra de la oposición reprimiendo huelgas y manifestaciones y encarcelando a los líderes políticos de la oposición.

La tenacidad explica que Fraga llegue a convertirse en presidente de Galicia donde desarrolla un perfil de «protector de la patria» y adopta un estilo moderno de hacer política que en algunos casos puede parecer populista. Al igual que Pujol, Fraga dedica mucho tiempo a conocer los problemas de su tierra, visita parroquia a parroquia a sus electores y se erige en un fuerte defensor de la identidad regional gallega y de las competencias de la *Xunta* de Galicia como instrumento de mejora de esta nacionalidad histórica

Fraga controla de forma absoluta el Partido Popular en Galicia y hasta su renuncia, hizo lo propio con el Partido Popular español (PP). Fraga fundó en 1977 Alianza Popular de la que fue su primer secretario general[12]. En 1979, se quedó prácticamente solo al obtener su peor resultado electoral. El control del partido por Fraga se pondría de manifiesto en la resolución de las sucesivas crisis por las que pasó su partido. El mismo Fraga nombró a Hernández Mancha como su sucesor, volvió a retomar el partido (ante el fracaso de aquél) para refundarlo en Partido Popular y elegir a José Mª Aznar. Antes destituyó a su delfín Jorge Verstringe en Madrid y a su hombre fuerte en Galicia, Barreiro, ante las pretensiones de ambos de sustituir a sus respectivos líderes.

4.3. La capacidad para la toma de decisiones en situaciones de crisis

El acierto en la toma de decisiones en situaciones críticas o la capacidad para enfrentarse a grandes retos que requieren el impulso del Gobierno permite distinguir entre líderes activos que anticipan las dificultades y plantean alternativas de solución en función de su visión de los problemas, de aquellos otros líderes pasivos que se «arrugan» ante las dificultades y tienden a esperar y a reaccionar de forma defensiva.

La capacidad para el ejercicio del liderazgo en situaciones difíciles o para transmitir seguridad a sus seguidores está relacionada con otra característica que permitiría distinguir entre el líder satisfecho que disfruta del cargo, de aquel otro líder insatisfecho que tiende a «sufrir» el ejercicio del poder. A su vez, la seguridad y la satisfacción en el cargo están relacionadas con la posición en el partido y con la capacidad de control de la oligarquía más inmediata de su entorno.

[12] AP era una alianza de partidos creada por dirigentes políticos (los llamados «siete magníficos») que habían tenido responsabilidades políticas durante el franquismo. Fraga escogió mal a sus socios para su proyecto de crear un partido conservador moderado y demócrata lo que se tradujo en los malos resultados electorales y en la desarticulación de la alianza inicial.

4.3.A. Adolfo Suárez

La característica principal de la etapa de Suárez al frente del Gobierno fue la incertidumbre y las dificultades por las que atravesó España. Se trata de un período en el que se tomaron muchas decisiones que podían afectar al éxito del proceso de transición a la democracia. Suárez consiguió imponer su autoridad en un primer Gobierno que fue mal recibido, se adaptó rápidamente al cargo y supo legitimar su posición con pequeños éxitos en la negociación política y en la toma de decisiones importantes.

La legalización del PCE y el restablecimiento de las instituciones autonómicas de Cataluña son dos ejemplos que nos sirven para ilustrar su capacidad de toma de decisiones en situaciones complejas. Suárez necesitaba legalizar el PCE para dotar a la reforma política de plena credibilidad democrática. Pero al mismo tiempo se había comprometido a no legalizar el Partido Comunista para que los dirigentes políticos menos aperturistas y el Ejército aceptaran la reforma política. Suárez hubiera preferido no legalizar al Partido Comunista pero obtuvo en una reunión secreta con Santiago Carrillo, el reconocimiento de la Monarquía y de la bandera bicolor además de la defensa del principio de la unidad nacional. Santiago Carrillo y el PCE, que habían hecho una demostración de fuerza con motivo del entierro de los abogados laboralistas asesinados en la calle Atocha de Madrid, aceptaron renunciar a sus principios y símbolos de identidad ideológica a cambio de la legalización. La legalización del PCE fue considerada un «golpe de Estado» por Fraga y una «traición» por los máximos jefes del Ejército.

En el mismo sentido se podrían interpretar las negociaciones con Josep Tarradellas, presidente en el exilio de la Generalidad de Cataluña. Suárez no conocía personalmente a Tarradellas ni acababa de entender cuál podía ser su peso específico en la política catalana. Ante los malos resultados de la UCD en Cataluña, Suárez impulsó la llamada operación retorno con la condición que fuera capitalizada por Carlos Sentís, jefe de lista de la UCD por Barcelona. Tarradellas se desplazó a Madrid en el avión privado de un industrial vasco para reunirse con Suárez. La reunión no fue bien. Según Ortínez (1993), Suárez recordó a Tarradellas que era él quien tenía el poder y Tarradellas le replicó que él podía sacar a un millón de personas a la calle. Al salir de la reunión, Tarradelles dijo a los periodistas que «la reunión había ido muy bien». Como escribe Martín Villa, ministro de Suárez y uno de los principales barones de la UCD, aquellas manifestaciones les hicieron pensar que podían confiar en él y le considerarían, a partir de entonces, un auténtico hombre de Estado. Superadas las presiones para que no se celebrara una reunión entre el Rey y Tarradellas, ésta se produjo, se repitió el encuentro con Suárez y se inició el proceso que llevaría al decreto de restablecimiento de la Generalidad provisional. Tarradellas consiguió retornar como presidente en un acto simbólico y multitudinario que suponía una cierta ruptura de la legalidad franquista. Pero Suárez ganaba credibilidad en el terreno autonómico mientras conseguía de

Tarradellas la renuncia al restablecimiento del estatuto republicano, la aceptación de la Monarquía, de la unidad de España y de una fórmula de Generalidad provisional que no suponía ni la creación de una Mancomunidad de diputaciones.

4.3.B. Felipe González

Felipe González refleja una personalidad dual respecto a su condición de decisor. Por una parte, se adaptó rápidamente a la posición de presidente del Gobierno y mostró capacidad para enfrentarse con decisiones complicadas con valentía y resolución como por ejemplo la expropiación del complejo empresarial Rumasa o la adopción de decisiones de política económica que facilitaron a España ingresar en la Unión Europea. En otras ocasiones, sin embargo, el mismo líder al que no parecía incomodar el ejercicio del poder, mostró abiertamente su cansancio y sus dudas sobre su continuidad al frente del Gobierno dando a entender que «sufría» la política y deseaba abandonar su posición al frente del Gobierno.

Dos ejemplos pueden servir para ilustrar su capacidad para la toma de decisiones. Una de sus decisiones más valientes por arriesgada fue la de convocar el referéndum para decidir sobre la participación de España en la estructura militar de la OTAN. González había prometido convocar un referéndum con la intención de retirar a España de la OTAN antes de ser elegido presidente del Gobierno. Una vez elegido, rectificó su posición pidiendo al pueblo español que votara a favor del mantenimiento de España en la estructura atlántica con algunas condiciones que el paso del tiempo ha demostrado bastante irrelevantes. González rectificó pero también quiso cumplir su compromiso y obtener la garantía de que su posición era apoyada por una mayoría de votantes. El riesgo era enorme dado que hasta el último momento las encuestas daban resultados muy ajustados en contra de la posición del Gobierno. Al final ganó el sí con 13 puntos de ventaja.

También es ilustrativo de su estilo decisional la tolerancia y la falta de decisión en relación con el conjunto de hechos que podían afectar más su imagen de líder socialista que defiende los valores de la honradez, austeridad y moralidad en la conducción de los asuntos públicos. González no quiso entrar en temas relacionados con la financiación irregular del partido remitiendo siempre los posibles problemas a su tramitación judicial. La permisividad y la lentitud con las que se trataron las irregularidades que afectaban a miembros de su partido o de su gobierno (en particular los casos que afectaron al vicepresidente del Gobierno, al gobernador del Banco de España y al director de la Guardia Civil), afectaron decisivamente la percepción de la opinión pública sobre su capacidad de liderazgo y facilitaron el cambio de Gobierno.

4.3.C. Jordi Pujol

En el contexto del Gobierno o del partido, Pujol asume directamente la responsabilidad sobre las decisiones y de hecho muestra una clara voluntad de control directo. Se trata de un político muy activo, que lógicamente pide consejo a las personas de su entorno más inmediato pero que no rehuye el ejercicio del poder, que ha demostrado habilidad para salir reforzado de situaciones críticas y que, en su caso, rectifica cuando entiende que no hacerlo podría perjudicar su posición.

Para ilustrar el activismo político de Pujol, se puede argumentar como durante la primera época de su largo mandato al frente de la Generalidad, recurre con frecuencia a una política de hechos consumados para forzar las transferencias de nuevas competencias para el Gobierno de Cataluña. En estas ocasiones, Pujol no temía las consecuencias que podían derivarse de sus actos y por el contrario apareció como un activista político que en ocasiones actuaba en el filo de la legalidad. Su decisión de avanzar en temas como el desarrollo de una acción exterior de la *Generalitat* al margen del Gobierno central, la creación de un segundo canal de televisión en catalán, la supresión de la Corporación Metropolitana de Barcelona o la formación de una policía autonómica puede ilustrar su forma de hacer.

En situaciones de crisis como la noche del golpe de estado del 23 de febrero de 1981 o cuando la fiscalía le imputó un delito por su gestión al frente de Banca Catalana, Pujol supo controlar la situación y salir reforzado. La noche del 23 de febrero de 1981, Pujol atinó al improvisar una declaración en Radio Nacional en nombre del Rey y al transmitir un mensaje de tranquilidad con la famosa frase que supuestamente le había comunicado el Rey «tranquilo, Jordi, tranquilo». En el mismo sentido, ante la querella presentada por la fiscalía del Estado por su gestión al frente de Banca Catalana, Pujol aparece como la víctima objeto de un ataque político injustificado y relacionó la acción de la fiscalía con una agresión a todos los catalanes.

La orientación a la acción y la autoconfianza le llevaron a cometer algunos errores políticos. Así, por ejemplo, Pujol pidió disculpas al Rey con motivo de la fallida inauguración del estadio olímpico de Montjuïc en Barcelona, donde se mezclaron el malestar del público que llevaba más de media hora esperando bajo la lluvia la llegada de la familia real y las octavillas de los jóvenes independentistas pidiendo la libertad de Cataluña en tanto que «nación oprimida».

4.3.D. Manuel Fraga

El estilo decisional de Fraga es el de una persona muy segura de sí misma que cuenta con una gran autoridad entre sus seguidores, cuadros de partido y altos cargos en la Administración gallega, lo que le sitúa a una gran distancia de sus colaboradores. Tanto por razón de su dilatada experiencia, como por su poder institucional y político, Fraga es respetado y, en más de una ocasión, temido. Él mismo ha destacado su gran sentido del deber y de la responsabilidad lo que le llevó a asumir en cada momento histórico la misión que creía que se esperaba de él y a hacerlo de forma individual sin, aparentemente, calcular los costes políticos que en el futuro le podían suponer sus decisiones.

ILUSTRACIÓN III.3.
NOTA BIOGRÁFICA DE JORDI PUJOL

Jordi Pujol nació el 1930 en Barcelona y llegó a la Presidencia de la Generalidad de Cataluña a los 50 años de edad. Desde 1980, Jordi Pujol ha ganado todas las elecciones a las que se ha presentando, por mayoría relativa en la primera y en las dos últimas, y por mayoría absoluta en tres ocasiones consecutivas.

Hijo de una familia tradicional catalana, Jordi Pujol se trasladó a Premià, en la costa al norte de Barcelona, a causa de la Guerra Civil. Creció en un ambiente rural, católico y profundamente catalanista. A partir de 1939, continuó sus estudios en el Colegio Alemán de Barcelona. Su padre era de una familia que se había dedicado al negocio del corcho, pero que ante la crisis en este sector, pasaría a trabajar en la bolsa y en la banca, junto con su hijo Jordi Pujol. Su madre era hija de una familia de campesinos acomodados de Premià.

Jordi Pujol estudió medicina aunque nunca practicó esta profesión. Durante su juventud, fue miembro de la *Confraria de la Mare de Déu de Montserrat*, una organización dedicada a enseñar la catequesis y a visitar enfermos, y en la que conoció a la que sería su esposa, Marta Ferrusola. Pujol advirtió a su mujer en el día de su boda que su dedicación a Cataluña pasaría por delante de su matrimonio. También formó parte de diferentes organizaciones de estudiantes antifranquistas y participó en actos de afirmación catalanista. (continúa)

Fuente: Elaboración propia.

Cabe distinguir dos etapas en la vida política de Fraga como líder político en un contexto democrático. En su etapa de líder de la derecha española, tuvo dificultades para adaptar su visión política y el programa de su partido a lo que estaba solicitando la sociedad española. En consecuencia, no acertó en sus decisiones: se presentó a las primeras elecciones competitivas como líder de una alianza de nostálgicos del franquismo, tuvo una visión muy conservadora de lo que debía ser la Constitución sobre la base del modelo de democracia británico y propuso un sistema electoral mayoritario que no encuentró ninguna receptividad en la élite política de aquel momento. Es contrario a introducir las «nacionalidades» en la Constitución y mantuvo planteamientos muy centralistas en relación con la organización territorial del Estado. No quiso dar su voto a Calvo Sotelo cuando éste relevó a Suárez a pesar de la división de su grupo parlamentario y en el referéndum de la OTAN optó por la abstención ante la consternación de todos los líderes conservadores internacionales.

En cambio, en su etapa de presidente autonómico de Galicia, Fraga parece acertar más en sus decisiones y en su nuevo papel de «padre fundador» de la Galicia moderna. Fraga asumió el papel de líder de una nacionalidad histórica y, como Pujol en Cataluña, reclama mayores competencias, más dinero público para infraestructuras básicas y un mayor protagonismo en el entorno europeo para sí en aquellos temas que interesaban a Galicia. Fraga planteó la reforma del Estado de las autonomías desde una perspectiva federalista racionalizadora que evitara la duplicidad de administraciones sobre el territorio y consiguió que los nacionalistas catalanes y vascos aceptaran su idea de la «Administración única». Incluso en temas que afectaban a la política exterior española como las relaciones con Cuba, se sintió legitimado para romper el aislamiento diplomático, viajar a Cuba y mantener una buena relación personal con Castro de la que obtuvo algunas recompensas políticas con la liberación de algunos presos.

ILUSTRACIÓN III.3.
CONTINUACIÓN. NOTA BIOGRÁFICA DE JORDI PUJOL

En el año 1959, la familia Pujol compró un pequeño banco de la provincia de Girona, la Banca Dorca, con la intención de transformarla y construir una gran institución financiera catalana. En 1961 se convirtió en Banca Catalana, institución que tuvo un importante crecimiento durante los años sesenta y setenta, y hasta principios de los ochenta, cuando entró en una profunda crisis hasta ser intervenida. Pujol también compró en 1974 el periódico El Correo Catalán y la revista Destino aunque ambas publicaciones cerraron por la imposibilidad de adaptarse a los cambios experimentados por el sector de los medios de comunicación con la llegada de la democracia. Jordi Pujol además colaboró con la fundación de la escuela Rosa Sensat y en el proyecto inicial de la *Gran Enciclopèdia Catalana*.

A los 30 años de edad, al principio de su carrera profesional, Jordi Pujol fue condenado a siete años de prisión (de los cuáles tres los pasó en la prisión de Torrerón en Zaragoza) por participar en un acto catalanista en el Palacio de la Música de Barcelona y por redactar una octavilla contra el general Franco.

A principios de los setenta, Jordi Pujol había decidido dedicarse activamente a la política. Fundó *Convergència Democràtica de Catalunya* en el año 1974, partido del cual ha sido secretario general y presidente desde 1989. En 1975 expuso en una conferencia en ESADE su ideario político y en 1977 sería elegido diputado al Congreso de Diputados cuando lideraba la candidatura del Pacto Democrático de Cataluña. En 1978, CDC absorbió *Esquerra Democràtica* de Trías Fargas y se coaligó con *Unió Democràtica de Catalunya* formando CiU. Reelegido diputado en 1979, formaría parte del Gobierno de la *Generalitat* provisional presidido por Josep Tarradellas al que sucedió cuando ganó las primeras elecciones autonómicas al Parlamento de Cataluña.

Fuente: Elaboración propia.

Fraga fue el líder fundacional del Partido Popular español. Dadas las dificultades iniciales de Alianza Popular y el largo período de tiempo en la oposición, Fraga dominó por completo el partido hasta que decidió dar el relevo a José Mª Aznar y a los políticos de su generación. Las crisis de partido y los conflictos personales, tanto en el PP español como en el PP gallego, no debilitaron su posición dada la autoridad y contundencia con la que se enfrentó a los problemas que fueron surgiendo.

4.4. El contexto histórico

El contexto histórico que vive el líder durante su mandato en el sentido de etapa histórica de una sociedad tiene una influencia decisiva en su rendimiento. El contexto puede explicar parte de su éxito o por el contrario «enmascarar» su gestión al frente de un Gobierno, dadas las dificultades objetivas con las que se encuentra. A la vez, algunas etapas históricas tienden a fortalecer la posición de los líderes como, por ejemplo la etapa fundacional de una nación, de un sistema democrático o de las instituciones de una nacionalidad histórica, mientras que otras, por el contrario, tienden a oscurecer su gestión.

4.4.A. Adolfo Suárez

El momento histórico en el que Suárez ocupó la Presidencia del Gobierno era extremadamente delicado e incierto. La transición política transcurrió en mitad de una fuerte crisis económica mundial iniciada en 1973 con el incremento de los precios del petróleo que aún se agudizó más en 1979. La aparición del estancamiento económico con inflación requería una serie de medidas incompatibles con la suavidad que necesitaba la transición política. Las consecuencias en términos de crisis industrial y destrucción de la ocupación fueron muy importantes y se tradujeron en la prolongación de la crisis económica española en relación con el resto de países europeos.

En cinco años al frente del Gobierno, Suárez demostró una enorme habilidad política para lidiar con un entorno desfavorable y maximizar el rendimiento de su posición institucional. Así, utilizó su pasado franquista para ganarse la confianza de los principales dirigentes del régimen franquista y del ejército para aprobar la Ley de Reforma Política. Habiendo sido ministro del Movimiento, se presentó a las primeras elecciones democráticas como un hombre de centro y consiguió ganar. Ante la debilidad de su partido y de la situación política general, optó por negociar todos los temas importantes, como la Constitución y los Pactos de la Moncloa, y se alzó con el reconocimiento de líder del consenso y de la participación de las fuerzas políticas en la gobernabilidad del Estado. Sin embargo, no consiguió controlar su partido, cuya ruptura le obligaría a dimitir.

4.4.B. Felipe González

Desde el punto de vista del momento histórico en que González llegó al poder, España se encontraba en el punto más bajo de una profunda crisis económica y social, política e institucional en la medida que el sistema democrático acababa de sufrir el golpe de Estado de 23 de febrero de 1981 y la UCD, el partido en el poder desde las primeras elecciones democráticas, se encontraba en un proceso de desintegración que le llevó a su disolución.

González contaba con la ventaja de partir de una cota muy baja lo que facilitaba poder contar como éxito cualquier progreso. Además se trataba del primer líder socialista que llegaba al poder desde la restauración de la democracia. Tenía ante sí una misión histórica en la medida en que la alternancia en el Gobierno y el ejercicio del poder por un partido de izquierda tradicional era una condición necesaria para cerrar el proceso de transición política a la democracia. A la vez, sin embargo, como le sucedió antes a Suárez, las dificultades objetivas y la incertidumbre eran notorias, si bien González contaba con un partido unido y una cómoda mayoría en el Parlamento.

4.4.C. Jordi Pujol

En el caso de Jordi Pujol, su largo mandato comenzó en el período de restauración de la democracia, de recuperación del autogobierno y de construcción del aparato institucional autonómico. Como en otros casos de líderes del mundo con largos mandatos, Pujol lideró el proceso de «reconstrucción nacional» lo que, sin duda, requería a un político capaz, pero que a la vez, como en los casos de Suárez y González, tenía ante sí una oportunidad histórica para establecer vínculos con la población y para tener una cierta comprensión de la sociedad que puso por delante la misión histórica a los errores en la gestión de las políticas. Pujol es el «fundador» de la nueva Cataluña autónoma, es el hombre que encarna la lucha política por recuperar la identidad nacional y por establecer una relación con el Gobierno central que parta de la consideración de Cataluña como nacionalidad histórica. Se benefició de la aureola de fundador-protector de la nación, además de tener la oportunidad de fijar objetivos y de ser el guía que decide las prioridades en cada etapa de desarrollo de la autonomía.

4.4.D. Manuel Fraga

Manuel Fraga fue elegido presidente de la Comunidad Autónoma de Galicia en las terceras elecciones democráticas en esta comunidad y tras dos gobiernos, el primero presidido por Fernández Albor de su propio partido y el segundo, un Gobierno de coalición, presidido por el socialista González Laxe. España vivía un momento de expansión económica y la gestión de los gobiernos que le precedieron había sido importante para la organización institucional de la comunidad autónoma y el traspaso de algunas competencias relevantes por parte del Gobierno central durante la etapa de González Laxe.

Fraga consiguió desde su proclamación como presidente, en la ceremonia en la que se hizo acompañar por centenares de gaiteros, desarrollar un papel institucional por encima de lo que habían hecho sus predecesores en el cargo y ser rápidamente identificado como el líder histórico de Galicia que daría a esta comunidad una mayor proyección en los contextos español e internacional. En este sentido, Fraga es equiparable a Pujol en tanto que padre-fundador que utiliza su autoridad personal para ejercer el liderazgo de una sociedad, más allá de sus estructuras administrativas.

4.5. El legado e influencia sobre los que le sucederán

Algunos líderes políticos históricos tuvieron una influencia duradera en el Gobierno y en la Administración. Se trata de personalidades «históricas» que se recuerdan mucho tiempo después de su mandato o que son tomados como ejemplo de liderazgo por todas las fuerzas políticas. Este sería el caso de F.D. Roosevelt en EE.UU. o de Delors en la Comisión Europea. Otros líderes, por el contrario, pasan por el cargo sin dejar una huella tan profunda y no tienen influencia en sus sucesores ni por la forma de gobernar ni por las políticas impulsadas durante su mandato.

4.5.A. Adolfo Suárez

Adolfo Suárez tiene su lugar en la historia de España. Suárez cumplió la misión histórica de poner las bases de la democracia en España, aprobar una constitución por consenso y consolidar el sistema de derechos y libertades.

En su forma de gobernar, Suárez deja tras de sí una experiencia de pactos y consensos que queda como referencia histórica en la política española. Tanto el hecho de gobernar en minoría como que durante su etapa se decidieran temas institucionales fundamentales explican en parte esta forma de gobernar si bien cabía la posibilidad de limitar la participación en los acuerdos al número de fuerzas políticas estrictamente necesarias.

4.5.B. Felipe González

Felipe González es, junto con Adolfo Suárez, el otro gran líder de la democracia española recuperada a partir de la transición política y de la Constitución de

1978. González tiene igualmente un lugar en la historia de España como líder socialista, por conseguir en sólo ocho años «refundar» el partido y consolidarlo como principal partido de la oposición primero y de Gobierno después, y como presidente del Gobierno, por alejar de forma definitiva la amenaza del militarismo que tantas veces había interrumpido la democracia en la historia de España

En la gestión de su gobierno, González adoptó políticas que difícilmente habría podido impulsar un Gobierno de centro-derecha (como la reconversión industrial) y contribuyó decididamente a recortar distancias con las democracias occidentales en el desarrollo del Estado del bienestar. González también situó a España en el contexto internacional con la incorporación en la OTAN y en la Europa comunitaria y con la política de relación privilegiada con los países latinoamericanos.

4.5.C. Jordi Pujol

Los seis mandatos de Jordi Pujol al frente de la Generalitat suponen un gran éxito para un político si se tiene en cuenta que sólo una minoría de líderes consigue gobernar un país durante dos o más legislaturas. El tiempo transcurrido y su gestión al frente del Gobierno autónomo dejaron una profunda huella en la estructura institucional de la Cataluña autonómica y en las relaciones de Cataluña con el resto de España.

Si bien a nivel de políticas resulta más difícil concretar cual ha sido el impacto de Pujol, cabe señalar en todos aquellos aspectos que tienen relación con la identidad de Cataluña (normalización lingüística, televisión catalana, sistema educativo único) la visión de Pujol y de su partido ha incidido de una manera notable en la sociedad catalana.

4.5.D. Manuel Fraga

El liderazgo de Manuel Fraga como presidente de Galicia ha sido importante para el desarrollo estatutario de Galicia y para su consideración de comunidad autónoma «especial» junto con Cataluña y el País Vasco. La continuidad y la estabilidad de Fraga en la Presidencia le convierten en un líder histórico fuerte.

Fraga también ha sido el líder de la derecha democrática, fundador del AP y del PP. Su proyecto de la «mayoría natural» finalmente cristalizó en un partido de centro derecha moderno homologable a los del grupo popular europeo. La continuidad del Partido Popular en el Gobierno de Galicia tiene impactos notables en la configuración de la Administración gallega y en las relaciones de esta Administración con el Gobierno central y con la Unión Europea.

ILUSTRACIÓN III.4.
NOTA BIOGRÁFICA DE MANUEL FRAGA

Manuel Fraga nació en Villalba (Lugo) el 1922 y se convirtió en presidente de la Comunidad Autónoma de Galicia en febrero de 1990, cuando tenía 67 años. En las elecciones de 1993 y 1997 revalidó la mayoría absoluta del Partido Popular en el Parlamento autónomo. Antes de convertirse en presidente de Galicia, Manuel Fraga fue ministro de Información y Turismo y embajador de España en el Reino Unido con el general Franco, vicepresidente del Gobierno de Asuntos de Interior y ministro de Gobernación en el primer Gobierno de la Monarquía, miembro de la ponencia encargada de la redacción de la Constitución de 1978, fundador de Alianza Popular y del Partido Popular, cabeza de la oposición en el Congreso de Diputados y eurodiputado.

Fraga es hijo de padre gallego y madre vasco-francesa, ambos emigrantes que se conocieron en Cuba. El padre de Fraga tenía un pequeño negocio en Cuba y después se dedicó a la compra-venta de tierra en su Villalba natal. Fue alcalde de Villalba durante la dictadura de Primo de Rivera. La madre de Fraga fue determinante en la educación culturalmente afrancesada que dio a sus 12 hijos. Manuel Fraga aprendió el francés de su madre y el gallego de sus abuelos, además del castellano.

Estudió interno en el Colegio de los Maristas de Lugo y un año de derecho en Santiago, estudios que continuó a partir de 1940 en Madrid. Al acabar sus estudios, Manuel Fraga ingresó por oposición en el cuerpo de letrados de las Cortes Españolas y en la Escuela Diplomática. En 1948 obtuvo la Cátedra de Derecho Político de la Universidad de Valencia y en 1953 se trasladó a la de Teoría del Estado y Derecho Constitucional en la Facultad de Ciencias Políticas y Económicas de la Universidad Complutense de Madrid. Manuel Fraga se casó con Carmen Estévez, con la que tuvo cinco hijos.

Manuel Fraga inició su actividad política en 1951 ocupando varios cargos en el entorno del Ministerio de Educación, como secretario general del Instituto de Cultura Hispánica, de la Comisión Española de Cooperación con la UNESCO, del Consejo Nacional de Educación y finalmente como secretario general del ministerio con Joaquín Ruiz Jiménez de ministro. A raíz de la crisis de Gobierno provocada por la desproporcionada represión a los participantes en el denominado «contubernio de Munich», Manuel Fraga fue nombrado ministro de Información y Turismo, hecho que se podría interpretar como un intento de dar una imagen de mayor apertura y modernidad. En su etapa de ministro, de 1962 a 1969, Manuel Fraga desarrolló funciones en dos ámbitos: en el ámbito de la información en el que impulsó la ley de prensa y en el ámbito del turismo que se convertiría en una importante fuente de ingresos para el país.

Fraga dejó de ser ministro el 1969 para pasar a la empresa privada como director de Cervezas el Águila y consejero de otras empresas nacionales y multinacionales. Durante este período, mantuvo importantes cargos institucionales (consejero del Movimiento, procurador en Cortes, miembro del Consejo de Asuntos Exteriores) y una relación fluida con el general Franco que le nombró embajador de España en el Reino Unido en 1973.

Fuente: Elaboración propia.

**ILUSTRACIÓN III.4. CONTINUACIÓN.
NOTA BIOGRÁFICA DE MANUEL FRAGA**

Con el asesinato del Almirante Carrero Blanco por ETA, Fraga estuvo a punto de ser nombrado presidente del nuevo Gobierno que finalmente formaría Carlos Arias Navarro, ministro de Gobernación hasta aquel momento. Bajo la Presidencia del mismo Arias Navarro, muerto ya Franco, Manuel Fraga fue nombrado vicepresidente del Gobierno para Asuntos de Interior y ministro de Gobernación. De diciembre de 1975 a julio de 1976, como ministro responsable de Gobernación, autorizó el primer congreso del sindicato de UGT en Madrid, pero también mantuvo una actitud dura y provocadora al responder a las huelgas militarizando los servicios y encarcelando a los líderes de la oposición.
En el año 1977, Manuel Fraga creó Alianza Popular, partido del que fue el primer secretario general. La aparición de Fraga en la escena de las primeras elecciones democráticas se produjo junto con los principales representantes del franquismo que en aquel momento defendían el mantenimiento de las Leyes Fundamentales del régimen y la no legalización del Partido Comunista. En los años posteriores a la aprobación de la Constitución, en cuya redacción participó como ponente representante de AP, Fraga consiguió controlar el partido, del que pasó a ser presidente en 1979.
El proyecto de un gran partido de derecha español le llevaría a pactar con José Mª Areilza y Alfonso Osorio, dos políticos de primera línea a los que Suárez había desplazado en la Presidencia del Gobierno, y después con los principales líderes demócrata cristianos de la UCD, con los que creó Coalición Popular. En las elecciones de 1982 que dieron mayoría absoluta al PSOE de Felipe González, Coalición Popular consiguió 5 millones y medio de votos y Fraga se convirtió en el líder de la oposición. En 1986, Fraga repitió los resultados que había obtenido cuatro años antes.

Fuente: Elaboración propia.

5. ¿Qué aprendemos de los cuatro casos estudiados?

Los cuatro casos estudiados ponen de relieve algunas características comunes de los líderes fuertes que consiguen mantenerse en el poder durante un largo período de tiempo o que son considerados como grandes hombres/mujeres de Estado.

Los líderes estudiados utilizan un referente ideológico o lo construyen cuando no lo tienen (como en el caso de Suárez). Pero sólo uno de ellos, el líder nacionalista catalán, tiene una visión de la política y de la gestión más claramente mediatizada por su ideología nacionalista.

El pragmatismo y la adaptación de las ideas previas a los cambios que se dan en la sociedad son un elemento clave para el éxito. Sólo uno de los líderes estudiados (Manuel Fraga) tiene dificultades en este ámbito en su etapa de líder de la derecha española lo que le impide liderar la transición y conseguir unos buenos resultados en las primeras elecciones democráticas.

La coherencia ideológica a lo largo de la vida política no parece ser un elemento determinante. Así, tanto, Fraga como Suárez que participaron activamente en la Administración y gobiernos del general Franco, consiguieron tener un papel clave en el período democrático.

La ambición política, el carácter activo y el «no sufrir» en el cargo también son comunes a los cuatro casos estudiados.

La capacidad de manipulación política en el sentido de líder creativo (que sabe manipular la conexión entre objetivos y políticas, utilizar la retórica para convencer a los votantes y cambiar las preferencias de sus seguidores) puede ser compensada con un discurso simple y claro y una gran tenacidad y profesionalidad en el oficio de político.

Los cuatro líderes estudiados son fundadores o refundadores de sus respectivos partidos políticos si bien presentan variaciones en el nivel de control interno que consiguen mantener. El control de la oligarquía en torno al líder, ya sea en el partido o en el Gobierno, aparece como un factor determinante de la continuidad en el poder.

El éxito parece estar asociado a la superación de situaciones críticas sobre la base del acierto en las decisiones que implicaban mayor riesgo y un cierto grado de fortuna.

En tres de los cuatro casos estudiados, el momento histórico ayuda a convertirles en grandes líderes, «fundadores y protectores de una nación» (la transición, la primera alternancia en el poder tras el golpe de Estado, la recuperación del autogobierno para una nacionalidad histórica).

Los líderes fuertes tienen influencia en hechos históricos, además de determinar el rumbo de una nación con las acciones que tomaron ante dilemas importantes para la sociedad de la que forman parte.

IV. LA ADMINISTRACIÓN GENERAL DEL ESTADO

SUMARIO

1. Orígenes, posición y características básicas de la Administración General del Estado

La Administración General del Estado[1] representa el núcleo central de la organización administrativa española, que como tal se caracteriza por su máxima importancia política y por su volumen orgánico y la extensión de sus tareas (Baena, 1998: 205). La Administración General del Estado que hoy conocemos tiene sus orígenes históricos en un largo proceso que hemos explicado en el capítulo I. Pero es en el período entre 1833 y 1845, período conocido como «la década increíble de la Administración española» (Baena, 1998: 175) en el que se redefinen las características organizativas y las competencias de la Adminis-

[1] En todo el capítulo se utiliza el concepto *Administración General del Estado* que es la denominación oficial desde hace unos pocos años de este primer nivel administrativo. Anteriormente se denominaba Administración central, Administración del Estado o Administración central del Estado.

tración introduciendo elementos de modernización para homologar este aparato-organización al del resto de los países europeos. Durante esta época, la Administración General del Estado se organizó en ministerios y se diseñó una Administración periférica (organización territorial de esta Administración) con la creación de las provincias. Tanto en la configuración de la organización central como de la organización periférica se definió un modelo que coincidía con el modelo de Administración continental de influencia francesa.

En relación con la organización central articulada en ministerios se sigue la tendencia continental de diferenciar las diversas ramas de la actividad administrativa del Estado en la que se suelen distinguir cinco grandes ámbitos: Administración exterior, Administración militar, Administración judicial, Administración financiera y Administración general o de fomento (López-Nieto, 1989: 236). Estas cinco grandes ramas se pueden clasificar en dos categorías:

Las administraciones especiales: Administración exterior, Administración militar, Administración judicial y Administración financiera. División que continúa presente en forma de ministerios en el momento actual.

La Administración general o de fomento (al principio se denominó Secretaría de Gobernación y posteriormente Ministerio de Fomento o de Interior) en la que estaban presentes el resto de las competencias que no encajaban dentro de las administraciones especiales.

Con el tiempo la Administración general o de fomento se ha ido ampliando a la par que se han ido extendiendo las competencias y el papel de la Administración pública. En un principio las competencias más importantes de la Administración general o de fomento eran las de seguridad interior (policía), posteriormente las de intervención económica y las de obras públicas. Durante el siglo XX esta Administración ha ido ampliando sus competencias en temas educativos, culturales y sociales dando lugar a numerosos ministerios hasta llegar a la configuración ministerial actual (ver tabla IV.1).

TABLA IV.1.
EVOLUCIÓN DE LA ORGANIZACIÓN MINISTERIAL DE LA ADMINISTRACIÓN GENERAL DEL ESTADO

Modelo inicial	*Primera ampliación*	*Segunda ampliación*	*Ampliación años 90/2000*
Exteriores			
Defensa			
Justicia			
Hacienda			
General o Fomento	Policía (Gobernación o Interior)		
	Obras Públicas (fomento)		
	Economía		
		Agricultura	
		Industria	
		Trabajo	
	General	Educación	
		Sanidad	
		Trabajo	
		Cultura	
		Asuntos sociales	
			Medio Ambiente
			Ciencia y Tecnología

Fuente: Elaboración propia.

En relación con la organización de la Administración periférica se crearon las provincias siguiendo el esquema departamental de Francia. Como se explicó en el capítulo I, Javier de Burgos, el ministro de Fomento que diseñó el mapa provincial, tuvo en cuenta circunstancias históricas y económicas en el momento de organizar territorialmente el Estado. Las provincias representan las unidades en que está organizada y presente la Administración General del Estado en el territorio[2]. La máxima autoridad de la Administración General del Estado en la provincia es el gobernador civil[3] que se encarga de

2 Las provincias, además, se configuran como una Administración independiente que forma parte de la Administración local (ver el capítulo VI).

3 Al principio los gobernadores civiles se denominaban subdelegados de Fomento. Actualmente, tras la reforma de la Administración periférica de 1997, se denominan subdelegados del Gobierno.

dirigir y coordinar los diversos servicios territoriales de los ministerios en la provincia.

A las mencionadas configuraciones central (o nuclear) y territorial (o periférica) de la Administración General del Estado hay que añadir una importante novedad que apareció con Maura a principios de siglo y durante la dictadura de Primo de Rivera (1923-1929). En esta época creció con fuerza lo que se conoce como Administración funcional que agrupa organismos descentralizados funcionalmente de los ministerios que tienen personalidad jurídica propia, mediante fórmulas como los organismos autónomos o empresas públicas (en esta época se constituyen compañías estatales como Telefónica o Campsa).

Durante el franquismo, y especialmente a partir del desarrollo económico y la etapa de consolidación institucional del régimen franquista con la Ley de Régimen Jurídico de la Administración del Estado de 1957 y la Ley de Procedimiento Administrativo de 1958, la Administración General del Estado fue consolidando su modelo organizativo e incrementó sus dimensiones de una forma espectacular. Se crearon nuevos ministerios y se multiplicaron las unidades administrativas que dependían de los mismos. Fueron proliferando, muchas veces de forma caótica, diferentes redes de la Administración periférica en las provincias. Finalmente, la Administración funcional (organismos autónomos y empresas públicas) creció de una forma espectacular debido a la fuerte intervención económica del Estado en aquella época.

En el inicio del período democrático existía una Administración General del Estado con unas grandes dimensiones y con una posición de preeminencia absoluta en nuestro sistema administrativo. Esta Administración llegó a gestionar el 90% del gasto público dejando sólo el 10% a la Administración local. Además, la Administración local dependía política y administrativamente de la Administración General del Estado debido a su sumisión política y a que muchas partidas presupuestarias estaban condicionadas a lo que la Administración General del Estado consideraba que debía ser su destino.

Durante el período democrático aconteció la última gran transformación de la Administración General del Estado; transformación que todavía no ha culminado. En esta transformación incidieron cuatro factores que por orden de importancia son: la descentralización política y administrativa del Estado, la integración de España en la Unión Europea, la consolidación de un Estado del bienestar y, finalmente, la privatización de empresas públicas.

1) *La descentralización política y administrativa del Estado*: el surgimiento de las comunidades autónomas rompió con la tradición de cuasimonopolio en la que estaba acostumbrada a actuar la Administración General del Estado. Muchas competencias de esta Administración se transfirieron a las administraciones autonómicas, especialmente políticas distributivas (servicios sociales, educativos, culturales y sanitarios). La Administración General del Estado pasó de gestionar el 90% del gasto público a gestionar poco más del 50%; esto significó una reducción muy importante de sus competencias y de su aparato organizativo.

2) *La integración de España en la Unión Europea*. La integración de España a la Comunidad Económica Europea (CEE) en 1986 tuvo un gran impacto sobre la Administración General del Estado; impacto que fue creciendo a medida que transcurrieron los años y, especialmente, a partir del Tratado de Maastricht que supuso profundizar en la cesión de soberanía de los Estados miembros a la Unión Europea. El adherirse España a esta organización supranacional implicó que una parte muy importante de la dirección económica y de la regulación de sectores industriales, agrícolas, etc. que tradicionalmente había recaído en la Administración General del Estado pasaron a ser competencias de la Unión Europea. Además, la gestión de la mayoría de las competencias de la Unión Europea (programas agrarios, sociales, infraestructuras etc.) se han transferido a las administraciones subestatales (comunidades autónomas y Administración local) siguiendo el principio comunitario de subsidiariedad. La Administración General del Estado debe conformarse, desde entonces, con la importante función de ejercer como interlocutor principal de la Unión Europea y con la gestión directa de fondos provisionales como los Fondos de Cohesión.

3) *La consolidación de un Estado de bienestar*: Durante los últimos 25 años España ha incorporado de forma tardía servicios públicos propios de un Estado del bienestar (amplios servicios sociales, mayor profundidad y universalidad de los servicios sanitarios, etc.). Esta circunstancia ha generado una gran expansión del sector público: en 1970 el gasto público representaba sólo el 21,6% del Producto Interior Bruto (PIB); en 1992 el gasto público pasa a representar el 46% del PIB (porcentaje muy cercano a la media de los países de la Unión Europea —50%— y por encima de la media de los países de la OCDE —44%—). Pero, de la mayor parte del crecimiento en competencias y en volumen organizativo se han beneficiado las administraciones subestatales (especialmente las administraciones autonómicas y, en menor medida, la Administración local) y no la Administración General del Estado.

4) *La privatización de empresas públicas*: durante la década de los años 90 la Administración General del Estado ha privatizado la mayoría de las empresas públicas que poseía. Proceso iniciado en las dos últimas legislaturas del gobierno González y finalizadas por el gobierno Aznar. Empresas tan importantes como, por ejemplo, Telefónica, Argentaria, ENDESA, etc. dejan de ser públicas.

Ante estos cuatro importantes elementos transformadores y, en especial, por la influencia de los dos primeros (aparición de comunidades autónomas e integración en la Unión Europea), la Administración General del Estado ve modificada de una forma espectacular su posición en nuestro panorama administrativo, sus competencias y dimensiones organizativas. Evidentemente perder capacidad de influencia y competencias no agrada a nadie y esta transformación no ha sido fácil para esta Administración. En este sentido, la Administración General del Estado ha adoptado una posición de resistencia, se ha empeñado en mantener algunas funciones que ya no le pertenecen, en mantener complejos organizativos centrales y periféricos innecesarios y, aparece todavía como descentrada sin saber muy bien lo que es y sin saber tampoco lo que quiere o debe ser. Desde mediados de los años ochenta la Administración General del Estado ha vivido una importante crisis de identidad que ha empezado a superar a final de los años noventa.

La Administración General del Estado deberá asumir con el tiempo su nuevo papel y deberá encargarse, además de desempeñar competencias constitucionalmente avaladas como pueden ser el diseño de la política económica, la seguridad y las relaciones exteriores (artículo 149), de funciones tan relevantes como las siguientes:

a) *De homogeneización*: su objetivo debe ser el de suavizar al máximo los desequilibrios territoriales y sociales que pueda generar nuestro modelo descentralizado. Para ello mantiene competencias sobre importantes políticas redistributivas de carácter territorial y social que deben ser las herramientas para la consecución del mencionado objetivo.

b) *De coordinación global y sectorial* entre las administraciones subestatales y los actores económicos y sociales. También debe jugar un importante papel de negociadora con la Unión Europea y de mediadora entre ésta y las administraciones de carácter subestatal. En este sentido, tiene la relevante función de coordinación de las demandas regionales y locales hacia la Unión Europea y de poner todo el empeño en conseguir los máximos recursos comunitarios.

c) *De pensador estratégico* ya que es la única Administración que puede contemplar todo el territorio, todos los sectores y las fases completas de buena parte de los programas públicos. Tiene que ser una instancia proactiva que anticipe problemas y diseñe estrategias a largo plazo.

Finalmente, se expone en este primer apartado de carácter introductorio del presente capítulo, el diseño institucional de la Administración General del Estado cuyos aspectos concretos van a ser desarrollados de forma pormenorizada en el apartado siguiente.

El complejo orgánico Gobierno-Administración del Estado es el núcleo central de la organización administrativa española, que como tal se caracteriza por su máxima importancia política y por su denso volumen orgánico y extensión de sus tareas. En primer lugar, hay que destacar que el Gobierno dirige la Administración aunque no se identifica con ella. Los miembros del Gobierno, siguiendo lo establecido por el artículo 98.1 de la Constitución, son el presidente, los vicepresidentes (es un cargo opcional, puede haber uno, varios o ninguno) y los ministros. Las funciones del Gobierno son la dirección política, la dirección de la Administración civil y militar y la defensa del Estado, la función ejecutiva y la potestad reglamentaria. A pesar de que constitucionalmente estamos ante un ejecutivo parlamentario que trabaja como un órgano colegiado, en la práctica destaca la preeminencia absoluta del presidente del Gobierno dentro del ejecutivo y en la globalidad del sistema político. Esta posición estratégica dentro del sistema político y del ejecutivo genera una multiplicidad de funciones que obligan al presidente a dotarse de una extensa organización administrativa propia que le apoye, en las funciones de información, asesoramiento, y control. Este complejo organizativo agrupa órganos como el Gabinete y la Secretaría General del Presidente entre otras instancias. El punto de contacto entre Gobierno y Administración son los ministros que en su dimensión política son miembros del Gobierno y de su órgano de reunión periódica, el Consejo de Ministros y, en su dimensión administrativa son los máximos responsables de cada uno de los ministerios; éstos representan las unidades básicas en que se estructura la Administración General del Estado. Los ministerios controlan directamente su red periférica, en caso de que la tengan, repartida por el territorio del Estado y controlan directa o indirectamente a los organismos autónomos y a las empresas públicas vinculados a la organización ministerial.

Dentro de los ministerios, en su organización, debe distinguirse por una parte, los altos cargos y, por otra, los órganos inferiores. Los altos cargos de un ministerio (ver la figura IV.1) son el ministro, máximo responsable del departamento; el secretario de Estado, que con funciones de viceministro dirige áreas homogéneas dentro de un ministerio; el subsecretario, que se encarga de la gestión interna de los medios materiales, personales, financieros y jurídicos necesarios para que funcione el departamento; el secretario general; que igual que el secretario de Estado pero con menor nivel formal se hace cargo de la gestión de un bloque homogéneo del departamento y, finalmente, los directores generales, que dirigen las ramas básicas en las que se divide la Administración de un ministerio. Al mismo nivel formal que los directores generales encontramos al secretario general técnico que tiene funciones de asesoramiento y de elaboración de informes técnicos. Los órganos inferiores de un ministerio, en orden jerárquico, son: la Subdirección General, el Servicio, la Sección y el Negociado. Todas estas unidades inferiores están ocupadas exclusivamente por funcionarios.

2. *La organización administrativa de la Administración General del Estado*

La Administración General del Estado agrupa tres dimensiones organizativas en función de los distintos desempeños: Administración nuclear, Administración periférica y Administración funcional[4].

La *Administración nuclear* es la configuración organizativa que se ha descrito al final del anterior apartado. Compuesta por un lado, por el aparato administrativo de apoyo a la máxima instancia política (presidente del Gobierno) y por otro, por los departamentos básicos en que se divide la Administración (ministerios). Se trata de unas unidades centrales que pueden ser enormes pero ubicadas en un mismo punto geográfico (la capital del Estado).

4 Esta triple distinción organizativa también aparece en las comunidades autónomas. En relación con la Administración local, la presencia de la Administración periférica y de la Administración funcional está en función del tamaño de cada Administración.

FIGURA IV.1.
LA ADMINISTRACIÓN GENERAL DEL ESTADO Y SU ENTORNO INSTITUCIONAL

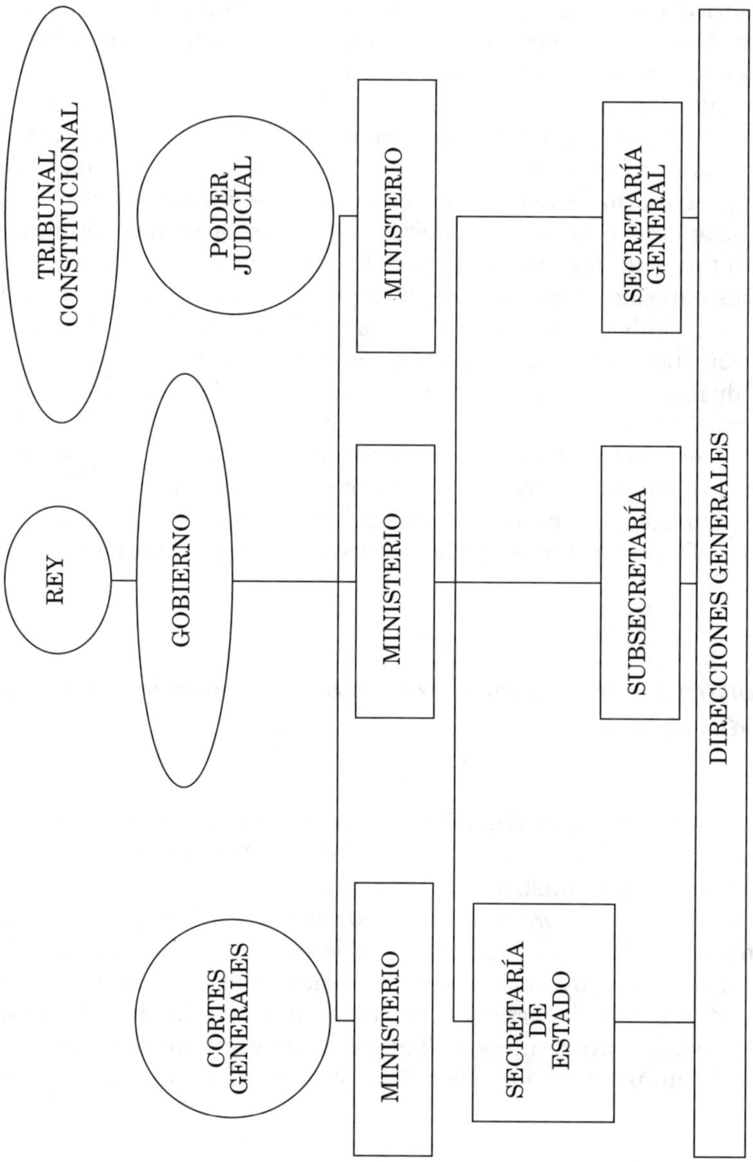

Fuente: Elaboración propia

Dentro de esta organización están presentes la mayor parte de los puestos políticos y de los puestos profesionales de alta responsabilidad. Es una organización que dirige, coordina y controla al resto de complejos organizativos (periférica y funcional). Es decir, agrupa los puestos de más responsabilidad y las funciones más relevantes de todo el conjunto de organizaciones que puede comprender una Administración. De ahí su denominación como *nuclear* ya que es el punto de origen (formulación), de control y de evaluación de la mayoría de los programas públicos.

La *Administración periférica* representa la prolongación territorial de las administraciones que tienen competencias sobre una parte extensa del territorio, como es el caso de la Administración General del Estado. Para conseguir una regular presencia en los distintos puntos del territorio se cuenta con un conjunto de oficinas administrativas dependientes de las distintas instancias de la Administración nuclear. Además de conseguir esta presencia lo que se busca es aproximar físicamente a la ciudadanía las unidades de producción y de prestación de los servicios.

La *Administración funcional* está constituida por las denominadas agencias, los organismos autónomos y las empresas públicas. Estas instancias son los principales instrumentos organizativos de la Administración pública contemporánea. El origen de la Administración funcional reside en dos factores genéricos:

a) El reto técnico que representa para la Administración la prestación directa de bienes y servicios a la ciudadanía.

b) El objetivo de intervenir en el mundo económico y la asunción parcial de medios de producción y de cambio en el marco de una economía mixta.

Mediante la Administración funcional se pretende conseguir fórmulas organizativas y financieras más ágiles que las empleadas por las instancias nucleares de la Administración y, además, se intenta suavizar la excesiva presión jurídica presente sobre éstas últimas y que dificulta la gestión eficaz y eficiente.

En la Administración funcional debemos distinguir claramente dos niveles: el de las agencias y/u organismos autónomos por una parte y, por otra, el de las empresas públicas. Las agencias y organismos autónomos son entes formalmente separados del resto de la organización administrativa, están sujetos a otro tipo de normas, que tienen sus propios presupuestos, recursos y autonomía de gestión. A pesar de estas diferencias, estamos ante unas instancias formalmente públicas, sujetas al derecho público, y con unos vínculos formales y materiales estrechos con la Administración nuclear. Las empresas públicas, en cambio, son organizaciones en forma de sociedad mercantil (normalmente sociedades anónimas). Son, por lo tanto, sujetos formalmente privados que pueden actuar jurídicamente como cualquier empresa normal lo que las configura como unas organizaciones muy ágiles a la hora de intervenir en la economía o en la prestación de bienes y servicios.

2.1. Administración nuclear I: la Presidencia del Gobierno y el Ministerio de la Presidencia

El entorno del presidente del Gobierno de la Administración General del Estado entendiendo por ello los órganos que dependen directamente del presidente del Gobierno y del Ministerio de la Presidencia es muy complejo por su diseño organizativo y por los múltiples cambios que históricamente se han producido antes y durante el actual sistema político. Esta complejidad se justifica por la centralidad de esta organización en la Administración General del Estado y por la necesidad que tiene cada presidente del Gobierno de ajustar el diseño institucional de su entorno a su propia concepción organizativa del Gobierno y a su percepción de las necesidades políticas del momento, en función de su fortaleza política, la situación del partido político que gobierna o los imperativos de la agenda de cada legislatura.

Durante el siglo XX se produjo un proceso de acumulación de competencias en la Presidencia del Gobierno. Esta situación tuvo su punto de inicio en la dictadura de Primo de Rivera, que supone una importante acumulación de poder y competencias en la Presidencia (Baena, 1998: 181). Esta tendencia continuó durante la II República, especialmente en la presidencia de Azaña e incrementó de forma notable durante el régimen franquista por la acumulación de responsabilidades ejecutivas del entonces jefe del Estado. Durante el tardofranquismo el modelo se simplificó, o según se mire se complicó, con los poderes que fue acumulando Carrero Blanco. Durante la transición política la Presidencia del Gobierno se ubicó en la Moncloa produciéndose la identificación del presidente del Gobierno y de su entorno más inmediato con esta situación física.

Durante los gobiernos de Suárez y Calvo Sotelo el entorno presidencial fue complejo pero bastante reducido (las instalaciones de los edificios de la Moncloa no permitían mucho más) y agrupaba a los conocidos, en su momento, como *fontaneros de la Moncloa*. Es a partir del primer gobierno socialista en 1982 cuando el entorno de la Presidencia experimentó una gran transformación a nivel cuantitativo y cualitativo alcanzando las dimensiones que permanecen actualmente y que, con bastante seguridad, permanecerán durante mucho tiempo.

Como ya se ha comentado en el capítulo II, en los gobiernos de González, el entorno presidencial alcanza una centralidad muy importante en la organización y decisiones de la Administración General del Estado. Se diseñó un modelo de Gabinete de inspiración francesa para dar apoyo a un presidente del Gobierno extraordinariamente fuerte, que ve reforzada su posición con un voluminoso aparato organizativo. Nada relevante de la agenda del Gobierno, y por lo tanto de la agenda de los ministerios, escapa al control del entorno del presidente del Gobierno. Este modelo francés contrasta con el modelo alternativo del Reino Unido donde el primer ministro tiene una organización directa muy escasa y, por lo tanto, no ejerce un control administrativo sobre las actuaciones de los ministerios[5].

Como se ha comentado anteriormente los cambios en el entorno presidencial son constantes e importantes y, seguramente, lo van a seguir siendo en el futuro: un Ministerio de la Presidencia que aparece y desaparece de forma cíclica, vicepresidencias sin cartera, funciones que en algunos momentos tienen rango de secretarías de Estado y en otros momentos alcanzan a ser ministerios (Relaciones con las Cortes, Portavoz del Gobierno), figuras nuevas que rápidamente dejan de tener protagonismo (por ejemplo la Oficina de presupuestos en el primer año del primer gobierno Aznar). Estos cambios no permiten analizar figuras concretas y actuales, que seguramente cambiarán o desaparecerán rápidamente, sino presentar los elementos básicos que forman parte permanente del entorno del presidente del Gobierno (ver figura IV.2). Estos elementos son los siguientes:

A) Ámbitos organizativos constantes:

1) *Presidente del Gobierno*: Evidentemente es la figura central del sistema que se encarga de la dirección de la acción del Gobierno y de coordinar las funciones de los demás miembros del mismo. Precisamente las funciones de dirección del Gobierno y de coordinar las actividades de los diferentes ministros hacen necesarios la mayoría de los ámbitos organizativos que se comentarán a continuación. Destacar, dentro de las amplias funciones del presidente del Gobierno, su presidencia de las comisiones delegadas y de la Comisión General de secretarios de Estado y subsecretarios, pudiendo delegar la presidencia de estas comisiones en un vicepresidente o en un ministro.
2) *Gabinete de la Presidencia del Gobierno*: Es el órgano de asistencia política y técnica del presidente del Gobierno que se encarga de facilitar a éste la información política y técnica que resulte necesaria para el ejercicio de sus funciones. Se encarga de conocer las actividades, programas y planes de los distintos departamentos ministeriales, con el fin de facilitar al presidente del Gobierno la coordinación de la acción del Gobierno. Además se encarga de

5 Es lo que Leopoldo Calvo Sotelo (1990) define de forma algo oportunista como modelo presidencial basado en la confianza que es el que, según su opinión, siguieron los gobiernos de la UCD: el primer ministro del Reino Unido confía en sus ministros y no los supervisa de forma rigurosa en el inicio y durante el proceso de diseño de sus programas concentrándose su control sobre las propuestas cuando éstas están a punto de ser presentadas al Consejo de Ministros. En contraposición, el modelo francés seguido por González, Calvo Sotelo lo denomina modelo presidencial basado en la desconfianza: el presidente del Gobierno atribuye una especie de minoría de edad a sus ministros y controla todas sus actuaciones desde el diseño de las diversas agendas hasta las decisiones finales.

asesorar y realizar las actividades o funciones que le encomiende el presidente del Gobierno. Este órgano representa la pieza central de la Presidencia del Gobierno y es la instancia sobre la que se apoyan buena parte de las actividades internas y externas del presidente del Gobierno. Su participación es fundamental en la mayoría de los procesos decisionales de la Administración General del Estado (por esta razón su funcionamiento interno será objeto de análisis en el próximo subapartado sobre los procesos decisionales centrales). Su papel es tan trascendente en la mayoría de los Gobiernos que se puede considerar como un *Gobierno en la sombra* que controla y, en ocasiones dirige, las actuaciones de los distintos ministerios. El Gabinete de la Presidencia tiene un director y un subdirector y se estructura en departamentos que agrupan a varios centenares de profesionales. Actualmente se articula en los siguientes departamentos cuyos titulares tienen rango de director general (Decreto 929/2000 de 10 de mayo):

Economía.
Internacional y Seguridad.
Bienestar y Educación.
Parlamento.
Estudios y Comunicación Política[6].

Las actividades fundamentales del Gabinete de la Presidencia siguen unas dinámicas de ciclos semanales que guardan relación con la periodificación de las reuniones del Consejo de Ministros. Es decir, el principal volumen de actividad material de asesoramiento del Gabinete viene motivado por los informes que se elaboran sobre todos los asuntos sometidos al Consejo de Ministros. El Gabinete de la Presidencia permite ubicar al presidente y al vicepresidente en una situación privilegiada a la hora de dirigir el Consejo de Ministros ya que les aporta una información independiente de la que puedan proporcionar los ministros. En este sentido, el Gabinete es percibido en ocasiones por los ministerios como un «enemigo» para sus proyectos (Ortega, 1991). La relación entre el presidente y el vicepresidente con el Gabinete es fundamentalmente de carácter epistolar: la información que transmite el Gabinete lo hace a través de tres documentos básicos: las carpetas de Consejo de Ministros (contienen informes acerca de los asuntos sometidos a dicho órgano decisional), las notas informativas (documento breve sobre un tema del interés del presidente o del vicepresidente) y los informes monográficos (documento amplio sobre un tema del interés del presidente o del vicepresidente). En un subapartado posterior se podrá apreciar la ubicación estratégica del Gabinete de la Presidencia en el proceso decisional al máximo nivel de la Administración General del Estado.

6 En los gobiernos González había más departamentos: Asuntos Institucionales; Economía; Asuntos Sociolaborales; Internacional; Educación y Cultura; Análisis; Defensa y Seguridad; y Estudios (Ortega, 1991).

3) *Secretaría General de la Presidencia del Gobierno*: En la actualidad (Decreto 929/2000) esta unidad presenta las siguientes características: su titular tiene rango de secretario de Estado y se encarga de la gestión de elementos internos de la Presidencia del Gobierno como el protocolo, la seguridad y las infraestructuras, y seguimiento para situaciones de crisis. La Secretaría General se organiza en cuatro departamentos cuyos titulares disfrutan de un rango de director general: una Vicesecretaría General y tres departamentos que coinciden con las tres competencias básicas expuestas.

4) *Comisiones delegadas del Gobierno*: Son órganos colegiados de coordinación presididas por el presidente del Gobierno y que pueden tener como miembros a vicepresidentes, ministros y a secretarios de Estado. Su función es coordinar diferentes instancias políticas y administrativas de la Administración General del Estado en aquellos temas que interesen políticamente al presidente del Gobierno. Actualmente, por ejemplo, nos encontramos con una Comisión Delegada del Gobierno para Asuntos Económicos, una para Situaciones de Crisis y, finalmente, otra para Asuntos Culturales. Ésta última, por ejemplo, tiene como objetivos primordiales adoptar las medidas necesarias para promover el acceso a la cultura de todos los españoles, aprobar planes de actuación de la Administración General del Estado en materia cultural, e impulsar actividades dirigidas a la defensa del patrimonio cultural, artístico y monumental de España.

5) *Relaciones con las Cortes*: Es el órgano de comunicación habitual entre el Gobierno y el poder legislativo (Cortes Generales). Durante la mayoría de las legislaturas y en la actual, su forma organizativa ha sido una Secretaría de Estado (Secretaría de Estado de Relaciones con las Cortes) dependiente del Ministerio de la Presidencia. Durante un período de las legislaturas González esta función alcanzó el rango de ministerio (Ministerio de Relaciones con las Cortes y Secretaría del Gobierno).

6) *Comunicación-Portavoz del Gobierno*: Es el órgano que se encarga de la política informativa y de comunicación del Gobierno. Su responsable viene a ser la *cara del Gobierno* y es el que da cuenta, entre otras funciones, de las decisiones adoptadas por el Consejo de Ministros. Es un órgano que ha adquirido muchas formas organizativas distintas: Secretaría de Estado de Comunicación, Oficina del Portavoz del Gobierno (con rango de Secretaría de Estado), Ministerio del Portavoz del Gobierno (durante un período de tiempo en los últimos gobiernos González y en el segundo gobierno Aznar). También hemos visto, durante la segunda etapa del primer gobierno Aznar, cómo su dirección fue asumida por un ministro responsable de un ministerio alejado del entorno presidencial[7]. Normalmente ha sido y ha tenido categoría de Secretaría de Estado adscrita al Ministerio de la Presidencia.

7 Durante este período las funciones de portavoz del Gobierno fueron asumidas por el ministro de Industria y Energía.

7) *Secretariado del Gobierno*: Órgano que se encarga de la preparación del Consejo de Ministros, de las comisiones delegadas del Gobierno y de la Comisión General de secretarios de Estado y subsecretarios. Sus funciones operativas son la distribución del orden del día y de la información sobre los antecedentes que precisen los miembros de estos órganos colegiados, cuidar el cumplimiento de las instrucciones sobre su tramitación y ordenar la publicación de las disposiciones y actos administrativos en el Boletín Oficial del Estado. Su plasmación organizativa es en forma de Dirección General (Dirección General del Secretariado del Gobierno) adscrita a la Subsecretaría del Ministerio de la Presidencia.

8) *Otros organismos*: Organismos como el Centro de Estudios Políticos y Constitucionales (organismo autónomo que se encarga de investigar elementos relacionados con el sistema social, político, constitucional y administrativo); Boletín Oficial del Estado (organismo autónomo que se encarga de la publicación del Boletín Oficial del Estado donde aparecen todas las disposiciones de los órganos del Estado, Tratados, etc.), Centro de Investigaciones Sociológicas (organismo autónomo que elabora estudios sobre la sociedad española, fundamentalmente mediante la ejecución de las encuestas que sean necesarias para llevar a cabo dichos estudios), Patrimonio Nacional (organismo autónomo que se encarga de la dirección del patrimonio arquitectónico y de la dirección de actuaciones histórico-artísticas sobre bienes muebles y museos) y la Dirección General del ente público Radiotelevisión Española. Estos organismos actualmente dependen del Ministerio de la Presidencia que es la ubicación donde han permanecido más tiempo. En todo caso, son organismos que siempre han estado vinculados al núcleo central de la Administración General del Estado.

FIGURA IV.2.
ESTRUCTURA DE LA ÁREA DE LA PRESIDENCIA DEL GOBIERNO

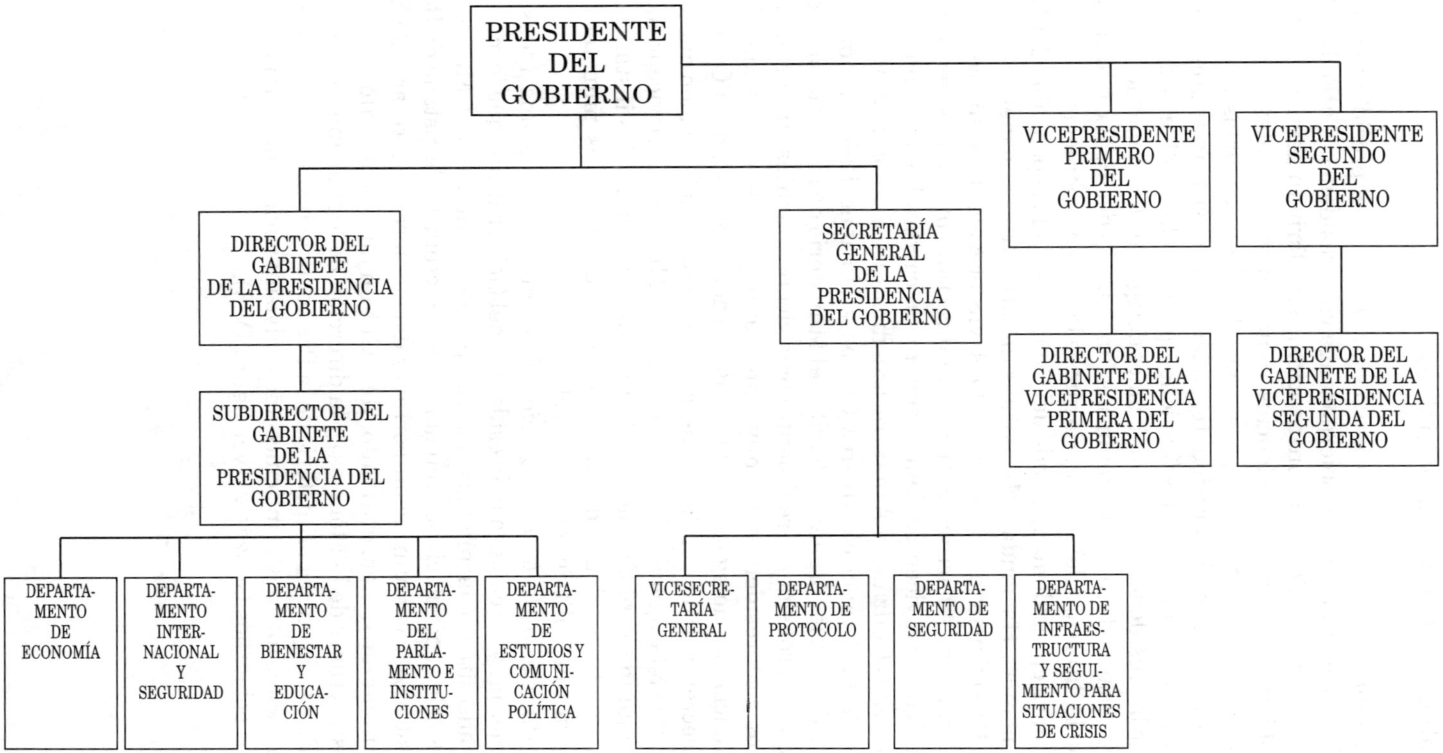

Fuente: Decreto 929/2000 de 26 de mayo de 2000.

B) Ámbitos organizativos variables:

1) *Vicepresidencias con cartera o sin cartera*: Si el presidente del Gobierno considera oportuno que el Gobierno tenga vicepresidencias, atendiendo a lo que dispone el artículo 98 de la Constitución, éstas forman parte de la Presidencia del Gobierno. Las vicepresidencias tienen unos gabinetes que son órganos colegiados que se encargan de asesorar a los titulares de las vicepresidencias. El vicepresidente o vicepresidentes, además de sustituir al presidente en sus ausencias, se encargan de las funciones que les delegue el presidente, como por ejemplo la presidencia de las comisiones delegadas del Gobierno. El/los vicepresidente/s con cartera compaginan sus funciones específicas como vicepresidente/s con la dirección del ministerio que se les asigne (por ejemplo en el gobierno Aznar el vicepresidente segundo del Gobierno es el responsable del Ministerio de Economía y Hacienda). Mucho más importante es el papel que desempeñan en la Presidencia del Gobierno el/los vicepresidente/s sin cartera ya que concentran toda su actividad en apoyar directamente al presidente del Gobierno. La figura del vicepresidente primero sin cartera ha sido una constante en los gobiernos González y Aznar (recordemos sucesivamente a Alfonso Guerra, Narcís Serra, Francisco Álvarez Cascos y Mariano Rajoy aunque estos dos últimos dirigen los órganos adscritos al Ministerio de la Presidencia con lo que no se pueden considerar realmente como vicepresidentes sin cartera). El papel de estos vicepresidentes es muy importante ya que son responsables de la Presidencia, por delegación del presidente del Gobierno, de la Comisión General de secretarios de Estado y subsecretarios que es la Comisión que se encarga de preparar la agenda de los Consejos de Ministros. El vicepresidente sin cartera junto con el Gabinete de la Presidencia son las dos instancias básicas que tiene el presidente del Gobierno para dirigir a los ministerios y para conseguir una política integrada del Gobierno.

2) *Ministerio de la Presidencia*: Este ministerio agrupa todas aquellas funciones muy cercanas a la Presidencia del Gobierno aunque formalmente no están adscritas a la misma. Las competencias típicas del Ministerio de la Presidencia son: relaciones con las cortes (Secretaría de Estado de Relaciones con las Cortes), comunicación-portavoz del Gobierno (Secretaría de Estado de Comunicación), secretariado del Gobierno (protocolo, seguridad e infraestructuras de la Moncloa) y la dirección de organismos autónomos como el BOE, el CIS, etc. El Ministerio de la Presidencia ha estado siempre presente durante estos últimos veinticinco años salvo un período de tiempo (durante los últimos gobiernos González) (ver figura IV.3).

FIGURA IV.3.
ESTRUCTURA DEL MINISTERIO DE LA PRESIDENCIA

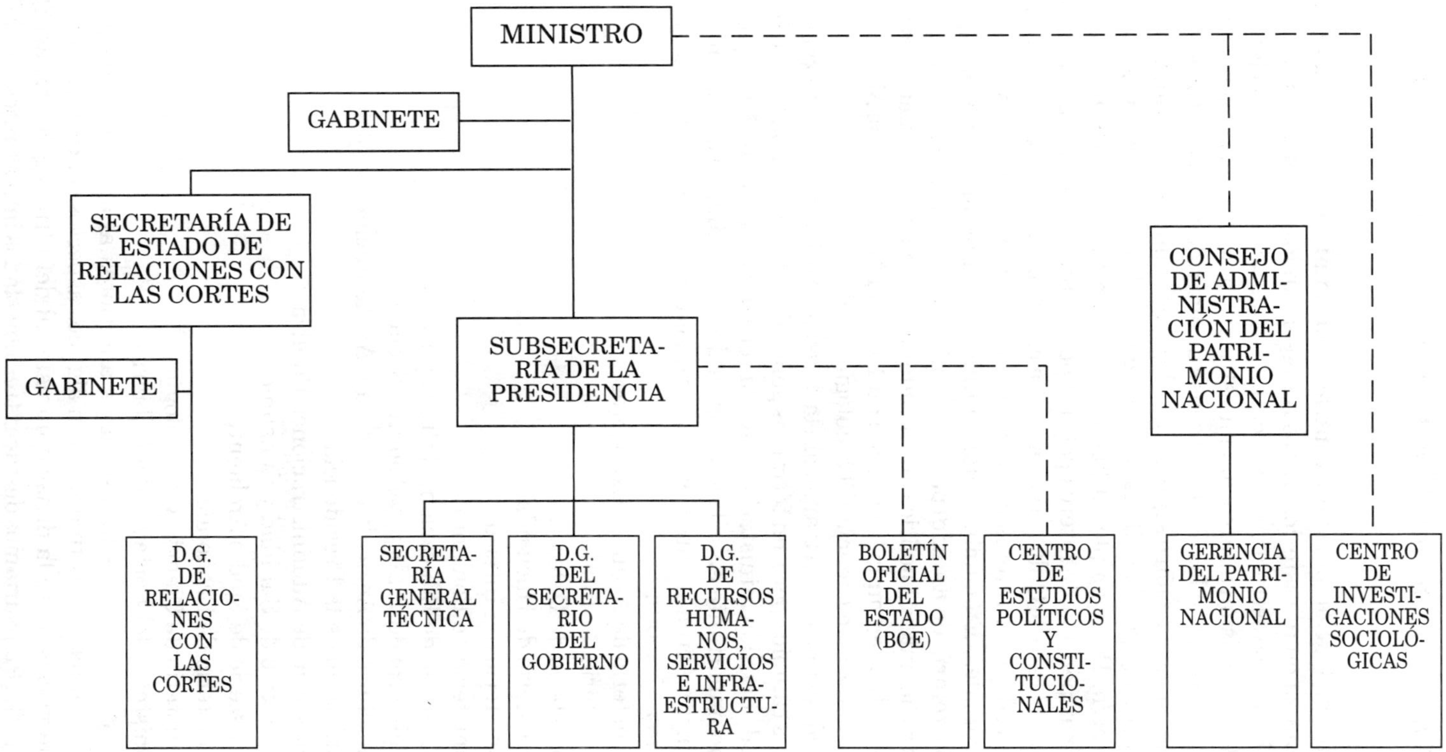

Fuente: Decreto 808/2000 de 19 de mayo.

2.2. Administración nuclear II: la división y organización ministerial

La Administración nuclear o central de la Administración General del Estado se organiza en ministerios. Éstos representan los distintos ámbitos de gestión sobre los que se estructuran las competencias de la Administración General del Estado. La división ministerial muestra el mayor o menor interés del presidente y su Gobierno en las distintas zonas de actividad (Baena, 1998: 223). En este sentido, la agregación o segregación de competencias de los ministerios está en función de la agenda política del presidente, de su Gobierno y del partido/s que gobierna/n. Por ejemplo, el hecho de que se fusionen dos ministerios puede significar pérdida de interés político por alguna materia o competencia (como pudo ser el caso de Cultura en su fusión con Educación en 1996) aunque también puede reflejar el interés en mejorar la coordinación y en estimular políticas transversales. En cambio, cuando una unidad orgánica inferior (por ejemplo una Secretaría de Estado) pasa a ser ministerio se puede interpretar como una muestra del interés político que ha adquirido una determinada materia para el Gobierno (por ejemplo la creación en 1996 del Ministerio de Medio Ambiente o del Ministerio de Ciencia y Tecnología en el 2000).

Desde el inicio de la transición la división ministerial ha ido experimentando algunos cambios pero, en términos generales, se ha ido manteniendo la misma lógica de división ministerial desde la reforma orgánica de 1977 que supuso un cambio importante en relación con la división ministerial durante el período franquista. Actualmente nos encontramos con los siguientes ministerios (Real Decreto 557/2000):

Ministerio de Asuntos Exteriores
Ministerio de Justicia
Ministerio de Defensa
Ministerio de Hacienda
Ministerio del Interior
Ministerio de Fomento
Ministerio de Educación, Cultura y Deporte
Ministerio de Trabajo y Asuntos Sociales
Ministerio de Agricultura, Pesca y Alimentación
Ministerio de la Presidencia
Ministerio de Administraciones Públicas
Ministerio de Sanidad y Consumo
Ministerio de Medio Ambiente
Ministerio de Economía
Ministerio de Ciencia y Tecnología
Ministerio del Portavoz del Gobierno

Las organizaciones ministeriales anteriores al año 2000 presentaron una división similar a la actual salvo en algunos aspectos concretos. En relación con las diferencias entre la división ministerial del último gobierno del PSOE y el primero del PP podríamos destacar tres novedades importantes. Los Ministerios de Cultura y de Portavoz del Gobierno desaparecieron en 1996. El Ministerio de Medio Ambiente, que era una Secretaría de Estado junto con vivienda y con anterioridad una Secretaría General del Ministerio de Infraestructuras, no existía como ministerio antes de 1996. Y otra diferencia fue la denominación del Ministerio de Fomento que antes se denominaba de Infraestructuras y con anterioridad sus competencias estaban repartidas en dos ministerios: Ministerio de Obras Públicas y Urbanismo y Ministerio de Transportes, Turismo y Comunicaciones. En relación con los cambios entre la organización ministerial del primer y del segundo gobierno Aznar destaca la creación de tres nuevos ministerios: Ciencia y Tecnología, Hacienda y Portavoz Gobierno. También hay que resaltar la supresión del Ministerio de Industria y Energía.

El Ministerio de Ciencia y Tecnología se responsabiliza de competencias que son llevadas a cabo por la Secretaría de Estado de Política Científica y Tecnología y por la Secretaría de Estado de Telecomunicaciones y para la Sociedad de la Información. Este nuevo ministerio absorbe competencias que antiguamente eran del Ministerio de Educación y Cultura, de Fomento, de la Presidencia del Gobierno y del antiguo Ministerio de Industria y Energía. Por otro lado, el nuevo Ministerio de Hacienda asume competencias provenientes, sobre todo, de los antiguos ministerios de Economía y Hacienda, y de Industria y Energía. Para poder apreciar estos cambios y como se estructuran los ministerios más afectados por la nueva organización del Gobierno a partir de abril de 2000 resulta muy útil fijarse en la tabla IV.2.

TABLA IV.2.
LOS CAMBIOS MÁS SIGNIFICATIVOS DEL GOBIERNO DE MARZO DEL 2000

Ministerio de Hacienda

Órganos superiores

Secretaría de Estado de Hacienda.
Secretaría de Estado de Presupuestos y Gastos.

Competencias ahora asumidas

Del Ministerio de Economía y Hacienda:
- Secretaría de Estado de Hacienda.
- Secretaría de Estado de Presupuestos y Gastos.
- Dirección General de Patrimonio del Estado.
- Dirección General del Tesoro y Política Financiera (en materia de tesoro y deuda pública).

Del Ministerio de Industria y Energía:
- Dirección General de la Energía.
- Dirección General de Minas.

Otros organismos adscritos:
- Agencia Estatal de la Administración Tributaria.
- Fábrica Nacional de Moneda y Timbre.
- Real Casa de la Moneda.

TABLA IV.2. CONTINUACIÓN
LOS CAMBIOS MÁS SIGNIFICATIVOS DEL GOBIERNO DE MARZO DEL 2000

Parque Móvil del Estado.
Organismo Nacional de Loterías y Apuestas del Estado.
Sociedad Estatal de Participaciones Industriales.

Ministerio de Ciencia y Tecnología
Órganos superiores
Secretaría de Estado de Política Científica y Tecnología.
Secretaría de Estado de Telecomunicaciones y para la Sociedad de la Información.
Competencias ahora asumidas
Del Ministerio de Educación y Cultura
Secretaría de Estado de Educación, Universidades, Investigación y Desarrollo (en materia de investigación científica y desarrollo tecnológico).
Del Ministerio de Fomento:
Secretaría General de Comunicaciones (excepto las atribuciones correspondientes a la Entidad Pública Empresarial Correos y Telégrafos)
De la Presidencia del Gobierno:
Oficina de Ciencia y Tecnología.
Del Ministerio de Industria y Energía:
Dirección General de Industria y Tecnología.
Dirección General de Industrias y Tecnologías de la Información.
Otros organismos adscritos:
Oficina española de Patentes y Marcas.
Consejo Superior de Investigaciones Científicas.
Instituto de Astrofísica de Canarias.
Centro de Investigaciones Energéticas, Medioambientales y Tecnológicas.
Instituto para la Diversificación y el Ahorro de la Energía.
Centro para el Desarrollo Tecnológico e Industrial.
Instituto Nacional de Investigaciones Agrarias.
Instituto Español de Oceanografía.
Instituto Tecnológico Geominero de España.

Ministerio de Economía
Órganos superiores
Secretaría de Estado de Economía, de la Energía y de la Pequeña y Mediana Empresa.
Secretaría de Estado de Comercio y Turismo.
Competencias ahora asumidas
Del Ministerio de Economía y Hacienda:
Secretaría de Estado de Economía (excepto Dirección General del Tesoro y política Financiera en materia de tesoro y deuda pública).
Secretaría de Estado de Comercio y Turismo y de la Pequeña y Mediana Empresa.
Del Ministerio de Industria y Energía:
Dirección General de la Energía.
Dirección General de Minas.
Del Ministerio de Fomento:
Regulación, establecimiento y control de las tarifas de los servicios de telecomunicaciones.

TABLA IV.2. CONTINUACIÓN
LOS CAMBIOS MÁS SIGNIFICATIVOS DEL GOBIERNO DE MARZO DEL 2000

Otros organismos adscritos:

Comisión Nacional del Mercado de Valores.
Comisión del Mercado de las Telecomunicaciones.
Comisión Nacional de Energía.

Fuente: Elaboración propia a partir del Real Decreto 557/2000 de 27 de abril.

La tabla IV.3 muestra todas las diferencias que se han producido desde la primera organización ministerial del PSOE hasta nuestros días.

TABLA IV.3.
COMPARACIÓN DE LA ORGANIZACIÓN MINISTERIAL 1983, 1989, 1996 Y 2000

Organización ministerial de 1983	*Organización ministerial de 1989*	*Organización ministerial de 1996*	*Organización ministerial a partir de marzo 2000*
Asuntos Exteriores	Asuntos Exteriores	Asuntos Exteriores	Asuntos Exteriores
Justicia	Justicia	Justicia	Justicia
Defensa	Defensa	Defensa	Defensa
Economía y Hacienda	Economía y Hacienda	**Economía y Hacienda**	*Hacienda*
Interior	Interior	Interior.	Interior
Obras Públicas y	**Obras Públicas y**	*Fomento*	Fomento
Urbanismo	**Urbanismo**	***Educación y Cultura***	Educación, Cultura y
Educación y Ciencia	**Educación y Ciencia**	**Trabajo y Asuntos**	Deportes
Trabajo y Seguridad Social	**Trabajo y Seguridad**	**Sociales**	Trabajo y Asuntos
Industria y Energía	**Social**	**Industria y Energía**	Sociales
Agricultura, Pesca y	Industria y Energía	Agricultura, Pesca y	Agricultura, Pesca y
Alimentación	Agricultura, Pesca y	Alimentación	Alimentación
Presidencia	Alimentación.	*Presidencia*	Presidencia
Transportes, Turismo y	*Administraciones Públicas*	Administraciones Públicas	Administraciones
Comunicaciones	**Transportes, Turismo y**	Sanidad y Consumo	Públicas
Cultura	**Comunicaciones**	*Medio Ambiente*	Sanidad y Consumo
Administración	Cultura		Medio Ambiente
Territorial	Sanidad y Consumo		*Economía*
Sanidad y Consumo	***Relaciones con las Cortes***		*Ciencia y Tecnología*
	y Secretaría del Gobierno		*Portavoz del Gobierno*
	Asuntos Sociales		
	Portavoz del Gobierno		

Se destacan en **oscuro** los ministerios que experimentan un cambio (incluyendo su supresión) de un período a otro.

En *cursiva* los nuevos ministerios de cada período.
En ***oscuro y cursiva*** aquellos que aparecen nuevos en un período pero luego sufren cambios (incluyendo la supresión) en el siguiente período.

Fuentes: Ley de 16 de agosto de 1983, López-Nieto (1989) y Real Decreto 758/1996 y Real Decreto 557/2000.

Los ministerios tienen tres niveles de órganos administrativos: los órganos superiores, los órganos directivos y las jefaturas administrativas que forman parte de la carrera profesional de los funcionarios. Los órganos superiores son los ministros y los secretarios de Estado. Los órganos directivos los subsecretarios, secretarios generales, directores generales y subdirecciones generales. Finalmente, las jefaturas administrativas comprenden los servicios, las secciones y los negociados (ver tabla IV.4 y figura IV.4).

Los ministerios son dirigidos por un ministro que es el máximo responsable administrativo del ministerio (dimensión administrativa) y miembro del Gobierno donde participa en sus reuniones periódicas del Consejo de Ministros (dimensión política). Las funciones administrativas de los ministros son (se excluyen las funciones que les corresponden como miembros del Gobierno):

1) Fijar los objetivos del ministerio.
2) Dictar reglamentos.
3) Aprobar las propuestas de gastos del ministerio y los presupuestos de sus organismos públicos.
4) Definir la organización interna del ministerio.
5) Evaluar los planes de actuación y de control de eficacia.
6) Nombrar y separar los órganos directivos del ministerio.
7) Resolver los recursos administrativos.
8) Relacionarse con las comunidades autónomas y convocar los órganos de colaboración.

El ministro tiene un Gabinete que es un órgano de asesoramiento compuesto por un jefe de Gabinete y por un grupo de asesores que están bajo su dirección. El jefe de Gabinete suele tener una categoría personal de director general y es una persona muy cercana al ministro. Sus funciones son elaborar estudios y preparar los documentos generados por el ministro. El Gabinete es un órgano de asesoramiento que depende directamente del ministro, esto significa que el Gabinete no forma parte de la línea jerárquica del ministerio: formalmente no dirige ninguna instancia administrativa del mismo. De todos modos, el jefe del Gabinete suele filtrar buena parte de los contactos que mantienen los órganos directivos del ministerio con el ministro circunstancia que le suele otorgar una notable capacidad de influencia y de poder y, en ocasiones, asume informalmente funciones de dirección de las actividades de algunos órganos directivos del ministerio.

TABLA IV.4.
CLASES DE ÓRGANOS ADMINISTRATIVOS EN LA ADMINISTRACIÓN GENERAL DEL ESTADO

Clases de órganos administrativos	
Órganos Superiores	Ministros Secretarios de Estado
Órganos Directivos	Subsecretarios y secretarios generales Directores generales y secretarios generales técnicos Subdirectores generales
Jefaturas Administrativas Inferiores	Jefes de Servicio Jefes de Sección Jefes de Negociado

Fuente: Elaboración propia.

Las secretarías de Estado son unos órganos del ministerio que aparecen por primera vez en 1977 configurándose como viceministerios que se encargan de la dirección de ámbitos homogéneos del ministerio. No todos los ministerios tienen secretarías de Estado y los que poseen esta figura suelen tener entre una y dos. Hace unos años eran pocos los ministerios que poseían esta figura pero en los últimos años este órgano superior se ha ido extendiendo en la mayoría de los ministerios transformándose varias secretarías generales en secretarías de Estado (ver tabla IV.5).

FIGURA IV.4.
ORGANIGRAMA DE UN MINISTERIO

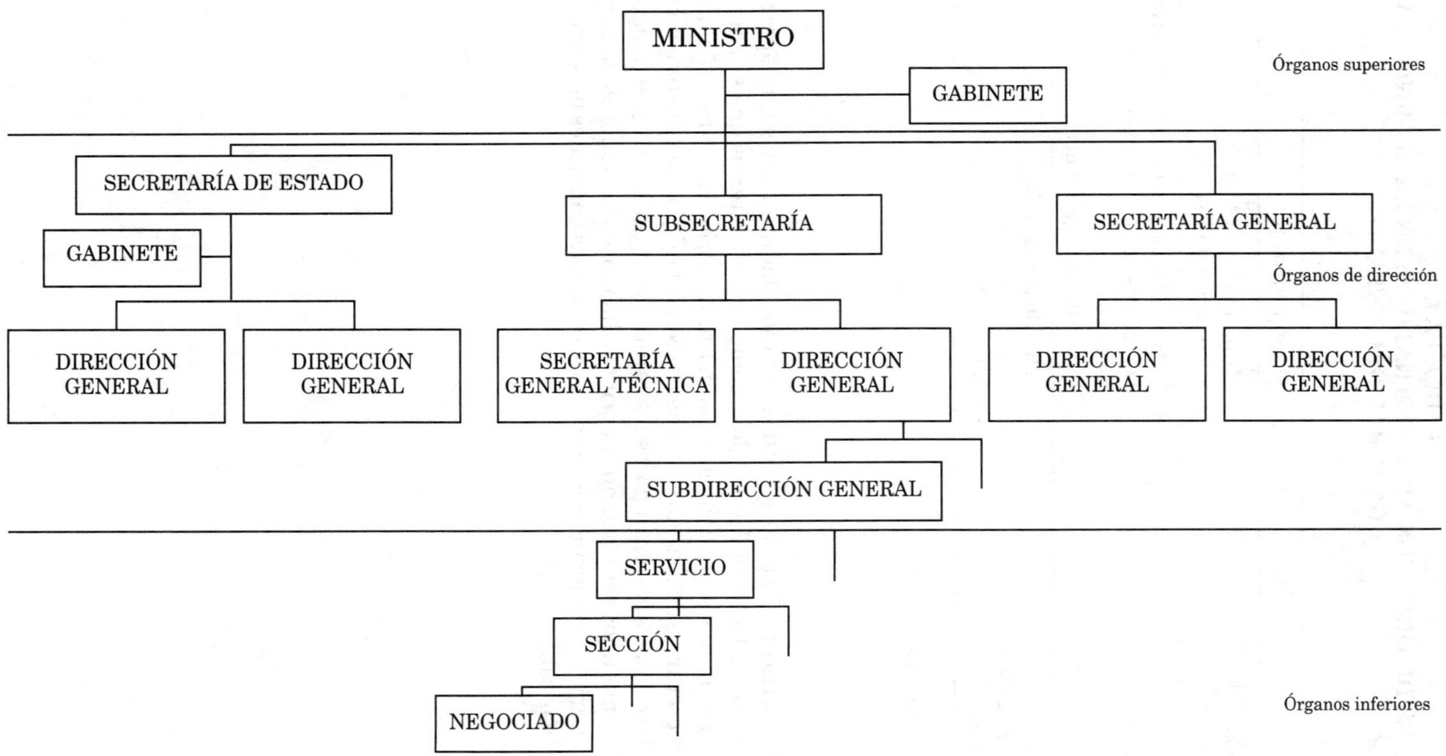

Fuente: Elaboración propia.

Las secretarías de Estado al considerarse órganos superiores poseen, al igual que el ministro, un Gabinete que se encarga de su asesoramiento. Las funciones de las secretarías de Estado son:

1) Dirigir y coordinar las direcciones generales bajo su dependencia y responder del cumplimiento de los objetivos que ha señalado el ministro.

2) Nombrar y separar a los subdirectores generales de su sector de actividad.

3) Ejercer las funciones presupuestarias que puedan corresponder al ministro.

4) Resolver los recursos administrativos.

5) Celebrar los contratos de su Secretaría de Estado.

6) Relacionarse con las comunidades autónomas.

Una vez expuestos los órganos superiores (ministros y secretarías de Estado), prosiguen el desarrollo jerárquico los órganos directivos (subsecretarías, secretarías generales, secretarías generales técnicas, direcciones generales y subdirecciones generales). La característica principal de estos órganos directivos es que, en general, son ocupados por funcionarios atendiendo a criterios de libre designación. En el caso de las secretarías generales no es obligatorio que sean funcionarios y en algunas situaciones concretas tampoco es obligatorio en las direcciones generales. Todo esto significa que los titulares de los órganos directivos son nombrados, atendiendo a criterios de competencia profesional siéndoles de aplicación:

a) La responsabilidad profesional, personal y directa por la gestión realizada.

b) La sujeción al control y evaluación de la gestión por el órgano superior o directivo competente, sin perjuicio del control meramente económico.

La Subsecretaría es un órgano que forma parte de la organización ministerial desde principios del siglo XIX (ver capítulo I). El término *subsecretario* tenía su justificación ya que a principios del siglo XIX el ministro también se denominaba secretario de Estado (como ocurre todavía en muchas administraciones foráneas como, por ejemplo, en la Administración de los EE.UU.). Desde entonces y hasta la aparición de los secretarios de Estado en 1977, la Subsecretaría era la figura más importante del departamento justo después del ministro. Ahora la Subsecretaría es la tercera figura más importante a nivel formal de un ministerio (después del ministro y del secretario/s de Estado si los hubiere) y con el mismo nivel formal que la/s Secretaria/s General/es. La Subsecretaría es la responsable de la gestión de los servicios comunes (gestión económica, gestión de personal, servicios jurídicos, infraestructuras, informática, etc.). Los subsecretarios, además, asisten siempre a la Comisión General de secretarios de Estado y subsecretarios que es el órgano colegiado que prepara la agenda del Consejo de Ministros. Estas dos grandes funciones asociadas a las subsecretarías, gestión de los servicios comunes y gestión de la agenda ministerial al más alto nivel, les otorga un poder real muy importante. En este sentido, las subsecretarías suelen tener más capacidad de influencia de lo que aparenta su posición en el organigrama ministerial (que ya es de por sí muy elevada). En ocasiones tienen más capacidad de influencia que las propias secretarías de

Estado. Las subsecretarías cuentan con el apoyo de un Gabinete Técnico que ejerce funciones similares a un Gabinete de asesoramiento y de apoyo (ver figura IV.5). Las funciones concretas de las subsecretarías son:

1) Apoyar al ministro en la planificación de las actividades del ministerio.

2) Fijar con el ministro los criterios del control de eficacia.

3) Establecer los programas de inspección de los servicios.

4) Proponer las medidas de organización del ministerio.

5) Encargarse de la dirección y de la gestión de los recursos humanos del ministerio. Desempeñar la jefatura superior del personal del departamento.

6) Asesorar jurídicamente al ministro.

Las secretarías generales tienen el mismo nivel formal que las subsecretarías (hace tiempo se referían a estas unidades como las segundas subsecretarías) y tienen unas características similares a las secretarías de Estado pero con un nivel formal inferior. En este sentido, no todos los ministerios tienen secretarías generales y los que poseen esta figura pueden agrupar una o varias. Su función es dirigir y coordinar ámbitos de gestión sectoriales homogéneos del ministerio. Entonces, ¿qué diferencia hay entre una Secretaría General y una Secretaría de Estado? La única diferencia es de rango formal que implica la relevancia política que se desea dar a un determinado ámbito de gestión ministerial y a la persona que lo dirige. Las competencias y el titular de una Secretaría General tienen menor relevancia política e institucional que las competencias y el titular de una Secretaría de Estado. Por ejemplo, en los primeros gobiernos González la competencia de medio ambiente y vivienda era una Secretaría General y, en cambio, en el último gobierno González, las mismas competencias pasaron a ser una Secretaría de Estado como una fórmula para otorgar más significancia política a estas competencias (la progresión continuó con el primer gobierno Aznar en el que la competencia de medio ambiente alcanzó rango de ministerio). Las funciones de las secretarías generales son:

1) Dirigir y coordinar las direcciones generales bajo su dependencia y responder del cumplimiento de los objetivos que ha señalado el ministro.

2) Nombrar y separar a los subdirectores generales de su sector de actividad.

3) Ejercer las funciones presupuestarias que puedan corresponder al ministro.

4) Resolver los recursos administrativos.

5) Celebrar los contratos de su Secretaría General.

6) Relacionarse con las comunidades autónomas.

Las secretarías generales técnicas dependen de las subsecretarías y tienen el mismo nivel formal que las direcciones generales. Hay uno de estos órganos en cada Subsecretaría. Las funciones de las secretarías generales técnicas son muy variadas: desde asistencia técnica al ministro hasta encargarse de las publicaciones oficiales del ministerio pasando por la producción estadística y normativa, la gestión de recursos humanos, etc. Las secretarías generales técnicas tienen bajo su mando una o varias vicesecretarías generales técnicas y también subdirecciones generales. La Secretaría General Técnica, muy importante hace unos años, ha ido perdiendo con el tiempo capacidad de influencia. Las funciones más relevantes de las secretarías generales técnicas son:

1) Encargarse de la producción normativa del ministerio.
2) Asistir jurídicamente a las diversas unidades del ministerio.
3) Dirigir y coordinar las publicaciones del ministerio.

FIGURA IV.5.
ORGANIZACIÓN INTERNA DE UNA SUBSECRETARÍA (MINISTERIO DE EDUCACIÓN, CULTURA Y DEPORTES)

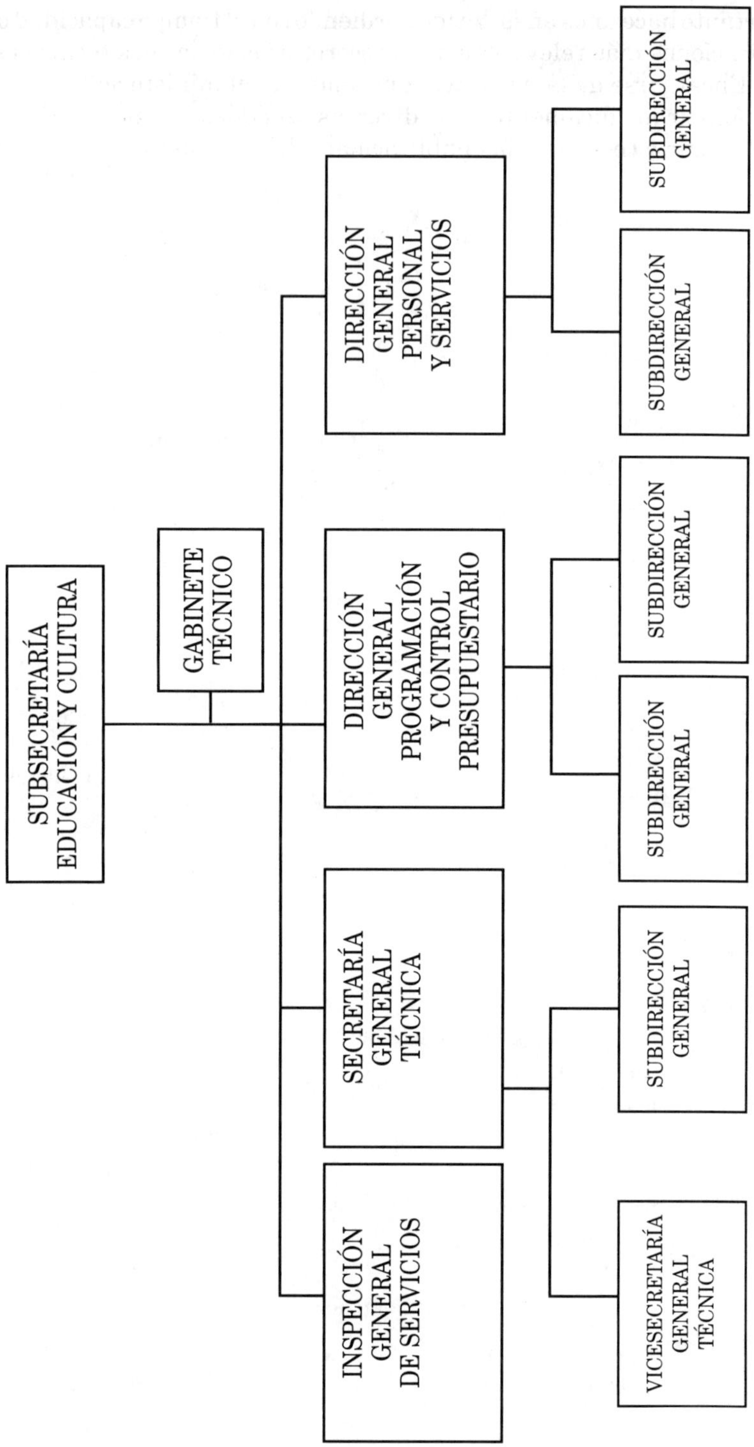

Fuente: Elaboración propia.

Finalmente, las direcciones generales son las unidades básicas de la organización ministerial ya que de ellas depende el ejercicio de las competencias concretas que poseen los ministerios. Son los módulos fundamentales de gestión de la Administración General del Estado. El resto de órganos superiores y órganos directivos, en cambio, son unidades de dirección y coordinación, ¿qué dirigen y coordinan las secretarías de Estado, las subsecretarías y las secretarías generales? La respuesta son las direcciones generales que en función de sus competencias dependen de un órgano o de otro. Si las direcciones generales se encargan de gestionar competencias sectoriales pueden depender de una Secretaría de Estado o de una Secretaría General; si las direcciones generales se encargan de gestionar servicios internos (personal, presupuestos, etc.) dependen de la Subsecretaría. Hay actualmente cerca de cien direcciones generales en la Administración General del Estado que muestran la diversidad de competencias que asume esta Administración. Las funciones de las direcciones generales son:

1) Proponer proyectos para conseguir los objetivos del ministerio.

2) Ejercer las competencias que estipulen las normas de carácter organizativo.

3) Impulsar y supervisar las actividades que forman parte de la gestión ordinaria.

La tabla IV.5 muestra la evolución cuantitativa de los órganos superiores y de los órganos directivos de los ministerios durante los últimos 17 años. Se puede apreciar como el número de ministerios ha permanecido casi constante (por lo tanto también el número de subsecretarías y de secretarías generales técnicas ya que sólo hay uno de estos órganos por ministerio). Es interesante, en cambio, observar las variaciones en el volumen de las secretarías de Estado, de las secretarías generales y de las direcciones generales. Las secretarías de Estado han ido aumentando con los años. Las secretarías generales se han reducido de forma drástica durante los últimos años después de su impresionante crecimiento en los últimos gobiernos González pese a que en el segundo gobierno Aznar han aumentado significativamente. Las direcciones generales también se han reducido de forma espectacular durante los gobiernos de Aznar.

Las direcciones generales se desarrollan verticalmente en cuatro niveles jerárquicos: subdirecciones generales que son las jefaturas que dependen de las direcciones generales; servicios como jefaturas inferiores a las subdirecciones generales; secciones que son las jefaturas que dependen de los servicios y, finalmente, los negociados que dependen de las secciones y se configuran como la última jefatura del amplio desarrollo vertical de los ministerios (ver figura IV.6). Hace 50 años no existían tantas jefaturas inferiores ya que las direcciones generales agrupaban sólo secciones y negociados pero con el tiempo fueron incrementando las presiones para crear nuevos niveles jerárquicos apareciendo primero las subdirecciones generales y, posteriormente, los servicios.

TABLA IV.5.
EVOLUCIÓN CUANTITATIVA DE LOS ALTOS CARGOS DE LOS MINISTERIOS DE LA ADMINISTRACIÓN GENERAL DEL ESTADO

	1984	*1991*	*1998*	*2000*
Ministerios	15	16	14	16
Secretarías de Estado	9	14	18	21
Subsecretarías	15	16	14	16
Secretarías generales técnicas	15	14	14	15
Secretarías generales	9	25	12	18
Direcciones generales	117	145	96	99

Fuente: Elaboración propia a partir de los *Anuarios de EL PAIS* (1985, 1992, 1999) y los decretos: 557/2000, 687/2000-696/2000, 807/2000-809/2000 de abril y mayo del 2000.

TABLA IV.6.
VINCULACIÓN JURÍDICA EN MATERIA DE PERSONAL DE LOS ÓRGANOS ADMINISTRATIVOS

Tipos de órganos	*Requisitos de las personas que los ocupan*
Ministros	Político
Secretarios de Estado	Político
Subsecretarios	Funcionario (libre designación)
Secretarios generales	Político
Secretarios generales técnicos	Funcionario (libre designación)
Directores generales	Político o funcionario (libre designación)
Subdirectores generales	Funcionario (libre designación)
Jefes de Servicio	Funcionario (por méritos)
Jefes de Sección	Funcionario (por méritos)
Jefes de Negociado	Funcionario (por méritos)

Fuente: Elaboración propia.

Todo ello ha dado lugar al fenómeno conocido como inflación orgánica que hace referencia al exceso de estructura administrativa a nivel vertical (excesivos niveles jerárquicos) y a nivel horizontal (excesivas jefaturas en cada nivel) lo que genera, en definitiva, una elevada densidad organizativa que no se justifica por las competencias que deben gestionarse sino por elementos subjetivos vinculados a problemas de gestión de personal. Es, decir, se ha utilizado, en muchas ocasiones, la estructura administrativa como un mecanismo para incrementar las retribuciones económicas a determinados colectivos de funcionarios.

Las subdirecciones generales, que se consideran actualmente como órganos directivos, son ocupadas por funcionarios aunque en su forma de ocupación (libre designación) también aparecen criterios políticos y de confianza personal[8] (ver tabla IV.6). Las subdirecciones generales son los órganos básicos para la transformación de las políticas, objetivos y estrategias en realidades operativas. La Subdirección General dirige, coordina y controla las unidades y puestos de trabajo que están bajo sus órdenes directas, para la consecución de los objetivos diseñados por sus superiores.

Los servicios, secciones y negociados son jefaturas administrativas que no forman parte de los órganos directivos de la Administración. Representan, utilizando una terminología clásica, los órganos inferiores de los ministerios. Los servicios son los órganos operativos más relevantes ya que, generalmente, de ellos depende la marcha diaria de la Administración. En cierta manera se puede afirmar que los servicios representan el corazón profesional de la Administración General del Estado. Están en una posición relativamente próxima a los niveles de confianza política pero sin llegar a un contacto tan directo que *politice* sus actividades. Los servicios tienen una clara orientación técnica, de gestión de las decisiones y de los programas diseñados en los niveles superiores. Las secciones son los órganos directamente operativos que actúan bajo las órdenes de los servicios. Finalmente, los negociados son las unidades orgánicas menores de la Administración General del Estado. En esta Administración, a diferencia de la mayoría de las comunidades autónomas y de una parte de la Administración local, los negociados suelen ser todavía *jefaturas reales,* en el sentido que son ocupados por titulados superiores y dirigen a un determinado volumen de personal.

[8] «Los subdirectores generales serán nombrados y cesados por el ministro o el secretario de Estado del que dependan. Los nombramientos se efectuarán entre funcionarios de carrera (...)» (art. 19.2. de la Ley 6/1997, de 14 de abril, de Organización y Funcionamiento de la Administración General del Estado).

FIGURA. IV.6. LA ESTRUCTURA ADMINISTRATIVA DE LAS DIRECCIONES GENERALES

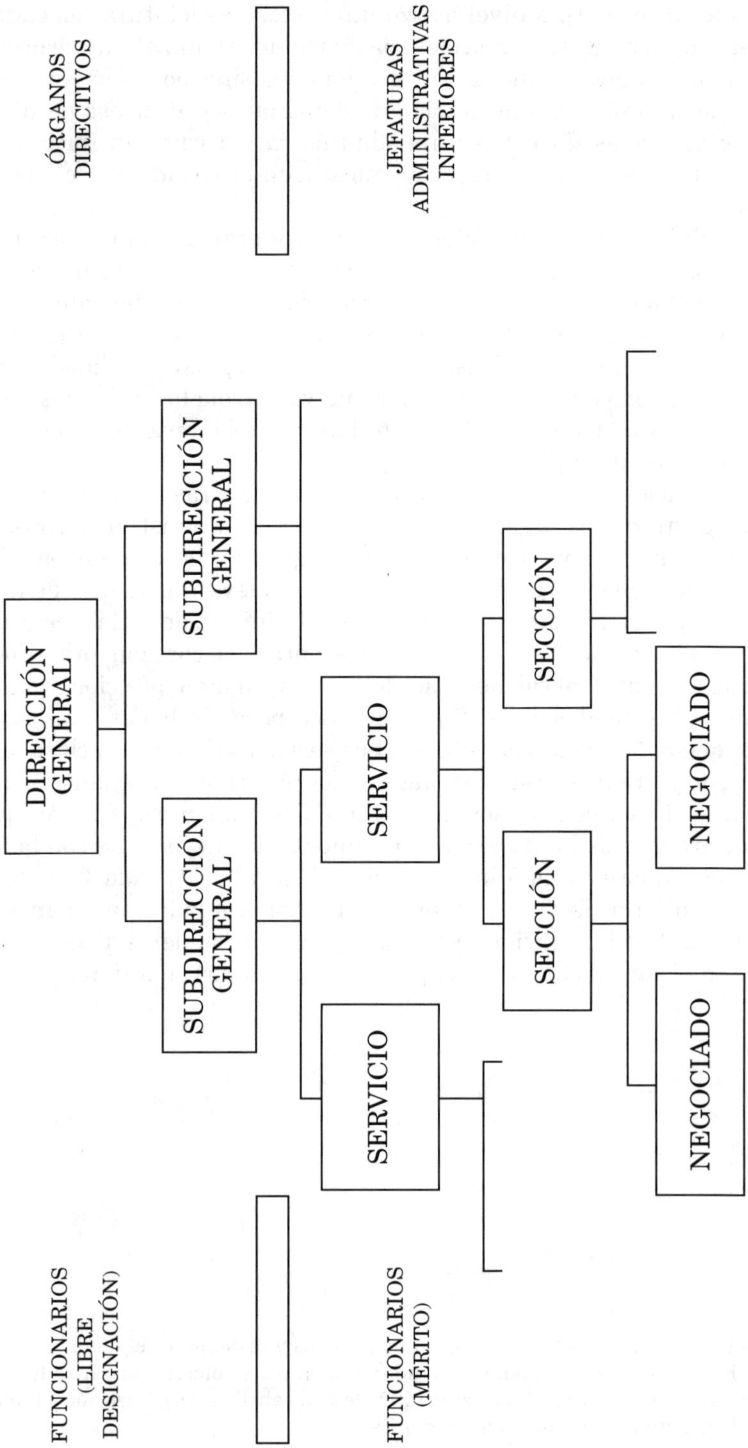

Fuente: Elaboración propia.

2.3. El proceso central de toma de decisiones en la Administración General del Estado

Una organización compleja y fragmentada como es la Administración nuclear de la Administración General del Estado presenta unos procesos decisionales muy ricos en fases y actores que tienen la capacidad formal de participar en los mismos. Pensemos, por un momento, en las instancias que participan en los procesos de preparación de cualquier decisión que se adopta en un Consejo de Ministros.

Si el tema objeto de interés por la Administración General del Estado pertenece a un ámbito sectorial el primer paso se suele dar en el sector de gestión de una determinada Secretaría de Estado o Secretaría General de un ministerio. En esta *primera fase* participan (ver figura IV.7): la Secretaría de Estado (o en su caso la Secretaría General), el Gabinete de la Secretaría de Estado, las direcciones generales (los responsables de las mismas y una parte de su personal técnico). Además, si el Gabinete del ministro detecta el inicio de este proceso irá recabando información para mantener al día al ministro. Es probable que la Subsecretaría también intente estar informada del proyecto que se está fraguando. Una vez el proyecto está suficiente maduro accede a las instancias centrales del ministerio. En esta *segunda fase* participan directamente el ministro, el Gabinete del ministro, la Subsecretaría y los otros ámbitos sectoriales del ministerio (resto de secretarías de Estado y/o secretarías generales). La participación de estos actores centrales del ministerio se puede producir mediante negociaciones parciales entre los mismos y/o todos de forma colectiva. En esta segunda fase el Gabinete de la Presidencia busca información con el objetivo de mantener al día al vicepresidente y al presidente del Gobierno si el tema tiene la suficiente relevancia política. Si el proyecto logra ser aprobado por los actores centrales del ministerio y no ha sufrido ninguna interferencia desde la Presidencia del Gobierno se transfiere al Gabinete de la Presidencia. Entonces, entra en una *tercera fase* en la que el Gabinete analiza la conveniencia de incluir o no en el orden del día de la Comisión General de secretarios de Estado y de subsecretarios el mencionado proyecto. En esta fase se informa directa o indirectamente al presidente y al vicepresidente. Si se considera conveniente el proyecto entra en la reunión de la Comisión General de secretarios de Estado y de subsecretarios que se configura como la *cuarta fase* de este intenso proceso decisional. Esta Comisión está dirigida por el vicepresidente y en ella aparecen las tensiones e intereses de todos los ministerios de la Administración General del Estado. Si el proyecto genera reticencias en algunos ministerios relevantes puede bloquearse el proceso; si no aparece ningún inconveniente pasa a formar parte de la orden del día del Consejo de Ministros. Éste órgano colegiado se encarga de tomar la decisión formal y final en relación con el proyecto y es la *quinta y última fase* de este proceso. Cuando un proyecto llega al Consejo de Ministros significa, en la mayoría de las ocasiones, que está suficientemente maduro como para ser aprobado ya que tiene el visto bueno del presidente del Gobierno.

FIGURA IV.7.
PROCESO CENTRAL DE TOMA DE DECISIONES EN LA ADMINISTRACIÓN GENERAL DEL ESTADO

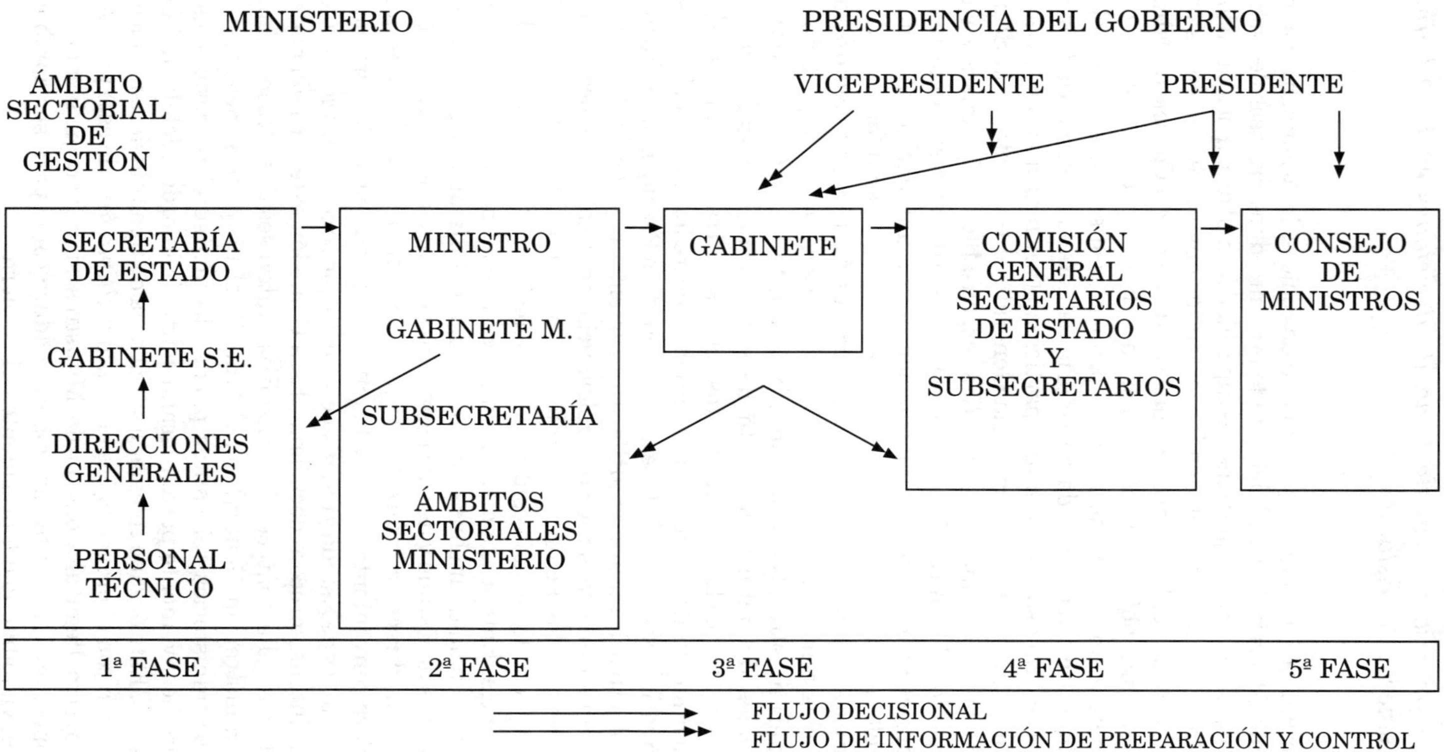

Fuente: Elaboración propia.

2.4. Disfunciones de las estructuras administrativas de la organización ministerial de la Administración General del Estado

Las estructuras administrativas de los ministerios suelen presentar unas disfunciones que dificultan la eficacia y eficiencia en la gestión. En términos generales, son estructuras con un diseño pensado más para las funciones clásicas de control administrativo que para desarrollar políticas prestacionales que requieren una organización mucho más ejecutiva. Las disfunciones más usuales de estas estructuras administrativa son[9] (Ramió, 1999: 59):

1. *Excesiva longitud de las estructuras*: la excesiva longitud vertical de las estructuras administrativas es una disfunción típica de las organizaciones públicas con un tamaño grande y medio y supone que hay una excesiva distancia entre las unidades de dirección estratégica y las unidades directamente operativas; hay muchos cargos intermedios: de los puestos de mando político a los jefes de Negociado pasando por subdirecciones, servicios y secciones. La elevada longitud de una estructura administrativa suele ir vinculada a la lentitud y rigidez en la gestión de los diferentes programas y servicios.

2. *Excesiva fragmentación horizontal*: la excesiva fragmentación sectorial de las estructuras administrativas es, usualmente, una disfunción que está vinculada a las organizaciones públicas con unas grandes dimensiones. Un exceso en la divisionalización en áreas o sectores competenciales, siguiendo el denominado modelo *ministerial*, ocasiona una pérdida de la visión integrada de muchos ámbitos de gestión. La fragmentación sectorial supone potenciar las tensiones centrífugas derivadas de una visión que se limita a proteger los diferentes *territorios administrativos*: cada unidad se concentra en perseguir sus objetivos particulares sin preocuparse por los objetivos generales de la organización. Esta circunstancia dificulta la definición e implementación de programas integrados, cada vez más necesarios y usuales en la Administración pública.

3. *Inflación orgánica*: el concepto de inflación orgánica hace referencia a la elevada densidad de las estructuras administrativas, es decir, el elevado número de unidades administrativas. La densidad orgánica está vinculada al número de jefaturas (unidades) que agrupa una estructura administrativa. Se trata de un problema corriente en la mayoría de las organizaciones públicas que suelen presentar una proporción de unidades o jefaturas mucho mayor de la que sería objetivamente necesaria. La densidad de jefaturas guarda relación con el tipo de competencias o funciones que desarrolla cada área de gestión. Los

[9] Estas disfunciones en las estructuras administrativas también se producen en las administraciones de las comunidades autónomas y en las administraciones locales (ayuntamientos y diputaciones provinciales) que tienen una considerable envergadura organizativa.

ámbitos de gestión de carácter más administrativo suelen presentar más densidad organizativa debido a la mayor presencia de jefaturas intermedias (por ejemplo en la gestión económica y en la gestión de personal); en cambio, los ámbitos de gestión dedicados a la prestación de servicios suelen presentar una menor densidad organizativa (por ejemplo educación y política social).

La fragmentación de competencias y políticas transversales en varios ministerios y, dentro de ellos, en diferentes ámbitos de gestión (secretarías de Estado o secretarías generales) ha obligado a la Administración General del Estado a crear, por una parte, numerosas comisiones interministeriales que se encargan de coordinar las políticas de diferentes ministerios sobre materias que les son comunes. Estas comisiones se encuentran adscritas a un ministerio determinado (ver tabla IV.7) que es el que se encarga de la dirección y coordinación de determinados programas transversales. Por otra parte, también hay comisiones ministeriales que se encargan de coordinar determinadas políticas transversales de carácter intraministerial.

TABLA IV.7.
COMISIONES INTERMINISTERIALES ADSCRITAS A LOS MINISTERIOS

Ministerios	*Comisiones interministeriales*
Asuntos Exteriores	C.I. para Asuntos de la Unión Europea
Economía y Hacienda	C.I. de Turismo C.I. para la Coordinación de las Actividades Relativas a la introducción del Euro
Interior	C.I. de Extranjería C.I. de Asilo y Refugio
Educación y Cultura	C.I. de Ciencia y Tecnología*
Administraciones Públicas	C.I. de Información Administrativa C.I. de Adquisición de Bienes y Servicios Informáticos

* A partir de junio del 2000 pasa a depender del nuevo Ministerio de Ciencia y Tecnología.
Fuente: Elaboración propia.

4. *Peso excesivo de los servicios comunes*: Un problema y disfunción muy usual de las unidades que se encargan de los servicios comunes (las subsecretarías) son sus grandes dimensiones, por encima de las necesidades objetivas de estructura y de personal que teóricamente se deberían encargar de este sector

de actividad. La excesiva presencia y volumen de las unidades encargadas de la gestión de los servicios comunes origina muchas disfunciones organizativas, las más destacadas son:

a) Excesiva *burocratización* de las actividades: los servicios comunes dejan de ser un medio para transformarse en la finalidad más importante de la organización.

b) Notable presencia de tensiones y conflictos entre las unidades verticales y las unidades encargadas de la gestión de los servicios comunes.

c) Las unidades verticales pierden su capacidad de decisión y de autonomía de gestión en las actividades que les son propias y específicas ya que están muy condicionadas por los servicios comunes.

2.5. La Administración periférica

La Administración periférica es el complejo organizativo dependiente directamente de la Administración nuclear que asegura la presencia en todo el territorio del Estado de la Administración General del Estado.

Desde 1834, que es el momento en que se definió una Administración periférica moderna, las provincias se constituyeron en la unidad básica de representación territorial de la Administración General del Estado. Cuando la Constitución de 1978 creó las comunidades autónomas, la Administración General del Estado reorganizó sus servicios periféricos en función de los territorios autonómicos creando las delegaciones del Gobierno. En este sentido, en base a la Ley 6/1997, los delegados del Gobierno en las comunidades autónomas representan al Gobierno en el territorio de aquéllas. Ejercen la dirección y supervisión de todos los servicios de la Administración General del Estado y de sus organismos públicos situados en su territorio. De esta forma dos son las funciones básicas de las delegaciones del Gobierno:

– Relacionarse con las administraciones subestatales: Representación institucional del Gobierno y de la Administración General del Estado ante el Gobierno de la comunidad autónoma y ante las entidades locales. Cooperar y coordinarse con la comunidad autónoma y las entidades locales. Facilitar información en un doble sentido entre la Administración General del Estado y el Gobierno de la comunidad autónoma y las entidades locales.

– Internas de la Administración General del Estado: dirección y coordinación de las redes periféricas de la organización en el territorio autonómico.

La dependencia de las delegaciones del Gobierno es bastante compleja ya que están orgánicamente adscritas al Ministerio de Administraciones Públicas aunque dependen de la Presidencia del Gobierno para los aspectos más políticos e institucionales y al Ministerio del Interior en las competencias de libertades públicas, protección civil, extranjería, procesos electorales y seguridad ciudadana. El resto de los ministerios con competencias territoriales también pueden dar instrucciones en sus respectivas áreas de responsabilidad (ver figura IV.8). El carácter transversal de las competencias desarrolladas por las delegaciones del Gobierno genera esta complejidad ya que todas las actividades de la Administración General del Estado en el territorio autonómico confluyen en esta instancia administrativa.

Los delegados del Gobierno tienen una naturaleza política: son altos cargos (es decir, no son funcionarios) ya que son nombrados por decreto por el Consejo de Ministros a propuesta del presidente del Gobierno. En concreto, los delegados del Gobierno se encargan de:

a) Ejercer la dirección y supervisión de los servicios de la Administración General del Estado y de sus organismos públicos situados en el territorio de la comunidad autónoma en la que se ejerce la representación.

b) Comunicar y recibir la información que precise el Gobierno.

c) Dirigir la Delegación. Nombrar a los subdelegados e informar de los nombramientos.

d) Coordinar con los ministerios los planes y actividades.

e) Ejercer la potestad sancionadora.

f) Depender de la Presidencia del Gobierno y coordinar por medio del Ministerio de Administraciones Públicas y, en materia de seguridad, con el Ministerio del Interior.

Una novedad muy importante que introduce el Real Decreto 1330/1997 es la simplificación de las, hasta el momento, complejas y caóticas redes periféricas mediante la supresión de algunas de ellas al integrarlas en las propias delegaciones del Gobierno. Esto ha sucedido con las redes periféricas del Ministerio de Fomento, del Ministerio de Educación, Cultura y Deportes, del Ministerio de Agricultura, Ganadería y Pesca y del Ministerio de Sanidad y Salud. De este modo las competencias de las delegaciones del Gobierno no se limitan a la representación y a la coordinación de las redes periféricas sino que también se encargan de la gestión directa de las competencias territoriales de los ministerios antes mencionados.

Las delegaciones del Gobierno agrupan entre cuatro y cinco áreas funcionales dirigidas por unos directores:

– Área de Fomento.

– Área de Industria y Energía.

– Área de Agricultura (Agricultura y Pesca en las delegaciones de Gobierno con territorio litoral).

– Área de Sanidad.

– Área de Alta Inspección de Educación (en las delegaciones de Gobierno de las comunidades autónomas que tengan transferida esta competencia).

Además de estas áreas funcionales las delegaciones de Gobierno tienen adscrita una Secretaría General que, bajo la supervisión del delegado del Gobierno, se encarga de la gestión de los servicios comunes de la Delegación del Gobierno y de la Subdelegación situada en la capital de la provincia sede de la Delegación del Gobierno. Además, la Secretaría General se encarga de la coordinación de los órganos responsables en las materias de derechos ciudadanos, procesos electorales, autorizaciones administrativas, protección civil, extranjería y asilo (todas estas competencias dependen funcionalmente del Ministerio del Interior).

En las comunidades autónomas uniprovinciales ésta es la estructura de las delegaciones del Gobierno y en las comunidades autónomas pluriprovinciales existe la figura de las subdelegaciones del Gobierno en cada una de las provincias. El subdelegado del Gobierno es un funcionario nombrado por el delegado del Gobierno por el procedimiento de libre designación. Los subdelegados del Gobierno tienen como funciones básicas:

a) Dirigir los servicios integrados.

b) Supervisar los servicios no integrados.

c) Estar bajo la dirección del delegado del Gobierno.

Las subdelegaciones del Gobierno tienen adscrita también una Secretaría General que depende directamente del subdelegado que se encarga de la gestión de los servicios comunes de la Subdelegación y de las mismas competencias que los secretarios generales de la Delegación que desarrollan en materias de interior.

La Administración periférica agrupa, además de las delegaciones y subdelegaciones del Gobierno, delegaciones que dependen directamente de los ministerios. Hasta hace poco tiempo la mayoría de los ministerios tenían una o varias delegaciones territoriales en las provincias. Desde la reforma de la Administración periférica en 1997 esto ya no es así por el principio que «las delegaciones del Gobierno integrarán por regla general todos aquellos servicios territoriales de la Administración General del Estado y sus organismos públicos, salvo aquellos casos en que por las singularidades de sus funciones o por el volumen de gestión resulte aconsejable su dependencia directa de los órganos centrales (ministerios)» (Decreto 1.330/1997). Esta excepcionalidad es el caso de las delegaciones provinciales de Hacienda, de las direcciones provinciales de Trabajo, Seguridad Social y Asuntos Sociales, etc.

La organización actual de la Administración periférica de la Administración General del Estado sigue siendo compleja pero ha sido objeto, como se ha podido apreciar, de una gran racionalización en 1997. La actual organización de la Administración periférica permite superar parcialmente tres problemas históricos que han debilitado de forma constante la organización territorial de la Administración General del Estado (García de Enterría, 1972: 58 a 68):

Politización: La figura del gobernador civil (posición que ahora ocupa el subdelegado del Gobierno) fue hasta su supresión en 1997 una figura discutida y muy negativa de cara al buen gobierno de la Administración periférica. El gobernador civil creado en teoría a imagen y semejanza de los prefectos de los distritos franceses nunca fue ocupado por un alto funcionario, es decir, por un profesional como ocurría en Francia sino por un político. Durante la segunda mitad siglo XIX se ocupó de dirigir las redes políticas de carácter clientelar vinculadas al partido en el Gobierno (el caciquismo). En el franquismo era el máximo representante del régimen en la provincia y se encargaba, entre otras funciones, de controlar a las entidades locales. A pesar de su gran dedicación política no abordaron con eficacia funciones políticas como la conciliación de los intereses del Estado en la provincia y de los intereses de la provincia en el Estado. Esta tarea política de doble sentido ha sido, en cambio, asumida con una gran eficacia en el caso de los prefectos franceses.

Falta de capacidad de coordinación: Las ocupaciones políticas y la falta de habilidades profesionales de los gobernadores civiles impidió que realizaran una función tan relevante como dirigir y coordinar las numerosas redes periféricas de los ministerios y de los organismos autónomos. En este sentido, las redes periféricas de las provincias carecieron de una dirección transversal que diera sentido en la integración de las diversas políticas en el territorio y en los colectivos de ciudadanos de la provincia.

Aspectos simbólicos negativos: Los gobernadores civiles habían quedado simbólicamente ligados con el franquismo por el gran protagonismo que tuvieron en el territorio durante este largo período político. Eran un símbolo del Estado centralista y de la represión policial. Fue este el motivo principal de su desaparición (curiosamente no lo fueron las dos circunstancias anteriores) debido a las presiones del Grupo Parlamentario de *Convergència i Unió*.

En definitiva, tras casi más de 160 años la Administración periférica ha necesitado un proceso de descentralización tan importante como es el fenómeno de las comunidades autónomas para cambiar su orientación negativa y superar parcialmente algunas de sus disfunciones históricas.

FIGURA IV.8.
ESTRUCTURA DE LA ADMINISTRACIÓN PERIFÉRICA DE LA ADMINISTRACIÓN GENERAL DEL ESTADO

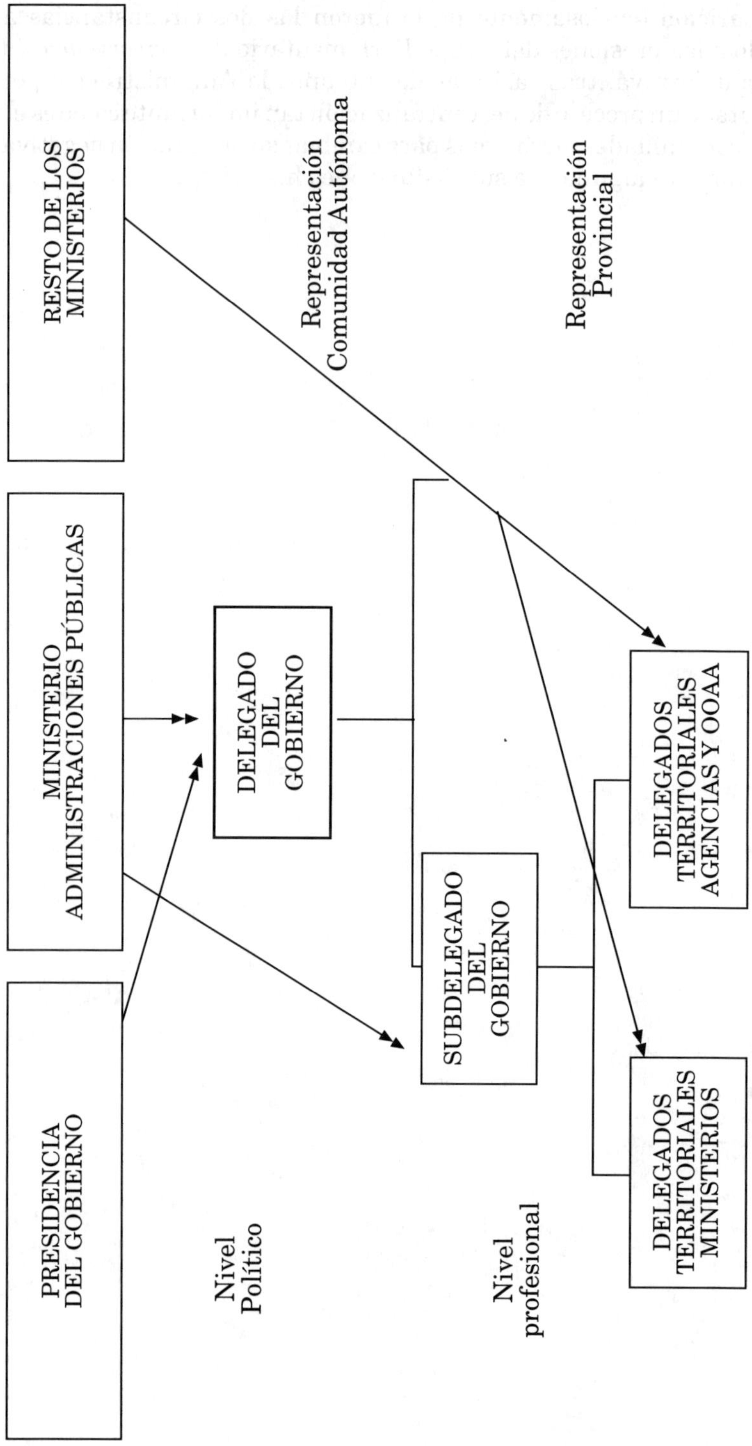

Fuente: Elaboración propia

2.6. *La Administración funcional*

La Administración funcional (también denominada Administración instrumental) agrupa los organismos autónomos, las entidades públicas empresariales, las entidades gestoras de la Seguridad Social y los organismos públicos con régimen específico. La Ley 6/1997, de Organización y Funcionamiento de la Administración General del Estado (LOFAGE) denomina a todas estas entidades organismos públicos (ver figura IV.9).

Mediante la Administración funcional se pretende conseguir, como se ha mencionado anteriormente, fórmulas organizativas y financieras más ágiles que las empleadas por las instancias nucleares de la Administración y, además, se intenta suavizar la excesiva presión jurídica que dificulta la gestión eficaz y eficiente. La Administración funcional, los organismos públicos, representa la prolongación funcional de los ministerios. La Administración para conseguir el cumplimiento de su función administrativa puede crear organizaciones formalmente independientes (con personalidad jurídica propia) para ejecutar determinados programas públicos o para prestar servicios públicos. A la Administración funcional le corresponde normalmente la función ejecutiva de gestión, que consiste en la prestación de servicios o la realización directa de las actividades administrativas de contacto con los ciudadanos mediante prestaciones positivas a favor de los mismos. La Administración nuclear (usualmente las direcciones generales de los ministerios) se reserva las funciones de dirección, regulación y control de las actividades ejecutivas desempeñadas por la Administración funcional. Esta división del trabajo entre la Administración nuclear y la Administración funcional demuestra que la Administración nuclear (los ministerios) no es la fórmula orgánica idónea para realizar las múltiples y complejas tareas que se corresponden con los fines actuales del Estado (Baena, 1998: 240). El desarrollo importante que ha tenido en España la Administración funcional se debe a la necesidad de dar respuesta a nuevas necesidades sociales en el proceso de configuración de un Estado del bienestar.

Al crear un organismo público puede optarse hacerlo desde el derecho público o desde el derecho privado. Si se crean organismos autónomos, entidades gestoras de la Seguridad Social o bien la mayoría de los organismos públicos con un régimen específico se opta por el derecho público; si se crean entidades públicas empresariales, se generan unas organizaciones reguladas por el derecho privado. Seguidamente se van a comentar estas figuras y también otras entidades, como las agencias y las fundaciones sanitarias, que también forman parte de la Administración funcional.

1) *Los organismos autónomos*: Son entes formalmente separados de la Administración nuclear ya que tienen personalidad jurídica propia, diferenciada de la de la Administración General del Estado, tienen patrimonio y tesorería independiente y poseen autonomía de gestión. Para el desarrollo de sus funciones, los organismos autónomos disponen de los ingresos propios que estén autorizados a obtener. Además, presentan peculiaridades en el ordena-

miento jurídico aplicable en relación con el de la Administración General del Estado. A los organismos autónomos se les encomienda en régimen de descentralización la ejecución de programas específicos o la realización de actividades de fomento, prestación o gestión de servicios públicos. Los organismos autónomos se rigen por el derecho administrativo (su régimen jurídico a nivel de personal, patrimonio, contratación, procedimiento administrativo es público y en muchos puntos es idéntico al que regula a la Administración General del Estado). En la tabla IV.8 se muestran todos los organismos autónomos de la Administración General del Estado especificando los ministerios a los que están adscritos ya que todos los organismos autónomos dependen de un ministerio, al que corresponde la dirección estratégica, la evaluación y el control de los resultados de su actividad, a través del órgano (usualmente la subsecretaría o una Dirección General) al que esté adscrito el organismo.

Hay que diferenciar un subgrupo de organismos autónomos que tienen como función la investigación y se conocen como OPIs (organismos para la investigación). Ejemplos de OPIs son el Consejo Superior de Investigaciones Científicas recientemente adscrito al nuevo Ministerio de Ciencia y Tecnología o el Instituto de Salud Carlos III adscrito al Ministerio de Sanidad y Consumo (en la tabla IV.8 se identifican todos los OPIs).

En la Administración General del Estado hay un total de 68 organismos autónomos (de los cuales 6 son OPIs).

FIGURA IV.9.
ORGANIZACIÓN Y CARACTERÍSTICAS BÁSICAS DE LA ADMINISTRACIÓN FUNCIONAL DE LA ADMINISTRACIÓN GENERAL DEL ESTADO

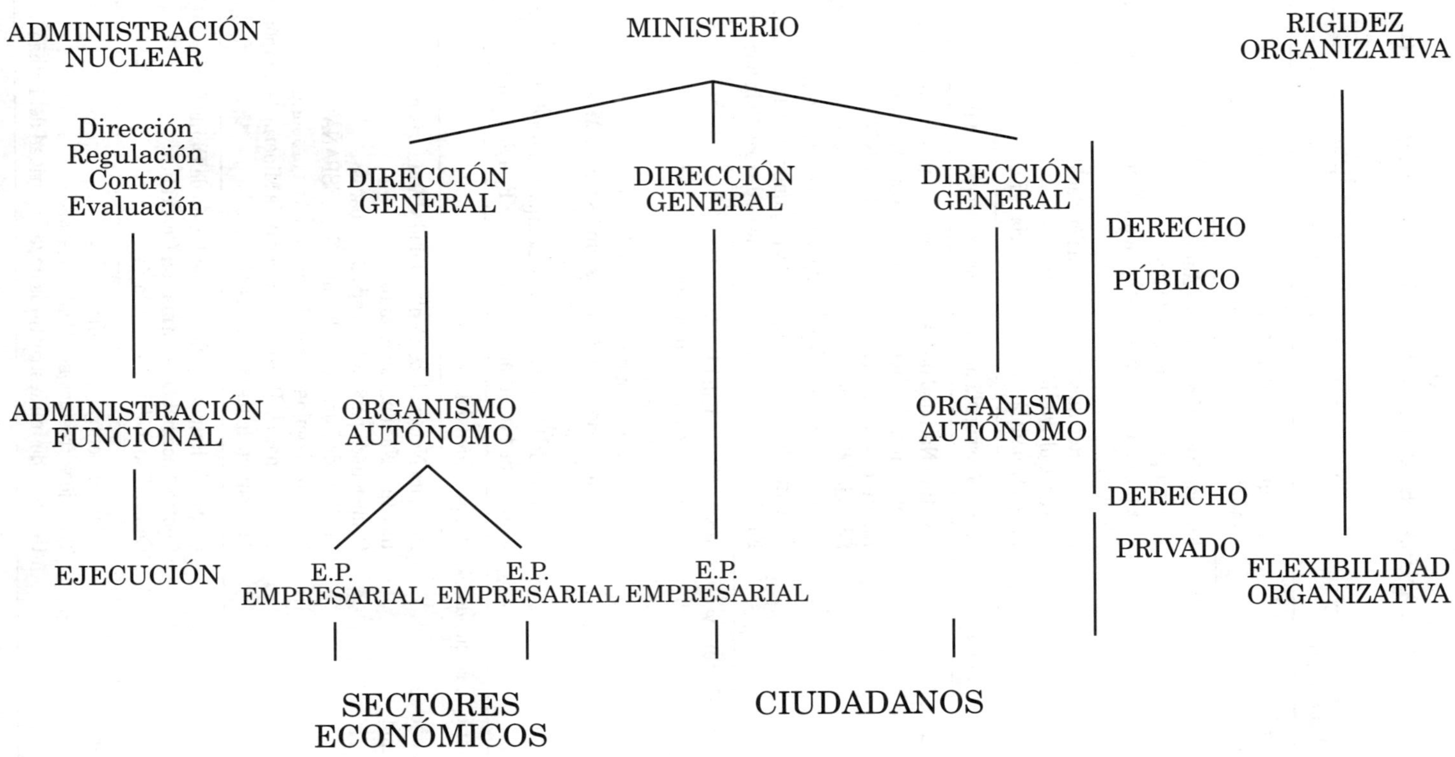

Fuente: Elaboración propia.

TABLA IV.8.
ORGANISMOS AUTÓNOMOS DE LOS MINISTERIOS

Ministerios	*Organismos autónomos*
Administraciones Públicas	Instituto Nacional de Administración Pública (INAP) Mutualidad General de Fundaciones Civiles del Estado (MUFACE)
Agricultura, Pesca y Alimentación	Entidad Estatal de Seguros Agrarios (ENESA) Agencia para el Aceite de Oliva Instituto Nacional de Investigación y Tecnología Agraria y Alimentaria (INIA) OPI Fondo de Regulación y Organización del Mercado de los Productos de la Pesca y Cultivos Marinos (FROM) Fondo Español de Garantía Agraria (FEGA)
Asuntos Exteriores	Agencia Española de Cooperación Internacional
Defensa	Instituto Nacional de Técnica Aerospacial «Esteban Terradas» Instituto para la Vivienda de las Fuerzas Armadas Instituto Social de las Fuerzas Armadas (ISFAS) Servicio Militar de Construcciones Canal de Experiencias Hidrodinámicas de El Prado Gerencia de Infraestructura y Equipamiento de la Defensa Fondo de Explotación de los Servicios de Cría Caballar y Remonta
Educación, Cultura y Deporte	Museo Nacional del Prado Museo Nacional Centro de Arte Reina Sofía Biblioteca Nacional Instituto de Cinematografía y de las Artes Audiovisuales Instituto Nacional de Artes Escénicas y de la Música Consejo Superior de Deportes Gerencia de Infraestructuras y Equipamientos de Educación y Cultura Universidad Internacional Menéndez Pelayo (UIMP)
Ministerio de Hacienda	Parque Móvil del Estado
Ministerio de Economía	Instituto Nacional de Contabilidad y Auditoría de Cuentas Instituto Nacional de Estadística Comisionado para el Mercado de Tabacos Instituto de Turismo de España (TURESPAÑA) Comisión Liquidadora de Entidades Aseguradoras Instituto para la Reestructuración de la Minería del Carbón y Desarrollo Alternativo de las Comarcas Mineras
Fomento	Centro de Estudios y Experimentación de Obras Públicas (CEDEX) Centro Nacional de Información Geográfica Centro Español de Meteorología
Interior	Jefatura Central de Tráfico Trabajo y Prestaciones Penitenciarias Gerencia de Infraestructuras de la Seguridad del Estado

TABLA IV.8. CONTINUACIÓN
ORGANISMOS AUTÓNOMOS DE LOS MINISTERIOS

Ministerios	*Organismos autónomos*
Justicia	Centro de estudios Jurídicos de la Administración de Justicia Mutualidad General Judicial
Ciencia y Tecnología	Consejo Superior de Investigaciones Científicas (CSIC) OPI Instituto Español de Oceanografía (IEO) OPI Oficina Española de Patentes y Marcas Centro de Investigaciones Energéticas, Medioambientales y Tecnológicas (CIEMAT) OPI Instituto Tecnológico Geominero de España (ITGE) OPI
Medio Ambiente	Parques Nacionales Parque de Maquinaria 9 Confederaciones Hidrográficas: Duero, Ebro, Sur de España, Guadalquivir, Guadiana, Júcar, Segura, Norte de España, Tajo Mancomunidad de los Canales de Taibilla
Presidencia	Centro de Estudios Políticos y Constitucionales (CESCO) Boletín Oficial del Estado (BOE) Centro de Investigaciones Sociológicas Consejo de Administración de Patrimonio Nacional
Sanidad y Consumo	Instituto de la Salud «Carlos III» OPI Agencia Española del Medicamento Instituto Nacional de Consumo
Trabajo y Asuntos Sociales	Instituto Nacional de Empleo (INEM) Fondo de Garantía Salarial (FOGASA) Instituto Nacional de Seguridad e Higiene en el Trabajo Instituto de la Mujer Instituto de la juventud Consejo de la Juventud de España

OPI: organismo para la investigación.
Fuente: MAP (1997): *Estructuras orgánicas y funciones de la Administración General del Estado*, Madrid: MAP. Web del MAP, mayo del 2000.

2) *Las entidades públicas empresariales:* Las entidades públicas empresariales son organizaciones encargadas de la realización de actividades prestacionales, gestión de servicios o producción de bienes de interés público susceptibles de contraprestación. Estas entidades se rigen por el derecho privado lo que las configura como unas organizaciones muy ágiles a la hora de intervenir en la economía o gestionar y prestar bienes y servicios. El elemento clave es que las

entidades públicas empresariales tienen ingresos propios y están ideadas para ser autofinanciadas.

El personal de estas entidades es laboral, tienen un régimen propio en relación con su patrimonio (si no se aplica supletoriamente la normativa que afecta a los organismos autónomos), en relación con sus presupuestos existen posibilidades de gestión mediante la generación de créditos y sus procedimientos siguen usualmente el derecho privado. Es decir, funcionan bajo parámetros privados aunque con algunas limitaciones de carácter público, como por ejemplo: asegurar la publicidad y la concurrencia en sus contratos, y en sus procedimientos, cuando realizan funciones públicas puede resultar aplicable el derecho administrativo. Tampoco se regula por el derecho privado la voluntad de sus órganos, en el ejercicio de las potestades administrativas que tengan atribuidas. El personal de estas entidades se rige por el derecho laboral pero debe ser seleccionado mediante principios públicos como la igualdad, el mérito y la capacidad.

La creación de las entidades públicas empresariales se realiza siempre por ley y tienen unos estatutos propios (aprobados por real decreto) que establecen: las funciones y competencias del organismo, los órganos de dirección y las facultades que pueden ejercer, el patrimonio inicial que se les asigna, el régimen de recursos humanos y la facultad de creación o participación en sociedades mercantiles cuando ello sea imprescindible para la consecución de los fines preestablecidos. Las entidades públicas empresariales deben tener un Plan inicial de actuación que es aprobado por el ministro del que depende el organismo. Estas entidades empresariales dependen de un ministerio o de un organismo autónomo. Excepcionalmente pueden existir entidades públicas empresariales cuyos estatutos les asignen la función de dirigir o coordinar a otros entes de la misma naturaleza (*holdings*) como es el caso de la Sociedad Estatal de Participaciones Industriales (SEPI).

La Administración General del Estado posee sólo 19 entidades públicas empresariales (ver tabla IV.9) aunque alguna de ellas puede agrupar otras entidades públicas empresariales o poseer participaciones en otras empresas (caso del SEPI). En la actualidad la organización empresarial de la Administración General del Estado es bastante sencilla ya que ha reducido de forma espectacular sus dimensiones por la política de privatizaciones iniciada hace unos 15 años. Esta estrategia de privatización ha simplificado mucho la categoría que antes se denominaba «empresas públicas» que articulaba empresas cien por cien públicas y empresas privadas en las que la participación pública era variable, desde poseer la mayoría de las acciones a tener un pequeño porcentaje de las acciones pero que permitían, por la distribución de las acciones en pequeños accionistas, el dominio y dirección de estas empresas por parte de la Administración. Seguidamente se va a hacer un muy breve repaso del esplendor y decadencia del sector empresarial (empresas públicas) de la Administración General del Estado.

Las empresas públicas han seguido un crecimiento muy importante durante este siglo. Destacan empresas fundamentales en la economía de un país, muchas de las cuales operaron en régimen de monopolio, en sectores como telecomunicaciones, transportes, energía, industria, finanzas, etc. Este era el caso de empresas públicas tan conocidas como Campsa, Tabacalera, Telefónica, ENDESA, Argentaria, Iberia, etc. Incluso había un *holding*, el Instituto Nacional de Industria (INI) que agrupaba un elevado número de empresas, como por ejemplo, la Empresa de Construcciones Aeronáuticas (CASA) y empresas antes privadas que habían entrado en crisis y habían sido absorbidas por el Estado (siderúrgicas, empresas mineras, etc.). Esta situación empezó a cambiar durante los años ochenta con las políticas de reconversión de los gobiernos González que cerraron empresas públicas industriales y mineras muy deficitarias. El proceso se aceleró durante la década de los noventa con los gobiernos González y el primer gobierno Aznar influidos por las tendencias privatizadoras dominantes en los países occidentales (las más conocidas son las privatizaciones de las empresas públicas de Gran Bretaña) y por las directivas antimonopolio de la Unión Europea y a favor de una competencia simétrica entre las empresas europeas que prohibía la transferencia de capital de los presupuestos públicos a las empresas públicas. Actualmente, la mayoría de las empresas públicas han sido ya privatizadas.

TABLA IV.9.
ENTIDADES PÚBLICAS EMPRESARIALES DE LOS MINISTERIOS

Ministerios	*Entidades públicas empresariales*
Ministerio de Hacienda	Loterías y Apuestas del Estado Sociedad Estatal de Participaciones Industriales (SEPI)
Ministerio de Economía	Instituto de Crédito Oficial (ICO) Fábrica Nacional de Moneda y Timbre Real Casa de la Moneda Consorcio de Compensación de Seguros Escuela Oficial de Turismo
Fomento	Correos y Telégrafos Entidad Pública Empresarial de Suelo (SEPES) Red Nacional de Ferrocarriles Españoles (RENFE) Ferrocarriles de Vía Estrecha (FEVE) Sociedad de Salvamento y Seguridad Marítima (SASEMAR) Aeropuertos Españoles y Navegación Aérea (AENA) Ente Gestor de Infraestructuras Ferroviarias (GIF) Empresa Nacional de Autopistas Sociedad Estatal para las Enseñanzas Aeronaúticas
Ministerio de Hacienda	Centro para el desarrollo Tecnológico Industrial (CDTI) Instituto para la Diversificación y Ahorro de la Energía (IDEA) Red Técnica Española de Televisión (RETEVISIÓN) Gerencia del Sector Naval

Fuente: MAP (1997): *Estructuras orgánicas y funciones de la Administración General del Estado,* Madrid: MAP: Web del MAP, mayo del 2000.

3) *Entidades gestoras y servicios comunes de la Seguridad Social*: Este ámbito de gestión es muy complejo y agrupa básicamente la Tesorería General de la Seguridad Social, el Instituto Nacional de la Seguridad Social (INSS) y el Instituto Nacional de la Salud (INSALUD). Esta red depende del Ministerio de Trabajo y Seguridad Social y del Ministerio de Sanidad y Consumo. La LOFAGE (Ley de Organización y Funcionamiento de la Administración General del Estado) se limita a indicar que a las entidades gestoras y de servicios comunes de la Seguridad Social les serán de aplicación las mismas normas que regulan a los organismos autónomos aunque reconoce las peculiaridades que pudieran tener establecidas en materia de personal, económico-financiera, patrimonio, presupuesto y régimen contable. Así como las relativas a la impugnación de sus actos.

Algunas de estas entidades agrupan un volumen de personal muy importante (INSALUD y Tesorería General e Instituto Nacional de la Seguridad Social) (ver tabla IV.10). El INSALUD es la red sanitaria pública (hospitales, centros de atención primaria, etc.) de los territorios en los que no ha sido todavía transferida esta competencia de gestión a las administraciones autonómicas. Con el tiempo está previsto que la mayoría de los servicios del INSALUD sean transferidos a todas las comunidades autónomas. Éstas, a medida que reciben estas competencias van creando organismos autónomos que se encargan de la gestión de los servicios sanitarios en sus respectivos territorios.

TABLA IV.10.
ENTIDADES GESTORAS Y SERVICIOS COMUNES DE LA SEGURIDAD SOCIAL

Ministerios	*Entidades gestoras y servicio común de la Seguridad Social*
Sanidad y Consumo	Instituto Nacional de la Salud (INSALUD)
Trabajo y Asuntos Sociales	Instituto Social de la Marina (ISM) Tesorería General de la Seguridad Social (INSS) Instituto Nacional de la Seguridad Social (INSS) Instituto de Migraciones y Servicios Sociales (IMSERSO)

Fuente: MAP (1997): *Estructuras orgánicas y funciones de la Administración General del Estado*, Madrid: MAP. Web del MAP, mayo del 2000.

4) *Organismos públicos con régimen especifico*: Son organismos que tienen encomendado el ejercicio de actividades similares a las de los organismos autónomos o de las entidades públicas empresariales pero que, debido a las especificidades de sus funciones se someten a sus propias reglas establecidas fundamentalmente mediante su ley de creación. Se trata, en definitiva, de

entidades que por la naturaleza de sus funciones y por las especificidades en su relación con los órganos centrales de la Administración General del Estado eran difíciles de encajar en las categorías anteriores definidas por la LOFAGE. En este sentido, los 43 organismos públicos con régimen específico (ver tabla IV.11) (27 son Puertos del Estado) se pueden agrupan, por sus funciones y mecanismos de relación con la Administración General del Estado, en tres categorías:

a) Organismos que se encargan de regular de forma independiente diversos sectores económicos (Comisión Nacional del Mercado de Valores, Comisión del Mercado de las Tecnologías, Agencia de Protección de Datos, etc.). Por la naturaleza de sus funciones no pueden ser entidades públicas empresariales (no se dedican a actividades prestacionales susceptibles de contraprestación) y no pueden ser organismos autónomos por la necesidad de mantener independencia con los órganos centrales de la Administración General del Estado.

b) Organismos que formalmente están separados de la Administración General del Estado: Banco de España, Consejo Económico y Social y Ente Público de Radiotelevisión Española.

c) Finalmente, organismos que podrían formar parte de la categoría organismos autónomos (por ejemplo el Instituto Cervantes o el Instituto Español de Comercio Exterior) o de la categoría de entidades públicas empresariales (por ejemplo los Puertos del Estado[10]) pero que su organización actual no encaja con la normativa básica de estos dos grandes tipos de organismos públicos.

TABLA IV.11. ORGANISMOS PÚBLICOS CON RÉGIMEN ESPECÍFICO

Ministerios	*Organismos públicos con régimen específico*
Ministerios	Organismos públicos con régimen específico
Asuntos Exteriores	Instituto Cervantes
Educación, Cultura y Deporte	Universidad Nacional de Educación a Distancia (UNED)
Ministerio de Hacienda	Fondo de Garantía de Depósitos Bancarios
	Fondo de Garantía de Depósitos en Cooperativas de Crédito
	Agencia Estatal de Administración Tributaria (AEAT)
	Banco de España
	Consorcio de la Zona Espacial Canaria
Ministerio de Economía	Comisión Nacional del Mercado de Valores (CNMV)
	Instituto Español de Comercio Exterior (ICES)
	Consejo de Seguridad Nuclear
	Comisión Nacional de Energía
	Comisión del Mercado de las Telecomunicaciones

10 Por ejemplo, los Aeropuertos Españoles y Navegación Aérea (AENA) es una entidad pública empresarial.

TABLA IV.11. ORGANISMOS PÚBLICOS CON RÉGIMEN ESPECÍFICO

Ministerios	*Organismos públicos con régimen específico*
Fomento	Puertos del Estado 27 Autoridades Portuarias: Algeciras-La Línea, Alicante, Almería-Motril, Avilés, Baleares, Barcelona, Gijón, Bahía de Cádiz, Bilbao, Cartagena, Castellón, Ceuta, A Coruña, Ferrol, Huelva, Las Palmas, Málaga, Marín y Ría Pontevedra, Melilla, Pasaia, Santa Cruz de Tenerife, Santander, Sevilla, Tarragona, Valencia, Vigo, Vilagarcía de Arousa
Justicia	Agencia de Protección de Datos
Ciencia y Tecnología	Instituto de Astrofísica de Canarias
Presidencia	Ente Público Radiotelevisión Española (RTVE)
Trabajo y Asuntos Sociales	Consejo Económico y Social (CES)

Fuente: MAP (1997): *Estructuras orgánicas y funciones de la Administración General del Estado*, Madrid: MAP. Web del MAP, mayo del 2000.

5) *Las agencias*: Estas entidades representan una nueva modalidad de descentralización funcional que tiene como objetivo conseguir unas organizaciones públicas con un elevado grado de autonomía y flexibilidad en su gestión. Las iniciativas de modernización de finales de la década de los ochenta (que serán objeto de análisis en el próximo apartado) estimularon la creación de las agencias. Éstas representan un sistema de gestión ideado en el modelo anglosajón de Administración pública. No se puede ocultar la influencia del proceso de agencialización de la Administración británica durante la primera mitad de los años 80. Todo parecía indicar que buena parte de los organismos autónomos y varias instancias de la Administración nuclear de la Administración General del Estado serían objeto de este proceso de agencialización. Es decir, algunas agencias, a diferencia de los organismos autónomos, podrían asumir no sólo actividades relacionadas con la gestión y ejecución, sino también actividades nucleares de regulación, inspección y realización de actos administrativos, etc. (por ejemplo la Agencia Estatal de Administración Tributaria). Precisamente la naturaleza especial de las funciones atribuidas a la Agencia Estatal de Administración Tributaria ha generado confusión y en algunos sectores se ha considerado que forma parte de la Administración nuclear cuando el otorgamiento de personalidad jurídica a la misma hace que ésta se sitúe dentro de los entes funcionales o instrumentales (Villoria, 1996: 222).

Pero al final, el volumen de agencias que ha generado la Administración General del Estado ha sido extraordinariamente limitado ya que sólo hay 5:

Agencia Estatal de Administración Tributaria, Agencia Española de Cooperación Internacional, Agencia para el Aceite de Oliva, Agencia de Protección de Datos y Agencia Española del Medicamento. Tres de ellos son organismos autónomos estándares y sólo dos tienen unas características especiales, que asumen mejor la filosofía del modelo de agencia, que son la Agencia Estatal de Administración Tributaria y la Agencia de Protección de Datos. Estas dos agencias pertenecen a la categoría de organismos públicos con régimen específico.

6) *Las fundaciones públicas*: Es la figura más reciente ya que se creó en 1999. Se trata de unos organismos públicos relacionados con la sanidad: son organismos públicos adscritos al INSALUD. Se crean por acuerdo del Consejo de Ministros a propuesta del ministro de Sanidad y Consumo. Por Consejo de Ministros también se aprueban sus estatutos y su plan inicial de actuación. Las fundaciones públicas están ideadas para promover la capacidad de gestión autónoma de determinados hospitales públicos para que sean más ágiles y puedan lograr mejores resultados en términos de eficacia y de eficiencia. La creación de estas fundaciones públicas ha ido acompañada de una fuerte polémica: críticas de los sindicatos y de los partidos en la oposición. Las peculiaridades de las fundaciones públicas son:

–*A nivel del personal*: se rigen por las normas comunes del Sistema Nacional de Salud (normas de carácter estatutario, que es el término de función pública que se aplica al personal sanitario). Podrán incorporase en las fundaciones funcionarios o laborales que tendrán su propio régimen jurídico.

– *A nivel de personal directivo*: contratos de alta dirección laboral, es decir, un modelo gerencial.

– *A nivel de patrimonio*: las fundaciones públicas tienen patrimonio propio que está adscrito a la Administración General del Estado o a la Seguridad Social.

– *A nivel de contratación*: las fundaciones públicas deben respetar los principios públicos de publicidad y concurrencia.

– *A nivel del régimen presupuestario*: el mismo que las entidades públicas empresariales.

– *A nivel de financiación*: se rige por la LOFAGE. Los mecanismos de financiación son: bienes y valores que constituyan su patrimonio, productos y rentas de dicho patrimonio, las consignaciones específicas que correspondan en los Presupuestos Generales del Estado, etc.

2.7. Dimensión y distribución del personal al servicio de la Administración General del Estado

La Administración General del Estado agrupa casi novecientos mil empleados públicos, la mayoría de ellos funcionarios. Este volumen de personal se irá reduciendo durante los próximos años a medida que se vaya avanzando en el proceso de transferencias de competencias a las comunidades autónomas (especialmente en los ámbitos de sanidad y de educación que son muy densos en personal: ambos sectores de gestión alcanzan un total de más de 160 mil efectivos). Además del personal adscrito a los ministerios, a sus organismos autónomos y a la Seguridad Social (cuatrocientos mil efectivos) (ver tabla IV.13) destacan colectivos de empleados públicos de carácter especial que tienen unas grandes dimensiones a nivel de personal (ver tabla IV.12): Fuerzas y Cuerpos de Seguridad del Estado (122.768 efectivos), las Fuerzas Armadas (106.734 efectivos), Correos y Telégrafos (54.874 efectivos) y Agencia Estatal de Administración Tributaria (27.309). Estos cuatro colectivos especiales representan un 35% del total del personal de la Administración General del Estado.

TABLA IV.12.
VOLUMEN TOTAL DE EMPLEADOS PÚBLICOS DE LA ADMINISTRACIÓN GENERAL DEL ESTADO

Administración General del Estado*	570.565
Fuerzas y Cuerpos de Seguridad del Estado	122.768
Fuerzas Armadas	106.734
Administración de Justicia	24.250
Entes públicos	57.690
Total	882.007

* Ministerios, organismos autónomos y Administración de la Seguridad Social. También se incluye la Agencia Estatal de la Administración Tributaria.
Fuente: Web del MAP (febrero del 2000).

TABLA IV.13.
EMPLEADOS PÚBLICOS DE LOS MINISTERIOS, ORGANISMOS AUTÓNOMOS, ADMINISTRACIÓN DE LA SEGURIDAD SOCIAL Y AGENCIA ESTATAL DE LA ADMINISTRACIÓN TRIBUTARIA

Ámbito AGE	*Nº efectivos*	*%*
Ministerios, OO.AA. y Seguridad Social:	400.731	70,3
Área de docencia no	125.243	
universitaria	22,0	
Área de la Seguridad Social	35.895	6,3

TABLA IV.13. CONTINUACIÓN
EMPLEADOS PÚBLICOS DE LOS MINISTERIOS, ORGANISMOS AUTÓNOMOS, ADMINISTRACIÓN DE LA SEGURIDAD SOCIAL Y AGENCIA ESTATAL DE LA ADMINISTRACIÓN TRIBUTARIA

Ámbito AGE	*Nº efectivos*	*%*
Centros penitenciarios	15.905	2,8
Correos y Telégrafos	54.874	9,6
Patrimonio Nacional	1.461	0,3
Agencia Estatal de Administración Tributaria	27.309	4,8
Resto del personal	140.044	24,5
Personal laboral de Defensa	35.457	6,0
Instituciones sanitarias de la Seguridad Social	135.377	23,7
Total	570.565	100,0

Fuente: Web del MAP (febrero del 2000).

3. Las estrategias de modernización de la Administración General del Estado

La Administración General del Estado participa de los procesos de transformación que hemos definido en el capítulo I para el conjunto de los países occidentales. También en España se observan cambios en el papel de la Administración pública, en su dimensión, y en sus formas de intervención, conforme van evolucionando las actividades del sector público.

Las necesidades de cambio y modernización de la Administración española surgen como respuesta a presiones externas similares a las que operan sobre las administraciones de los países occidentales: la presión económica por los problemas de deuda y déficit públicos, el cambio paradigmático general contra «lo público» y el excesivo intervencionismo estatal, la presión para que la Administración actúe ante nuevos problemas pero al mismo tiempo continúe prestando los servicios públicos tradicionales con un alto nivel de calidad para unos ciudadanos que se redefinen como «clientes, pagadores de impuestos», la creación de nuevas administraciones «competidoras» territoriales y europeas, la internacionalización de los mercados y la globalización tecnológica.

Como hicieron otras administraciones, la Administración española ha vivido durante muchos años ignorando las amenazas de su entorno gracias a la posibilidad de captación de nuevos recursos (y en consecuencia de crecimiento organizativo) sobre la base del ejercicio de su autoridad en el terreno fiscal y del recurso al crédito. Este entorno benigno y estable empezó a cambiar con la crisis económica de los años setenta pero en aquel momento España se encontraba en plena transición y los objetivos políticos pasaron por delante de los económicos o los que pudieran tener relación con la reforma de la Administración.

En el conjunto de los países de la OCDE, la crisis de los años setenta vino a significar un punto de inflexión en el debate sobre el impacto económico del sector público. Se adoptó una posición crítica respecto a las consecuencias que puede producir el incremento del gasto público y, por consiguiente, el incremento de la presión fiscal sobre el equilibrio y el crecimiento de un sistema económico cuya institución central, el libre mercado, ocupaba gradualmente un espacio más reducido. Al incremento de los impuestos se le atribuyen efectos negativos sobre las macromagnitudes económicas (tasa de ahorro, creación de puestos de trabajo, inversión productiva).

En España, en 1995 el gasto público alcanzaba el 46% del PIB, mientras que en el conjunto de países de la Unión Europea si situaba en torno al 50% y en los casos más extremos como Suecia y Holanda alcanzaban el 65% y el 62% respectivamente. También en el entorno español se llega a la conclusión de que se ha alcanzado el techo de los recursos que puede acceder la Administración pública. El descubrimiento de este límite en los recursos disponibles quiebra la dinámica incrementalista a la que se había acostumbrado la Administración y con la que satisfacía nuevas y crecientes demandas sociales. La nueva situación coloca a la Administración pública en una posición paradójica: con los mismos o inferiores recursos debe satisfacer nuevas y crecientes demandas. Es decir, la Administración se ve obligada a renunciar al incremento de sus recursos pero, en cambio, la ciudadanía no parece dispuesta a renunciar a su amparo y, con ello, a recibir nuevos y mejores servicios.

Pero el ciclo político español sigue una dinámica inversa a la de la mayoría de los países occidentales: en la década de los ochenta en la que aquí gobiernan los socialistas, en la mayoría de los países europeos lo hacen los conservadores mientras que cuando allí gobiernan los socialistas aquí lo hacen los populares. Esta situación política es importante en la medida que fueron los partidos conservadores los primeros que se situaron en una posición crítica hacia el funcionamiento de la Administración pública denunciando el agotamiento de la eficacia de la intervención pública y proponiendo la substitución de alguna parte de ella por fuerzas del mercado. La crítica al Estado del bienestar se convierte en un objeto preferente del discurso conservador en el Reino Unido y en los Estados Unidos. Lo acusan de sacrificar la economía nacional en beneficio de los funcionarios y de los colectivos protegidos por los beneficios sociales. Su propuesta de cambio pasa obligadamente por suprimir y recortar programas públicos, reducir el número de los funcionarios, incrementar la productividad de los servicios y privatizar el mayor número de actividades realizadas hasta el momento por la Administración.

En el caso español, la izquierda coincide en la necesidad de redefinir la posición del Estado, de la Administración pública, en la sociedad pero sin renunciar a su papel solidario. No se trata de retroceder linealmente sino de mejorar la eficacia y la eficiencia de sus actuaciones mediante la revisión de la idoneidad de los programas existentes y, especialmente, revisando la eficacia de sus instrumentos de gestión y de control. El Partido Popular comparte este diagnóstico en términos generales y mantiene una política de continuidad respecto a las propuestas de reforma de la Administración formuladas por los gobiernos socialistas.

Los paradigmas más claros de cambios planificados en las administraciones públicas son los denominados programas de *modernización*. Este término ha aparecido con fuerza en los años 80 y viene a sustituir al viejo concepto de *reforma*. Este cambio de etiqueta se debe a la mala imagen del término *reforma* ya que se asocia al fracaso de los programas de reforma administrativa diseñados en los años 60 y 70 que fueron, a efectos prácticos, unas simples declaraciones de intenciones. Estas acciones reformadoras implicaron unos exhaustivos y sólidos diagnósticos de las disfunciones que aquejaban a la Administración pública pero diseñaron un conjunto de propuestas de laboratorio de difícil implementación.

Aprendiendo de los errores pasados los procesos de modernización administrativa parecen tener en cuenta que *del dicho al hecho hay mucho trecho* y que, por lo tanto, hay que dotar al proceso de modernización de los apoyos y técnicas necesarios para que la distancia entre las propuestas y la implementación de las mismas sea lo más corta posible. El secreto del éxito parece residir en tres elementos: conseguir unas propuestas serias y realistas, es decir, *realizables*; que la estrategia de mejora sea respaldada y dirigida por las máximas instancias políticas; y que se realice una interpretación mucho más plural de los problemas administrativos (básicamente tener en cuenta, además de la estructura y de los procesos, la cultura administrativa y el entorno organizativo).

El contenido de estos programas combina medidas para incrementar las responsabilidades internas y externas de las organizaciones públicas En la dimensión interna se trata de establecer unos adecuados sistemas de dirección y de control, hacer cambios en la cultura administrativa en una doble vertiente: de gestión y de recursos humanos. En la dimensión externa se trata de buscar estímulos externos a la gestión responsable, a través de la introducción de principios de mercado en la gestión pública, o bien de simulación interna, con el diseño de fuerzas que reproducen las que hay en el mercado: privatización de empresas públicas, subcontratación, creación de mercados internos y facturación por los servicios prestados. Además de estas dos medidas hay que señalar el hecho de que se crean un conjunto de instituciones encaminadas a la implantación del nuevo modelo: agencias ejecutivas, centros contables para la imputación de costos y resultados, unidades de planificación y unidades de evaluación de los programas.

El programa de modernización más conocido fue el promovido por la Administración General del Estado que se inició con el estudio del Ministerio para las Administraciones Públicas, *Reflexiones sobre la Modernización de la Administración del Estado*, cuya redacción definitiva culminó en 1989. Este informe hacía un diagnóstico general sobre los males que aquejan a la Administración General del Estado (y que son similares a los que padecen el resto de administraciones) y estableció unas líneas estratégicas de cambio del modelo mediante el diseño de una organización modular (básicamente unas direcciones generales con autonomía de gestión de los recursos para lograr unos objetivos predefinidos), el rediseño de los servicios comunes de apoyo a los módulos (una fuerte reducción, e incluso desaparición, de los órganos transversales de los ministerios), una redefinición de la organización y del papel de los organismos autónomos, incorporación de las nuevas tecnologías de la información y de las comunicaciones, criterios sobre desconcentración y procedimiento, establecimiento de nuevos sistemas de control y una importante reforma de la estructura de la función pública. El Plan de modernización de la Administración del Estado se puso en marcha en abril de 1992 con una orientación que impulsó la realización de proyectos modernizadores concretos, aprovechando las posibilidades que ofrecían los marcos jurídicos del momento, y contando con la colaboración sindical puesta de manifiesto en el *Acuerdo para modernizar la Administración del Estado y mejorar las condiciones de trabajo.* Se programaron nuevas metas para la transformación efectiva de la realidad en beneficio del ciudadano mediante 204 proyectos de mejora, con un horizonte temporal que abarcaba en la mayoría de los casos los años 1992 y 1993. Pero si se analizan los contenidos de estos proyectos de mejora se perciben notables cambios a la baja en el nivel de profundidad y de amplitud con respecto al diseño organizativo y a los objetivos estratégicos anunciados por las *Reflexiones sobre la Modernización del Estado.* La mayor parte de los proyectos modernizadores que se impulsaron no se pueden considerar como auténticos programas de modernización sino como simples actuaciones de mejora muy concretas de determinados servicios y, especialmente, de determinados procesos de atención a la ciudadanía. Tal y como señala Subirats (1995) sobre este intento de modernización impulsado por la Administración General del Estado, lo cierto es que se han intentado cosas, se han producido ciertos cambios y se ha legislado en un sentido coherente a la voluntad de modernización expresada. Pero el proceso ha sido fragmentario, poco profundo y en general muy vinculado a resolver problemas específicos de ciertos organismos y políticas. En definitiva, un balance muy discreto para el gran consenso alcanzado en el diagnóstico inicial de los problemas. Dicho de otra manera: los diferentes gobiernos socialistas no consiguieron modernizar la Administración General del Estado a pesar que desde el Ministerio de Administraciones Públicas se intentó (cuando el responsable del mismo era Joaquín Almunia) pero fracasó, probablemente, por la falta de convicción y apoyo del presidente del Gobierno (recordemos que un proceso de reforma administrativa debe ser liderado por el máximo responsable político que, en este caso, es el presidente del Gobierno).

Esta valoración no puede hacerse todavía con los proyectos de mejora administrativa impulsados por el gobierno Aznar (1996-2000) debido a la falta de distancia temporal que permita calibrar los logros y no logros de este tipo de iniciativas. Estos últimos cuatro años se han caracterizado por la discreción con que se han llevado a cabo la mayoría de las iniciativas y, en el mismo sentido que los gobiernos socialistas, no parece que el presidente del Gobierno se implique en la dirección de las estrategias de mejora. Durante la primera mitad de la legislatura no se adoptaron muchas medidas de modernización o mejora dando la impresión que el Ministerio de Administraciones Públicas dio preferencia a la preparación y negociación de un nuevo Estatuto de la Función Pública (ley básica pendiente desde la aprobación de la Constitución que al final no se llegó a tramitar parlamentariamente). Durante la segunda parte de la legislatura y con el cambio de ministro (de Rajoy por Acebes) se dio un cierto impulso a algunas iniciativas de mejora. Entre ellas destaca la iniciativa de ventanilla única proyecto al que se han adherido hasta el momento, además de la Administración General del Estado, diez comunidades autónomas y más de novecientos municipios (situación a abril del 2000). La ventanilla única permite realizar en una sola dependencia cualquier trámite administrativo. Otra novedad es la introducción, al menos a nivel de retórica, de las cartas de servicios (documentos que permiten conocer los servicios que prestan determinados ámbitos de gestión de la Administración General del Estado y a qué niveles de calidad se han comprometido las diferentes instancias gestoras) y de la calidad siguiendo el modelo europeo de gestión de la calidad. Esta última iniciativa seguramente está influida por los proyectos impulsados desde hace varios años por la Comunidad de Madrid.

Una iniciativa muy reciente de mejora de la Administración pública es el *Libro Blanco para la Mejora de los Servicios Públicos*, aprobado por el Consejo de Ministros el 4 de febrero del 2000, que agrupa 72 propuestas para mejorar el funcionamiento de la Administración General del Estado. Los elementos más importantes que plantea este proyecto tienen relación con el aprovechamiento por parte de la Administración pública de las nuevas tecnologías de la información y de la comunicación pera mejorar sus relaciones con los ciudadanos. Aspectos concretos del *Libro Blanco para la Mejora de los Servicios Públicos* son:

– Instalación de puntos automáticos de atención a los ciudadanos, similares a los cajeros automáticos, desde los que se podrá acceder a la información y realizar gestiones con la Administración.

– Simplificación de los procesos administrativos y agilización de los trámites incorporando nuevas tecnologías. Tramitación telemática de los procedimientos administrativos.

– La realización de evaluaciones anuales de todos los servicios públicos recabando las opiniones de los usuarios.

– Definir una nueva política de recursos humanos orientada a lograr una mayor flexibilidad y a conseguir estimular profesionalmente e incrementar su nivel de motivación a los empleados públicos mediante el establecimiento de una carrera profesional.

– A nivel de recursos humanos también está previsto mejorar los procesos de selección y de formación y se intentará simplificar todo lo concerniente a la ordenación de la función pública.

V. LA ADMINISTRACIÓN DE LAS COMUNIDADES AUTÓNOMAS[1]

SUMARIO

1 Los apartados 2, 3 y 4 de este capítulo ofrecen los resultados de una parte de la investigación del Equipo de Rendimiento Autonómico (ERA) que han analizado y elaborado los autores del presente libro. Este proyecto, dirigido por Joan Subirats y en el que participan 10 universidades españolas, ha sido financiado por la CICYT (SEC 94-0398 y SEC 09-0512) y por la Fundación Carles Pi i Sunyer d'Estudis Autonòmics i Locals.

1. Orígenes, modelo y evolución del Estado autonómico

1.1. Orígenes y características básicas del modelo del Estado autonómico

Por todos son sabidos los objetivos que condujeron a la creación de las comunidades autónomas (CCAA) en plena transición política. Por un lado se trataba de diferenciar entre territorios, para hacer frente a contenciosos históricos de larga tradición. Por otro lado, se pretendía aprovechar la oportunidad para construir un Estado democrático con formas de distribución del poder menos centralistas y configurar un sistema de gestión más eficaz al acercar las instancias administrativas que deciden la provisión de determinados servicios públicos a los ciudadanos.

Lo cierto es que hoy, veinte años después del inicio del proceso autonómico, el modelo autonómico se ha afianzado de una manera indudable y se ha configurado como la transformación más relevante de la Administración pública en España durante las dos últimas décadas. Las 17 comunidades autónomas controlan cerca de una tercera parte del total del gasto público del país, ejercen su autoridad sobre casi 700.000 empleados públicos, han elaborado más de 2.000 leyes en estos años de funcionamiento y han recibido en su conjunto más de 1.800 traspasos de competencias de la Administración General del Estado.

En efecto, las comunidades autónomas son hoy una realidad política y administrativa plenamente asentada en nuestro panorama institucional. Lo cual no es poco si lo comparamos con la larguísima tradición centralista y autoritaria del país y con las dificultades históricas con las que se han ido encontrando los intentos por conseguir un sistema político-administrativo descentralizado. En este sentido, es prácticamente unánime establecer que el proceso de formación de nuestro Estado moderno se produjo en el siglo XIX, más en concreto, después de la muerte de Fernando VII en 1833. A partir de este momento se diseñó un modelo de Estado siguiendo el ejemplo francés impulsando medidas racionalizadoras y modernizadoras. Se configuró un sistema administrativo donde coexistían dos niveles administrativos: la Administración del Estado o Administración central y las administraciones locales. La relación entre éstas era desigual ya que el modelo administrativo era un modelo sólidamente centralista en el cual la Administración central asumía la mayor parte del poder operando en su órbita una Administración local con escasa autonomía. De todos modos, este diseño centralista nunca acabó de sintonizar en un país tan plural desde un punto de vista histórico, cultural y socioeconómico. Los intentos por suavizar la clara orientación centralista de nuestro sistema político y administrativo fueron numerosos y poco exitosos (los intentos de descentralización más o menos ambiciosos de la I República, la aparición de las mancomunidades en la Restauración, y la II

República son los ejemplos más relevantes) hasta la promulgación de la vigente Constitución de 1978 que modificó de manera substancial nuestro panorama político y administrativo. En efecto, a raíz de la Constitución de 1978 se reconocen los derechos de las nacionalidades y regiones de España a constituirse en comunidades autónomas, es decir, en un nivel intermedio de Gobierno entre la Administración central y la Administración local. La creación y puesta en marcha de las comunidades autónomas, con todos sus problemas y contradicciones, es todavía el hecho de mayor importancia en España en cuanto a administraciones públicas se refiere. Con ello se pretendió poner fin a un problema secular que ha sido constante en la historia de España, tal y como se ha aludido. Se buscó un mecanismo de consenso para articular el centro y la periferia en la gobernabilidad del Estado. Había que ceder autonomía a una parte del territorio pero sin llegar a diseñar un modelo que pudiera ofender a otras partes del territorio o a determinadas corrientes de opinión. El resultado fue un modelo original que, pese a que se ha intentado identificar como una mezcla entre el federalismo alemán y el poco ambicioso regionalismo italiano, se inspiró directamente en el fallido Estado integral de la II República española de 1931.

Una pregunta que aparece de forma recurrente es: ¿en qué modelo de Estado se puede ubicar nuestro sistema autonómico? La originalidad de nuestro sistema genera muchos problemas de cara a su exacta clasificación. Desde un punto de vista formal el modelo autonómico es una categoría más de los denominados Estados unitarios (ver tabla V.1.) y no se puede considerar como una fórmula de Estado no unitario, donde encontramos los modelos federales y confederales. De todos modos, las categorías teóricas nunca reflejan del todo las realidades y en el caso del modelo autonómico esto es absolutamente cierto ya que nuestro modelo tiene más puntos de contacto con los sistemas federales de los Estados no unitarios que con los modelos de descentralización (fundamentalmente administrativa) de los Estados unitarios. Además, existen Estados federales que sólo operan a nivel formal ya que su práctica administrativa responde más a dinámicas centralistas (por ejemplo México y hasta hace pocos años Argentina). Una buena respuesta a esta situación ambigua del modelo autonómico es identificarlo como el sistema formal más descentralizado de la categoría de Estados unitarios muy cercano en la práctica a los sistemas federales de los Estados no unitarios (para otra clasificación ver la tabla VIII.8 del capítulo VIII).

La Constitución y los estatutos de autonomía (las leyes orgánicas que regulan la organización institucional y las competencias de las comunidades autónomas) establecen un sistema de geometría variable basado fundamentalmente en dos vías de acceso a la autonomía (Morata, 1997: 125). La primera vía (artículo 151 de la Constitución) se aplicó a tres nacionalidades históricas (Cataluña, País Vasco y Galicia) y a Andalucía y asigna el máximo nivel de competencias.

**TABLA V.1.
MODELOS DE ESTADO EN RELACIÓN CON EL GRADO DE CENTRALIZACIÓN O DESCENTRALIZACIÓN ADMINISTRATIVA**

Estados unitarios		*Estados no unitarios*
	(+ centralización)	
Modelo centralista (Francia)		
		Modelo federal formal (México)
Modelo municipalista (Gran Bretaña)		
Modelo regional (Italia)		
Modelo autonómico (España)		
		Modelo federal (EE.UU., Alemania)
		Modelo confederal formal (Suiza)
		Modelo confederal (EE.UU. siglo XIX)
	(+ descentralización)	

Fuente: Elaboración propia.

La segunda vía (artículo 143 de la Constitución y 144 para el caso de Madrid), seguida inicialmente por doce regiones, preveía un grado de autonomía más restringido aunque esta limitación podría tener un carácter transitorio ya que, en el plazo de cinco años tras la aprobación de los estatutos de autonomía, las respectivas asambleas legislativas podían solicitar la revisión de los estatutos con objeto de incrementar el volumen de competencias. Además, las Cortes Generales (el legislativo a nivel del Estado) puede transferir o delegar competencias legislativas a las comunidades autónomas sin necesidad de revisión estatutaria (artículo 150.2 de la Constitución). Con una gran celeridad se aplicó este mecanismo a Valencia y a las Islas Canarias cuyas competencias quedaron equiparadas a las de las autonomías con plenas competencias; más lentamente y con carácter parcial esta vía se va utilizando para incrementar las competencias del resto de las comunidades autónomas de la segunda vía. Es decir, el artículo 150.2 de la Constitución se está utilizando como sucedáneo para conseguir ir ampliando las competencias de las comunidades autónomas que partían con un bajo nivel competencial sin tener que reformar sus estatutos de autonomía (sistema bastante complejo políticamente) tal y como preveía el texto de la Constitución. Finalmente, hay una vía especial para Navarra, mediante el reconocimiento de sus fueros históricos (disposición adicional primera de la Constitución), que disfruta de una autonomía incluso superior a las comunidades autónomas del primer grupo.

Con el objetivo de simplificar, se puede afirmar que hay dos tipos de comunidades autónomas (tal y como refleja la tabla V.2): comunidades autónomas con amplias competencias y comunidades autónomas con limitado nivel competencial[2].

En relación con el reparto de competencias, el artículo 148 de la Constitución define el conjunto de competencias a las que pueden acceder de entrada todas las comunidades autónomas. Mucho más importante es el artículo 149.1 de la Constitución que establece las competencias exclusivas de la Administración General del Estado cuya ambigüedad ha representado una fuente permanente de disputas entre ambos niveles de Gobierno y que está posibilitando un sistema de descentralización muy dinámico que inocula intensas presiones que favorecen claros rasgos de asimetría.

TABLA V.2.
COMUNIDADES AUTÓNOMAS CON UN AMPLIO VOLUMEN COMPETENCIAL Y COMUNIDADES AUTÓNOMAS CON LIMITADO NIVEL COMPETENCIAL

Comunidades autónomas con un amplio nivel competencial:	
art. 151	Andalucía Cataluña Galicia País Vasco
Dispo. adic. 1ª	Navarra
art. 150.2	Islas Canarias Valencia

2 De todos modos, este criterio de clasificación está quedando obsoleto ya que muchas comunidades autónomas que formalmente tienen asignado un limitado volumen competencial se están aproximando al volumen competencial de las históricas. Por ejemplo, la Comunidad de Madrid, ya gestiona una competencia tan significativa como es la educación y no gestiona todavía la sanidad porque no está conforme con el sistema de financiación a la que esta vinculada la transferencia.

**TABLA V.2. CONTINUACIÓN
COMUNIDADES AUTÓNOMAS CON UN AMPLIO VOLUMEN COMPETENCIAL Y COMUNIDADES AUTÓNOMAS CON LIMITADO NIVEL COMPETENCIAL**

Comunidades autónomas con limitado nivel competencial:	
art. 143	Aragón Asturias Baleares Cantabria Castilla-La Mancha Castilla y León Extremadura La Rioja Murcia
art. 144	Madrid
art. 144	Ceuta Melilla

Fuente: Elaboración propia.

El modelo institucional de las comunidades autónomas comprende una Asamblea Legislativa, un Consejo de Gobierno y un Tribunal Superior de Justicia (ver figura V.1). Éste último forma parte de la organización general de la Administración de Justicia del Estado. La Asamblea Legislativa elige entre sus miembros al presidente de la comunidad y éste nombra y preside a los miembros del Consejo de Gobierno (consejeros). Los consejeros son el punto de unión entre la dimensión política y la dimensión administrativa y son los máximos responsables de las distintas consejerías o departamentos en que se divide la Administración de la comunidad. Los altos cargos de las consejerías varían en cada comunidad aunque en todas aparece, por supuesto, la figura del consejero y la de los directores generales como responsables de las unidades básicas de las consejerías. Algunas administraciones autonómicas incorporan la figura del viceconsejero como segundo escalón más político que administrativo y en todas aparece una instancia que se encarga de la gestión interna de los recursos materiales, personales, financieros y jurídicos de las consejerías. En algunas comunidades esta figura se denomina Secretaría General y en otras Secretaría General Técnica. La organización de los órganos inferiores es similar a la de la Administración General del Estado: Subdirección General (sólo en algunas autonomías), Servicio, Sección y Negociado aunque hay algunas diferencias entre las diversas comunidades autónomas, desde la que se organiza de un modo totalmente distinto a lo que aquí se ha comentado (País Vasco) hasta la que incorpora un nivel jerárquico más (las subsecciones en Madrid).

FIGURA V.1. ADMINISTRACIÓN AUTONÓMICA Y ENTORNO INSTITUCIONAL

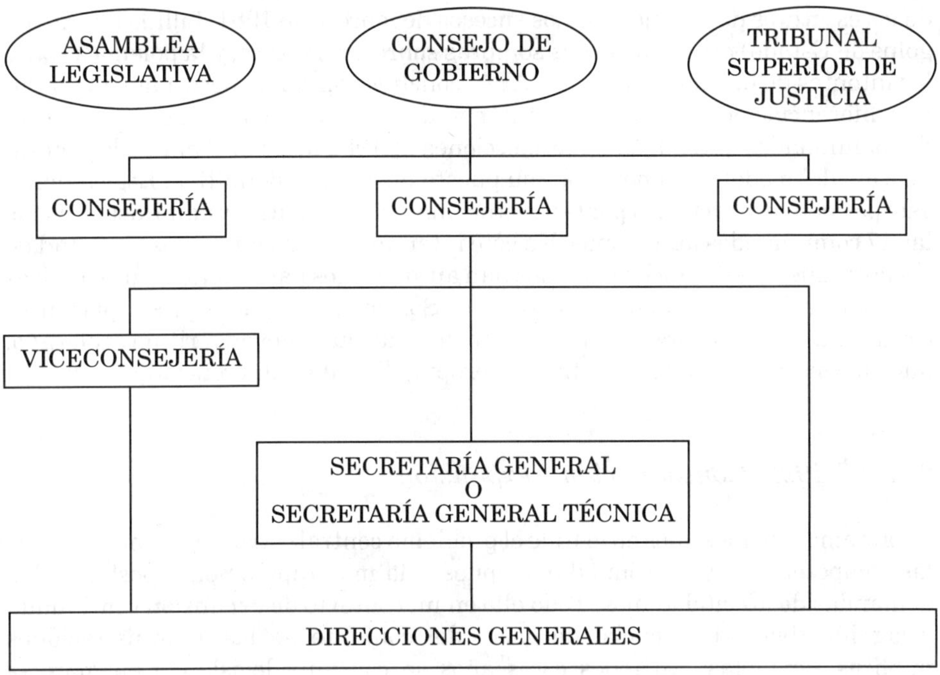

Fuente: Elaboración propia.

1.2. El proceso de institucionalización de las comunidades autónomas

A grandes rasgos, podríamos distinguir tres etapas en estas dos décadas de desarrollo autonómico. Un primer período, 1980-1987, correspondería a la fase que podríamos denominar de creación, fundación e institucionalización. El segundo período, 1988-1992, podría caracterizarse como la fase de consolidación y expansión de unas autonomías que ejecutaban ya un importante número de competencias. El tercer período, 1993-2000, se podría identificar como el de un cierto final de ciclo, en el que se irían agotando las premisas de crecimiento sostenido en los recursos que habían presidido los períodos anteriores, y donde se irían forjando los interrogantes que pueblan hoy el futuro desarrollo del Estado autonómico español (Ramió, Subirats, 1996: 152 y 153).

1) *1980-1987. Creación, fundación e institucionalización*:

Desde 1980, y de manera continuada se fueron sucediendo las aprobaciones de los estatutos de autonomía. Los sucesos de febrero de 1981 (fallido intento de golpe de Estado) proyectaron sus sombras sobre ese proceso, y la polémica sobre los intentos de harmonización (LOAPA) concluyeron con la necesidad de combinar diferenciación (comunidades autónomas históricas) y homogeneidad (resto de comunidades autónomas). Las elecciones de 1982 marcan el punto de generalización del modelo autonómico, y su puesta en marcha definitiva. Lógicamente este período se caracteriza por la institucionalización política y administrativa de las 17 comunidades autónomas. En este intervalo se concentran casi la mitad de las leyes que en estos diecisiete años han aprobado los parlamentos autonómicos en materia institucional-administrativa. Son años en que la preocupación se centra más en cómo organizar las competencias que llueven a ritmo acelerado, que en construir una Administración propia, distinta y diferenciada.

2) *1988-1992. Consolidación y expansión*:

Estamos en unos años en los que el problema central estriba en cómo expandir las competencias, y en cómo dar respuesta lo más rápidamente posible a las demandas de los ciudadanos. Todo ello en un contexto de expansión continuada y significativa del potencial de gasto del conjunto de las administraciones públicas españolas. En todos estos años se continua legislando en materia administrativa, de tal forma que las leyes autonómicas aprobadas en este período representan un 35% del total normativo en ese apartado. Cabe destacar que, en estos años, en el ámbito de la Administración central, empiezan a surgir las primeras reflexiones sobre la necesidad de modernizar el funcionamiento y la gestión administrativa. En el fondo de esos planteamientos se detectaba la sensación de que el enorme incremento del gasto público y de ámbitos de intervención de las administraciones públicas, no había ido acompañado de un cambio en las formas de funcionar de esas administraciones. En cambio, en el entorno de las administraciones autonómicas no se detectan movimientos similares. Apenas si podemos reseñar algunos hechos aislados (creación en Cataluña de un comité destinado a analizar y controlar la estructura organizativa de la *Generalitat*, esporádicas jornadas de debate en algunas comunidades, o primeros proyectos de cursos de gestión y modernización administrativa).

3) *1993-2000. Final del ciclo y agotamiento del modelo de crecimiento sostenido*:

En esta fase coinciden diversos elementos que nos permiten caracterizarlo como de final de ciclo. Por un lado decrece notablemente el ritmo de traspasos y de adquisición de nuevas competencias. Por otro lado, decrece el volumen de legislación autonómica dedicada al tema, que representa en este caso un 20% del total del apartado. Se da asimismo un freno notable en el crecimiento continuado del volumen de gasto a disposición de las administraciones públicas en general y de las autonómicas en particular. Coincidiendo con el crecimiento del descontento de algunas comunidades sobre el sistema de financiación, la perspectiva que abren los acuerdos de Maastricht y otros elementos derivados de la globalización económica, plantean un horizonte estructural de estancamiento y reducción del gasto público en España desde finales de 1992. Es también en este período cuando el flujo modernizador llega a las administraciones autonómicas, que empiezan a forjar planes de mejora y de cambio en la gestión administrativa, mientras se implementan algunas primeras experiencias en esa línea.

2. La organización administrativa de las comunidades autónomas: estructura y personal[3]

2.1. Los diseños de estructura administrativa de las comunidades autónomas

2.1.A. División primaria (consejerías y direcciones generales), orientación de las políticas de las comunidades autónomas y problemas organizativos

El modelo de estructura administrativa de las administraciones de las CCAA se basa en las consejerías (departamentos) las cuales agrupan un conjunto de unidades bajo criterios de racionalidad en función de las necesidades planteadas por los diversos sectores del mercado o por los distintos colectivos de ciudadanos (las demandas que genera la sociedad), de las necesidades internas del funcionamiento de la propia Administración, de las diferentes funciones y procesos y, por último, de los objetivos y criterios de racionalidad política.

3 Este apartado presenta muchos datos sobre la estructura administrativa y sobre el personal de las comunidades autónomas. En su mayoría son datos inéditos que se han recogido a finales de 1999 en todas las comunidades autónomas. Para ello se ha contactado con las direcciones generales de función pública, con las oficinas de información y se han consultado las *webs* institucionales de las 17 comunidades autónomas. Hay sólo dos comunidades autónomas sobre las que se puede ofrecer muy poco información: Aragón y Cantabria que tuvieron problemas para proporcionar las informaciones solicitadas. En los casos de Canarias, Cataluña y Madrid los datos son de 1997. Finalmente, la información sobre los presupuestos autonómicos son del 2000.

Tanto el número de departamentos como los diferentes mecanismos para la agrupación de las actividades que configuran la estructura departamental se perfilan con criterios políticos siendo el presidente de cada autonomía el responsable. En la mayoría de los casos los criterios políticos coinciden con las opciones técnico-organizativas más adecuadas de departamentalización. Pero hay algunas agrupaciones, consejerías o parte de éstas, que sólo se pueden comprender desde una óptica de racionalidad y objetivos políticos.

Las comunidades autónomas con más consejerías son Cataluña (15), Andalucía y Baleares (14) y Galicia (12). Las que tienen menos son La Rioja (7), Murcia (8), Aragón, Castilla y León, Cantabria y Madrid (9). Las 17 comunidades autónomas abarcan 178 departamentos lo que supone una media de 10.5 departamentos por comunidad (ver tabla V.3).

Por otra parte, las comunidades autónomas recurren bastante a las vicepresidencias: en 11 de ellas figura una Vicepresidencia (Aragón, Baleares, Canarias, Cantabria, Castilla-La Mancha, Castilla-León, Extremadura, Murcia, Navarra y País Vasco). Dos comunidades autónomas tienen más de una: Castilla-León, y la Comunidad Valenciana tienen dos vicepresidencias. Todas las vicepresidencias son sin cartera a excepción de las de Aragón, Cantabria, Navarra, Murcia y País Vasco, donde los vicepresidentes asumen la jefatura de un departamento.

Las consejerías agrupan en sus denominaciones entre una y cuatro grandes competencias distintas (por ejemplo un departamento que en la mayoría de las CCAA tiene adscrita una sola competencia es Medio Ambiente, en cambio hay departamentos que agrupan tres competencias en algunas autonomías: Departamento de Agricultura, Ganadería y Pesca). Los 178 departamentos analizados suponen 337 competencias distintas, es decir, una media de 2 grandes competencias por departamento especificadas en su enunciado. Los 337 enunciados se distribuyen en 41 competencias diferentes. Para hacer un análisis sobre la importancia nominal que confieren las comunidades autónomas a sus distintas competencias se podrían analizar los ámbitos de actuación que dominan los departamentos haciendo el cálculo siguiente: consejerías con un solo enunciado: 3 puntos para esta competencia, consejerías con 2 enunciados: 2 puntos para cada una de las dos competencias, consejerías con 3 o 4 enunciados: 1 punto para cada competencia (la tabla V.4 muestra en orden las 20 competencias más reiteradas en los enunciados de las consejerías de todas las CCAA).

TABLA V.3. VICEPRESIDENCIAS Y CONSEJERÍAS DE LAS COMUNIDADES AUTÓNOMAS

	Consejerías	*Vicepresidencias*
Andalucía	14*	-
Aragón	9	1
Asturias	11	-
Baleares	14*	1
Canarias	10	1
Cantabria	9	1
Castilla-La Mancha	11	1
Castilla-León	9	2
Cataluña	15	-
C. Valenciana	10	2
Extremadura	10	1
Galicia	12	-
La Rioja	7	-
Madrid	9	-
Murcia	8	1
Navarra	10	1
País Vasco	10	1
Total	178	
Media	10.5	

* Se recogen las modificaciones efectuadas entre abril y junio de 2000.
Fuente: Elaboración propia.

La tabla V.4 muestra el peso simbólico-institucional de las competencias que tienen mayor significación en las comunidades autónomas. Además, en la misma tabla se pueden apreciar las importantes transformaciones que manifiestan estas competencias cuando cambian las legislaturas y hay importantes transformaciones políticas (como sucedió en las elecciones autonómicas de 1999). Un cambio político, significa una transformación de las prioridades de la agenda política y esto se traduce en cambios en la denominación de las consejerías. La evolución 1995-1999 en la denominación de las consejerías también se puede explicar por tendencias no coyunturales sino estructurales, por ejemplo: la importancia que está alcanzando la competencia de medio ambiente, sanidad, bienestar social y educación (afectadas éstas últimas por las crecientes transferencias que han recibido de la Administración General del Estado).

TABLA V.4.
FUERZA MANIFESTADA POR LAS DISTINTAS COMPETENCIAS DE LAS CCAA A TENOR DE LOS ENUNCIADOS DE SUS DEPARTAMENTOS (1999 EN RELACIÓN CON EL 1995)

1999		*1995*	
1. Medio Ambiente	11. Obras Públicas	1. Presidencia	11. Trabajo
2. Presidencia	12. Turismo	2. Sanidad, Salud	12. Turismo
3. Cultura	13. Administración Pública	3. Hacienda	13. Administración Pública
4. Bienestar Social	14. Industria	4. Cultura	14. Industria
5. Sanidad, Salud	15. Transportes	5. Economía	15. Política Territorial
6. Educación	16. Comercio	6. Obras Públicas	16. Comercio
7. Hacienda	17. Consumo	7. Bienestar Social	17. Pesca
8. Economía	18. Gobernación, Interior	8. Medio Ambiente	18. Gobernación, Interior
9. Trabajo-Empleo	19. Política Territorial	9. Educación	19. Ganadería
10. Agricultura	20. Pesca	10. Agricultura	20. Vivienda

Fuente: Elaboración propia.

La divisionalización primaria de la estructura (la división por consejerías) de las administraciones autonómicas puede aproximarnos a la orientación de las *políticas* de cada comunidad autónoma. Que exista un Departamento de Industria y Energía o un Departamento de Medio Ambiente puede indicarnos la importancia de estos temas para los gobiernos autonómicos. Pero sólo es una aproximación nominal sobre la orientación de las *políticas* de la comunidad. Sólo mediante el análisis de la distribución presupuestaria entre los distintos departamentos se puede clarificar esta orientación.

Los presupuestos muestran el peso relativo de las consejerías de cada comunidad autónoma. Un modo de diferenciar el presupuesto por departamentos es separar, por una parte, sanidad y servicios sociales, por otra, educación y cultura[4] y, finalmente, el resto de las actividades. En las comunidades autónomas con competencias en sanidad y educación (además de servicios sociales y cultura) éstas suponen la mayor parte del presupuesto (ejercicio del 2000):

[4] Se presenta de forma conjunta sanidad y servicios sociales debido a que es la única forma de comparar los presupuestos de todas las CCAA analizadas. Por la misma razón educación y cultura figuran conjuntamente.

Andalucía: 55,5% de su presupuesto.
Canarias: 78,6% de su presupuesto.
Cataluña: 71,9% de su presupuesto.
Galicia: 58,5% de su presupuesto.
Navarra: 41,4% de su presupuesto.
País Vasco: 65% de su presupuesto.
Valencia: 54,3% de su presupuesto.

El resto de comunidades autónomas muestran unos presupuestos más repartidos al carecer totalmente o parcialmente de las competencias de sanidad y de educación (ver tabla V.5). Otro ámbito con una proporción alta del presupuesto es el de política territorial, obras públicas y transportes que se acerca al 10% en las comunidades autónomas con un elevado volumen competencial y supera el 25% en las comunidades autónomas con un bajo nivel competencial.

TABLA V.5.
DISTRIBUCIÓN DE LOS PRESUPUESTOS POR SECTORES (2000)

	% Sanidad y servicios sociales	% Educación y cultura	Otros
Andalucía[1]	32,8	21,9	45,3
Aragón	10,1	26,5	63,4
Asturias	15,7	11,4	72,9
Baleares[1]	9,7	34,8	55,4
Canarias	52,9	23,4	23,7
Cantabria	9,6	33,6	56,8
Castilla-La Mancha	12,1	6,4	81,4
Castilla-León	15,1	31,4	53,7
Cataluña	58,2	13,6	28,2
Extremadura	11,0	9,4	79,7
Galicia	33,5	25,2	41,3
La Rioja	14,8	36,0	49,2
Madrid	28,3	44,1	38,4
Murcia	13,6	42,2	44,3
Navarra	31,4	10,2	58,4
País Vasco	35,6	30,0	34,3
C. Valenciana	31,3	23,1	45,6

1): Presupuestos 1999.
Fuente: Elaboración propia.

De los datos que ofrece la distribución presupuestaria por departamentos se desprenden dos conclusiones:

1) El relativo bajo volumen presupuestario de la mayoría de las consejerías de las comunidades autónomas supone unas posibilidades financieras escasas para el lanzamiento de nuevas políticas o programas. Los departamentos con mayor volumen presupuestario son los de Sanidad y Seguridad Social y Educación; se trata de departamentos que tienen una capacidad limitada para innovar sus propias políticas ya que buena parte de sus recursos tienen un destino predeterminado (carga finalista). Además hay que tener presente que en todas las consejerías una parte significativa del presupuesto debe destinarse a gastos de mantenimiento del propio aparato administrativo lo que reduce significativamente la posibilidad de diseñar unos programas públicos propios. Sólo Política Territorial y Obras Públicas, Bienestar Social y, en algunas comunidades autónomas, Cultura parecen tener una dimensión y un contenido presupuestario significativo y suficiente para diseñar políticas *en mayúscula*.

2) Vista esta distribución presupuestaria se podría pensar, en clave estrictamente organizativa, que hay un excesivo número de consejerías (178 para las 17 comunidades autónomas) y de direcciones generales. El principal problema de esta situación es que se produce una gran multiplicación de los «gastos organizativos mínimos» que tiene cualquier departamento y Dirección General (altos cargos, servicios administrativos generales, etc.). Refuerza esta opinión la circunstancia que, en términos generales, las consejerías y las direcciones generales con pequeño presupuesto tienen una notable complejidad organizativa, es decir, un notable volumen organizativo generando el problema de la inflación orgánica (fenómeno que en un próximo apartado se va a analizar).

2.1.B. Órganos superiores de las consejerías

Los órganos superiores sobre los que se vertebran y edifican los departamentos o consejerías son, en términos generales, la Secretaría General y las direcciones generales (ver figura V.1). Los responsables de estos órganos, al igual que el consejero, tienen una dimensión política: formalmente nombrados por decreto del Consejo Ejecutivo y materialmente escogidos con criterios de confianza política. En todas las administraciones autonómicas figuran las direcciones generales como el módulo básico en el que se estructuran las consejerías pero hay algunas variaciones con respecto a los otros órganos superiores configurándose varios modelos y submodelos de estructura superior de los departamentos. En la mayoría de los casos las diferencias entre la estructura de los departamentos o consejerías de las 17 comunidades autónomas son más de matiz que sustantivos pero, en todo caso, son diferencias que no se pueden obviar en cualquier análisis detallado. Los distintos modelos de organización departamental (órganos superiores) de las comunidades autónomas son:

1) El primer modelo de organización departamental, que denominamos *modelo mayoritario*, es el que siguen las administraciones autonómicas de

Cataluña, Galicia, Valencia, Castilla-León, Murcia y Cantabria. Se corresponde al modelo general antes relatado donde además del consejero y las direcciones generales, que se ocupan de ámbitos de gestión sectoriales, hay una Secretaría General por consejería que se encarga de la gestión de los servicios comunes (gestión de personal, económica-presupuestaria, informática, asuntos jurídicos, inmuebles, etc.) y que ocupa una posición intermedia entre el consejero y las direcciones generales. De esta manera, la Secretaria General se configura como el segundo escalón jerárquico político y administrativo del departamento (Matas, 1993) y como la instancia administrativa que gestiona los recursos transversales del departamento (ver figura V.2).

FIGURA V.2.
MODELO DEPARTAMENTAL MAYORITARIO (ÓRGANOS SUPERIORES)

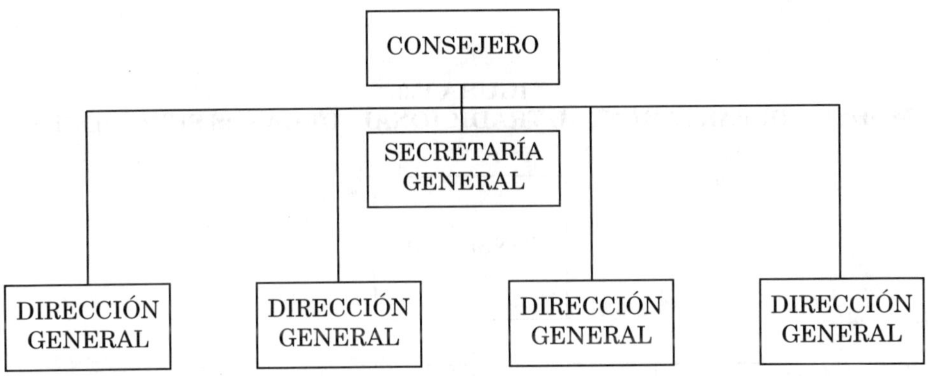

Modelo departamental de 6 CCAA: Cataluña, Galicia, Valencia, Castilla-León, Murcia y Cantabria.
Fuente: Elaboración propia.

Dentro del modelo mayoritario existe la posibilidad en determinadas administraciones autonómicas de que aparezcan, en algunos departamentos, unidades que se encargan de coordinar ámbitos de gestión sectoriales (con una función similar a las secretarías de Estado y a las secretarías generales de la Administración General del Estado) y que tienen un rango formal con el mismo nivel que las secretarías generales. Ejemplos de estas figuras excepcionales las encontramos en Cataluña (Secretaría General de Deportes y Secretaría General de la Juventud en el Departamento de Cultura) y en Murcia (Secretaría Sectorial de la Mujer y Secretaría General de Asuntos Europeos en el Departamento de la Presidencia).

2) El segundo modelo, muy parecido al primero, que denominamos *modelo tradicional* es el que figura en las administraciones autonómicas de Extremadura, Aragón, Baleares, Castilla-La Mancha y La Rioja. Es un modelo donde, además del consejero y las direcciones generales que se ocupan de ámbitos de gestión sectoriales, hay una Secretaría General Técnica por consejería que se encarga de la gestión de los servicios comunes y que tiene un rango formal idéntico al de las direcciones generales. La única diferencia con el *modelo mayoritario* reside en la denominación de la instancia que se encarga de la gestión de los servicios comunes (de Secretaría General a Secretaría General Técnica) y en su ubicación inferior (al mismo nivel que las direcciones generales). Denominamos a este sistema de organización departamental *modelo tradicional* ya que éste fue el principal modelo departamental que apareció en la mayoría de las comunidades autónomas cuando éstas se crearon: la mayoría de las comunidades autónomas que siguen ahora el *modelo mayoritario* optaron en sus inicios por este diseño organizativo (ver figura V.3).

FIGURA V.3.
MODELO DEPARTAMENTAL TRADICIONAL (ÓRGANOS SUPERIORES)

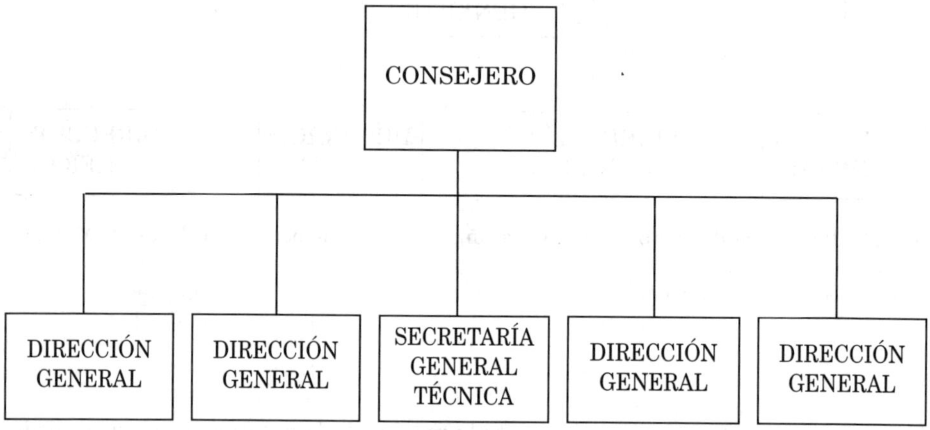

Modelo departamental de 5 CCAA: Extremadura, Aragón, Baleares, Castilla-La Mancha y La Rioja.
Fuente: Elaboración propia.

3) *Modelo de viceconsejerías y secretarías generales técnicas*: este modelo es el que aparece en las administraciones autonómicas de Canarias, Asturias y Madrid. Además del consejero y de las direcciones generales hay viceconsejerías y secretarías generales técnicas. Las viceconsejerías están ubicadas

jerárquicamente después del consejero configurándose como las segundas instancias política-administrativas del departamento. Se encargan de coordinar un número variable de direcciones generales y están presentes en la mayoría de los departamentos pero no en todos. Su función es parecida a las de las secretarías generales de la Administración General del Estado encargándose de la coordinación de grandes áreas sectoriales. Este modelo presenta también una Secretaría General Técnica por consejería que se encarga de la gestión de los servicios comunes y que tiene un rango formal equivalente al de las direcciones generales (situación idéntica a la del segundo modelo) (ver figura V.4).

FIGURA V.4.
MODELO DE VICECONSEJERÍAS Y SECRETARÍAS GENERALES TÉCNICAS (ÓRGANOS SUPERIORES)

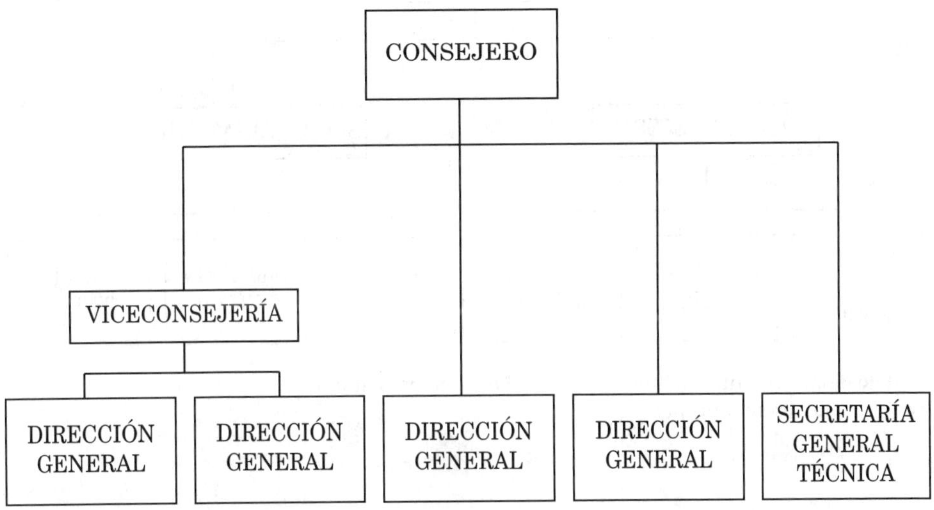

Modelo departamental de 3 CCAA: Canarias, Asturias y Madrid.
Fuente: Elaboración propia.

4) *Modelo complejo:* este diseño organizativo que sólo aparece en la Junta de Andalucía, es el más complicado ya que agrupa, además del consejero y de las direcciones generales, viceconsejerías, secretarías generales y secretarías generales técnicas. Todos los departamentos tienen una Viceconsejería que se encarga de coordinar un número variable de direcciones generales además de dirigir una Secretaría General Técnica que es donde está ubicada la gestión de los servicios comunes del departamento. Es decir, cada departamento tiene una

única Viceconsejería y cada una de éstas tiene una única Secretaría General Técnica. En algunos departamentos aparece también una Secretaría General con el mismo nivel formal que la Viceconsejería con la misión de coordinar las direcciones generales que no dependen directamente de la Viceconsejería. Los departamentos en los que figura una Secretaría General (aproximadamente la mitad) son los que tienen una mayor dispersión de competencias y/o los que gestionan competencias más complejas y con gran relevancia político-administrativa (ver figura V.5).

FIGURA V.5.
MODELO COMPLEJO (ÓRGANOS SUPERIORES)

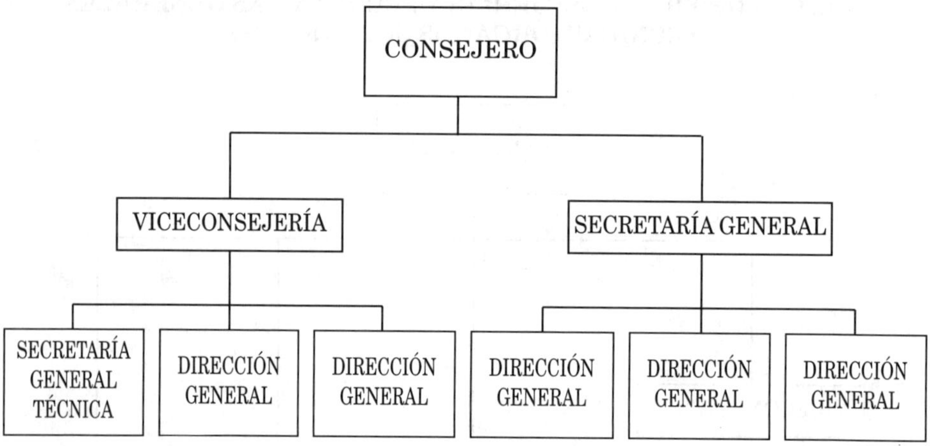

Modelo departamental de una comunidad autónoma: Andalucía.
Fuente: Elaboración propia.

5) *Modelo vasco*: Es un sistema de organización muy sencillo que sólo posee la Administración autonómica del País Vasco. Es un diseño organizativo donde, además del consejero y de las direcciones generales, hay varias viceconsejerías en cada departamento. En el seno de alguna de estas viceconsejerías está ubicada la gestión de los servicios comunes (ver figura V.6).

FIGURA V.6.
MODELO VASCO (ÓRGANOS SUPERIORES)

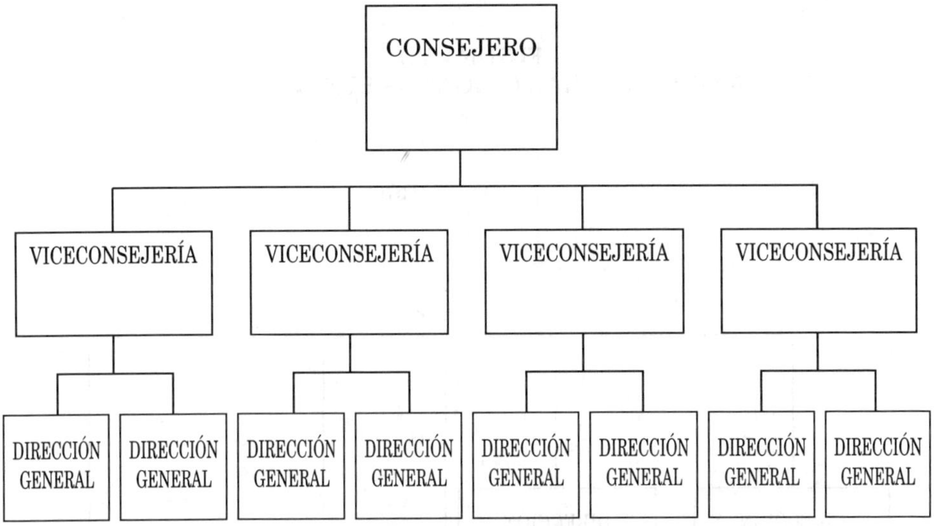

Modelo departamental de una comunidad autónoma: País Vasco.
Fuente: Elaboración propia.

6) *Modelo foral*: este modelo, vinculado sólo a la Administración autonómica de Navarra, representa el diseño organizativo más original de las 17 comunidades autónomas. Los órganos superiores de los departamentos o consejerías de Navarra sólo agrupan dos tipos de altos cargos: el consejero y las direcciones generales. Para poder explicar el funcionamiento de este modelo organizativo al mismo nivel que los demás hay que incluir en el diseño dos tipos de órganos inferiores: la Secretaría Técnica y los servicios. Estos dos órganos inferiores, cuyos titulares no pueden considerarse como altos cargos, son ocupados por empleados públicos profesionales (funcionarios) pero seleccionados atendiendo a criterios de libre designación (en función de la confianza política y personal del consejero y/o de los directores generales). La Secretaría Técnica es la unidad administrativa que se encarga de la gestión de los servicios comunes del departamento. Sólo hay una Secretaría Técnica por departamento que depende directamente del consejero. En relación con los servicios su número es variable en cada departamento, se encargan de la gestión en un nivel bastante operativo de ámbitos sectoriales. Los servicios dependen de las direcciones generales pero también hay servicios que dependen directamente del consejero. La originalidad de este diseño organizativo puede explicarse por la peculiaridad de la Administración autonómica de Navarra que absorbe todas las competencias y el diseño y filosofía organizativa de la antigua

Diputación foral (recordemos que ésta continua siendo la denominación oficial del Gobierno y Administración de esta comunidad autónoma) (ver figura V.7).

FIGURA V.7.
MODELO FORAL (ÓRGANOS SUPERIORES)

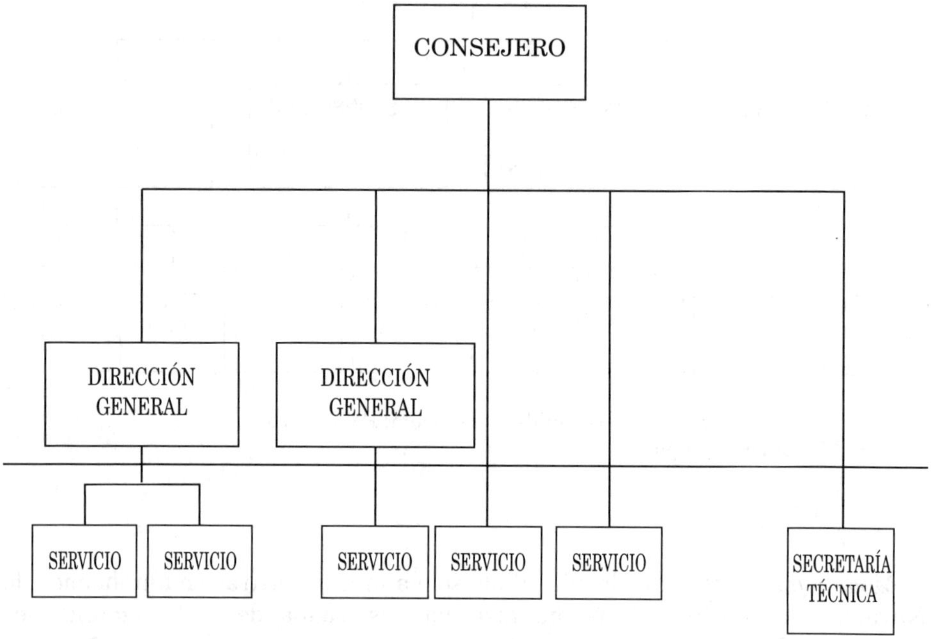

Modelo departamental de una comunidad autónoma: Navarra.
Fuente: Elaboración propia.

Las unidades superiores que se encargan de la gestión de los servicios comunes en todos los modelos, las secretarías generales o unidades similares (secretarías generales técnicas o las secretarías técnicas de Navarra[5]) agrupan unas competencias, unas funciones, un presupuesto, un volumen orgánico, un personal y una capacidad de influencia cada vez más notable. La fortaleza de las secretarías generales y unidades análogas origina un dominio de la organización transversal sobre la organización vertical, relación que es inversa a la

[5] Recordemos que las secretaría técnicas, que son las unidades que se encargan de la gestión de los servicios comunes, son órganos inferiores de carácter profesional y tienen un rango formal equivalente a los servicios.

lógica organizativa, que considera los servicios horizontales como simples soportes administrativos de las áreas directas de gestión. También, en algunas ocasiones, se percibe una ligera tendencia a la *verticalización* de las secretarías generales y unidades análogas ya que llegan a asumir funciones de gestión directa. La presencia intensa y dispersa de estos órganos transversales (o servicios comunes) puede originar varias disfunciones. Por ejemplo: 1) Dispersión de las responsabilidades; 2) Excesiva *burocratización* de sus actividades; 3) Complicación de la organización; 4) Rivalidad entre las distintas unidades (básicamente entre las direcciones generales) y generación de tensiones y conflictos laterales; 5) Pérdida de la auténtica finalidad de las secretarías generales: su función deja de ser un medio y pasa a convertirse en un fin en sí mismo; y 6) Intensa capacidad de intervención de los servicios comunes sobre el resto de áreas de gestión. Estos puntos muestran como la proliferación y la fuerza de los servicios comunes consiguen el objetivo contrario al perseguido, ya que pueden llegar a atender deficientemente a los órganos que gestionan los programas y pueden originar una limitación de la capacidad de autonomía de acción de una buena parte de la organización mediante una *burocratización* que impide conseguir unos niveles óptimos de eficacia y de eficiencia.

La fortaleza de las secretarías generales se plasma también, en algunas ocasiones, en la estructura administrativa. Por ejemplo, en algunas administraciones autonómicas del modelo departamental mayoritario dependen de las secretarías generales unos órganos superiores con nivel formal de Dirección General que se encargan de la dirección de los servicios comunes dejando mucho más tiempo a los secretarios generales para encargarse de funciones con una mayor proyección política. Estos órganos superiores aparecen en algunas secretarías generales de Galicia y de Murcia, donde se denominan vicesecretarías generales, y de Cataluña donde se denominan direcciones generales de servicios.

2.1.C. La presencia de órganos activos y la inflación orgánica

El desarrollo estructural en un sentido vertical que configura la espina dorsal de las direcciones generales y de las secretarías generales (o unidades similares) y que hace el recorrido, de arriba a abajo, entre los altos órganos departamentales y los puestos de trabajo base y singulares comprende las unidades siguientes: subdirecciones generales (su equivalente en Valencia son las áreas y las divisiones, y en Murcia las áreas), servicios, secciones y negociados. En Madrid aparece un órgano intermedio entre la Sección y el Negociado: la Subsección. Éstos son los denominados órganos inferiores o activos de las administraciones autonómicas, es decir, los órganos que configuran la línea jerárquica básica donde fluyen de arriba a abajo las directrices y los principales mecanismos de control. Estas unidades son ocupadas por personal profesional (funcionarios) atendiendo a criterios de libre designación (de confianza política) para las subdirecciones generales y, en algunos casos, para los servicios. La mayoría de las jefaturas de servicios, secciones y negociados son ocupadas por funcionarios atendiendo criterios de mérito profesional (ver tabla V.6).

Las *subdirecciones generales* (y, en general, las áreas y divisiones) son ocupadas por funcionarios, lo que las configura como el nivel profesionalizado más alto de la mayoría de las comunidades autónomas (hay algunas excepciones: por ejemplo en Murcia la mayoría de las direcciones generales son profesionales). Esta es una de sus características más relevantes que las posicionan como las unidades clave para entender la mecánica de la comunicación entre la zona política de la Administración (consejería, Secretaría General y Dirección General) y la zona profesional (de los servicios a los puestos base). De esta manera se puede afirmar que las subdirecciones generales son los órganos básicos para la transformación de las políticas, objetivos y estrategias en realidades operativas. La Subdirección General dirige, coordina y controla las unidades y puestos de trabajo que están bajo sus órdenes directas, para la consecución de los objetivos diseñados por sus superiores. Únicamente tienen este nivel jerárquico seis comunidades autónomas: Cataluña, Galicia, Madrid y Murcia (aunque en esta Administración es una figura muy excepcional) y en Valencia y Baleares, que se denominan áreas o divisiones.

Los *servicios* son los órganos operativos más relevantes ya que, generalmente, de ellos depende la marcha diaria de la Administración. En cierta manera se puede afirmar que los servicios representan el corazón profesional de las administraciones analizadas. Están en una posición relativamente próxima a los niveles políticos pero sin llegar a un contacto tan directo que *politice* sus actividades. Los servicios tienen una clara orientación técnica, de gestión de las decisiones y de los programas diseñados en los niveles superiores.

TABLA V.6.
ÓRGANOS INFERIORES DE LAS CONSEJERÍAS

Modelo mayoritario (9 CCAA)	*Modelo amplio* (6 CCAA)
	1) Subdirección General (o Área o División)
1) Servicio	2) Servicio
2) Sección	3) Sección
3) Negociado	4) Negociado
Modelo superamplio (Madrid)*	*Modelo sin jefaturas inferiores* (País Vasco)
1) Subdirección General	———
2) Servicio	
3) Sección	
4) Subsección	
5) Negociado	

* Corresponde al modelo formal de estructura de las direcciones generales de la Comunidad de Madrid aunque las estructuras reales responden casi siempre al modelo mayoritario.
Fuente: Elaboración propia.

En la mayoría de los casos son jefaturas reales, es decir: dirigen a un grupo de empleados públicos. Todas las comunidades autónomas salvo el País Vasco disponen de esta figura. En el caso de las administraciones autonómicas que no disponen de subdirecciones generales u órganos similares su posición y funciones son una mezcla entre las señaladas para las subdirecciones y los servicios. En Navarra, por ejemplo, la situación y funciones de los servicios es muy similar al de las subdirecciones generales en las comunidades autónomas que poseen estas jefaturas.

Las *secciones* son los órganos directamente operativos que actúan bajo las órdenes de los servicios. En varias comunidades autónomas las secciones se han configurado en un nivel jerárquico muy débil: con escasa autonomía y, en muchos casos, no dirigen ni coordinan personal. Su función más importante es prestar apoyo a los jefes de los servicios. Todas las comunidades autónomas salvo el País Vasco disponen de esta figura.

Las *subsecciones*: nivel jerárquico intermedio entre las secciones y los negociados sólo existe en la Administración de la Comunidad de Madrid y está en vías de extinción.

Los *negociados* son las unidades orgánicas menores de la Administración. En las administraciones autonómicas estos órganos agrupan (sus titulares dirigen) muy pocos puestos de trabajo (en la mayoría de los casos ninguno) y suelen estar ocupados por personal administrativo o auxiliar administrativo, es decir, no resultan ser auténticas jefaturas sino puestos base reforzados con el objetivo de mejorar la remuneración de sus ocupantes. En la mayoría de las administraciones autonómicas los negociados son unas jefaturas muy numerosas. En este sentido, destaca su alto volumen en las administraciones de las comunidades autónomas de Canarias, Extremadura, Navarra, Castilla-León y Cataluña (en todas ellas los negociados representan más del 40% del volumen total de su estructura administrativa). La tabla V.7 muestra el número de negociados de algunas comunidades autónomas y el porcentaje que representa sobre toda la estructura administrativa profesional. Todas las comunidades autónomas salvo el País Vasco disponen de esta figura.

TABLA V.7.
NÚMERO DE NEGOCIADOS Y SU PESO EN RELACIÓN CON LA ESTRUCTURA ADMINISTRATIVA TOTAL

Comunidad	*Negociados*	*% Total estructura*
Andalucía	2.857	39,9
Baleares	675	15,5
Canarias	631*	56,0
Castilla-León	2.131	45,7
Cataluña	1.270*	43,0

TABLA V.7. CONTINUACIÓN
NÚMERO DE NEGOCIADOS Y SU PESO EN RELACIÓN CON LA ESTRUCTURA ADMINISTRATIVA TOTAL

Comunidad	*Negociados*	*% Total estructura*
C. Valenciana	997	36,1
Extremadura	631	48,8
Galicia	358	28,3
La Rioja	162	36,7
Madrid	557*	34,0
Murcia	235	31,6
Navarra	334	48,4
País Vasco	0	0,0

* Datos de 1997.
Fuente: Elaboración propia.

Relacionar únicamente puestos de mando con puestos base informa muy poco sobre la dimensión de la relación entre jefaturas y empleados ya que sólo se contemplan determinados puestos de funcionarios y no la totalidad de empleados públicos que forman parte de una Administración. De esta manera, es mucho más realista relacionar las jefaturas con la totalidad de empleados públicos de cada comunidad autónoma. También es conveniente hacer la distinción entre todas las jefaturas y entre todas las jefaturas menos los negociados ya que éstos no suelen ser jefaturas reales (no dirigen, en el caso de las CCAA, efectivos de personal) y son las unidades estructurales más numerosas en todas las administraciones autonómicas que poseen esta unidad (todas excepto el País Vasco).

A tenor de los datos presentados en la tabla V.8, las administraciones de las comunidades autónomas padecen, en términos globales, una notable inflación orgánica, es decir: hay más jefaturas inferiores de las objetivamente necesarias. Esta densidad orgánica es difícil de justificar por el volumen de competencias, de gestión y de personal. Todo parece indicar que las causas de este negativo fenómeno no están vinculadas a dimensiones propias de la estructura administrativa. Las principales causas, desde nuestro punto de vista, pueden ser:

a) Las jefaturas inferiores absorben la presión de la promoción profesional (la carrera administrativa de los funcionarios fluye básicamente mediante la ocupación de jefaturas) y la búsqueda de un equilibrio remunerativo (como mecanismo de adecuación de los salarios de determinados funcionarios a la situación del mercado laboral).

b) La estructura administrativa es la *arena* donde se manifiesta toda clase de presiones derivadas de las ambiciones y objetivos profesionales, corporativos y personales de una buena parte de los funcionarios. Esta circunstancia nos permite hacer la hipótesis de que las unidades con mayor densidad estructural deben ser las más influyentes (poderosas) de la Administración que se analice y, a la inversa, las que tienen menor densidad de estructura las menos influyentes. Los datos parecen demostrar esta hipótesis:

– Las consejerías consideradas comúnmente como más influyentes (Economía y Finanzas, Presidencia, Obras Públicas, etc.) son las que poseen mayor densidad de jefaturas administrativas, es decir, las que padecen una mayor inflación orgánica.

– A nivel intradepartamental, los servicios comunes son las unidades que poseen más poder y son también las que aglutinan un mayor porcentaje de jefaturas administrativas.

Como es lógico, el alto volumen orgánico genera relevantes gastos y disfunciones organizativas. Para citar sólo algunos ejemplos: dificultad de coordinación eficaz entre unidades y programas, excesiva *atomización* de las áreas de gestión, confusión entre los valores organizativos de naturaleza objetiva (estructura administrativa) y los valores de naturaleza subjetiva (carrera administrativa y aspiraciones personales de los funcionarios), etc.

2.2. La Administración periférica y la Administración funcional de las comunidades autónomas

El modelo de Administración periférica varía en cada comunidad autónoma en función de su territorio. En las comunidades autónomas uniprovinciales la presencia de la Administración periférica es muy reducida: suele limitarse a unas oficinas territoriales en las ciudades más importantes en términos de población que no son la capital de la autonomía. En cambio, en las comunidades pluriprovinciales la Administración periférica tiene un peso organizativo significativo que va incrementando a medida que el tamaño del territorio y el volumen de población es cada vez más importante. Por esta razón, Andalucía es la comunidad autónoma que presenta una Administración periférica más potente seguida a distancia de Cataluña. En la mayoría de los casos la Administración periférica de las comunidades autónomas toma como unidad territorial básica a la provincia.

TABLA V.8.
RATIO EMPLEADOS PÚBLICOS POR JEFATURAS

Comunidad autónoma	*Empleados públicos*	*Jefaturas*	*Jefaturas sin negociados*	*Ratio 1*	*Ratio 2*
Andalucía*	39.074	7.049	4.192	5,5	9,3
Cataluña*	30.218	2.969	1.699	10,2	18,0
Madrid*	25.742	1.612	1.055	16	24,0
Castilla-León	22.255	4.602	2.471	4,8	9,0
País Vasco	17.687	151	--	--	--
C. Valenciana	16.598	2.763	1.766	6,0	9,4
Galicia	14.479	1.187	829	12,2	17,5
Canarias*	11.162	1.134	503	10,0	22,0
Extremadura	11.068	1.228	597	9,0	18,5
Murcia	9.045	678	443	13,3	20,4
Asturias	6.287				
Navarra	5.038	653	319	7,7	15,8
Baleares	4.280	4.280	3.605	1,0	1,2
La Rioja	3.233	405	243	8,0	13,3

* Datos de 1997.
Ratio 1: número de empleados para cada jefatura
Ratio 2: número de empleados para cada jefatura (excluidos los negociados).
Fuente: Elaboración propia.

Al frente de la Administración periférica de cada provincia hay un delegado del Gobierno que se encarga de la representación institucional del Gobierno autonómico en este territorio y tiene como función adicional dirigir y coordinar las redes periféricas de las consejerías y de los organismos autónomos de la Administración autonómica. Hay una gran cantidad de redes periféricas ya que casi todas las consejerías tienen su propia red periférica, algunas de ellas tienen varias redes periféricas (por ejemplo Obras Públicas) y muchos organismos autónomos (desde un Instituto de Salud hasta un Instituto Estadístico) tienen también sus propios complejos periféricos.

Se puede apreciar con facilidad que el diseño de la Administración periférica de las comunidades autónomas es una reproducción del modelo de Administración periférica de la Administración General del Estado previo a la reforma de 1997 (ver el capítulo IV). Esto significa que la Administración periférica de las comunidades autónomas padece disfunciones muy similares a las que presentaba la antigua Administración periférica del Estado: politización de esta Administración (el delegado del Gobierno autonómico en cada provincia tiene, en general, un rol político), la falta de dirección y coordinación de las distintas redes periféricas (el delegado de Gobierno es débil profesionalmente y no suele conseguir una buena coordinación de las redes periféricas) y excesivo volumen y fragmentación de redes periféricas.

En relación con la Administración funcional de las comunidades autónomas (agencias, organismos autónomos, empresas públicas, etc.) el modelo también es el mismo que el de la Administración General del Estado. La mayoría de las comunidades autónomas se han lanzado con entusiasmo a la creación de estos entes descentralizados funcionalmente (en algunas ocasiones sin justificación) lo que ha dado lugar a la aparición de centenares de organismos autónomos y empresas públicas. En cambio, se han creado, a semejanza de la Administración General del Estado, muy pocas agencias.

Como conclusión se puede afirmar que en cuanto a la Administración periférica y a la Administración funcional, las comunidades autónomas han reproducido con una gran exactitud el modelo de la Administración General del Estado. Evidentemente han reproducido todos los aciertos pero han reproducido también todos los inconvenientes que son muy numerosos y tienen un gran impacto negativo sobre la gestión.

2.3. El personal al servicio de las comunidades autónomas

Un elemento imprescindible para el ejercicio de las competencias de las administraciones públicas, junto a los recursos financieros y materiales, es el personal o los recursos humanos. No faltan en nuestra literatura estudios sobre la función pública de las comunidades autónomas en su vertiente jurídica (Lliset, 1986), descriptiva (Álvarez Rico, González-Haba, 1992; Feijóo, 1995) y de gestión (VV.AA., 1986; Jiménez Asensio, 1991; Baena, 1993; Obregón, Vilalta, 1994; Losada, Xirau, 1995; Olías, 1995; Ballart, Ramió, 1996) que estudian las diferentes dimensiones de estos recursos humanos. En este apartado se van a analizar las dimensiones del personal político de las comunidades autónomas, el volumen total de sus empleados, el tipo de vinculación jurídica de éstos (funcionarios, laborales, etc.) y su distribución por categorías profesionales (grupos A, B, C, D y E)[6].

2.3.A. El personal político de las comunidades autónomas

Una primera cuestión es apreciar el grado de politización de los empleados públicos de las comunidades autónomas. La variable política nos permite

[6] Se recomienda la consulta del capítulo VII, Los recursos humanos de la Administración pública, en caso de no comprender algunos elementos conceptuales de este apartado.

vislumbrar el grado de neutralidad de un sistema de reclutamiento de personal, es decir, si el personal de la Administración es seleccionado únicamente en función de su capacidad profesional, o el grado de politización, en el caso de que el personal público sea reclutado bajo criterios de confianza política. En la mayoría de los modelos administrativos, como el de nuestro Estado, predomina el sistema neutral, es decir, los empleados públicos son reclutados en función de su capacidad profesional. Esto suele ser así excepto en el caso de los altos cargos de las diferentes organizaciones públicas que normalmente son ocupados por políticos o personas seleccionadas bajo criterios de confianza política (eventuales). En estos casos su vinculación con la Administración es sólo temporal.

El grado de politización de nuestras administraciones públicas es uno de los temas clásicos que ha estudiado la ciencia de la administración en España (Baena, 1988; Mesa, 1991; Jiménez Asensio, 1992; Alfonso, 1992; Jiménez Asensio, Mesa, 1993; Matas, 1995; Jiménez Asensio, 1998) pero que, en cambio, sufre una carencia de datos sobre la situación de esta variable en la Administración de las comunidades autónomas. La única excepción a esta ausencia de datos es la Comunidad del País Vasco sobre la que se han elaborado varios estudios sobre altos cargos y puestos de libre designación (Mesa, 1991; Jiménez Asensio, 1992; Jiménez Asensio, Mesa, 1993; Mesa, 1996).

Para dimensionar el contenido político de las administraciones de las comunidades autónomas debemos atender a diferentes categorías de puestos de trabajo ocupados mediante criterios políticos: altos cargos, eventuales, puestos de libre designación, personal de alta dirección en régimen laboral especial y altos cargos de la Administración institucional (organismos autónomos y empresas públicas). Múltiples caminos que configuran un universo de posibilidades y de volumen de puestos de trabajo ocupados en función de criterios políticos.

Los datos más conocidos son el número de altos cargos (consejeros, viceconsejeros, secretarios generales, secretarios generales técnicos y directores generales) (ver tabla V.9). Los altos cargos de las comunidades autónomas configuran un espacio discrecional que agrupa un conjunto de puestos que son ocupados por personas seleccionadas con criterios políticos, tengan o no condición de funcionarios públicos (una excepción es Murcia que reserva la mayoría de los puestos de directores generales a funcionarios). La reserva o no de estos puestos para personal funcionario ha sido un tema de tradicional polémica, en especial para los puestos de directores generales. Pero el problema de los altos cargos es menor si atendemos a las otras posibilidades para ocupar políticamente puestos en la Administración de las comunidades autónomas. En efecto, el espacio político se ensancha notablemente de la mano de los puestos reservados a eventuales y de los puestos de alta dirección de régimen laboral especial. Esto significa que en las administraciones nucleares (consejerías) de las comunidades autónomas los puestos de carácter político sean, en muchos casos, bastante más numerosos que los altos cargos. También es destacable la politización de las administraciones periféricas de las comunidades autónomas hasta niveles muy bajos de responsabilidad. Por ejemplo, en la Generalidad de Cataluña existía hace unos años un porcentaje muy elevado de jefes de Servicio y de Sección de las delegaciones territoriales reservados a personal eventual (Ramió, 1995: 151), así como, la politización de los cada vez más numerosos organismos autónomos y empresas públicas. Desgraciadamente, por el momento no se dispone de datos sobre el volumen de estos puestos y será muy difícil conseguirlos debido a la falta de trasparencia sobre esta dimensión de nuestras administraciones públicas.

En una dimensión distinta debemos plantear los puestos de libre designación, es decir, aquellos puestos reservados a los funcionarios pero que para su selección prima el criterio de confianza política. Esta faceta que Quermone (1994: 237) denomina el *spoil system de circuito cerrado* afecta básicamente a los puestos de subdirector general, a los puestos de jefe de Servicio (en algunas CCAA) y a jefaturas de la Administración periférica. Esta modalidad tiene, en nuestra opinión, un impacto más negativo que los altos cargos y los puestos eventuales ya que implica una politización de la función pública con todos los problemas que esta circunstancia pueda generar.

La politización de los espacios directivos y semidirectivos de las administraciones autonómicas es una de las consecuencias de copiar el modelo organizativo de la Administración General del Estado. En las administraciones autonómicas la situación ha sido incluso más extrema. Tal y como señala Jiménez Asensio

TABLA V.9.
ALTOS CARGOS DE LAS COMUNIDADES AUTÓNOMAS

CCAA con amplias competencias:		
	País Vasco	199
	Cataluña	121
	Andalucía	114
	Canarias	83
	Galicia	79
	Valencia	82
	Navarra	37
CCAA con limitadas competencias:		
	Madrid	73
	Extremadura	64
	Murcia	66
	Asturias	63
	Aragón	49
	Baleares	73
	Castilla-La Mancha	45
	Castilla y León	56
	La Rioja	37
	Cantabria	39

Fuente: Elaboración propia.

(1998: 305) «al ser estructuras de nuevo cuño, carecían por completo de substrato burocrático propio (...) la nueva clase política autonómica se encontró un espacio de libre ocupación, que cubrió generosamente: comenzaron a proliferar los puestos políticos en las administraciones públicas, hasta tal punto de que a principios de la década de los noventa la situación era de notable preocupación en algunas comunidades autónomas y se comenzaron a plantear propuestas de reducción del tamaño de los equipos directivos». Esta preocupación que hace referencia el profesor Jiménez Asensio se ha producido, por ejemplo, en el País Vasco en el marco de las reflexiones elaboradas por el proyecto de reforma administrativa conocido como CORAME (Comisión de Racionalización y Mejora, 1994).

Al comparar las administraciones autonómicas con la Administración General del Estado hay que retener una diferencia importante: el tamaño. No es lo mismo una Dirección General en la Administración General del Estado, que suelen poseer unas notables dimensiones, que una Dirección General en las comunidades autónomas, que suelen tener un tamaño bastante reducido (mucho más en las numerosas comunidades autónomas con reducidas dimensiones). Así por ejemplo, en la Administración General del Estado hay 2.489 empleados públicos por cada alto cargo y en el caso del País Vasco hay sólo 193 empleados públicos para cada alto cargo (Mesa, 1996: 182).

El problema real se sitúa no tanto en el terreno cuantitativo como en la profundidad con que la discrecionalidad política penetra en muchos ámbitos organizativos de las administraciones autonómicas. Es importante también resaltar que la disyuntiva no se encuentra en la dicotomía politización *versus* funcionarización de los estratos directivos de las administraciones autonómicas sino que se ha desplazado «a la contraposición dialéctica entre desprofesionalización *versus* profesionalidad» (Jiménez Asensio, 1996: 264).

En definitiva, la función directiva de las comunidades autónomas está estructurada en clave de *spoil system abierto* en su nivel superior, y como *spoil system de circuito cerrado* en parte de sus niveles inferiores.

2.3.B. Volumen de los empleados públicos

El volumen total de los empleados públicos está, lógicamente, en relación con la dimensión estructural y competencial de cada comunidad autónoma. Se entiende por empleados públicos la suma del personal funcionario y de los funcionarios interinos, los laborales con contrato indefinido y los laborales con contrato temporal. Las tres comunidades con más empleados públicos son, por este orden: Andalucía, Cataluña y Valencia, (ver tabla V.10). Un segundo bloque lo configuran Galicia, País Vasco, Canarias y Madrid. El resto de las comunidades autónomas agrupa muy pocos efectivos de personal. El peso demográfico de las comunidades autónomas es, junto con el nivel competencial, las variables que explican estos registros.

TABLA V.10. VOLUMEN TOTAL DE EMPLEADOS PÚBLICOS DE LAS COMUNIDADES AUTÓNOMAS (SE INCLUYE EL PERSONAL DOCENTE Y ESTATUTARIO)

Comunidad	*Empleados públicos*
Andalucía	206.883
Aragón	9.293(*)
Asturias	6.287*
Baleares	11.796
Canarias	51.090(*)
Cantabria	3.390(*)
Castilla-La Mancha	12.176
Castilla-León	22.255
Cataluña	129.000
C. Valenciana	94.767
Extremadura	11.068
Galicia	69.179
La Rioja	5.497
Madrid	29.095(*)
Murcia	22.545
Navarra	15.497
País Vasco	60.237

(*) Datos publicados por el Ministerio de Administraciones Públicas. Distribución territorial de efectivos por la Administración pública de las comunidades autónomas.
* No se incluyen empresas públicas.
Fuente: Elaboración propia.

La tabla V.11 relaciona el número de habitantes de cada autonomía con los empleados públicos de sus respectivas administraciones autonómicas (ratio número de habitantes por empleado público). Las ratios en las comunidades autónomas con un amplio nivel competencial oscilan entre 31 y 47 habitantes por empleado público. Las diferencias entre Cataluña y comunidades como Canarias, Navarra, País Vasco y Andalucía son muy importantes (entre 16 y 12 habitantes por empleado público). Hay varios argumentos basados en la situación económica y en la textura del mercado laboral de los respectivos territorios que intentan explicar estas diferencias entre las comunidades autónomas (Bañón, 1988). De esta manera, Cataluña opta por el diseño de una Administración poco dotada de personal y, por ejemplo, Canarias y Andalucía, en cambio, por unas administraciones sobredotadas que intentan paliar la alta tasa de desempleo de sus comunidades. Pero estas diferencias se explican básicamente por el volumen de servicios sanitarios y educativos concertados que están en manos de organizaciones privadas. Cataluña tiene en su estructura sanitaria una tradición mutualista que favoreció la creación de centros sanitarios privados. Cataluña también posee históricamente una densa red de centros de enseñanza privada. Esta circunstancia favoreció la creación de una sanidad y de una enseñanza mixta (centros públicos y centros privados concertados).

TABLA V.11.
VOLUMEN TOTAL DE LOS EMPLEADOS PÚBLICOS DE LAS COMUNIDADES AUTÓNOMAS (INCLUIDOS DOCENTES Y SANITARIOS) Y RATIOS HABITANTES POR CADA EMPLEADO PÚBLICO

Comunidad	*Empleados públicos*	*Ratio habitantes / empleado público*
Comunidades con un nivel competencial amplio		
Andalucía	206.883	34,6
Canarias	51.090	30,9
Cataluña	129.000	47,0
Comunidad Valenciana	94.767(*)	41,4
Galicia	69.179	39,3
Navarra	15.497	34,1
País Vasco	60.237	34,2
Comunidades con un nivel competencial limitado		
Aragón	9.293	126,7
Asturias	6.287(*)	169,5
Baleares	11.796	62,2
Castilla-La Mancha	12.176	139,7
Castilla-León	22.255	112,5
Extremadura	11.068	97,4
La Rioja	5.497	47,3
Madrid	29.095	172,6
Murcia	22.545	48,4

Las cifras de la población de las comunidades autónomas están extraídas del *Anuario El País*. 1999.
(*) No incluyen empresas públicas.
Fuente: Elaboración propia.

El resto de las comunidades autónomas también tienen una sanidad y una enseñanza mixta aunque menos aguda que en el caso de Cataluña. Canarias y Andalucía, en cambio, poseían pocos centros sanitarios y educativos privados y recibieron de la Administración General del Estado un mayor volumen de centros sanitarios y educativos públicos.

En el caso de las comunidades autónomas con un techo competencial reducido la densidad de empleados autonómicos es, lógicamente, mucho menor que en las comunidades autónomas con amplias competencias. De todas formas hay que destacar que las diferencias de los ratios habitantes/empleados públicos son muy acusadas entre las comunidades autónomas con reducidas competencias. Estas diferencias se justifican por la diversidad de situaciones en cuanto a traspasos de competencias y por el tamaño de la población y del territorio. Un elemento diferenciador muy importante es la dimensión uniprovincial de varias comunidades autónomas, que absorben las competencias y el personal de las diputaciones provinciales, que implica un mayor volumen de empleados públicos (por ejemplo La Rioja y Murcia) del que poseen las comunidades autónomas pluriprovinciales.

2.3.C. Vínculo jurídico de los empleados públicos

Existen dos grandes categorías de empleados públicos con respecto a su vinculación jurídica con la Administración: los funcionarios y los laborales que a su vez se diferencian respectivamente en funcionarios, funcionarios interinos y laborales indefinidos y laborales temporales (Feijóo, 1995). Los derechos y obligaciones que se derivan de pertenecer a cada uno de estos cuatro colectivos son distintos y generan muchos problemas de gestión y administración a los departamentos de personal de las comunidades autónomas (Lliset, 1986; Generalitat, 1988; Conde, 1995; Ballart, Ramió, 1996). La distribución media en porcentaje entre funcionarios y laborales en las 15 comunidades autónomas analizadas es:

Funcionarios: 60%
Laborales: 40%

TABLA V.12.
VÍNCULOS JURÍDICOS DE LOS EMPLEADOS PÚBLICOS DE LAS COMUNIDADES AUTÓNOMAS

Comunidad	*% Funcionarios*	*% Laborales*
Andalucía	44	56
Asturias	45	55
Baleares	61	39
Canarias*	37	63
Castilla-La Mancha	58	42
Castilla-León	61	39

TABLA V.12. CONTINUACIÓN VÍNCULOS JURÍDICOS DE LOS EMPLEADOS PÚBLICOS DE LAS COMUNIDADES AUTÓNOMAS

Comunidad	*% Funcionarios*	*% Laborales*
Cataluña*	68	32
C. Valenciana	66	34
Extremadura	49	51
Galicia	68	32
La Rioja	69	31
Madrid*	27	73
Murcia	80	20
Navarra	94	6
País Vasco	77	23

* Datos de 1997.
Fuente: Elaboración propia.

Las diferencias entre comunidades autónomas a nivel de los vínculos jurídicos de sus empleados públicos son muy notables pudiéndose diferenciar los siguientes grupos (ver tabla V.12):

1. Comunidades altamente funcionarizadas: Navarra (94%, porcentaje máximo), Murcia (80%) y País Vasco (77%).

2. Comunidades más funcionarizadas que laboralizadas: La Rioja (69%), Galicia (68%), Comunidad Valenciana (66%) y Castilla y León (61%).

3. Comunidades más o menos equilibradas: Extremadura (49% funcionarios y 51% laborales).

4. Comunidades más laboralizadas que funcionarizadas: Andalucía (56%), y Asturias (55%).

5. Comunidades altamente laboralizadas: Madrid (77%, porcentaje máximo).

Otra información muy interesante consiste en medir el índice de estabilidad en el empleo mediante la agregación por una parte de funcionarios y laborales (empleo estable, contrato vitalicio de los empleados públicos) y, por otra, de interinos y laborales temporales (empleo precario) (ver tabla V.13). Las comunidades autónomas con más empleados estables son Navarra, Madrid y Aragón que rozan el cien por cien. Las comunidades autónomas con más empleados en precario son Baleares y a mucha distancia Murcia, Canarias, Valencia y Cataluña.

Si cruzamos la información sobre los vínculos de los empleados públicos con la de la distribución por departamentos, por grupos, por edades y por sexo aparecen las siguientes grandes tendencias:

1) Una mayor laboralización de los grupos inferiores.

2) Una mayor precariedad del empleo (especialmente laborales temporales) en los grupos inferiores.

3) La existencia más o menos generalizada de departamentos más funcionarizados con respecto a departamentos más laboralizados: los departamentos transversales (Economía y Finanzas, Administración Pública y algunos sectores de Presidencia) están muy funcionarizados. Esto también ocurre con los departamentos más consolidados como, por ejemplo, Obras Públicas. En cambio, en los departamentos prestadores de servicios y departamentos más recientes hay una mayor presencia de laborales: Bienestar Social, Medio Ambiente, etc.

4) El personal más joven está más laboralizado e interinizado y, en consecuencia, padece más la precariedad del empleo.

5) Las mujeres están más laboralizadas y su situación de empleo es más precaria.

TABLA V.13. ÍNDICE DE ESTABILIDAD Y DE PRECARIEDAD DEL EMPLEO PÚBLICO EN LAS CCAA

Comunidad	*% Empleo estable*	*% Empleo inestable*
Andalucía(*)	80,6	19,4
Aragón	96,4	3,6
Asturias	92,6	7,4
Baleares(*)	56,3	43,7
Canarias*	73,5	26,5
Castilla-La Mancha	77,4	22,6
Castilla-León	78,1	21,9
Cataluña*	77,6	22,4
C. Valenciana	75,4	24,6
Extremadura	79,4	20,6
Galicia	88,6	11,4
La Rioja	80,3	19,7
Madrid*	97,6	2,1
Murcia	73,2	26,8
Navarra	98,7	1,3
País Vasco	87,3	12,7

* Datos de 1997.
(*) No incluye personal organismos autónomos y otros entes públicos.
Fuente: Elaboración propia.

Con todo, la principal disfunción respecto al vínculo jurídico del personal de las comunidades autónomas es que no se han definido ámbitos de trabajo y, más concretamente, tipologías de puestos de trabajo que impliquen unos homogéneos vínculos laborales. En cambio, es usual encontrar empleados públicos en un mismo ámbito de trabajo que ocupan idénticos o similares puestos de trabajo pero que tienen diversas relaciones jurídicas con la Administración. No son excepcionales las unidades donde coexisten funcionarios, interinos, laborales y laborales temporales que desarrollan todos ellos el mismo tipo de trabajo. Esta situación genera múltiples problemas: por una parte, dificulta a los responsables de estas unidades la gestión y administración del personal; por otra, y mucho más importante, genera tensiones entre los propios empleados ya que independientemente de su rendimiento en el trabajo tienen unas obligaciones y gozan de unos derechos distintos y difícilmente modificables.

2.3.D. Distribución de los empleados públicos por grupos

Los grupos se configuran como la espina dorsal de la función pública en España. Todos los funcionarios pertenecen a un grupo y más específicamente a los cuerpos generales o especiales. Los grupos fragmentan al personal funcionario y, en general, también al laboral, en función de la titulación requerida para acceder a la Administración. Además los grupos configuran los límites de la carrera administrativa de cada funcionario consistente en la paulatina asunción de niveles más altos que oscilan del 1 al 30.

En muchas administraciones la distribución de sus funcionarios en grupos se ha convertido en un problema para la distribución de las personas en los distintos puestos de trabajo, para configurar una carrera administrativa abierta y atendiendo al elevado índice de sobretitulación académica del personal. Para superar un poco estos y otros problemas han aparecido los puestos de trabajo mixtos: AB, BC, CD y DE.

La distribución de los funcionarios en grupos en las 15 administraciones autonómicas analizadas tiene los siguientes grandes rasgos (ver tabla V.14 y V.15):

1) Predomina el personal auxiliar administrativo (grupo D): 35,5%.

2) Le sigue el personal subalterno (grupo E): 19,4%, y el personal técnico superior (grupo A): 17,2%.

3) Los grupos menos numerosos son el personal técnico medio (grupo B): 14,1% y el personal administrativo (grupo C): 13,8%.

TABLA V.14.
EMPLEADOS PÚBLICOS DE LAS COMUNIDADES AUTÓNOMAS DISTRIBUIDOS POR GRUPOS

Comunidad	*Grupo A*	*Grupo B*	*Grupo C*	*Grupo D*	*Grupo E*
Andalucía	13	12	18	28	29
Asturias	17	15	9	43	16

TABLA V.14. CONTINUACIÓN
EMPLEADOS PÚBLICOS DE LAS COMUNIDADES AUTÓNOMAS DISTRIBUIDOS POR GRUPOS

Comunidad	*Grupo A*	*Grupo B*	*Grupo C*	*Grupo D*	*Grupo E*
Baleares	17	12	8	35	28
Canarias*	12	8	8	28	44
Castilla-La Mancha	22	19	13	31	15
Castilla-León	23	20	20	24	13
Cataluña*	19	14	20	35	12
C. Valenciana	17	14	12	36	22
Extremadura	17	18	13	29	23
Galicia	15	12	16	35	21
La Rioja	17	17	8	37	22
Madrid*	31	16	20	28	5
Murcia	15	18	10	38	19
Navarra	12	14	19	42	13
País Vasco	11	3	14	63	9

* Datos de 1997.
Fuente: Elaboración propia.

TABLA V.15.
PORCENTAJES MÁXIMOS Y MÍNIMOS DE LA DISTRIBUCIÓN GRUPAL POR COMUNIDADES AUTÓNOMAS

Grupo	*Porcentaje máximo*	*Porcentaje mínimo*
A	31 (Madrid)	11 (País Vasco)
B	20 (Castilla y León)	3 (País Vasco)
C	20 (Castilla y León, Cataluña y Madrid)	8 (Baleares, Canarias y La Rioja)
D	63 (País Vasco)	24 (Castilla y León)
E	44 (Canarias)	9 (País Vasco)

Fuente: Elaboración propia.

Los perfiles de comunidades autónomas más extremos en relación con su distribución grupal están en Canarias, Andalucía, Madrid, País Vasco, Asturias y Castilla y León:

– En Canarias y Andalucía destaca la fuerte presencia de empleados públicos que pertenecen al grupo E. También destacan por tener la más baja presencia de titulados superiores y medios (junto con el País Vasco).

– En Madrid el colectivo más importante lo configuran los titulados superiores y medios 47%, es decir, casi la mitad de los funcionarios tienen título universitario. También es importante el porcentaje del grupo C: 20%. De esta forma Madrid es la Administración autonómica que tiene el personal más calificado ya que al menos 6,7 de cada diez funcionarios tienen estudios a nivel del bachillerato o superior.

– En el País Vasco (también en Navarra y en Asturias) hay una muy alta proporción de empleados públicos que pertenece al grupo D debido al impacto de la policía autonómica (todos los efectivos policiales pertenecen al grupo D) y por otros puestos de baja categoría asociados a la sanidad y a la educación y que pertenecen a los cuerpos generales.

– En Asturias hay muchos auxiliares administrativos y pocos administrativos.

La distribución grupal de los empleados públicos de las administraciones de las comunidades autónomas nos indica el perfil profesional de su personal y las lógicas internas de trabajo. Un indicador relevante surge de relacionar el volumen de personal técnico o profesionalizado (representado por los grupos A y B) con el personal de soporte administrativo y auxiliar (grupos C, D y E). La tabla V.16 muestra el resultado de esta relación mostrando el volumen de personal de apoyo administrativo del que dispone cada técnico en las diferentes administraciones autonómicas. Las diferencias llegan a ser considerables: desde la Comunidad de Madrid que posee tanto personal técnico como auxiliar (ratio 1,12) hasta la Comunidad de Canarias que posee 4 efectivos administrativos o auxiliares para cada técnico. Esto significa que las lógicas de organización del trabajo en las distintas administraciones autonómicas son muy distintas generando un amplio espectro de modelos: desde organizaciones profesionales a organizaciones burocráticas.

Las diferencias que se pueden apreciar en relación con la distribución grupal de los empleados públicos de las comunidades autónomas analizadas son, en muchas ocasiones, difíciles de comprender. Nos encontramos ante unas administraciones con similares competencias que, en cambio, tienen unas categorías de personal muy diferentes. No se puede entender que para el funcionamiento de consejerías similares en unas administraciones predominen los titulados superiores y medios (el caso más evidente es la Comunidad de Madrid), que en otras predomine el personal administrativo y auxiliar administrativo (en la mayoría de las administraciones autonómicas) y que, finalmente, en algunas exista una importante proporción de subalternos (las comunidades de Canarias y de Andalucía). Las competencias a desarrollar (que ante la notable descentralización funcional son cada vez más de planificación, dirección y control) y la nueva organización del trabajo (la simplificación y la reducción de las tareas administrativas-operativas gracias a la informática) debería diseñar una estratificación funcionarial donde los grupos más potentes deberían ser los de más alto nivel (A y B).

TABLA V.16.
RELACIÓN PERSONAL TÉCNICO/PERSONAL DE APOYO ADMINISTRATIVO Y AUXILIAR DE LAS COMUNIDADES AUTÓNOMAS

Comunidad	*Auxiliares / Técnicos*
Andalucía	3,05
Asturias	2,11
Baleares	2,43
Canarias	4,00
Castilla-La Mancha	1,42
Castilla-León	1,34
Cataluña	2,03
C. Valenciana	2,28
Extremadura	1,87
Galicia	2,61
La Rioja	1,96
Madrid	1,12
Murcia	1,99
Navarra	2,75
País Vasco	6,01

Fuente: Elaboración propia.

Otro problema relevante en relación con la distribución grupal de los empleados de las comunidades autónomas es la existencia de un importante volumen de personal que está sobrecalificado o sobretitulado. Es decir, empleados que ocupan un grupo que está por debajo de su formación académica personal. Esta situación genera múltiples problemas a nivel de clima organizativo y bajos niveles de motivación y satisfacción en el trabajo. Es muy difícil cuantificar el problema ya que las bases de datos de personal de las comunidades autónomas no disponen de este tipo de información[7].

7 En un estudio elaborado por el Equipo Análisis Política de la Universidad Autónoma de Barcelona por encargo de la Dirección General de la Función Pública de la Generalidad de Cataluña se realizó una encuesta a una muestra representativa del personal de esta Administración (excluidos docentes y estatutarios) y se detectó que un 15% del personal poseía titulación universitaria y ocupaba puestos de trabajo pertenecientes a los grupos C, D y E.

3. El proceso de diseño de la organización administrativa de las comunidades autónomas y sus estrategias de modernización

3.1. Balance del proceso de diseño de las organizaciones administrativas de las comunidades autónomas

Los datos expuestos en el apartado anterior permiten, en parte, comprobar que los parámetros organizativos de las distintas comunidades autónomas son bastante similares entre sí y, en especial, con respecto al modelo de organización de la Administración General del Estado. No existen diferencias en torno a los criterios organizativos (salvo en algunos aspectos la Comunidad del País Vasco) y la diversidad sólo se produce en el volumen de las estructuras y, especialmente, en la composición del personal en cuanto al vínculo jurídico y a la distribución por grupos. Se puede afirmar como balance que las comunidades autónomas se mueven, a nivel de la organización de sus administraciones, entre un gran mimetismo y algunos rasgos de diferenciación.

También se ha podido apreciar que copiar el modelo organizativo de la Administración General del Estado no ha sido muy beneficioso para las comunidades autónomas ya que ha supuesto la transferencia de viejas disfunciones organizativas a unas organizaciones nuevas y, a poseer un modelo de organización que no se adecua a las necesidades objetivas de unas administraciones modernas con unas competencias alejadas a las clásicas de soberanía que fueron las que generaron hace casi dos siglos la organización administrativa de la Administración General del Estado. Las comunidades autónomas, al no hacer uso de la imaginación necesaria para la innovación a la hora de autoorganizarse, padecen unos evidentes síntomas de politización y desprofesionalización, poseen una notable inflación en sus estructuras administrativas y, su modelo de gestión está muy burocratizado al estar excesivamente centralizado en unos potentes servicios comunes. Además, la gestión de los programas está muy segmentada por la excesiva fragmentación de la estructura administrativa en diminutas unidades de gestión. Finalmente la estructura de personal adolece de serios desajustes. En definitiva, las comunidades autónomas son unas administraciones nuevas pero no son modernas desde el punto de vista de su diseño institucional.

En síntesis del conjunto de elementos, cifras y datos que se han presentado en este capítulo, destacan simultáneamente las enormes coincidencias de estructura administrativa entre las comunidades autónomas y los aparatos centrales del Estado, pero también destacan las diferencias que existen en la materialización de esas estructuras administrativas en cada comunidad autónoma. Por debajo de un dibujo aparentemente homogéneo, cuando se examina más de cerca su trama y su textura, el dibujo se nos presenta con matices, diferencias, desigualdades y coloridos distintos. Y esos contrastes no nos parecen superfluos o poco significativos, sino que de alguna manera muestran diferentes estrategias o formas de entender y de usar la autonomía.

El resultado del proceso de institucionalización de la organización administrativa de las comunidades autónomas pone de manifiesto un conjunto de características disfuncionales que configuran un diagnóstico crítico de este proceso y de sus resultados:

– En general, las organizaciones administrativas de las comunidades autónomas están muy atomizadas: fragmentadas en una gran variedad de consejerías y direcciones generales que tienen un tamaño muy pequeño y que, por consiguiente, multiplican los costes organizativos mínimos. En este sentido, aparece un gran número de consejerías con un volumen de personal y un presupuesto muy reducido y con unos servicios comunes (que se encargan de las tareas administrativas internas) enormes que difícilmente se justifican a tenor de la actividad desarrollada por dichas consejerías. También hay muchas direcciones generales que no tienen la suficiente dimensión para la realización efectiva de sus funciones y que, además, no están en condiciones de aprovechar economías de escalas en su gestión.

– Los servicios comunes, es decir los órganos de las consejerías que tienen como misión prestar servicios al resto de unidades administrativas (por ejemplo: direcciones generales de presupuestos, de función pública, informática, etc. y las secretarías generales o unidades similares de cada consejería) tienen unas dimensiones excesivas en comparación con el tamaño de las administraciones autonómicas. Los servicios comunes agrupan unas competencias, unas funciones, un presupuesto, un volumen de estructura, un personal y una capacidad de influencia cada vez más notable. La fortaleza de los servicios comunes origina un dominio de la organización transversal sobre la organización vertical, relación que es inversa a la lógica organizativa, que considera los servicios horizontales como simples soportes administrativos de las áreas directas de gestión. También se percibe, en algunos casos, una ligera tendencia a la *verticalización* de algunos servicios comunes, es decir, que llegan a asumir funciones de gestión directa o sectorial.

– Hay una excesiva presencia de órganos inferiores (subdirecciones generales, servicios, secciones y negociados) configurándose unas estructuras administrativas inflacionarias que son disfuncionales y poco acordes con el funcionamiento real de los distintos ámbitos administrativos. En efecto, muchas administraciones autonómicas padecen una notable inflación orgánica, es decir, hay más órganos activos o jefaturas profesionales de los objetivamente necesarios. Esta densidad orgánica es difícil de justificar por el volumen de competencias, de gestión y de personal. Como es lógico, el alto volumen orgánico genera relevantes gastos y disfunciones organizativas. Para citar sólo algunos ejemplos: dificultad de coordinación eficaz entre áreas y programas, excesiva *atomización* de las áreas de gestión, confusión entre los valores organizativos de naturaleza objetiva (estructura administrativa) y los valores de naturaleza subjetiva (carrera administrativa y aspiraciones personales de los funcionarios).

– Otra característica relevante de las administraciones de las comunidades autónomas es la monopolización de la clase política del espacio directivo y semidirectivo. La multiplicidad de los altos cargos políticos y el gran número de puestos ocupados con criterios de confianza política (sean éstos altos cargos, puestos destinados a eventuales o jefaturas administrativas ocupadas por funcionarios pero atendiendo en su ocupación criterios políticos de libre designación) constituyen rasgos comunes a las administraciones autonómicas. Hay algunos estudios (Jiménez Asensio, 1992, 1996; Mesa, 1991,1996) que muestran como el espacio político es excesivamente amplio quedando buena parte del nivel directivo de las administraciones autonómicas afectado directa o indirectamente por rasgos de lealtad política. Incluso algunos niveles intermedios están también impregnados por la discrecionalidad política en el momento de la ocupación de los puestos. Este panorama aparece de manera genérica en la mayoría de las comunidades autónomas aunque se observan muchas diferencias en su intensidad. Destacable es la Administración del País Vasco que posee la máxima concentración de altos cargos y puestos de confianza política o Cataluña que, por ejemplo, ha mantenido durante muchos años una Administración periférica donde predominaban las jefaturas (subdirecciones generales, servicios y secciones) ocupadas por personal eventual.

– Las comunidades autónomas han creado con rapidez, y en un número elevado, organismos autónomos y empresas públicas. Los motivos que justifican la gran presencia de estas experiencias de Administración funcional son buscar fórmulas organizativas más ágiles para escapar de la excesiva presión formalista de la organización administrativa central. Pero la anhelada flexibilidad no ha sido del todo alcanzada, al menos en el caso de los organismos autónomos, ya que, con el tiempo, los organismos autónomos han implantado un modelo de gestión similar a los órganos centrales de la Administración. Es decir, se ha renunciado a la flexibilidad, agilidad y dinamismo para potenciar el tradicional principio del control administrativo.

– Existen importantes diferencias en la estructura de los empleados públicos de las distintas comunidades autónomas. En muchos casos esta estructura no se corresponde con las necesidades objetivas de las administraciones autonómicas. En materia de personal las comunidades autónomas tienen una menor capacidad de autoorganización que en la dimensión de estructura administrativa ya que deben encauzar su política de personal atendiendo a la legislación básica del Estado. De todos modos, esto no es óbice para que puedan definir una política de personal propia y distintiva. En este sentido las diferencias en materia de personal entre las comunidades autónomas son, en algunas ocasiones, muy significativas: unas comunidades totalmente funcionarizadas *versus* algunas comunidades altamente laboralizadas, unas más profesionalizadas *versus* otras con un personal con perfiles más discretos. De todos modos hay un rasgo común: la falta de unos objetivos y criterios claros que permitan edificar una auténtica y coherente política de personal. En la mayoría de las administraciones autonómicas no existe una política clara de personal sino una gestión a corto plazo que tiene como principal función la administración de las cuestiones más operativas que afectan al personal. Hay dos dimensiones que destacan en materia de personal en las administraciones autonómicas y que definen distintos modelos de función pública: por un lado el tipo de vínculo jurídico predominante que mantiene el personal con cada Administración (funcionario, interino, laboral temporal o laboral indefinido) y la distribución grupal de los empleados públicos (A y B: técnicos que requieren titulación universitaria; C y D: personal administrativo que no requiere titulación universitaria; y E: personal subalterno).

Se percibe una falta de criterios a la hora de establecer los contratos laborales con los empleados públicos que ha impulsado que en unos mismos ámbitos de trabajo coexista personal con distintas obligaciones y derechos ocasionando, esta situación, graves problemas de gestión y de motivación del personal afectado. Tampoco están claros los criterios de distribución grupal de los empleados públicos de las comunidades autónomas ya que resulta difícil entender que para el funcionamiento de consejerías similares, en unas administraciones predominen los titulados superiores y medios y, en otras, predomine el personal administrativo y auxiliar administrativo. Otro problema relevante en relación con la distribución grupal de los empleados de las comunidades autónomas es la existencia de un importante volumen de personal que está sobrecalificado o sobretitulado.

3.2. Los canales institucionales del diseño organizativo de las comunidades autónomas

Las comunidades autónomas no han hecho mucho uso a su capacidad de autogobierno a la hora de dotarse de unos criterios propios en materia de organización de sus estructuras administrativas y del personal a su servicio. Esta aparente falta de interés en proporcionarse una organización distinta y acorde con las competencias a asumir y a las nuevas demandas de la sociedad puede explicarse mediante la convergencia de distintas circunstancias: las comunidades autónomas tienen partes significativas de su complejo organizativo que han sido directamente transferidas por la Administración General del Estado y han mantenido estos diseños organizativos heredados debido a la dificultad que entrañaba su posible modificación. Por otra parte, la rápida implantación del Estado autonómico a supuesto una cierta improvisación en materia organizativa ya que las comunidades autónomas estaban en sus orígenes más pendientes en adquirir nuevas competencias y en empezar rápidamente su gestión para conseguir inmediata legitimación que en pensar como gestionarlas de modo diferente a como lo hacía la Administración General del Estado y a estructurar las distintas unidades administrativas de una forma más conveniente.

Las causas que generan este mimetismo y ligera diferenciación no parecen argumentables sólo desde las diferencias básicas que se producen entre las diversas comunidades autónomas. Curiosamente variables como amplio nivel competencial *versus* limitado nivel competencial, comunidades históricas frente a comunidades recientes y comunidades uniprovinciales *versus* comunidades pluriprovinciales no parecen ser las variables explicativas más potentes, dada la gran igualdad institucional entre las comunidades autónomas, y tampoco parece que tengan una incidencia fundamental en las diferencias organizativas detectadas. En todo caso, estas dicotomías permiten explicar las diferencias en el número de consejerías y de los altos cargos pero poca cosa más:

– La variable histórica (comunidades autónomas con tradición histórica *versus* nuevas comunidades autónomas) no parece que sirva para explicar las diferencias y las similitudes entre la organización de las comunidades autónomas y entre éstas y la Administración General del Estado. El País Vasco opta por un modelo diferencial pero esto no ocurre en los casos de Cataluña, Galicia y Andalucía.

– La variable nivel competencial, amplia o limitada, tampoco es suficientemente explicativa de las leves diferencias a nivel de organización entre las comunidades autónomas, ya que existen significativas similitudes entre administraciones autonómicas con un amplio nivel competencial con las que poseen un limitado nivel competencial y, en cambio, las diferencias más significativas se producen en el interior de estos dos grupos: por ejemplo hay algunas variaciones entre las comunidades con un amplio volumen competencial (País Vasco, Cataluña, Galicia, Andalucía, Navarra, Valencia y Canarias).

Entonces, ¿qué variables permiten explicar las grandes similitudes y las tenues diferencias detectadas entre las organizaciones administrativas de las comunidades autónomas, en relación con el modelo de la Administración General del Estado? La hipótesis que manejamos respecto a esta circunstancia es que en el proceso de construcción de las administraciones autonómicas ha prevalecido una lógica institucional que ha condicionado los diferentes diseños organizativos. Los modelos organizativos actuales de las comunidades autónomas no son, probablemente, los que sus diseñadores habían deseado en su momento sino los que han sido impuestos por una predominante cultura organizativa propia de los servicios de la Administración General del Estado. En la mayoría de los casos las comunidades autónomas no se plantearon generar un modelo organizativo propio y original lo que facilitó la supervivencia del modelo y de la cultura organizativa de la Administración General del Estado. La clave está en vislumbrar que personas o colectivos fueron los que se encargaron materialmente de diseñar el nuevo modelo de organización de las comunidades autónomas. En este sentido, fueron funcionarios altamente calificados procedentes de la Administración General del Estado los que directa o indirectamente diseñaron el actual modelo organizativo. Por funcionarios altamente calificados entendemos, en este caso, a personal que pertenece al grupo superior y al cuerpo General de la Administración General del Estado que era el colectivo de personal que, por sus funciones de gestión, tenía interiorizado el modelo y la cultura organizativa de la Administración General del Estado[8]. El personal superior del cuerpo General de la Administración General del Estado que fue transferido a las comunidades autónomas diseñó de forma deliberada, y a veces no tan deliberada, un modelo de organización que era el que tenía interiorizado. Su forma de trabajar en las nuevas administraciones autonómicas tendía a reproducir los antiguos sistemas de trabajo de la Administración General del Estado. Como refleja uno de los principios del nuevo institucionalismo, las instituciones proporcionan a los individuos vocabularios e incentivos y les dotan de un sentido del *yo*. Las instituciones trazan los límites de la naturaleza misma de la racionalidad y, por ende, de la individualidad. Los funcionarios transferidos a las comunidades autónomas se comportaron en función de unas reglas, rutinas y símbolos, producto de unos procesos de socialización en sus administraciones de origen.

En este sentido, las emergentes administraciones autonómicas se configuraron en torno a tres tipos de colectivos de empleados públicos: a) nuevos empleados públicos los cuales no poseían *a priorismos* institucionales y que, por lo tanto, buscaban un modelo que ofreciera cierta certidumbre a sus procesos de trabajo, b) Colectivos de empleados especializados (profesores, médicos, etc.) transferidos por la Administración General del Estado que poseían un sentido institucional muy concreto asociado a pautas corporativas y a la administración de esferas particulares de la gestión pública (centros educativos, centros sanitarios, etc.). Estas dos subculturas organizativas tuvieron muy poca influencia a la hora de diseñar la organización general de las comunidades autónomas, c) Por último, había los colectivos de los funcionarios transferidos de la Administración General del Estado y de las diputaciones provinciales que pertenecían al cuerpo general y que, por lo tanto, se comportaron en función de sus respectivos modelos organizativos de origen. De todos modos, el nivel de socialización y la firmeza del modelo de organización era mucho más intenso en el personal que provenía de la Administración General del Estado que en el que provenía de las administraciones provinciales. Son los funcionarios de alto nivel de la Administración General del Estado capacitados en la gestión general los que llevaban interiorizadas unas reglas, unos símbolos y unas pautas de comportamiento que tendieron a reproducir consciente o inconscientemente en los incipientes aparatos administrativos de acogida.

Algunas comunidades autónomas, como el País Vasco y Cataluña, tenían la intención (no explicitada en documento alguno) de modelar unas organizaciones administrativas con criterios propios y, por lo tanto, distintas a la organización de la Administración General del Estado. El País Vasco consiguió, en parte, un

[8] Las comunidades autónomas absorbieron muchos otros colectivos de funcionarios altamente calificados que pertenecían a cuerpos técnicos-especializados (por ejemplo los cuerpos de ingenieros, médicos, docentes, etc.). Estos roles profesionales no se encargaban de tareas de gestión general y, por lo tanto, no estaban tan vinculados al modelo institucional básico de la Administración General del Estado.

diseño propio y original; Cataluña, en cambio, reprodujo el modelo de la Administración General del Estado. Intentar explicar las causas de por qué en Cataluña y el País Vasco, a pesar de poseer voluntades similares, llegan a resultados distintos puede ayudarnos a comprender el proceso de diseño institucional de las comunidades autónomas. Hay que resaltar que ambas administraciones autonómicas absorbieron muy pocos funcionarios superiores del cuerpo general de la Administración General del Estado. Cataluña recibió un volumen insignificante de personal con estas características (menos de 10 personas) pero su impacto no estaba en función del volumen. En Cataluña este escaso personal ocupó rápidamente puestos clave (comisiones mixtas de transferencias, jefaturas más importantes) y fueron los que se encargaron de diseñar el nuevo modelo organizativo. Pero debe destacarse que los funcionarios que llevan interiorizado el modelo de organización de la Administración General del Estado constituyen una variable importante pero no la única ni, quizás, la más relevante. El elemento más destacado consiste en considerar qué modelos alternativos existían (a modo de fuentes de inspiración y de pautas a seguir) en el momento del diseño de las administraciones autonómicas y la percepción que tenían sobre éstos los *constructores* de estas administraciones. Los principales modelos que existían eran el de la Administración General del Estado y el de la Administración local (básicamente las diputaciones y, en menor medida, la organización de los grandes municipios). Cuando se estaba institucionalizando, por ejemplo, la Administración de la Generalidad de Cataluña, ésta tenía enfrente a dos modelos organizativos alternativos inicialmente no deseados: el de la Administración General del Estado y el de la Administración de las diputaciones (fundamentalmente la Diputación de Barcelona) y funcionarios transferidos de ambas administraciones. Pero el ejemplo de la organización de las diputaciones nunca llegó a ser un modelo tenido en cuenta, por motivos de dimensión y también por motivos simbólicos y políticos. Se podría decir que la Administración catalana no tuvo más remedio que inspirarse en el sistema institucional de la Administración General del Estado. El País Vasco, en cambio, siguió una estrategia muy diferente a la de la Generalidad de Cataluña: de los dos modelos posibles se descartó rápidamente el de la Administración General del Estado, Administración que se percibía como muy lejana y, en cambio, se constituyó como modelo de referencia el modelo organizativo de las diputaciones forales, administraciones muy arraigadas en esta autonomía y con un despliegue organizativo intenso y maduro. De esta manera, los principales elementos diferenciales de la Administración autonómica vasca como pueden ser la ausencia de las jefaturas profesionales (subdirecciones generales, etc.), la gran atomización departamental y el elevado nivel politización de su Administración (especialmente por el elevado número de altos cargos) se inspiran directa o indirectamente, de forma positiva (copiando) o negativa (divergiendo intencionadamente) en el modelo organizativo de las diputaciones forales.

En cierta manera el sistema institucional de la Administración General del Estado aparece, para la mayoría de las comunidades autónomas (como en el caso de Cataluña), como el diseño organizativo más sólido, con mayor tradición, que permite una organización normativa de los medios y que posibilita una rápida legitimación de las administraciones autonómicas emergentes. Legitimación que no significa que vaya necesariamente ligada a la eficacia. Aplicando la terminología del nuevo institucionalismo se podría decir que el modelo de la Administración General del Estado era institucionalmente más *voraz* (que establece mayores pautas de certidumbre y que demanda un mayor compromiso por parte de los miembros de la organización) que los modelos de las administraciones provinciales o que un hipotético nuevo modelo que intentara emerger autónomamente.

Pasemos de los casos puntuales (Cataluña y País Vasco) a intentar hacer algunas categorías genéricas en cuanto a los factores que han canalizado el diseño organizativo de las comunidades autónomas:

– La variable presencia de un modelo de organización administrativa alternativo al de la Administración General del Estado de la mano de las diputaciones provinciales parece explicar algunas de las diferencias de diseño organizativo de las diversas comunidades autónomas. Esta variable tiene diferentes niveles de impacto:

1) Caso de las diputaciones forales en el País Vasco como organizaciones potentes y autóctonas que se configuraron como un importante punto de referencia de cara a la construcción de la Administración autonómica vasca. Esta Administración adopta una parte del modelo de la Administración de las diputaciones forales. Navarra configuraría una subcategoría ya que, al ser una comunidad uniprovincial, absorbe la Diputación foral de Navarra. Ejemplos de estas diferencias:

a) En el País Vasco no existen las típicas jefaturas profesionales (Subdirección General, Servicio, Sección y Negociado) típicas de la Administración General del Estado y también de las diputaciones forales. En este sentido, las diputaciones forales pudieron ejercer de *contramodelo*, y deliberadamente el Gobierno vasco optó por no introducir estas figuras al conocer los problemas que habían generado hasta el momento en las diputaciones forales.

b) En la Comunidad del País Vasco hay un gran volumen de altos cargos (consejeros, viceconsejeros, directores generales) y puestos de confianza política, muy por encima al de la Administración General del Estado y al resto de las comunidades autónomas pero, en cambio, parecido a las diputaciones forales donde el nivel político llega hasta algunos núcleos operativos y hay una notable presencia de altos cargos y unidades *staff* de carácter político.

c) La Comunidad del País Vasco es la Administración que ha emprendido un proceso de modernización administrativa más ambicioso y que no se inspira en la transformación de la Administración General del Estado sino en diversas experiencias internacionales. En este sentido, se reafirma la independencia de esta Administración autonómica en relación con las pautas mayoritarias del resto de administraciones autonómicas.

d) En la Comunidad de Navarra el 99,5% de los empleados públicos son funcionarios, en unos porcentajes similares se mueven algunas diputaciones forales.

e) El Gobierno de Navarra presenta un modelo de organización de las consejerías (el modelo foral) radicalmente diferente a los cinco modelos restantes de organización de las consejerías de las comunidades autónomas: servicios (unidades profesionales) que dependen directamente del consejero, la unidad de gestión de servicios comunes (Secretaría Técnica) con sólo un *rango* de Servicio.

2) Caso de las comunidades autónomas uniprovinciales que absorbieron en su totalidad las diputaciones provinciales traduciéndose esta circunstancia en algunas pautas organizativas diferentes a las de la organización de la Administración General del Estado. En este sentido, podríamos decir que estas comunidades autónomas tienen como modelo básico la organización de la Administración General del Estado y como modelo complementario la organización administrativa de las diputaciones provinciales. En esta situación se encuentran Navarra, Cantabria, Asturias, La Rioja, Murcia, Baleares y, en menor medida, Canarias. Madrid es un caso especial ya que debido a sus dimensiones recibe un volumen muy alto de transferencias de la Administración General del Estado que minimiza el impacto del modelo organizativo de su antigua Diputación provincial. Ejemplos:

a) Varias de estas comunidades autónomas no poseen subdirecciones generales (La Rioja, Canarias, Cantabria, Asturias y Navarra). Esta jefatura es fundamental en la Administración General del Estado pero inexistente en las diputaciones provinciales.

b) La Comunidad de Baleares tampoco posee subdirecciones generales pero, en cambio, tiene áreas (unidades que aparecen en algunas diputaciones provinciales).

c) Las características comentadas sobre la situación del Gobierno de Navarra en la categoría anterior.

3) Caso de comunidades autónomas pluriprovinciales pero con una provincia que predomina claramente con respecto a las otras y que ejerce una cierta influencia como modelo al diseñarse la Administración autonómica. En estas comunidades autónomas su modelo básico es la Administración General del Estado y, en menor medida, la Diputación provincial de la provincia más importante. Es la situación de Valencia y de Aragón. Ejemplos:

a) La denominación de la Comunidad de Aragón: Diputación General de Aragón.

b) La ausencia de subdirecciones generales en la Comunidad Valenciana y la presencia de áreas y divisiones que son frecuentes en algunas diputaciones provinciales.

4) Caso de comunidades autónomas pluriprovinciales que adoptan como único modelo la organización de la Administración General del Estado. Casos de Cataluña, Galicia, Andalucía, Castilla y León y Castilla-La Mancha.

– La variable procedencia del personal refuerza el punto anterior: la Administración del País Vasco absorbió personal político y administrativo de las diputaciones forales, las comunidades autónomas uniprovinciales recibieron íntegramente el personal adscrito a las antiguas diputaciones provinciales o foral (caso de Navarra). El resto de comunidades autónomas también absorbieron empleados de las diputaciones pero en menor proporción.

3.3. La estructura de la función pública: una diferenciación provocada por los ciclos en la contratación del personal y por los contextos socioeconómicos de las comunidades autónomas

Las comunidades autónomas experimentan notables diferencias en materia de personal. En las dos variables que se han descrito (vínculos jurídicos y distribución por grupos), y que son fundamentales en materia de personal, se aprecian considerables diferencias entre las distintas comunidades autónomas. Por ejemplo en cuanto al vínculo se han detectado diferencias extremas como, por ejemplo, entre Navarra con un 94% de personal funcionario y Madrid con sólo un 27% (ver tabla V.18).

La hipótesis de trabajo en relación con el vínculo jurídico de los empleados públicos es que la diversidad que se manifiesta entre las distintas administraciones autonómicas no se deriva de unas diferentes concepciones en política de personal. Además, variables como la recepción de funcionarios traspasados o el nivel competencial explican sólo una parte de las desigualdades pero no consiguen argumentar la substancia de las mismas. En efecto, hay notables diferencias entre las comunidades con un nivel competencial amplio (el 64,8% de los empleados públicos son funcionarios) con respecto a las que poseen un nivel competencial limitado (el 56,2% de los empleados públicos son funcionarios). De todos modos el nivel competencial no parece ser la variable que aclare estas diferencias sino que es un síntoma de unas circunstancias más profundas que son las que permiten argumentar la diversidad: en concreto la variable explicativa más potente es el tiempo (espacio temporal en que las administraciones autonómicas reciben el traspaso de competencias y contratan a su nuevo personal) y la variable tamaño (dimensión de la Administración) que complementa la variable tiempo en el sentido que en una Administración de pequeño tamaño el espacio temporal en que transcurre la incorporación de nuevos empleados será más reducido que en las grandes administraciones autonómicas que emplearon un espacio de tiempo mucho más dilatado. De esta forma la variable temporalidad agrupa, por una parte, a las comunidades autónomas que impulsaron en primer lugar el proceso de constitución de su función pública (País Vasco, Cataluña, Navarra, Galicia y Andalucía) y, por otra, a las administraciones que lo hicieron en un momento posterior o que recibieron ampliaciones competenciales de forma tardía por la vía del art. 150.2 de la Constitución (Valencia, Canarias y Madrid serían los casos más claros). Si combinamos las dos variables (variable tiempo: las administraciones que se desarrollan en el primer período a las que se desenvuelven en el segundo período; y la variable tamaño: de Administración pequeña, que supone más rapidez en el proceso de institucionalización, a más grande, que implica la ralentización del proceso de institucionalización) el orden de las comunidades autónomas sería aproximadamente el que refleja la tabla V.17.

La variable explicativa más relevante es el impacto que tienen las fases institucionales en la contratación del personal y que han sido las responsables de la composición plural actual de los empleados públicos en función del vínculo. Si atendemos a los tres períodos propuestos en el apartado anterior podemos identificar distintas tendencias (o modas) en las políticas de contratación del personal:

TABLA V.17.
ORDEN DE LAS COMUNIDADES AUTÓNOMAS EN FUNCIÓN DEL MOMENTO DE DISEÑO DE SU ADMINISTRACIÓN Y DEL TAMAÑO

Orden	*Admón. autonómica*	*Orden*	*Admón. autonómica*
1	Navarra	8	Cataluña
2	País Vasco	9	Andalucía
3	La Rioja	10	Extremadura
4	Murcia	11	Castilla-La Mancha
5	Baleares	12	Canarias
6	Asturias	13	Valencia
7	Galicia	14	Madrid

Fuente: Elaboración propia.

1) Período de creación, fundación e institucionalización (1980-1987): se caracteriza por el interés de las administraciones autonómicas en crear su propia función pública y se corresponde, por tanto, a un momento de funcionarización: las comunidades autónomas que acceden a la autonomía mediante la vía del art. 151 de la Constitución o mediante la vía especial (Navarra) contratan un elevado número de funcionarios. Las comunidades pequeñas (Navarra, País Vasco) casi culminan el proceso de contratación de todas las nuevas necesidades de personal; las comunidades con mayores dimensiones contratan, en cambio, un alto volumen de personal pero no culminan el proceso hasta el período siguiente. Las comunidades autónomas que acceden más tarde por la vía del art. 143 de la Constitución (o del art. 144, como es el caso de Madrid) contratan sólo una parte de su personal en este período salvo las comunidades autónomas más pequeñas.

2) Período de consolidación y expansión (1988-1995): momento de crisis en el sistema de contratación de funcionarios debido a que las administraciones autonómicas sienten temor por la inflexibilidad de los estatutos de la función pública y se inicia la tendencia a laboralizar las nuevas entradas de personal.

Esto afecta a las comunidades históricas de grandes dimensiones (como Andalucía y Cataluña) que congelan las oposiciones a funcionarios y optan por los contratos laborales. También afecta a las comunidades más tardías cuyo desarrollo fundamental acontece en este período (Madrid) o a las que ven ampliadas considerablemente las competencias en este momento (Valencia y Canarias).

3) Final de ciclo (1996-2000): el modelo de laboralización entra también en crisis ya que no se perciben con claridad las ventajas de la laboralización y si se ponen de manifiesto los inconvenientes (tener dos colectivos con diferentes derechos y obligaciones dificulta la racional gestión del personal). A esta circunstancia hay que añadir algunas sentencias de los tribunales y una nueva legislación que pone en cuestión la utilización masiva de esta vía de contratación. Es un momento de confusión donde se regresa sin mucha convicción a una cierta funcionarización de los empleados públicos. De todos modos, el impacto real de este período es muy limitado ya que las contrataciones más importantes de personal ya se habían producido en todas las comunidades autónomas en los períodos anteriores.

La tabla V.18 refleja el orden propuesto en función del tiempo de constitución de las administraciones autonómicas y el tamaño y se asocian ambos factores con el porcentaje que representan los funcionarios sobre el total de los empleados públicos. La hipótesis de que cuanto más temprana es una Administración autonómica y/o es más pequeña implica una mayor funcionarización, en términos generales, se confirmaría. También se corrobora la tendencia inversa: cuanto más se retrasa el proceso de institucionalización y mayor tamaño tiene una Administración autonómica más alto es el índice de laboralización. En este sentido la tabla V.18 muestra este orden aunque de forma imperfecta (hay tres comunidades autónomas que no siguen la hipótesis planteada: Asturias, Castilla-La Mancha y Valencia).

TABLA V.18.
ORDEN DE LAS COMUNIDADES AUTÓNOMAS EN FUNCIÓN DEL MOMENTO DE DISEÑO DE SU ADMINISTRACIÓN Y DEL TAMAÑO, Y PORCENTAJE DE FUNCIONARIOS ENTRE SUS EMPLEADOS PÚBLICOS

Orden	*Admón. Autonómica*	*% fun*	*Orden*	*Admón. Autonómica*	*% fun*
1	Navarra	94,5	8	Cataluña	67,6
2	País Vasco	77,3	9	Andalucía	43,6
3	La Rioja	68,6	10	Extremadura	48,7
4	Murcia	79,9	11	Castilla-La Mancha	**58,1**
5	Baleares	60,9	12	Canarias	37,2
6	Asturias	**44,6**	13	Valencia	**65,8**
7	Galicia	67,8	14	Madrid	26,9

* Los datos en negrita no siguen la hipótesis planteada.
Fuente: Elaboración propia.

La adscripción de los empleados públicos en los distintos grupos profesionales es una variable importante que indica el nivel de profesionalización de las administraciones autonómicas. Vistas las nuevas líneas de descentralización funcional de los servicios públicos (hacia organismos autónomos, empresas públicas o concesiones de servicios públicos a entidades privadas) las administraciones requieren personal cada vez más capacitado para las tareas de planificación, control y evaluación de los programas públicos. Pero, a tenor de los datos, no todas las administraciones autonómicas caminan en el mismo sentido. En esta ocasión las variables que explican las diferencias en el nivel de profesionalización de los empleados autonómicos son las clásicas que distinguen a las diferentes comunidades autónomas: por una parte el nivel competencial, sea éste amplio (menor nivel profesional de sus empleados) o limitado (mayor nivel) y, por otra parte, el volumen de personal transferido por la Administración General del Estado y por las diputaciones provinciales (cuanto más intensas han sido estas transferencias más bajo es el perfil de los empleados públicos). Pasemos seguidamente a comprobar estas hipótesis.

Del mismo modo que sucede con el vínculo las diferencias en la distribución grupal de los empleados de las distintas comunidades autónomas son muy elevadas. Un indicador que resume muy bien la situación sobre el nivel de calificación de los empleados de las administraciones autonómicas es el que relaciona el personal técnico con el personal de apoyo administrativo y subalterno (ver tabla V.19). Las diferencias son notables: desde autonomías que tienen casi la mitad del personal con estudios universitarios (Madrid) a las que tienen hasta cuatro administrativos o personal con nivel inferior para cada titulado universitario (Canarias).

¿Cuáles son los factores que explican estas diferencias? Todo parece indicar que el elemento que ofrece mayor justificación a esta diversidad es la dicotomía comunidades autónomas con amplias competencias *versus* comunidades autónomas con limitadas competencias. Las primeras agrupan, en términos generales, personal peor calificado ya que poseen competencias que requieren bajos perfiles de personal (empleados de mantenimiento y vigilancia de centros educativos, policía autonómica —País Vasco y más recientemente Cataluña—, personal penitenciario —caso de Cataluña—, bomberos, etc.). La tabla V.19 muestra de forma muy clara estas diferencias.

TABLA V.19. RELACIÓN PERSONAL TÉCNICO/PERSONAL DE APOYO ADMINISTRATIVO SUBALTERNO EN LAS COMUNIDADES AUTÓNOMAS CON ALTO Y BAJO NIVEL COMPETENCIAL

CCAA competencias amplias	*Ra**	*CCAA competencias limitadas*	*Ra*
País Vasco	6,01	Baleares	2,43
Canarias	4,00	Asturias	2,11
Andalucía	3,05	Murcia	1,99
Navarra	2,75	La Rioja	1,96
Galicia	2,61	Extremadura	1,87
Comunidad Valenciana	2,28	Castilla-La Mancha	1,42
Cataluña	2,03	Castilla-León	1,34
		Madrid	1,12

* *Ratio*: Relación personal técnico/personal de apoyo administrativo o inferior. Cuanto más bajo es la *ratio,* mayor índice de calificación de los empleados públicos.
Fuente: Elaboración propia.

De todas maneras, las disparidades dentro de cada uno de estos dos grupos siguen siendo significativas: por ejemplo en las administraciones con un alto techo competencial la relación oscila entre 2 empleados auxiliares por cada técnico (Cataluña) y 6 (País Vasco) y, en las comunidades con un bajo techo competencial entre 1,12 (Madrid) y 2,43 (Baleares).

Existen varias explicaciones que hacen hincapié en el contexto socioeconómico de las distintas administraciones autonómicas, en el sentido que algunas comunidades autónomas con un alto índice de desempleo han preferido redistribuir más su oferta de trabajo en perjuicio de una Administración más pequeña y profesionalizada (caso de Canarias, Andalucía y Asturias). Otra explicación podría ser que las sociedades más clientelares han presionado también para que se ampliasen las ofertas de empleo público de las administraciones autonómicas como puede ser el caso de Andalucía (Porras, 1994). De todos modos son argumentos algo débiles que requieren un mayor contraste con datos cuantitativos y cualitativos. Desde nuestro punto de vista las diferencias detectadas son más argumentables en función del volumen de trasferencias de personal, que han recibido las comunidades autónomas, de la Administración General del Estado y de las diputaciones provinciales. Personal que, en términos generales, tenía un perfil bajo (la Administración periférica del Estado y las diputaciones provinciales han sido tradicionalmente inflacionarias en personal administrativo, auxiliar y subalterno). Esto implica que en las administraciones autonómicas con menor tamaño el porcentaje de los transferidos sobre el total de sus empleados públicos sea más alto y esto, a su vez, hace que el nivel profesional de sus efectivos de personal sea bajo. Navarra, por sus especificidades, es un caso especial que no cumple esta regla.

3.4. Los procesos de modernización administrativa de las comunidades autónomas

Durante los últimos años en las comunidades autónomas han proliferado programas, planes y proyectos desiguales de modernización administrativa. Hay una conexión clara entre los primeros intentos de modernización en la Administración General del Estado (1989) y los primeros síntomas de necesidad de cambio en los aparatos administrativos de las comunidades autónomas. Es decir, el mimetismo de éstas con respecto a la Administración General del Estado sucede también con los proyectos de reforma administrativa. En términos generales las aportaciones modernizadoras de las comunidades autónomas han sido muy discretas: ciertas experiencias de unificación de trámites, de ventanilla única, de mejor atención a los ciudadanos, y una notable extensión de la retórica modernizadora y de los cursos de formación de gestión pública podría ser un intento de balance (Subirats, 1995). Pero los grandes problemas organizativos de estas administraciones siguen casi intactos. Las claves del escaso desarrollo y de los pobres resultados de estos procesos de modernización pueden ser el mimetismo con respecto a experiencias de otras administraciones y la falta de una auténtica convicción en su implantación. El común denominador de estas experiencias es su escasa ambición (salvo en el caso del País Vasco) y sus pobres resultados. De todas maneras hay notables diferencias entre las estrategias seguidas por las distintas administraciones autonómicas.

El proyecto CORAME (Comisión de Racionalización y Mejora) del País Vasco es el proyecto de modernización más ambicioso. La organización administrativa de esta comunidad es la que más se ha alejado del mimetismo hacia la organización de la Administración General del Estado y probablemente la Administración autonómica que ha manifestado más patologías organizativas. Estas dos circunstancias, originalidad y soledad de su modelo y los graves problemas en la implantación del mismo, son las causas que generaron una seria reflexión y propuesta de reforma. La CORAME elabora un plan que comprende 47 medidas con el objetivo de generar «una nueva organización para una nueva etapa del Gobierno vasco» (Echebarría, 1994). Los contenidos básicos de este proyecto son reforzar la coordinación estratégica del Gobierno, simplificar las estructuras administrativas, disminuir el número de altos cargos y promover directivos públicos profesionales y, finalmente, adecuar los mecanismos para controlar el gasto y mejorar los resultados (Castells, 1996). El proceso de modernización del País Vasco es similar al promovido por la

Administración General del Estado en el sentido de que se parte de la elaboración de un diagnóstico global serio y certero pero que tras la plasmación del mismo en un documento consensuado apenas se implantan unas pocas de las propuestas de mejora. La única excepción a esta no implementación del nuevo modelo propuesto consiste en la reducción del número de los altos cargos (Mesa, 1996).

El caso de Cataluña es muy distinto. Las estrategias incipientes de mejora de esta comunidad autónoma son tempranas ya que se inician en 1985 con la creación de un Comité Asesor para el Estudio de la Organización de la Administración. Este Comité no empieza a ser operativo hasta 1989 y centra su actividad no tanto en la elaboración del clásico diagnóstico y diseño de estrategias de mejora sino en impulsar acciones concretas para mejorar espacios determinados de la organización autonómica (Florensa, 1994). Sus actividades principales consintieron en adecuar algunas estructuras administrativas a las funciones concretas que desempeñan (Mas, Ramió, 1992) y a la racionalización de procedimientos administrativos. Estas actividades puntuales, poco ambiciosas pero realistas facilitaron que este Comité conociera la amplitud y la profundidad de los problemas organizativos que aquejaban a las distintas consejerías de esta comunidad. Como consecuencia de este conocimiento nace el proyecto ARA (Acción de Reforma Administrativa) en el año 1993 con la intención de acometer de manera integrada la estrategia de mejora organizativa. Este proyecto coincide en algunos puntos con el de la CORAME del País Vasco pero se caracteriza por el realismo de sus objetivos y estrategias. No se trata de cambiarlo todo sino de modificar elementos específicos e implantar estos cambios de forma gradual. Desde 1993 hasta el momento actual el proyecto ARA se ha concentrado básicamente en elaborar sistemas de información (o cuadros de dirección) para las distintas consejerías y en definir un amplio espectro de indicadores de economía, de eficiencia, de resultado y de impacto. En definitiva, el proceso de modernización de la Generalidad de Cataluña es largo y lento, quizás en exceso, pero cauto, realista y adaptado a los problemas reales y específicos de su organización.

Galicia, por su parte, se aleja de los dos modelos anteriores y asume unos esfuerzos modernizadores focalizados en los procedimientos administrativos y en mejorar los canales de relación con los ciudadanos. En 1991 se creó la Comisión Central de Racionalización Administrativa, órgano colegiado donde se agrupan las secretarías generales de cada consejería y tiene como funciones proponer los principios básicos del proceso de reforma, planificar las distintas fases y supervisar su puesta en práctica (Losada, 1994). Sus actividades se han centrado en cuatro actuaciones fundamentales: 1) La regularización de la función pública (básicamente la elaboración de nuevas relaciones de puestos de trabajo); 2) La puesta en marcha de un sistema de gestión de procedimientos; 3) La puesta en marcha de un sistema de información a los ciudadanos; y 4) Codificación y refundición normativa (Rodríguez, 1992, 1996). De estas cuatro estrategias destaca la tercera: la implantación de un sistema de información al ciudadano, consistente en crear ventanillas únicas de información y atención al ciudadano. Durante los últimos años este esfuerzo se ha plasmado en diseñar una *web* interactiva de la Junta de Galicia que permite a los ciudadanos iniciar y hacer un seguimiento de varios procedimientos administrativos. Las estrategias de modernización de la Junta de Galicia están consiguiendo notables éxitos y se ha configurado como un modelo a seguir por el resto de las comunidades autónomas en las estrategias de conexión con la ciudadanía y en la utilización de las nuevas tecnologías de la información y de la comunicación para estos menesteres.

Algunas de las comunidades autónomas que han implantado estrategias de modernización siguen el esquema experimentado en Galicia. Canarias destaca en la implantación del modelo gallego y creó una *web* interactiva muy parecida al de la Junta de Galicia. Andalucía elabora unas tenues y poco estructuradas estrategias de información al ciudadano y de racionalización administrativa (fundamentalmente informatizando los procedimientos administrativos) (Porras, 1994). Navarra ha realizado un notable esfuerzo en reorganizar parcialmente sus consejerías (Razquin, 1994). Valencia ha fundamentado su actividad en la formación de sus empleados públicos (Irure, 1994). Madrid ha experimentado sucesivas reorganizaciones administrativas y ha intentado una cierta racionalización de sus procedimientos (Villoria, 1994). En la Comunidad de Madrid destacan las actividades desarrolladas por la Dirección General de Calidad que ha implantado en muchos ámbitos de gestión de esta Administración autonómica el modelo europeo de calidad (EFQM). Estas actividades de Madrid también han tenido un importante impacto en varias comunidades autónomas. El Gobierno de La Rioja ha impulsado un plan de modernización que se basa en la optimización de los procedimientos administrativos y en mejorar la atención al ciudadano, ambos procesos con el apoyo de las nuevas tecnologías de la información y de la comunicación. Lo más interesante del proceso de modernización de La Rioja es que tiene la intención de vincular estos procesos técnicos de reforma con la dinamización de sus recursos humanos e intentar transformar la cultura administrativa (Arenilla, 2000). Sobre la situación de la organización y planteamientos de reforma en las demás comunidades autónomas no hay publicaciones que atestigüen su situación salvo en el caso de Aragón sobre el que existe un análisis de su estructura administrativa (Giménez, 1994). En todo caso, la situación de estas comunidades autónomas es similar a la de las comentadas: no se han planteado su modernización global y los esfuerzos de cambio se han centrado en puntuales modificaciones de las estructuras administrativas de sus consejerías, a una relativa racionalización de los procedimientos administrativos, a la implantación o mejora de los canales de atención a los ciudadanos, y a realizar con mayor o menor intensidad esfuerzos en la capacitación de sus empleados públicos.

Tras estas experiencias se puede llegar a la conclusión de que quizás los distintos diagnósticos empiezan a ser algo más claros, pero no todo lo que sería deseable y que, por otro lado, las voluntades políticas (preocupadas ante los previsibles costes de una operación de cambio organizativo y ante los escasos resultados positivos previsibles a corto plazo), y las soluciones aplicadas (basadas en el mimetismo de experiencias internacionales o de la Administración General del Estado y en la aplicación de técnicas procedentes del *management* privado) tampoco parecen ser las más apropiadas. Probablemente cuando se intentaron estas experiencias todavía no era el momento adecuado. Hay que esperar a que las administraciones autonómicas se consoliden, reciban las transferencias completas y además asuman su identidad y rol en el panorama administrativo del país. También es necesario que vayan mejorando lentamente sus sistemas de información para que les permita poseer mucha más información sobre su configuración administrativa (sus puntos fuertes y sus puntos débiles). Una vez sean conscientes de su papel y de las características de su organización estarán en condiciones para plantear estrategias reformadoras encaminadas a mejorar sus parámetros organizativos. En la actualidad se está avanzando en saber dónde están y cómo son, más adelante deberán plantearse y responder hacia dónde quieren ir y cómo desean o pueden hacerlo.

4. El impacto de veinte años de comunidades autónomas

Después de veinte años desde la creación de las comunidades autónomas es evidente que éstas se han configurado en un actor muy importante del paisaje político-administrativo español. Las comunidades autónomas han desarrollado una importante labor de institucionalización y creación de su propio espacio entre la tradicional y poderosa Administración General del Estado y la también tradicional, pero débil, Administración local. En la actualidad las comunidades autónomas son determinantes en buena parte de los servicios públicos esenciales del país. En relación con la enorme cifra de recursos económicos y humanos que manejan, su capacidad de decisión puede no resultar proporcionada: sin embargo, el ámbito de discrecionalidad de que disponen es suficientemente amplio como para crear sus propias y diferenciadas políticas públicas en, por ejemplo, sanidad, educación o bienestar social (Fundación Encuentro, 1997: 379).

Las autonomías han supuesto la creación de un nivel administrativo intermedio que ha ido dando lugar a una mejora de la información y del servicio a los ciudadanos. De todos modos, la mejora o incremento de esa capacidad de servicio está condicionada a la existencia de estructuras administrativas obsoletas y por el reclutamiento de recursos humanos no siempre adecuados para esa misión.

También hay que destacar que estos años de funcionamiento del Estado de las autonomías han puesto de manifiesto asimetrías en relación con el rol desempeñado por las diversas comunidades autónomas ya que la capacidad de aprovechar los espacios de autogobierno no ha sido idéntica, ni siquiera similar, en las 17 autonomías. Algunas comunidades autónomas han *usado* mucho los nuevos recursos de que disponían: han legislado más y de manera más innovadora, han luchado más por ampliar sus espacios de influencia (han planteado más recursos de inconstitucionalidad, han negociado intensamente con la Administración General del Estado), han incrementado sus elementos de diferenciación (diseño de políticas públicas adaptadas a las necesidades específicas de su comunidad) y, finalmente, han conseguido una percepción social más favorable de su rendimiento. Estas comunidades autónomas coinciden, en general, con las que más han presionado por instaurar en sistema político descentralizado (Cataluña, País Vasco y Galicia).

4.1. Comunidades autónomas y relaciones intergubernamentales

Nuestra configuración administrativa, tal y como se ha mencionado, es bastante compleja. También es relativamente nueva y se encuentra, todavía, en una situación de tránsito hacia un modelo político y administrativo más descentralizado. Las comunidades autónomas representan un nivel administrativo reciente que todavía debe encontrar su posición en la red administrativa del país. Son unas administraciones que han asumido buena parte del incremento que ha experimentado el sector público durante los últimos años, además de absorber muchas competencias y recursos que pertenecían en el pasado a la Administración General del Estado. El proceso de traspaso de competencias y de recursos de la Administración General del Estado hacia las administraciones autonómicas ha sido difícil pero no traumático gracias a que se ha producido en un momento de clara expansión del sector público en la búsqueda de una consolidación tardía del Estado del bienestar (Ramos, 1995). De todos modos, ambos niveles administrativos están bastante exhaustos de este largo y todavía no acabado proceso de transferencias. Las comunidades autónomas parecen más preocupadas en la asunción de nuevas competencias que en la gestión de las que ya poseen, parece que tengan unas élites políticas y profesionales más preparadas para negociar nuevas transferencias que para la gestión y la administración del día a día de sus competencias y de sus aparatos organizativos. La Administración General del Estado, en cambio, ha adoptado una posición de resistencia, se ha empeñado en mantener algunas funciones que ya no le pertenecen y aparece como descentrada sin saber muy bien lo que es y sin saber tampoco lo que quiere o debe ser (Bañón, Tamayo, 1995: 37). La Administración local, por su parte, se manifiesta como un sujeto relativamente pasivo y ajeno a los movimientos intergubernamentales. Esta Administración ha experimentado un aumento en sus funciones y recursos pero se trata de un incremento moderado si lo comparamos con el incremento que ha experimentado en estos últimos tiempos el sector público y a la naturaleza de las nuevas funciones que éste ha ido asumiendo, ya que muchas de ellas eran típicas del ámbito local pero, en cambio, han sido absorbidas por las administraciones autonómicas. Además, y para complicar más las intensas relaciones intergubernamentales, las tensiones entre las comunidades autónomas y la Administración local han sido, en algunas ocasiones, importantes. Sin ánimo de generalizar podríamos decir que se ha pasado de un centralismo estatal a un centralismo autonómico o regional. Las administraciones autonómicas han sido beligerantes con el poder local y acostumbradas a una fuerte dinámica de crecimiento han intentado asumir también competencias propias de las administraciones locales. Algunas provincias han visto perder ámbitos de actuación asumidas por las administraciones autonómicas y muchos municipios han pasado a competir con desventaja con las comunidades autónomas en funciones que le son propias.

Todos estos problemas en relación con la difícil asunción de nuevos roles de nuestras administraciones públicas y sobre las relaciones que se establecen entre ellas han sido importantes pero no extremadamente graves. Además, son problemas lógicos si tenemos en cuenta los fuertes cambios que ha experimentado nuestro sistema administrativo. Esto no es óbice para que nos planteemos con preocupación las preguntas: ¿hacia donde van o deben ir nuestras administraciones?; ¿qué papel le toca desempeñar a cada nivel administrativo? He aquí un breve intento de respuesta a estos dilemas:

Una vez completado el proceso de traspaso de competencias cada nivel administrativo deberá asumir un rol específico e imprescindible para el buen funcionamiento de nuestro sistema administrativo.

a) La Administración General del Estado deberá asumir, además de sus funciones constitucionalmente avaladas como pueden ser el diseño de la política económica, la seguridad y las relaciones exteriores, las funciones siguientes (Bañón, Tamayo, 1995: 45 a 50):

1) De *homogeneización*: su objetivo debe ser el de suavizar al máximo los desequilibrios territoriales y sociales que pueda generar nuestro modelo descentralizado. Para ello mantiene competencias sobre importantes políticas redistributivas de carácter territorial y social que deben ser las herramientas para la consecución del mencionado objetivo.

2) Además debe asumir el rol de *coordinador* global y sectorial entre las administraciones subestatales y los actores económicos y sociales.

3) También debe jugar un importante papel de *negociador* con la Unión Europea y de *mediador* entre ésta y las administraciones subestatales. En este sentido, tiene la relevante función de coordinación de las demandas regionales y locales hacia la Unión Europea y de poner todo el empeño en conseguir los máximos recursos comunitarios.

4) Finalmente, tiene una función básica de *pensador estratégico* ya que es la única Administración que puede contemplar todo el territorio, todos los sectores y las fases completas de buena parte de los programas públicos. Tiene que ser una instancia proactiva que anticipe problemas y diseñe estrategias a largo plazo.

b) Las comunidades autónomas ya han conseguido asumir uno de sus objetivos básicos: ser las instancias de representación política a nivel regional y un buen sistema para canalizar institucionalmente los conflictos de carácter territorial. Otra función básica, que quizás deban mejorar, es la gestión de sus políticas distributivas: la función de prestación de servicios (servicios sanitarios, servicios educativos y culturales, servicios sociales, etc.). También deberían ser unas buenas instancias de articulación de los intereses económicos y sociales de su ámbito territorial e instancias de mediación de los problemas que se establezcan entre las diferentes administraciones locales dentro de su territorio. Cuando las administraciones autonómicas hayan asumido de una vez el grueso principal de las transferencias será cuando se preocupen más por la buena gestión de estas competencias. Además es previsible que abandonen su tendencia centralista y perciban en su auténtica dimensión y valía a las administraciones locales.

c) La Administración local recibirá probablemente en el futuro competencias de las administraciones autonómicas teniendo en cuenta las ventajas que supone la gestión puntual y a pequeña escala de determinados servicios directos a los ciudadanos. La Administración local es una Administración cercana a la ciudadanía que conoce sus problemas específicos y que tiene la capacidad suficiente para satisfacer las diferentes demandas sociales. Puede llegar a plantearse en un futuro medio o lejano que algunos municipios asuman, por ejemplo, ciertas competencias en materia educativa y sanitaria y vean reforzadas y ampliadas sus funciones en la prestación de servicios sociales.

4.2. Ingresos e impacto económico de las comunidades autónomas

Las comunidades autónomas se han financiado básicamente por medio de los ingresos procedentes de las transferencias de la Hacienda de la Administración General del Estado. Esta circunstancia ha impulsado un importante fenómeno de «ilusión fiscal» que hace casi «desaparecer» a la mayoría de los gobiernos autonómicos (al margen de los de régimen foral) a la hora de adjudicar los costes fiscales a la acción de Gobierno.

Las comunidades autónomas tienen unos presupuestos que varían en función de las competencias que les han sido transferidas. La comunidad autónoma que tiene más recursos económicos es Navarra (algo más de medio millón de pesetas al año por habitante[9]), le siguen el País Vasco (350 mil pesetas al año por habitante), Andalucía, Galicia y Canarias (que superan las 300 mil), Cataluña (que no alcanza por poco las 300 mil), Valencia (260 mil), Castilla-La Mancha (240 mil), Extremadura (200 mil). El resto de comunidades autónomas tienen presu-

[9] Datos de 1997.

puestos que no alcanzan las 200 mil pesetas al año por habitante (Baleares con 100 mil pesetas es la comunidad autónoma que tiene menor presupuesto).

Los recursos económicos que reciben las comunidades autónomas no condicionados (que perciben directamente y pueden hacer de estos recursos el uso que deseen) provienen de los impuestos cedidos y de su participación en los impuestos generales (destaca el porcentaje que tienen sobre el IRPF). Pero este volumen económico representa todavía un porcentaje escaso del total de sus ingresos. Además, las comunidades autónomas reciben recursos condicionados (para financiar determinados programas públicos especialmente en la sanidad y en los servicios sociales) y fondos de compensación del Estado y de la Unión Europea (Fondos Europeos).

El impacto económico global de las comunidades autónomas en el territorio y en la sociedad es que los desequilibrios económicos entre los territorios autonómicos se han profundizado en estos años, pero, en cambio, han disminuido las diferencias en la renta final disponible de las familias. Aunque las diferencias económicas en cuanto a la producción se han ido incrementando entre las comunidades autónomas *ricas* y las comunidades autónomas *pobres*, los mecanismos de solidaridad interterritorial han permitido que las diferencias en el nivel de renta y calidad de vida no hayan crecido, sino que hayan disminuido significativamente. Son ocho las comunidades autónomas que se han y se están beneficiado de los Fondos de Compensación Interterritorial. En primer lugar, Extremadura, Galicia y Andalucía que reciben diez, nueve y ocho mil pesetas anuales por habitante respectivamente por este concepto[10]; les siguen Canarias (seis mil), Murcia (cinco mil), Asturias y Castilla y León (sobre cuatro mil) y Cantabria (sobre dos mil). Las dos comunidades autónomas que más aportan a estos fondos (que transfieren riqueza a estas ocho comunidades autónomas) son Madrid y Cataluña.

A pesar de la disminución de las diferencias en las rentas disponibles por las familias de las comunidades autónomas *pobres* en relación con las que poseen mayor riqueza, la sensación que predomina en la opinión pública es que los desequilibrios y las diferencias han aumentado, y que las comunidades autónomas más fuertes económicamente están claramente favorecidas en la nueva situación de descentralización territorial del poder.

4.3. Las percepciones sociales sobre el desarrollo institucional de las comunidades autónomas

Desde hace tiempo, los analistas de las instituciones políticas saben que la legitimidad de las mismas, no depende sólo de su eficacia objetiva, de su

10 Fondos de Compensación Interterritorial durante el ejercicio de 1997.

capacidad más o menos demostrada de resolver o atenuar los problemas de la gente, sino también de lo que esa misma gente opina, cree o manifiesta sobre esa eficacia, sobre esa capacidad de resolución de problemas. En estos veinte años, las comunidades autónomas se han esforzado para responder a las esperanzas y expectativas que originaron su puesta en marcha. Esperanzas y expectativas que estaban repartidas de manera muy desigual por el territorio español, ya que era también muy desigual el grado de importancia y urgencia que los distintos territorios concedían al problema autonómico en plena transición democrática. Hace veinte años, casi la mitad de los españoles prefería un Estado centralista a uno autonómico. Hoy, los partidarios de una solución centralista han descendido a un 13%, mientras que casi un 70% es partidario de mantener o ampliar el grado de autonomía de las distintas comunidades, lo que acerca el porcentaje de apoyo a la organización autonómica del Estado al respaldo y legitimidad actual del que goza nuestro sistema democrático (78%)[11]. La sensación general es que la conversión de España en Estado de las autonomías ha sido positiva (así se pone de manifiesto en el 95% de las más de 100 entrevistas realizadas a las élites políticas, económicas y sociales[12]), lo cual no era en absoluto evidente dada nuestra bien ganada tradición centralista y autoritaria.

Es importante destacar un aspecto: de las consideraciones críticas dirigidas al Gobierno central se ha ido pasando a un mayor resentimiento hacia las comunidades autónomas consideradas como más privilegiadas, económica o políticamente. El conflicto radial ha dejado paso a un conflicto más interterritorial, más horizontal. No es ajeno a ello la creciente identificación de los ciudadanos con su propia comunidad autónoma. Más de la mitad de los ciudadanos del país se sienten al menos tan de su comunidad autónoma como españoles. Esa dualidad de identidades era mucho menos relevante pocos años atrás (Fundación Encuentro, 1997: 524).

Los datos más preocupantes hacen referencia a aquellos que definen las opiniones de los españoles acerca de si las comunidades autónomas han contribuido a la mejor convivencia entre las distintas nacionalidades y regiones del Estado o si, por el contrario, han favorecido el desarrollo de los separatismos (Mota, 1996). La división sobre el tema es profunda: el 45% de los españoles cree que las autonomías han contribuido a una mejor convivencia interterritorial, frente a un 33% que no estaría de acuerdo con ello; por otro lado un 40% considera que la implantación del Estado de las autonomías ha favorecido el desarrollo de los separatismos y el 38% no lo cree así[13].

11 Los datos aquí manejados forman parte del estudio de Fabiola Mota, 1996, *La percepción social de las autonomías*, Bellaterra, UAB (texto no publicado) que utiliza como fuentes de información el Informe FOESSA, 1981, Informe sociológico sobre el cambio político en España (1975-1981), Madrid, Euramérica y el Estudio 2211 del CIS de marzo de 1996.

12 Encuesta realizada en 1996 por el Equipo de Rendimiento Autonómico (Fundación Encuentro, 1997).

13 Datos del Estudio 2211 del CIS de 1996.

Otro elemento a destacar es que los españoles son bastante críticos con el funcionamiento real de las comunidades autónomas, no acaban de ver que el aumento de gasto que creen que se deriva de la existencia de esas comunidades haya venido acompañado de una mejora correlativa de los servicios públicos y, mayoritariamente, dudan asimismo de que las autonomías administren bien el dinero público de que disponen[14]. La opinión de los ciudadanos sobre el funcionamiento de las comunidades autónomas no es muy brillante: sólo un discreto 16,6% afirma que los servicios y oficinas de las administraciones autonómicas funcionan mejor que sus homólogos de la Administración General del Estado, mientras un 50% no ve diferencias substanciales, y un 10% cree que las instancias administrativas autonómicas presentan un funcionamiento más deficiente que las del Estado[15]. A tenor de estos datos, la impresión general es que las nuevas administraciones autonómicas no han logrado destacarse del perfil administrativo general, lo cual no es precisamente positivo.

Todas estas percepciones son relevantes y parecen indicar que las comunidades autónomas gozan de una clara legitimación social a nivel político pero, en cambio, mantienen una débil legitimación social a nivel administrativo. No acaban de conseguir generar un «producto administrativo» diferente al del resto de los niveles administrativos y no disfrutan de una clara opinión positiva sobre el funcionamiento de sus aparatos organizativos a pesar de la ventaja competitiva que implica ser unas organizaciones jóvenes, sin pesadas tradiciones burocráticas que respetar y, concentrándose en la producción de políticas distributivas sin tener que imputar a los ciudadanos las cargas impositivas que en su mayoría han recaído, hasta el momento, sobre la Administración General del Estado.

14 Datos del Estudio 2211 del CIS de 1996.

15 Centro de Investigaciones Sociológicas, barómetro de marzo, Estudio 2211, pregunta 34, marzo 1996.

VI. LA ADMINISTRACIÓN LOCAL

SUMARIO

1. La Administración local en España: tipologías, volumen, competencias y financiación

La Administración local representa el tercer nivel de Administración pública en España, después de la Administración General del Estado y de la Administración de las comunidades autónomas. Es el nivel administrativo más complejo tanto desde el punto de vista cuantitativo como cualitativo. El concepto Administración local es una generalización ya que no existe una sola Administración local sino una diversidad de entes locales, entre los que destacan los municipios y las provincias. Además hay otros entes locales como los entes forales en el País Vasco, los consejos en Baleares, los cabildos en Canarias, las comarcas en Cataluña, las mancomunidades de municipios y las entidades metropolitanas. La tabla VI.1 refleja esta compleja tipología vinculando los distintos tipos de entidades locales con sus órganos de gobierno y Administración y con el volumen que alcanza cada categoría de entidad local. Es importante precisar la diferencia terminológica de dos conceptos que suelen utilizarse erróneamente como sinónimos: entre entidad local (por ejemplo municipio y provincia) y sus órganos de gobierno y Administración (Ayuntamiento y Diputación provincial respectivamente).

TABLA VI.1.
TIPO Y NÚMERO DE ENTIDADES LOCALES

Entidades locales y Administración	*Órganos de gobierno*	*Número*
Municipio	Ayuntamiento	8.077
Provincia	Diputación provincial	38
Territorio foral (País Vasco)	Diputación foral	3
Archipiélago	Mancomunidad provincial insular	2
Comarca	Consejo comarcal	51
Isla	Consejo (Baleares)	3
	Cabildo (Canarias)	7
Municipios mancomunados	Mancomunidad	807
Conurbación metropolitana	Entidad metropolitana	3

Fuente: Elaboración propia.

Los dos tipos de Administración más importantes de la Administración local son los municipios y las provincias:

El municipio es la entidad local básica de la organización territorial del Estado y sus elementos son el territorio, la población y la organización. El territorio o término municipal es la extensión espacial en la que el Ayuntamiento ejerce sus competencias. La población es el elemento más importante y sujeto a mayor movimiento, y está constituida por los habitantes del término municipal. El tercer elemento, que seguidamente expondremos, es la organización. Los municipios son, además de entidades básicas de la organización territorial del Estado, los cauces inmediatos de participación ciudadana en los asuntos públicos, que institucionalizan y gestionan con autonomía los intereses propios de las correspondientes colectividades.

La Administración provincial es la Diputación. Sólo hay 43 diputaciones y entidades equivalentes sobre las 50 provincias en que se articula España ya que en el caso de las 7 comunidades autónomas uniprovinciales sus instituciones autonómicas han absorbido las competencias y el aparato administrativo de las diputaciones. Entre las provincias hay que destacar los tres territorios forales vascos cuyos órganos de gobierno, las diputaciones forales, tienen unas competencias y una capacidad de gestión muy superiores al resto de las administraciones provinciales. Punto y aparte son también las comunidades insulares ya que la Constitución reconoce a las islas como entes locales. Estamos hablando de los cabildos insulares en las Canarias y de los consejos insulares en las Baleares.

El volumen total de entidades locales sobrepasa los 9.000 efectivos, que representa otro tanto de organizaciones públicas nucleares. La mayoría de las entidades locales son ayuntamientos (órgano de gobierno y Administración de los municipios), le siguen las mancomunidades de municipios (órganos supramunicipales) y, a mucha distancia en relación con su número, las diputaciones provinciales y forales (entes provinciales y forales), los consejos y cabildos insulares y los entes metropolitanos. La Administración local, siguiendo el modelo de los dos niveles superiores de Administración explicados en los dos capítulos anteriores, también agrupa complejos organizativos jurídicamente diferenciados configurándose una Administración funcional de carácter local: organismos autónomos y sociedades mercantiles que alcanzan una cantidad superior a 2.500 organizaciones. La tabla VI.2 muestra el volumen de estas organizaciones vinculado a cada tipo de ente local.

TABLA VI.2.
ENTES DEPENDIENTES DE LAS ENTIDADES LOCALES

Administraciones locales	*Entes dependientes*
Ayuntamientos (8.077)	1.579 Organismos autónomos
	679 Sociedades mercantiles
Diputaciones, consejos y cabildos (51)	146 Organismos autónomos
	66 Sociedades mercantiles
Entidades supramunicipales (933)	47 Organismos autónomos
	30 Sociedades mercantiles
Total entidades locales: 9.061	Total entes dependientes: 2.549

Fuente: Elaboración propia.

¿A que se dedican los entes locales? Estos, fundamentalmente los municipios, desarrollan unas actividades que van desde el ejercicio de la autoridad hasta la prestación de una gran variedad de servicios públicos pasando por el fomento de actividades económicas de carácter público y privado. Se encargan de regular (políticas regulativas) facetas básicas de la ordenación del territorio y de actividades económicas y sociales de la población asociada a su territorio.

También tienen la misión de prestar todo un universo de servicios (políticas distributivas y, en menor medida, redistributivas) que alcanzan lo que da de sí las posibilidades económicas de cada entidad vinculadas a su tamaño y, condicionadas por las demandas específicas de la población y del territorio. Una forma clásica de ordenar las competencias locales es diferenciar políticas de promoción económica, políticas locales de bienestar social y políticas urbanas de territorio (Brugué, Gomà, 1998: 266):

– *Políticas de promoción económica*: desempleo, vivero de empresas, desarrollo rural, suelo industrial, turismo, comercio y ferias.

– *Políticas locales de bienestar social*: salud, servicios sociales, cultura, centros escolares, juventud, deportes, inmigrantes, drogodependencias, consumo, planificación familiar y disminuidos.

– *Políticas y servicios urbanos del territorio*: urbanismo, obras públicas, limpieza, basuras, mantenimiento y servicios urbanos, parques, vivienda, mercados, medio ambiente, transporte, tráfico, aparcamientos, incendios, funeraria, protección civil y seguridad ciudadana.

Este listado ordenado de actividades de la Administración local es exhaustivo pero no llega a abarcar todas las actividades que llega a desarrollar este nivel de Administración ya que son de imposible sistematización. Es obvio que no todos los entes locales alcanzan a prestar todos estos servicios. La mayoría de los entes locales representados por los miles de pequeños municipios que hay en España desarrollan muy pocas actividades. En muchos casos no consiguen sin ayuda ni alcanzar los servicios mínimos que exige la ley. En todo caso, sorprende la variedad, profundidad e importancia de las competencias que desarrollan, por ejemplo, los entes municipales que agrupan una población con unas considerables dimensiones. La sorpresa se transforma en asombro cuando se asocian estas competencias reales que asumen muchos entes locales con la escasa importancia conceptual que tradicionalmente se le ha otorgado a la Administración local, en especial, en el modelo continental de Administración pública.

En efecto, en el modelo municipal de tradición francesa los municipios originariamente aparecen como entes privados, como asociaciones dedicadas a defender o promocionar sus propios intereses, pero que no comparten la potestad del Estado central para intervenir en asuntos de interés general (Brugué, Gomà, 1998: 15). Con el tiempo los municipios se transformaron en entes de derecho público que articulan los intereses específicos vinculados a un territorio y a una determinada población. A pesar de este cambio, los municipios se convierten desde la perspectiva de los Estados centralistas que los impulsaron en «un mal inevitable» de cara a la distribución territorial del poder y de los servicios públicos. Estos orígenes tan poco brillantes de la Administración local han condicionado en todo momento sus posibilidades de desarrollo, su sistema de financiación (siempre precario) y el ejercicio de sus competencias naturales con autonomía política y administrativa. En este sentido, la dependencia de la Administración local del poder central del Estado ha sido más que notable.

Es de sobras conocido que el modelo anglosajón ha otorgado siempre mucho más protagonismo y poder a la Administración local. Es innegable la certeza de este reconocimiento aunque debe matizarse mucho. Si bien es cierto que los municipios anglosajones han sido siempre mucho más fuertes que los municipios del modelo continental su situación tampoco es tan espléndida como se tiende a considerar. Los municipios británicos, por ejemplo, tienen unos orígenes muy instrumentales ya que se crean como una herramienta para aumentar la eficacia prestacional de un Estado que técnicamente no lo puede abarcar todo. Se trata de situar la provisión de servicios cerca de los problemas de la ciudadanía, pero sin pretender ceder ninguna potestad vinculada a sus intereses propios. Como afirman Brugué y Gomà (1988: 16) el municipio ya no actúa en el ámbito de su interés propio, sino en el de los intereses generales, pero lo hace porque es una pieza del Estado, no porque disponga de autonomía. A los municipios no se les cede poder sino que se les delega funciones: no tienen capacidad de autogobierno sino sólo de autoadministración. En algunas dimensiones los municipios de tradición anglosajona tienen una menor capacidad de actuación por iniciativa propia que nuestros municipios que al menos operan bajo el principio de las competencias generales que implica que puedan desarrollar las funciones que deseen si no vulneran la legislación vigente. Es por este principio que algunos de nuestros municipios abarcan muchas competencias que legalmente no tienen la obligación de atender pero que políticamente consideran necesarias teniendo en cuenta los complejos problemas del territorio y de la población que deben prestar servicios. Pero esta situación que otorga y favorece un extraordinario vigor a nuestra Administración local se enfrenta a los estrechos límites de una crónica precariedad financiera.

La Administración local que se ha edificado en los más de veinte años de democracia ha disfrutado de muchos más recursos que durante el período franquista. Esta circunstancia se puede comprobar con facilidad si comparamos las dimensiones organizativas de los ayuntamientos y la amplitud y profundidad de servicios que se prestan a la ciudadanía en un momento y en otro. Aunque sus recursos han incrementado de una manera notable, beneficiándose de la creación en los últimos veinticinco años de un Estado del bienestar, su presencia en porcentaje en relación con el gasto público ha incrementado muy poco (en 1974 el gasto de la Administración local representaba cerca de una 10% de todo el gasto público y en el 2000 está ligeramente por encima del 12%). En este sentido, la Administración local ha experimentado un aumento en sus funciones y recursos pero se trata de un incremento moderado si lo comparamos con el incremento que ha disfrutando en estos últimos tiempos el sector público y a la naturaleza de las nuevas funciones que éste ha ido asumiendo ya que, muchas de ellas, eran típicas del ámbito local pero, en cambio, han sido absorbidas por las administraciones autonómicas. Además, las tensiones entre las comunidades autónomas y la Administración local han sido, en algunas ocasiones, importantes. Sin ánimo de generalizar podríamos decir que se ha pasado de un centralismo estatal a un centralismo autonómico o regional. Las administraciones autonómicas han sido beligerantes con el poder local y acostumbradas a una fuerte dinámica de crecimiento han intentado asumir también competencias propias de las administraciones locales. Algunas provincias han visto perder ámbitos importantes de actuación asumidos actualmente por las administraciones autonómicas y muchos municipios han pasado a competir con desventaja con las comunidades autónomas en funciones que le son propias (Ramió, 1997: 398 y 399).

Es de esperar que, probablemente, la Administración local reciba en el futuro algunas competencias de las administraciones autonómicas teniendo en cuenta las ventajas que supone la gestión puntual y a pequeña escala de determinados servicios directos a los ciudadanos. La Administración local es una Administración cercana a la ciudadanía que conoce sus problemas específicos y que tiene la capacidad suficiente para satisfacer las diferentes demandas sociales. Puede llegar a plantearse en un futuro medio o lejano que algunos municipios asuman, por ejemplo, ciertas competencias en materia educativa y sanitaria y vean reforzadas y ampliadas sus funciones a nivel de prestación de servicios sociales. De momento, la Administración local está adquiriendo un nuevo protagonismo al gestionar importantes programas de la Unión Europea al asumir esta institución supranacional el principio de subsidiariedad.

1.1. Los elementos formales de la Administración local

La Administración local está regulada en el capítulo II «De la Administración local» del título VIII «De la organización territorial del Estado» de la Constitución de 1978. El artículo 137 anuncia que «El Estado se organiza territorialmente en municipios, provincias y en las comunidades autónomas que se constituyan. Todas estas entidades gozan de autonomía para la gestión de sus respectivos intereses». Por lo tanto, hay que destacar un primer elemento: la autonomía de gestión que se reconoce a municipios y provincias como entes públicos. El artículo 140 regula a los municipios haciendo hincapié en el sistema de elección de su Gobierno. El artículo 141 define a la provincia como ente local destacando que cualquier alteración de los límites (geográficos) provinciales deberá ser aprobada mediante una ley orgánica. El apartado 3 de este mismo artículo permite la creación de agrupaciones de municipios diferentes de la provincia (por ejemplo el caso de las comarcas en Cataluña, o de las mancomunidades). Finalmente, el artículo 142 establece el sistema de financiación de los entes locales mediante tributos propios y mediante la participación en los del Estado y de las comunidades autónomas.

Además de la Constitución, la normativa básica de la Administración local (ver ilustración VI.1) es la Ley reguladora de las Bases de Régimen Local y la Ley reguladora de las Haciendas Locales. En este apartado se va a hacer referencia, en relación con esta normativa, a las competencias municipales y al sistema de financiación. Todos los aspectos relacionados con la organización de la Administración local se expondrán detenidamente en un apartado posterior.

La normativa establece como competencias «propias» de los municipios: seguridad, tráfico, protección civil, incendios, urbanismo, promoción de la vivienda, vías públicas, alumbrado, alcantarillado, residuos, mercados y transporte público. Además, impone las competencias de juzgados de paz, depósito de detenidos y mantenimiento de centros escolares. Los municipios también pueden recibir competencias delegadas de otras administraciones y pueden desarrollar competencias adicionales en relación con prestar cualquier servicio que contribuya a satisfacer las necesidades de sus vecinos y que pueden ser complementarias a las de otras administraciones públicas. De todos modos, es evidente que no todos los municipios tienen capacidad para desempeñar todo este extenso catálogo de competencias. La normativa, atendiendo al tamaño de los municipios establece los siguientes «servicios mínimos» con carácter obligatorio:

– *Servicios mínimos para todos los municipios*: alumbrado, cementerio, basuras, limpieza viaria, agua potable, alcantarillado, vías públicas y control alimentario.

– *Servicios mínimos que se añaden a los municipios que superan los 5.000 habitantes*: parques, biblioteca, mercado y eliminación de residuos.

– *Servicios mínimos que se añaden a los municipios que superan los 20.000 habitantes*: protección civil, incendios, instalaciones deportivas y matadero.

– *Servicios mínimos que se añaden a los municipios que superan los 50.000 habitantes*: transporte público y medio ambiente.

ILUSTRACIÓN VI.1.
NORMATIVA BÁSICA DE LA ADMINISTRACIÓN LOCAL

Constitución de 1978: artículos 137, 140, 141 y 142 del título VIII. Ley 7/1985, Reguladora de las Bases de Régimen Local. Ley 39/1988, Ley Reguladora de las Haciendas Locales. Real Decreto Ley 781/1986, Texto Refundido en Materia de Régimen Local. Real Decreto Ley 2568/1986, Reglamento de Organización, Funcionamiento y Régimen Jurídico de los Entes Locales. Decreto de 17 de junio de 1955, Reglamento de Servicios de las Corporaciones Locales. Normativa de cada comunidad autónoma sobre régimen local, organización territorial, diputaciones, etc. Reglamento Orgánico Municipal (ROM) de cada Ayuntamiento.

Fuente: Elaboración propia.

La financiación de los municipios se realiza mediante impuestos directos, contribuciones especiales, ingresos patrimoniales (intereses, ventas y arrendamientos), tasas (por servicios públicos obligatorios no susceptibles de prestación en el sector privado, y por actividades administrativas), precios públicos (por servicios no obligatorios y por la utilización del dominio público) y multas y sanciones. Además, los municipios complementan su financiación mediante la participación en tributos del Estado y de la comunidad autónoma, subvenciones que reciben de otras administraciones públicas para determinados servicios y recurriendo al endeudamiento. Los impuestos directos municipales son:

– Impuesto sobre Bienes Inmuebles (IBI).
– Impuesto sobre Actividades Económicas (IAE).
– Impuesto sobre Vehículos (IVTM).
– Impuesto sobre Construcciones (ICIO).
– Impuesto sobre el Incremento del Valor de los Terrenos (Plusvalía).

La gestión económica de los municipios gravita sobre un presupuesto único para cada municipio que debe abarcar a los organismos y sociedades que es anual y debe incluir unas «bases de ejecución» y debe ser equilibrado y limitativo en finalidades y en cantidades. El presupuesto municipal, una vez aprobado por el Pleno, puede modificarse mediante créditos extraordinarios, suplementos de crédito, partida ampliable, cambio de partida, incorporación de posibles remanentes del ejercicio anterior y, finalmente, mediante anulaciones.

Finalmente, precisar que tres son los componentes básicos de la Administración local: el territorio, la población y la organización (órgano de gobierno y Administración).

El territorio es el elemento esencial de las entidades locales, puesto que éstas administran los intereses específicos de la población que vive en sus territorios respectivos. La provincia gestiona un territorio provincial que agrupa un conjunto de territorios municipales. Las provincias mantienen unos históricos trazados territoriales que en ocasiones generan situaciones peculiares: por ejemplo territorios descontextualizados (el ejemplo más significativo es el Condado de Treviño que es un enclave dentro del territorio foral de Álava que pertenece a la provincia de Burgos) o territorios de una provincia que debido a nuevas vías de comunicación terrestre están mejor comunicados con la capital de una provincia vecina que con su propia capital. Ante estas situaciones hay que destacar que la alteración de los límites territoriales de una provincia es difícil ya que la Constitución exige una ley orgánica. En relación con el municipio, el territorio se denomina «término municipal» sobre el que el municipio gestiona las necesidades (presta servicios) de la población ubicada en este ámbito espacial, ejerce un poder de policía y regula los aspectos urbanos y rústicos del mismo (Plan general de ordenación urbana).

La población de un municipio se puede clasificar en fija y en variable. La población fija de un municipio es aquella que está censada o empadronada en el mismo y se configura en el objeto preferente de atención de los servicios municipales y, especialmente, es la que tiene el derecho a la participación política local. El padrón municipal, que agrupa a la población fija, es un indicador básico del municipio ya que está vinculado a la asignación de recursos económicos por los niveles administrativos superiores y define los servicios mínimos que deben prestar las instancias administrativas municipales. La población variable, en cambio, es aquella que reside en un municipio de forma ocasional o periódica pero que no está empadronada. Este tipo de población tiene una gran importancia en los numerosos municipios turísticos que en determinados períodos temporales ven incrementada de una forma espectacular la población que deben atender.

El tercer elemento de la Administración local, la organización, será objeto de atención en el segundo y tercer apartado de este capítulo (la configuración del Gobierno y los diseños organizativos de la Administración local).

1.2. El inframunicipalismo como principal disfunción de la Administración local y el papel de las diputaciones provinciales

El principal problema que presenta la Administración local en España es el inframunicipalismo. Existe un elevado número de municipios debido a la aplicación en su momento del modelo francés, que vinculó municipio con núcleo de población con independencia de su tamaño. Como consecuencia de esta identificación se creó en el siglo pasado un importante volumen de pequeños municipios rurales incapaces de prestar servicios a sus habitantes por faltarles la organización y una suficiente capacidad financiera (Baena, 1998: 319). A esta situación hay que añadir el impacto durante el siglo XX de los movimientos migratorios del ámbito rural a las ciudades que ha generado una importante despoblación en la mayoría de los municipios de España. La tabla VI.3 muestra las consecuencias de la combinación de estos dos fenómenos: sólo el 4,4% de los municipios que existen en España tiene más de 20.000 habitantes y sólo un 14% de ellos tiene más de 5.000 habitantes. Todo esto significa que el 90% de los municipios tiene serios problemas para ejercer las competencias mínimas que les exige la ley con lo que se deduce que, ese enorme porcentaje no dispone de capacidad técnica para prestar unos servicios mínimos de calidad a sus habitantes.

Desde hace mucho tiempo ha existido la voluntad política de la Administración General del Estado y, posteriormente, de las administraciones de las comunidades autónomas, orientada a fusionar municipios. Es un intento condenado al fracaso debido a las enormes resistencias de los habitantes de los pequeños municipios a aceptar fusiones debido a la importante cultura de identificación localista de nuestro país. Los niveles administrativos superiores se han limitado, en la práctica, ha impedir el fenómeno contrario: la segregación de municipios. Existèn muchos intentos de núcleos de población que forman parte de un municipio y que no son el núcleo de población donde está ubicado el Ayuntamiento, a constituirse en municipios independientes.

TABLA VI.3.
EL INFRAMUNICIPALISMO

Tramo habitantes	*Nº municipios*	*%*
1-4.999	6.969	86
5.000-19.999	824	10
20.000-49.999	174	3
50.000-99.999	55	0,7
+ de 100.000	55	0,7
Total	8.077	100

Fuente: Elaboración propia.

¿Cómo es posible que un mapa municipal tan precario pueda haber sobrevivido durante tanto tiempo? Las diputaciones provinciales son un elemento que ayuda a responder este misterio administrativo. La función básica de las provincias como entes locales ha consistido precisamente en ayudar en la gestión y prestación de servicios de los municipios. Es decir, la provincia tiene encomendada la tarea de suplir las deficiencias municipales. Sus actividades más relevantes se refieren a las vías de comunicación, el suministro de agua, electricidad, sanidad, cultura, patrimonio histórico-artístico, etc. De todos modos, el mecanismo fundamental de apoyo de las provincias a los municipios consiste en la ayuda financiera a éstos, a través de planes de cooperación a los que se destina una parte importante del presupuesto provincial. Las diputaciones aprueban anualmente un Plan provincial de cooperación de obras y servicios municipales, que contiene los objetivos a alcanzar y los criterios para distribuir los fondos. Estas actividades se financian con los medios propios de la Diputación y con fondos y subvenciones de la Unión Europea, de la comunidad autónoma y de la Administración General del Estado.

Las provincias desarrollan cuatro grupos distintos de competencias (López-Nieto, 1989: 261):

a) Competencias generales que consisten en el fomento y gestión de los intereses peculiares de la provincia.

b) Competencias supramunicipales que consisten en la prestación de servicios públicos de carácter supramunicipal y supracomarcal (en el caso que exista esta última categoría).

c) Competencias relacionadas con la ayuda a los municipios del territorio provincial: por una parte, coordinando los servicios municipales entre sí, para garantizar su prestación integral y adecuada y, por otra, prestando asistencia y cooperación jurídica, económica y técnica a los municipios, especialmente a los de menor capacidad económica y de gestión. En este sentido, la provincia asegura el acceso de la población de la provincia al conjunto de los servicios mínimos de la competencia municipal. Es decir, hace posible la prestación de las obligaciones y servicios mínimos de los municipios mediante fórmulas de asistencia y cooperación con ellos.

d) Competencias delegadas de otras administraciones públicas: la Administración General del Estado y, especialmente la Administración de las comunidades autónomas pueden delegar en las diputaciones provinciales el ejercicio de competencias que les son propias

De la misma forma que existen municipios débiles y municipios fuertes en función de su tamaño de población, competencias, organización y recursos financieros, también pueden existir provincias fuertes y provincias débiles pero, en este caso, en función del papel que les permiten ejercer las comunidades autónomas. En este sentido, hay diputaciones provinciales fuertes en aquellos territorios en que las comunidades autónomas transfieren y delegan a éstas una parte de sus competencias en el territorio de la autonomía. Diputaciones provinciales débiles existen en aquellos territorios donde la comunidad autónoma no transfiere ni delega competencias. Situación que puede empeorar si en el territorio autonómico existen otras entidades territoriales como las comarcas o áreas metropolitanas que ocupan una buena parte del espacio natural de las provincias. Incluso en alguna comunidad autónoma (por ejemplo Cataluña) se debilitan todavía más a las provincias mediante la absorción por parte de la Administración autonómica de competencias provinciales (en Cataluña, por ejemplo, la gestión de la red de carreteras comarcales). Finalmente, hay que tener presente que no todas las provincias disponen de este ente local (Diputación provincial) ya que en el caso de las comunidades autónomas uniprovinciales (Madrid, Cantabria, La Rioja, Navarra, Asturias y Murcia) las administraciones autonómicas absorbieron totalmente las competencias y la organización institucional de las diputaciones provinciales. Absorción que se justifica para evitar que coexistieran dos niveles administrativos sobre un mismo territorio y población.

2. La configuración del Gobierno de la Administración local

El diseño institucional de la Administración local es bastante complejo y se pueden distinguir cuatro ámbitos distintos en el seno de sus estructuras administrativas (ver tabla VI.4).

1) *Estructura política de carácter deliberante*: Pleno y comisiones informativas.

2) *Estructura política de carácter ejecutivo*: Comisión de Gobierno y puestos unipersonales político-ejecutivos (por ejemplo alcalde, tenientes de alcalde, etc.).

3) *Estructura administrativa estratégica*: habilitados nacionales (secretario e interventor), gerentes y directores o coordinadores de áreas y servicios.

4) *Estructura administrativa operativa*: jefes de Servicio, Sección y Negociado y puestos base.

En este apartado nos centraremos en la dimensión política de carácter deliberantes y parcialmente en la estructura política de carácter ejecutivo y en los procesos de constitución de estos dos ámbitos. El próximo apartado tratará las características de las estructuras administrativas de los municipios.

TABLA VI.4.
ÁMBITOS INSTITUCIONALES EN LOS AYUNTAMIENTOS Y LAS DIPUTACIONES

Ámbitos Institucionales	*Ayuntamientos*	*Diputaciones*
Estructura política de carácter deliberante	Pleno Comisiones informativas	Pleno Comisiones informativas
Estructura política de carácter ejecutivo	Alcalde Comisión de Gobierno Tenientes de alcalde Concejales delegados	Presidente Comisión de Gobierno Diputados delegados
Estructura administrativa estratégica	Secretario Interventor Directores o coordinadores de áreas o servicios	Secretario Interventor Directores o coordinadores de áreas o servicios
Estructura administrativa operativa	Jefes de Servicio Jefes de Sección Jefes de Negociado Puestos base	 Jefes de Sección Jefes de Negociado Puestos base

Fuente: Elaboración propia.

Los órganos de gobierno de un municipio son el Pleno del Ayuntamiento, la Comisión de Gobierno, el alcalde y los tenientes de alcalde. Por su parte, los órganos administrativos más importantes son el secretario y el interventor.

El Pleno del Ayuntamiento es el máximo órgano de gobierno y Administración municipal, está integrado por todos los concejales y presidido por el alcalde.

Los concejales son elegidos mediante sufragio universal y directo. Cada término municipal constituye una circunscripción en la que se elige el número de concejales que resulte de la aplicación de una escala que va desde 5, en los municipios de hasta 250 residentes, a 25 para los de 50.001 a 100.000, añadiéndose, de esta cifra en adelante, un concejal más por cada 100.000 residentes o fracción, y uno más también cuando el resultado sea par. El mandato de los concejales es por cuatro años, a cuyo término se renueva el Ayuntamiento en su totalidad. Celebradas las elecciones se constituye el nuevo Ayuntamiento, los concejales celebran una votación para elegir entre ellos al alcalde, debiendo obtener algún concejal la mayoría absoluta en la primera votación. Si no es así, el cargo se confiere al primer candidato de la lista que haya obtenido mayor número de votos en las elecciones.

Al Pleno del Ayuntamiento le corresponden las atribuciones más importantes: planificación, aprobación de reglamentos y ordenanzas, aprobación de los presupuestos e imposición de tributos; y sobre todo el control de los demás órganos de gobierno a través de interpelaciones, de preguntas y de la moción de censura. La Comisión de Gobierno es un órgano de apoyo al alcalde y existe en los municipios con una población superior a 5.000 habitantes. Está integrada por el alcalde, que la preside, y los concejales nombrados por éste como miembros de la misma. A la Comisión de Gobierno le corresponde la asistencia al alcalde en el ejercicio de sus atribuciones, así como las que esa autoridad u otro órgano municipal le delegue.

El alcalde es la pieza central del Gobierno municipal, reúne la doble condición de presidente del Ayuntamiento y jefe de la Administración municipal. Como presidente, además de convocar las sesiones, levantarlas, fijar los asuntos que han de tratarse y mantener el orden en las deliberaciones, le corresponde la ejecución de los acuerdos, lo que le otorga un poder considerable al ser quien decide el momento de la ejecución. Como jefe de la Administración municipal es cabeza de la organización y responsable de todos los servicios. Los tenientes de alcalde son designados por el alcalde, ejercen la suplencia de éste y se pueden ocupar de la dirección de los departamentos y de los distritos en que puede estar dividido el municipio. Los concejales delegados también pueden encargarse de la dirección de determinados departamentos y servicios y de los distritos en que puede estar dividido el municipio.

Los órganos de gobierno de las diputaciones provinciales son el Pleno de la Diputación, la Comisión de Gobierno y el presidente y, entre los órganos administrativos, destacan las figuras del secretario y del interventor. Es decir, la configuración de los órganos de la provincia es paralela a la del municipio y no hace falta comentarla salvo en el caso de la complicada mecánica de elección de los diputados. El Pleno de la Diputación está formado por el presidente y los diputados. Los puestos a elegir son los diputados provinciales, que a efectos de representación se agrupan por partidos judiciales. En las provincias pequeñas, menos de medio millón de habitantes, hay 25 diputados y en las de más de un millón, 31. La elección de los diputados correspondientes a cada partido judicial se realiza entre los concejales electos de los municipios que comprende dicho territorio, reunidos al efecto. Celebrada la elección y proclamados los candidatos elegidos, se celebra la primera sesión del Pleno de la Diputación en la que los diputados eligen entre ellos al presidente, requiriéndose en primera votación mayoría absoluta y en segunda votación mayoría simple.

Corresponde al Pleno de la Diputación el ejercicio de la potestad reglamentaria, el control y fiscalización de la gestión de los órganos de gobierno, la aprobación y modificación de los presupuestos y la aprobación provisional de las cuentas. El presidente representa a la Diputación, dirige todos los servicios de la Diputación, convoca y preside las sesiones del Pleno y de la Comisión de Gobierno y de los otros órganos provinciales, ostenta la jefatura superior de personal y, en definitiva, ejerce todas las atribuciones que la legislación asigna a la Diputación y no estén expresamente atribuidas a otros órganos. El presidente puede delegar la dirección de determinados servicios a los miembros de la Comisión de Gobierno, a los diputados delegados que tienen una situación similar a los tenientes de alcalde y concejales delegados de la Administración municipal.

FIGURA VI.1.
ORGANIZACIÓN BÁSICA DE LA ADMINISTRACIÓN LOCAL

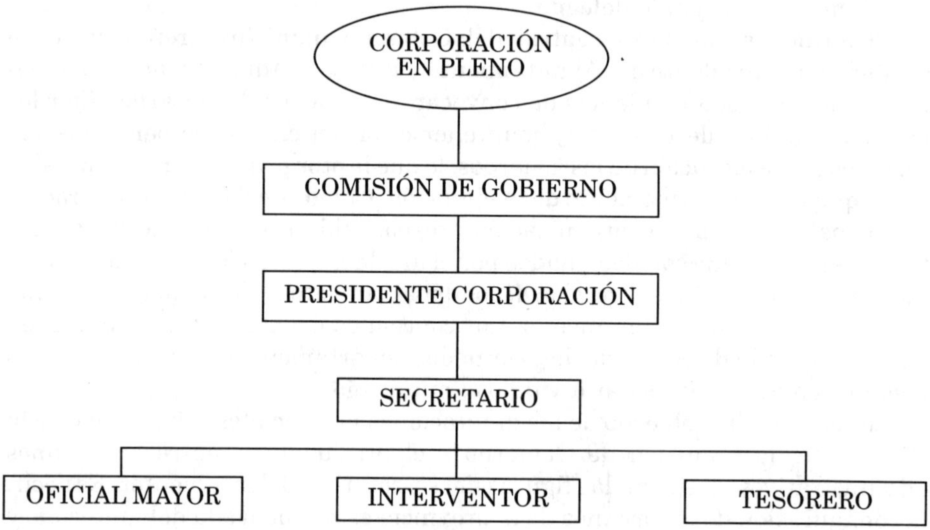

Fuente: Elaboración propia.

Estos diseños institucionales (ver figura VI.1) aseguran la dirección política y la gestión de los distintos servicios que prestan las entidades locales y también garantizan el control de esta dirección y gestión de las competencias locales. El Pleno y las comisiones informativas, donde están presentes los miembros de la oposición política al equipo de gobierno y se encargan del control político. Las figuras del secretario y del interventor aseguran el control formal de la legalidad. El secretario ejerce un asesoramiento legal de carácter preceptivo y el interventor se encarga de la fiscalización interna de la gestión económico-financiera y de la contabilidad. Además de estos controles de carácter interno las administraciones locales están, al igual que el resto de niveles administrativos, controladas externamente por los tribunales de cuentas estatal y autonómicos y por los tribunales de justicia (ver el capítulo X). Finalmente, las elecciones suponen uno de los instrumentos básicos y directos de control de los ciudadanos y, los medios de comunicación locales y supralocales también operan como instrumentos reales de control.

La dirección política de la Administración local padece algunas disfunciones específicas derivadas fundamentalmente de la mezcla en su dimensión más estratégica de las funciones ejecutivas de dirección política y administrativa con las funciones de carácter *parlamentario* de control y oposición política y de capacidad normativa que están asociadas a los plenos de los entes locales. En este sentido, en los plenos de las entidades locales existe una confusión de funciones normativas, deliberantes y de control con funciones ejecutivas. Otra disfunción son las limitaciones que, en muchos casos, tiene el alcalde a la hora de formar libremente su Gobierno. Además, está muy generalizada la tendencia a dar cabida a todos los concejales del partido o partidos que gobiernan en el Gobierno ejecutivo y se tienden a fragmentar en exceso las competencias y los aparatos organizativos para ceder a cada concejal su propio espacio de dirección política y gestión. Esta circunstancia favorece que los concejales, cargos electos de carácter político, tiendan a encargarse de la gestión administrativa ocupando espacios propios de los empleados públicos profesionales.

3. Modelos de gestión y diseños organizativos de la Administración local

3.1. Los ejes que configuran los modelos de gestión en la Administración local

En nuestro país, la Administración local ha experimentado una importante transformación en los últimos veinte años. Su dimensión prestacional ha incrementado espectacularmente y de ahí que sus dimensiones organizativas también se hayan multiplicado. Nuestros ayuntamientos democráticos han ido definiendo modelos institucionales y organizativos que se mueven en cuatro ejes fundamentales (Brugué, Goma, 1998; Fundación Encuentro, 1998):

3.1.A. Eje sobre el modelo de gestión: modelo burocrático *versus* modelo gerencial

La organización municipal oscila entre un modelo burocrático y un modelo eficientista o gerencial. El primero se caracteriza por su orientación interna (preeminencia de la lógica de los recursos y los procesos por encima de los resultados de las actuaciones públicas) que implica una alta presencia de unidades encargadas de gestionar servicios internos (unidades de personal, de gestión económica, servicios jurídicos, servicios de informática, etc.) que supone una gran rigidez que dificulta los procesos de cambio. En el segundo modelo, el alternativo al burocrático, predomina la preocupación por los resultados de las actuaciones municipales y por la búsqueda de éstos a través de la minimización de los costes económicos y organizativos. Un número importante de municipios de nuestro entorno adopta el modelo burocrático, no de forma intencionada sino como resultado de la tradición y las inercias organizativas públicas. De todas formas, muchos municipios están en proceso de transformación. Están pasando del modelo burocrático a uno más eficientista, ejemplos de ello sería la existencia de un proceso de gerencialización[1], la gestión por objetivos, los programas de calidad en la atención a la ciudadanía, etc. que han impulsado algunos gobiernos municipales.

3.1.B. Eje sobre el modelo de gestión municipal en relación con el entorno: modelo de gestión mediante los propios aparatos administrativos *versus* modelo relacional

Existen dos modelos de gestión municipal en relación con su entorno (ver tabla VI.5). Por un lado tenemos un modelo de gestión que se caracteriza por un monopolio en la gestión de servicios públicos; esta opción supone la existencia de un denso y extenso aparato organizativo municipal y un elevado número de empleados públicos. Por otro lado, en el panorama de la gestión municipal hay un modelo conocido como el de gestión relacional que es el resultado de la combinación de la gestión directa de servicios públicos por parte del aparato organizativo municipal y de la externalización de determinados servicios públicos que son prestados por organizaciones privadas con o sin ánimo de lucro bajo la dirección, control y evaluación de las instancias municipales centrales. Gran parte de los municipios con un importante volumen de gestión han y están optando por un modelo de gestión relacional aunque algunos no lo han hecho con

1 El modelo gerencial es una opción de índole eficientista. En todo caso, hay que tener en cuenta que no es la única vía organizativa que mejora la eficiencia y la eficacia municipal. Hay muchas otras opciones, como por ejemplo, reformar las disfunciones más relevantes del modelo burocrático sin modificar substantivamente sus parámetros organizativos.

unos criterios claros ni han asegurado una apropiada dirección, control y evaluación de los servicios externalizados.

TABLA VI.5.
FORMAS DE GESTIÓN DE LOS SERVICIOS LOCALES

Modelo de gestión	*Mecanismos de gestión*
Gestión directa	Organización del Ayuntamiento Organismos autónomos Empresas públicas Fundaciones Concesión
Gestión indirecta (Administración relacional)	Concierto Gestión interesada Arrendamiento Sociedad mixta
Gestión interadministrativa	Mancomunidad Consorcio

Fuente: *Sistemas* (1999).

3.1.C. Eje territorial, modelo de implantación en el territorio: modelo centralizado territorialmente *versus* modelo descentralizado territorialmente

Este eje se basa en la contraposición de un modelo de gestión centralizado territorialmente *versus* un modelo de gestión descentralizado. Los municipios con una población importante y una estructura territorial muy diversificada pueden escoger un modelo de descentralización territorial. De hecho, muchos de los municipios grandes han optado por una importante descentralización territorial a favor de unidades territoriales denominadas distritos. Las ventajas de un modelo descentralizado territorial son importantes: mejor atención a los ciudadanos-usuarios de servicios, mejor detección e identificación de los problemas, y por último, mayor implicación política y administrativa del Ayuntamiento en los diversos ámbitos territoriales. Pero la descentralización territorial también muestra algunos inconvenientes: mayores costes en infraestructuras y en personal, un diseño complejo de la estructura administrativa (de índole matricial, en el sentido que hay dobles líneas de mando) con problemas de articulación y generación de conflictos (hay más de una instancia con capacidad para tomar decisiones) entre una cultura territorial y una cultura de organización central.

3.1.D. Eje de relación entre la organización municipal y la ciudadana: modelo de orientación interna *versus* modelo participativo

El modelo participativo tiene al ciudadano como eje de articulación de sus actuaciones y de la organización en sí misma. Por lo tanto, el *qué,* el *cómo,* el *cuándo* y el *porqué* de la organización y de los niveles de actuación del Ayuntamiento se dirigen a satisfacer las necesidades de los ciudadanos como colectivo o como individualidades (en el marco de determinadas prestaciones de servicios públicos) y así, responder a los intereses generales. Es decir, quiere abordar soluciones colectivas mediante la capacidad de intervención pública a problemas de los diferentes colectivos que configuran la población del municipio. En cambio, el modelo de orientación interna responde fundamentalmente a los intereses de las instancias administrativas y de los colectivos internos de la Administración dando lugar a unos servicios públicos que pueden manifestar dificultades en su adaptación a las demandas y a los intereses de los ciudadanos.

Combinando los cuatro ejes se pueden identificar dos modelos de organización extremos o radicales (ver tabla VI.6):

1) Un modelo de organización tradicional o clásico que se caracterizaría por presentar una gestión burocrática que gestionaría todas las actuaciones municipales sin dejar espacios privados de intervención, con una organización centralizada territorialmente y poco permeable a la intervención y participación de los ciudadanos.

2) Un modelo de organización de vanguardia con los siguientes rasgos identificativos: una gestión de índole gerencial con una gestión indirecta (la gestión es responsabilidad de una red de organizaciones privadas o semiprivadas), una organización descentralizada territorialmente y permeable a la intervención y participación política y de la gestión de los ciudadanos.

Estos dos modelos puros y radicales sirven para identificar los puntos extremos de todo un espectro de posibilidades de modelos reales y posibilistas de organización municipal. Son modelos puros y radicales que raramente se podrán encontrar en la realidad. Es muy difícil que exista una organización clásica que no haya variado durante décadas sus parámetros organizativos. Igualmente, es muy excepcional encontrar municipios vanguardistas que hayan transformado radicalmente todos sus parámetros organizativos. Un modelo radical de índole tradicional no es, evidentemente, deseable ya que no se adecua a la compleja realidad municipal pero, por otro lado, un modelo radical de índole vanguardista tampoco es, probablemente, un modelo deseable ya que cada Ayuntamiento tiene sus especificidades y, por esta razón, alguno puede necesitar algunas transformaciones importantes pero difícilmente las requerirá todas y además aplicadas al unísono y con la misma profundidad.

Las organizaciones municipales del futuro (y muchas de las actuales) serán eficaces y eficientes en la medida en que tengan la capacidad de orientar estos ejes en función de sus necesidades que dependerán de su tradición, de su tamaño (a nivel poblacional y territorial) y de la orientación política. Así, por ejemplo, un Ayuntamiento puede decidir optar por un modelo gerencial o bien optar por uno no gerencial pero que suavice las rigideces de una organización burocrática (definiendo menos jerarquías, flexibilizando los procedimientos, etc.). Las dos posibilidades pueden ser correctas, dependiendo de la situación y orientación política del Ayuntamiento. En cambio, no cabe duda que es negativo no mejorar una organización burocrática que se manifiesta claramente disfuncional. Lo mismo se puede decir en relación con la externalización. Cada organización municipal optará por su propio modelo de externalización: difícilmente no externalizará ninguna competencia y también, difícilmente externalizará todas sus actividades. La opción de la descentralización dependerá de la dimensión del municipio en cuanto a población y territorio. Finalmente, la relación Administración-ciudadanía debería tender, en todos los casos (aunque con diferentes intensidades y mecanismos), a facilitar y fomentar las actuaciones para los ciudadanos, así como propiciar la participación activa de la ciudadanía en las decisiones y en la gestión local.

TABLA VI.6.
MODELOS DE ORGANIZACIÓN MUNICIPAL

	Gestión	*Gestión / entorno territorio*	*Gestión / ciudadanía*	*Gestión /*
Modelo tradicional (radical)	Burocrática	Únicamente las instancias municipales	Centralizada Orientación interna	Cerrada
Modelo emergente (radical)	Gerencial	Red de organizaciones privadas o semiprivadas	Descentralizada Orientación externa	Abierta
Modelo mixto	Burocrática suavizada o Gerencial o Mixta Burocrática-Gerencial	Mixta instancias municipales y red de organizaciones privadas	En función del tamaño: centralizada o descentralizada	Abierta Orientación externa

Fuente: Elaboración propia.

Las innovaciones más relevantes que se están produciendo actualmente en la Administración local son (Sistemas, 1999: 25):

– Programas de calidad.
– Atención e información al ciudadano en los trámites presenciales y potenciación de trámites no presenciales.
– Presupuesto por programas.
– Desconcentración del gasto.
– Contabilidad analítica.
– Desconcentración de la gestión de recursos humanos.
– Auditorías operativas.
– Rediseño de los procedimientos administrativos.
– Contratación externa de servicios.
– Sistemas de participación ciudadana.
– Control de gestión: elaboración de indicadores y de cuadros de mando integral.
– Plan de actuación municipal (PAM).
– Implantación de las nuevas tecnologías de la información en la gestión interna y en los espacios de relación con los ciudadanos-usuarios.

3.2. Conceptos y elementos básicos de la estructura administrativa de una Administración local

La estructura administrativa representa la disposición sistemática de las unidades que integran un Ayuntamiento o una Diputación provincial según los criterios de jerarquía y especialización. Es un sistema formal que refleja los niveles jerárquicos y los criterios de división horizontal. Una estructura administrativa se representa mediante un organigrama.

Una estructura administrativa reúne dos tipos básicos de unidades administrativas: las unidades de línea o de dirección y las unidades *staff* o de asesoramiento. La gran mayoría de las unidades administrativas son de dirección, es decir, forman parte de la línea jerárquica: unidades que dirigen y/o son dirigidas y que realizan funciones ejecutivas en el marco de su ámbito de gestión específico. Las unidades de asesoramiento son, en cambio, muy excepcionales y su función básica es asesorar (hacer análisis y estudios) a determinadas unidades de línea. Un ejemplo de unidad de asesoramiento es el Gabinete de la Alcaldía que tiene como función dar soporte al alcalde.

Un organigrama representa las dos dimensiones básicas de una estructura administrativa: la dimensión vertical que contiene los diferentes niveles jerárquicos y la dimensión horizontal que agrupa las diferentes unidades sectoriales en base a diferentes criterios de divisionalización. La jerarquía o altura (dimensión vertical) hace referencia el número de niveles de dirección o jerarquía de la organización municipal, por ejemplo: Alcaldía, Ponencia, Dirección de Servicios, Sección y Negociado. El número de peldaños jerárquicos configura la altura de una organización. La altura está relacionada con la comunicación entre unidades de la organización y la velocidad en los procesos decisionales. La altura es proporcional a la complejidad de las actividades y por eso resulta lógico que las organizaciones públicas suelan contar con estructuras altas ya que sus actividades son, sin duda, complejas. De hecho, no hay más que observar la realidad para ver que los ayuntamientos de dimensiones considerables tienen estructuras altas. La divisionalización o amplitud de una estructura (dimensión horizontal) está relacionada con la supervisión y la centralización. Las unidades que dependen de una unidad superior están dirigidas y supervisadas por ésta. La estructura horizontal puede seguir diferentes criterios de divisionalización, los más característicos en la Administración municipal son: el funcional, por productos o servicios públicos, por colectivos de ciudadanos, territorial y matricial. El Pleno de cada Ayuntamiento decide la división que quiere tener y la puede cambiar cuando lo considere oportuno.

a) *Divisionalización funcional*: es la agrupación más utilizada en la mayoría de corporaciones municipales. La producción de un servicio o producto se realiza con la colaboración de varias unidades, cada una especializada en un ámbito funcional (gestión económica, gestión de personal, producción del servicio, prestación del servicio, etc.). Se trata de un criterio de divisionalización que favorece la centralización ya que la unidad superior a las unidades funcionales es la responsable de tomar las decisiones ya que es la única que tiene una visión transversal y de conjunto de los servicios (o servicio) que se produce/en.

b) Divisionalización por productos o servicios públicos: consiste en asignar a cada unidad la responsabilidad sobre un único servicio o conjunto de servicios. La unidad tiene todas las áreas funcionales necesarias para la producción del servicio o servicios. Es un modelo que favorece la descentralización en la medida en que los responsables de cada línea de servicios tienen capacidad de decisión sobre éstos. Este modelo genera un mayor dinamismo y facilita una cierta independencia a las unidades.

c) Divisionalización por colectivos de ciudadanos: consiste en asignar a cada unidad una tipología de receptores de servicios públicos (por ejemplo: tercera edad, juventud, inmigrantes, etc.). Es un criterio de divisionalización apropiado en organizaciones prestadoras de servicios con voluntad de atender de manera diferenciada a cada segmento de receptores de servicios públicos.

d) Divisionalización territorial: las unidades se divisionalizan en función del territorio municipal (por ejemplo grandes municipios organizados en distritos). Este criterio se justifica cuando la dimensión de la organización y la dispersión de las actividades lo requieren. Es un modelo que, obviamente, favorece la descentralización ya que delega la capacidad de decisión a los responsables territoriales.

e) Divisionalización matricial: consiste en la integración simultánea de dos criterios de divisionalización. Normalmente, en el ámbito de una organización municipal, se utilizan tres posibles combinaciones de criterios de divisionalización: 1) el funcional y el de producto o servicio; 2) el funcional y el territorial; 3) el de producto o servicio y el territorial. Es un modelo de divisionalización complicado y heterodoxo, en la medida que rompe con uno de los principios básicos de la organización, como es la unidad de mando ya que cada unidad tiene simultáneamente dos superiores jerárquicos. Es un modelo que se justifica si el Ayuntamiento tiene un modelo de organización territorial (áreas o distritos territoriales) o bien si impulsa nuevos servicios públicos que requieren una dedicación exhaustiva en el momento de su desarrollo.

Una organización municipal combina simultáneamente diferentes modelos de divisionalización (ver figura VI.2): normalmente utiliza en su primer nivel (concejalías o ponencias) el criterio de divisionalización por servicios públicos (seguridad; urbanismo y vivienda; educación y cultura; servicios sociales; etc.). En este primer nivel también se pueden encontrar concejalías que siguen criterios de divisionalización funcional (gestión económica; gestión de personal). En un segundo nivel (servicios), el criterio de divisionalización predominante es el funcional aunque en muchas ocasiones aparece combinado con el de servicios y clientes. Cuando la organización municipal dispone de una red territorial, el funcionamiento de los distritos o áreas territoriales responden a un modelo de divisionalización matricial que combina el criterio territorial con el criterio de productos o servicios.

Desde otra perspectiva hay que destacar que existen dos modelos básicos de departamentos o áreas: los departamentos con una orientación vertical y los departamentos con una orientación horizontal. Los departamentos verticales son aquellos que generan cualquier actuación o servicio destinado hacia el exterior del Ayuntamiento como organización (dirigidos a ciudadanos individuales o a colectivos de ciudadanos). Los departamentos horizontales o servicios comunes son aquellos que tienen una orientación interna, sus destinatarios son las diferentes áreas del Ayuntamiento. Los servicios comunes más característicos de la organización municipal son:

- coordinación política e institucional,
- presupuestos y control económico,
- informática,
- gabinete-asesoría jurídica,
- normalización lingüística y documental,
- gestión de personal,
- formación,
- organización.

FIGURA VI.2.
CRITERIOS DE DIVISIONALIZACIÓN EN UN AYUNTAMIENTO. DIVISIONALIZACIÓN MATRICIAL: TERRITORIAL/FUNCIONES Y TERRITORIAL/SERVICIOS

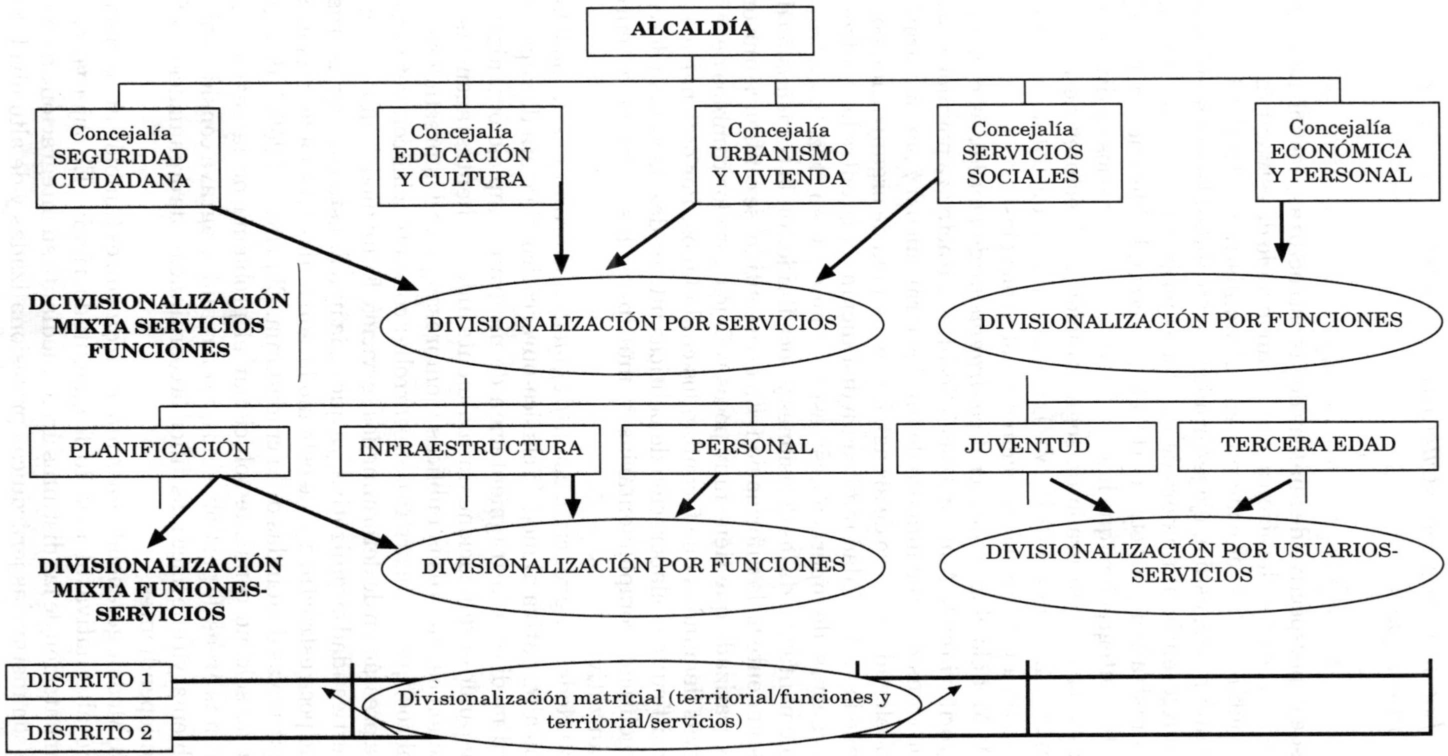

Fuente: Ramió, C. (1999): *Teoría de la organización y Administración pública*, Madrid: Tecnos-UPF.

3.3. *Los modelos de estructura administrativa de la Administración municipal*

Desde la perspectiva de análisis de las estructuras, dos son los ejes básicos que se toman en consideración al definir un modelo de estructura en la Administración pública y, más en concreto, en la Administración local (CIFA, 1997: 41 y 42). Por una parte, está el eje jerárquico: verticalidad frente a aplanamiento (que hace referencia al número de escalones jerárquicos que agrupa la estructura administrativa); por otra parte, el eje sectorial: diferenciación o segmentación frente a integración (que hace referencia a los criterios de divisionalización de la estructura y al grado de segmentación por sectores de la misma) (ver el apartado 2.4 del capítulo IV). La figura VI.3 muestra los cuatro modelos de estructura posibles en relación con estos dos ejes:

1) Modelo clásico-burocrático *(fragmentado rígido):* es el modelo clásico y mayoritario en la Administración local; se caracteriza por una acusada verticalidad (considerable número de niveles jerárquicos) y por una gran fragmentación (elevado número de áreas). Es un sistema de organización poco operativo, ya que la verticalidad implica un distanciamiento entre los centros decisores y los centros de operaciones; esto supone, a su vez, poca rapidez en la implementación de las decisiones y poca fluidez en la transmisión descendente y ascendente de la información. En este sentido, se configura una organización burocratizada que tiene muy pocos reflejos ante los cambios del entorno y las nuevas demandas que formulan los ciudadanos. Por otra parte, la segmentación dificulta la elaboración de políticas integradas, facilita la descoordinación de políticas complementarias y multiplica las rivalidades entre sectores organizativos.

2) Modelo de agencialización (*fragmentado flexible*): es un modelo emergente como alternativa al modelo clásico-burocrático. Se trata de superar la verticalidad mediante la fragmentación de un gran complejo organizativo unitario generando organizaciones formalmente independientes (agencias, organismos autónomos, empresas públicas y empresas privadas prestadoras de servicios públicos) que se encargan de desarrollar competencias concretas y, en especial, de la prestación de determinados servicios. Es un modelo que consigue suavizar la verticalidad organizativa, ya que cada una de estas pequeñas organizaciones tiene poca estructura y, de este modo, son ágiles en su adaptación al entorno y a las nuevas demandas de la ciudadanía. El principal déficit de este modelo es que no sólo no consigue solucionar el problema de la segmentación de las distintas áreas de gestión, sino que en realidad agrava considerablemente este problema, ya que hace más difícil la coordinación de organizaciones formalmente independientes.

3) Modelo gerencial *(integrado jerárquico):* es también un modelo emergente como alternativa al modelo fragmentado rígido. El objetivo es superar la segmentación de las distintas áreas mediante su integración en unas gerencias que son instancias jerárquicas profesionalizadas y de alto nivel. Es el modelo

que sigue, por ejemplo, el Ayuntamiento de Barcelona, el cual ha conseguido la integración de algunas áreas tradicionalmente muy fragmentadas (caso de los servicios sociales). Aunque consiguen en parte la integración, no solucionan los problemas vinculados a la verticalidad de la estructura.

FIGURA VI.3.
MODELOS DE ESTRUCTURA ADMINISTRATIVA DE LA ADMINISTRACIÓN MUNICIPAL

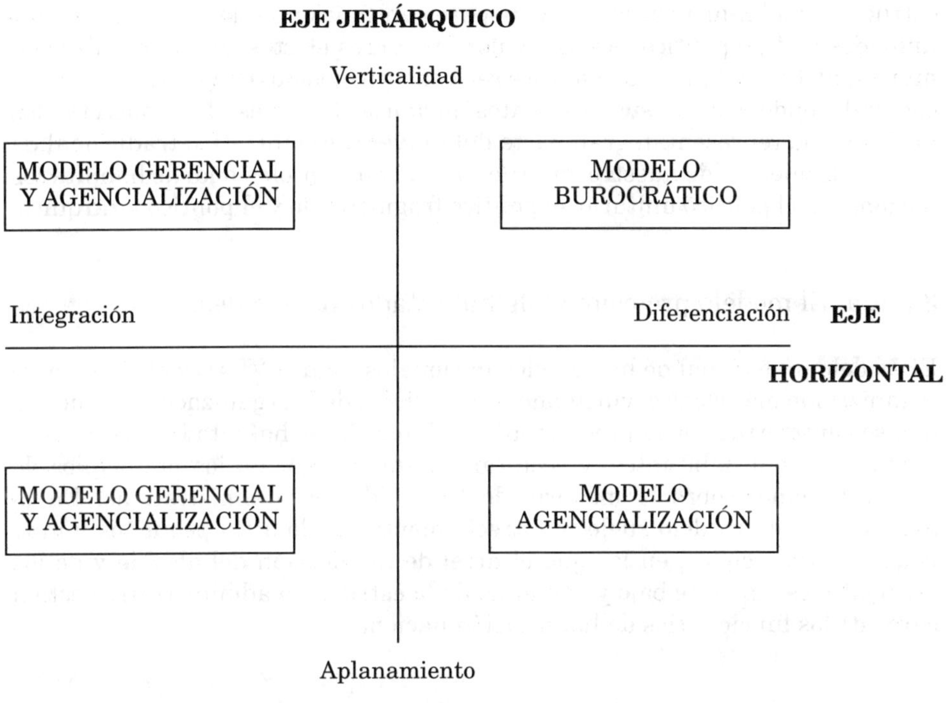

Fuente: Ramió (1999): «Desarrollo organizativo del Ayuntamiento gerencial», en VV.AA., *Gobierno local y modelo gerencial*, Barcelona: Fundació Carles Pi i Sunyer.

4) Modelo mixto gerencial, de agencialización y clásico *(bastante integrado y poco jerárquico):* es un modelo emergente, relativamente inédito desde el plano teórico pero muy presente en la práctica municipal, que intenta superar en parte (no totalmente) los dos problemas mencionados: la excesiva jerarquización y la falta de integración. Podría ser para muchos municipios un modelo de futuro. Se trata de reducir algunos niveles jerárquicos en algunos ámbitos de gestión, de agrupar orgánicamente los sectores de gestión que mantienen más

interrelaciones y, finalmente, de mantener el modelo clásico de estructura para algunos servicios de tipo administrativo. Una calculada combinación de los tres modelos anteriores podría conseguir dicho efecto[2].

3.3.A. Los modelos de estructura clásico-burocráticos

Los modelos de estructura que predominan en el paisaje de la Administración municipal son los que se pueden denominar *clásicos burocráticos*, en el sentido que no incluyen en su estructura la figura del gerente, pero en cambio agrupan estructuras administrativas muy dispares en función de la presencia de las unidades de tipo político, ocupadas por los cargos electos, en la organización municipal. En cualquier caso se hace referencia a modelos de estructura reales, con independencia de sus elementos jurídicos formales. En concreto, los modelos que representan gran parte del universo organizativo tradicional de los ayuntamientos de nuestro entorno son cuatro: el profesional de habilitados nacionales, el político unitario, el político fragmentado y el político jerárquico.

3.3.A.a. El modelo profesional de habilitados nacionales:

El modelo profesional de habilitados nacionales (figura VI.4) es el sistema de organización más clásico, vinculado a la tradición de la organización municipal que se caracteriza por la preeminente posición de los habilitados (secretario, hasta cinco mil habitantes, y secretario e interventor en los municipios de mayor tamaño) sobre la mayoría de las unidades administrativas. En la actualidad este modelo suele ir estrechamente ligado a los pequeños y muy pequeños municipios, en los que el nivel de implicación del alcalde y de los concejales es bastante bajo y el mando de la estructura administrativa está a cargo de los funcionarios de habilitación nacional.

3.3.A.b. El modelo político-unitario:

El modelo político-unitario (figura VI.5) responde a una estructura administrativa dominada por el alcalde, el cual asume un rol de gestor estratégico (y con

2 Esta es una cuestión muy importante; a la luz de los cuatro modelos de estructura está claro que hay uno que predomina en el universo municipal real (el modelo clásico-burocrático) y que en la mayoría de las situaciones agrupa elementos disfuncionales que deberían superarse. Como alternativa está la opción del modelo gerencial (puro), pero *existen otras alternativas* derivadas de combinar, según las necesidades específicas de cada organización municipal, el modelo gerencial, el modelo de agencias y mantener en parte el modelo burocrático (que no en todas las ocasiones y sectores implica necesariamente ineficiencias).

frecuencia no tan estratégico) que manda directamente sobre las distintas unidades administrativas del Ayuntamiento. El secretario y el interventor dirigen, en cambio, una parte reducida de la organización municipal. Es un modelo que está presente, en términos generales, en los municipios pequeños y en los municipios intermedios en cuyo gobierno los alcaldes se implican mucho. En algunas ocasiones, las funciones de dirección pueden estar repartidas entre el alcalde y un teniente de alcalde o concejal.

3.3.A.c. El modelo político-fragmentado:

El modelo político-fragmentado (figura VI.6) representa una estructura administrativa que se articula sectorialmente, de modo similar a los ministerios o consejerías de los niveles de Administración estatal y autonómico. Los concejales tienen competencias sobre áreas de gestión sectorial y el alcalde asume las funciones de coordinación de dichas áreas sectoriales, normalmente con el apoyo de un Gabinete de la Alcaldía y, en ocasiones, manda directamente sobre una de estas áreas sectoriales (habitualmente el área de urbanismo e infraestructuras). Se trata de un modelo que se corresponde con municipios de tamaño mediano. El secretario y el interventor están, en su diseño real, bajo las órdenes de los concejales sectoriales (régimen interior y economía, respectivamente).

FIGURA VI.4.
MODELO CLÁSICO PROFESIONAL DE HABILITACIÓN

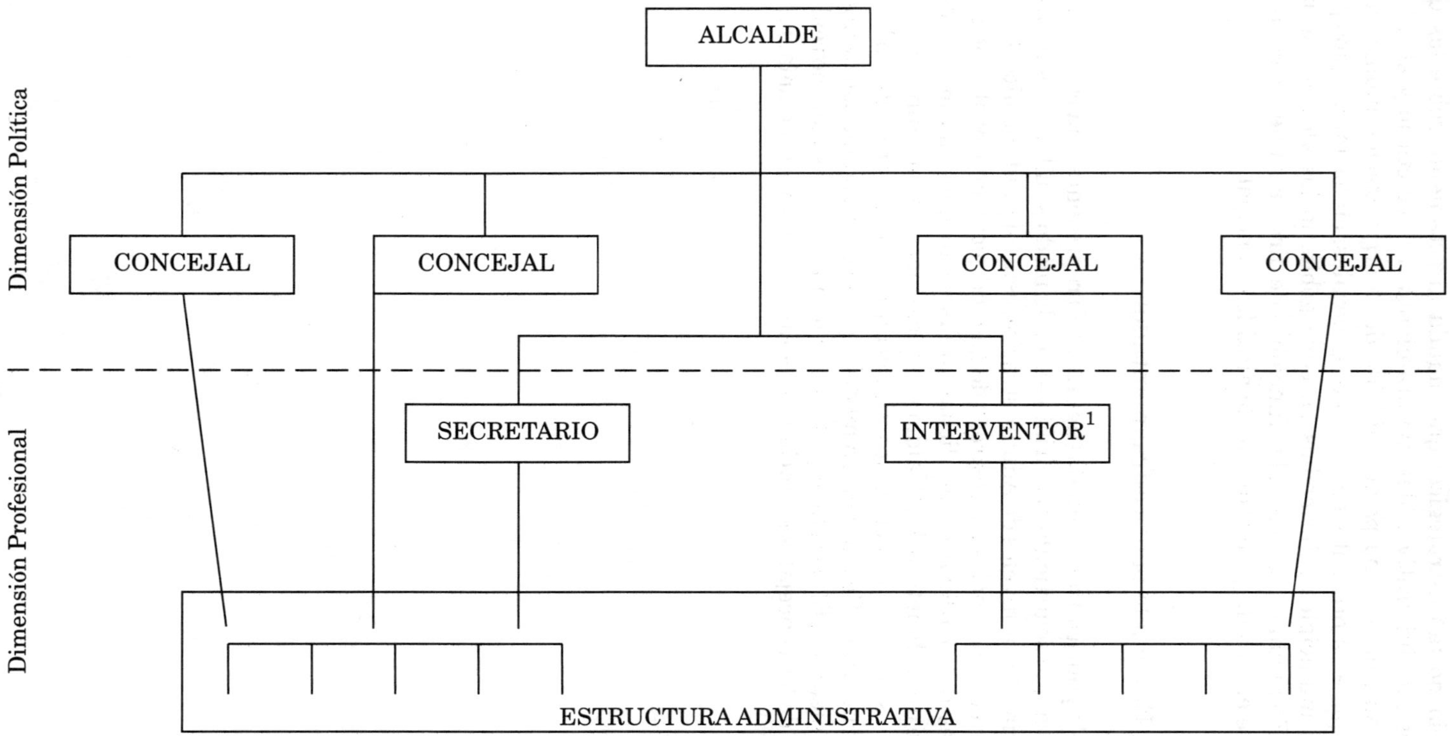

Nota 1: Municipios con más de 5000 habitantes.
Fuente: Ramió (1999): «Desarrollo organizativo del Ayuntamiento gerencial», en VV.AA., *Gobierno local y modelo gerencial*, Barcelona: Fundació Carles Pi i Sunyer.

FIGURA VI.5.
MODELO CLÁSICO POLÍTICO-UNITARIO

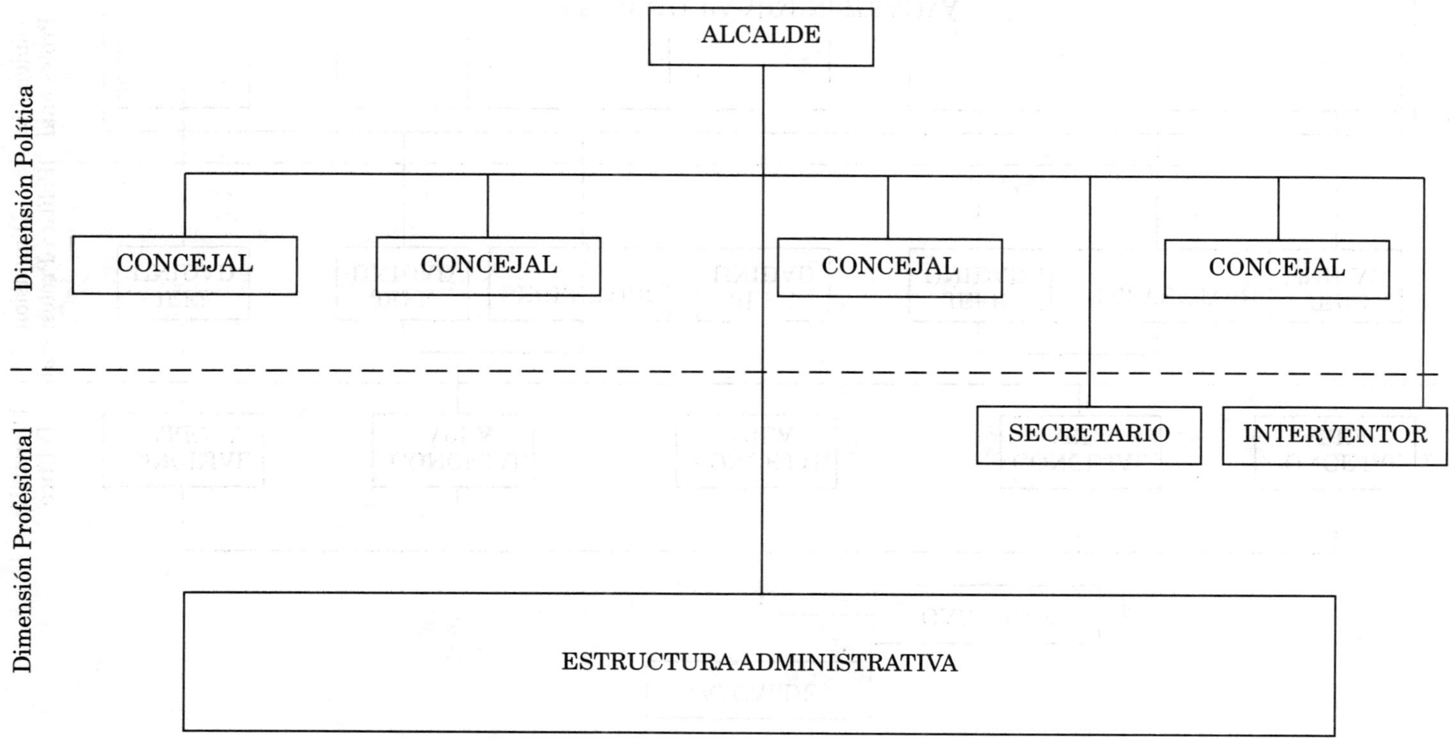

Fuente: Ramió (1999): «Desarrollo organizativo del Ayuntamiento gerencial», en VV.AA., *Gobierno local y modelo gerencial*, Barcelona: Fundació Carles Pi i Sunyer.

FIGURA VI.6.
MODELO CLÁSICO POLÍTICO-FRAGMENTADO

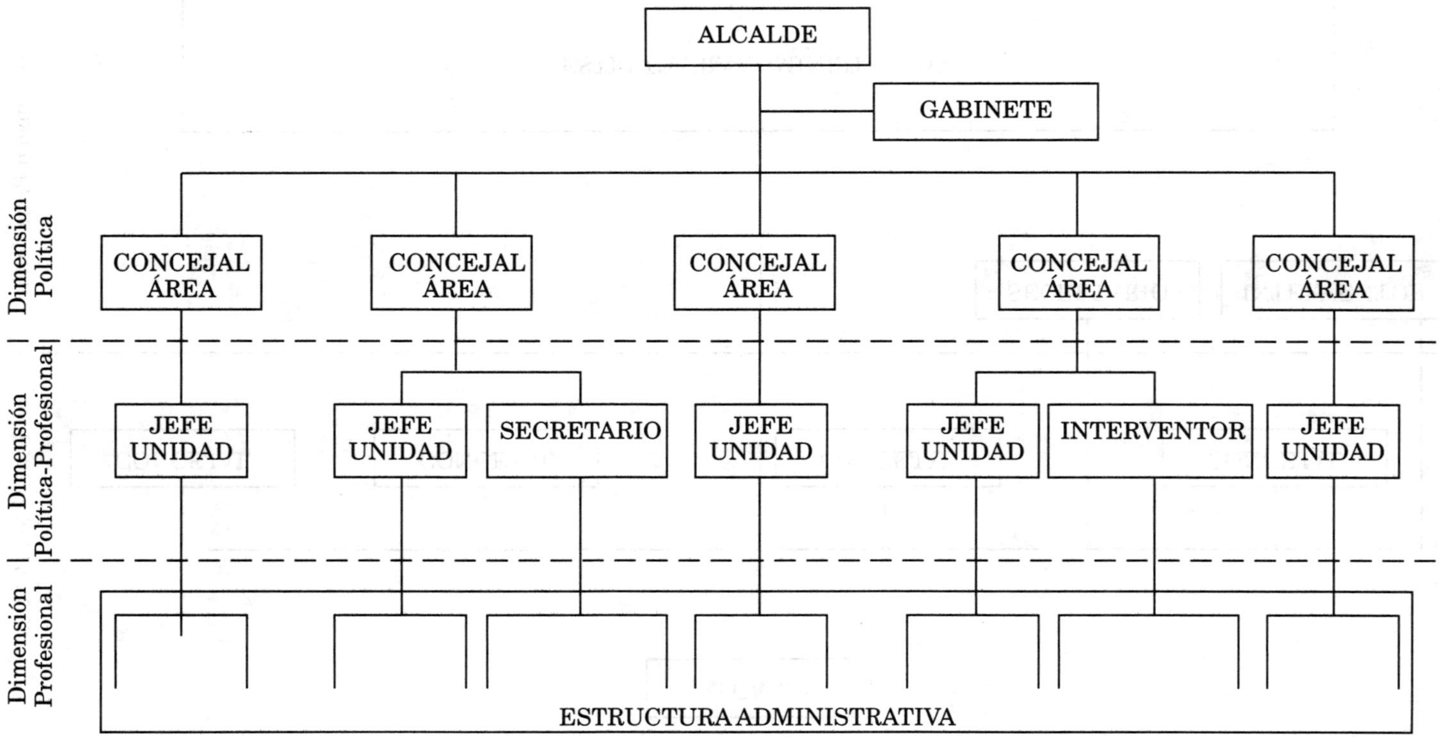

Fuente: Ramió (1999): «Desarrollo organizativo del Ayuntamiento gerencial», en VV.AA., *Gobierno local y modelo gerencial*, Barcelona: Fundació Carles Pi i Sunyer.

FIGURA VI.7.
MODELO CLÁSICO POLÍTICO-JERARQUIZADO

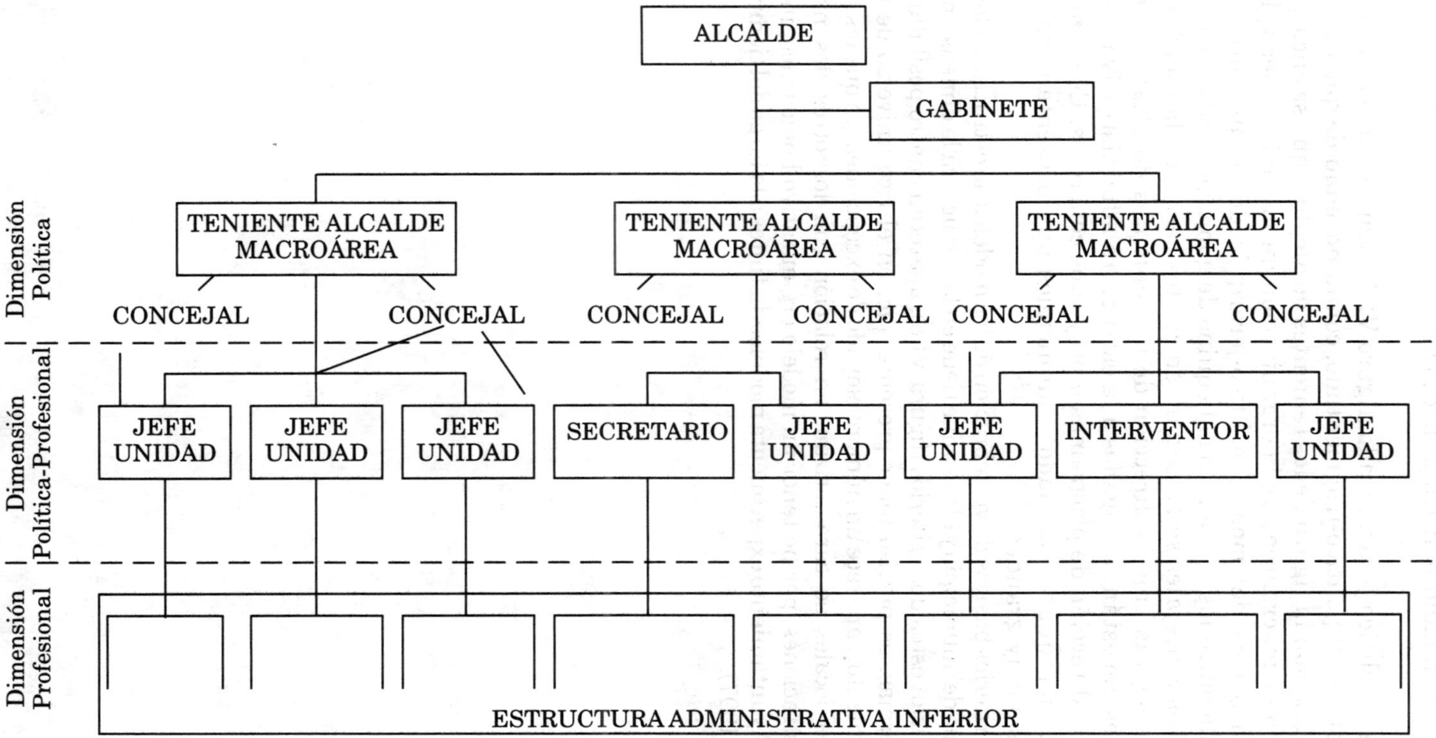

Fuente: Ramió (1999): «Desarrollo organizativo del Ayuntamiento gerencial», en VV.AA., *Gobierno local y modelo gerencial*, Barcelona: Fundació Carles Pi i Sunyer.

3.3.A.d. El modelo político-jerarquizado:

El modelo político-jerarquizado (figura VI.7) sigue el mismo diseño de tipo sectorial que el político-fragmentado, con la novedad de que introduce en la organización la figura de los tenientes de alcalde, que se encargan de la dirección de macroáreas de la organización municipal. Es decir, la característica básica del modelo político-jerarquizado es que introduce una jerarquía entre los concejales del equipo de gobierno (Calderó y Esquirol, 1996). Los concejales se encargan, en ciertos casos, de la coordinación de áreas concretas bajo la dirección de los tenientes de alcalde y, en otras ocasiones, no están tan ligados a la estructura administrativa y se encargan de la dirección de programas o proyectos concretos. Es un modelo de organización que va asociado a municipios que presentan dimensiones grandes o muy grandes.

Los criterios básicos de vertebración de los modelos de estructura clásicos son el tamaño del municipio y el peso que tiene en la estructura la dimensión política. Si se cruzan estos dos criterios (figura VI.8), aparecen cuatro posibilidades. De todas formas, es preciso tener presente que, en el rico universo de nuestros ayuntamientos, aparece un número elevado de excepciones, ya que las Administraciones locales se caracterizan, en relación con los otros dos niveles de administraciones, por no tener un modelo organizativo homogéneo; incluso un mismo Ayuntamiento experimenta modelos distintos a lo largo del tiempo (López Pulido, 1997).

FIGURA VI.8.
CLASIFICACIÓN DE LOS MODELOS MUNICIPALES CON UNA ESTRUCTURA CLÁSICA

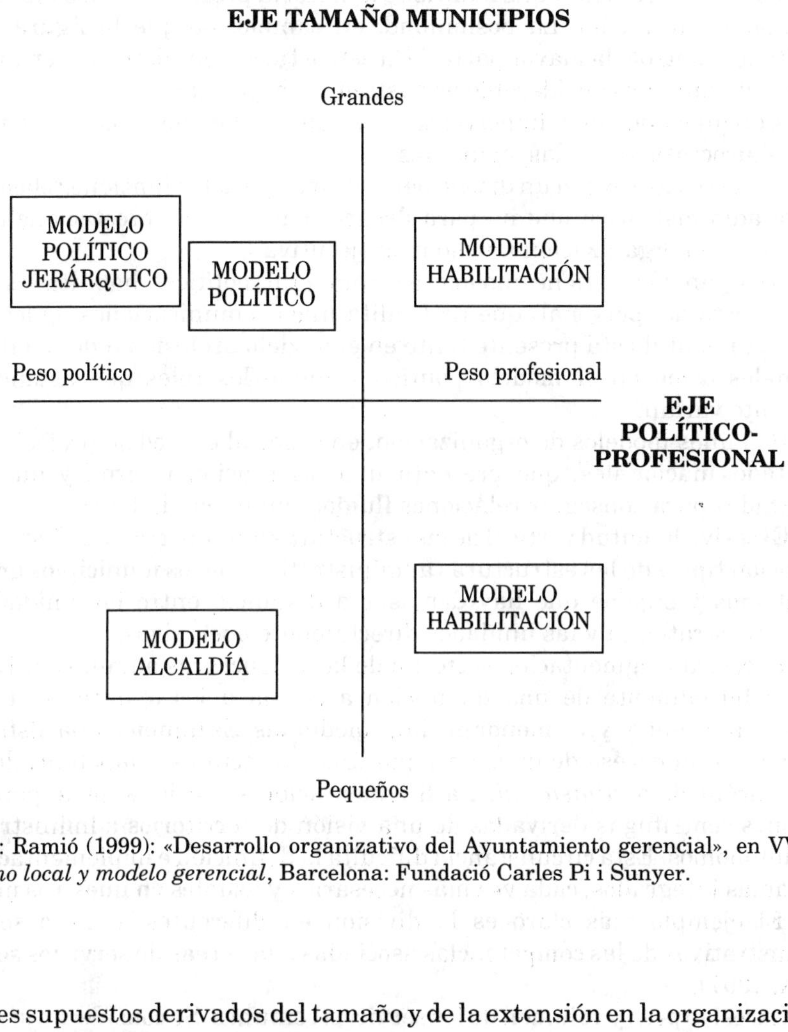

Fuente: Ramió (1999): «Desarrollo organizativo del Ayuntamiento gerencial», en VV.AA., *Gobierno local y modelo gerencial*, Barcelona: Fundació Carles Pi i Sunyer.

Los tres supuestos derivados del tamaño y de la extensión en la organización de la dimensión política son los siguientes:

a) Municipios de tamaño grande o medio en los que la dimensión política domina sobre la estructura administrativa: modelo político y modelo político jerárquico. Estos modelos predominan en los municipios intermedios (modelo político) y en los que son grandes o muy grandes (modelo político jerárquico).

b) Municipios de tamaño pequeño en los que el peso se decanta hacia la dimensión política: modelo de alcaldía. Es un diseño que mantiene una significativa presencia en los municipios de reducidas dimensiones.

c) Municipios de tamaño pequeño en los que la dimensión profesional domina sobre la estructura administrativa: modelo de habilitados nacionales. Este es un modelo que predomina claramente en los ayuntamientos de tamaño pequeño y muy pequeño y que mantiene una cierta presencia en los municipios de tamaño intermedio. La posibilidad, en cambio, de que la figura de los habilitados controle la mayor parte de la estructura administrativa en ayuntamientos de tamaño considerable es bastante excepcional.

Las disfunciones más importantes asociadas a los modelos de estructura clásico-burocráticos son las siguientes:

1) Son estructuras con un diseño pensado más para las funciones clásicas de control administrativo que no para desarrollar políticas prestacionales que requieren una organización mucho más ejecutiva.

2) La organización tiene una lógica estamental (políticos, habilitados nacionales y resto del personal) que no facilita unas comunicaciones ágiles. Esta lógica estamental está presente tanto en el modelo profesional de habilitados nacionales como en el modelo político, aunque los roles que asume cada estamento varían.

3) Son unos modelos de organización, en especial el modelo profesional de habilitados nacionales, que presenta una orientación interna y que tiene dificultades para conseguir relaciones fluidas con los ciudadanos.

4) Excesiva longitud vertical de las estructuras administrativas. Esta es una disfunción típica de las estructuras administrativas de los municipios grandes y medianos y supone que hay demasiada distancia entre las unidades de dirección estratégica y las unidades directamente operativas.

5) Excesiva fragmentación sectorial de las estructuras administrativas: se trata habitualmente de una disfunción asociada a los ayuntamientos con estructuras grandes y, en menor medida, medianas. Es también una disfunción vinculada a un exceso de divisiones por áreas o sectores competenciales que siguen un modelo *ministerial.* La fragmentación sectorial supone potenciar tensiones centrífugas derivadas de una visión de territorios administrativos semiautónomos. Esta circunstancia dificulta la definición e implementación de programas integrados, cada vez más necesarios y usuales en nuestros municipios. El ejemplo más claro es la división en diferentes áreas o sectores administrativos de las competencias asociadas a las áreas de servicios sociales (CIFA, 1997).

6) Excesivo peso y volumen de los servicios comunes. Se consideran servicios comunes aquellos que tienen una orientación interna, cuyos destinatarios son las distintas áreas del Ayuntamiento. Un problema y disfunción muy usual de las unidades que se encargan de los servicios comunes es su gran tamaño, bastante por encima de las necesidades objetivas de estructura y de personal que teóricamente deberían encargarse de este sector de actividad. La presencia intensa y dispersa en varias áreas de las unidades encargadas de la gestión de los servicios comunes genera una excesiva *burocratización* de la mayoría de las actividades del Ayuntamiento.

3.3.B. Modelos de estructura gerenciales:

El modelo gerencial ha ido penetrando durante los últimos años en las organizaciones públicas. Los ejemplos más conocidos son los procesos de gerencialización en los centros sanitarios y en la Administración de las universidades. Lentamente se han impulsado organizaciones gerenciales a entidades organizativas alejadas de los servicios centrales de las administraciones públicas, como por ejemplo las agencias, patronatos, etc. Paralelamente a este proceso, el modelo de organización gerencial se ha ido desarrollando en el ámbito municipal, especialmente en Cataluña[3] y en la Comunidad Valenciana (López Pulido, 1997). La figura del gerente, base del modelo gerencial, nace de la necesidad de dotar de una dirección profesional, polivalente y activa a la organización municipal. Esto significa que el gerente adopta una posición de dirección administrativa sobre la organización del Ayuntamiento y participa activamente, en el marco de su rol de profesional, en la definición y, especialmente, en la ejecución de las políticas y programas locales. Otro argumento que justifica la figura del gerente estriba en la necesidad de diferenciar el rol de los cargos electos (que se debe repolitizar y aligerar su dedicación en la gestión) del rol directivo-técnico; es decir, distinguir la política de la gestión.

De todas formas, es importante precisar que no podemos hablar en nuestro país de un modelo de organización gerencial en la Administración municipal en el mismo sentido que se puede hablar de un modelo gerencial en la Administración local del Reino Unido o de Estados Unidos, por citar algunos de los ejemplos más paradigmáticos (ver el capítulo VIII). En relación con estos países, en los que el proceso de gerencialización está consolidado y en los que se puede hablar de modelos de organización gerenciales (más que de un único modelo de organización), en España sólo podrían precisarse experiencias, más o menos aisladas o numerosas en función de cada comunidad autónoma, que aún no han permitido definir un modelo o unos modelos de gerencialización de la organización municipal.

El mejor modo de explicar en qué consiste y cuál es el impacto de optar por un modelo de organización gerencial en la Administración local es analizar las funciones inherentes a la figura organizativa del gerente. Las funciones del gerente se pueden clasificar en las siguientes categorías (ver ilustración VI.2):

a) relaciones con los órganos de gobierno;

b) dirección de la organización e implementación;

[3] Se considera que el comienzo de los años noventa fue el punto de inicio, con experiencias muy conocidas como la de los ayuntamientos de Barcelona y de Esplugues del Llobregat, aunque ya había algunas experiencias previas: el gerente de la Corporación Metropolitana de Barcelona antes de la democracia o la gerencia del Ayuntamiento de Sant Boi creada en 1985 (previamente, en 1983, se creó la figura de un coordinador-gerente). Otra experiencia previa es la del Ayuntamiento de Santa Coloma de Gramanet, que tenía un gerente ejecutivo ocupado por un cargo electo.

c) relaciones externas;
d) planificación y evaluación;
e) innovación y mejora de la gestión.

Las funciones derivadas de la relación con los órganos de gobierno tienen como objetivo la vertebración de la dimensión política del Ayuntamiento con los diversos colectivos profesionales. Las funciones relacionadas con la dirección de la organización y la implementación son las mismas que han asumido tradicionalmente (y, por lo general, de forma deficitaria) las figuras del secretario y del interventor, aunque como funciones centrales y no periféricas y desde una perspectiva de gestión más moderna. Las funciones de relaciones externas son las de relación del gerente con el entorno municipal. Las funciones más destacadas y que aportan un valor añadido muy importante a la figura de la gerencia son las de planificación, evaluación, innovación y mejora de la gestión, ya que introducen una cultura de gestión proactiva, de rendimiento de cuentas y de mejora continua de los componentes organizativos.

En la mayoría de casos son funciones que usualmente no realizan los secretarios e interventores de los ayuntamientos y su estilo de gestión es totalmente distinto al que suelen tener estos cuerpos de habilitados nacionales, haciendo hincapié no sólo en el control de la legalidad y de la contabilidad presupuestaria, sino también en la economía, la eficacia y la eficiencia de las actuaciones.

Aunque en muchas ocasiones se considera el modelo gerencial como una alternativa única y homogénea, se pueden diferenciar dos opciones distintas de organización municipal con una orientación gerencial. En este sentido, hay una experiencia gerencial de carácter unitario (donde hay un solo gerente que domina toda la estructura administrativa) y una experiencia gerencial de tipo fragmentado (que agrupa a tantos gerentes como macroáreas de gestión tiene el Ayuntamiento).

3.3.B.a. La experiencia gerencial unitaria:

El sistema gerencial unitario representa una experiencia gerencial muy pura donde hay un solo gerente que, bajo la dirección del alcalde (figura VI.9), dirige toda la estructura administrativa municipal. Es el sistema de gerencialización que más claramente se inspira en las experiencias emergentes en materia de gerencialización, como por ejemplo en el sector sanitario. El alcalde se encarga de la dirección estratégica, y justo por debajo está la gerencia como máxima instancia directivo-profesional. El alcalde y el gerente comparten un órgano *staff* de tipo político y tecnocrático[4].

[4] Caso del Ayuntamiento de Esplugues de Llobregat. El hecho de que alcalde y gerente compartan un órgano *staff* no parece muy lógico desde un punto de vista organizativo, ya que no es funcional que una unidad *staff* tenga una doble dependencia.

ILUSTRACIÓN VI.2.
FUNCIONES DE GERENTE EN UN AYUNTAMIENTO (EL CASO DE ESPLUGUES DE LLOBREGAT)[5].

a) *Relaciones con los órganos de gobierno*
Proponer a los órganos de gobierno la aprobación de todos los asuntos relacionados con el Área de Servicios Generales y estar informado, antes de someterlas a aprobación, de todas las propuestas de las demás áreas con el fin de conseguir una mayor coordinación.
Proponer al órgano competente las concesiones de incentivos y reconocimientos y la apertura de expedientes sancionadores al personal.
Participar en la programación y confección de los órdenes del día de la Comisión de Gobierno, de las comisiones informativas y del Pleno.
Asistir a la Comisión de Gobierno y a la Comisión Especial de Cuentas con voz pero sin voto.

b) *Dirección de la organización e implementación*
Dirigir la organización técnico-administrativa del Ayuntamiento y coordinar las distintas áreas municipales con el fin de armonizar y agilizar las tareas de administración.
Impulsar y coordinar la ejecución de los acuerdos tomados por los órganos de gobierno del Ayuntamiento.
Dirigir y proponer la constitución de comités técnicos permanentes para coordinar actuaciones y procurarse el funcionamiento de un equipo directivo.
Fijar las políticas y estrategias a seguir respecto a los incentivos y reconocimientos, la formación continua y el desarrollo de los recursos humanos, la comunicación con los empleados, las relaciones laborales, la selección y contratación de personal y las formas de dirección de personas y los colaboradores.
Organizar y distribuir los recursos humanos, tecnológicos y financieros para cumplir los objetivos fijados en los distintos instrumentos de planificación.
Formar parte de los órganos rectores de las empresas mixtas o municipales que así lo requieran.

c) *Relaciones externas*
Promover y coordinar las relaciones institucionales a escala técnica.
Ejercer las funciones de representación y negociación que se le deleguen.

d) *Planificación y evaluación*
Proponer la realización de los estudios necesarios para identificar y definir necesidades de la población y traducirlas en requerimientos de los servicios, los equipamientos y las infraestructuras.

5 Sobre la base de funciones de la gerencia del Ayuntamiento de Esplugues de Llobregat (Giner, 1998: 11 y 12), que responde a un modelo gerencial unitario y que representa uno de los paradigmas más puros del modelo gerencial.

ILUSTRACIÓN VI.2. CONTINUACIÓN
FUNCIONES DE GERENTE EN UN AYUNTAMIENTO (EL CASO DE ESPLUGUES DE LLOBREGAT)[5].

Llevar el seguimiento de la ejecución del Plan estratégico y su desarrollo a través de los instrumentos de planificación a medio y corto plazo que se elaboren en el Ayuntamiento.
Impulsar, coordinar y participar en la confección de los distintos planes anuales o plurianuales. Proponer las directrices y áreas de prioridad para la confección del presupuesto municipal y del Plan de gestión anual.
Informar al equipo de gobierno de las incidencias surgidas en las distintas actuaciones y de los resultados obtenidos por los departamentos y grupos de trabajo respecto a los objetivos fijados y el nivel de calidad conseguido en la prestación de los servicios.

e) *Innovación y mejora de la gestión*
Impulsar y promover unos valores y actitudes para conseguir una cultura de servicio.
Integrar la gestión de la calidad total en todos los procesos de planificación y ejecución de la Organización.
Garantizar el perfeccionamiento continuo de los sistemas de normalización del trabajo y de los procesos de producción de servicios.
Mejorar y revisar periódicamente los sistemas de comunicación ascendentes y descendentes necesarios para garantizar una comunicación interior ágil y eficaz.

Fuente: Elaboración propia.

Los tenientes de alcalde y concejales no se encargan de la dirección permanente de áreas concretas, aunque temporalmente pueden asumir la coordinación de un área o programa determinado, configurándose una estructura de carácter matricial con dos dimensiones: la de los concejales y la del gerente.

El sistema gerencial unitario puede desarrollarse en municipios medianos y podría desarrollarse en municipios pequeños, pero difícilmente puede aparecer en municipios grandes o muy grandes, donde la complejidad sectorial y la presión política favorecen un modelo más fragmentado y con una dirección política más intensa.

3.3.B.b. La experiencia gerencial fragmentada:

El sistema gerencial fragmentado (figura VI.10) se caracteriza por la presencia de gerencias en cada una de las áreas (habitualmente macroáreas) sectoriales. Los gerentes están bajo la dirección política de los tenientes de alcalde o concejales sectoriales. Es un modelo que está vinculado a municipios grandes o muy grandes. Aparte de las gerencias sectoriales de la Administración nuclear municipal se pueden encontrar, en el caso de ayuntamientos descentralizados territorialmente, gerencias en las áreas territoriales o distritos que suelen depender del concejal del distrito. En un sistema como este, donde hay más de un gerente sectorial, se configura de modo formal o informal un colegio de gerentes que se reúne periódicamente para informarse y coordinarse bajo la dirección de un gerente (informalmente vendría a ser *un jefe de gerentes)* que, por el área que gestiona (habitualmente el Área Económico-financiera) o bien por su antigüedad, constituye el referente para los demás gerentes.

FIGURA VI.9.
SISTEMA GERENCIAL UNITARIO

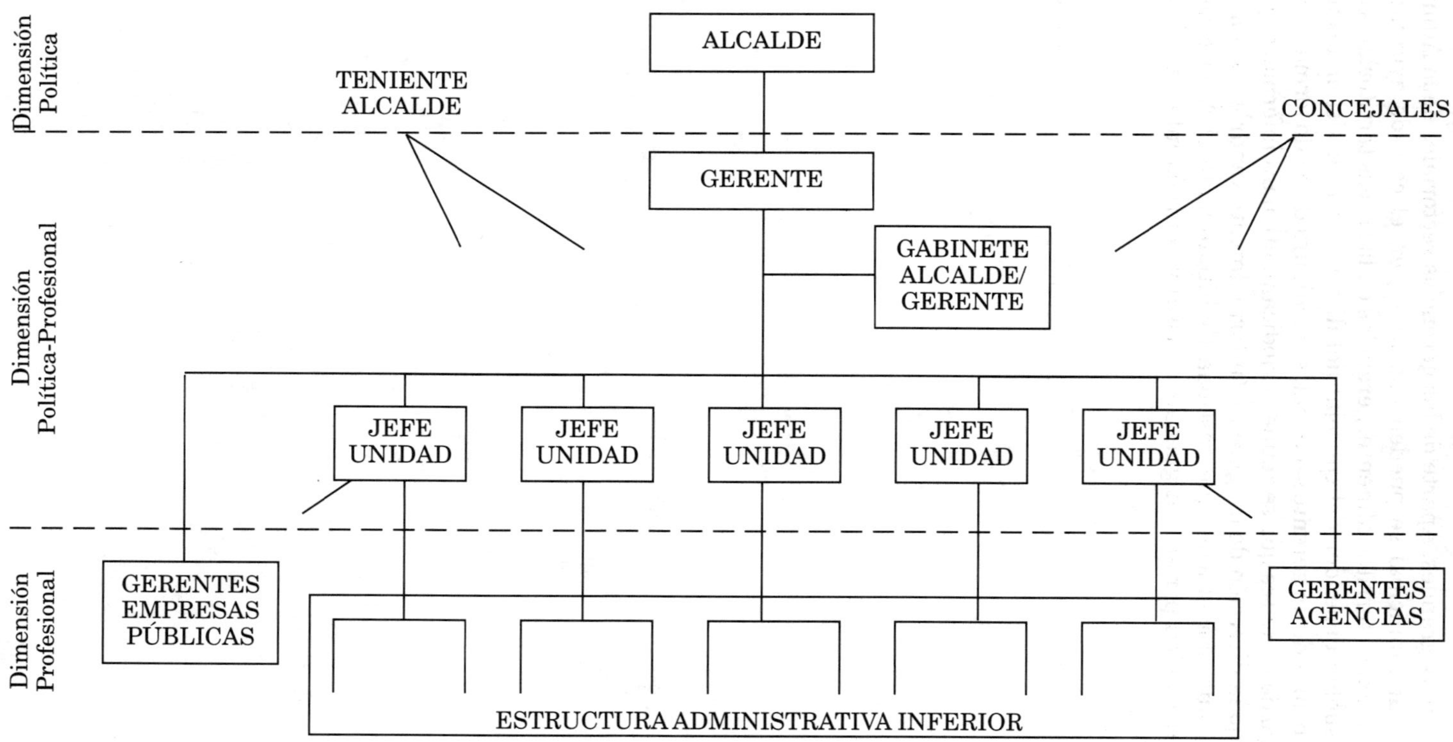

Fuente: Ramió (1999): «Desarrollo organizativo del Ayuntamiento gerencial», en VV.AA., *Gobierno local y modelo gerencial*, Barcelona: Fundació Carles Pi i Sunyer.

FIGURA VI.10.
SISTEMA GERENCIAL FRAGMENTADO

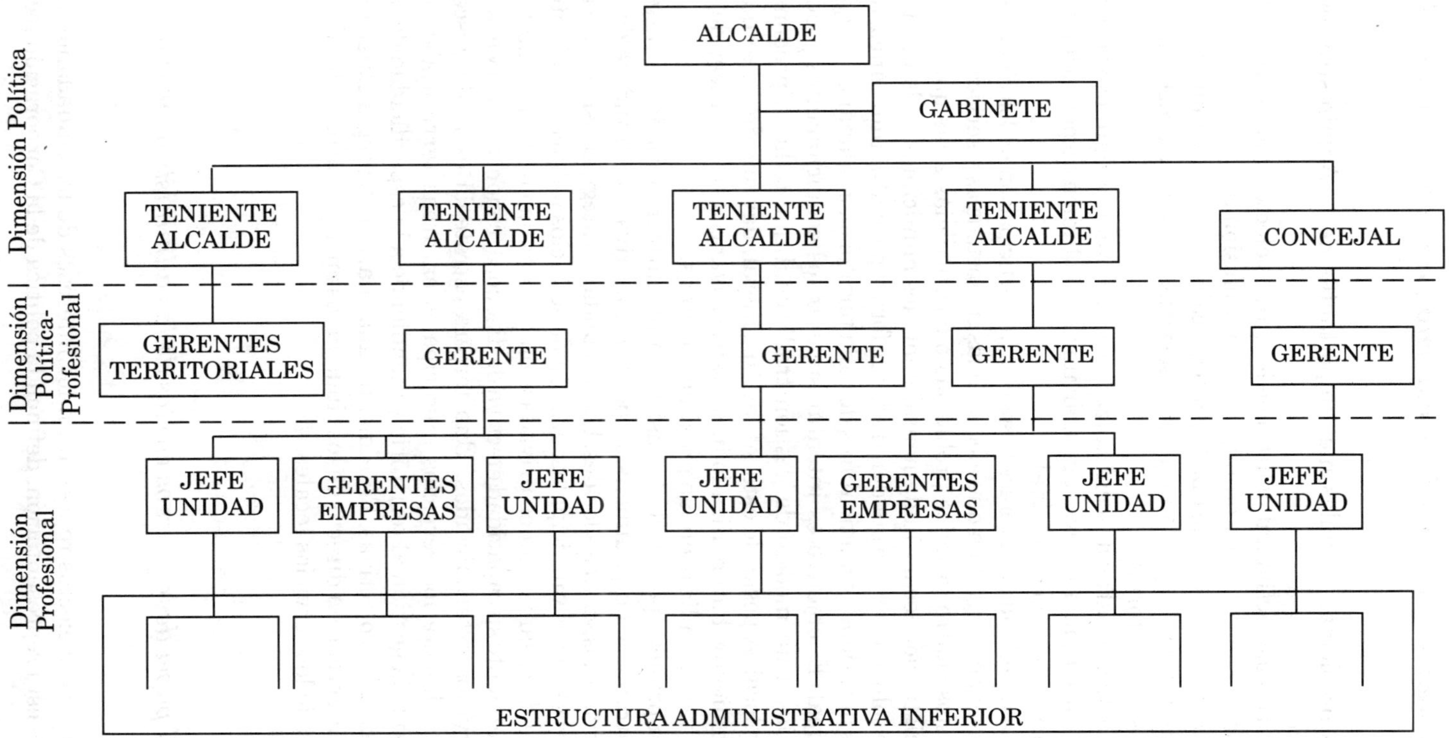

Fuente: Ramió (1999): «Desarrollo organizativo del Ayuntamiento gerencial», en VV.AA., *Gobierno local y modelo gerencial*, Barcelona: Fundació Carles Pi i Sunyer.

4. Problemas y futuro del Gobierno y de la Administración local

Los problemas actuales más importantes de la Administración local en España son:

1) La escasa actividad política de los cargos electos y la invasión de éstos de los espacios de gestión y administración profesional.

2) La imposibilidad de que los entes locales puedan asumir en sus aparatos administrativos la gran amplitud de servicios que deben prestar a los ciudadanos de sus territorios.

3) La necesidad de descentralizar territorialmente algunos servicios locales en aquellos municipios que agrupan un gran volumen de población y/o un gran territorio (término municipal).

4) La necesidad de favorecer espacios de participación de los ciudadanos en las decisiones y en la gestión que afectan a las competencias y servicios municipales.

A estos cuatro grandes problemas o encrucijadas a las que se enfrenta la Administración local (fundamentalmente los municipios) existen otras tantas vías de solución, que se pueden tratar de forma parcial o simultánea, de acuerdo con las necesidades particulares de cada territorio, ciudadanos y organización municipal. El objetivo es intentar superar los condicionantes y deficiencias asociados a un modelo de gestión tradicional que todavía predomina en el ámbito local. A pesar de esta situación general, hay que destacar que muchos ayuntamientos han realizado importantes avances en las líneas de actuación que se van a explicar en las próximas páginas.

Una primera posibilidad consiste en repolitizar el rol de los cargos electos concentrándose en la dimensión política-colectiva y retirándose de la gestión operativa de los servicios locales. Una segunda estrategia consiste en externalizar algunos servicios municipales: gestión de servicios públicos mediante la intervención de organizaciones privadas con o sin ánimo de lucro, manteniendo el Ayuntamiento su capacidad efectiva de diseño, decisión, control y evaluación de los servicios externalizados. Una tercera estrategia es la de descentralizar territorialmente los servicios municipales en áreas territoriales o distritos acercando la gestión al territorio y atendiendo a la especificidad de problemas y necesidades colectivas. Finalmente, una cuarta estrategia consiste en facilitar la intervención directa de los ciudadanos en algunas parcelas de decisión y gestión de los servicios locales.

4.1. El papel de los cargos electos de las administraciones locales

Los cargos electos representan los intereses de los ciudadanos y, sobre la base de esta representación, definen la política de la Corporación local. En los ayuntamientos, por ejemplo, los alcaldes y concejales que forman parte del equipo de gobierno desarrollan la función de dirección estratégica de la Administración del Ayuntamiento. Hay dos ejes básicos en los que los cargos electos, con responsabilidades ejecutivas en el Gobierno municipal, han de posicionarse:

1) Eje de politización o repolitización de los gobiernos municipales ante una tecnificación de las instancias políticas municipales:

Este eje hace referencia a la tensión entre la definición política de los programas públicos locales (la definición de los problemas y la priorización de las actuaciones) y la definición técnica de éstos. En términos generales se ha tendido en las corporaciones locales a enfatizar la dimensión técnica en detrimento de la dimensión política. En este sentido, en una gran parte de los ayuntamientos de nuestro país los cargos electos han dejado en segundo término su rol político y se han ido ubicando en la esfera de la gestión: alcaldes y concejales que actúan como técnicos y no tanto como políticos (están más preocupados por el «*¿cómo?*» que por el «*¿qué?*»). Los cargos electos no han podido ejercer plenamente su función política por la presión del «día a día» de las dificultades derivadas de la gestión y de los problemas concretos e individuales, olvidándose, en determinados casos, de liderar algunas actuaciones de carácter colectivo. Actualmente se puede detectar un impulso orientado a repolitizar los ayuntamientos y sus cargos electos, van recuperando, paulatinamente, un rol más político.

2) Eje que hace referencia al estilo en la definición y solución de las problemáticas locales:

La definición de las actuaciones municipales orientada a solucionar las diferentes problemáticas locales puede ser proactiva o reactiva. La Administración local proactiva es aquella que tiene una orientación estratégica que hace que se adelante a los problemas. Una definición proactiva de los objetivos y de las actuaciones locales implica una definición de un modelo estratégico de los parámetros más importantes de la Corporación local profundizando en el análisis prospectivo para definir situaciones problemáticas de cara al futuro. Son pocos los gobiernos locales que han impulsado un modelo proactivo. La definición reactiva de los objetivos y actuaciones locales supone, en cambio, ir dando respuesta con un cierto retraso a los problemas que van apareciendo en la esfera local: una vez generado el problema, los actores sociales afectados presionan al Gobierno local que se ve entonces ante la necesidad de adoptar una decisión con cierta rapidez e improvisación. Cuando el estilo del Gobierno es reactivo, hay colectivos sociales perjudicados y por eso el coste político y organizativo para llegar a la solución de los problemas es elevado.

Desgraciadamente, un porcentaje significativo de las administraciones locales de nuestro país tiene un estilo de definición de objetivos y actuaciones públicas reactivo debido, por un lado, a la insuficiente dirección política de los cargos electos (tal y como se ha argumentado en el punto anterior) y, por otro lado, a la enorme cantidad de problemas que han tenido que asumir las administraciones locales democráticas hasta el momento actual; problemas que derivan de la superación de unas corporaciones locales muy deficitarias provenientes de la época franquista y de la asunción en nuestro país del Estado del bienestar. Hasta el momento, las administraciones locales han mirado más al pasado y al presente con el objetivo de conseguir unos niveles de servicios y de calidad para los ciudadanos de acuerdo a los estándares occidentales sin tener tiempo ni capacidad para poder prever algunos problemas y necesidades derivados de las recientes e inmediatas transformaciones de nuestra sociedad.

Ateniéndonos a estos dos ejes la actividad de los cargos electos se ha de ubicar en una dimensión política. Esta función política consiste fundamentalmente en la definición de la política de la Corporación local que significa concretar los objetivos estratégicos que se quieren asumir durante el período de mandato y definir las políticas a desarrollar para conseguir estos objetivos. Realizar con esmero esta actividad de índole política, sin entrar detalladamente en cuestiones técnico-organizativas asociadas a la gestión y a la administración, significa necesariamente adoptar un rol proactivo que se consigue analizando atentamente las necesidades o los problemas, manifiestos o latentes, de la ciudadanía, sus preocupaciones y expectativas y observar el entorno con tal de prever futuras problemáticas y profundizar en las existentes. En este sentido, los cargos electos de una Corporación local representan el atalaya de una nave (Ayuntamiento, Diputación, etc.) que ha de estar atenta a todo aquello que sucede en su entorno, mirando siempre hacia la línea del horizonte (visión). Todas las informaciones externas se han de analizar y como resultado se han de tomar decisiones (política) que se deben comunicar a la tripulación calificada de la Administración de la Corporación local (responsables administrativos) para que ésta pueda decidir de entre un abanico de posibles opciones técnicas aquélla que asegure la mayor eficacia y eficiencia (gestión) de cara a la consecución de las instrucciones políticas recibidas. Una vez hallada la opción técnica, se ha de comunicar a la sala de máquinas (órganos administrativos inferiores) de la Corporación local para su implementación. Cada nivel debe de estar en su sitio si lo que se desea es una navegación exitosa. No es posible disfrutar con el don de la ubicuidad: un político no puede estar al mismo tiempo en la atalaya, en la sala de control y en la sala de máquinas de la Corporación local. Si los cargos electos dedican mucho tiempo a la gestión se escapa mucha información básica del entorno y la nave no tiene un rumbo claro, e incluso, en momentos turbulentos, la tendencia es la de ir a la deriva. La atalaya sólo puede ser ocupada por los cargos electos; si éstos no están presentes no hay liderazgo político y no se pueden llevar a cabo políticas públicas.

En definitiva, es necesario diferenciar la política de la gestión y de la administración. Este ha de ser uno de los primeros elementos a tener en cuenta de cara a la dirección política de una organización municipal:

1) *Política*: Se trata de analizar el entorno y definir los objetivos y las políticas. Es una responsabilidad exclusiva de los cargos electos.

2) *Gestión*: Consiste en definir los mecanismos de cara a la consecución de los objetivos y la programación técnica de las políticas, funciones que han de ser realizadas fundamentalmente por los empleados públicos con una mayor calificación profesional.

3) *Administración*: Consiste en implementar las políticas y los programas previamente definidos. Es una responsabilidad de los responsables administrativos inferiores y de los empleados públicos de base.

4.2. La externalización de los servicios públicos de la Administración local

En los últimos tiempos ha aparecido con fuerza una nueva dinámica que se caracteriza por la circunstancia que determinados servicios públicos son desempeñados por organizaciones privadas. Así, por ejemplo, parte de la prestación sanitaria o educativa sufragada por el erario público es dispensada por hospitales y centros educativos privados. Sanidad y educación son dos de los sectores donde tradicionalmente más ha operado lo que se podría conceptualizar como *externalización de servicios públicos* que implica la gestión de servicios públicos por organizaciones privadas (Ramió, 1999: 150). En los últimos años esta dinámica se ha extendido a otros sectores como la prestación de servicios sociales, actividades de inspección, medio ambiente, etc. A todas estas organizaciones privadas con ánimo de lucro (empresas privadas) o sin ánimo de lucro (fundaciones, ONGs, etc.) prestadoras de servicios públicos es lo que se denomina *paraadministración*. Esta transformación no sólo se produce en la Administración local sino también en la Administración General del Estado y en las administraciones autonómicas pero es en la Administración local donde, hasta el momento, más impacto ha tenido: existe más variedad (debido a la amplitud de las competencias locales) y es donde los problemas asociados a la externalización son más agudos.

Pero ¿por qué el sector público difiere actividades que le son propias al sector privado? La respuesta teórica es que determinadas organizaciones privadas son más eficaces (prestan servicios de mayor calidad) y más eficientes (resultan más económicas) que las organizaciones públicas. Esto puede ser cierto en algunas circunstancias y no resulta tan evidente en otras. De todos modos, que la *paraadministración* preste efectivamente servicios a la sociedad de mejor calidad y con menores costes dependerá siempre del grado de control que ejerzan los organismos públicos sobre este sector. Sin control no hay garantías de calidad y se pueden perder las supuestas ventajas económicas.

La externalización de los servicios públicos puede considerarse una muestra más del fracaso, hasta el momento, de las organizaciones públicas al no conseguir prestar servicios de calidad de forma eficiente. Algunos responsables políticos de las administraciones públicas consideran que las limitaciones de la gestión pública no dejan otra salida que transferir una parte de los servicios públicos a gestores privados. Las empresas privadas están reguladas por una normativa y tienen unas características organizativas que las hace más apropiadas para prestar de forma eficaz y eficiente los servicios públicos. En el caso de la Administración local, hay que añadir otros factores: las administraciones locales son las que reciben más presión de la ciudadanía en la petición de unos servicios muy amplios y con unos elevados estándares de calidad. La organización administrativa de la mayoría de los entes locales no puede asumir la gestión de estos servicios y se ve obligada a transferirlos a organizaciones privadas aunque mantienen la titularidad y la financiación pública.

La exposición de los pros y de los contras de la externalización es una cuestión difícil debido a la ausencia de estudios generales (hasta el momento se ha analizado sólo desde un plano jurídico y económico pero no desde el punto de vista de la gestión y de los impactos que tiene esta transformación en los ciudadanos-clientes). A continuación se van a exponer una serie de precisiones y reflexiones parciales sobre la externalización de los servicios públicos (Ramió, 1999: 150 a 152):

1) No se puede confundir externalizar con privatizar. Privatizar es dejar de tener cualquier tipo de responsabilidad pública directa sobre el servicio o actuación que hasta el momento era una responsabilidad de la Administración. Externalizar, en cambio, implica que el servicio continua siendo público y la responsabilidad (su planificación, control y evaluación) también es pública. Se configura un modelo de Administración, denominado *Administración relacional*, en el que la Administración dirige y controla las organizaciones privadas que gestionan los servicios públicos.

2) Algunas personas asocian la externalización con opciones políticas conservadoras y anticipan un desmantelamiento del sector público mediante la reducción de los servicios que han percibido los ciudadanos hasta el momento. Esta asociación puede ser cierta en algunas ocasiones pero también se puede argumentar lo contrario: la externalización es una estrategia orientada a mantener, ante la disminución de recursos públicos, el Estado del bienestar. La única forma de mantener o ampliar determinados servicios públicos, especialmente en la Administración local, es aprovechando la eficacia y la eficiencia del sector privado.

3) En España se están externalizando muchos tipos de servicios públicos. No es cierto que sólo se han externalizado los servicios sanitarios, educativos y determinados servicios sociales ya que en los últimos años los ámbitos de gestión que se están transfiriendo al sector privado son muy amplios (ver ilustración VI.3). La Administración local, que es un gran laboratorio gracias a la enorme cantidad de entes que gozan de autonomía en decidir como proveen los servicios, ha demostrado que casi todas sus competencias pueden ser objeto de externalización. Evidentemente no hay ninguna Administración local concreta que haya optado por la «externalización total» pero si atendemos a las experiencias parciales impulsadas por los municipios durante los últimos años se puede observar que todas las competencias municipales son susceptibles de externalización.

4) Sólo se puede garantizar que las organizaciones privadas que prestan servicios públicos presten servicios de calidad a los ciudadanos si la Administración pública ejerce al máximo sus prerrogativas de planificación, control y evaluación. Para que los servicios externalizados sean de calidad la Administración debe controlarlos. Desgraciadamente, muchas administraciones públicas no ejercen un auténtico control de la calidad sobre los servicios públicos que han externalizado. Esta ausencia de control y evaluación, y muchas veces también de planificación y decisión, sobre los servicios externalizados suele ser muy acusada en la Administración local. Las corporaciones locales optan muchas veces por la externalización por la falta de medios profesionales propios pero esta carencia es todavía más aguda cuando precisan planificar, controlar y evaluar los servicios externalizados: cuando no hay capacidad para poseer profesionales especializados en la gestión de determinados servicios públicos es muy difícil tener profesionales capaces de controlar y evaluar estos servicios.

5) Las organizaciones privadas que prestan servicios públicos pueden ser más eficientes que las propias organizaciones públicas pero esto no siempre es así ya que algunas de estas organizaciones privadas pueden gestionarse de forma ineficiente por mala gestión y/o por la necesidad de percibir beneficios. Además, debe imputarse en estos servicios externalizados los recursos que debe invertir la Administración en su planificación, control y evaluación.

6) Tiene serios peligros externalizar servicios públicos que manejan información confidencial de los ciudadanos. En muchos municipios la mecanización de la información sobre los ciudadanos, la gestión de tributos, etc., que supone manejar información privada de los ciudadanos, está externalizada.

7) En definitiva, la externalización de determinados servicios públicos puede ser una buena opción para mejorar la calidad y la eficiencia de los mismos pero, siempre, garantizando los derechos de los ciudadanos y manteniendo la Administración un dominio y control real sobre los mismos. En algunas ocasiones la opción más correcta sería intentar mejorar las organizaciones públicas sin tener que utilizar la opción de la externalización.

ILUSTRACIÓN VI.3.
LA EXTERNALIZACIÓN POR ALGUNAS ÁREAS DE ACTUACIÓN EN LA ADMINISTRACIÓN LOCAL (1996-1998)

Área de Bienestar Social
Servicio de ayuda, comida, lavado de ropa a domicilio, teleasistencia, asesoramiento psicológico.
Servicios de gestión de centros de día y residencias para la tercera edad, sean o no de larga duración.
Servicio de actividades y dinamización de los centros para la tercera edad.
Servicio de residencia, transporte de disminuidos psíquicos profundos y físicos.
Servicio de acogida de mujeres maltratadas.

ILUSTRACIÓN VI.3. CONTINUACIÓN
LA EXTERNALIZACIÓN POR ALGUNAS ÁREAS DE ACTUACIÓN EN LA ADMINISTRACIÓN LOCAL (1996-1998)

Servicio de asesoramiento, asistencia y atención a las familias.
Servicio de programas de atención a la infancia.

Área de Medio Ambiente
Servicio de asesoramiento, información y educación en materia de medio ambiente.
Servicio de recogida de basuras, de cosas viejas, limpieza viaria, biotratamiento de restos vegetales y transporte al vertedero.
Servicio de selección y clasificación de papel/cartón, envases, residuos, tratamiento de pilas, fluorescentes y lámparas de vapor de mercurio.
Servicio de explotación de estaciones depuradoras, estaciones de impulsión y emisarios de aguas residuales.
Servicio de vigilancia, previsión y control de la contaminación atmosférica.
Servicio de desperdicios y trastos viejos.
Servicio de desratización, desinsectación y desinfección del municipio.
Servicio de mantenimiento de parques y jardines, saneamiento, limpieza y mantenimiento de la red de cloacas.
Servicio de gestión del suministro domiciliario de agua potable.
Servicio de información, supervisión, mantenimiento, limpieza y vigilancia de un parque natural.

Área de Sanidad
Servicio integral de la gestión del cementerio municipal.
Servicio de asistencia y seguimiento de drogodependientes.
Servicio sociosanitario de atención a enfermos de SIDA.
Servicio de asistencia sanitaria odontológica a los internos de centros penitenciarios.
Servicio de revisiones médicas del personal de una Administración.
Servicio de atención primaria de salud en el ámbito de bienestar social de un municipio.
Servicios de atención sociosanitaria en el ámbito de una zona territorial.
Servicio de asistencia sanitaria de especialistas de una zona territorial.
Servicio de ambulancias y transporte no sanitario de un servicio de coordinador de urgencias.
Contratación de plazas sociosanitarias.
Servicio de restauración, mantenimiento, bloque quirúrgico, instalaciones de alto riesgo, de un hospital.

Área de Régimen Interior y Personal
Servicio de control del absentismo laboral.
Servicio de distribución de correspondencia, mensajería, recogida, franqueo paquetería, materiales diversos, utensilios, ...
Servicio de mecanización y depuración de datos de expedientes y actualización de las bases de datos de un servicio o unidad.
Servicio de registro de documentos presentados por los ciudadanos.

ILUSTRACIÓN VI.3. CONTINUACIÓN
LA EXTERNALIZACIÓN POR ALGUNAS ÁREAS DE ACTUACIÓN EN LA ADMINISTRACIÓN LOCAL (1996-1998)

Servido de limpieza, saneamiento, iluminación y mantenimiento de las vías públicas, bienes e instalaciones municipales.
Servicio de asistencia técnica, mantenimiento, apoyo informático y centro de cálculo.
Servicio de atención telefónica.

Área de Promoción Socioeconómica
Servicio de desarrollo económico local, asesoramiento a empresas (pymes o no), a los nuevos emprendedores.
Gestión de la formación ocupacional y de orientación para la inserción sociolaboral.
Gestión de un programa europeo.
Servicio de asesoramiento-gestoría de apoyo a la empresa.

* Ayuntamientos de Cataluña.
Fuente: Santolaria, J. (1999): «Las administraciones públicas y el sector privado», tesis en curso, Universidad de Barcelona.

4.3. La descentralización de los grandes municipios

Otra posibilidad es descentralizar territorialmente los servicios municipales en áreas territoriales o distritos acercando la gestión al territorio y atendiendo los problemas y las necesidades específicas de los diferentes colectivos de ciudadanos. Los municipios susceptibles de poder impulsar una descentralización serían los que tienen un volumen de población muy alto y/o aquellos que tienen un territorio de grandes dimensiones que contienen más de un núcleo urbano diferenciado. Las ventajas de un modelo descentralizado son: una gestión más flexible y cercana a los problemas y expectativas específicos de los ciudadanos de cada territorio, un mayor equilibrio interterritorial dentro del municipio que permita la superación de las posibles desigualdades en relación con los ciudadanos que viven en los núcleos periféricos del término municipal.

Hay que considerar que descentralizar es complicado desde un punto de vista organizativo ya que supone la cesión de unas competencias y de unos recursos a unidades periféricas o territoriales creadas a tal efecto. Ceder competencias, obviamente, genera resistencias en los ámbitos organizativos centrales que pierden funciones y capacidad de influencia. Otra cuestión a tener en cuenta es que un modelo descentralizado es, en principio, más caro desde un punto de vista económico que un modelo centralizado ya que tiene más unidades (las unidades territoriales) que prestan los mismos servicios y que no se pueden beneficiar de la economía de escala que permite la gestión centralizada.

Para descentralizar, en primer lugar, se han de definir las unidades territoriales sobre las que se quiere impulsar el proceso de descentralización. En segundo lugar se han de definir las competencias y los servicios que se desean descentralizar (servicios culturales, servicios educativos, servicios sociales, servicios de recaudación, servicios de información general, servicios de seguridad ciudadana, etc.). En tercer lugar, hay que definir un modelo organizativo del distrito o área territorial que se encargue de la dirección y coordinación de los diferentes servicios territoriales. Finalmente, se han de diseñar de forma muy precisa las líneas de dependencia de los servicios territoriales. Usualmente se configura un sistema matricial con una doble dependencia de los servicios territoriales sectoriales: por un lado dependen de las áreas sectoriales centrales del Ayuntamiento y, por otro lado, dependen del distrito o del área territorial que se encarga de coordinar todos los ámbitos sectoriales en la implantación en un territorio concreto (ver figura VI.2). Por ejemplo, los servicios sociales territoriales pueden depender orgánicamente del distrito o del área territorial y, funcionalmente, de la Concejalía, Ponencia o Área Central de Servicios Sociales del Ayuntamiento.

La mayoría de los grandes municipios de España han optado por la descentralización territorial: Barcelona, Madrid, Vigo, etc. tienen distritos que se encargan de la gestión de una buena parte de los servicios municipales.

4.4. La democratización de los servicios locales

Nuestro sistema democrático se fundamenta en una participación «de acceso»: los ciudadanos participan, por la vía electoral, en el acceso de partidos políticos al gobierno de las instituciones políticas y administrativas (Subirats, 1996: 39). Una vez un partido político o grupo de partidos asume la dirección, por ejemplo, de un Ayuntamiento las posibilidades de participación de los ciudadanos en las decisiones de esta institución son muy reducidas. No hay debate, no hay mecanismos para que los ciudadanos puedan influir directamente en las grandes decisiones sectoriales. Este déficit democrático es un síntoma que afecta a todas las administraciones públicas, pero es en el caso de la Administración local donde, por la proximidad entre ciudadanos e instituciones y por la influencia directa de sus decisiones sobre los individuos, más presión y necesidad ha habido para ampliar los canales de participación de los ciudadanos. Por esta razón no es extraño que la mayoría de las nuevas experiencias de participación ciudadana se hayan manifestado en el ámbito local.

Existen varias técnicas para favorecer la participación ciudadana sin que ello condicione en exceso la eficacia y la eficiencia de las decisiones y de la gestión pública. En este sentido, la participación ciudadana, que es un bien y un valor público en sí mismo, debe asegurar que las decisiones públicas se puedan adoptar con rapidez (de nada sirve conseguir un gran acuerdo de consenso para la solución de un problema cuando éste, al transcurrir el tiempo, se ha transformado en un problema distinto y mucho más grave), con los menores costes (incrementar de forma espectacular los costes de una decisión pública podría suponer solucionar muy bien un problema pero dejar muchos otros problemas sin resolver por falta de recursos). Un tercer requisito de la participación es la información: de nada sirve la participación de los ciudadanos si éstos no están informados sobre el problema a debate y sobre las distintas opciones de solución. Las técnicas de participación que hasta el momento se han experimentado y que favorecen la eficacia, la eficiencia y la información previa a la participación son: los núcleos de intervención participativa, las conferencias de consenso y las encuestas deliberativas. Todas ellas tienen en común la voluntad de mezclar aportaciones basadas en conocimientos técnicos y aquellas basadas en la defensa de determinados intereses de los colectivos de ciudadanos. De todos modos, la decisión continúa siendo una competencia de las instancias representativas (de los representantes políticos que dirigen la Administración), que pueden ver más legitimada su decisión si ella coincide con las resoluciones de los núcleos participativos creados o con las opiniones surgidas de las otras vías de deliberación y estudio (Subirats, 1996: 41).

Los *núcleos de intervención participativa* funcionan de forma parecida a los jurados populares en los tribunales de justicia: un pequeño grupo de ciudadanos, elegidos de forma aleatoria para que representen a unos determinados colectivos de ciudadanos, se reúne para explorar una cuestión específica relativa a una política concreta. Los diversos implicados (técnicos de la Administración, grupos organizados que defienden una determinada postura, etc.) presentan sus informaciones y alegaciones ante este jurado, que examina sus puntos de vista y los cuestiona. Los núcleos de intervención participativa deliberan sobre los problemas planteados, y hacen públicas sus conclusiones (Stewart, Kendall, Coote, 1994). Las *conferencias de consenso* buscan también conocer la opinión informada de los ciudadanos sobre un determinado tema polémico pendiente de decisión pública e intenta confrontar las lógicas técnicas con la opinión de la ciudadanía o de una parte de ella. En esta técnica los participantes no son elegidos de forma aleatoria sino que se autoseleccionan por el interés que muestran hacia la materia y el problema. Es decir, las personas que participan ya están previamente interesadas en la materia y probablemente ya tienen algunas posiciones y opiniones iniciales que durante el proceso pueden reforzar o modificar. El mecanismo para conseguir que este perfil de ciudadanos participe sería mediante anuncios públicos sobre la constitución de una conferencia de consenso para abordar un tema determinado y, evidentemente, sólo acuden las personas motivadas en la discusión de esta cuestión. Finalmente, las *encuestas deliberativas* es un mecanismo que permite conocer la opinión informada de un grupo numeroso de ciudadanos, sobre cualquier tema. Funciona igual que una encuesta estándar (elaboración de una muestra y trabajo de campo para buscar opinión) pero antes de que los encuestados manifiesten su opinión hay que facilitarles información detallada sobre el problema planteado. Es decir, se busca opinión después de tener información y reflexionar sobre la misma.

En España, y más en concreto en su Administración local, se han impulsado los núcleos de intervención participativa (NIP) que son una técnica para la intervención de los ciudadanos en los procesos de toma de decisiones públicas que se ideó en Alemania y se ha ido extendiendo en distintos países hasta llegar a España donde primero en corporaciones locales del País Vasco y posteriormente en Cataluña se fueron implantando algunas experiencias. En la actualidad se aplica esta técnica en diferentes municipios de todo el territorio del Estado. Los NIP son grupos, organizados y moderados por técnicos externos (que garantiza independencia respecto a la institución que los impulsa y también que garantiza profesionalidad en el proceso), de unos 25 ciudadanos escogidos aleatoriamente (a través de un muestreo aleatorio entre la población afectada). Estos ciudadanos pueden constituirse en uno, dos o más NIPs según el tamaño y la heterogeneidad de la población afectada, aunque el dictamen final será el resultado de la opinión de todos ellos. La participación de los ciudadanos en el NIP se desarrolla generalmente a lo largo de entre 3 y 5 días a tiempo completo. Esto permitirá la información detallada y el debate, pero implica, obviamente, que se trate de una actividad remunerada, en la que se cubren gastos y ganancias no percibidas. La puesta en marcha del NIP es comunicada al conjunto de la población vía publicidad y medios de comunicación. Entonces se pone en marcha la recogida de propuestas de todos aquellos que se sienten afectados y tengan algo que decir, para que manifiesten su voluntad de informar a los miembros del NIP. Normalmente son organizaciones de ciudadanos las que quieren manifestar sus posiciones al respecto. Además de estos grupos, los NIP escucharán también a expertos de dentro y fuera del Ayuntamiento en cada uno de los temas afectados. Tras cada presentación habrá preguntas y luego debate entre los miembros del NIP divididos en subgrupos de 5. Al final de este proceso, la organización entregará un cuestionario a cada uno de los miembros del NIP que trate de reflejar todos los temas discutidos a lo largo de las sesiones y que permita elaborar un informe con los resultados. Finalmente, los representantes políticos decidirán lo que consideren oportuno ya que el informe recoge las preferencias de los ciudadanos que han participado pero no tiene un carácter vinculante (Font, 1996). A pesar que el informe no sea vinculante permite que los representantes políticos dispongan de más opiniones e información en el momento de tomar su decisión. Es evidente que si el NIP se decanta de forma mayoritaria por una alternativa concreta que no genera inconvenientes de cara su implantación, los representantes políticos optarán por esta alternativa y su decisión estará doblemente legitimada: por ser una decisión de los representantes políticos legítimos y por coincidir con la opinión de la ciudadanía.

VII. LOS RECURSOS HUMANOS DE LAS ADMINISTRACIONES PÚBLICAS (Capítulo elaborado con la colaboración de Miquel Salvador)

SUMARIO

1. Características básicas de los sistemas de función pública

Un elemento imprescindible para el ejercicio de las competencias de las administraciones públicas es su personal, es decir, el colectivo que conforman los empleados públicos. El concepto «empleados públicos» agrupa a las personas incorporadas a las administraciones públicas por una relación de servicios profesionales y retribuidos, regulada por el derecho administrativo o laboral.

Para el estudio de los rasgos básicos de los sistemas de función pública se analizarán, en este apartado, tres dimensiones clave para su caracterización:

1) La tipología general de clasificación de los sistemas de función pública.

2) Los principios generales que fundamentan y orientan su configuración.

3) Una aproximación a la dimensión cuantitativa del empleo público en España, a partir de los principales criterios de agrupación utilizados.

1.1. Tipología de sistemas de función pública: modelos abiertos versus *modelos cerrados y profesionalización* versus *politización*

En nuestro contexto administrativo de referencia existen dos grandes modelos de gestión de los empleados públicos: un modelo cerrado que parte del principio de polivalencia de los empleados públicos (en este caso se hace referencia concreta a los funcionarios de carrera) y un modelo abierto que se basa en el principio de especialización de los empleados públicos.

1.1.A. El modelo cerrado de gestión de recursos humanos

El modelo cerrado de recursos humanos parte de la consideración que el funcionario va a estar vinculado toda su vida profesional a la Administración donde prestará sus servicios en diferentes puestos de trabajo de un mismo ámbito, configurándose de esta manera su carrera profesional. Este modelo se basa en la polivalencia de los funcionarios para ocupar diferentes puestos y en una vinculación vitalicia con la Administración. Este es el sistema empleado en Francia y en España (articulado en cuerpos) o en el Reino Unido (estructurado en clases de funcionarios). El modelo cerrado diseña una arquitectura que se fundamenta en los cuerpos que vienen a ser colectivos profesionales con rasgos profesionales comunes (como la titulación o la especialidad, por ejemplo), dentro de los cuales se establecen categorías que definen una escala interna y fijan los criterios de carrera profesional. Un rasgo distintivo de este modelo es, precisamente, su asunción del concepto de carrera profesional dentro y entre cuerpos. Este planteamiento conduce a la elaboración de procesos selectivos de carácter colectivo, que dan acceso a un cuerpo o a una categoría (y no a un puesto de trabajo concreto), a partir del cual desarrollan cierto tipo de funciones. Esta circunstancia determina tanto los instrumentos de selección (básicamente oposiciones) como el tipo de pruebas selectivas (de carácter genérico, para comprobar la adecuación de los candidatos a las características comunes de entrada al cuerpo). La selección suele apoyarse determinados mecanismos de acogida (formación y adiestramiento de entrada) que facilitan la adecuación de los empleados seleccionados a las distintas unidades de la organización.

1.1.B. El modelo abierto de gestión de recursos humanos

El modelo abierto de recursos humanos se basa en la diferenciación de los distintos puestos de trabajo de la Administración, lo que supone hacer un estudio detallado de cada uno de ellos con el objetivo de reclutar a las personas más idóneas para cada puesto. Ello ha dado lugar a la frase *«la búsqueda de la mejor persona para cada puesto»*. La especialización, resulta así, un rasgo básico de este sistema. El modelo de empleo abierto o de puestos de trabajo tiene como elemento clave la relación de puestos de trabajo, a partir de la cual se establecen las necesidades de personal y se determinan los cargos a cubrir. En este modelo se asume que las incorporaciones provienen del exterior de la organización y que la vinculación laboral finaliza al abandonarse o extinguirse el puesto ocupado. Su correcto funcionamiento se fundamenta en una adecuada descripción de los puestos de trabajo a partir de la cual se organizan unos procesos de reclutamiento y selección específicos para cada puesto de trabajo. En el ámbito de las administraciones públicas, el sistema más cercano a este modelo se da en la Administración estadounidense, con sistemas de selección *post-by-post* que se aplican a un gran número de unidades, aunque muy vinculados a la confianza política de los dirigentes electos.

El modelo español de función pública mezcla rasgos propios del modelo cerrado, con un sistema de cuerpos y categorías, con la introducción de diversas modificaciones que apuntan una tendencia hacia al modelo de estructura abierta a partir de la definición de puestos de trabajo. Esta es la orientación iniciada por la Ley de Funcionarios Civiles del Estado de 1964 (aprobada por Decreto 315/1964, de 7 de febrero) y que se consolidó con la reforma de 1984 (Ley 30/1984, de medidas para la Reforma de la Función Pública). De la combinación de las dos tendencias surge un modelo mixto en el que el acceso se realiza en función de los cuerpos a partir de los cuales se ocuparán diversos puestos de trabajo a lo largo de la carrera administrativa (ver tabla VII.1).

Pero la descripción de los puestos de trabajo, que tan sólo se ocupan temporalmente, pierde cierta importancia y, con ello, la elaboración rigurosa de catálogos y relaciones de puestos de trabajo, es decir, la base del modelo abierto. Se establece así la dicotomía entre un acceso a través de cuerpos (modelo cerrado) y una carrera administrativa a través de puestos de trabajo (modelo abierto). El resultado de esta combinación es un equilibrio inestable, en el que se supone que los conocimientos y aptitudes exigidos para la entrada al cuerpo no son específicos para la ocupación de un puesto concreto, por lo que se tiende a aumentar la discrecionalidad en los sistemas de provisión. De ello se deriva el predominio de la lógica del modelo cerrado sobre el modelo abierto, aunque no tanto basada en cuerpos especializados como en grupos de titulación, especialmente en las administraciones con menor tradición como es el caso de las comunidades autónomas.

TABLA VII. 1.
MODELO ABIERTO Y MODELO CERRADO DE FUNCIÓN PÚBLICA

Modelo de empleo abierto	*Modelo de empleo cerrado*
La definición de puestos de trabajo	La definición de cuerpos o categorías
Tradición: Estados Unidos	Tradición: continental, Francia
Ejemplo: empresas privadas	Ejemplo: administraciones públicas clásicas
La combinación de modelos en las administraciones públicas españolas	

Fuente: Elaboración propia.

1.1.C. Profesionalización *versus* politización

A estos dos modelos que hacen referencia a la estructura de la función pública, cabe añadir la variable del grado de *neutralidad* de un sistema de reclutamiento de personal, es decir, si el personal de la Administración es seleccionado únicamente en función de su capacidad profesional, frente al grado de *politización*, en el caso de que el personal público sea reclutado bajo criterios de confianza política. En la mayoría de los modelos administrativos predomina el sistema neutral, es decir, los empleados públicos son reclutados en función de su capacidad profesional. Esto suele ser así excepto en el caso de los altos cargos de las diferentes organizaciones públicas que normalmente son ocupados por políticos o personas seleccionadas bajo criterios de confianza política (eventuales). En estos casos su vinculación con la Administración es sólo temporal.

El predominio de este sistema, modelo profesional con tensiones de politización en los niveles estratégicos, en países como Francia o España contrasta con otros modelos, como el caso del Reino Unido, donde se reduce al máximo el espacio político, reservándose puestos de nivel muy elevado para profesionales y no para políticos (por ejemplo los secretarios permanentes de los ministerios). El sistema opuesto, la politización de la mayor parte de la Administración, lo encontramos en la Administración de los Estados Unidos del siglo XIX (*spoils system*) o en la propia experiencia española también en el siglo XIX (las *cesantías*). El sistema de botín o de cesantías consistía en que los empleados públicos se renovaban después de las elecciones cuando el partido vencedor en las mismas recompensaba a algunos de sus seguidores nombrándolos para los puestos públicos. Este sistema está actualmente en desuso en los países avanzados.

Aunque el modelo español de recursos humanos se puede considerar conceptualmente como un modelo profesional, presenta muchas tensiones propias del modelo politizado. Un primer elemento a considerar es la amplitud del espacio que se reserva a los altos cargos, a los eventuales y a determinados directivos públicos (por ejemplo gerentes) seleccionados sobre la base de criterios de confianza política y subsidiariamente de carácter profesional. Estos colectivos configuran un ámbito de gestión estratégico que algunos autores como Quermonne (1994: 237) definen como *spoils system de circuito abierto*. Un segundo elemento a considerar es la amplitud del espacio que se reserva a jefes administrativos profesionales que son seleccionados por una combinación de méritos profesionales con criterios de confianza personal o política utilizando el mecanismo de la libre designación. Este colectivo configura un ámbito de gestión semiestratégico que Quermonne (1994) define como *spoils system de circuito cerrado*. Veamos algunos ejemplos de estas dos dimensiones que representan la politización de nuestro modelo de función pública:

a) Dimensiones en el modelo español del *spoils system de circuito abierto*: tradicionalmente los altos cargos, que se seleccionan atendiendo exclusivamente a criterios políticos, han ocupado todos los puestos superiores hasta el nivel de Dirección General (Administración General del Estado y comunidades autónomas) o de concejalía (Administración municipal). En la Administración General del Estado este amplio espacio se ha reducido recientemente y las subsecretarías, secretarías generales técnicas y direcciones generales son ocupadas por personal funcionario. Este retroceso del espacio político no se ha producido, en cambio, en la mayoría de las administraciones de las comunidades autónomas. Los puestos reservados a eventuales, que agrupa un personal que también se selecciona con criterios políticos, son bastante numerosos en nuestras administraciones públicas: asesorías, puestos singulares e incluso algunos puestos como jefaturas administrativas ordinarias que deberían ser ocupados por funcionarios.

b) Dimensiones en el modelo español del *spoils system de circuito cerrado*: aquí se hace referencia a los puestos reservados a funcionarios pero que son asignados atendiendo a criterios de confianza política. Ejemplos de estos puestos: las subdirecciones generales de la Administración General del Estado[1] y de las administraciones autonómicas, las direcciones de servicios y algunos servicios en la Administración local. Este ámbito agrupa un importante contingente de puestos de trabajo en las administraciones públicas que abarca buena parte del espacio directivo y semidirectivo profesional.

FIGURA VII.1.
COMBINACIÓN DE LOS EJES ABIERTO/CERRADO Y PROFESIONALIZADO/POLITIZADO

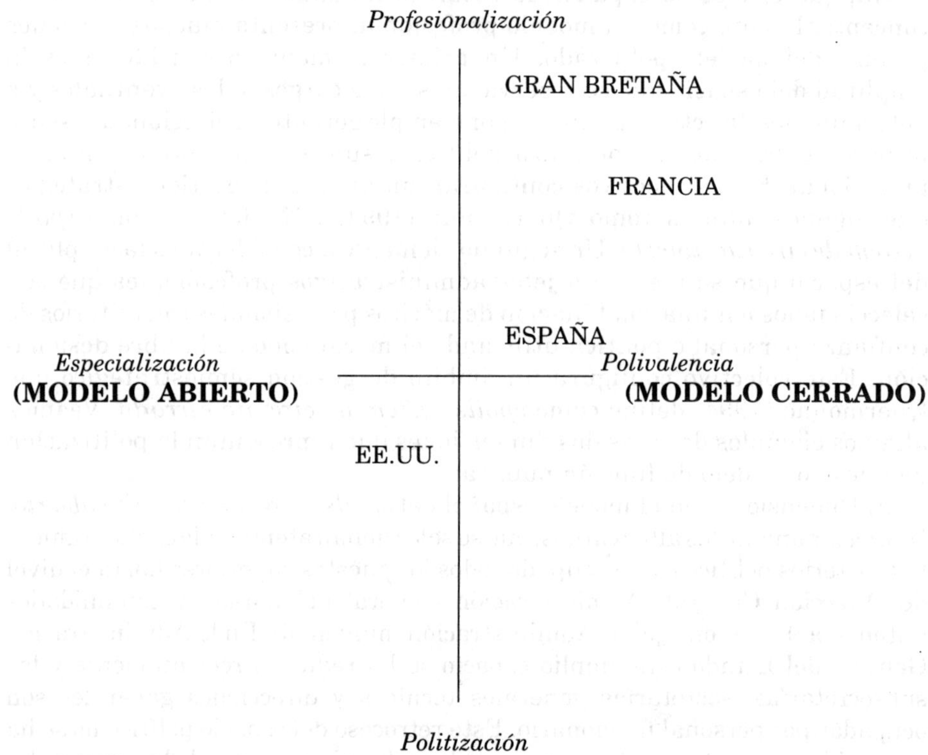

Fuente: Elaboración propia.

1 Después de la reciente reducción del espacio reservado a altos cargos exclusivamente políticos hay que incluir en este grupo las subsecretarías, las secretarías generales técnicas y la mayoría de las direcciones generales.

La figura VII.1 agrupa los cuatro modelos en que se puede clasificar la gestión de los recursos humanos combinando las dos dicotomías comentadas: modelo abierto frente a modelo cerrado y profesionalización frente a politización.

1.2. Principios básicos del modelo de función pública

En la revisión de la abundante regulación sobre los diversos ámbitos que constituyen la función de personal de las administraciones públicas suele aparecer un conjunto de principios básicos que, junto a ciertos elementos asociados, contribuye a establecer los rasgos subyacentes del modelo de recursos humanos.

A modo de marco que encuadra la actuación en la materia, el principio de legalidad sienta una de las bases que caracterizará el desarrollo del modelo de gestión de recursos humanos o de función pública: la importancia del elemento regulativo, que presenta un amplio despliegue en campos como los derechos y deberes, el régimen disciplinario o las situaciones administrativas.

Los principios más citados suelen ser los de igualdad, mérito y capacidad, vinculados habitualmente a la entrada a la función pública. El primero hace referencia a facilitar el acceso a las pruebas selectivas y a la condición de funcionario, evitando cualquier tipo de discriminación al respecto. Directamente asociado a la igualdad de acceso aparece el principio de publicidad, en referencia al requerimiento de hacer públicas las convocatorias de procesos selectivos de los empleados públicos. Los principios de mérito y capacidad se relacionan con la necesidad de introducir elementos objetivos en la valoración de los aspirantes a ocupar puestos de funcionario, evitando también con ello cualquier tipo de favoritismo o arbitrariedad por parte de los órganos de selección. Cabe señalar, sin embargo, que la tendencia a utilizar básicamente criterios de carácter formal para valorar tanto el mérito como la capacidad, o la utilización de pruebas de carácter memorístico que pretenden medirlos, acaba convirtiéndose en constricciones al desarrollo de una gestión de personal flexible y adecuada a las nuevas necesidades de las administraciones públicas.

Con una tradición muy enraizada, diversos principios asociados a la función pública intentan proteger a los empleados públicos de la posible arbitrariedad política, en aras de un interés general, de carácter más estable y continuo que la mera alternancia de los dirigentes políticos, que debe ser independiente de éstos. Con esta misión se desarrollan principios como la estabilidad en el empleo o la inamovilidad (con algunos matices), que tienen su reflejo en el propio vínculo funcionarial y que vienen a dotar de cierto carácter de permanencia al complejo organizativo de las administraciones públicas.

Una dimensión complementaria de esta «independencia» que se atribuye a los empleados públicos tiene su plasmación en la abundante legislación sobre incompatibilidades, limitando las actividades profesionales que pueden desarrollar los funcionarios fuera del ámbito de la Administración. Se pretende así evitar posibles tratos de favor, utilización de información privilegiada, o cualquier otro tipo de interferencia que suponga un abuso de la posición preeminente asociada al empleo público.

Otro de los principios enraizados en el modelo de función pública es la imparcialidad, asociada a la objetividad en la actuación administrativa, que presupone la mera ejecución por parte del funcionario de las directrices establecidas por la dirección política, evitándose arbitrariedades y cualquier tipo de trato de favor o discrecionalidad. De difícil aplicación en un contexto de administraciones prestadoras de servicios que van más allá de la clásica tramitación burocrática, el trato impersonal se cuestiona cada vez más, siendo casi imposible el predeterminar ciertos comportamientos, sobre todo, si se pretende mantener la eficacia de la actuación pública. Garantizar el trato impersonal en un centro de asistencia sanitaria o establecer comportamientos predeterminados a los asistentes sociales puede conducir a situaciones paradójicas cuando no absurdas.

En cuanto a la configuración del modelo en el caso concreto español, y aunque existe cierto margen de interpretación, el funcionamiento actual del sistema de función pública apunta a un importante predominio competencial del Estado. La promulgación del Estatuto de la Función Pública, que fija como básicos preceptos que limitan en gran medida el margen de gestión de los recursos humanos por parte de las distintas instancias administrativas, sienta las bases para el mantenimiento de un modelo unitario de función pública. Aunque todas las comunidades autónomas han legislado sobre este ámbito, el margen de actuación y los límites impuestos por los propios presupuestos del Estado en cuanto a las retribuciones de los funcionarios, por ejemplo, reducen de forma sustantiva la posibilidad de generar sistemas alternativos de función pública.

Finalmente, y también como reflejo de la particularidad de la vinculación laboral pública, destaca la regulación específica de la sindicación y la negociación colectiva, con una suerte de predominio formal del papel del «empleador», esto es, de la Administración pública, también en aras de proteger el interés general. La evolución apunta, sin embargo, a un cierto tipo de convergencia con el ámbito privado, especialmente destacable en su plasmación práctica, aunque el recurso de imposición por parte de los poderes públicos se mantiene en situaciones de crisis y de conflicto laboral.

TABLA VII.2.
PRINCIPIOS, OBJETIVOS Y VALORES DEL MODELO DE FUNCIÓN PÚBLICA

Algunos principios básicos del modelo de gestión de recursos humanos	*Objetivos y valores vinculados*
Principio de legalidad	Preeminencia del «interés general»
Principio de igualdad, mérito y capacidad	Antidiscrecionalidad
Estabilidad en el empleo e inamovilidad	Protección ante la arbitrariedad política
Principio de objetividad de la actuación administrativa y principio de imparcialidad	Garantizar la continuidad Tratamiento impersonal
Principio de publicidad	Asegurar comportamientos predeterminados
Principio de incompatibilidad	Garantizar la independencia
Preeminencia competencial del Estado.	Gestión unitaria y centralizada
Regulación específica y limites de sindicación y negociación colectiva	Modelo unitario de función pública

Fuente: Elaboración propia.

1.3. Los empleados públicos en España: una aproximación a la dimensión cuantitativa a partir de los principales criterios de agrupación

Las administraciones públicas agrupan más de dos millones de empleados públicos (ver tabla VII.3). La Administración General del Estado es todavía la Administración que presenta mayor volumen de personal si se contabiliza el personal de las Fuerzas Armadas y de las Fuerzas de Seguridad del Estado (estos dos colectivos suponen más de 233.000 efectivos). Descontando del cómputo los dos colectivos anteriores, serían las comunidades autónomas las administraciones con un mayor volumen de personal. De todos modos, si prosigue la tendencia actual de trasferencias de la sanidad, la educación y otras competencias a las comunidades autónomas, en muy poco tiempo éstas representarán con diferencia el nivel de Administración que empleará a más volumen de personal.

TABLA VII.3.
EMPLEADOS PÚBLICOS POR NIVELES DE ADMINISTRACIÓN

	Nº de efectivos	*%*
Administración General del Estado	882.007*	41,7
Comunidades autónomas	690.270	32,6
Entes locales	450.710	21,3
Universidades	92.857	4,4
Total	2.115.944	100,4

* Se incluyen las Fuerzas Armadas (106.734), las Fuerzas y Cuerpos de Seguridad del Estado (122.768) y la Administración de Justicia (24.250).
Fuente: Web del MAP, abril del 2000.

La tabla VII.4 muestra la distribución de los empleados públicos de los tres niveles de Administración y de las universidades distribuidos por comunidades autónomas. La ratio número de habitantes por empleado público muestra la asimétrica distribución del personal de las administraciones públicas en el territorio. Algunas diferencias pueden justificarse por la circunstancia de que algunas comunidades autónomas prestan una parte significativa de los servicios sanitarios y educativos públicos con la colaboración de centros privados en régimen de concierto (Cataluña) frente a otras en que la mayoría de estos servicios se prestan por instancias públicas (Andalucía). De todos modos, estos diferentes modelos prestacionales sólo justifican una parte de estas significativas diferencias.

Estas cifras de empleados públicos en España pueden parecer desproporcionadas atendiendo a la fuerza laboral del país (ver tabla VII.5). De todos modos, esta situación es muy parecida a la del resto de los países occidentales con la especificidad que España tiene menos empleados públicos que la mayoría de los países de referencia. Frente a nuestros 2,1 millones de empleados públicos hay que considerar los 4,7 millones de Alemania, los 4,5 millones de Francia, los 3,6 millones de Italia y los 5,2 de Gran Bretaña (Ziller, 1993: 352 y MAP, 1997: 147). Claro está, que todos estos países cuentan con mayor población que España, pero si relacionamos el número de habitantes con el volumen de los empleados públicos, España es el país que presenta una menor densidad de empleados públicos: en España hay 18 habitantes por empleado público frente los 17 de Alemania, los 16 de Italia, los 13 de Francia o los 12 de Suecia. Por lo tanto, no es cierta la extendida creencia que en España hay excesiva «burocracia» y que la creación de las comunidades autónomas ha elevado el volumen de empleados públicos de forma desproporcionada en comparación con los países de nuestro entorno.

TABLA VII.4.
EMPLEADOS PÚBLICOS DISTRIBUIDOS EN COMUNIDADES AUTÓNOMAS POR NIVELES DE ADMINISTRACIÓN

Comunidades	*ADM. Estado*	*ADM. CCAA*	*ADM. local*	*Universidad*	*TOTAL*	*Población*	*RATIO habs/func.*
Andalucía	39.252	188.324	87807	16665	332.048	7.158.732	21,6
Aragón	22.135	9.293	11.804	3.600	46.832	1.177.830	25,1
C.F. Navarra	2.060	18.033	3.420	936	24.449	527.830	21,6
C. Madrid	191.718	29.095	54.958	22.181	297.952	5.022.315	16,8
C. Valenciana	17.590	91.286	47.436	9.074	165.386	3.922.414	23,7
Canarias	7.968	51.090	28.597	4.290	91.945	1.576.617	17,1
Cantabria	8.840	3.390	4.903	1.474	18.607	526.541	28,3
Castilla-La Mancha	46.058	12.193	26.775	2.062	87.088	1.700.807	19,5
Castilla-León	71.967	21.167	26.924	7.840	127.898	2.503.130	19,6
Cataluña	23.690	108.197	56.243	6.802	194.932	6.062.479	31,1
Extremadura	29.696	10.881	20.732	2.173	63.482	1.077.926	17,0
Galicia	15.177	69.179	24.188	5.784	114.328	2.720.326	23,8
Islas Baleares	10.083	10.881	7.796	999	29.759	733.220	24,6
La Rioja	4.075	2.461	2.016	551	9.103	259.986	28,6
P. Asturias	28.392	6.287	10.622	2.752	48.053	1.065.877	22,2
País Vasco	8.254	49.460	20.380	2.867	80.961	2.061.624	25,5
R. Murcia	30.972	7.524	13.093	2.679	54.268	1.091.003	20,1
Ceuta	2.963	730	1.584	48	5.325	71.939	13,5
Melilla	2.837	899	1.432	80	5.248	62.724	11,9
Extranjero	6.838	0	0	0	6.838	0	0,0
Total*	570.565	690.370	450.710	92.857	1.804.502	3.932.3320	21,8

* No se incluye el personal de las Fuerzas Armadas y de las Fuerzas y Cuerpos de Seguridad del Estado.
Fuente: Datos sobre empleados públicos: Web del MAP, abril del 2000. Datos sobre la población: *El Anuario de El País*. Población de derecho a 1 de julio de 1997.

TABLA VII.5.
EMPLEO EN EL SECTOR PÚBLICO Y EN EL SECTOR PRIVADO (EN MILES)

Tipo de empleador	1980	1985	1990	1995	1996
Gobierno (1)	-	1.438,7	1.700,1	1.795,8	1.917,6
Sector público (2)	1.565,4	1.875,6	2.121,7	2.133,8	2.244,4
Sector privado (3)	6.356,1	5.530,5	7.250,8	6.894,5	7.210,3
% de todos los empleados (1)	-	19,4	18,1	19,9	20,3

TABLA VII.5. CONTINUACIÓN
EMPLEO EN EL SECTOR PÚBLICO Y EN EL SECTOR PRIVADO (EN MILES)

Tipo de empleador	1980	1985	1990	1995	1996
% de todos los empleados (2)	19,8	25,3	22,6	23,6	23,7
% de todos los empleados (3)	80,2	74,7	77,4	76,4	76,3

Nota: Datos de cada cuarto trimestre del año. En miles.
Fuente: Jódar, Jordana, Alós (1999: 169) a partir del INE (1997).

No todo el personal de las administraciones públicas son funcionarios (esto justifica la utilización del término más genérico «empleados públicos») y es muy significativa la presencia de personal laboral. La tabla VII.6 muestra la distribución de los empleados públicos entre funcionarios y laborales. Tampoco es correcta la certeza generalizada que los empleados públicos tienen una vinculación vitalicia con las administraciones públicas (ver tabla VII.7). Aunque esto sea cierto en la mayoría de los casos, hay un volumen importante de empleados públicos con una vinculación temporal (funcionarios interinos y laborales temporales) aunque mucho menos que en el sector privado.

TABLA VII.6.
EMPLEADOS PÚBLICOS DIFERENCIADOS EN FUNCIONARIOS Y LABORALES POR NIVELES DE ADMINISTRACIÓN

Tipo de Administración	*1990*		*1997*	
	Funcionario	Personal contratado	Funcionario	Personal contratado
Gobierno central	422	147	401	122
Seguridad Social (incluye los servicios de salud pública)[a]	285	-	337	-
Gobiernos autónomos	115	83	148	116
Autoridades locales	184	173	230	212

TABLA VII.6. CONTINUACIÓN
EMPLEADOS PÚBLICOS DIFERENCIADOS EN FUNCIONARIOS Y LABORALES POR NIVELES DE ADMINISTRACIÓN

Tipo de Administración	*1990*		*1997*	
	Funcionario	Personal contratado	Funcionario	Personal contratado
Educación y universidades[a]	406	-	369	92
Total de todos los gobiernos	1.412	404	1.484	543
Industrias nacionalizadas y empresas de propiedad estatal[c]	-	360	-	61
Total sector público	1.412	765		

(a): En función del estatuto de cada comunidad autónoma, los trabajadores de la Seguridad Social y los empleados no universitarios dependen del Gobierno central o de sus respectivas comunidades autónomas. Los empleados universitarios son gestionados por los gobiernos autonómicos (dentro de esta categoría se encuentra un cierto número de efectivos de personal contratado pero hemos sido incapaces de discernirlos del otro tipo para el año 1990).
(b): En 1997, las empresas de propiedad estatal no están incluidas.
Fuente: Jódar, Jordana, Alós (1999: 171) a partir *Boletín Estadístico del Registro de personal*, 1991 y 1997.

TABLA VII.7.
EVOLUCIÓN DE LOS CONTRATOS ESTABLES Y CONTRATOS INESTABLES EN EL SECTOR PÚBLICO Y EN EL SECTOR PRIVADO

	1987	*1990*	*1995*	*1996*
% de los contratos temporales en el sector público	16,8	17,6	16	15,8
% de los contratos temporales en el sector privado	36,3	37,8	40,7	39,5

Fuente: Jódar, Jordana, Alós (1999: 170) a partir de INE (1997).

2. Dos enfoques complementarios para la gestión de recursos humanos en la Administración pública: gestión de personal y gestión de las personas

La gestión de recursos humanos, definida como el conjunto de actuaciones planteadas sobre los empleados que desarrollan su actividad en las administraciones públicas, puede plantearse desde dos perspectivas complementarias:

1. La gestión de personal
2. La gestión de las personas

La gestión de personal se refiere al conjunto de ámbitos de actuación clásicos de la organización hacia los empleados, planteados desde una perspectiva macro o agregada. Con un importante componente técnico, y con un claro enfoque de gestión, incluye desde los procesos de reclutamiento y selección a la formación de los empleados públicos y su evaluación. Desde esta perspectiva, los conceptos clave a definir previamente son la política de personal, la gestión de personal y la administración de personal.

La gestión de las personas parte de la perspectiva micro, más cercana a los empleados públicos en tanto que individuos que conforman la organización a nivel más concreto (y no agregado como en el caso anterior). Desde esta perspectiva los conceptos clave a definir son la organización del trabajo, la comunicación y la motivación de los profesionales que integran la Administración (ver figura VII.2).

FIGURA VII. 2.
DIMENSIONES DE LA GESTIÓN DE RECURSOS HUMANOS

Los ámbitos de la gestión de personal: *a) Tipología de personal.* *b) La articulación de los funcionarios en grupos, cuerpos y niveles.* *c) Reclutamiento y selección.* *d) Carrera administrativa y provisión de puestos.* *e) Retribución de los empleados públicos.* *g) Evaluación del desempeño.* *h) Las relaciones laborales.*	*Los ámbitos de la gestión de personas:* *a) El momento de la organización.* *b) El contenido del trabajo.* *c) Promoción profesional y motivación.* *d) Formación y motivación.* *e) Estilo de dirección y motivación.*

Fuente: Elaboración propia.

2.1. Gestión de personal: política, gestión y administración de personal

Los primeros rasgos a definir para concretar la configuración del modelo de función pública son los elementos que concretan la cascada de la función de personal, es decir: la política de personal, la gestión de personal y la administración de personal (Prats i Català, 1987: 126 y 132) (ver tabla VII.8).

En primer lugar, es necesario establecer los objetivos estratégicos en materia de personal al definir la política de personal para que sea posible llevar a cabo el resto de políticas estratégicas de la organización. El papel clave de los recursos humanos determina el grado de éxito de la mayor parte de actuaciones emprendidas por la organización, aunque habitualmente no se le otorgue este rol estratégico.

La definición de estos objetivos estratégicos, que pasarán a ser las grandes líneas de desarrollo de las actuaciones en materia de personal, ha de ser coherente con el resto de actuaciones en los diferentes ámbitos de actividad de la Administración, pero también con la filosofía y la cultura organizativa que la Administración pretende promover. Con esto se está queriendo subrayar la necesidad de replantear las técnicas (de gestión y de administración de personal) de acuerdo con los valores y las actividades que desarrolla el aparato público, de cara a mantener una coherencia global en el modelo de Administración.

En relación con la gestión de personal, el siguiente nivel de la *cascada* de la función de personal, se puede decir que es donde las líneas estratégicas se concretan, en términos de problemas y soluciones, en términos de recursos y condicionamientos, y en términos de objetivos operativos y valores de la propia organización. Lo que convierte la aplicación de estas técnicas en gerencia (o gestión) de personal es el hecho de estar al servicio de una política de personal como una parte o elemento esencial de la política general de la organización.

La administración de personal comienza en este punto donde acaba la gestión de personal, es decir, cuando desaparece la responsabilidad para tomar decisiones sobre objetivos operativos y sobre como dirigir su consecución. La administración de personal no supone tomar decisiones sino aplicar unas técnicas predeterminadas con las cuales los gestores de personal consideran que se podrán alcanzar los objetivos prefijados, en consonancia con la política de personal.

De acuerdo con estos conceptos, la ausencia de política de personal implica, en la práctica, la inexistencia de una auténtica gestión de personal ya que la gestión consiste en definir los instrumentos para lograr los objetivos políticos y esto no se puede conseguir en su ausencia. Sí existe, en cambio, la función de administración de personal en nuestras administraciones públicas; la gestión del «día a día» está asegurada: es evidente que los empleados públicos perciben su remuneración económica a finales de mes y están bajo control todos los aspectos operativos asociados con los recursos humanos (seguimiento del cumplimiento horario, tramitación de las bajas por enfermedad, actualización de la antigüedad de los empleados, etc.). Pero una organización que cuenta únicamente con administración de personal, es una organización que tan sólo puede reproducir el modelo organizativo del cual parte, y será incapaz de adaptarse a las transformaciones del entorno y cumplir los objetivos que legitimen su existencia.

El principal problema en relación con la política, gestión y administración de personal de nuestras administraciones públicas reside en la casi inexistencia de la primera, es decir, al déficit en la definición de una substantiva política de personal. El definir una política de personal es una actividad muy difícil para los cargos políticos, debido a que:

– Es técnicamente complicado ya que implica conocer muy bien los puntos fuertes y débiles del modelo actual de Administración, hacer un análisis de prospectiva para definir el modelo de organización que pueda dar respuesta a las necesidades y retos del futuro y, una vez diseñadas las necesidades de la organización en el futuro, definir una estructura de personal acorde con el modelo.

– Es políticamente difícil ya que, cualquier decisión trascendente en materia de personal, puede generar fenómenos de resistencia individuales y colectivos (a través de los sindicatos) por parte de los empleados públicos. La definición y la primera fase de implementación de una política de personal generan, a corto plazo, conflictos y las ventajas sólo se perciben a medio y a largo plazo, momento en el que probablemente ocuparán los puestos políticos personalidades distintas a las que impulsaron, trabajaron y «sufrieron» el proceso de mejora.

TABLA VII. 8.
DIFERENCIAS ENTRE POLÍTICA, GESTIÓN Y ADMINISTRACIÓN DE PERSONAL

	Actividades básicas	*Actores*
Política	Definir el modelo de personal y sus objetivos con relación al modelo de Administración para el futuro	Altos cargos (rol político)
Gestión	Definir los programas de acción y los instrumentos para conseguir los objetivos políticos en materia de personal.	Responsables administrativos de la unidad central de recursos humanos
Administración	Implementación de los programas concretos, gestión operativa del «día a día».	Responsables administrativos inferiores y personal base de las distintas unidades de personal.

Fuente: Elaboración propia

Los tres niveles que constituyen la *cascada* de la gestión de recursos humanos en las administraciones públicas (política, gestión y administración de personal) presentan una primera concreción en los instrumentos de ordenación de la función pública.

Los diferentes instrumentos que se muestran en la figura VII.3 constituyen los medios para actuar sobre el sistema de recursos humanos considerados en su conjunto, es decir, se trata de una aproximación *macro* a la organización y a la ordenación de la gestión de personal.

El Registro administrativo de personal consiste en una recopilación de las principales características de los empleados públicos, a los que se asigna un número de identificación (número de Registro de personal) a efectos de permitir la formalización de su nombramiento o contrato por la Administración. El Registro informa sobre los principales datos demográficos del empleado, así como sobre todos los actos que afecten a su vida administrativa.

El objetivo del Registro de personal es doble: proporcionar información a la Administración sobre sus empleados y a éstos sobre su situación e historial laboral dentro de la organización.

Aunque cada Administración (local, autonómica y estatal) dispone de un registro propio de personal, la legislación estatal establece unos contenidos mínimos homogeneizadores y unos requisitos de utilización recíproca, dando preeminencia al Registro central de personal que los unifica.

Por su definición básica, la Plantilla de personal es el instrumento de ordenación que se refiere a la dimensión económica de la gestión de personal. Incluye a todos los empleados públicos, tanto funcionarios como laborales, atendiendo al impacto económico que implican. Con ello se busca vincular la política de personal y la política presupuestaria, con una visión propia del ámbito de la gestión de personal. Resulta frecuente, sin embargo, la separación orgánica entre las unidades que controlan los datos de la plantilla de personal y las encargadas de los demás ámbitos de la gestión de personal.

Las Relaciones de puestos de trabajo (RPT) constituyen el segundo instrumento de ordenación de los recursos humanos con un claro contenido de gestión. Su origen se vincula a la inclusión del modelo de empleo abierto, que pretendía modernizar y flexibilizar el sistema de cuerpos preexistente.

A diferencia del Registro de personal, referido exclusivamente a las personas, las RPT incluyen la información sobre los puestos de trabajo y los requisitos necesarios para su desempeño, constituyendo un mecanismo básico para la configuración de la estructura orgánica de las administraciones públicas. A partir de esta definición, las RPT incluyen la asignación de cada empleado a un puesto concreto de características definidas. Al igual que las plantillas de personal, las RPT incluyen información referida tanto al ámbito de los funcionarios (denominación características del puesto, requisitos exigidos para el desempeño de su ocupación, nivel de complemento de destino y complemento específico correspondiente) como al ámbito del personal laboral (categoría profesional y régimen jurídico aplicable).

Con una visión más dinámica, conectada a los procesos de incorporación de personal, las Ofertas de empleo público constituyen un instrumento que pretende racionalizar y centralizar el proceso de selección de personal. Su concreción se realiza mediante la publicación de la relación de puestos de trabajo o plazas vacantes que se pretende cubrir durante un ejercicio presupuestario a través de los correspondientes procedimientos de selección. Aunque en las etapas iniciales de desarrollo de las administraciones democráticas se establecía la publicación anual de una oferta de empleo público, los cambios en las políticas de recursos humanos y el contexto restrictivo que se ha instaurado en el ámbito público han conducido a limitar esta oferta, en una clara tendencia a controlar el volumen de personal e incluso a reducirlo (es decir, convocando menos plazas de las que quedan vacantes).

Los Planes de empleo son el reflejo del intento de introducir una visión estratégica, más vinculada al ámbito de la política de personal que a su gestión. Se persigue con ello la creación de un instrumento de ordenación que permita prever la evolución de empleo a partir de las necesidades cambiantes de las administraciones públicas en un entorno inestable que requiere de un enfoque a más largo plazo. Con los Planes de empleo se busca optimizar la utilización de los recursos humanos, incluyendo medidas orientadas a resolver las necesidades de gestión a través de mecanismos como la definición de puestos de trabajo, la reasignación de efectivos, los procesos de formación o la promoción interna, entre otros.

En la práctica hay que relativizar la aplicación efectiva de algunos de estos instrumentos. Así, las RPT han perdido parte de su valor en la medida que el modelo de empleo mixto vigente en las administraciones españolas vincula la selección al modelo de cuerpos, dejando la definición de puestos como un medio asociado a la carrera profesional (lo que equivale a rebajar los requisitos establecidos para su definición). La elaboración de Planes de empleo, por su parte, sigue en estadios incipientes debido tanto a la falta de tradición planificadora de las administraciones públicas como las potenciales resistencias que genera entre los colectivos afectados por su aplicación (piénsese en el impacto de la reasignación de efectivos, por ejemplo). A estos rasgos cabe añadir la tradicional falta de conexión de la política de recursos humanos con el resto de ámbitos de actividad de las organizaciones públicas, lo que dificulta la configuración de un planteamiento estratégico integral que cubra las distintas dimensiones de la actuación pública.

FIGURA VII.3.
ELEMENTOS DE LA GESTIÓN DE PERSONAL

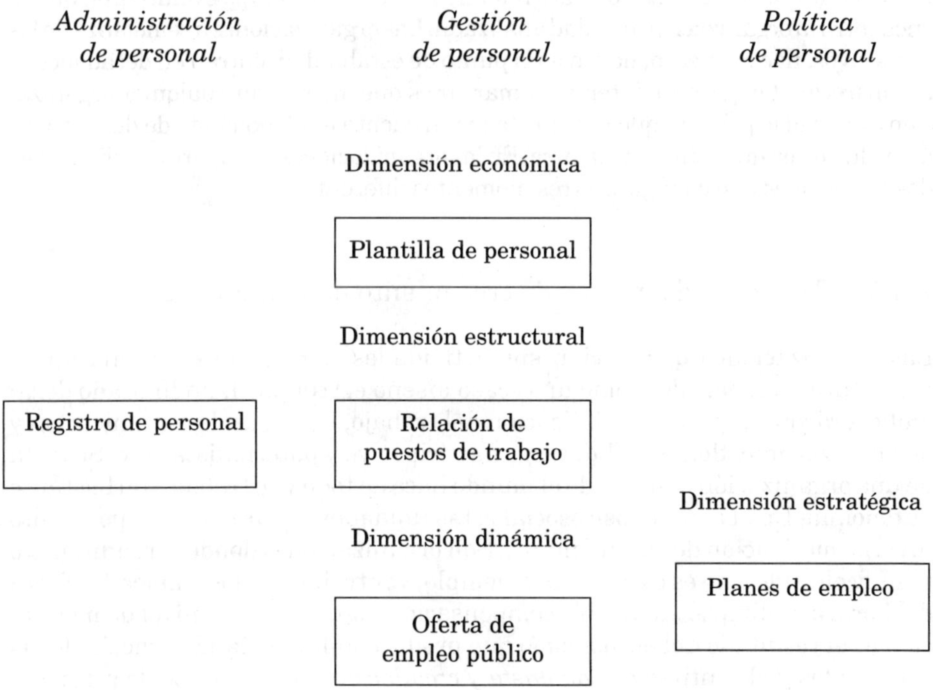

Fuente: Elaboración propia.

2.2. Gestión de personas: directivos públicos y empleados públicos

El comportamiento de los empleados públicos depende de una serie de elementos psicológicos y sociológicos denominados variables psicosociales. El objeto de este apartado consiste en identificar estas variables para conocer su impacto sobre los empleados públicos. El contenido del trabajo de los empleados, su carga mental, los sistemas de promoción, la formación, los sistemas de liderazgo, el estatus, los factores ergonómicos, etc. son elementos que configuran el estado de una organización (y no sólo la situación de sus empleados) y condicionan la estrategia y la implementación de los diversos programas públicos (Ramió, 1999: 91).

2.2.A. El momento de la organización y su impacto sobre la motivación de los empleados públicos

El momento en la organización hace referencia al estadio o etapa evolutiva en que se encuentra la organización o unidad analizada. Las organizaciones a semejanza de los seres vivos, nacen, crecen, llegan a un punto de estabilidad, entran en decadencia y desaparecen. Lo que aquí interesa remarcar es que al analizar cualquier organización o unidad lo primero que hay que tener en cuenta es el momento de desarrollo o de evolución en que ésta se encuentra. En las organizaciones es importante distinguir dos situaciones que configuran tres momentos diferentes:

2.2.A.a. Momento de inicio y de crecimiento de una unidad:

Las organizaciones que inician sus actividades tienen unas características estructurales especiales como un escaso diseño estructural, un limitado desarrollo jerárquico, poca especialización del trabajo, sistemas de comunicación y de liderazgo muy flexibles (liderazgo participativo y paternalista), etc. Se trata de una organización donde todo el mundo hace de todo y se trabaja con bastante autonomía. En el aspecto psicosocial estas unidades se caracterizan por el alto nivel de motivación de sus miembros. Son organizaciones donde el rendimiento es muy elevado y no es extraño, por ejemplo, ver trabajar a los empleados fuera del horario ordinario sin recibir compensación alguna. El alto nivel de motivación es el resultado del entusiasmo que produce la leve estandarización de las actividades y el sentirse *protagonista y creador* de un nuevo tipo de servicio.

2.2.A.b. Momento de madurez o de estabilidad de la organización:

Cuando el crecimiento de la organización ha culminado o cuando éste ha adquirido un volumen que hace inviable el sistema de organización del modelo anterior, la organización se ve en la necesidad de modificar su estructura y sus mecanismos de producción. En otras palabras, la dimensión de la organización y el nivel de las demandas que deben atenderse desaconsejan seguir con el sistema flexible y poco estructurado y se percibe la necesidad de organizarse, es decir, de especializar los puestos de trabajo y las personas, de estandarizar los procedimientos, de diseñar una estructura basada en la especialización y en la jerarquía. La consecuencia psicosocial de este modelo de organización es que se carece de la vitalidad y del entusiasmo inherente al modelo anterior. Hay un nivel de motivación y de satisfacción más bajo.

2.2.A.c. Punto de inflexión entre los dos modelos:

Se trata del momento en que se encuentra una organización cuando pasa de una situación de juventud y de crecimiento a una situación de madurez, estabilidad y estructuración. Este cambio suele ser traumático y genera múltiples disfunciones psicosociales: baja la motivación y la satisfacción en el trabajo hasta unos niveles alarmantes. Hay empleados, hasta el momento muy brillantes, que no se adaptan al nuevo modelo y se convierten en disfuncionales para los objetivos de la organización. Y a la inversa, hay empleados, que hasta el momento habían dado un rendimiento mediocre, que alcanzan un cierto esplendor. Los cambios que los individuos perciben son que han dejado de tener libertad de movimientos, que se ven obligados a realizar siempre las mismas tareas, que el sistema de información empieza a ser farragoso y que ya no tienen acceso directo a su superior con la misma libertad que antes sino que deben atenerse al conducto jerárquico.

Las organizaciones de una cierta envergadura y con un entorno variable, como es el caso de las organizaciones públicas, tienen unidades que se encuentran en alguno de estos tres momentos de organización. Lo más normal es que el grueso más importante de una Administración pública esté en una situación de estructura madura y estable y que un cierto número de unidades se encuentren en las fases de crecimiento o de cambio de un modelo a otro.

Los ciclos vitales de una organización son difíciles de evitar así como sus consecuencias. Como se ha visto, el paso de una organización joven a una organización madura genera problemas de motivación y de satisfacción. Si bien esto es irremediable, sí es posible implantar una política de choque que intente neutralizar al máximo estos efectos. La transparencia, la información, las recompensas, los soportes morales y las actividades colectivas pueden ser unos buenos tratamientos. Una estrategia sencilla pero efectiva es la simple explicación técnica de lo que está ocurriendo: estamos delante de un proceso natural ante el que no hay que buscar culpables y ante el que debemos esforzarnos para superarlo. La certeza por parte del personal de saber qué y por qué están ocurriendo determinados conflictos interpersonales es el mejor camino para superarlos.

2.2.B. El contenido del trabajo de los empleados públicos como elemento fundamental de su motivación

El contenido de trabajo se configura a partir del grado de amplitud y de profundidad de los puestos de trabajo. La amplitud hace referencia al número de tareas o de funciones asignadas al puesto. La profundidad depende del grado de dirección y de control que dispone el titular de un puesto de trabajo sobre sus actividades. Un administrativo que rellena una base de datos y un médico son dos ejemplos de casos extremos. Un administrativo puede desarrollar siempre la misma actividad (poca amplitud) recibiendo instrucciones muy concretas de cómo debe desempeñarla (escasa profundidad). Un médico recibe al paciente, elabora un diagnóstico, establece unos remedios, pone en práctica estos remedios y los controla (elevada amplitud y profundidad).

El contenido del trabajo tiene incidencia directa sobre la carga mental, que representa una situación de colapso intelectual de un empleado, y sobre el estrés, que es una manifestación derivada de la hiperactividad (por causa de estímulos de intensidad y duración desacostumbrada) que movilizan en el empleado unos mecanismos patológicos de defensa.

La carga mental y el estrés dependen, en buena parte, del grado de amplitud y de profundidad de los puestos de trabajo que ocupan los distintos empleados. A modo de regla general se puede afirmar que hay carga mental y estrés en los puestos de trabajo ubicados en los puntos más extremos de la matriz profundidad/amplitud (ver la figura VII.4):

1) Los puestos de trabajo con poca profundidad y amplitud, es decir las tareas mecánicas y repetitivas, tienen un alto contenido en carga de trabajo y en estrés.

2) Los puestos de trabajo con mucha profundidad y amplitud, es decir, los puestos con un alto grado de responsabilidad tienen también un elevado contenido en carga mental y en estrés. Uno de los males de los directivos de las administraciones públicas (políticos y altos funcionarios) es su condensada agenda, su elevada presencia en distintas reuniones (en la Administración hay mucha *reunionitis*). Entrevistas, reuniones y llamadas telefónicas son los males de las personas que ocupan puestos clave en una organización, que les impiden tener el tiempo suficiente para analizar y pensar lo que se decide en estos tres espacios de contacto.

FIGURA VII.4.
DIMENSIONES DE UN PUESTO DE TRABAJO

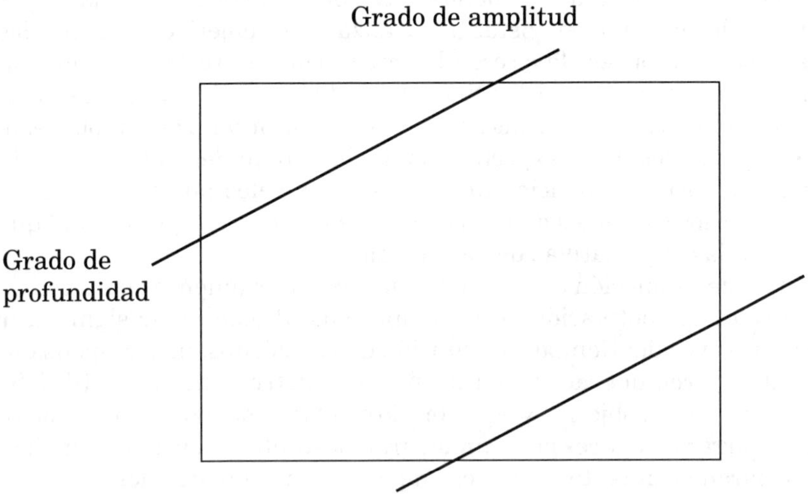

Fuente: Ramió (1999).

En definitiva, hay que intentar conseguir que los puestos de trabajo sean mucho más ricos, es decir, que tengan la máxima amplitud y profundidad posible. No es difícil otorgar a una buena parte de los puestos de trabajo una mayor profundidad incentivando el grado de responsabilidad y de autonomía de los trabajadores. Pero también es cierto que hay muchos puestos de trabajo cuyo contenido es muy difícil enriquecer (estamos hablando de las funciones más operativas). En este caso la estrategia a seguir sería fomentar la diversidad, es decir, variar periódicamente el tipo de actividad. Hay que huir de los puestos de trabajo que sólo contienen una tarea (sólo hacen fotocopias o sólo rellenan bases de datos en los ordenadores). Ampliar el contenido de un puesto de trabajo es también enriquecerlo.

2.2.C. Promoción profesional y motivación

La promoción hace referencia a la carrera profesional de los empleados. Los trabajadores entienden la carrera profesional como promoción, es decir, la asunción de mayor responsabilidad, influencia, categoría y remuneración a través del tiempo. La Administración considera la carrera administrativa como un mecanismo para asegurar la máxima capacitación de sus empleados y como una fórmula para recompensar su lealtad y esfuerzo. En efecto, es en la carrera profesional de los empleados donde se encuentran dos tipos de objetivos distintos: los de los empleados (sus fines personales y emocionales) y los de la Administración (desarrollar a sus miembros con el fin de conseguir una mayor eficacia en su desempeño en vistas a alcanzar sus objetivos). Estas dos tendencias deben, entonces, favorecer la integración entre la persona y la organización. Esto es posible si los fines del individuo y los objetivos de la organización son congruentes y si las expectativas de la organización sobre este individuo son similares a las expectativas de desarrollo del individuo en la organización. La correspondencia entre estos dos niveles no es fácil y si se quieren evitar serios conflictos debería diseñarse una carrera profesional que tenga en cuenta las expectativas de los empleados.

Una política de promoción es una de las mejores herramientas para conseguir altos niveles de motivación en los empleados. Promocionar significa ir adquiriendo, a través del tiempo y en función de los méritos, más responsabilidades, estatus y remuneración. Para que este instrumento sea útil debe implantarse un sistema objetivo y equilibrado en el tiempo. Los favoritismos o el fomento de carreras fugaces generan un gran descontento entre los empleados, incluso, paradójicamente, entre los empleados más favorecidos.

2.2.D. Formación y motivación

La política de formación y de reciclaje tiene como objetivo conseguir la buena preparación de los miembros de una organización. Hay dos tipos básicos de formación: la formación de entrada que trata de adiestrar a los nuevos empleados familiarizándolos con la estructura y con los procesos de producción de la unidad donde van a prestar sus servicios, y la formación continuada que se suministra a los empleados en ejercicio con el objetivo de mantenerlos al corriente de los nuevos conocimientos y técnicas de producción.

Existen distintos mecanismos de formación: cursos, manuales de puesto o de proceso, adscripción de un monitor (otro empleado con experiencia que dirige y supervisa al trabajador novel), capacitación directa mediante el desempeño (*training on the work*), etc. La elección de un método u otro es muy importante ya que, además de tener impacto sobre la competencia técnica del empleado, también afectará a su estado psicológico y a la eficacia y eficiencia de la unidad de producción que reciba la nueva entrada. El peor mecanismo de formación, bastante usual en muchas organizaciones públicas, es la capacitación directa mediante el desempeño que no significa otra cosa que aprender sobre la marcha acumulando errores. Es un sistema muy costoso para la organización debido a los errores y extraordinariamente desmotivador para el empleado público por la incertidumbre que se deriva de ejecutar tareas sin tener los conocimientos y las habilidades necesarias.

Otro elemento importante de un proceso formativo es su incidencia sobre la motivación en general. La formación continuada es un aliciente profesional importante para cualquier empleado. La ausencia de esta formación o una deficiente implementación de la misma genera una considerable insatisfacción y desmotivación.

En definitiva, hay que diseñar un programa de formación de entrada intenso y exhaustivo. El coste de un programa de estas características será rápidamente amortizado gracias a la reducción de los errores de los principiantes (son mucho más costosos de lo que suele creerse) y a la limitación de la ansiedad ocasionada por la alta incertidumbre inherente a los primeros momentos del nuevo trabajo. Paralelamente también deben diseñarse programas de formación permanente para mantener a un buen nivel la capacitación profesional de los miembros de la organización (la *excelencia* depende en gran medida del reciclaje continuo de los miembros de una organización) y a su vez, para que éstos se sientan motivados. Por esta razón hay que ser cuidadoso con la elección de los empleados que reciban esta formación y no discriminar a nadie.

2.2.E. Estilo de dirección y motivación

Respecto al estilo de dirección, las tareas de un responsable administrativo consisten en iniciar, planificar, dirigir, coordinar y controlar las actividades de su oficina. Un jefe es el elemento visible del organismo, ejerce las funciones de enlace con el exterior y de líder en el interior. Esta posición privilegiada, que se deriva de su autoridad formal, lo configura como el principal gestor de la información del entorno. Distribuye la información dentro de su unidad y una vez asimilada y tratada la retorna al exterior. El poder formal es el poder de tomar decisiones que se manifiesta mediante la asignación de recursos, la gestión de las anomalías, la iniciación de los cambios y la negociación. Pero en este apartado lo que interesa es el jefe administrativo como gestor de sus recursos humanos. Este es el punto débil de una buena parte de los responsables administrativos que, si bien conocen correctamente las características técnicas y administrativas de su puesto, carecen de la formación necesaria para dirigir y motivar al personal e incluso también para comunicarse con él.

El estilo de dirección es la variable que tiene mayor incidencia sobre los empleados públicos. Del estilo de dirección depende que los contenidos del trabajo, la carrera administrativa y la formación generen más o menos motivación. Además, el estilo de dirección puede facilitar la motivación o la desmotivación en función de la utilización de recursos como las reuniones, el reconocimiento del trabajo bien hecho, la participación de los empleados en las decisiones, etc. Hay tres grandes estilos de dirección o de liderazgo:

a) El liderazgo autocrático: implica la dirección de la organización utilizando el método tradicional del «ordeno y mando». Evidentemente es un estilo de liderazgo que no genera motivación entre los empleados.

b) El liderazgo, *laissez faire*: supone la no-dirección en el sentido que el responsable administrativo no ejerce las funciones asociadas al liderazgo y deja por su inhibición que la organización se «autodirija»; sólo toma decisiones en los momentos críticos de la organización (liderazgo por excepción). Es un estilo de dirección que genera muchos espacios de incertidumbre y que tampoco facilita la motivación de los empleados.

c) El liderazgo participativo: es un estilo de dirección que se caracteriza por tener en cuenta las opiniones de los empleados y que el líder formal explica y argumenta sus decisiones. Liderazgo participativo no significa democracia ya que el responsable administrativo toma todas las decisiones pero teniendo en cuenta parte de los argumentos de su personal. Este tipo de liderazgo favorece la motivación de los empleados.

En las organizaciones públicas suelen predominar los estilos de liderazgo autocrático y *laissez faire*. La falta de preparación de algunos directivos públicos en materia de dirección y gestión de recursos humanos se debe al escaso papel que otorgan a esta faceta algunas organizaciones públicas. Cuando se promociona a un empleado a una jefatura no se tiene en cuenta, en muchas ocasiones, su preparación o habilidad para dirigir a las personas, además no se programa la formación necesaria para cubrir semejante laguna.

3. Estructura y dinámicas de funcionamiento de la gestión de recursos humanos en las administraciones públicas

En este apartado se presentan las principales características de sistema de gestión de recursos humanos de las administraciones públicas, combinando un enfoque descriptivo de los principales determinantes del modelo con una óptica de gestión orientada al desarrollo del sistema en su conjunto.

Con esta doble perspectiva se presenta los siguientes ámbitos de gestión de los recursos humanos en las administraciones públicas:

1) Tipología de personal al servicio de las administraciones públicas.
2) La articulación de los funcionarios en grupos, cuerpos y niveles.
3) Reclutamiento y selección.
4) Carrera administrativa y provisión de puestos.
5) Retribución de los empleados públicos.
6) La formación de los empleados públicos.
7) Evaluación del desempeño de los empleados públicos.
8) Las relaciones laborales.

La consideración conjunta de estos ámbitos permite ofrecer una imagen integrada de las características estructurales y de las dinámicas de funcionamiento del modelo de gestión de recursos humanos desarrollado en las administraciones públicas.

3.1. Tipología de personal al servicio de las administraciones públicas

El conjunto de individuos que desempeñan su actividad profesional en las administraciones públicas constituye un colectivo heterogéneo. Para su clasificación se suelen utilizar dos criterios básicos: el tipo de Administración a la que están adscritos y la vinculación con la Administración.

Según el primer criterio se distinguen los empleados públicos de la Administración central, de las comunidades autónomas y de las administraciones locales, además de colectivos específicos como el personal de universidades. En la tabla VII.4 se refleja la distribución de empleados públicos según este criterio.

A partir del segundo criterio, la vinculación con la Administración, se distinguen las siguientes categorías:

a) Cargos electos, es decir, los políticos que acceden a la máxima dirección de las administraciones públicas a partir de los resultados de los procesos electorales.

b) Personal eventual, que desempeña funciones expresamente clasificadas de confianza o de asesoramiento especial y cuyo nombramiento y cese corresponde a la dirección política de la organización mediante la libre designación.

c) Personal funcionario de carrera, que responde al concepto más estricto de funcionario público, caracterizándose por la permanencia y por su integración en las relaciones de puestos de trabajo.

d) Personal funcionario interino es aquel que, por razón de necesidad o urgencia y con carácter temporal, ocupa plazas de plantilla en tanto que éstas no sean proveídas por funcionarios de carrera. Aunque se trata de personal nombrado excepcionalmente resulta frecuente que el personal con carácter interino permanezca durante períodos prolongados y dicha figura sea utilizada como vía de acceso paralelo para evitar la lentitud de los procesos selectivos del personal funcionario de carrera.

e) Los contratados administrativos también se definen como un vínculo con carácter excepcional y ceñido a la realización de trabajos específicos y concretos no habituales. Se trata en este caso de contratos de personal para la realización de trabajos de colaboración temporal en tareas específicas, sin que ello suponga su generalización como vínculo laboral. Este sistema contractual fue muy utilizado durante los primeros años de funcionamiento de las comunidades autónomas a la hora de configurar su propia función pública. Después de la aprobación de la Ley de Medidas para la Reforma de la Función Pública de 1984, este tipo de contratados fueron desapareciendo rápidamente.

f) El personal laboral fijo o indefinido que, con carácter continuo, desarrolla su actividad en la Administración bajo una fórmula contractual propia del derecho privado. Aunque inicialmente se establecían límites a dicha vinculación, reservándola a cierto tipo de puestos, la práctica ha conducido a su extensión en aras de una supuesta mayor flexibilidad en los mecanismos de gestión de personal (por ejemplo la selección se efectúa mediante concurso y no por oposición, agilizándose mucho más los plazos de resolución). Estas formulaciones, sin embargo, ya se han puesto en entredicho y a finales de la década de los años 90 la funcionarización vuelve a ser la fórmula predominante.

g) El personal laboral temporal o de duración determinada tan sólo se admite, con carácter excepcional, para la realización de trabajos que no puedan ser atendidos por personal laboral fijo.

h) Los empleados con estatutos especiales constituyen un importante colectivo que, aunque presente importantes similitudes con los grupos funcionariales, dispone de una normativa propia y diferenciada, asociada a la especificidad de las actividades que desempeña. Destaca en este sentido la normativa propia del personal sanitario o docente, así como la de Fuerzas y Cuerpos de Seguridad, entre otros.

i) En las administraciones públicas también se pueden encontrar *empleados de empresas subcontratadas*, es decir, personal no vinculado laboralmente a la Administración pero que desarrolla físicamente su actividad profesional en ésta debido a su pertenencia a una empresa a la que se ha encargado la realización de ciertos servicios. Así, desde los empleados de empresas de limpieza o mensajería a consultores y auditores externos, existe un importante conjunto de profesionales externos a la Administración que desarrollan su actividad en ésta.

j) A estos grupos cabe añadir la existencia de colectivos asociados a actividades de naturaleza muy concreta y que desarrollan su actividad en la Administración sin estar laboralmente vinculados a ésta ni recibir una retribución por ello (salvo excepciones como los becarios), como sería el caso del personal en prácticas, los becarios, los voluntarios y los objetores de conciencia.

3.2. La articulación de los funcionarios en grupos, cuerpos y niveles

Para comentar la estructura básica a través de la que el personal funcionario se articula en grupos, cuerpos y niveles resulta apropiado relatar lo que vendría a ser la vida de un funcionario (ver la figura VII.5).

Una persona accede a la condición de funcionario una vez que ha superado una oposición o concurso-oposición basada en el conocimiento de un temario y en la retención y demostración de un conjunto de habilidades. Una vez que adquiere la condición de funcionario se integra en una estructura matricial en base a los denominados grupos, en función de los estudios mínimos exigidos para su acceso, y en base a los cuerpos, atendiendo a las características de las funciones a desarrollar. Dentro de los cuerpos, y a partir de la especialización de funciones, pueden distinguirse diferentes escalas.

Se consideran funciones homogéneas aquellas que requieren la posesión de un título que habilite para su ejercicio. De esta asociación se deriva una clasificación de los cuerpos de funcionarios basada en la titulación exigida para el ingreso en ellos, estableciéndose los grupos de adscripción. Así, el grupo y el cuerpo se configuran como el ámbito de gestión en el que estará integrado el funcionario. En función del grupo y el cuerpo al que se accede se requiere un nivel educativo determinado y deben prepararse unos temarios y unas pruebas de oposición específicos. Por ejemplo, si una persona desea acceder al grupo A debe poseer una licenciatura universitaria o titulación equivalente y, por otro lado, si el cuerpo al que intenta acceder es el general deberá prepararse en temas de gestión, de derecho administrativo, etc. y, en cambio, si intenta acceder a uno especial las materias que deberá prepararse tendrán una relación directa con las especificidades de dicho cuerpo. La función pública española posee cinco grupos de titulación:

A: Técnicos superiores, requiriéndose la titulación de licenciado universitario, ingeniero superior o equivalentes.

B: Técnicos medios o de gestión, con título de diplomado universitario, ingeniero técnico o equivalentes.

C: Administrativos, con titulación de bachiller, formación profesional II o equivalentes.

D: Auxiliares administrativos, con graduado escolar o formación profesional I.

E: Personal subalterno, con certificado de escolaridad.

El proyecto de Estatuto de la Función Pública, todavía pendiente de tramitación parlamentaria, tenía previsto fusionar los grupos C y D debido a la semejanza de las funciones que deben desempeñarse en éstos. Modelos de función pública como el francés no establecen diferencias en las funciones administrativas (entre administrativos del grupo C y auxiliares administrativos del grupo D como sí sucede en España).

Una clasificación complementaria de los cuerpos se refiere a los perfiles profesionales que representan, dentro de un mismo grupo de adscripción. Se distinguen así los cuerpos generales que se encargan de las tareas de gestión de la Administración. Hay cinco cuerpos generales que se corresponden a los cinco grupos o categorías profesionales: cuerpo superior (A), cuerpo de gestión (B), cuerpo de administrativos (C), cuerpo de auxiliares administrativos (D) y cuerpo de subalternos (D). Estos cuerpos son muy numerosos y en el caso de los grupos C, D y E representan casi la totalidad de los funcionarios de estos tres grupos.

Por otro lado, la Administración pública cuenta con los cuerpos especiales, con un carácter profesional específico y diferenciado de los cuerpos generales. En esta clasificación aparecen inspectores de hacienda, profesores de universidad, ingenieros, letrados, diplomáticos, estadísticos, aeronáuticos, ATS, profesores no universitarios, etc. La gran mayoría de los cuerpos especiales pertenecen a los grupos más elevados (A y B) que son los susceptibles de mayor especialización, aunque también existen algunos vinculados e los grupos C y D, como, por ejemplo, los bomberos o la policía autonómica. El volumen de efectivos de cada Cuerpo Especial es muy variable ya que hay unos pocos cuerpos especiales con un gran volumen de personal (ATS, profesores de enseñanza básica, profesores de enseñanza media, médicos, etc.) y algunos cuentan con pocos efectivos, como el caso de los estadísticos, letrados o diplomáticos, entre otros.

A partir de la clasificación por cuerpo y grupo de adscripción se define el intervalo de carrera administrativa potencial de cada funcionario mediante una clasificación por niveles. Esta dimensión de la carrera profesional consiste en ir asumiendo niveles cada vez más elevados. Los intervalos de niveles por grupos son:

	Nivel mínimo	*Nivel máximo*
A	20	30
B	16	26
C	10	22
D	8	18
E	6	14

Así, por ejemplo, si una persona accede al grupo A tiene asignado un grado personal inicial de 20, Con el tiempo podrá ocupar un puesto con un nivel 22 (usualmente se mejora de nivel de dos en dos salvo en los tres niveles superiores que se progresa de uno en uno). Una vez que ocupa un puesto con el nivel 22 su retribución y categoría profesional se ve incrementado. Cuando lleva dos años ocupando el puesto con un nivel 22, este nivel se configura en su grado personal y lo consolida para toda la vida. Esta mecánica se puede ir repitiendo hasta alcanzar el máximo nivel (en el caso del grupo A es el nivel 30). Este tema se abordará con más detalle en el apartado de carrera administrativa.

FIGURA VII.5.
PARÁMETROS Y ESTRUCTURA DE LA FUNCIÓN PÚBLICA ESPAÑOLA

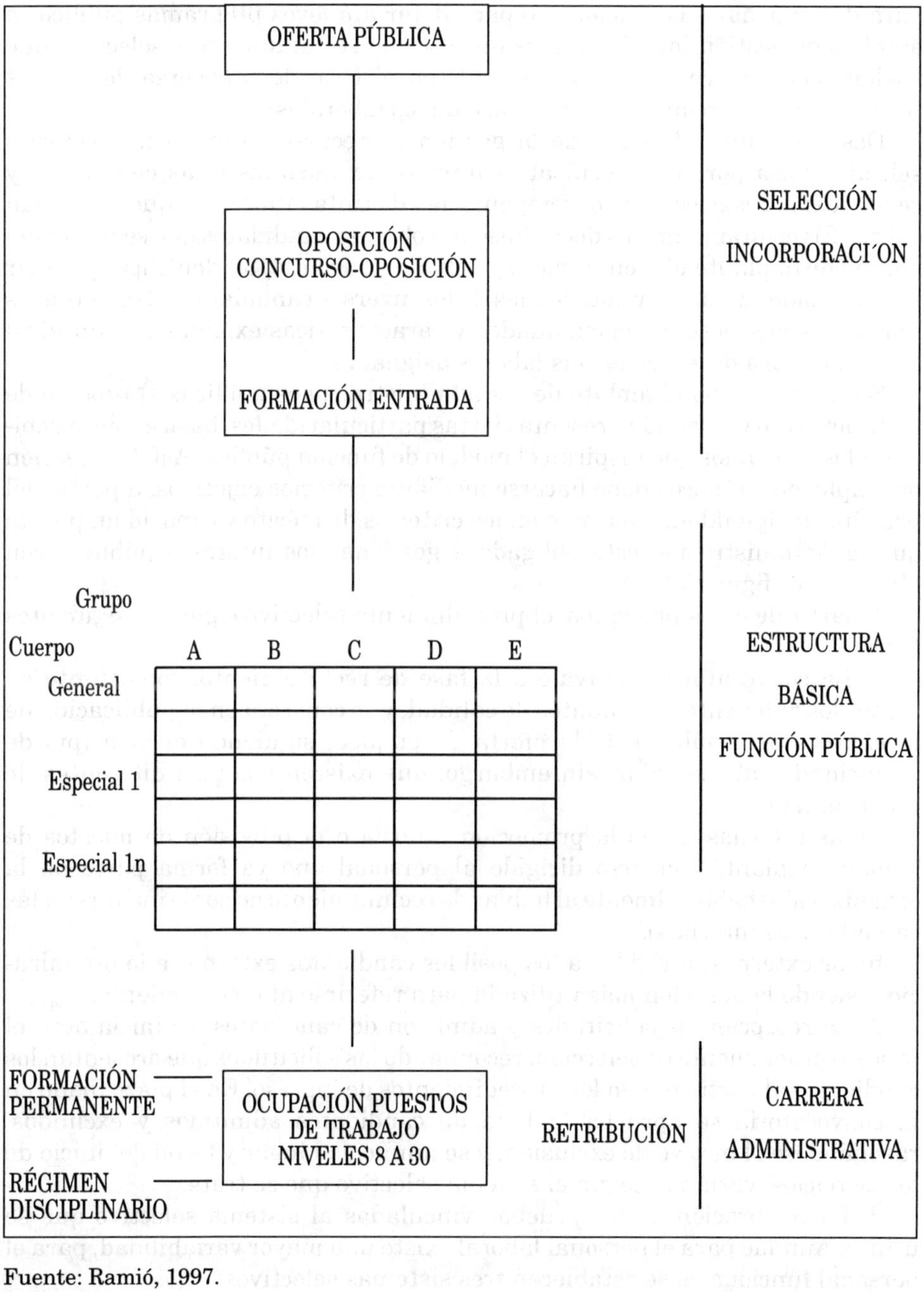

Fuente: Ramió, 1997.

3.3. Reclutamiento y selección

Cuando las administraciones públicas requieren nuevos efectivos de personal para desempeñar sus funciones o para dotar a nuevos programas públicos o ámbitos de gestión impulsan unos procesos de reclutamiento y selección que suelen tener un carácter muy formal (en el caso de proveerse de nuevos funcionarios y parcialmente en el caso de los laborales).

Desde el punto de vista de la gestión de recursos humanos, el proceso selectivo pasa por: 1) especificar el número de vacantes y las cualidades y requisitos necesarios para desempeñar las distintas funciones que se desean cubrir, 2) reclutamiento, es decir, buscar y obtener candidatos que se interesen por la oferta planteada, en número y calidad suficiente, 3) identificar y medir las cualidades actuales y potenciales de los diversos candidatos y 4) elegir a los individuos que posean las cualidades y características exigidas con un nivel suficiente para desempeñar las labores asignadas.

Sin embargo, en el ámbito de las administraciones públicas el proceso de reclutamiento y selección presenta ciertas particularidades, básicamente debidas a los principios que inspiran el modelo de función pública. Así, la selección de empleados públicos debe hacerse mediante criterios objetivos, a partir del principio de igualdad, y basarse en los criterios de mérito y capacidad, puesto que la Administración está obligada a gestionar los intereses públicos con eficacia (ver figura VII.6).

A partir de estos preceptos, el procedimiento selectivo sigue las siguientes fases:

1. La convocatoria: equivale a la fase de reclutamiento, consistente en atraer los suficientes candidatos de calidad, y se concreta en la publicación de la convocatoria pública de la oferta de empleo, siguiendo el principio de publicidad. Cabe señalar, sin embargo, que existen dos vías diferentes de reclutamiento:

a) las internas, como la promoción interna o la provisión de puestos de trabajo mediante concurso dirigido al personal que ya forma parte de la organización (habitualmente al hablar de reclutamiento no suele incluirse a las candidaturas internas).

b) las externas, dirigidas a los posibles candidatos externos a la organización, siendo la acepción más utilizada para referirse al reclutamiento.

2. La recepción de solicitudes y admisión de candidatos: se inicia aquí el proceso propiamente de selección, recopilando las solicitudes que presentan los candidatos al participar en los procedimientos de ingreso. En el plazo fijado en la convocatoria se aprueba la lista de candidatos admitidos y excluidos, razonándose el motivo de exclusión, y se anuncia el lugar y fecha del inicio de los ejercicios, variando según el sistema selectivo que se trate.

3. La celebración de las pruebas vinculadas al sistema selectivo que se utilice. Aunque para el personal laboral existe una mayor variabilidad, para el personal funcionario se establecen tres sistemas selectivos:

– la oposición, consistente en la realización de diversas pruebas para determinar la capacidad y la aptitud de los aspirantes y fijar su orden de prelación a partir de los resultados obtenidos;

– el concurso, consistente en la comprobación y la cualificación de los méritos de los aspirantes, resultando finalmente una ordenación de los mismos; y

– el concurso-oposición que resulta de la sucesiva celebración de los dos sistemas selectivos anteriores.

El sistema utilizado para la selección del personal funcionario sigue siendo el de oposiciones, pese a recibir críticas por el excesivo peso del examen de conocimientos adquiridos memorísticamente y por lo poco que tienen que ver, en muchas ocasiones, los contenidos con las funciones a desarrollar posteriormente. En todo caso su origen y mantenimiento se vinculan a la lógica del modelo cerrado de empleo o «por cuerpos» en que se basa el sistema de función pública vigente. Por otro lado, para la selección de personal interino y personal laboral suelen utilizarse procedimientos basados en el concurso-oposición. El concurso, sin embargo, tan sólo se considera excepcionalmente como método de selección de personal externo.

En ciertos casos existe la posibilidad de incluir en las pruebas la realización de un período de prácticas o de un curso selectivo, que no debe confundirse con el período de formación inicial de los funcionarios seleccionados (nombrados como funcionarios en prácticas) pues en el primer caso todavía no se ha resuelto la selección.

4. Resueltas las pruebas selectivas se procede a hacer pública la relación de aprobados, por orden de puntuación.

5. La acreditación de los candidatos seleccionados: publicadas las relaciones definitivas de aprobados, los aspirantes propuestos deben aportar a la Administración los documentos que acrediten que reúnen los requisitos establecidos en la convocatoria.

6. El proceso selectivo concluye con el nombramiento como funcionarios de carrera a los aspirantes que lo hayan superado, publicándose el nombramiento en el Boletín Oficial del Estado o en el Diario Oficial que proceda. Estos nuevos funcionarios serán asignados a un puesto de trabajo según sus peticiones y sus resultados en el proceso selectivo (recuérdese la combinación de la selección mediante cuerpos y la carrera administrativa mediante puestos de trabajo). El nombramiento culmina con la toma de posesión de la condición de funcionario, debiendo el aspirante prometer o jurar cumplir fielmente las obligaciones del cargo con lealtad al Rey y guardar y hacer guardar la Constitución como norma fundamental del Estado.

Finalizado el proceso selectivo, al nuevo miembro de la organización se le asigna un cuerpo, asociado a un grupo de titulación, y se le adscribe a un puesto de trabajo, iniciando así su carrera profesional.

FIGURA VII.6.
PROCESO DE RECLUTAMIENTO Y SELECCIÓN DE LOS FUNCIONARIOS PÚBLICOS

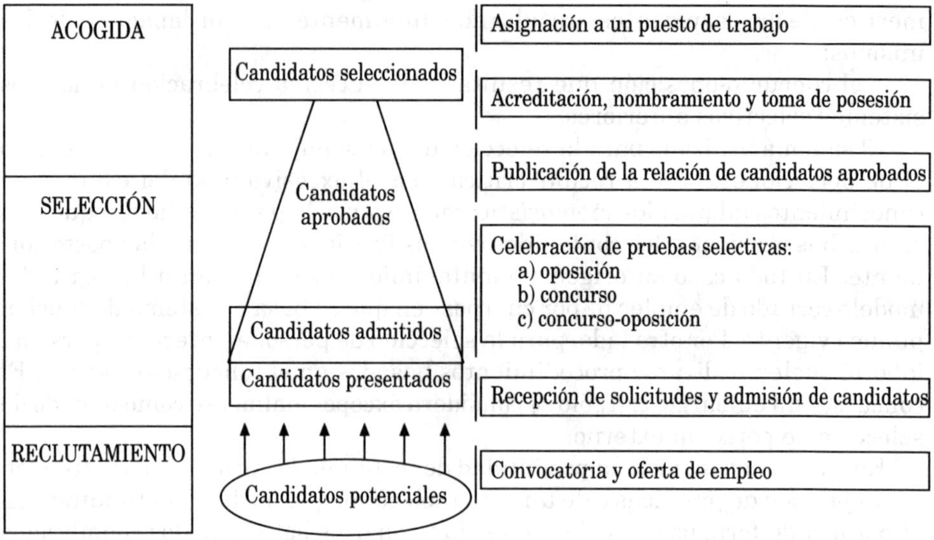

Fuente: Elaboración propia

Este proceso selectivo, aplicado al colectivo de personal funcionario, se deriva de la opción por el reclutamiento externo, esto es, por cubrir las plazas vacantes con personal de nueva incorporación. Alternativamente, las vacantes pueden cubrirse con personal de la propia organización, es decir, mediante reclutamiento interno. El reclutamiento interno consiste en ocupar el puesto de trabajo vacante mediante la incorporación de un empleado público que lleve tiempo prestando sus servicios en la Administración pública, en éste o en otro puesto de trabajo.

Ambas vías de reclutamiento tienen sus ventajas y sus inconvenientes (ver tabla VII.9) siendo la mejor opción combinar ambos procedimientos ya que mediante este sistema mixto se concilian dos derechos muy importantes: la oportunidad de acceso a la Administración pública de todos los ciudadanos y la posibilidad de que los empleados públicos tengan mecanismos de promoción.

TABLA VII.9.
VENTAJAS E INCONVENIENTES DEL RECLUTAMIENTO INTERNO Y DEL RECLUTAMIENTO EXTERNO

	Ventajas	*Desventajas*
Reclutamiento interno	– resulta menos costoso – reduce el tiempo de adaptación – mejora las perspectivas de la plantilla – reduce la duración del proceso de reclutamiento	– puede generar endogamia, consolidando grupos ya formados – pérdida de dinamismo por falta de nuevas visiones externas
Reclutamiento externo	– aporta nueva sabia a la organización y facilita la entrada de nuevas visiones e ideas – personal más flexible puesto que la plantilla que ya se adaptó a la organización	– existe un mayor riesgo de fracaso (según el proceso de selección) – aumenta los costos del proceso y su duración, especialmente de cara a la adaptación del nuevo miembro

Fuente: Elaboración propia.

3.4. Movilidad vertical y movilidad horizontal: carrera administrativa y provisión de puestos

El modelo mixto de empleo que caracteriza la función pública española, que combina el sistema basado en los puestos de trabajo (sistema abierto) y el sistema de cuerpos y categorías (sistema cerrado), determina la doble dimensión de la carrera administrativa en las administraciones públicas. Existen una serie de mecanismos de carrera ligados al funcionario y vinculados al sistema de cuerpos que coexisten con otro conjunto de elementos de la carrera relacionados con la sucesiva ocupación de diferentes puestos de trabajo (ver figura VII.7).

FIGURA VII.7.
CONFIGURADORES DE LA CARRERA ADMINISTRATIVA

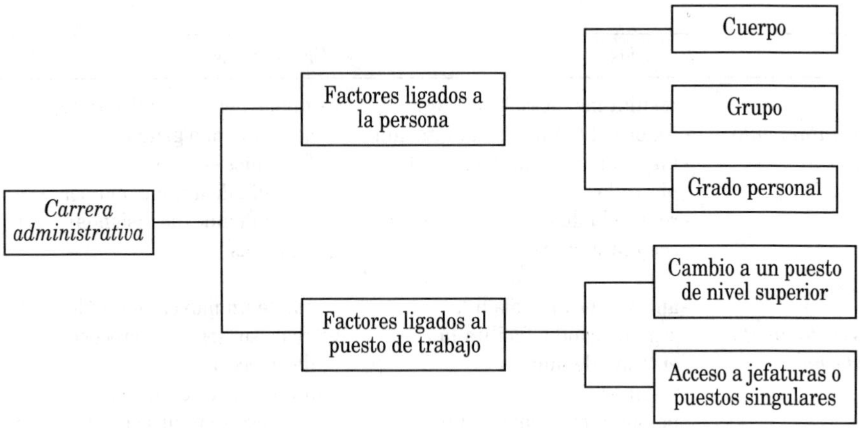

Fuente: Elaboración propia.

3.4.A. Factores de la carrera administrativa vinculados a la persona

Los elementos de carrera vinculados a las características del funcionario derivan de la dimensión de modelo cerrado o de cuerpos propio de la función pública. Los principales determinantes de la carrera vinculados a la persona son la promoción interna y el grado personal.

El personal funcionario realiza su ingreso en la Administración a través de un cuerpo o escala, que viene a expresar su especificidad profesional. La división por cuerpos y escalas se corresponde con una clasificación basada en cinco grupos, según la titulación exigida para su ingreso, y es esta agrupación la que permite el acceso a diferentes puestos de trabajo según lo que establezca la clasificación de la Relación de puestos de trabajo.

El ascenso desde cuerpos y escalas de un grupo de titulación a otros superiores, una de las dimensiones básicas de la carrera administrativa vinculadas a la persona, se denomina promoción interna. Los funcionarios que deseen participar en procesos de promoción interna deben tener la titulación exigida para el cuerpo al que aspiran, así como una antigüedad de al menos dos años en su cuerpo de origen. Además, y en todos los casos, la promoción interna requiere superar una oposición o un concurso-oposición, aunque por el hecho de pertenecer a la organización el aspirante dispone de ciertas ventajas (como la reserva de plazas a la promoción interna o la preferencia para ocupar vacantes frente a los candidatos que entran por libre acceso).

La segunda dimensión de la carrera administrativa vinculada a la persona se articula a través del grado personal, que puede entenderse como la categoría personal de cada funcionario individualmente considerado. Se trata de una especie de traslación en la persona de la escala de niveles de los puestos de trabajo. Así, los puestos de trabajo se clasifican por niveles, del 1 al 30 (aunque no suelen existir puestos con nivel inferior a 8), que se agrupan, a su vez, en intervalos según el cuerpo o escala, y su equivalencia en el grupo de titulación. En su traducción al grado personal, el proceso se inicia con la incorporación del funcionario, que adquiere automáticamente el grado correspondiente al puesto de trabajo de su primer destino, que normalmente será uno de los más bajos correspondientes a su cuerpo o escala. Para que el funcionario adquiera un grado superior (que no tiene por qué ser el inmediato) debe desempeñar uno o más puestos de trabajo de ese nivel durante dos años consecutivos o tres con interrupción. Sin embargo, para evitar carreras demasiado rápidas se establece el límite de dos niveles de progresión por cada dos años de servicios continuados. Se reflejan así ciertos valores subyacentes al modelo de función pública, como la importancia otorgada a la antigüedad en el puesto como valor, independientemente del desempeño en éste, revelándose la preferencia por una supuesta imparcialidad basada en la facilidad de medida frente a una apuesta por estimular un rendimiento por resultados, por ejemplo.

Siguiendo con el mecanismo de relación entre grado personal y nivel del puesto, cabe señalar que el funcionario puede ocupar cualquier puesto de trabajo dentro del intervalo de su cuerpo o escala, y siempre recibirá el complemento de destino (el complemento retributivo asociado) correspondiente a su grado personal, si es superior al nivel del puesto que ocupa, o el correspondiente al puesto si éste fuese superior. De hecho la mayor importancia del grado personal se encuentra actualmente en su impacto en términos retributivos.

3.4.B. Factores de la carrera administrativa vinculados a los puestos de trabajo

Los distintos puestos de trabajo que ocupa el funcionario a lo largo de su trayectoria profesional constituyen los elementos de carrera vinculados al modelo abierto o de puestos que caracteriza también el modelo de función pública.

Esta dimensión de la carrera administrativa, a través del cambio de puestos de trabajo, esta directamente vinculada a: a) el incremento del grado personal que resulta de ocupar un puesto de nivel superior durante un período de tiempo y b) el acceso a jefaturas o a puestos singulares de mayor rango jerárquico. Los mecanismos de acceso a distintos puestos de trabajo, así como los mecanismos de traslado se comentan en un próximo apartado dedicado a la movilidad y a la provisión de puestos de trabajo.

Sin embargo, el modelo de progresión profesional basado en la movilidad de puestos de trabajo comporta ciertos problemas:

1. La inflación orgánica: puesto que las posibilidades de carrera vienen determinadas por la cantidad de puestos disponibles aparecen en dinámicas organizativas tendentes a la creación de nuevos puestos, especialmente de mando, sin que ello responda al desarrollo de nuevas funciones. Recalificaciones de puestos existentes para promocionar al personal que los ocupa, creación de nuevas jefaturas sin apenas personal a quien dirigir y vacías de un contenido directivo, son algunos de los procesos asociados a la necesidad de ofrecer expectativas de carrera a partir del sistema de progresión a través de puestos.

2. La necesidad de disponer de un contingente de puestos a los que poder acceder dificulta la carrera administrativa en organizaciones de dimensiones reducidas.

3. El requerimiento del cambio de puesto para progresar dificulta la especialización en la medida que se exige cambiar de puestos, lo que suele comportar modificaciones en tareas, tan sólo explicable por razones de desarrollo de la carrera administrativa. Ello no significa, en muchos casos, que el funcionario que ha cambiado de puesto realice mejor las nuevas tareas. No es extraño que personal altamente cualificado para ciertas funciones de carácter técnico deje de realizarlas para pasar a asumir funciones de mando, que pueden ser adecuadas para su carrera profesional pero no para sus capacidades ni para sus motivaciones.

4. Los puestos asignados al desarrollo de ciertas actividades de carácter especializado, como las propias de los cuerpos especiales, quedan fuera de las líneas de progresión vía ascenso a puestos de mando debido a que éstas están pensadas para los cuerpos de Administración general. Sucede así que veterinarios, ingenieros o arquitectos de las administraciones públicas ven limitadas sus posibilidades de carrera por este sistema de puestos de trabajo.

3.4.C. Movilidad y provisión de puestos de trabajo

La influencia que ejerce el modelo abierto o de puestos de trabajo sobre la configuración del sistema de función pública determina, además de buena parte de la carrera administrativa, las dinámicas de movilidad en el interior de la organización.

Así, vacante un puesto de trabajo, la Administración procede a cubrirlo mediante una serie de mecanismos que varían en función de si la iniciativa del cambio se debe a la persona interesada o se impone con carácter forzoso por parte de la Administración (Villoria, Del Pino, 1997: 272-279. Ver figura VII.8).

FIGURA VII.8.
SISTEMAS ORDINARIOS Y EXTRAORDINARIOS DE PROVISIÓN DE PUESTOS DE TRABAJO

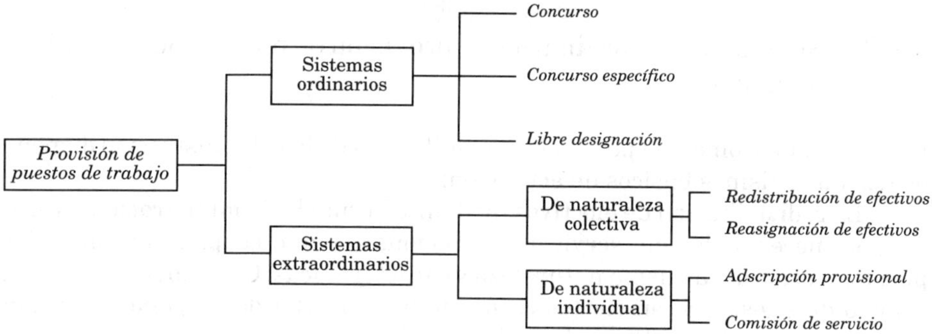

Fuente: Elaboración propia a partir de Villoria, Del Pino (1997).

3.4.C.a. Sistemas ordinarios de provisión de puestos

La movilidad a iniciativa de los empleados públicos se articula a través de diversos sistemas de provisión de puestos de trabajo. En cuanto al distinto grado de discrecionalidad del decisor al fijar las condiciones y el perfil de la persona que ocupará el puesto, se distinguen tres sistemas de provisión:

a) El concurso, que resulta ser el sistema «normal» de provisión de puestos de trabajo, y en el que el decisor tiene un menor margen de discrecionalidad. Se trata de concursos de méritos, es decir, deben resolverse atendiendo a los méritos exigidos en la correspondiente convocatoria, donde aparecen con un baremo de puntuación. El concurso específico, como variante del anterior que pretende superar sus rigideces y automatismo. Se pretende con ello flexibilizar el mecanismo del concurso incorporando una segunda fase en la que se valoren los méritos formalmente alegados mediante la realización de ciertas pruebas o entrevistas. Se introduce así un margen de discrecionalidad, permitiendo una mayor adecuación de los candidatos al puesto de trabajo a partir de un planteamiento que supera la mera justificación formal de las capacidades y habilidades para su desempeño.

b) La libre designación, en contraposición al concurso, atribuye una total discrecionalidad a la Administración para que ésta proceda a la provisión de puestos de trabajo. Con carácter excepcional, esta fórmula se reserva habitualmente a los puestos directivos o de especial responsabilidad, es decir, a aquellos puestos de más alto nivel reservados a funcionarios y a personal de estricta confianza del decisor. Esta discrecionalidad, que se traduce en la definición de los puestos en la Relación de puestos de trabajo y que debe estar debidamente justificada, viene limitada por el procedimiento de convocatoria de dichos puestos, en la que deben mostrarse los requisitos establecidos para su desempeño.

3.4.C.b. Sistemas extraordinarios de provisión de puestos de naturaleza colectiva

La movilidad promovida por iniciativa unilateral de la Administración dispone de dos mecanismos básicos de actuación:

a) La redistribución de efectivos mediante la cual la Administración adscribe, por «necesidades del servicio», a funcionarios que ocupan determinados puestos a otros de la misma naturaleza y características. Con ello se produce un cambio de puestos y, en ciertos casos, de las tareas a desempeñar, pero sin variar las condiciones de empleo.

b) La reasignación de efectivos que se inicia a partir de la supresión de un puesto de trabajo que ocupa un funcionario como consecuencia de un Plan de empleo. Se procede, entonces, a adscribir a ese funcionario a otro puesto de características similares con carácter definitivo. Se trata de cambios asociados a reestructuraciones organizativas, aunque previamente suelen habilitarse otros mecanismos que favorezcan la movilidad voluntaria de los ocupantes de los puestos afectados.

3.4.C.c. Sistemas extraordinarios de provisión de puestos de naturaleza individual

Finalmente y de manera provisional o temporal, la provisión de puestos de trabajo puede articularse a través de:

a) La adscripción provisional, como mecanismo de provisión con carácter excepcional y limitado a tres supuestos: remoción o cese del puesto de trabajo, supresión del puesto de trabajo y reingreso al servicio activo de funcionarios sin reserva de plaza. En los tres casos se trata de funcionarios que no disponen de destinación definitiva y, a la espera de ella, se adscriben provisionalmente a un puesto.

b) Las comisiones de servicio, como forma de adscripción temporal con la que se pretende cubrir necesidades urgentes en caso de vacante, aunque en la práctica han tendido a convertirse en una fórmula que facilita cambios de destino provisionales y que dota de cierta flexibilidad al sistema de provisión de puestos de trabajo. Los encargos de servicio constituyen el equivalente de esta fórmula en su aplicación a los puestos de mando.

En definitiva, las distintas fórmulas mediante las que se articula la movilidad a través de la ocupación de puestos de trabajo pretenden combinar las expectativas de carrera del funcionario con las necesidades de la organización.

Sin embargo, la mayor parte de los mecanismos descritos tienden a limitar el margen de discrecionalidad de la gestión de los recursos humanos, especialmente para la selección de los candidatos internos adecuados a cada puesto de trabajo. Por contra, parece configurarse la movilidad casi como un derecho subjetivo del funcionario, en detrimento de los planteamientos establecidos por la organización.

El mecanismo habitual de provisión de puestos es el concurso basado en la alegación formal de méritos. Los mecanismos de traslado por iniciativa unilateral de la Administración casi nunca se dan en la práctica. Por último, cabe decir que se sobreutilizan los sistemas de provisión de carácter temporal. Con todo, resulta evidente detectar las limitaciones del conjunto. Aunque resulta positivo que intereses individuales y organizativos coincidan, en el sistema de movilidad vigente parece apuntarse que, en caso de conflicto, la lógica de los intereses subjetivos tiende a imponerse a la lógica de gestión orientada a la obtención de resultados y a la eficacia del funcionamiento de la organización, en lo que se refiere a la distribución de efectivos y a la asignación de puestos de trabajo.

3.5. Retribución de los empleados públicos

La retribución se entiende, desde el punto de vista de la gestión de recursos humanos, como la compensación que efectúa la organización y que percibe directamente el trabajador por el desarrollo de su actividad profesional, dependiendo en cada caso los factores que determinan la cuantía, los sistemas de compensación o la modalidad de pago.

Desde esta perspectiva, la política retributiva suele perseguir tres objetivos básicos: atraer a los empleados a la organización, retenerlos y motivarlos. Estos tres preceptos iniciales se despliegan en una serie de principios definidores de la política retributiva:

1. Uniformidad, esto es, evitar excesivas diferencias entre colectivos de empleados con las mismas características básicas.

2. Individualización, precepto basado en una idea comúnmente aceptada desde la perspectiva de gestión que es la de identificar y diferenciar la contribución que realiza cada individuo a los resultados de la organización, para retribuirle en consecuencia.

3. Coherencia. Este es un principio por el cual la política retributiva debe tender a concebir la organización en su globalidad, así como el conjunto de actuaciones que se realizan hacia los empleados.

4. Persistencia, es decir, cierta constancia en las líneas de desarrollo, con una orientación estratégica que evite cambios imprevistos que pueden generar desconfianza o inseguridad.

5. Simplicidad: en principio la política retributiva debería ser comprensible para los empleados, de manera que éstos adecuasen su conducta y expectativas a lo que se propone desde la dirección. En la medida que los empleados puedan identificar aquello que se retribuye (esfuerzo, responsabilidad, dedicación, etc.) saben a qué atenerse en cuanto a lo que es valorado por la organización.

6. Equidad interna, en referencia a la relación entre la remuneración y la contribución que realiza el empleado a la organización, evitándose agravios comparativos.

7. Competitividad externa, en la línea de ofrecer unas condiciones atractivas tanto para atraer como para mantener y motivar a los empleados para el desarrollo de su actividad en cada organización.

8. Participación, de cara a la implicación de los empleados, o de sus representantes a través de la negociación colectiva, en la configuración de las líneas básicas de la política retributiva. Cabe recordar el carácter negociado que implica la relación laboral, siendo la retribución uno de los elementos clave del proceso de acuerdo.

9. Comunicación, complementando la idea de simplicidad, este principio hace hincapié en la idea de transmitir los objetivos y los supuestos en que se basa la política retributiva, de cara a informar a los empleados sobre que es aquello valorado por la organización, y cómo se valora (en cuantía).

Aunque estos principios constituyen el marco de la configuración de la política retributiva de una organización, la especificidad de las administraciones públicas introduce importantes variaciones en su concreción, estableciendo un modelo con su propia lógica.

En el sector privado las retribuciones suelen fijarse a partir del funcionamiento del mercado, con intervenciones limitadas del Estado (como la fijación del salario mínimo interprofesional, por ejemplo), y a partir de un proceso de negociación entre las partes.

En el ámbito de la función pública, sin embargo, aunque la importancia de los procesos de negociación con las organizaciones sindicales han tendido a cobrar cierta importancia, el sistema retributivo se establece unilateralmente por ley y con estrecha vinculación al principio de legalidad presupuestaria. Esta particularidad, vinculada con la relación desigual que preside el empleo público (entre el contratador, que es la Administración, y el contratado), se revela con especial importancia en contextos de restricción presupuestaria, utilizándose la congelación salarial de los empleados públicos como instrumento de contención del déficit público. La segunda consecuencia es el predominio del Estado sobre el resto de administraciones territoriales, que se materializa en la escala salarial fijada en los Presupuestos Generales, y que viene a limitar tanto la autonomía financiera de estas organizaciones como las posibilidades de utilizar la retribución como instrumento para gestionar sus recursos humanos.

Otro rasgo característico del sistema retributivo de las administraciones públicas deriva del modelo de función pública: la combinación del modelo abierto (de puestos de trabajo) y del modelo cerrado (de cuerpos). El modelo mixto que define la función pública se traduce, a efectos de la retribución, en la existencia de conceptos vinculados a la pertenencia a un determinado cuerpo o escala (las retribuciones básicas) junto con otros vinculados a la ocupación de un puesto de trabajo (las retribuciones complementarias).

La tabla VII.10 refleja la relación entre los conceptos retributivos y:

a) el objeto de la retribución, es decir, qué se está retribuyendo (cuerpo o categoría personal *versus* ocupación de un puesto de trabajo).

b) el margen de autonomía/discrecionalidad con que cuentan las administraciones, partiendo de la regulación o no de cada concepto por parte del Estado a través de los Presupuestos Generales.

El análisis de ambos aspectos pasa por comentar los conceptos retributivos incluidos en los dos componentes de la retribución antes citados.

Las retribuciones básicas retribuyen la propia pertenencia del empleado a la función pública e incluyen:

a) El sueldo, que se corresponde con el grupo de titulación asociado al cuerpo o categoría al que está adscrito el empleado, y cuya cuantía viene fijada por la Ley de Presupuestos Generales del Estado. Según la normativa, en la escala de sueldos la cantidad asignada como modelo base del grupo A (el de máxima titulación) no puede exceder en más de tres veces la cantidad asignada el grupo E (el de menor titulación). Este precepto se matiza a través de las retribuciones complementarias, que pueden ampliar las diferencias entre grupos.

b) Los trienios, como reflejo de la antigüedad en la prestación de servicios, y que deben su nombre al hecho de asignar una cuantía fija para cada tipo de titulación por cada tres años de permanencia en la organización. Este concepto retributivo también está fijado por el Estado a través de la Ley de Presupuestos.

c) Las pagas extraordinarias, que corresponden al importe de una mensualidad del sueldo con trienios, se abonan dos veces por año (habitualmente en julio y diciembre). Al considerarse como retribución básica, no incluyen ninguno de los conceptos asociados a las retribuciones complementarias.

Las retribuciones complementarias están vinculadas al puesto de trabajo que el empleado ocupa y comprenden:

a) El complemento de destino, concepto que retribuye el nivel del puesto de trabajo ocupado por el funcionario. El complemento de destino es de igual cuantía para cada nivel, que a su vez va asociado a la valoración de puestos de trabajo que se refleja en la Relación de puestos de trabajo (RPT). Este complemento se sustituye por el grado personal del funcionario en el caso que esta clasificación fuera superior al nivel del puesto ocupado. Cabe recordar, además, el proceso de consolidación del nivel del puesto ocupado por un funcionario a través del incremento de su grado personal, como uno de los mecanismos destacados de la carrera administrativa. En todo caso el importe del complemento específico también viene fijado por el Estado y es de aplicación para el resto de administraciones territoriales. El margen de autonomía de éstas reside tan sólo en la valoración de puestos y en la asignación de niveles en su RPT.

TABLA VII.10.
CONCEPTOS RETRIBUTIVOS Y SU OBJETO

Conceptos retributivos		*Objeto de la retribución*	*Margen de Discrecionalidad*
Retribuciones básicas	*Sueldo base*	Cuerpo/escala y grupo de titulación asociado	**Nulo**: fijado por la Ley de Presupuestos del Estado
	Trienios	Antigüedad y cuerpo-grupo de titulación asociado	**Nulo**: fijado por la Ley de Presupuestos del Estado
	Pagas extras	Cuerpo/escala y grupo de titulación asociado	**Nulo**: fijado por la Ley de Presupuestos del Estado
Retribuciones complementarias	*Complemento de destino*	Contenido y jerarquía del puesto de trabajo	**Bajo:** estructura y criterios Iguales en todas las adm.
	Complemento específico	Condiciones específicas del puesto de trabajo	**Medio**, según la propia RPT y con límites legales.
	Complemento de productividad	Productividad/desempeño del empleado	**Medio**, según la propia RPT y con límites legales.
	Gratificaciones	Servicios extraordinarios fuera de la jornada laboral	**Medio**, según la propia RPT y con límites legales.

Fuente: Elaboración propia.

b) El complemento específico, que viene a retribuir las condiciones particulares de ciertos puestos de trabajo a partir de su especial dificultad técnica, dedicación, responsabilidad, incompatibilidad, peligrosidad o penosidad. Puesto que este complemento va asociado a la misma definición del puesto de trabajo, su cuantía puede variar entre puestos del mismo nivel y su aplicación y volumen permite cierto margen de maniobra a las administraciones territoriales a través de la elaboración de las RPT.

c) El complemento de productividad se define, inicialmente, como complemento subjetivo o individual, destinado a retribuir el especial rendimiento, la actividad extraordinaria y el interés o la iniciativa del funcionario. Con ciertos límites legales, la determinación de los mecanismos de apreciación y la cuantía del complemento corresponde a cada Administración, aunque la práctica inexistencia de sistemas de evaluación del rendimiento con una perspectiva global ha conducido a establecer distribuciones de carácter lineal, con pocas diferencias entre sí. De esta forma, de hecho, su aplicación se acaba percibiendo como una tercera paga extraordinaria a la que eventualmente se aplican ciertos descuentos, en lugar de una prima que incentive la mejora de la actividad desarrollada.

d) Las gratificaciones equivalen a las «horas extras» del ámbito privado y están destinadas a retribuir servicios extraordinarios y ocasionales, prestados fuera de la jornada laboral. Su determinación también permite cierto grado de discrecionalidad a cada Administración.

El sistema retributivo resultante se caracteriza por la rigidez y la uniformidad, con la mayor parte de los complementos de carácter fijo (siendo poco relevantes los de carácter variable), con un reducido abanico salarial, y con un sistema de gestión marcadamente centralista.

En relación con los principios definidores de la política retributiva, el sistema retributivo vigente en las administraciones públicas tiende a centrarse en aquellos que reflejan cierta homogeneidad y continuidad (principios de uniformidad, equidad interna y persistencia).

En un segundo plano quedan principios como la individualización o competitividad externa, con lo que se presentan importantes dificultades para cumplir con los tres objetivos básicos de la política retributiva desde la perspectiva de la gestión (atraer, retener y motivar).

En lo referente al margen de autonomía por parte de las distintas administraciones, cabe destacar la preeminencia del Estado que fija directamente la cuantía y el criterio de distribución de los conceptos retributivos más importantes. Si a ello se añade la tradicional separación entre la unidad encargada de la gestión económica interna (que incluye el pago de nóminas) y la unidad de función pública, se perfilan claramente las limitaciones existentes para utilizar la retribución como un instrumento efectivo de gestión de recursos humanos

Pero en definitiva, ¿cuánto cobran los empleados públicos en España?, ¿la carrera administrativa es formal o tiene impacto en las retribuciones de los empleados públicos? ¿sus retribuciones son superiores o inferiores en relación a similares categorías en el mercado? Estas preguntas son difíciles de responder de forma completa pero sí es posible mostrar algunos datos que inducen a la reflexión.

La tabla VII.11 refleja como la carrera administrativa tiene impacto sobre la retribución de los empleados públicos siguiendo un principio de proporcionalidad que genera mayores diferencias retributivas positivas en los grupos superiores y menores diferencias en los grupos inferiores. En el caso de los grupos A y B se puede hablar de una auténtica carrera administrativa en la dimensión retributiva. En cambio, en los grupos C, D y E las diferencias retributivas entre los niveles que se pueden conseguir con el tiempo son muy escasas.

TABLA VII.11.
DIFERENCIAS RETRIBUTIVAS EN LA CARRERA ADMINISTRATIVA DE LOS FUNCIONARIOS

	A	*B*	*C*	*D*	*E*
Nivel inicial	(20)	(16)	(12)	(10)	8
Nivel intermedio	+32% (24)	+14% (22)	+8% (16)	+11% (14)	+4% (11)
Nivel máximo	+125% (30)	+82% (26)	+25% (22)	+19% (18)	+12% (14)

* Entre paréntesis el nivel de carrera administrativa que corresponde en cada caso.
Fuente: Elaboración propia a partir de la tabla retributiva de los funcionarios de la Generalidad de Cataluña para 1999 (Funció Publicació, 1999: 11).

Mucho más difícil es precisar si los empleados públicos reciben por sus servicios unas retribuciones equiparables a las que existen en el sector privado. La comparación es complicada debido a las grandes diferencias que existen dentro del sector privado. Ha existido una percepción generalizada que las retribuciones que reciben los empleados públicos más cualificados (en términos de grupos) suelen ser inferiores a las retribuciones medias en el mercado (con relación a trabajadores con aproximadamente el mismo nivel) y que, en cambio, las retribuciones que perciben los empleados públicos menos cualificados son ligeramente superiores a las retribuciones medias en el mercado (de trabajadores de aproximadamente el mismo nivel). Ambas percepciones pueden ser cuestionadas. En cambio, si se puede precisar un elemento comparativo muy importante que es utilizado como argumento reivindicativo de los empleados públicos: la importante pérdida de poder adquisitivo de los empleados públicos durante las dos últimas décadas al ser sus incrementos salariales muy inferiores al crecimiento de la inflación. La tabla VII.12 muestra unos datos muy aclaratorios al respecto. En efecto, los empleados públicos han perdido durante el período 1982-1996 casi el 26% de su poder adquisitivo y un 27,5% en relación con los asalariados del sector privado que negocian sus contratos en el marco de los convenios colectivos. Esta situación no se ha modificado durante el período 1996-2000 ya que los incrementos salariales de los empleados públicos han coincidido con las variaciones de una inflación cada vez más controlada. Pero cuando la inflación ocasionalmente es elevada (como ha sucedido en el 2000) prosigue la tendencia a la pérdida de poder adquisitivo de los empleados públicos.

TABLA VII.12.
PÉRDIDA DEL PODER ADQUISITIVO DE LOS FUNCIONARIOS (1982-1996)

	Variación% 1982-1996	*Diferencia en relación inflación*
Incremento inflación	103%	-
Incremento sueldos convenios colectivos (sector privado)	104.8%	+ 1.8
Incremento funcionarios	77,3%	- 25,7

Fuente: Elaboración propia a partir de Jódar, Jordana y Alós (1999: 187).

3.6. La formación de los empleados públicos

Desde el punto de vista de la gestión de recursos humanos en la Administración pública, la formación se entiende como un proceso formalizado de aprendizaje que tiene como objetivo el facilitar cambios individuales y organizacionales congruentes con la estrategia de la organización. En un sentido más amplio hace referencia al proceso de adquisición de conocimientos, de capacitación para ciertas funciones y de adiestramiento en determinadas técnicas instrumentales para mejorar el desarrollo de la actividad profesional en la organización.

El énfasis en la idea de cambio que subyace a la perspectiva de gestión se orienta a promover el potencial de conocimientos, habilidades, actitudes y valores de los empleados públicos para afrontar situaciones profesionales específicas. Se pretende con ello armonizar los objetivos de la organización, que pretende incrementar su potencial a través de la cualificación de sus trabajadores, y la perspectiva de éstos, que buscan desarrollar sus capacidades, conocimientos y actitudes para adquirir una cualificación útil a sus expectativas profesionales.

A partir de estas consideraciones se distinguen, por un lado, la formación denominada «de actualización» o «reciclaje» frente a la formación «de desarrollo» o «de promoción». Mientras la primera se orienta al corto plazo, planteándose el capacitar al empleado para dar respuesta a los objetivos concretos de su puesto de trabajo, la segunda presenta una orientación más a largo plazo, centrándose en el desarrollo del potencial de acuerdo con un plan estratégico integral de la organización.

En cuanto a contenidos, se distinguen habitualmente cuatro ámbitos sobre los que se puede incidir de cara a introducir cambios individuales y organizacionales:

a) Formación en conocimientos o en «saber», resulta ser la formación clásica, orientada a facilitar un conjunto de saberes teóricos y prácticos relacionados con una determinada función. Se incluye en esta categoría la información asociada a la lectura de manuales de funciones y/o de procedimientos.

b) Formación en habilidades o en «saber hacer», es decir, la transmisión de aptitudes para realizar con facilidad las tareas propias del puesto de trabajo, con una clara vocación aplicada.

c) Formación en actitudes o en «saber estar», en referencia a la capacitación para favorecer determinadas maneras de enfocar el desarrollo de las diferentes tareas ligadas al puesto de trabajo.

d) Formación en valores o en «saber ser», haciendo hincapié en los factores que conforman la conducta y los mecanismos de respuesta subyacentes de los profesionales.

La combinación de estos ámbitos de formación apunta a la conformación integral del potencial humano para afrontar los nuevos retos que se plantean a las administraciones públicas. Para ello se atiende tanto a la necesidad de nuevos conocimientos como al desarrollo de nuevas habilidades, pero también con el despliegue de nuevas actitudes de servicio, detrás de las cuales se conforma una nueva cultura organizativa con unos valores de servicio orientados al ciudadano. Los cuatro ámbitos de formación pretenden cubrir los diferentes espacios que permiten promover el cambio del conjunto del potencial humano. Otra cuestión es su operativización concreta en el complejo entramado de las administraciones públicas. Lo más habitual en los programas impulsados en las administraciones públicas es un excesivo predominio de la formación en conocimientos («saber»), no siempre vinculados a tareas concretas, y seguidos por la formación en habilidades («saber hacer»), aunque usualmente con un carácter marcadamente operativo (ejemplo habitual lo constituyen los cursos de formación en ofimática). Tan sólo en fechas recientes, y con cierto carácter excepcional, se inicia la formación en actitudes y valores, con metodologías más participativas.

También desde el punto de vista de la gestión de recursos humanos y atendiendo al período en el que se proporciona la formación, se distinguen las siguientes fases:

1) Formación «*pre-entry*» o formación previa exigida antes de la incorporación al puesto de trabajo. Aquí se incluiría tanto la titulación exigida para acceder a las oposiciones como los conocimientos que el mecanismo de selección valida a través de las pruebas teóricas y prácticas. También se considera formación previa la facilitada en los cursos de selección que, considerados como parte del proceso selectivo, se exige superar para ingresar en la función pública.

2) Formación «*post-entry*» o formación de entrada se refiere al proceso que sigue a la incorporación efectiva del empleado a su puesto de trabajo. Se trata de una especie de programa de acogida en el que se pretende cualificar al nuevo empleado para las tareas concretas que debe desarrollar en su puesto (recuérdese el ingreso por cuerpos y categorías y la subsiguiente adscripción a puestos

de trabajo concretos). Resulta un proceso clave en la medida en que juega el papel de socialización inicial de la nueva incorporación, y los valores y actitudes que con él se transmitan serán los primeros mensajes que, formalmente, reciba. Destaca aquí el importante papel de los procesos «informales» de transmisión de conocimientos, habilidades, actitudes y, en general, cultura organizativa, que en muchas ocasiones no concuerdan, sino más bien se oponen, con los objetivos de la organización.

3) Formación «*mid-career*» o formación continua o de perfeccionamiento. Se trata de la formación que reciben los empleados públicos a lo largo de su trayectoria laboral, abarcando los diferentes ámbitos de formación antes citados (conocimientos, habilidades, actitudes y valores).

En las administraciones públicas suele predominar la exigencia de cierta formación previa, aunque con algunas peculiaridades. Se enfatiza la vertiente formal de la formación vinculándola a los procesos selectivos basados en las oposiciones; la formación se desvincula de los contenidos concretos de los puestos de trabajo (recuérdese el modelo de cuerpos y escalas), y no son habituales los cursos de selección. Paralelamente, se potencia también la formación continua que, con un carácter bastante formal, se vincula a los procesos de carrera administrativa. Este tipo de formación ha tomado un nuevo impulso a partir de diversos acuerdos entre Administración y sindicatos, especialmente a partir de los Acuerdos para la formación continua en las administraciones públicas (AFCAP). Estos acuerdos han significado un incremento muy notable del volumen de formación a la que pueden acceder los empleados públicos.

El modelo formativo resultante se caracteriza por priorizar la dimensión formal de la formación: en la medida que los cursos realizados puntúan en los procesos de provisión de puestos de trabajo, los empleados públicos tienden a plantearse su realización restando importancia a los contenidos que estos incluyen. Este planteamiento va asociado a la concepción de la formación como derecho individual, como un «derecho de los funcionarios a la formación», siendo éstos los que demandan o exigen formación. Esta concepción individual, vinculada a la carrera administrativa y a los procesos de provisión de puestos, genera una demanda artificial de cursos con el único objetivo de conseguir los puntos que aportan para el próximo concurso.

A esta situación se opone el planteamiento de la formación desde la perspectiva de la organización. El objetivo de la formación es, en este caso, mejorar el funcionamiento y los resultados a partir de la capacitación de los recursos humanos (en un sentido amplio que incluye las actitudes y valores). Precisamente por ello los procesos formativos deben desarrollarse en coherencia con la política de recursos humanos, atendiendo a su impacto sobre la cultura organizativa y los procesos de cambio y modernización que las organizaciones públicas impulsan.

Con esta perspectiva dinámica se han desarrollado dos líneas de transformación que, aunque complementarias, presentan ciertas diferencias. En primer lugar, y contando con la previsión normativa correspondiente, se han introducido planes de formación (aunque habitualmente con un carácter más formal que real).

Considerando los agentes implicados y los roles a desarrollar, la configuración del Plan de formación de una Administración pública requiere la intervención de:

1) La Dirección de la organización pública como impulsora de la política formativa atendiendo a los perfiles y las necesidades de trabajo. Desde esta posición deben definirse estratégicamente los objetivos de la política formativa, estableciendo las grandes directrices de su desarrollo y la asignación presupuestaria correspondiente.

2) Los responsables de las distintas unidades de trabajo son los encargados de diseñar el Plan de formación y, en colaboración con el equipo docente, de perfilar los programas formativos.

3) El equipo docente se encarga de configurar el programa formativo utilizando la información conseguida en el análisis de tareas y subtareas, así como de su ejecución. Este puede estar integrado por personal interno o externo, en función de su dominio sobre los conocimientos que se deseen divulgar.

4) El conjunto de actores implicados en el proceso formativo deben incluirse en la fase de evaluación, desde los asistentes al curso a los profesores, responsables de área y la Dirección.

En la línea de mejorar su definición y su aplicación efectiva, el replanteamiento de los planes de formación se propone a partir de la consideración de diversas etapas. A modo de apunte, las fases consideradas son:

a) Diagnóstico de las necesidades de formación,

b) Formulación de objetivos, diseño de estrategias y elaboración del Plan,

c) Diseño de las acciones formativas (incluyendo la definición del sistema didáctico, los contenidos, la temporalidad, los formadores y los participantes),

d) Ejecución de las acciones formativas y, finalmente,

e) Control y evaluación de la formación impartida.

Esta última fase reviste especial importancia atendiendo a un enfoque integral de la formación que retroalimente las dinámicas de funcionamiento de la organización. Con este planteamiento la evaluación de la formación se articula a través de al menos cuatro aspectos clave del proceso:

– Las relaciones de los participantes.

– El nivel de aprendizaje o el grado en que han sido asimilados los contenidos del programa.

– Los cambios producidos en el comportamiento de los sujetos como consecuencia del programa de formación.

– Los resultados o los cambios en las variables organizativas como costos, productividad, absentismo, rotación, etc.

Más allá del cambio producido, es necesario evaluar también si ésta modificación se transfiere positivamente a la situación de trabajo y si esta transferencia se mantiene a lo largo del tiempo y no es un resultado de cambios transitorios. Para ello se requieren medidas de ejecución, con el apoyo de un sistema de seguimiento de sus efectos, de acuerdo con los criterios establecidos.

A partir de este enfoque integral, una segunda línea de transformación introducida a partir de los años noventa se desarrolla alrededor del concepto de «organización que aprende» o «*learning organization*». Bajo esta denominación se pretende enfatizar la idea de una organización con capacidad para crear y trasmitir conocimientos, que es capaz de desarrollarse y crecer a partir de éstos, es decir, de aprender. La característica distintiva no es la cantidad de formación que se imparte sino cómo se promueve el aprendizaje de todos los miembros y cómo se cambia a partir de los conocimientos adquiridos. Este enfoque no se detiene en el ámbito de la formación sino que incluye también la cultura organizativa y los estilos de liderazgo, orientados éstos a promover la experimentación y el aprendizaje continuo. Este enfoque, que supone un replanteamiento integral del rol otorgado a la formación en el seno del sistema de gestión de los recursos humanos, presenta aún hoy un carácter incipiente en la mayor parte de administraciones públicas.

3.7. Evaluación del desempeño de los empleados públicos

En una primera aproximación al concepto, evaluar los recursos humanos significa emitir un juicio de valor sobre el personal de una organización, ya sea atendiendo a sus características actuales, a su potencial de desarrollo o bien a sus resultados.

En función del enfoque con el que se plantee, tanto al nivel de sus objetivos y estrategias como en los métodos utilizados para su puesta en marcha, la evaluación puede constituir un instrumento clave para retroalimentar el sistema de gestión de recursos humanos, ofreciendo información sobre ámbitos como la selección, la formación, la promoción o la retribución, entre otros. Puede servir, además, para introducir cambios en la cultura organizativa, modificar el clima laboral y apoyar la planificación de personal. Sin embargo, el desarrollo e implementación de un programa de evaluación de recursos humanos conlleva también ciertos riesgos en la medida que crea expectativas, genera oposiciones importantes y, según como se plantee en general, puede ocasionar más problemas y conflictos que beneficios. Suele ser por esto que en la mayor parte de administraciones no existe un sistema de evaluación de recursos humanos en funcionamiento, a pesar de las previsiones normativas que así lo apuntaban, y a pesar de la existencia de complementos salariales asociados a su desarrollo (complemento de productividad).

En todo caso, en cuanto a la configuración de los sistemas de evaluación desarrollados suele apuntarse la distinción clave entre evaluación de personas y evaluación de resultados.

3.7.A. Diferencias entre la evaluación de personas y evaluación de resultados

Más cercana a la orientación al control, se plantea la evaluación de resultados como la evaluación del grado de realización de las tareas asignadas, pudiéndose fijar la atención en las personas individualmente consideradas o en las unidades como responsables de la consecución de determinados objetivos. Suele presentarse como una evaluación más objetiva, que tiene en cuenta los hechos concretos, verificables, y que se traduce en cuantificación. Sin embargo se le critica la imposibilidad de cuantificar resultados e impactos de muchas actividades de la Administración, así como el no considerar buena parte de la realidad concreta que envuelve (y explica) los resultados obtenidos.

Más próxima a la orientación al desarrollo, se plantea la evaluación de personas, focalizada a considerar elementos tales como la personalidad, la conducta o el potencial del individuo. Se toman en cuenta criterios poco cuantificables (y muchas veces poco «objetivables») pero que informan de la situación concreta y de las posibilidades de desarrollo del empleado: su formación, conocimientos, experiencia, actitud, espíritu de liderazgo, etc. Se pone el acento en las capacidades de desarrollo y no en las realidades concretas actuales, que se toman tan sólo como punto de partida. Se presenta como una evaluación más justa, que da cuenta de la aportación global del individuo a la organización, integrando elementos no cuantificables pero no por ello menos importantes. Se pone en duda, sin embargo, su eficacia en la implementación y se le critica el hecho de provocar inseguridad en el evaluador y la consiguiente desconfianza en el evaluado.

En todo caso, y a partir de una definición clara de los objetivos que persigue el diseño y la implementación de un programa de evaluación, resulta recomendable combinar la evaluación de resultados como punto de partida y complementarla con la consideración de elementos de la persona y con elementos del entorno del trabajo que pueden incidir tanto en su desempeño como en sus posibilidades de desarrollo profesional.

3.7.B. Una concreción de la evaluación de los recursos humanos en la Administración pública

La caracterización de los procesos de evaluación de los recursos humanos en las administraciones públicas vienen determinados por la respuesta que en cada caso se ofrece a las cinco preguntas siguientes:

a) ¿Por qué evaluar los recursos humanos?: los objetivos del programa de evaluación.

b) ¿Qué evaluar?: el objeto del programa de evaluación (personas o sistemas de gestión).

c) ¿Cómo evaluar los recursos humanos?: los métodos del programa de evaluación.

d) ¿Para qué evaluar los recursos humanos?: las finalidades del programa de evaluación.

e) ¿Cuándo evaluar los recursos humanos?: la implementación del programa de evaluación.

Aunque las dos primeras resultan determinantes para configurar el denominado modelo de evaluación de los recursos humanos, la concreción del resto permite interpretar la orientación subyacente con la que se formula el programa y su implementación. Para comprobar qué tipo de evaluación predomina en las diversas, aunque escasas, experiencias desarrolladas en las administraciones públicas se han destacado aquellos rasgos genéricos que tienen en común.

Así, a pesar de las diferencias puntuales debidas a la adaptación de cada programa a la realidad concreta de cada Administración, la mayor parte de programas se caracterizan por plantear la evaluación de los recursos humanos como un procedimiento continuo, sistemático y transparente, orgánico y en cascada, de expresión de juicios, que combina una óptica histórica y una óptica prospectiva, y que tiene por finalidad integrar los objetivos de la organización y los objetivos del individuo.

Ejemplos de los sistemas de evaluación de los recursos humanos que siguen este planteamiento global pueden encontrarse en administraciones supralocales (Diputación de Barcelona), autonómicas (Generalidad de Cataluña) y del Estado (el Ministerio de Administraciones Públicas promueve un sistema de evaluación del rendimiento que sigue las líneas básicas del modelo comentado). En todos estos casos la atención se centra en el empleado individualmente considerado, que es evaluado por sus superiores inmediatos, siguiendo la cadena jerárquica. Mención a parte merece el caso de la *Xunta* de Galicia, que plantea la evaluación de la productividad por unidades, vinculada a unos objetivos previamente definidos y a un sistema de control basado en indicadores de gestión.

A partir de los resultados de diversas experiencias parecen apuntarse, como factores explicativos del éxito de una evaluación, elementos como:

a) Un claro apoyo por parte de la dirección política, atendiendo a las resistencias que ocasiona la implementación del sistema a pesar del habitual acuerdo genérico inicial en la conveniencia de su puesta en marcha,

b) la participación e implicación de los empleados (ya sea a través de la información directa, o a través de la negociación con las organizaciones sindicales),

c) la integración del sistema en un programa global de gestión de los recursos humanos, planteando su impacto sobre la cultura organizativa, el clima laboral, la motivación de los empleados, pero también sobre aspectos más concretos y tangibles como la definición de los procesos de selección, formación, remuneración y carrera profesional,

d) la comunicación de los objetivos y las finalidades, para que sean conocidas por todos los agentes implicados en el proceso, junto con una clara asignación de responsabilidades para el desarrollo del programa de evaluación,

e) un clima favorable y una cultura propicia a incorporar la filosofía asociada a los procesos de evaluación, elemento que reviste especial importancia en la mayor parte de administraciones públicas dada la tradición y la arraigada implantación de valores asociados a la igualdad, la homogeneidad y la antidiscrecionalidad,

f) un instrumento de evaluación flexible, que se adapte a la realidad de la organización, combinando técnicas cerradas (tipo cuestionarios con una escala de valoración para cada factor considerado) y técnicas abiertas (como un espacio abierto a la fijación de objetivos entre directivo y empleado), de tal manera que permita captar de forma global el rendimiento y los factores explicativos de éste.

En una dimensión agregada, y atendiendo al carácter incipiente de las diversas experiencias de evaluación de los recursos humanos, cabe destacar como último factor clave la constancia en su impulso y desarrollo, así como la necesidad de su constante revisión de cara a mejorar su adecuación a las particularidades de las organizaciones públicas.

El planteamiento del sistema de evaluación de los recursos humanos siguiendo el modelo definido incorpora también como elemento esencial de su configuración la interrelación con el resto de ámbitos de gestión de personal. De hecho, «abordar la evaluación como una medida aislada carece de lógica (...) e incluso es difícil concebir su sentido si está aislada del resto de políticas organizativas, especialmente las de recursos humanos» (Losada, Xirau, 1995: 68).

Así, el sistema de evaluación aporta una información clave para validar las actuaciones realizadas en ámbitos como:

a) los sistemas de reclutamiento y selección,

b) los procesos de promoción y traslados,

c) la planificación y desarrollo de acciones formativas,

d) el área de retribuciones y nóminas,

e) la clasificación de puestos de trabajo,

f) las actuaciones en materia de comunicación, motivación y clima laboral

Además del ámbito de recursos humanos, la interacción potencial que ofrece el sistema de evaluación incide también en otras esferas de gestión como la planificación estratégica o la dirección por objetivos.

En definitiva, lo destacado de la evaluación como instrumento de gestión es su potencial de interrelación con el resto de ámbitos de actuación sobre los recursos humanos, así como sobre otros ámbitos de la organización. Se constituye así como instrumento de apoyo a la introducción de cambios organizativos globales, incidiendo en los diferentes ámbitos de actuación con una perspectiva integral.

3.8. Las relaciones laborales

El marco de acción de las relaciones laborales en las administraciones públicas se define formalmente a partir de dos normas básicas: la Ley Orgánica de Libertad Sindical (LOLS, Ley 11/85) y la Ley de Órganos de Representación de las Administraciones Públicas (LORAP, Ley 9/87, modificada posteriormente por las leyes 7/90 y 18/94). Obviamente, constituyen el marco de referencia la Constitución, el Estatuto de la Función Pública (para el personal funcionario) y el Estatuto de los Trabajadores (para el personal laboral).

Así, un primer elemento a tener en cuenta es la diferencia entre el personal funcionario y el personal laboral en sus derechos y obligaciones y en su regulación jurídica: derecho administrativo de la función pública para los funcionarios y derecho laboral ordinario para los laborales. Es decir, la Ley de Medidas para la Reforma de la Función Pública y el Estatuto de los Trabajadores, y toda la normativa complementaria de ambas leyes, definen reglas de juego diferentes que generan dos líneas paralelas que canalizan las relaciones laborales y complican su gestión a las unidades de dirección y gestión de personal (los órganos centrales de dirección de personal suelen tener una unidad que está especializada en relaciones sindicales).

La articulación efectiva de las relaciones laborales del colectivo de personal funcionario y laboral (excluyendo colectivos con especificidades como las Fuerzas y Cuerpos de Seguridad del Estado) se concreta a través de la representación sindical y la representación unitaria por un lado, y a partir de los órganos e instrumentos de negociación colectiva por el otro.

Previamente, un elemento para considerar la presencia efectiva de las organizaciones sindicales en las administraciones públicas es el nivel de afiliación. La afiliación sindical en el sector público es bastante baja (ver tabla VII.13) concentrando la mayor parte de los afiliados las dos centrales sindicales mayoritarias en España (Comisiones Obreras, CC.OO., y Unión General de Trabajadores, UGT).

Las elecciones sindicales complementan la configuración efectiva de esta presencia sindical. A partir de los resultados de las elecciones sindicales la representación sindical se presenta muy fragmentada, mucho más dispersa

TABLA VII.13.
PORCENTAJE DE AFILIACIÓN SINDICAL DE LOS EMPLEADOS PÚBLICOS (1993)

	CC.OO.	*UGT*	*Total**
Administración General del Estado	9,2	16,3	29,9
Sanidad	7,7	9,7	21,8
Educación	7,4	9,0	24,2

* Se incluyen las afiliaciones en los sindicatos no mayoritarios.
Fuente: Jordana, 1995: 14.

que en el sector privado (ver tabla VII.14). CC.OO. y UGT alcanzan algo más la mitad de la representación sindical, un porcentaje inferior al que consiguen en el sector privado.

TABLA VII.14.
RESULTADOS EN PORCENTAJES DE LAS ELECCIONES SINDICALES (1995)

	Administración General del Estado	*Sanidad*	*Educación*
UGT	33,6	21,2	26,2
CC.OO.	34,4	32,2	24,1
CSI-CSIF	14,0	-	-
ELA-STV	2,9	0,3	0,3
CIG	1,7	1,6	1,2
USO	1,9	-	-
Otros	11,3	44,7	48,2

Fuente: Jódar, Jordana, Alós (1999: 184).

Fijando la atención en las estructuras de representación, la presencia de las organizaciones sindicales en la Administración pública se conforma a partir de las secciones sindicales y a partir de la representación unitaria. Las secciones sindicales son la instancia que, formando parte de la estructura interna del propio sindicato, agrupa a la totalidad de los trabajadores de un centro de trabajo afiliados al mismo. Se permite su constitución sin ningún tipo de limitación, es decir, sin la necesidad de contar con un número mínimo de afiliados (a partir de uno), aunque sus competencias vienen determinadas por su grado de representatividad. Cabe destacar que esta «representatividad» viene determinada por la del sindicato al que pertenece la Sección Sindical, es decir, aunque ésta no tenga una implantación importante en la organización, si pertenece a un sindicato «representativo» en un ámbito territorial o en un sector[2], adquiere competencias en ciertos ámbitos (como el formar parte de las

2 Los sindicatos se consideran «representativos» si han obtenido más del 10% de todos los delegados en una dimensión nacional, reconociéndoles la capacidad para estar representados en todos los niveles territoriales y sectoriales. En el ámbito autonómico se consideran sindicatos «representativos» aquellos que cuentan con más de un 15% de los delegados en su ámbito territorial, reconociéndoles la capacidad para estar representados en su ámbito territorial específico.

comisiones negociadoras de los convenios colectivos o la promoción de elecciones a Comités de Empresa y Juntas de Personal). Las secciones sindicales están representadas, a su vez, por delegados sindicales, órganos unipersonales designados por los propios sindicatos, y cuyo número debe ser proporcional a la plantilla de la organización. Sus derechos se asimilan a los de los miembros de los Comités de Empresa y Juntas de Personal.

A diferencia de la representación sindical, la representación unitaria representa a la totalidad de los trabajadores de la organización. Como órganos de representación unitaria destacan los Comités de Empresa (personal laboral) y las Juntas de Personal (personal funcionario). Mientras los órganos de la representación sindical se pueden constituir libremente, la composición de los órganos de representación unitaria va ligada a los resultados obtenidos en las elecciones sindicales y a alcanzar una mayor o menor representatividad (en los términos definidos).

El Comité de Empresa es el órgano representativo y colegiado del conjunto del personal laboral en la organización para la defensa de sus intereses. El equivalente para el conjunto del personal funcionario son las Juntas de Personal, aunque la base no es el centro de trabajo (referente para el Comité de Empresa) sino la unidad electoral definida a partir de la organización administrativa (suele ser el departamento, consejería o ministerio, o la empresa pública en su caso).

El Comité y la Junta están legitimados para iniciar, como interesados, los correspondientes procedimientos administrativos y ejercer acciones en vía administrativa o judicial en todo aquello referido en el ámbito de sus competencias, destacando (Villoria, Del Pino, 404-408):

Recibir información sobre la política de personal.

Emitir un informe previo sobre resoluciones en materia de personal que supongan modificaciones de las condiciones de trabajo.

Ser escuchados en materia de jornadas, horario, permisos, productividad.

Designar representantes en los procesos selectivos y de provisión de puestos.

La normativa vigente apunta al refuerzo de la representación sindical y, dentro de ésta, a los sindicatos mayoritarios, que también se ven beneficiados por la estructura y el proceso de negociación colectiva, la segunda dimensión de las relaciones laborales en el ámbito de las administraciones públicas.

En la articulación efectiva de las relaciones laborales, la representación colectiva se complementa con la negociación colectiva. En este proceso se reproduce la distinción entre el personal funcionario y los contratados laborales, y mientras la negociación de éstos segundos se acoge a la legislación general sobre relaciones de trabajo en el ámbito privado, en los primeros se establecen ciertos límites y órganos específicos al efecto.

El concepto de negociación colectiva presenta dificultades de encaje con el concepto clásico de función pública donde se definían unilateralmente las condiciones de trabajo, puesto que el carácter público del servicio y la necesidad de su continuidad exigía ponerlo por encima de las necesidades o reivindicaciones de los empleados públicos[3]. La creciente diversidad y complejidad de los servicios públicos, así como los procesos para prestarlos han venido a transformar radicalmente estos postulados, aunque persisten ciertas particularidades propias del ámbito público. Los límites establecidos por la Constitución y la normativa específica, muestra de la voluntad del Parlamento, condicionan el contenido y los procesos de negociación colectiva. Existe así poca capacidad para incidir sobre cuestiones como la aplicación de las retribuciones, la clasificación de puestos de trabajo, ciertos aspectos de la carrera administrativa, los sistemas de ingreso o la oferta pública de empleo. A pesar que estos temas son objeto de negociación y se pueden alcanzar acuerdos al respecto, en caso de ruptura de negociaciones el Gobierno dispone del recurso de fijar unilateralmente las condiciones de empleo.

Vinculados a éstas particularidades del ámbito público aparecen cuatro principios que debe respetar la negociación colectiva de los funcionarios públicos:

a) el principio de competencia, según el cual los acuerdos deben ratificarse por el órgano de la Administración competente en la materia,

b) el principio de legalidad, en referencia a que ningún acuerdo entre Gobierno y organizaciones sindicales puede alterar lo indicado en la normativa vigente. Estos acuerdos se integran en la normativa vigente, con lo que cualquier norma de rango superior que se apruebe con posterioridad puede modificar sus contenidos y alcance,

c) principio de cobertura presupuestaria, según el cual la negociación debe limitarse a las previsiones aprobadas en el presupuesto,

d) el principio de obligatoriedad de la negociación, que obliga a su periodicidad anual, aunque no se indican expresamente las materias a las que debe extenderse la negociación.

Estas particularidades conducen a afirmar que «el sistema establecido no introduce una auténtica negociación colectiva sino un sistema de cooperación en la determinación del marco jurídico de los empleados públicos» (Palomar, 1996: 654).

La estructura de la negociación colectiva se basa en un triple nivel, en el que funcionan unas unidades de negociación denominadas Mesas de negociación. En un primer nivel se encuentran la Mesa General para la Administración del Estado, una Mesa por cada comunidad autónoma y una Mesa por cada entidad local. En el segundo nivel figuran las Mesas sectoriales en función del número de afectados y las peculiaridades de sectores concretos, como el caso de correos, sanidad o justicia. En un tercer nivel aparece un ámbito descentralizado que contempla las negociaciones que se darán en los sectores en los que la Administración y los sindicatos correspondientes consideren oportuno. Esta estructura en niveles tiene carácter jerárquico, con lo que se configura una regulación fuertemente centralizada que contrasta con la autonomía existente en el ámbito privado.

[3] En la misma línea se condiciona y limita el derecho de huelga, que puede ser restringido o incluso prohibido cuando afecte a servicios públicos esenciales.

Las Mesas de negociación se constituyen a partir de la proporción de delegados obtenida, es decir, la capacidad de negociar depende directamente de la representatividad de las distintas organizaciones sindicales. Se reconoce así la presencia en las Mesas a los sindicatos más representativos en los ámbitos estatal y autonómico, así como a aquellas organizaciones sindicales que hayan obtenido el 10% o más de los representantes en las elecciones para delegados y Juntas de Personal.

Por otro lado, la estructura de negociación se corresponde con una jerarquización de materias objeto de negociación. En la Mesa General se plantean las condiciones de trabajo y los derechos sindicales que afecten a todos los empleados de las diversas administraciones públicas. En las Mesas sectoriales de negociación se tratan las condiciones específicas de trabajo del personal funcionario, personal laboral o personal estatutario del correspondiente sector. En el ámbito descentralizado se fijan los criterios que permiten constituir un ámbito específico de negociación: organismo con problemática específica, colectivo con restricciones en su movilidad interna, un departamento, un área territorial concreta. En todo caso, quedan fuera de negociación el procedimiento de formación de los actos y disposiciones administrativas, el ejercicio de los derechos ciudadanos ante los funcionarios públicos y las potestades de organización de la Administración pública.

El resultado de este modelo de representación y negociación revela como los sindicatos generales de fuerte presencia en el sector privado como CC.OO. y UGT tienden a hegemonizar la representación y la negociación en el ámbito público, aunque manteniendo una importante dispersión organizativa interna debida a la multiplicidad de profesiones y grupos diferenciados en el seno de la Administración. En esa misma línea mantienen posiciones destacadas ciertas organizaciones correspondientes a colectivos profesionales concretos (en ámbitos como el sanitario o el educativo, entre otros), con alto poder negociador en su entorno específico (Jódar, Jordana y Alós, 1999: 187 y 188). Por otro lado, mientras otros sindicatos de carácter específico de la función pública como el CSIF tienden a perder peso electoral, se mantiene un cierto pluralismo sindical a través de organizaciones de base territorial y con un claro componente ideológico, como ELA-STV y LAB en el País Vasco y CIG en Galicia (Cataluña sería una excepción al no poseer un sindicato con una orientación nacionalista).

Acuerdos posteriores entre la Administración y los sindicatos han tendido a modificar este modelo, restringiendo su carácter unidireccional y ampliando los temas abordados por la negociación, definiendo este proceso como el instrumento más importante para ordenar las relaciones de trabajo en la Administración pública española de los años noventa, en un contexto de renovación de la gestión pública y de estancamiento de su crecimiento (Villoria, Del Pino, 1997: 382 y 384). Se pretende con ello potenciar la negociación colectiva como cauce fundamental de participación en la determinación de las condiciones de empleo, dotando de mayor agilidad y eficacia al proceso negociador. Se observa así un aumento de la capacidad de intervención que, junto con una cierta desagregación de los niveles de negociación, tiende a incrementar la representación real de los trabajadores en el ámbito público (Jódar, Alós y Jordana, 1999: 186).

4. Planificación, dirección y evaluación del sistema de gestión de los recursos humanos

A partir de la doble perspectiva de gestión del personal y gestión de las personas, junto con la consideración de los distintos ámbitos de la estructura y de las dinámicas de funcionamiento del sistema de función pública, se configuran tres niveles de programación integral y desarrollo de las actuaciones a desarrollar: la planificación, la dirección y la evaluación del sistema de recursos humanos.

4.1. Planificación del sistema de recursos humanos

A partir de la definición de la cascada «política, gestión y administración» en el ámbito de los recursos humanos, un primer estadio para identificar las claves de actuación es la planificación. La planificación de los recursos humanos consiste en realizar una proyección de las actuaciones a desarrollar en el ámbito de personal a partir del análisis de la situación actual y de la identificación de necesidades a través de las premisas establecidas en la esfera de la «política» de personal (ver figura VII.9). A partir de las debilidades o discrepancias detectadas entre la situación actual y la deseada, se priorizarían las actuaciones en materia de personal (incorporando nuevos empleados públicos, modificando la cultura organizativa, introduciendo sistemas de evaluación del desempeño), que luego deberían traducirse a la práctica mediante su implementación a través de diferentes técnicas en cada caso. El ciclo se completa con el seguimiento y la evaluación de las actuaciones emprendidas, que daría paso a la redefinición del diagnóstico de situación inicial y también permitiría redefinir las necesidades de personal formuladas en la política de recursos humanos.

A nivel más detallado, la planificación de recursos humanos seguiría las siguientes fases.

El análisis del personal disponible se inicia con la recopilación de los datos sobre la estructura organizativa y los puestos de trabajo de un lado, y sobre el personal con el que cuenta la institución por el otro. Se trata de realizar un estudio de situación considerando la configuración organizativa pero también con qué efectivos está funcionando. Conocer la pirámide de edad del colectivo, la distribución por grupos y categorías, su titulación, sus competencias y habilidades (actuales y potenciales), ofrece una imagen que se debe tener en cuenta antes de la toma de decisiones.

El diseño de sistemas de indicadores que incorporen información sobre la tasa de rotación de los empleados, el nivel de absentismo o los costes desagregados constituye la base para elaborar un correcto mapa de situación del personal de la corporación. Sin embargo estas dimensiones de carácter «objetivo» deben complementarse con el análisis de elementos menos «tangibles» como la cultura organizativa o el clima laboral, puesto que reside en estos factores buena parte de la explicación de los resultados efectivos de la organización a partir de sus recursos humanos.

La determinación de las necesidades de personal consiste en traducir los objetivos estratégicos que se formula la organización en términos de recursos humanos, teniendo en cuenta tanto el número requerido como su perfil, es decir, tanto su dimensión cuantitativa como cualitativa. En esta actividad se incluye el cálculo del número de puestos de trabajo a cubrir, la definición de perfiles profesionales, e inferir la posible evolución del contingente (Sisternas, 1997: 20).

Las discrepancias entre el análisis de situación y las necesidades de personal marcadas por los objetivos y estrategias formuladas por la organización son la base para elaborar el diagnóstico en la planificación de los recursos humanos. Este diagnóstico puede traducirse, genéricamente, en cuatro tipos de situación:

a) Recursos humanos suficientes y adecuados para los objetivos definidos.
b) Recursos humanos numéricamente insuficientes.
c) Recursos humanos excesivos.
d) Recursos humanos inadecuados.

En el primer caso se establece una situación de equilibrio, en la que tan sólo debería atenderse a actuaciones de apoyo pero sin que ello signifique variar de forma substantiva la configuración de la plantilla de personal.

En las otras tres situaciones se imponen actuaciones encaminadas a modificar la plantilla existente, incorporando personal en la situación b), recortando personal o reubicándolo en la opción c) y transformándolo cualitativamente en la opción d).

Sin embargo las alternativas para llevar a cabo las actuaciones que parecen derivarse del diagnóstico son múltiples y la selección de las más adecuadas se realiza en el siguiente estado de la planificación: la decisión.

La fase de decisión consiste en el establecimiento de prioridades de actuación en la que deben considerarse tanto los objetivos y estrategias presentes como su posible evolución futura. A partir de su consideración se deriva la evaluación de alternativas, atendiendo a su impacto sobre la organización (recuérdese la naturaleza diferencial del «recurso humano»), en especial en lo referente a la cultura organizativa, al tipo de valores que se están transmitiendo y el clima laboral resultante. En todo caso se debe decidir y seleccionar aquellas actuaciones que se consideren adecuadas, como paso previo al inicio de la acción, teniendo presente que la falta de decisión (la falta de política, en definitiva) suele traducirse en la reproducción de los modelos vigentes, definidos por decisiones realizadas en períodos anteriores y que pueden no adecuarse a los objetivos actuales.

Las medidas de implementación incluyen el conjunto de actividades asociadas a los cambios por los que se ha optado, que se traducen, en gestión de recursos humanos, a través de la actuación en diferentes ámbitos de los recursos humanos (selección, formación, retribución y evaluación). En todo caso debe considerarse si las medidas seleccionadas son adecuadas para el objetivo que se pretende y, además, valorar su coherencia global con la política de personal y la estrategia corporativa.

La fase de seguimiento y evaluación vendría a completar el ciclo y en ella se incluyen las actividades orientadas a controlar si la implementación se adecua a los objetivos establecidos, con la correspondiente periodificación, y si el impacto resultante se mueve en la línea proyectada al diseñar la política de personal. De nuevo aquí entran en juego los indicadores y los sistemas de información que permitan retroalimentar el ciclo, de manera que ofrezcan de una imagen de la situación actual del contingente de personal de la organización. Será a partir de este mapa de situación modificado que se establecerán nuevas políticas cuando varíen los objetivos y las estrategias de la corporación.

FIGURA VII.9.
PLANIFICACIÓN DE RECURSOS HUMANOS

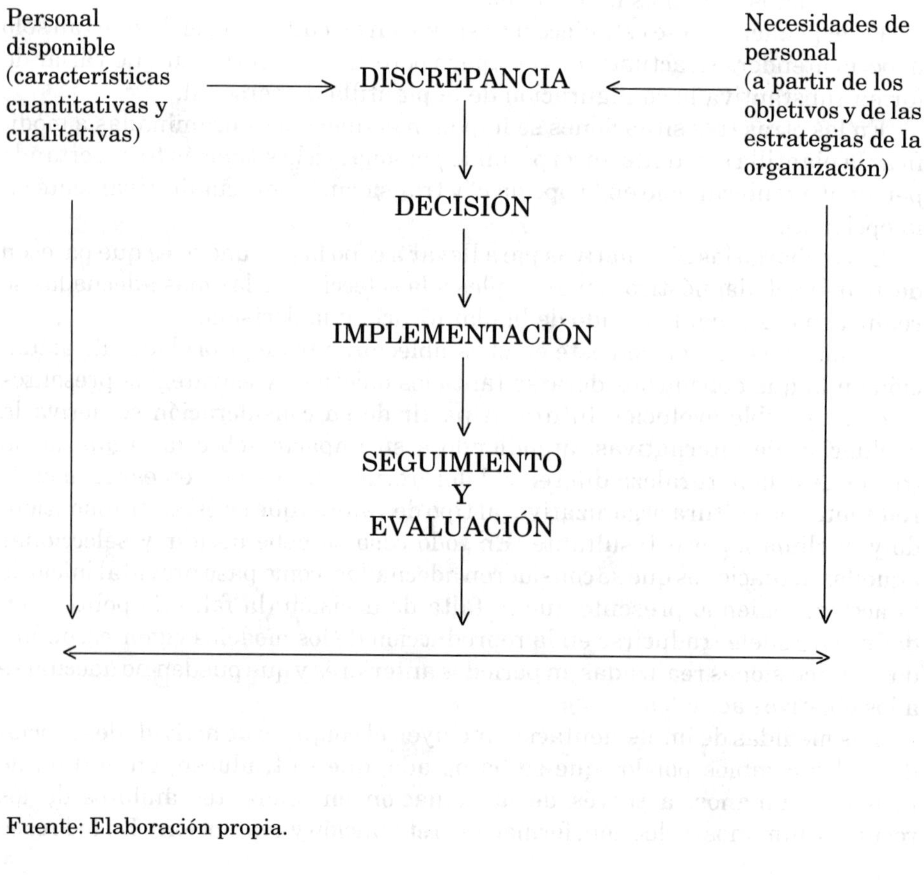

Fuente: Elaboración propia.

4.2. Dirección de un sistema de recursos humanos

Desde una perspectiva de gestión bastante cercana al ámbito privado, y más allá de las concreciones habituales que suele ofrecer la unidad central de personal en las administraciones públicas, la tabla VII.15 muestra los principales ámbitos de actuación que se atribuyen a la Dirección de Recursos Humanos y las formas de intervención vinculadas.

Este enfoque viene a oponerse a la concepción centralista y uniformizadora vigente en la mayor parte de las actuales direcciones generales de la función pública o servicios de personal de las distintas administraciones. Estas unidades suelen desarrollar una variedad de actividades propias de la administración de personal, esto es, consistentes en la aplicación directa de preceptos establecidos en la normativa o de técnicas de gestión más justificadas por la inercia que por un verdadero replanteamiento de la función de personal.

Se trata de redefinir la función de personal de manera que alcance a toda la organización, aunque siempre en una actuación compartida, con una estrategia impulsada desde el centro y una aplicación desconcentrada en los directivos de línea (Sisternas, 1997: 30).

Así, frente al modelo vigente, la reformulación de la Dirección de Recursos Humanos plantea la introducción de una perspectiva estratégica, centrada en el diseño y dirección de políticas de personal, que se complementa con una actividad de asesoramiento y apoyo a los directivos de línea, a quienes se implica en la dirección y gestión de su personal.

Esta redefinición de la Dirección de Recursos Humanos supone, a nivel más concreto, replantear sus ámbitos de actuación y sus formas de intervención:

1. Los ámbitos centrales de intervención se corresponden con la actividad de diseño estratégico, tanto de las políticas de recursos humanos como de procesos e incluso de la propia organización (a través del diseño de puestos de trabajo). Los ámbitos centrales destacados van desde la propia planificación de los recursos humanos (incluyendo cargas de trabajo y costes de personal), a la definición de la política corporativa en cuanto a la retribución, la formación y desarrollo o el diseño de carreras profesionales, con el apoyo de sistemas de evaluación del rendimiento.

A un nivel de comunicación, estos ámbitos centrales de actuación incluyen la formulación de la estrategia de relaciones laborales, el establecimiento de políticas de cultura corporativa y clima laboral.

Este conjunto de ámbitos de actuación se apoyaría en intervenciones basadas en el diseño estratégico, la planificación y la evaluación. Esto supone llevar a cabo desde el análisis y diagnóstico de la organización y su entorno hasta el establecimiento de objetivos y prioridades, contando con el apoyo de un sistema de información y control con indicadores sobre los diferentes ámbitos de la gestión de los recursos humanos. Estas intervenciones también incluyen la coordinación y el control, enlazando las unidades de línea con la alta dirección y manteniendo la coherencia en las diversas políticas de recursos humanos.

2. Los ámbitos de servicio a las unidades de línea se derivan del planteamiento que incorpora a los directivos sectoriales en la gestión de los recursos humanos. La Dirección de Recursos Humanos jugaría aquí un papel de asesoramiento y consultoría interna, que apoyaría a las distintas unidades en los procesos de reclutamiento y selección, provisión de puestos o formación, siempre de acuerdo con las políticas diseñadas e impulsadas de forma centralizada. Las intervenciones en este ámbito van desde la antes mencionada actividad de asesoramiento y consultoría hasta la capacitación de los jefes de las distintas unidades que asumen la gestión de personal (ver tabla VII.15).

TABLA VII.15.
ELEMENTOS DE UN SISTEMA DE DIRECCIÓN DE RECURSOS HUMANOS

	Ámbitos de actuación de la Dirección de Recursos Humanos	Formas de intervención de la Dirección de Recursos Humanos
Ámbitos centrales	1. *Planificación de recursos humanos* 2. *Diseño organizativo y de puestos de trabajo* 3. *Sistemas de trabajo y productividad* 4. *Estrategia de relaciones laborales* 5. *Política de formación y desarrollo* 6. *Comunicación interna, cultura corporativa y clima laboral* 7. *Diseño de carreras profesionales y movilidad* 8. *Sistemas de evaluación del rendimiento* 9. *Política retributiva*	*Estrategia, planificación y evaluación* Análisis de la organización Análisis del entorno Estudios de prospectiva Formulación de objetivos y estrategias Diseño de políticas de recursos humanos Sistemas de información e indicadores Control de gestión, evaluación y auditoría *Coordinación y control* Enlace directivos de línea y alta dirección Control coherencia de políticas de recursos humanos *Apoyo a las unidades de línea* Consultoría interna Asesoramiento técnico y jurídico Capacitación de directivos de línea Gestión del conflicto (intermediación, negociación) Orientación a los empleados
Ámbitos de servicio a las unidades de línea	10. *Reclutamiento y selección* 11. *Provisión de puestos de trabajo* 12. *Formación* 13. *Retribuciones individualizadas*	
Ámbitos complementarios	14. *Sistema de información y registro de personal*	

TABLA VII.15. CONTINUACIÓN
ELEMENTOS DE UN SISTEMA DE DIRECCIÓN DE RECURSOS HUMANOS

Ámbitos complementarios	15. Contratación 16. Gestión de la nómina 17. Salud laboral 18. Control de absentismo 19. Régimen disciplinario 20. Incompatibilidades 21. Servicios a los empleados

Fuente: adaptación de Sisternas (1997: 24).

4.3. Evaluación de un sistema de recursos humanos

El ciclo de actividad establecido por la planificación y la dirección de recursos humanos se cierra con la fase de evaluación integral del sistema resultante. Se refiere con ello no a la evaluación singularizada o por unidades del rendimiento de los empleados sino a la valoración conjunta de las actuaciones emprendidas en materia de recursos humanos por parte de la correspondiente unidad responsable y sus efectos sobre el conjunto del personal de la organización.

Evaluar el sistema de recursos humanos que se configura a partir del sistema de selección establecido, a partir del modelo de retribuciones vigentes, atendiendo a los procesos formativos y de carrera profesionales que se desarrollan son algunos de los elementos incluidos en esta evaluación.

La propia naturaleza del «objeto» de atención de la unidad de recursos humanos, es decir, las personas que trabajan en la organización, así como el tipo de actividades que esta unidad desarrolla y la dificultad de percibir su impacto sobre la organización, son algunos de los elementos que vienen a dificultar el desarrollo de un modelo de evaluación que complemente la planificación y la dirección de recursos humanos.

A partir de estas premisas de partida se pueden distinguir cuatro aproximaciones a la evaluación del sistema de recursos humanos, atendiendo al objetivo que plantean y a los supuestos de partida en los que se apoyan (ver tabla VII.16).

4.3.A. Evaluación a partir de indicadores

A partir de la selección de las variables clave se construye un sistema de medidas, usualmente cuantitativas, que informan de la situación actual y posible evolución de la gestión de recursos humanos en la organización. A partir de datos objetivos se pretende ofrecer una imagen global de la gestión del personal, a modo de cuadro de mando para apoyar la toma de decisiones.

Indicadores como el tiempo medio para cubrir una plaza, el número de puestos de mando por cada empleado base, cuantos candidatos se presentan a los concursos de méritos o el porcentaje de días perdidos por conflictividad laboral son algunos ejemplos de enfoque de evaluación de la gestión de recursos humanos.

El tipo de informaciones que aporta suele identificarse como más objetivas, atendiendo a su carácter cuantificable, lo que facilita su comparación con etapas anteriores o con referentes externos.

Sin embargo debe tenerse en cuenta los problemas derivados de su interpretación, que puede generar comportamientos destinados a mejorar el indicador concreto sin que ello implique mejorar la actividad realmente. Por otro lado los indicadores focalizan la atención en los síntomas de un fenómeno, pero habitualmente informan poco de sus causas.

4.3.B. Evaluación a partir de las percepciones

Mediante la utilización de diferentes técnicas dirigidas a captar la percepción de directivos y empleados sobre los diferentes ámbitos de gestión de personal se construye un modelo alternativo de evaluación. Ya sea mediante encuestas (con una vocación cuantitativa), ya sea mediante entrevistas y reuniones de grupo (con una vocación más cualitativa), esta evaluación pretende captar la dimensión más subjetiva de las actuaciones en gestión de recursos humanos.

La opinión de los empleados sobre la selección y la carrera administrativa, la valoración de las actividades formativas a partir de reuniones con personal directivo y personal base, o el análisis de los principales valores que caracterizan la cultura organizativa y su impacto sobre la gestión de recursos humanos son ejemplos de este enfoque evaluativo.

Este modelo de evaluación aporta información sobre los intangibles que envuelven la gestión de recursos humanos y que determinan en buena parte sus resultados efectivos, informando también sobre causas y actuaciones a emprender considerando la perspectiva de los propios afectados, con una visión más pluralista.

Sin embargo suele generar muchas expectativas que, en caso de no ser satisfechas, pueden traducirse en frustración por parte de los empleados que han participado o que han conocido el proceso de evaluación.

4.3.C. Evaluación de iniciativas concretas

Con una aproximación de carácter experimental, este modelo de evaluación propone analizar tan sólo algunas de las iniciativas desarrolladas en el marco de la actividad de la unidad de gestión de recursos humanos, para detectar su impacto efectivo sobre la organización y ofrecer recomendaciones al respecto.

El análisis del coste de la modificación de un concepto salarial y su impacto sobre la motivación y los resultados en términos de actividad de la organización es un ejemplo de este tipo de enfoque evaluativo. Realizar pruebas piloto o seleccionar grupos de control con los que poder comparar la introducción de determinados incentivos son algunos de los métodos asociados a esta perspectiva de evaluación del sistema de recursos humanos.

Sin embargo, resulta difícil aislar el impacto efectivo de actuaciones en un entorno complejo como el que caracteriza a las administraciones públicas, requiriéndose un instrumental sofisticado. Además, debe considerarse su carácter concreto, que tan sólo informa de iniciativas parciales sin ofrecer una visión integral del sistema que se pretende evaluar.

4.3.D. Evaluación estratégica

En este caso el énfasis evaluativo se sitúa en la correspondencia entre las actividades desarrolladas en los distintos ámbitos de la gestión de los recursos humanos y la estrategia global de la organización. Se pretende con ello evaluar de cara a controlar y apoyar la coherencia de las actuaciones emprendidas en materia de recursos humanos, en cuanto representan la traducción de la estrategia corporativa concreta y, por el carácter clave de las personas en la organización, determinan sus resultados efectivos.

Comprobar si las políticas de reclutamiento, selección y formación facilitan la configuración de los perfiles profesionales requeridos por los nuevos retos que se plantea afrontar la organización, o si bien la política de remuneraciones está incentivando aquellos comportamientos clave de cara a mejorar el servicio, son algunos ejemplos de la concreción de este enfoque de evaluación del sistema de recursos humanos.

Con este planteamiento se facilita una visión conjunta del papel de los recursos humanos y de su gestión en correspondencia con la estrategia global de la organización. También se asocia a este enfoque la reivindicación de las particularidades de cada organización a partir de su realidad concreta y de sus objetivos estratégicos, a los que se deben corresponder los recursos humanos y su gestión. Sin embargo, en muchas organizaciones públicas no existe una estrategia claramente definida o aplicada. Es más, es muy probable que los objetivos de distintas unidades estén en conflicto, incluso los objetivos de la propia unidad de recursos humanos, con lo que resulta difícil desarrollar este tipo de evaluación.

En definitiva, las diversas dificultades en su desarrollo concreto, así como los riesgos asociados a las limitaciones de dar respuesta a las expectativas generadas, explican en buena parte la limitada extensión de la evaluación del sistema de recursos humanos en la mayor parte de las administraciones públicas. Tan sólo algunos casos puntuales han desarrollado un sistema complejo que informe sobre la situación actual y las perspectivas de evolución del potencial humano de la organización, y son todavía menos las que han desarrollado sistemas para evaluar el impacto de las actuaciones emprendidas en esta materia de actuación. Sin embargo el potencial de desarrollo que ofrece esta actividad, complementando a las áreas de planificación y dirección, constituye un elemento clave para el desarrollo de la función de personal en unas organizaciones complejas y cambiantes como las administraciones públicas.

TABLA VII.16.
SISTEMAS DE EVALUACIÓN DE LA GESTIÓN DE RECURSOS HUMANOS

	Evaluación a partir de indicadores	*Evaluación a partir de las percepciones*	*Evaluación de iniciativas concretas*	*Evaluación estratégica*
Objetivo	Generar índices sintéticos que ofrezcan una visión general del sistema de recursos humanos	Informar sobre la visión que sobre los diferentes ámbitos de gestión de los recursos humanos tienen los diferentes colectivos de empleados (directivos, puestos de mando, empleados de base)	Ofrecer información sobre el impacto de determinadas medidas emprendidas en el ámbito de la gestión de recursos humanos	Determinar el grado de adecuación de las actuaciones en materia de recursos humanos y la estratégica global de la organización
Supuestos de partida	Los datos objetivos sobre la efectividad del sistema de recursos humanos pueden identificar las áreas potencialmente problemáticas y los síntomas subyacentes a los problemas identificados	Puesto que la actividad de gestión de recursos humanos incide sobre las personas, resulta clave conocer su percepción puesto que ésta determinará su satisfacción y motivación en el trabajo	Se pueden identificar los impactos concretos de distintas iniciativas en materia de personal, especialmente en lo que se refiere al valor añadido que aportan a las actividades desarrolladas por la organización	El desarrollo de la estrategia de la organización debe traducirse en la política y en la gestión de recursos humanos, y su coherencia resulta clave para el correcto desarrollo de las actividades que realiza la Administración

TABLA VII.16. CONTINUACIÓN.
SISTEMAS DE EVALUACIÓN DE LE GESTIÓN DE RECURSOS HUMANOS

	Evaluación a partir de indicadores	*Evaluación a partir de las percepciones*	*Evaluación de iniciativas concretas*	*Evaluación estratégica*
Ventajas	Aporta información cuantitativa objetivable Una vez puesto en marcha, el mantenimiento del sistema de indicadores no resulta costoso de mantener y actualizar Resulta muy versátil y flexible de cara a ofrecer resultados fácilmente analizables Facilita la comparación con indicadores anteriores y con indicadores de otras organizaciones	Focaliza la atención en los elementos intangibles sobre los que inciden las diferentes áreas de actuación de la gestión de recursos humanos Informa del clima laboral, de la motivación y de elementos clave de la cultura organizativa que permiten reinterpretar los resultados de los instrumentos de gestión de recursos humanos que se han desarrollado	Informa del impacto concreto de determinadas medidas, facilitando la toma de decisiones sobre su mantenimiento o extensión Limita los ámbitos a observar, permitiendo su profundización, interrelacionando efectos a la búsqueda de relaciones causales	Facilita una visión de conjunto de los recursos humanos integrados en una estrategia global Focaliza la atención en el carácter de «recurso» del personal, aún atendiendo sus particularidades Se opone a una gestión de recursos humanos universalmente válida, destacando su carácter particular, adecuado a cada caso Facilita la vinculación de la unidad de recursos humanos con el resto de unidades de la organización a las que debe apoyar

TABLA VII.16. CONTINUACIÓN.
SISTEMAS DE EVALUACIÓN DE LE GESTIÓN DE RECURSOS HUMANOS

	Evaluación a partir de indicadores	*Evaluación a partir de las percepciones*	*Evaluación de iniciativas concretas*	*Evaluación estratégica*
Inconvenientes	Fija la atención en los síntomas y no aporta mucha información sobre las causas Los indicadores pueden interpretarse desde distintas perspectivas y pueden existir distintas explicaciones a sus resultados La obsesión por los indicadores puede generar comportamientos perversos, centrados tan solo en aquello reflejado de forma cuantitativa	Descontextualizada, esta evaluación resulta difícilmente objetivable, y sus resultados pueden deberse a elementos no atribuibles a la actuación en recursos humanos (factores del entorno de la organización) Requiere invertir importantes recursos en realizar encuestas, entrevistas o grupos de discusión Suele generar muchas más expectativas, que pueden derivar en frustración si no se actúa a partir de las informaciones obtenidas	Resulta difícil aislar el impacto de determinadas actuaciones puntuales en un entorno complejo como el de las administraciones públicas Tan solo informa de iniciativas parciales, sin ofrecer una visión de conjunto del sistema de recursos humanos Requiere de un instrumental sofisticado y adecuado a realidades concretas	En muchas organizaciones públicas no existe una estrategia claramente definida, e incluso existen estrategias distintas según departamentos (y recursos humanos tiene la propia) Los cambios de orientación en las actividades suelen ser más rápidos que los cambios en el potencial humano o en la cultura, y el impacto de los sistemas de gestión de personal se mueve en el medio y largo plazo

Fuente: Elaboración propia a partir de Gómez-Mejía, Balkin y Cardy (1995: 668 a 677).

VIII. ADMINISTRACIONES PÚBLICAS COMPARADAS. LA ADMINISTRACIÓN DE LA UNIÓN EUROPEA

SUMARIO

1. La Administración pública en los países de la OCDE[1]

Hay cuatro dimensiones básicas que deben tenerse en cuenta cuando se trata de comparar las administraciones públicas de los países desarrollados. Por una parte, las dimensiones cuantitativas (gasto público, gasto público por ámbitos y volumen de empleados públicos) de los distintos sectores públicos. En segundo lugar, lo que se puede denominar como modelos de sector público vinculados, a su vez, a los modelos de Estado que deciden impulsar los diversos países. En tercer lugar, la organización territorial del Estado que permite percibir distintas intensidades de descentralización política y/o administrativa. Finalmente, las estrategias de modernización e innovación en la gestión que han decidido impulsar la mayoría de los países durante las dos últimas décadas para afrontar los recortes económicos y para afrontar la transformación de la legitimidad institucional hacia la legitimidad por resultados (Baena, 2000). En este apartado se van a analizar de forma sumaria las tres primeras dimensiones, los tamaños de los distintos sectores públicos, los modelos de sector público vinculados a los modelos de Estado y el nivel de descentralización. En relación con las estrategias de modernización, éstas ya han sido comentadas en el primer capítulo del libro.

1.1. El sector público en cifras de una selección de países de la OCDE

El sector público ha ocupado, a partir de la segunda mitad del siglo XX, un papel muy importante en la economía y en las relaciones sociales de los Estados desarrollados. Esto es cierto para todos ellos aunque igualmente válido es afirmar que la diferencia en el grado en el que lo hacen varía de forma muy significativa. Para poder entender a un tiempo estos dos hechos, será útil analizar, en primer lugar, datos sobre el gasto público global, el gasto en educación, el gasto en salud pública y el gasto social total (expresados todos ellos como porcentaje del PIB) así como el porcentaje de empleados al servicio del sector público sobre el total de empleados de cada país, todo ello sobre una selección de países de la OCDE entre los que hay suficientes rasgos en común para poder ser comparados.

La tabla VIII.1. nos muestra la evolución del gasto público expresado como porcentaje del PIB. Podemos ver como en 1970 el gasto público medio, en la selección de países analizados, era de 33,4% (siendo el de España sólo el 21,6%)

1 Los autores agradecen a Xavier Martí Diaz-Plaja las aportaciones y comentarios que ha hecho en este apartado.

de 42,5% (España 32,2%) en 1980, de 46,2% (España: 42%) en 1990 y de 45,9% (España: 40,9%) en 1998. Se desprende de estas cifras que el papel del sector público en la economía ha pasado, en términos generales, de representar un tercio de las economías nacionales a prácticamente la mitad. El gasto público aumenta en 9,28 puntos porcentuales (para España 10,6) de 1970 a 1980 mientras que de 1980 a 1990 lo hace en 3,7 puntos (España 9,8). Durante estas dos décadas España se incorpora en la tendencia de los países más desarrollados. De hecho, estaríamos probablemente hablando de unas cifras aún más impactantes de no ser por la crisis que afrontan desde hace dos décadas los modelos de Estado del bienestar asociados a prácticas económicas keynesianas. El auge del noeliberalismo político y económico ha sido importante en los últimos veinte años (en algunos países más que en otros) pero su éxito no ha conseguido, por el momento, reducir significativamente el peso del sector público en las economías pero si ha logrado frenar su lógica incremental. Se puede afirmar que desde 1990 ha existido una preocupación generalizada por controlar el gasto público ya que de 1990 a 1998 se ha reducido en 0,13 puntos porcentuales la media del gasto público de nuestra selección de países de la OCDE. Cabe decir que, tal y como se observa en la tabla VIII.1, si tuviéramos en cuenta otros países de la OCDE, la media para 1998 sería más baja (39,2%) pero, en cambio, para este último período (1990-1998) estaríamos hablando de un aumento del peso del Estado en las economías de los países de la OCDE por el impacto de algunos países en vías de desarrollo.

Detectar cuales son los países con mayor y menor gasto público para los cuatro momentos, nos permite clarificar algunos temas. Hay países que ya desde 1970 apostaron por tener un sector público importante: Suecia (es el país con mayor gasto para los cuatro períodos), Holanda y Bélgica (aparecen en los tres primeros períodos en la parte alta del ranking) serían ejemplos de ello para valores altos. EE.UU. y Japón se situarían en las antípodas de Suecia ya que están siempre entre los países con menos gasto público.

TABLA VIII.1.
EVOLUCIÓN DEL GASTO PÚBLICO DE UNA SELECCIÓN PAÍSES DE LA OCDE (en porcentaje del PIB nominal)

Países	*1970*	*1980*	*1990*	*1998*
Austria	38,5	48,1	48,6	50,5
Bélgica	41,8	57,8	54,3	53,0
Canadá	33,5	38,8	46,0	42,0
Dinamarca	...	56,2	58,6	58,2
Finlandia	30,0	38,1	45,3	54,9
Francia	38,5	46,1	49,8	53,2
Alemania	38,3	47,9	45,1	47,4
Grecia	...	30,4	48,2	42,5

TABLA VIII.1. CONTINUACIÓN
EVOLUCIÓN DEL GASTO PÚBLICO DE UNA SELECCIÓN PAÍSES DE LA OCDE (en porcentaje del PIB nominal)

Países	*1970*	*1980*	*1990*	*1998*
Islandia	...	32,5	39,4	36,8
Irlanda	...	48,2	38,9	36,1
Italia	33,0	42,1	53,4	50,7
Japón	19,0	32,0	31,3	35,5
Holanda	41,3	55,8	54,1	48,1
Noruega	36,7	43,8	49,7	45,5
Portugal	19,8	23,6	41,9	43,6
España	21,6	32,2	42,0	40,9
Suecia	42,8	60,1	59,1	60,8
Suiza	...	...	...	...
Reino Unido	36,7	43,0	39,9	39,7
Estados Unidos	30,0	31,4	32,8	33,1
Media países tabla	33,4	42,5	46,2	45,9
Media total OCDE	...	36,5	38,4	39,2

Fuente: *Analytical Databank*, OCDE.

Otros países se mantienen con valores significativamente altos desde 1970 como, por ejemplo, Francia. Además también existen aquellos países que pasan al grupo de los que más gasto público tienen a partir de 1980 como puede ser Dinamarca o a la inversa, como el caso de Irlanda que pasa a ser de los cuatro con menor gasto público a partir de 1990. Un caso excepcional es el de Finlandia que pasa de estar en el grupo de la cola al de cabeza de 1970 a 1998 lo que probablemente responda a una voluntad clara de ampliar el rol de su sector público en la economía. Con todo, es importante retener que hay países que desde hace más de un cuarto de siglo optaron por un determinado modelo de gasto público y que lo han mantenido constante hasta la actualidad: Japón, EE.UU., Suecia y Francia serían casos ilustrativos. En cambio, hay países que han variado claramente su modelo de gasto público durante las últimas tres décadas como Portugal, España y Grecia que tenían en 1970 un gasto público muy bajo por su situación de retraso político y económico.

Otra forma de aproximarse al peso del sector público de los países es analizando la evolución y la situación actual del porcentaje de empleados al servicio del sector público sobre el total de empleados del país. En la tabla VIII.2 se puede ver hasta que punto la importancia relativa de los empleados públicos ha ido creciendo durante las últimas tres décadas. Países como Finlandia (23,7%), Francia (24,7%), Dinamarca (30,7%), Noruega (31%) y Suecia (32%)

tienen entre casi un tercio y una cuarta parte de los empleados prestando sus servicios en el sector público, circunstancia que, sin duda, informa sobre la implicación del sector público en la economía. Estos países contrastan con otros, como Japón o Grecia, que no llegan ni al 10% y países como EE.UU. o el Reino Unido que están alrededor del 15%. España, por su parte, tenía sólo un 4,9% de empleados al servicio del sector público en 1970 cuando el promedio de los países analizados era mucho más del doble (12,3%). En 1970, España era el Estado con menos empleados públicos de todos los países analizados. En 1980, los empleados públicos alcanzan ya un 9%, un 13,4% en 1990 y, finalmente, en 1995, un 15% de todos los empleados españoles trabajan directamente en el sector público. Por lo tanto, España ha ido aumentando el peso relativo de los empleados públicos siempre con mayor intensidad que el promedio de estos países (ver tabla VIII.3). A pesar de este impresionante incremento, las cifras de España se mantienen siempre por debajo de la media de los países analizados.

Si analizamos la evolución del empleo público en los diversos países expuestos en la tabla VIII.2 hay que destacar el descenso de empleados públicos que experimenta el Reino Unido que pasa del 21,2% en 1980 al 14,3% en 1995 debido al impacto de su política de privatizaciones de un enorme sector público y, también, por diversas estrategias impulsadas en su proceso de modernización administrativa.

En términos generales, los datos sobre el volumen de los empleados públicos son coherentes con el volumen del gasto público. De todos modos, esta vinculación se rompe en algunos países como, por ejemplo, en Holanda que posee un gasto público estimable (48,1% del PIB) pero sólo un 12% de sus trabajadores son empleados públicos siendo el cuarto país con menor porcentaje de empleados públicos. Como se observará más adelante, Holanda es un país con un sector público muy comprometido con su sociedad por lo que sería necesario analizar con mucha precisión esta cifra para poder interpretarla de forma adecuada.

TABLA VIII.2.
EVOLUCIÓN DEL PORCENTAJE DE EMPLEADOS PÚBLICOS SOBRE EL TOTAL DE EMPLEADOS DE UNA SELECCIÓN DE PAÍSES DE LA OCDE

Países	*1970*	*1980*	*1990*	*1998*
Austria	13,3	17,2	20,7	22,5*
Bélgica	13,8	18,9	19,8	18,8
Canadá	19,2	19,5	20,5	20,7
Dinamarca	17,2	28,3	30,4	30,7
Finlandia	12,1	17,3	20,9	23,7
Francia	18,0	20,2	22,6	24,7
Alemania	11,2	14,6	15,1	15,6
Grecia	6,8	8,3	9,8	9,8*

TABLA VIII.2. CONTINUACIÓN
EVOLUCIÓN DEL PORCENTAJE DE EMPLEADOS PÚBLICOS SOBRE EL TOTAL DE EMPLEADOS DE UNA SELECCIÓN DE PAÍSES DE LA OCDE

Países	*1970*	*1980*	*1990*	*1998*
Islandia	12,4	15,7	18,3	19,2
Irlanda	11,8	16,0	16,5	16,9
Italia	12,2	15,4	17,3	17,8
Japón	7,7	8,8	8,1	8,3
Luxemburgo	9,3	10,8	10,8	10,8
Holanda	11,5	13,8	13,2	12,0
Noruega	17,4	24,6	28,0	31,0*
Portugal	7,9	10,7	14,7	18,4
España	4,9	9,0	13,4	15,0
Suecia	20,9	30,7	32,0	32,0
Suiza	9,9	13,4	12,9	14,1*
Reino Unido	18,1	21,2	19,4	14,3
Estados Unidos	16,0	16,4	15,4	15,5
Media países tabla	12,3	16,7	18,8	18,6

* Datos de 1994.
Fuente: *Analytical Databank*. OCDE.

Conocer el volumen del gasto público de cada país expresado en porcentaje del PIB y saber el volumen relativo de los empleados públicos contribuye a vislumbrar los diferentes modelos de sector público que pueden existir entre los países de la OCDE. Ahora bien, conocer cómo se distribuye ese gasto podría ser todavía más útil. Por esta razón es preciso interesarse por el gasto público en educación, en salud y el gasto social total que además de estos dos conceptos incluye otros como las pensiones, las transferencias por desempleo, etc. Una primera característica a destacar, que se desprende del análisis de la tabla VIII.4, es que los países que más gastan en salud son, en este orden: Alemania, Francia, Canadá, Bélgica y Holanda. Los que menos gastan son: EE.UU. (que no tiene un sistema público de salud), Grecia, Portugal, Japón y Dinamarca. España, con un gasto del 5,7% del PIB en salud pública, se sitúa en la franja media-baja lo que no deja de sorprender si se tiene en cuenta que nuestro modelo sanitario público tiene un alcance universal y que ha sido considerado en el 2000 por la Organización Mundial de la Salud como el séptimo mejor sistema sanitario público del mundo.

TABLA VIII.3.
PUNTOS PORCENTUALES QUE EXPRESAN VARIACIONES ENTRE PERÍODOS DE EMPLEADOS PÚBLICOS SOBRE EL TOTAL DE EMPLEADOS DE UNA SELECCIÓN DE PAÍSES DE LA OCDE

Países	*Diferencias entre 1980 y 1970*	*Diferencias entre 1990 y 1980*	*Diferencias entre 1995 y 1990*
Austria	3,9	3,5	1,8
Bélgica	5,1	0,9	-1,0
Canadá	0,3	1,0	0,2
Dinamarca	11,1	2,1	0,3
Finlandia	5,2	3,6	2,8
Francia	2,2	2,4	2,1
Alemania	3,4	0,5	0,5
Grecia	1,5	1,5	0,0
Islandia	3,3	2,6	0,9
Irlanda	4,2	0,5	0,4
Italia	3,2	1,9	0,5
Japón	1,1	-0,7	0,2
Luxemburgo	1,5	0,0	0,0
Holanda	2,3	-0,6	-1,2
Noruega	7,2	3,4	3,0
Portugal	2,8	4,0	3,7
España	4,1	4,4	1,6
Suecia	9,8	1,3	0,0
Suiza	3,5	-0,5	1,2
Reino Unido	3,1	-1,8	-5,1
Estados Unidos	0,4	-1,0	0,1
Media países tabla	+3,77	+1,38	+0,57

Fuente: Elaboración propia a partir de la tabla VIII.2.

En relación con el gasto en educación pública destacan los países escandinavos que son los que más invierten en educación. Japón y Grecia ocupan posiciones muy bajas por razones de distinta índole. Alemania, el país que más gastaba en salud pública, aparece como el país con el cuarto menor gasto en educación con un 4,5% del PIB. En cambio, Dinamarca, país con el quinto menor gasto en salud, es ahora el cuarto país con mayor gasto público en educación. España invierte un 4,8% en educación, lo que le sitúa, una vez más, por debajo del promedio de los países analizados (5,2%).

En cuanto al gasto social agregado, países como Alemania, Holanda, Dinamarca, Finlandia y Suecia asignan un tercio o más del PIB al gasto social. En cambio, Japón o EE.UU. no llegan prácticamente ni a la mitad del gasto de los mencionados países. Esto es otra muestra de la disparidad entre estos países de la OCDE. España gasta un 22,5% del PIB en este concepto (tres puntos por debajo de la media de los países analizados) lo que le convierte en el octavo país que menos gasto social posee.

TABLA. VIII.4.
GASTO PÚBLICO EN SALUD Y EN EDUCACIÓN Y TOTAL DE GASTO SOCIAL DE UNA SELECCIÓN DE LOS PAÍSES DE LA OCDE
(en porcentaje del PIB)

Países	*Gasto en salud*[1]	*Gasto en educación*[2]	*Gasto social*[3]
Austria	6,0	5,3	25,6
Bélgica	7,3	5,0	27,2
Canadá	7,3	5,8	20,0
Dinamarca	5,6	6,5	31,0
Finlandia	6,4	6,6	34,8
Francia	7,3	5,8	28,7
Alemania	8,0	4,5	29,8
Grecia	3,8	3,7	16,9
Islandia*	6,8	4,5	19,5
Irlanda	6,5	4,7	21,3
Italia	6,3	4,5	25,0
Japón	5,2	3,6	12,5
Luxemburgo	6,2	4,3	25,3
Holanda	7,0	4,6	30,5
Noruega	6,7	6,8	29,1
Portugal	4,8	5,5	17,5
España	5,7	4,8	22,5
Suecia	6,4	6,6	37,5
Suiza	6,7	5,5	25,0
Reino Unido	5,9	4,6	24,0
Estados Unidos	3,4	5,0	15,3

* datos de 1994
1. Fuente: *OECD Social Expenditure Database (1993).*
2. Fuente: *Education at a Glance: OECD Database (1999).* (Datos de 1995).
3. Fuente: *OECD Social Expenditure Dat base (1993).*

El gasto social agregado es un indicador que ofrece bastante capacidad de interpretación y es posible configurar una tipología de países ya que coinciden bastante los grupos de países ordenados por gasto público, por porcentaje de empleados públicos y por gasto social. De hecho, es muy significativo que entre las cifras del gasto público y las del gasto social la correlación sea de 0,97.

También son muy elevadas las correlaciones entre gasto social y porcentaje de empleados públicos (es de 0,96) y entre el volumen de empleados públicos y el gasto público que es de 0,98. Pero, en cambio, la correlación entre gasto social y gasto en educación es sólo de 0,64 y entre el gasto social y el gasto en salud es únicamente de 0,57. Por lo tanto, para establecer conclusiones de las cifras relativas al gasto en educación y salud sería pertinente adentrarse en cada sistema de provisión de estos servicios para evaluar los modelos de sector público en estos ámbitos. Es interesante apreciar en la tabla VIII.5 que hay pocos Estados que no aparezcan al menos dos veces en la lista de países con mayor o menor gasto público, gasto social y/o porcentaje de empleados públicos. De todos modos, los países que sólo se significan en un único apartado (oscurecidos en la tabla VIII.5) obligan a valorar otros aspectos para llegar a formular una tipología que ayude a clasificar a los países de la OCDE en tres o cuatro categorías distintas. Finalmente, la tabla VIII.6 establece una tipología de sectores públicos de países en función del gasto público expresado como porcentaje del PIB.

TABLA VIII.5.
LOS CINCO PAÍSES CON MAYOR Y MENOR GASTO PÚBLICO, GASTO SOCIAL Y PORCENTAJE DE EMPLEADOS PÚBLICOS

Países con mayor gasto público		*Países con mayor gasto social*		*Países con mayor porcentaje de empleados públicos*	
Suecia	60,8	Suecia	37,5	Suecia	32,0
Dinamarca	58,2	Finlandia	34,8	Noruega	31,0
Finlandia	54,9	Dinamarca	31,0	Dinamarca	30,7
Francia	53,2	**Holanda**	30,5	Francia	24,7
Bélgica	**53,0**	**Alemania**	29,8	Finlandia	23,7
Países con menor gasto público		*Países con menor gasto social*		*Países con menor porcentaje de empleados públicos*	
EE.UU.	33,1	Japón	12,5	Japón	8,3
Japón	35,5	EE.UU.	15,3	Grecia	9,8
Irlanda	36,1	Grecia	16,9	**Lux.**	10,8
Islandia	36,8	**Portugal**	17,5	**Holanda**	12,0
Reino Unido	39,7	Islandia	19,5	**Suiza**	14,1

Nota: Los países señalados en negrita son los que sólo aparecen una vez. Las cifras corresponden a los porcentajes que se podían observar en las tablas anteriores de este capítulo.
Fuente: Elaboración propia a partir de las tablas VIII.1, VIII.2 y VIII.4.

TABLA VIII.6.
ALGUNOS PAÍSES DE LA OCDE ORDENADOS POR GRUPOS DE CINCO SEGÚN EL GASTO PÚBLICO EXPRESADO COMO PORCENTAJE DEL PIB EN 1998

Primer grupo «Gasto bajo»		*Segundo grupo «Gasto medio-bajo»*		*Tercer grupo «Gasto medio-alto»*		*Cuarto Grupo «Gasto alto»*	
Estados Unidos	33,1	España	40,9	Alemania	47,4	Francia	53.2
Japón	35,5	Canadá	42,0	Holanda	48,1	Finlandia	54.9
Irlanda	36,1	Grecia	42,5	Austria	50,5	Dinamarca	58.2
Islandia	36,8	Portugal	43,6	Italia	50,7	Suecia	60.8
Reino Unido	39,7	Noruega	45,5	Bélgica	53,0		

Fuente: Elaboración propia a partir de la tabla VIII.1.

1.2. Modelos de sector público

La estructura de producción de bienestar en las sociedades desarrolladas occidentales tiene cuatro ejes fundamentales y en función de su enlace, podemos tratar de distinguir tipos ideales de lo que se ha venido llamando regímenes de bienestar (Esping-Andersen, 1993) que están asociados a diferentes modelos de sector público. Por un lado, está la provisión pública de bienestar, por otro la producción de bienestar por las familias y, en tercer lugar, la provisión y producción de bienestar que corresponde al mercado. Además habría que añadir la producción de bienestar derivada del tercer sector (ONGs, fundaciones, etc.) que en los últimos años ha experimentado un notable crecimiento. Sector público, familia, mercado y tercer sector configuran los cuatro vértices de un «rombo» (ver figura VIII.1) que configura el escenario de la provisión de servicios y del bienestar de un país. Valores clave de nuestras sociedades como la igualdad, la equidad, la dependencia o la solidaridad se encontrarán potenciados de forma diferente en función de cuál/es de estas cuatro dimensiones represente/n la/s fuente/s principal/es de producción de bienestar para la ciudadanía. Concretamente, para ver las implicaciones de cada modelo de esta tipología son muy útiles los conceptos de «desmercantilización», «desfamiliarización» y solidaridad (Esping-Andersen, 1993).

FIGURA VIII.1.
«ROMBO» DE LA PROVISIÓN DE SERVICIOS Y DEL BIENESTAR

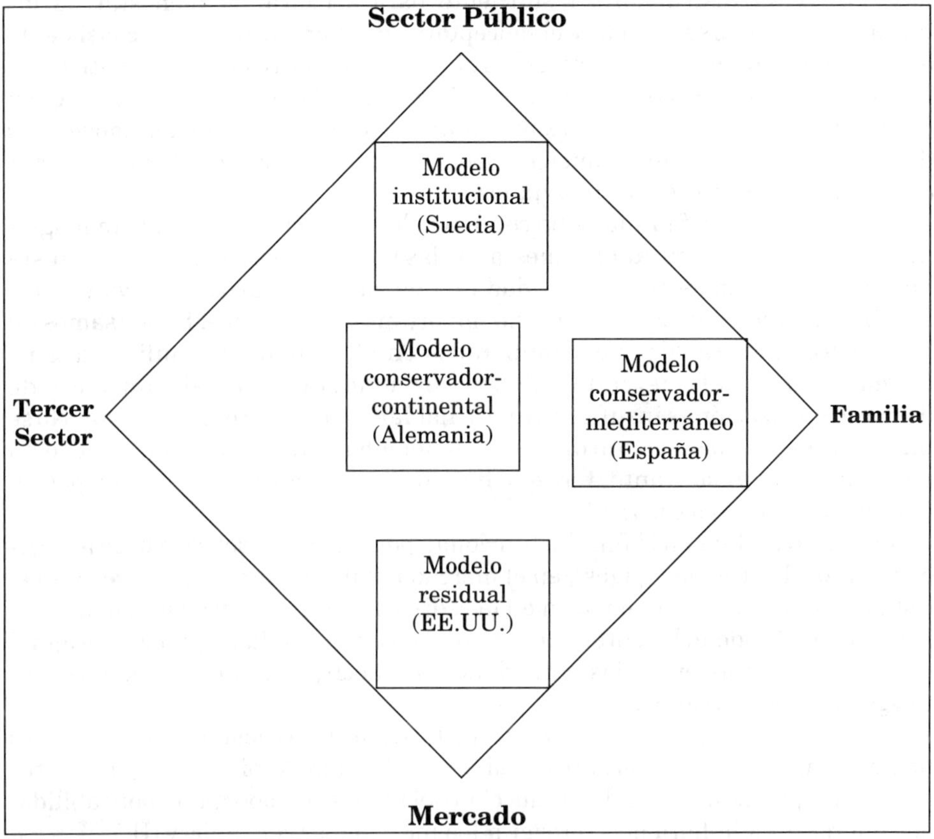

Fuente: Elaboración propia.

El concepto de mercantilización, en su fórmula pura asume que las garantías sociales públicas, aunque sean mínimas, no sólo no erradican la pobreza y el desempleo sino que los fomentan. Es decir, se entiende que el mercado asigna eficiente y equitativamente los recursos y que la protección social es fuente de abusos, corrupción social y ociosidad. Esta formulación originaria, que decayó en la época keynesiana que contribuyó a configurar el denominado Estado del bienestar, encuentra hoy nuevos e importantes ecos (neoliberalismo). La idea es que el mercado es emancipador de los individuos cuando se le permite funcionar libremente y sin distorsiones: todo el mundo trabajará y se autoproveerá de bienestar. Los riesgos que existen sólo serán destructivos si el individuo no es suficientemente previsor y trabajador. Como se observará, esta línea de pensamiento contiene algunos puntos débiles muy importantes que han sido ampliamente desarrollados en la literatura económica y social. Si se considera que el mercado es un instrumento insuficiente para asegurar el bienestar de las personas es cuando se introduce el concepto de «desmercantilización» consistente en crear redes públicas de carácter regulativo, distributivo y redistributivo que reduzcan las asimetrías económicas y sociales. En todo caso, será esencial ver en cada situación qué grado de «desmercantilización», existe en cada modelo, es decir hasta qué punto un régimen provee de alternativas reales al mercado para asegurar el bienestar de los individuos.

Por otra parte, la familia se ha configurado históricamente como un magnífico sistema para asegurar el bienestar de las personas pero la crítica feminista ha tendido a considerar la necesidad de una «desfamiliarización» ya que las familias también generan en su seno importantes asimetrías. Si pensamos en las mujeres con trabajos no remunerados en el seno de la familia y que no forman parte del mercado laboral, es evidente que el concepto de desmercantilización es insuficiente para hablar de régimen emancipador. No se puede intentar desmercantilizar un fenómeno que previamente no está mercantilizado y, por tanto, hay que buscar otro mecanismo de emancipación que sea útil en estos casos.

Los intercambios en la familia funcionan por lo general sobre la base a nexos de reciprocidad (no hay pagos), en el mercado se intercambian recursos y en el Estado los intercambios se basan en la redistribución. Esta redistribución que potencia el Estado debe entenderse como un cambio en la asignación original de riesgos sociales entre los ciudadanos. Es decir, el Estado colectiviza los riesgos y los redistribuye.

Utilizar los conceptos de «desmercantilización» y de «desfamiliarización» es útil para analizar los diferentes modelos de Estado de bienestar y de sector público ya que cada fuente de producción del bienestar soporta responsabilidades diferentes a la hora de proteger a los individuos (ver tabla VIII.7).

El primer modelo de *régimen de bienestar*, siguiendo a Gösta Esping-Andersen (1993), es el denominado *institucional* que se encuentra en los países escandinavos. En estos países la dependencia de la familia es mínima porque la unidad básica es el individuo y, de esta forma, se evita que la unidad familiar sea la referencia para otorgar derechos o deberes sociales a los miembros. Se trata, pues, de un Estado del bienestar muy desfamiliarizado y basado en la ciudadanía y en el que la provisión estatal tiene una amplitud de carácter universal. El sector público de este modelo es enorme y provee todo tipo de servicios y redistribuye las rentas que implica una desmercantilización muy acentuada. Existe una desmercantilización tan elevada que los derechos de los individuos son bastante independientes del mercado (posición en la escala productiva). Este Estado del bienestar se denomina socialdemócrata y en un plano más operativo se pueden destacar como características básicas que la financiación corre a cargo de los fondos del Estado cubiertos con impuestos generales con una tendencia muy progresiva que son administrados fundamentalmente por los gobiernos centrales y locales. Ciertamente, la presión fiscal es elevada pero la cuantía y la profundidad de la prestación directa de servicios públicos (no únicamente transferencias) es muy alta. Esto se debe a que, además de la financiación y la gestión, también la provisión de servicios es pública. Cabe señalar, también, que la provisión pública de servicios, sobre todo personales, es una fuente de creación de ocupación muy importante en estos Estados.

El segundo gran modelo de *régimen de bienestar* es el llamado *residual* que sigue, sobre todo, los Estados Unidos, pero también otros países de tradición anglosajona (como el Reino Unido a partir de las reformas conservadoras en las dos décadas pasadas). En este caso, la dependencia de la familia no tiene por qué ser elevada ya que este modelo pretende evitar prejuzgar los modos de vida «privados» elegidos por los individuos (en la línea del liberalismo político más ortodoxo). Sin embargo, en la práctica, esta tesis no es tan neutral como se pretende puesto que la no intervención es una decisión política pero, sobretodo, es una elección que perpetúa un *status quo* en que la familia soporta con frecuencia cargas importantes en la provisión de bienestar. Es decir, en este modelo liberal de base individualista no se parte en teoría de un concepto elaborado de familia, pero esto acarrea que no se implemente política alguna de emancipación (desfamiliarización) relevante. En estos Estados es el mercado quién está en la base de la estructura de producción de bienestar y el Estado tiene sólo un papel asistencial menor. Las consecuencias de esta articulación son que el parámetro de solidaridad está muy limitado ya que la asistencia pública está muy focalizada en grupos concretos que han fracasado en el objetivo de asegurarse su propio bienestar y esto le da un tinte de provisión de caridad que estigmatiza a los beneficiarios y genera dualismo social (se habla cada vez más de *insiders* y *outsiders* para referirse, respectivamente, a los individuos para quienes el mercado es una respuesta y para quienes es insuficiente). No existe, por lo tanto, una verdadera estructura estatal de redistribución de riesgos porque se tiene una concepción del individuo que hace que esto se perciba como innecesario ya que es responsabilidad de cada ciudadano procurarse de su propio bienestar. Es evidente que en este modelo, la desmercantilización es prácticamente inexistente.

TABLA VIII.7.
MODELOS DE ESTADO DEL BIENESTAR

	Sector público más implicado en la economía (EB institucional)	*Sector público menos implicado en la economía (EB residual)*	*Sector público implicado en la economía (EB conservador) continental*	*mediterráneo*
«Desmercantilización»	Alta	Baja	Media	Media

TABLA VIII.7. CONTINUACIÓN
MODELOS DE ESTADO DEL BIENESTAR

	Sector público más implicado en la economía (EB institucional)	*Sector público menos implicado en la economía (EB residual)*	*Sector público implicado en la economía (EB conservador) continental*	*mediterráneo*
«Desfamiliarización»	Alta	Mediana	Baja	Muy baja
Solidaridad	Alta	Muy baja	Media	Media
Unidad básica	Ciudadano	Individuo	Familia	Familia
Ejemplos	Suecia Finlandia	EE.UU. Reino Unido	Austria Alemania	España Portugal

Fuente: Elaboración propia.

El tercer modelo de *régimen de bienestar* es el *continental europeo* (también denominado conservador). En términos generales se define por ser eminentemente familiarista ya que se fundamenta en hombres con carreras profesionales ininterrumpidas que suelen necesitar una familia que se responsabilice de los menores, los ancianos, los enfermos, etc. Como la unidad básica es un hombre con una carrera profesional regular, entre los 18 y los 65, éste es un estándar que resulta difícil de alcanzar para una parte importante de las mujeres de los países que siguen este modelo. En lo relativo a la «desmercantilización» este sistema es algo ambiguo. Al existir seguros públicos o sociales puede entenderse que no se confía en el buen funcionamiento de la cobertura a través de seguros privados del mercado pero la dependencia del trabajo (que ofrece el mercado) es muy alta. El rol del Estado como fuente de producción de bienestar radica sobre todo en la provisión de seguros públicos (sanidad, pensiones, desempleo y, en menor medida, educación y servicios sociales). El tipo de solidaridad es corporativo, es decir organizado por grupos de ocupación que constituyen un universo de riesgos particulares. El nivel de corporatismo (grado de uniformidad de los regímenes) es variable entre los diversos Estados y a menudo tiene bases históricas y tradicionales. En Italia, donde existe una gran segmentación, hay aproximadamente 130 fondos públicos de pensiones diferentes basados en la ocupación y en Francia se estima que pueden alcanzar los 300. En lo referente a la «desmercantilización» pudiera parecer elevada *a priori* ya que existen unos ingresos garantizados contra riesgos de desempleo, incapacidad, accidente o vejez, pero esa independencia del mercado sólo tiene lugar de forma significativa cuando los individuos han contribuido suficientemente a través de su trabajo. Es difícil, por lo tanto, medir el grado real de desmercantilización de estos sistemas pero en todo caso habría que tener siempre en cuenta algunos elementos como: tiempo de contribución que da derecho a acceder a un seguro, duración del seguro o montante de la prestación.

Este modelo, de corte cristiano-demócrata depende de las contribuciones de empresarios y trabajadores que condicionan más o menos directamente las prestaciones posteriores. Por tanto, no se basa en impuestos generales para su financiación sino en impuestos a un sistema diferenciado de Seguridad Social. Estos fondos generalmente son controlados por un mecanismo institucional tripartito (Gobierno, sindicatos y asociaciones empresariales). La provisión de servicios en este modelo puede ser tanto pública como privada porque existen diversos engranajes y es muy frecuente el sistema de copago (cierta contraprestación monetaria por la percepción del servicio público). Se trata de un mecanismo que no es igualitario en su estado puro pero que pretende favorecer la equidad.

Finalmente, hay que destacar que dentro del modelo conservador o continental los países del sur de Europa del área del mediterráneo (entre ellos España) han configurado un submodelo que posee algunas peculiaridades. En estos países también ha habido una extensión de las pensiones y de la sanidad, a toda la población y los impuestos o contribuciones se basan en las nóminas. La administración de estos recursos corresponde al Gobierno central y la provisión de servicios es llevada a cabo, hasta pocos años atrás, por instituciones públicas. Otra característica es que hay un nivel de gasto social relativamente bajo en perspectiva comparada con las medias europeas ya que existen administraciones públicas bastante rígidas. Esto se debe a que, al contrario de lo que ocurre con el modelo socialdemócrata, aquí están mucho más desarrolladas las transferencias económicas que los servicios públicos. En España, además de las carencias en el desarrollo de servicios sociales, nos encontramos con que el nivel de transferencias también es limitado comparativamente. Hay escaso desarrollo porque sólo durante las dos últimas décadas se ha tratado de alcanzar los estándares europeos y, también, porque están teniendo impacto las dudas sobre la viabilidad del Estado del bienestar que provienen de países de nuestro entorno. De todos modos, la principal característica de este *submodelo europeo-mediterráneo* reside en el familiarismo que es mucho más elevado que en el resto de Estados continentales debido a la tradición y arraigo de la religión católica. Así, las unidades familiares son las que generalmente se utilizan como base para el cálculo de derechos, en lugar de ser el individuo como en Escandinavia. El Estado en este modelo viene a ser subsidiario de la institución familiar. Estos países, por ejemplo, han soportado en los últimos años elevadísimos niveles de desempleo sin que las instituciones públicas hayan podido asegurar subsidios para todos los parados. En estas situaciones de crisis las familias han actuado como pequeñas unidades de redistribución de los recursos y, por este motivo, no ha existido conflicto social. Por esta razón, en la tipología a menudo se justifica el establecimiento de esta cuarta categoría de Estados que se fundamenta en la promoción de valores tradicionales (como el modelo de familia).

Se ha podido apreciar, con la ayuda de estos modelos del Estado del bienestar propuestos por Esping-Andersen, la existencia de diferentes tipos de sector público. En el régimen de bienestar institucional el sector público es el eje del sistema, presta todo tipo de servicios mediante instituciones públicas e interviene directa e indirectamente sobre la economía de mercado. Los países que siguen este modelo tienen elevadísimos porcentajes de gasto público en relación con el PIB y poseen un volumen muy importante de empleados públicos. En el régimen de bienestar residual el sector público tiene un protagonismo mucho menor, interviene lo menos posible y presta pocos servicios públicos. Los países que siguen este modelo tienen bajos porcentajes de gasto público en relación con el PIB y poseen un volumen reducido de empleados públicos. En el régimen de bienestar conservador o continental el sector público adopta una posición intermedia, con un elevado protagonismo en algunos servicios y con escaso en otros. Es un sistema donde el peso no reside ni en el Estado, ni en el mercado, ni en la familia sino en un punto intermedio (salvo en los países europeos mediterráneos donde la familia tiene un gran peso). Los países que siguen este modelo tienen un gasto público de nivel medio-bajo o medio-alto, según los casos, y unos volúmenes variables de empleados públicos.

Finalmente, debemos recordar que en la actualidad los tres regímenes de bienestar están en una situación de cambio que complica el rol que debe jugar en cada uno de ellos el sector público. El modelo institucional de los países escandinavos, que es el más estático de todos los modelos, va abriendo espacios hacia el mercado acercándose al modelo continental o conservador. El modelo residual busca suavizar su dureza acercándose al submodelo europeo-mediterráneo. En este sentido, la conocida «tercera vía» de Blair diseñada por Giddens (1999) «descubre» las virtudes del submodelo europeo-mediterráneo de base familiar. Finalmente, este submodelo conservador-mediterráneo va abandonando paulatinamente, por razones de modernidad social, su dependencia de la familia y tiende a adoptar algunos elementos del modelo residual. A todos estos cambios hay que añadir el vigor con el que ha surgido el denominado tercer sector (ONGs, fundaciones, etc.) que aparece como un complemento a los servicios públicos pero que con el tiempo tiende a funcionar bajo parámetros similares a los que operan en el mercado. En definitiva, todo está cambiando y es muy difícil precisar los destinos finales de estas transformaciones y, por lo tanto, no es posible definir con claridad el papel que tendrá que jugar en un futuro el sector público.

1.3. Modelos de organización territorial del Estado

La organización territorial del Estado es una de las dimensiones básicas para el análisis de los sistemas políticos y administrativos de los diferentes países. El objetivo es determinar el grado de centralización o de descentralización política y administrativa y como afecta esta situación a los procesos de toma de decisiones públicas, a la organización de las redes de prestación de servicios públicos, a las relaciones intergubernamentales que se establecen entre las diferentes administraciones públicas de un mismo país, etc.

En el capítulo V (Administración de las comunidades autónomas) se hizo referencia a los modelos de Estado en relación con el grado de centralización o descentralización administrativa (tabla V.1). La clasificación formal los ordena sobre la base de la dualidad Estados unitarios *versus* Estados no unitarios. Los Estados unitarios oscilan desde modelos muy centralistas (como sería el caso de Francia) a modelos muy descentralizados pero que formalmente siguen siendo Estados unitarios (como sería el caso de España). Para que un Estado se pueda considerar como no unitario debe poseer un modelo federal o confederal. Esta forma de clasificación es excesivamente formal y sencilla para poder sistematizar una realidad tan compleja y llena de matices como es la organización territorial del Estado. La tabla VIII.8 refleja esta complejidad cuando se intenta analizar la organización territorial del Estado en los países de la Unión Europea más Estados Unidos y Suiza. Del análisis de estos países surge la necesidad de un nuevo sistema de clasificación (también incompleto y simplificador) que se articula en tres categorías:

a) Estados centralistas en los que la Administración central domina de forma evidente el panorama administrativo ya que aglutina buena parte de los instrumentos organizativos públicos (estructura y personal), presta la mayoría de los servicios y se encarga de regular casi todas las facetas de la vida colectiva. En este modelo, las administraciones subestatales o bien tienen poca actividad o bien su actividad está muy supervisada por las instancias centrales. Este modelo agrupa una curiosa mezcla de países del sur de Europa, que siguen el modelo centralista francés, con países del norte de Europa.

b) Estados semicentralistas (también se podrían identificar como semidescentralizados) en los que las administraciones subestatales tienen un papel importante en la prestación de servicios pero bajo la dirección y supervisión de las instancias centrales (por ejemplo la Administración local del Reino Unido) o en los que las administraciones subestatales tienen unas competencias propias bastante importantes (por ejemplo las regiones en Bélgica y en Italia).

c) Estados descentralizados en los que una parte importante de las decisiones públicas y una parte todavía más importante de los servicios están prestados por las administraciones subestatales, especialmente las de nivel intermedio pero también compartidos con las de nivel local en los países que optan por el principio de subsidiariedad (por ejemplo Alemania). Coincide que los Estados descentralizados son los Estados formalmente federales acompañados de España que, como sabemos, representa un sistema de organización territorial del poder original con una clara tendencia descentralizadora.

TABLA VIII.8.
LOS NIVELES DE ADMINISTRACIÓN PÚBLICA DE UNA SELECCIÓN DE PAÍSES DE LA OCDE CLASIFICADOS EN FUNCIÓN DE SU SITUACIÓN EN EL EJE CENTRALIZACIÓN-DESCENTRALIZACIÓN

	+		*Estados Centralistas*			-
Francia	**Grecia**	**Portugal**	**Finlandia**	**Irlanda**	**Países Bajos**	**Dinamarca**
+A.central	+A.central	+A.central	+A.central	+A.central	+A.central	+A.central
Regiones	—	Regiones	—	Regiones	A.provincial*	A.regional
A.local	A.local	A.local	A.local	A.local	A.local	A.local
	+		*Estados Semicentralistas*			-
Reino Unido	**Suecia**	**Noruega**	**Bélgica**	**Italia**		
+A.central	+A.central	+A.central	+A.central	+A.central		
Regiones en una parte del territorio	+Condados*	Condados*	+Regiones y comunidades	+A.regional		
+A.local	+A.local	+A.local	A.local	A.local		
	+		*Estados Descentralizados*			-
Alemania	**EE.UU.**	**Suiza**	**Austria**	**España**		
A.federal	+A.federal	A.federal	A.federal	+A.central		
+Länder	+Estados	+Cantones	+Länder	+CC.AA.		
+A.local	+A.local	+A.local	+A.local	A.local		

+: Indica el eje del sistema administrativo a nivel de prestación de servicios públicos.
*: En estos países el nivel intermedio es débil y es bastante parecido a una Administración local de segundo nivel (por ejemplo nuestras provincias).
Fuente: Elaboración propia.

La tabla VIII.8 muestra como hay más países que optan por un modelo centralista o semicentralista que por un modelo descentralizado aunque hay que destacar que hace dos décadas la situación todavía era más favorable hacia la centralización. En este sentido, durante las dos últimas décadas se ha producido en países de todo el mundo un proceso muy intenso de descentralización. España impulsó las comunidades autónomas en 1979, Italia unos pocos años antes se decidió por institucionalizar un modelo regional que tenía previsto en su Constitución de 1947 pero que no había sido instaurado. En Bélgica, entre 1980 y 1990, se otorgaron competencias a sus tres regiones (región Valona, región Flamenca y región de Bruselas y a sus tres comunidades lingüísticas) en un modelo ideado en 1970 pero impulsado a partir de 1980. En el Reino Unido se optó, en 1999, por un modelo de autonomía para Escocia, Gales e Irlanda del Norte después de varios intentos fallidos de descentralización. Incluso en algunos sistemas que continúan siendo centralistas han tendido a descentralizar suavemente su sistema administrativo: se crearon regiones en Irlanda y en Francia en 1982 y 1990 respectivamente. La tendencia a la descentralización durante estas dos últimas décadas no es un fenómeno europeo sino planetario, sirvan como ejemplo los procesos (algunos espectaculares) de descentralización en los países de América Latina: México, Argentina, Brasil, Colombia y Bolivia han impulsado durante la última década procesos de descentralización mucho más intensos que en los países europeos.

Comparar procesos de descentralización política y administrativa es sumamente complejo. Se trataría de identificar, si atendemos a la literatura especializada, por una parte las motivaciones que inducen a la descentralización y, por otra, los configuradores de los procesos de descentralización.

Las motivaciones de los procesos de descentralización pueden ser reactivas o inductivas (Cabrero, 1996). Los procesos de descentralización reactivos son los que el impulso de la descentralización se produce desde los territorios subestatales hacia el nivel central, con una clara dimensión política, con una sociedad civil activa, exigente y dispuesta a participar en la gestión de las políticas. Dicho de forma más clara: un proceso de descentralización reactivo es aquel exigido por la sociedad civil de comunidades territoriales que desean autonomía (País Vasco, Cataluña y Galicia en el sistema español). Son pocos los modelos de descentralización impulsados durante las dos últimas décadas que sean reactivos: España y Bélgica serían los dos ejemplos más claros e Italia y el Reino Unido ejemplos algo confusos. Los procesos de descentralización inductivos, por otra parte, son los que el impulso de la descentralización se crea de arriba hacia abajo, desde el nivel central hacia los niveles regionales y locales, con un enfoque incrementalista que pretende mejorar la eficacia y eficiencia del sistema o reducir las presiones sobre el centro, pero sin llegar a perder el control de las decisiones. Este es el modelo que siguen Francia, Irlanda y la mayoría de los países de América Latina. No son descentralizaciones deseadas por las comunidades territoriales sino impulsadas por las instancias centrales que intentan racionalizar la prestación de los servicios públicos. Definir si un proceso de descentralización ha sido impulsado por motivaciones reactivas o inductivas es muy importante ya que condiciona totalmente los procesos y los resultados de la descentralización. Si una descentralización se inicia de forma reactiva puede llegar a ser una descentralización real, de carácter político (se transfieren también las decisiones) y modifica los parámetros de las relaciones intergubernamentales. Si la descentralización es inductiva suele limitarse a una descentralización administrativa (no se transfieren las decisiones) y no modifica de forma substantiva las relaciones políticas entre los niveles administrativos.

En relación con los configuradores de los modelos de descentralización, hay tres dimensiones a tener en cuenta: la opción entre un modelo federal o regional *versus* un nivel municipal, la opción entre una descentralización política o una descentralización administrativa y, finalmente, la simetría o asimetría entre los entes descentralizados (Jordana, Lasagna, Salvador, 1998: 39). El primer elemento hace referencia a si el proceso de descentralización elige un nivel intermedio (región) o un nivel inferior (municipio) como unidad receptora de las competencias a descentralizar. En Europa se ha optado mayoritariamente por el nivel regional (España, Italia, Bélgica, Reino Unido, Irlanda y Francia) mientras que en el resto del mundo suele predominar la opción municipal (por ejemplo en Colombia, Bolivia y México) (ver tabla VII.9). El segundo elemento consiste en determinar si la descentralización tiene un carácter político y administrativo, que implica descentralizar también la toma de decisiones y la capacidad legislativa, o un carácter únicamente administrativo (transferencia de la gestión de los servicios públicos sin autonomía decisoria). Son minoría los procesos que han optado por una descentralización político-administrativa (España, Italia, Reino Unido y Bélgica). El resto se ha orientado hacia una descentralización administrativa (recordemos que cuando el impulso de la descentralización tiene un carácter inductivo el resultado suele ser la descentralización administrativa). Finalmente, hay que determinar si existe simetría o asimetría entre las administraciones que reciben la descentralización. Es decir, si todas las regiones o los municipios reciben las mismas competencias o si hay diferencias entre ellas. Los modelos federales, por ejemplo, son siempre simétricos: todos los Estados que forman parte de la federación tienen las mismas competencias. Esto no siempre es así en los modelos regionales o autonómicos: España es, hasta el momento, un ejemplo evidente de asimetría ya que hay comunidades autónomas que poseen más competencias que otras, Italia también ya que agrupa 6 regiones especiales que tienen más competencias que las 15 restantes. También parece que en el Reino Unido, actualmente en proceso de institucionalización, va a optar por un modelo asimétrico. En los modelos municipales la tendencia también suele orientarse hacia la asimetría ya que estos procesos de descentralización están condicionados por el tamaño de los municipios y sus capacidades organizativas para poder recibir más o menos competencias. No es lo mismo un municipio grande, que puede asumir muchas competencias, que un municipio reducido que no tiene capacidad para gestionar la mayoría de las competencias susceptibles de ser descentralizadas.

TABLA VIII.9.
ELEMENTOS CONCEPTUALES DE LOS PROCESOS DE DESCENTRALIZACIÓN

Elementos	*Opciones*	*Ejemplos países*
Impulso	Reactivo	España, Bélgica, Italia.
	Inductivo	Francia, Irlanda, Suecia, Noruega. Mayoría países América Latina.
Ámbito	Regional	España, Italia, Bélgica, Francia, Irlanda, Portugal, Reino Unido. Países con un modelo federal.

TABLA VIII.9. CONTINUACIÓN
ELEMENTOS CONCEPTUALES DE LOS PROCESOS DE DESCENTRALIZACIÓN

Elementos	*Opciones*	*Ejemplos países*
territorial	Municipal	Noruega, Suecia. Mayoría de países América Latina.
Intensidad	Política	España, Bélgica, Italia. Países con un modelo federal.
descentralización	Administrativa	Francia, Portugal, Irlanda, Suecia, Noruega. Mayoría países América Latina.
Índice	Simetría	Francia. Países con un modelo federal.
simetría	Asimetría	España, Italia. Mayoría de países municipalistas.

Fuente: Elaboración propia.

Los recientes procesos de descentralización analizados nos indican que se han desarrollado unas pautas en las estructuras y en la división de competencias entre los niveles de Gobierno estatales y subestatales que han modificado de forma significativa las relaciones intergubernamentales en estos países. Hay varios temas interesantes que deben ser objeto de nuestra atención: por una parte la importancia que están adquiriendo los niveles administrativos intermedios (entre la Administración central y la Administración local), en segundo lugar la dificultad en distribuir las competencias entre los tres niveles administrativos que poseen la mayoría de los países y, en tercer lugar, los problemas derivados de la financiación de las administraciones subestatales.

La distribución de competencias a través de los niveles muestra que los niveles local y central tienen, generalmente, un núcleo de funciones similares, pero a un tiempo demuestra también que existen muchas áreas «grises» en las que, en mayor o menor grado, un vínculo intermedio está implicado o debería estarlo. En este sentido, de los 17 países analizados en la tabla VIII.8, sólo dos países no poseen un nivel administrativo intermedio (Grecia y Finlandia) y de entre el resto, hay bastantes que han creado durante las dos últimas décadas un nivel intermedio (España, Italia, Bélgica, Reino Unido, Irlanda y Francia) al detectar esta necesidad

FIGURA VIII.2.
PESO RELATIVO ACTUAL DE LOS NIVELES DE ADMINISTRACIÓN EN UNA SELECCIÓN DE PAÍSES DE LA OCDE

Participación en los ingresos públicos totales en 1990

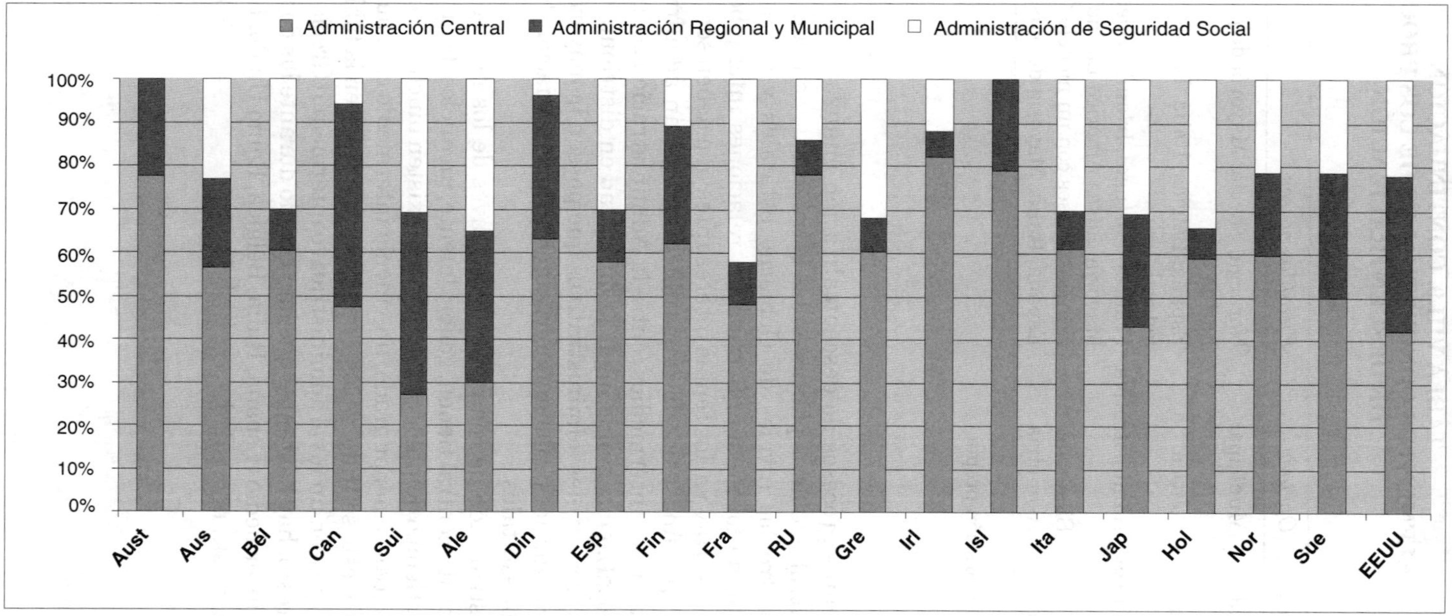

Notas: Aust: Australia. Aus: Austria.
Datos de 1989 para Irlanda, España, y los EE.UU.
Excluidas las transferencias provenientes de otros niveles.

FIGURA VIII.3.
PESO RELATIVO ACTUAL DE LOS NIVELES DE ADMINISTRACIÓN EN UNA SELECCIÓN DE PAÍSES DE LA OCDE

Participación en el gasto público corriente en 1990

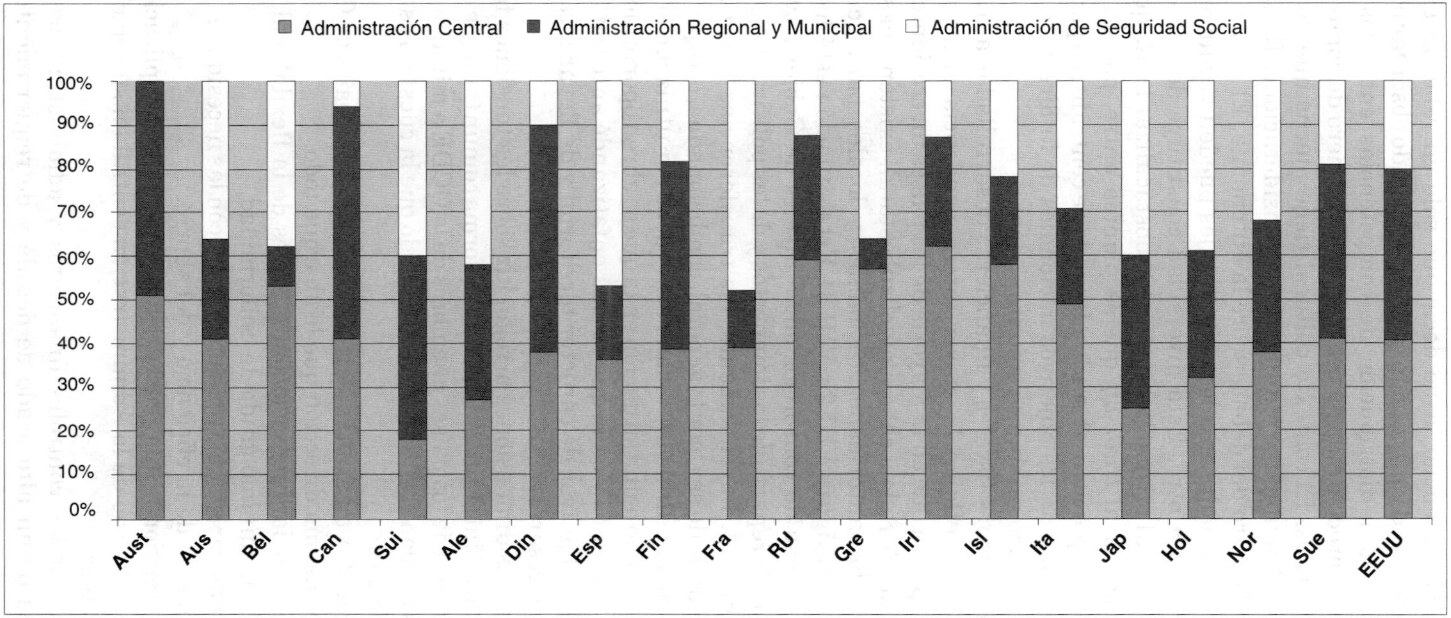

Nota: Excluidas las transferencias provenientes de otros niveles.
Fuente: OCDE/PUMA. Base de datos sobre Sector público y cuentas nacionales

A nivel competencial, cabe decir que sólo en relación con los ámbitos de educación, salud y protección social se ha podido observar una tendencia clara respecto a la redistribución de competencias entre los niveles; además, también es preciso subrayar el creciente número de competencias compartidas entre ellos. El contexto cultural tiene mucho que decir sobre cómo las tareas son distribuidas y, junto con las consideraciones financieras y políticas, está en el centro del debate sobre la autonomía. El grado y la naturaleza de la autonomía de los niveles subestatales pueden variar mucho de un sector competencial a otro. Esta diversidad constituye de por sí un elemento de riqueza pero, al mismo tiempo, puede obstaculizar la búsqueda de la solución más adecuada al *trade-off* que se plantea entre, por un lado, el grado de autonomía y, por otro, el grado adecuado de centralismo para no comprometer la consecución de los objetivos nacionales de la dirección del sector público entendido como un único conjunto.

Las relaciones fiscales y financieras desarrolladas a través de los niveles de Gobierno reflejan la mayor interdependencia entre niveles; al mismo tiempo y pese a que en la mayoría de los países un creciente número de tareas está siendo llevado a cabo a nivel subestatal, existen unas evidentes limitaciones de las autoridades regionales y locales para generar sus propios recursos (ver figura VIII.2 y VIII.3). Esta situación está haciendo que surjan nuevas formas de consorcios entre niveles de Gobierno y revisiones de los esquemas de reparto de los impuestos y de las políticas basadas en el principio de la igualdad. Paralelamente, las transferencias hacia niveles más bajos están dejando de ser, por lo general, condicionadas, o lo que es lo mismo, están dejando de incluir de antemano cómo debe ser utilizado el dinero; con lo que se está pasando a una situación en la que se abren oportunidades para acordar objetivos amplios y en la que se está enfatizando ante todo la importancia de establecer objetivos de carácter territorial y de llevar a cabo las estrategias fiscales necesarias.

Estas tres dimensiones arrojan luz sobre las tensiones fundamentales que se dan a nivel intergubernamental de forma común (aunque en diferente grado) en la mayoría de los países miembros de la OCDE a mitad de los noventa. Estos desafíos pueden resumirse estableciendo que la cuestión es llegar al equilibrio adecuado entre:

– Fomentar más autonomía en los niveles más bajos de Gobierno, mientras se provee de una dirección que lo abarque todo.

– Permitir la diferenciación a través de la flexibilidad, pero a un tiempo asegurar un mínimo grado de uniformidad.

– Demostrar una mayor sensibilidad con las necesidades locales pero nunca en detrimento de la eficiencia y del ahorro.

Estas tensiones inherentes tienen importantes implicaciones para la dirección del Gobierno de la Administración central en su relación con los niveles subestatales:

– Ajustar los controles financieros y administrativos alejándolos de la exigencia de un alto grado de detalle y de requerimientos de arriba-abajo dirigiéndolos hacia unos sistemas consensuados y amplios basados en el control *ex post* y en instrumentos orientados a los resultados.

– Desarrollar mecanismos de coordinación y consulta para llegar a un mecanismo de hacer propuestas más comprensivo y coherente acerca de los objetivos del Gobierno central y que sirvan de referencia a las administraciones subestatales.

– Promover procedimientos de *accountability* que combinen la responsabilidad de la gestión financiera con la clásica responsabilidad política, lo que significa, en ambos casos, fomentar al mismo tiempo una mejor y más amplia participación ciudadana.

Con todo, diríamos que no hay un único modelo que de por sí sea el mejor a la hora de definir cómo debe distribuirse verticalmente el poder y las competencias entre niveles de Gobierno. Cada país tiene su propio contexto cultural, político y económico lo que determina decisivamente qué es posible y deseable realizar. De la misma forma, aunque los imperativos económicos y la filosofía de la nueva gestión pública recomiendan llevar a cabo más traspasos de competencias, debe tenerse en cuenta que se llegará a optimizar el resultado cuando se permita a cada país decidir sobre su propio futuro. En efecto, sería adecuado dejar que cada país decidiese acerca de la combinación de la descentralización y la centralización que más le puede convenir pero también acerca de cómo, donde y a qué velocidad se debe llegar a ésta.

2. La Administración pública de Francia

2.1. Los niveles de Administración en Francia

Francia es una república indivisible, laica, democrática y social. El actual sistema político francés emana de la Constitución de 1958 (a la que hay que añadir la reforma de 1962) que instaura la V República y se caracteriza en relación con las anteriores repúblicas por el reforzamiento del ejecutivo y por la búsqueda de la estabilidad gubernamental. Francia es el paradigma de Estado unitario centralizado aunque desde 1982 ha ido suavizando su sistema centralista con lo que tanto su funcionamiento como su reparto de competencias se han ido modificando. Se ha tendido a conceder una mayor autonomía a las instancias territoriales: regiones creadas en 1982, departamentos y municipios. Francia posee, como la mayoría de los países, tres niveles administrativos: la Administración del Estado, la Administración regional y la Administración local (que agrupa departamentos y municipios).

2.2. La Administración del Estado

La organización del Estado francés tiene como principal característica el diseño de un sistema parlamentario de carácter presidencialista, con atribuciones propias de los sistemas políticos parlamentarios y de los sistemas políticos presidenciales. Esto significa que la posición y atribuciones del jefe del Estado son muy superiores a las que se les atribuye en los sistemas parlamentarios clásicos. El jefe del Estado es el presidente de la República elegido para siete años por sufragio universal y reelegible sin limitación. El jefe del Estado, además de las atribuciones protocolarias propias de un sistema parlamentario, se encarga de la dirección efectiva del ejecutivo con el apoyo del Gobierno. Preside el Consejo de Ministros, es el jefe de los ejércitos y desempeña un papel preeminente en la dirección de las relaciones exteriores. Es decir, el poder ejecutivo se reparte entre el presidente de la República y el primer ministro. Esta dirección dual del ejecutivo genera tensiones políticas cuando el presidente y el primer ministro pertenecen a partidos políticos distintos, fenómeno que se conoce como *cohabitación*. El presidente de la República es asistido por un secretario general de la Presidencia y por un Gabinete, cuyos consejeros políticos abarcan los principales campos de la vida política y administrativa.

El Gobierno del Estado está formado por el primer ministro, por los ministros y por los secretarios de Estado. La composición del Gobierno varía bastante y puede llegar a comprender a casi 50 miembros. Determinados ministros llevan el título de ministros de Estado para subrayar su posición preeminente en el Gobierno ya que ocupan las carteras más poderosas. Hay ministros y secretarios de Estado, en cambio, que pueden ser delegados ante otro ministro para asistirlo, es decir, están bajo las órdenes de ministros más poderosos que dirigen un ámbito ministerial.

El primer ministro dirige el Gobierno y está asistido por un Gabinete, formado por numerosos colaboradores y por una Secretaría General con funciones jurídicas y técnicas. En Francia, el entorno del presidente de la República y del primer ministro es muy extenso configurando un doble nivel presidencial muy fuerte. Los gabinetes vigilan y controlan muy activamente las actividades de los ministerios.

Los ministerios están bajo las órdenes de un ministro que eventualmente puede estar asistido por otro/s ministro/s delegado/s o secretario/s de Estado. La organización de los ministerios franceses es compleja y difiere de unos ministerios a otros. En primer lugar hay que destacar la importancia del Gabinete del ministro que agrupa al menos 10 cargos de confianza política del ministro y que asesora al mismo. De todos modos, en algún momento se confunden en el Gabinete las funciones propias de asesoramiento (*staff*) con las funciones jerárquicas (de línea) ya que en las ausencias del ministro es el director del Gabinete el que le sustituye en la dirección del ministerio. Dependiendo del ministro hay secretarías de Estado (recordemos que también pueden existir ministros delegados) y éstos se encargan de dirigir y coordinar las actuaciones de las direcciones generales. Éstas representan la unidad básica de los ministerios y pueden depender de secretarías de Estado o directamente del ministro. Excepcionalmente, un conjunto de direcciones generales se pueden agrupar a su vez en una Dirección General superior. Por debajo de las direcciones generales hay las subdirecciones generales y a un nivel inferior los negociados.

Estos puestos configuran la *Administración nuclear* del ministerio a la que hay que añadir los servicios descentralizados territorialmente (Administración periférica), que ejecutan tareas operativas y están bajo la autoridad del ministerio que dependen y del prefecto (prefecto de la región o prefecto del departamento).

En este sentido, la representación del Estado en las regiones y en los departamentos es una función de los prefectos. Los prefectos son altos funcionarios, nombrados por decreto del presidente de la República en Consejo de Ministros, dependen del Ministerio del Interior, pero representan en su circunscripción a todo el Gobierno y a cada ministro en particular. La función principal del prefecto es la de coordinar la acción de los servicios del Estado en su territorio con la excepción de las funciones de justicia, enseñanza superior, asuntos militares y servicios de hacienda. Los prefectos juegan un papel fundamental en la aplicación de políticas públicas, que implican la actuación de muchas administraciones (política de urbanismo y planificación del territorio, seguridad, infraestructuras públicas, etc.).

En cuanto a los servicios transversales que se encargan de la gestión de los servicios comunes hay que decir que la gestión de recursos humanos suele ser una competencia que se asigna a un ministro encargado de la función pública aunque es una función que depende formalmente del primer ministro reforzando el carácter interministerial de esta competencia. La gestión de los recursos financieros es una función del Ministerio de Economía y Hacienda.

2.3. Las administraciones subestatales: Administración regional y Administración local

Las regiones representan el nivel intermedio del sistema administrativo francés. Son bastante nuevas (se crearon en 1982) y son el resultado de los recientes intentos de descentralización del Estado francés. Hay 22 regiones en el territorio Europeo a las que hay que añadir 4 regiones de Ultra-Mar (Martinica, Guadalupe, Reunión y Guayana). El régimen aplicable a la región de Córcega tiene algunas peculiaridades. Las competencias más importantes de las regiones se refieren al desarrollo económico, al empleo, a las infraestructuras y a la enseñanza media. Las regiones están dirigidas por una asamblea deliberante, el Consejo Regional, elegida por sufragio universal cada seis años. Este Consejo se encarga de aprobar el presupuesto y de tomar las decisiones sobre los aspectos más relevantes de las competencias de la región. La línea ejecutiva depende del presidente del Consejo Regional.

El nivel local en Francia agrupa dos niveles: los departamentos y los municipios (comunas). Hay 96 departamentos y 36.500 comunas. Los departamentos son corporaciones territoriales (similares a las diputaciones provinciales en España) que poseen una Asamblea, el Consejo General, cuyos miembros se eligen cada seis años por cantones (circunscripciones de los departamentos). Estas elecciones tienen lugar cada tres años ya que los consejos generales se renuevan por mitades garantizando, de esta forma, la continuidad en la dirección. Los departamentos pueden prestar tres tipos de servicios: servicios delegados de la Administración del Estado y servicios propios, que pueden ser impulsados directamente por el departamento o transferidos con carácter indefinido por el Estado (servicios que antes pertenecían a la Administración del Estado). Por ejemplo, se han transferido servicios sociales y sanitarios, agricultura e infraestructuras viarias.

Las comunas (municipios) son extraordinariamente numerosas (36.500) y, por lo tanto, la mayoría tienen un carácter rural ya que el 90% poseen menos de 2.000 habitantes. Solamente el 2% de las comunas tienen más de 10.000 habitantes y representan el 50% de la población (Olmeda, Parrado, 2000: 598). Los problemas derivados del inframunicipalismo son semejantes, o todavía más acusados, que en el caso español. El alcalde es el órgano más importante de la comuna y es elegido por los miembros del Consejo municipal por mayoría a tres vueltas aunque en los municipios con más de 3.500 habitantes, el líder de la lista más votada se convierte automáticamente en alcalde. El Consejo municipal, por su parte, es elegido cada seis años por sufragio universal. Sus características están en función del tamaño del municipio; hay tres categorías: municipios con menos de 3.500 habitantes, municipios con más de 3.500 habitantes y, finalmente, un régimen especial para las grandes urbes (París, Lyon y Marsella). En estas tres ciudades, el Consejo de la ciudad se sustituye por los Consejos de distrito (París tiene 20 distritos, Lyon 9 y Marsella 8). A diferencia del caso español, en las comunas no existen los mecanismos propios del régimen parlamentario ya que el alcalde no es responsable ante el Consejo municipal de las funciones que desempeña. Por lo tanto, el Consejo municipal no puede presentar una moción de censura al alcalde. Sólo se puede obligar a cesar al alcalde cuando un tercio de los concejales dimitan, entonces hay que convocar nuevas elecciones y así poder elegir a un nuevo alcalde. Las comunas tienen asignadas las funciones típicas de una Administración municipal (similar a las competencias que poseen los municipios en España).

2.4. El personal al servicio de la Administración

El personal de las administraciones públicas de Francia representa un 24,7% del total de los empleados de este país (ver tabla VIII.2), porcentaje de los más altos de los países de la OCDE y agrupa más de cinco millones y medio de efectivos (tabla VIII.10). El nivel administrativo que emplea más personal es la Administración del Estado tal y como corresponde a un Estado muy centralizado. La tabla VIII.10 no refleja con claridad, debido a la forma de clasificar el personal en Francia, el dominio de empleados públicos que pertenecen a la Administración del Estado (una parte importante de los empleados de la «Administración territorial y sanitaria» —aquí Administración territorial comprende también la Administración periférica del Estado— y de «establecimientos y empresas públicas» pertenecen también a la Administración del Estado).

El personal al servicio de las administraciones públicas de Francia es fundamentalmente personal funcionario nombrado para un empleo permanente en el que acceden por concurso y en el que desarrollan una carrera administrativa (ver figura VIII.4). El sistema de función pública de Francia es el que mejor representa el modelo de empleo cerrado de carácter continental y se asienta sobre tres pilares:

TABLA VIII.10.
PERSONAL DISTRIBUIDO POR NIVELES DE ADMINISTRACIÓN (FRANCIA)

Nivel y ámbito Administración	*Volumen personal*	*%*
Administración del Estado	2.202.500	39,49
Administración territorial y sanitaria	2.252.300	40,85
Establecimientos y empresas públicas	1.058.700	19,20
Total	5.513.500	100,00

Fuente: OCDE, PUMA, 1995.

a) Sistema cerrado o de carrera: los funcionarios prestan sus servicios en la Administración durante toda su vida profesional desempeñando una serie de puestos diferentes, lo que exige que sean seleccionados de forma genérica para el ejercicio de una actividad profesional (y no para un puesto de trabajo determinado que corresponde al modelo de empleo abierto).

b) Modelo corporativo: la función pública se organiza en «cuerpos» de funcionarios que agrupan aquellos funcionarios que se rigen por un mismo estatuto particular y poseen un mismo sistema de carrera profesional. En la actualidad hay más de 1.500 cuerpos aunque el 70% de los funcionarios pertenece sólo a 27 de éstos. La intención, de cara al futuro, es reducir el número de cuerpos a unos 500 al suprimir todos aquellos que cuenten con muy pocos efectivos.

c) Sistema centralizado de gestión de personal en el que todas las pautas reglamentarias las establece la Administración del Estado y, en cada nivel de Administración, hay unas unidades que se encargan de la gestión del personal de forma centralizada.

Se puede apreciar fácilmente que el modelo español ha seguido estos tres parámetros de la función pública francesa.

No todos los empleados públicos son funcionarios ya que también existe la figura de los agentes contratados por el Estado a los que no es aplicable el Estatuto de la Función Pública. Este colectivo es hoy en día bastante numeroso (supera el millón lo que representa más del 20% de los empleados públicos). De todos modos, a diferencia de otros países (como Alemania y España), estos empleados públicos no se rigen por el derecho laboral ni implican una estrategia de escape de las rigideces del modelo funcionarial. En Francia estos agentes contratados se tienden a funcionarizar con el tiempo.

FIGURA VIII.4.
DISTRIBUCIÓN DEL EMPLEO EN EL SECTOR PÚBLICO DE FRANCIA EN 1993

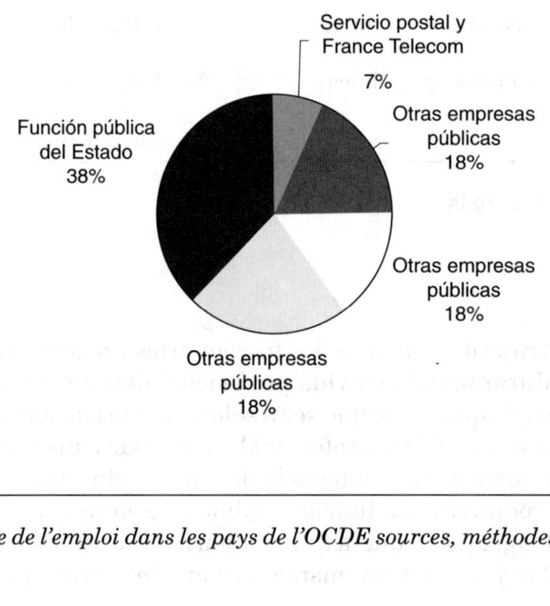

Fuente: *La mesure de l'emploi dans les pays de l'OCDE sources, méthodes et résultat.* OCDE (1997).

El sistema de acceso a la función pública es por concurso (similar a las oposiciones en España) que se desarrolla según unas reglas muy detalladas y un tribunal independiente se encarga de la selección y clasificación de los candidatos por orden de mérito. En los procesos de selección priman los principios de profesionalización (valorando la capacidad y mérito de los aspirantes) y de igualdad de oportunidades en el acceso a la función pública. Una vez superado el concurso se realiza un período de formación en las Escuelas (ENA para algunos cuerpos administrativos de élite, Institutos Regionales de Administración —IRA— para otros cuerpos generales y en las 50 escuelas que poseen los departamentos para los cuerpos especiales). El período de formación en la ENA, por ejemplo, es de dos años y tiene carácter selectivo: cada alumno es clasificado con una puntuación que resulta definitiva para elegir los puestos. El acceso a la función pública se canaliza en una de las cuatro categorías a las que pueden estar adscritos los cuerpos: A, para titulados superiores (representa el 41,5% de los funcionarios civiles); B, bachiller superior (representa el 26,2%); C, enseñanza media (30,6%); y D, certificado de escolaridad (1,7%). La promoción se produce dentro de cada cuerpo: los funcionarios tienen un grado personal que puede ir incrementando en función de la importancia de los puestos que va ocupando. La promoción la regula el propio cuerpo y sus posibilidades están en función de las vacantes que existen en el mismo. Además de la promoción por grados, la más importante, existe también promoción por niveles (de 0 a 20) que van asociados fundamentalmente a la antigüedad de los funcionarios (ver tabla VIII.11).

TABLA VIII.11.
ELEMENTOS BÁSICOS DEL MODELO DE PERSONAL DE FRANCIA

Acceso a la función pública	Sistema de oposición para externos y para internos. Sistema de oposición a partir del ingreso en determinadas. Escuelas: ENA e IRA para los cuerpos generales, escuelas especiales para los cuerpos especiales.
Carrera administrativa	Organización en cuerpos (más de 1.500), cada uno con su Estatuto particular. Cuatro categorías: A, B, C y D. La carrera se realiza dentro del cuerpo mediante la obtención de grados. Cada cuerpo autorregula su carrera. La carrera entre categorías es excepcional.
Retribuciones	En base a los grados dentro de cada categoría profesional. Componentes del sueldo: retribución básica, sobresueldos e indemnizaciones.
Retos en el futuro	Necesidad de transformaciones institucionales.

Fuente: MAP (1997): *Modelos de función pública comparada,* Madrid: MAP-BOE.

3. La Administración pública de Alemania

3.1. Los niveles de Administración en Alemania

Alemania es una república federal que tiene una organización administrativa que se articula en tres niveles: el nivel federal, el de los *land* y el nivel local. Cada nivel administrativo es jurídicamente autónomo e independiente para las tareas definidas constitucionalmente. El Gobierno federal tiene por misión fundamental legislar y buena parte de sus funciones administrativas están delegadas en los *länder* (funciones de gestión-ejecución). Los *länder* tienen también ciertas competencias en materia legislativa. El Gobierno local tiene bastante autonomía en la administración de sus competencias. Alemania es una democracia representativa, todo el poder soberano se apoya en el pueblo que ejerce indirectamente el poder político a través de la elección de los miembros del *Bundestag*. La base constitucional del Estado es la Ley Fundamental promulgada en 1949.

3.2. La Administración federal

El jefe del Estado alemán es el presidente federal. Lo elige la Convención Federal (*Bundesversammlung*) que es un órgano constitucional que agrupa a los diputados del *Bundestag* y a un número equivalente de miembros elegidos por las asambleas de los *länder*. Esta doble procedencia de los electores del presidente federal garantiza una doble vía representativa: la del pueblo (*Bundestag*) y la territorial por la vía de los *länder* (miembros elegidos por las asambleas de los *länder*). La Convención Federal sólo se reúne con el objetivo de elegir al presidente federal. El mandato del presidente federal dura cinco años y sólo puede ser reelegido una vez. Las funciones del presidente federal tienen un carácter representativo: representa a Alemania en sus relaciones exteriores, propone al *Bundestag* un candidato al puesto de canciller federal y, a propuesta del canciller, nombra y destituye a los ministros del Gabinete. Si el *Bundestag* vota una moción de censura contra el canciller federal, el presidente puede disolver el *Bundestag*.

El poder legislativo comprende dos cámaras: el *Bundestag* (Dieta Federal) que cuenta con 662 miembros y que es el órgano legislativo que tiene por misión básica elegir al canciller federal y controlar al Gobierno, y el *Bundesrat* (Consejo Federal) a través del cual los *länder* participan en la actividad legislativa de la Federación: el *Bundesrat* agrupa 68 miembros; cada *land* tiene al menos tres representantes y los *länder* más poblados disponen de seis representantes.

El Gobierno federal dirigido por el canciller federal se caracteriza, a diferencia de otros modelos como el francés y el del Reino Unido, por una relativa ausencia de poder jerárquico del jefe de Gobierno sobre los ministros. Éste es libre para elegirlos, pero una vez están en su función, los ministros disponen de una gran autonomía. La Cancillería federal es un pequeño órgano que agrupa aproximadamente unos 500 efectivos que suministran información al canciller y le auxilian en sus funciones de coordinación. Hay también un servicio de prensa y de información del Gobierno federal (equivalente al Portavoz del Gobierno) que agrupa a unos 800 efectivos y que está vinculado a la Cancillería federal. En ésta hay un grupo de planificación que gestiona un «sistema de información del Gobierno»: los datos importantes respecto a cada proyecto planteado por los ministerios se comunican a la Cancillería que los almacena en su ordenador. Todos los ministerios tienen acceso a los datos. En cuanto a los servicios transversales, es el Ministerio de Interior el que se encarga de la gestión de los recursos humanos y de la gestión de las nuevas tecnologías de la información mientras que el Ministerio de Hacienda es el que se responsabiliza de la gestión de los recursos financieros.

El Gobierno federal tiene 18 ministerios. La dirección de los mismos es una función del ministro y se estructuran en secretarías de Estado (entre una y tres por ministerio). Un nivel inferior son las jefaturas de dirección (entre cuatro y siete por ministerio). Los secretarios de estado y los jefes de dirección son cargos políticos. Los niveles inferiores a las jefaturas de dirección, tienen una naturaleza profesional, y son en un primer nivel las jefaturas de subdirección y, en un segundo nivel, las jefaturas de división.

3.3. *Las administraciones subestatales: Administración estatal y Administración local*

Existen 16 *länder*: 11 presentes desde 1945 pertenecientes a la República Federal de Alemania y 5 *länder* constituidos en 1990 vinculados al antiguo territorio de la República Democrática Alemana. Los *länder* son muy diferentes por sus dimensiones y por su peso político. Cada *land* tiene su propia Constitución, su Parlamento, su Gobierno y su Administración. Cada *land* disfruta de capacidad para organizar su propia Administración lo que genera diferencias entre los mismos. El máximo responsable de cada *land* es el jefe de Gobierno o primer ministro del *land* y su Gabinete. Los *länder* aplican no sólo su propia legislación, sino también y en un 75%, la de la Federación y en este caso actúan con total independencia dentro de los márgenes legislativos. El Gobierno de los *land* agrupa unos 10 ministerios. El primer ministro tiene una Oficina que le da apoyo en sus funciones de dirección y de coordinación.

En la mayoría de los *länder*, el aparato administrativo se articula en tres niveles: superior, que depende directamente de los ministerios y asume funciones administrativas básicas; intermedio, que desempeña funciones administrativas para una circunscripción administrativa o distrito del *land* (viene a ser la Administración periférica del *land*. Este nivel intermedio no existe en los *länder* de reducidas dimensiones); e inferior, que está constituido por instituciones propias del *land* (servicios sanitarios, servicios de infraestructuras públicas, etc.).

A nivel financiero, los *länder* deben sufragar sus propias competencias aunque si actúan por cuenta de la Federación, es ésta la que asume el gasto. El principio de federalismo fundado sobre la concertación permite a la Federación conceder a los *länder* una ayuda financiera para inversiones y cofinanciar tareas comunes. Los ingresos de los *länder* provienen esencialmente de los impuestos que son de su competencia exclusiva, tales como el impuesto sobre el patrimonio y los derechos de sucesión, así como los impuestos que comparten con la Federación: el impuesto de sociedades y el impuesto sobre la renta. Actualmente, sus ingresos están asegurados casi en un cincuenta por ciento por el impuesto sobre sociedades y el impuesto sobre la renta y en torno al 35 por ciento por los rendimientos del IVA.

La Administración local tiene dos niveles: los municipios (*Gemeinde*) y los distritos (*Kreise*), que son agrupaciones regionales de municipios. Hay 323 distritos y 16.071 municipios. Estos dos niveles de Administración funcionan según el principio de subsidiariedad, que implica que la responsabilidad de solucionar los asuntos locales incumbe al municipio, pero cuando éste no puede cumplir sus cometidos es el distrito el que afronta la responsabilidad: las grandes ciudades (115 que poseen más de 100.000 habitantes) no dependen del distrito y son ciudades autónomas que asumen todas las competencias de los dos niveles de la Administración local.

La organización de los municipios es muy variable ya que los *länder* poseen libertad para definir el diseño organizativo de las corporaciones locales de sus respectivos territorios. El alcalde puede ser elegido directa o indirectamente por el electorado según el *land* en el que esté ubicado el municipio y bajo sus órdenes agrupa, siguiendo una lógica de organización ministerial en la distinción de los ámbitos de gestión, tenientes de alcalde, concejales políticos o concejales profesionales en función del modelo por el que haya optado el *land*.

Las corporaciones locales gestionan servicios de interés local: servicios sociales locales, suministros de agua y gas, transporte local, etc. Además de sus propias funciones las corporaciones locales aplican la legislación federal y la legislación del *land*. Los recursos económicos de las corporaciones locales provienen de los impuestos locales (impuestos sobre bienes inmuebles y sobre los negocios), el 15% del impuesto sobre la renta y de las subvenciones y transferencias aportadas por los *länder*.

3.4. El personal al servicio de la Administración

El personal de las administraciones públicas de Alemania representa un 15,6% del total de los empleados de este país (ver tabla VIII.2) y agrupa más de cinco millones y medio de efectivos (tabla VIII.12). La Federación es el nivel de Administración que posee menos empleados públicos siendo el nivel más importante el de los *länder* seguido de cerca por la Administración local, consecuencia todo ello de un modelo federal con una orientación a la subsidiariedad en el que buena parte de la implementación de las competencias federales se atribuye a las administraciones de los *länder* y parte de la implementación de las competencias de este nivel intermedio se transfiere a la Administración local. En este sentido, la mayoría de la gestión es una función de las administraciones subestatales.

Alemania tiene un modelo de función pública mixto en el que combina características propias del modelo de empleo cerrado y del modelo de empleo abierto (ver el capítulo VII). Hay dos tipos de empleados públicos: los funcionarios (que siguen un sistema de carrera, tienen unos derechos específicos y funcionan atendiendo a los parámetros de un modelo de empleo cerrado pero con algunos parámetros de flexibilidad) y los laborales (vinculación jurídica de carácter privado, están sujetos a negociación colectiva y están vinculados a puestos de trabajo concretos, principal característica de un modelo de empleo abierto). La tendencia actual consiste en potenciar cada vez más las entradas en el sistema de laborales ya que se considera atractivo la mayor flexibilidad de este tipo de empleados públicos y los menores costes económicos de este colectivo. Sirva como dato, que evidencia la tendencia actual a priorizar los contratos laborales, que sólo el 5% de los empleados públicos de las nuevas administraciones de Alemania Oriental son funcionarios (MAP, 1997: 24).

TABLA VIII.12.
PERSONAL DISTRIBUIDO POR NIVELES DE ADMINISTRACIÓN (ALEMANIA)

Nivel y ámbito Administración	*Volumen personal*	*%*
Federación	546.299	9,68
Länder	2.453.439	43,48
Colectividades locales	1.735.468	30,75
Asociaciones intermunicipales	65.901	1,16
Ferrocarriles	119.838	2,12

TABLA VIII.12. CONTINUACIÓN
PERSONAL DISTRIBUIDO POR NIVELES DE ADMINISTRACIÓN (ALEMANIA)

Nivel y ámbito Administración	*Volumen personal*	*%*
Correos y telecomunicaciones	271.525	4,81
Servicio público indirecto	449.864	7,97
Total	5.642.514	100,00

Fuente: OCDE, PUMA (1995).

La función pública alemana es peculiar en su procedimiento de selección o de entrada ya que no sigue el sistema clásico de oposición al considerar que no es el más adecuado para valorar la competencia profesional de los candidatos (ver tabla VIII.13). En todo caso los procesos de selección son bastante distintos (los *länder* tienen la facultad de regularlos autónomamente) y también varían en función de la categoría de los funcionarios. En Alemania hay cuatro categorías (equivalen a los grupos y escalas en España): categoría superior, categoría alta, categoría media y categoría subalterna. Los procesos de selección son más lentos y complejos en las categorías más elevadas. El proceso de selección se inicia con una declaración inicial de aptitud y la acreditación de la calificación requerida en cada caso. El funcionario, tras esta entrada tan laxa y sencilla, inicia un período de prácticas que oscila entre seis meses a tres años en función de la categoría. Después de este período, en el que adquiere los conocimientos y capacidades necesarios, se efectúa un examen por parte de un tribunal independiente cuyas decisiones no pueden ser corregidas por la Administración. Una vez se ha superado este examen los funcionarios presentan candidaturas para ocupar vacantes concretas (se busca la mayor adecuación entre el perfil del funcionario con el puesto a ocupar) y pasan a ser nombrados funcionarios a título de prueba. Pueden ser funcionarios «a prueba» por un período que oscila entre uno y tres años y durante este intervalo pueden ser separados del servicio si no se les considera competentes. Este período de prueba se desarrolla en varios puestos y se trata de determinar cuál es el tipo de puestos que más se ajusta a las condiciones del todavía aspirante a funcionario. Una vez transcurrido con éxito este período de prueba el aspirante consigue la condición de funcionario que tiene un carácter vitalicio.

Una vez se logra la condición de funcionario se inicia la carrera administrativa que consiste en ir alcanzando grados cada vez más elevados en el marco de una de las cuatro categorías (similar al modelo español). La promoción está, pues, ligada al ascenso de grado pero sin que implique un cambio de empleo (cambio de puesto de trabajo). Es decir, se puede hacer carrera ocupando un mismo puesto de trabajo y de esta manera se aprovecha al máximo el aprendizaje y las aptitudes que va desarrollando un funcionario al ocupar un puesto de trabajo determinado (recordemos que en el modelo español la carrera va aparejada a un cambio de puesto de trabajo, situación que está previsto que sea modificada por el nuevo Estatuto de la Función Pública). El ascenso de una categoría a otra debe hacerse, en cambio, por medio de exámenes (igual que en España cuando se quiere cambiar de grupo).

TABLA VIII.13.
ELEMENTOS BÁSICOS DEL MODELO DE PERSONAL DE ALEMANIA

Acceso a la función pública	Acceso según principios de aptitud, calificación y rendimiento profesional. Gran variedad de procedimientos de selección.
Carrera administrativa	Promoción ligada al ascenso de grados dentro de cada una de las cuatro categorías (similar al modelo español). Ascenso entre categorías limitado y por examen. En el ámbito laboral la promoción supone una nueva selección.
Retribuciones	Abanico de remuneraciones conforme a grupos y categorías. Numerosos complementos.
Retos en el futuro	Propuestas de reemplazar a los funcionarios por contratados laborales.

Fuente*: MAP (1997): Modelos de función pública comparada,* Madrid: MAP-BOE.

La retribución de los empleados públicos es regulada por la Federación con el objetivo de impedir diferencias retributivas entre los funcionarios de los diferentes *länder*. En cuanto a las condiciones de trabajo, destacan las elevadas pensiones que perciben los funcionarios (en España ocurre lo contrario) y las posibilidades de acceder a jubilaciones anticipadas, antes de la edad oficial de jubilación a los 65 años, en muy buenas condiciones. Esta situación encarece el modelo de función pública de Alemania y, por esta razón, se está proponiendo retrasar la edad de jubilación y reducir al máximo las jubilaciones anticipadas. Estas elevadas condiciones laborales de los funcionarios explican que actualmente se esté orientando el modelo de empleo público hacia la vía laboral ordinaria.

4. La Administración pública del Reino Unido

4.1. Los niveles de Administración en el Reino Unido

El Reino Unido es una monarquía constitucional cuya Constitución «no escrita» es evolutiva y basada en el acuerdo permanente. Es un Estado unitario de carácter plurinacional (Inglaterra, Escocia, Gales e Irlanda del Norte) que muy recientemente ha implementado, tras algún intento histórico fallido, una descentralización a favor de Escocia, Gales e Irlanda del Norte configurándose un nivel intermedio de Administración. La Administración local, muy potente por la capacidad y amplitud de las competencias que gestiona, agrupa condados y distritos

4.2. La Administración del Estado

La jefatura del Estado corresponde al Monarca que tiene unos poderes formales de carácter histórico muy amplios pero que en realidad no utiliza la mayoría de estas prerrogativas y sus funciones son similares a las de un Rey en cualquier monarquía parlamentaria.

El presidente del Gobierno es el primer ministro que es nombrado por el Monarca. Por convención el Monarca invita a formar Gobierno al presidente del partido político que ha obtenido mayoría en la Cámara de los Comunes (el sistema electoral mayoritario ha facilitado siempre una mayoría clara suficiente). El primer ministro preside las reuniones del Consejo de Ministros y nombra a los ministros. El Gabinete del primer ministro tiene unas dimensiones muy reducidas (agrupa sólo a unas 80 personas la mayoría de las cuales son funcionarios de carrera). El Gabinete se encarga de asesorar al primer ministro sobre los asuntos que tienen prioridad en la agenda política. En este sentido, es un Gabinete reducido, bastante profesional y de carácter muy instrumental que no tiene como objetivo asesorar (e indirectamente vigilar y controlar) los distintos ámbitos de gestión de los ministerios. Es, por lo tanto, un Gabinete conceptualmente muy distinto a los de Francia, España y algo más cercano al de Alemania.

El Consejo de Ministros (*Cabinet*) es un comité de ministros principales cuyo número puede variar pero con un máximo de 22. Hay ministros que no son miembros del Consejo pero que pueden ser invitados a participar en las reuniones del Gabinete en las reuniones que traten asuntos relacionados con sus ministerios (que se ocupan de unas competencias «menores»). Estos ministros que no forman parte del Consejo equivaldrían, salvando las distancias, a los ministros delegados y secretarios de Estado en Francia. Hay, en total, más de 30 ministerios aunque los más importantes suelen ser unos 12. La mayoría de los grandes ministerios (los 12 antes mencionados) suelen tener al frente a un ministro del Consejo de Ministros y además pueden tener *juniors ministers* con funciones de asesor del ministro principal o incluso como responsables de áreas específicas del departamento (se denominan ministros de Estado, que serían equivalentes a las secretarías de Estado en España). Los *juniors ministers* son una institución singular británica y sus funciones suelen ser de enlace entre el ministerio y la Cámara de los Comunes donde realizan funciones de coordinación y de disciplina de partido. Los *juniors ministers* vienen a ser jóvenes meritorios del partido en el Gobierno que se están formando para ocupar con el tiempo cargos más importantes. Les sigue en la jerarquía una Secretaria Permanente (también se conoce como Subsecretaría) que usualmente es ocupada por un funcionario de carrera y dirige los servicios comunes (personal, gestión económica, etc.) del ministerio. Los distintos ámbitos de gestión concretos que agrupa un ministerio están articulados en direcciones generales (como en España) ocupados también por funcionarios de carrera.

Los órganos centrales de los ministerios se encargan de la dirección, la coordinación, el control y la evaluación de las políticas públicas asociadas a su ámbito de gestión pero no de la gestión directa de las competencias o servicios. La gestión directa suele ser una atribución de las agencias ejecutivas, impulsadas por la iniciativa de modernización *Next Steps*.

Las agencias ejecutivas son unidades autónomas al frente de las cuales hay un director ejecutivo que es responsable directo ante el ministro. Las agencias ejecutivas deben conseguir objetivos muy precisos con unos determinados recursos financieros y con unos estándares de calidad prefijados pero que disponen de autonomía en la gestión de sus recursos internos. Hay unas 130 agencias ejecutivas que emplean unos 400.000 empleados. Además de las agencias ejecutivas hay cerca de 4.000 organismos públicos ministeriales que tienen todavía más independencia de gestión que las agencias ejecutivas.

Sobre los servicios transversales es preciso señalar que la gestión de los recursos humanos es una competencia que se reserva el primer ministro; el Ministerio de Hacienda se encarga de elaborar el presupuesto y del control del gasto público y las nuevas tecnologías de la información es una competencia asignada a la Agencia Nacional de Informática que depende del Ministerio de Hacienda.

4.3. Las administraciones subestatales: las administraciones de Escocia, Gales e Irlanda del Norte y la Administración local

En el ámbito regional, el reconocimiento de la autonomía político-administrativa a las distintas nacionalidades es un fenómeno muy nuevo que tiene como punto de inicio 1999 al constituirse el Parlamento escocés, el galés y el de Irlanda del

Norte. Inglaterra, en cambio, no ha iniciado este proceso de descentralización. Este modelo de descentralización está en fase de desarrollo, todavía muy incipiente, y únicamente se han definido las características de los distintos parlamentos regionales y queda por concretar su participación en los recursos financieros del Estado y las competencias político-administrativas que podrán asumir y las que, en cambio, se reserva, la Administración del Estado. Todavía no se han constituido los ejecutivos de estas administraciones regionales.

La Administración local del Reino Unido ha sido siempre muy importante ya que además de gestionar los servicios propiamente locales se ha encargado de la gestión de una parte importante de las competencias de la Administración del Estado en el territorio. Durante los gobiernos conservadores de los años 80 y hasta mediados de los 90 las entidades locales han visto reducida su autonomía por las medidas de homogeneización y control del gasto y del déficit por parte de la Administración del Estado.

La Administración local del Reino Unido es bastante compleja aunque se simplificó mucho en 1992, momento que supuso una transformación radical en relación con el volumen de entidades locales (se redujo drásticamente y se fusionaron en algunos territorios el doble nivel de la Administración local). La Administración local agrupa condados y distritos:

– En Inglaterra y Gales hay 46 condados no metropolitanos; 6 condados metropolitanos y el Consejo del Gran Londres (abolido en 1986 y reinstaurado en el 2000) y agrupan un total de 369 distritos.

– En Escocia hay 9 consejos regionales (equivalentes a condados) y tres administraciones especiales para las islas del este y otros territorios especiales, y 53 distritos. Es probable que las funciones de los consejos regionales sean asumidas por la nueva Administración regional.

– En Irlanda del Norte sólo hay distritos y llegan a ser 26.

En Londres y en las áreas metropolitanas hay un único nivel administrativo. Es decir, no siempre coexisten los condados (como nivel local superior) y los distritos (nivel local inferior). En las zonas no metropolitanas de Gran Bretaña existe un tercer nivel formado por parroquias en Inglaterra y por los consejos vecinales en Gales y Escocia. Hay 11.000 parroquias y consejos vecinales.

Los condados gestionan servicios sociales, educación, policía, incendios, planificación estratégica, etc. Los distritos (consejos de distrito), por su parte, gestionan funciones menos amplias que los condados: vivienda, urbanismo, saneamiento y recogida de basuras, medio ambiente, etc. (ver tabla VIII.14).

A nivel de organización de la Administración local los ciudadanos eligen a los concejales y éstos a un alcalde. La principal diferencia con nuestro modelo es que el alcalde no tiene unos poderes extraordinarios, como nuestro sistema que es presidencialista, si no que viene a ser un *primus inter pares*. Una de las especificidades del modelo británico es la figura del gerente que se fue introduciendo en la década de los 70. El gerente es un profesional que se encarga de coordinar las direcciones de servicio, que son los ámbitos de gestión básicos de las corporaciones locales, y realiza la función de asesorar al Pleno municipal sobre asuntos de gestión. Este modelo gerencial ha sido la fuente de inspiración en la Administración local de España, especialmente en Cataluña y País Valenciano, para introducir la figura de gerente (ver el capítulo VI). La presencia del gerente en la Administración local británica ha introducido ciertos cambios en la forma de gestionar la organización. Los gerentes juegan en la actualidad un papel muy intervencionista en la gestión de la Corporación. El gerente dirige el equipo directivo (direcciones de servicio) de la Corporación, es responsable de la visión estratégica de la organización y cumple un papel considerable en la asignación de recursos (Olmeda, Parrado, 2000: 741).

TABLA VIII.14.
SERVICIOS PRESTADOS POR LAS CORPORACIONES LOCALES BRITÁNICAS

Condados	*Distritos*
Competencias únicas	
Educación	Recaudación de impuestos
Servicios sociales	Registro electoral
Policía, Bomberos	Vivienda
Registro civil	
Protección del consumidor	Arrendamiento de parcelas
Bibliotecas	Cementerio
Pensiones de los empleados locales	
Competencias compartidas	
Planificación estratégica y de transporte	
Transporte público y vías públicas	
Planificación para emergencias	
Recogida de residuos sólidos	
Actividades culturales y de ocio	
Desarrollo económico	

Fuente: Johnston, Pattie (1996) citados en Olmeda, Parrado (2000).

La Administración local se financia mediante la contribución local, la redistribución del impuesto sobre la actividad profesional (la parte más importante de los ingresos locales), y mediante aportaciones de la Administración del Estado. Como se ha dicho con anterioridad la financiación municipal ha experimentado bastantes cambios durante la última década ya que el Gobierno central puede limitar el nivel de gasto y de ingreso propio de las administraciones locales. En este sentido, la autonomía local británica es menor que en los países de tradición continental.

4.4. El personal al servicio de la Administración

El personal de las administraciones públicas del Reino Unido representa un 14,3% del total de los empleados de este país (ver tabla VIII.2), es uno de los más bajos de los países de la OCDE, y agrupa más de cinco millones de efectivos (tabla VIII.15). La Administración pública británica es la que más ha reducido el volumen de empleados públicos desde 1980, año en el que el 21,2% de la población activa eran empleados públicos y que se ha reducido a sólo el 14,3% en 1995. El personal de la Administración local tiene un volumen elevado, en comparación con otros países, hecho que se deriva de la comentada gestión por parte de las instancias locales de competencias propias de la Administración del Estado. Hay que recordar que un número importante de los empleados públicos está adscrito a las agencias. De momento las Administraciones regionales no tienen adscrito personal ya que están en el proceso inicial de institucionalización.

Es muy conocido el *civil service* (término que se utiliza más o menos como equivalente a nuestro concepto de función pública) de Gran Bretaña. Hay que precisar, en primer lugar, que el *civil service* agrupa o se refiere tan sólo a los empleados públicos encuadrados en la Administración del Estado (departamentos y agencias), con importantes excepciones como el Servicio Nacional de Salud y determinados cuerpos (por ejemplo el Cuerpo de Policía). En 1996 el número de *civil servants* era de 458.374 (MAP, 1997: 76), lo que representa menos del 10% del total de empleados públicos de Gran Bretaña. Las tres cuartas partes de los *civil servants* prestan sus servicios en las agencias creadas a partir de 1988 por el programa «pasos siguientes» (*Next Steps*).

TABLA VIII.15.
PERSONAL DISTRIBUIDO POR NIVELES DE ADMINISTRACIÓN (REINO UNIDO)

Nivel y ámbito Administración	*Volumen de personal*	*%*
Administración central	1.891.000	36,53
Administración local	2.048.000	39,56
Empresas públicas	1.237.000	23,89
Total	5.176.000	100,00

Fuente: OCDE, PUMA (1995).

El modelo del *civil service* agrupa dos estructuras: la abierta, para los grados superiores de la Administración y, la cerrada para el resto de los grados administrativos. El *civil service* «cerrado» tiene, a su vez, dos vías diferenciadas: la generalista (equivalente a nuestros cuerpos generales) y la especialista (equivalente a nuestros cuerpos especiales). La «estructura abierta» agrupa a los *senior civil servants*, la élite de *civil service* británico que comprende unos 3.000 miembros.

En el acceso al *civil service* priman los principios de mérito, capacidad e igualdad pero se implementa de una forma muy distinta al modelo continental ya que se busca en los candidatos una gran polivalencia y unas actitudes personales abiertas con el objetivo de configurar una cultura organizativa muy proclive al cambio (ver tabla VIII.16). De esta forma se evalúan las aptitudes intelectuales y personales de los candidatos. El pragmatismo y las especificidades británicas hacen posible una selección con estos laxos criterios sin que, aparentemente, se produzcan desajustes derivados de eventuales arbitrariedades en el proceso de reclutamiento. El proceso de selección descansa en un complicado equilibrio entre la centralización y la descentralización: hay una Comisión de Función Pública que, en coordinación con los departamentos ministeriales, asegura los principios de justicia y competencia abierta supervisando los procesos selectivos. La selección de los grados medios y bajos está delegada en los departamentos. Hay varias vías de acceso: la vía normal, la vía rápida (muy excepcional por la que acceden unos 250 empleados por año y está centralizada), el acceso como altos funcionarios y el ingreso a los puestos inferiores que se encargan directamente de los diferentes departamentos con el auxilio, en algunas ocasiones, de empresas de selección.

La carrera administrativa de los *senior civil servants* está centralizada y claramente pautada pero la promoción para el resto de los miembros está descentralizada en departamentos y agencias que tienen libertad para establecer sus propios criterios de promoción siempre respetando el principio de capacidad y mérito. Hay que destacar que la evaluación del desempeño del puesto de trabajo determina la promoción pero también las remuneraciones a percibir. Esto se consigue estableciendo los salarios de los funcionarios sobre una banda mínima y máxima, normalmente fijada por cada departamento, que se aplica en función de los resultados de la evaluación de su desempeño.

TABLA VIII.16.
ELEMENTOS BÁSICOS DEL MODELO DE PERSONAL DEL REINO UNIDO

Acceso a la función pública	Principios de mérito y competencia justa y abierta. Cuatro vías de acceso: vía principal (normal), vía rápida (250 puestos al año), acceso como alto funcionario, acceso correspondiente a los grados más bajos. Órganos de selección centralizados (vía principal) y descentralizados en servicios de selección y valoración (vía rápida).

TABLA VIII.16. CONTINUACIÓN
ELEMENTOS BÁSICOS DEL MODELO DE PERSONAL DEL REINO UNIDO

Carrera administrativa	Estructura en grados. Importancia de la evaluación del rendimiento en la carrera administrativa. Estructura abierta para los *senior* (sistema más informal).
Retribuciones	Retribución sobre la base de tres conceptos: grado, destino y desempeño. Importancia de la evaluación del rendimiento en la retribución. Altos Cargos: sistema flexible en función del cargo, responsabilidad y rendimiento.
Retos en el futuro	Reducción del número de funcionarios. Nuevo *senior civil service* y reestructuración de altos cargos. Reformas en selección y formación.

Fuente: MAP (1997): *Modelos de función pública comparada*, Madrid: MAP-BOE.

5. La Administración pública de los Estados Unidos de América

5.1. Los niveles de Administración en Estados Unidos de América

Los Estados Unidos de América es una república federal según su constitución de 1787 la cual tiene carácter dinámico que va incorporando, con el tiempo, enmiendas siendo la más reciente de ellas una de 1992. Estados Unidos tiene tres niveles administrativos: el nivel federal, los Estados (hay 50) y las corporaciones locales que son bastante complejas y agrupan aproximadamente 80.000 entidades y poseen la mayoría de los efectivos de personal.

5.2. La Administración federal

El jefe del Estado es el presidente que, junto con el vicepresidente, es elegido por los ciudadanos mediante un sufragio indirecto a través de un colegio electoral. A cada uno de los cincuenta Estados se le asignan votos electorales en función de su representación en el Congreso (Senado y Cámara de Representantes). El presidente puede ser reelegido sólo una vez. El presidente es a la vez jefe del Estado y del Gobierno característica básica de los sistemas políticos presidenciales. El vicepresidente es también el presidente del Senado y la Constitución no le atribuye ninguna otra función por lo que desempeña aquellos cometidos que le encargue en cada momento el presidente.

El presidente como líder del Gobierno es el máximo responsable de la Administración federal. Posee un Gabinete que agrupa aproximadamente a 400 personas configurando el complejo conocido como la «Casa Blanca». La organización de la Casa Blanca varía en función de las prioridades y necesidades de cada presidente que nombra libremente a todos sus colaboradores. Este sería el núcleo duro del entorno del presidente pero el aparato administrativo que está bajo su dirección, articulado a través de la Oficina Ejecutiva de la Presidencia, agrupa un total de 5.000 empleados. El vicepresidente tiene un número sensiblemente menor de colaboradores.

El Gobierno está configurado por un Gabinete que dirige el presidente y compuesto por los responsables de los servicios operativos del ejecutivo y por varios altos cargos a los que se les reconoce rango de miembros del Gabinete. Actualmente existen catorce departamentos ministeriales dirigidos por los secretarios del Gobierno (cargo que equivale a ministro). En el caso del responsable del Ministerio de Justicia se denomina fiscal general de los Estados Unidos. Los «ministros» más relevantes son el secretario del Tesoro y el secretario de Estado (ministro de Asuntos Exteriores).

Los ministerios agrupan un conjunto de organismos, denominados agencias, que tienen responsabilidades sobre determinados programas bajo la coordinación de directores nombrados por el presidente. Algunas agencias relevantes son: la Agencia de Protección del Medio Ambiente, la Agencia Nacional de la Aeronáutica y del Espacio (NASA). Hay un total de 140 agencias.

La Administración federal tiene, por las grandes dimensiones geográficas y de población, tres millones de empleados civiles federales, dos millones están adscritos a los ministerios y un millón a las agencias[2].

5.3. *Las administraciones subestatales: Administración estatal y Administración local*

El nivel intermedio, al ser un sistema federal, lo constituyen los Estados, que llegan a 50. Cada uno de ellos posee su propia Constitución, que le confiere una personalidad jurídica autónoma en el marco de la Constitución federal, que cada Estado ratifica y a la que se somete cuando se asocia a la Unión (Federación). Los Estados, siguiendo el esquema federal, disponen de los tres poderes (legislativo, ejecutivo y judicial). El poder ejecutivo del Gobierno de los Estados está liderado por un gobernador, elegido cada

2 Se incluyen los 838.307 efectivos del *US Postal Service*.

cuatro años en la mayoría de los Estados. Los gobernadores suelen poseer unos entornos (gabinetes de apoyo y asesoramiento) bastante reducidos. El gobernador nombra a los secretarios (en algunos Estados se denominan comisarios), equivalente a ministros, que se encargan de dirigir los distintos ámbitos de la Administración y que conforman el Gobierno del Estado. Hay algunos miembros del Gobierno del Estado que no son elegidos por el gobernador sino mediante elección directa de los ciudadanos (el fiscal general, el interventor y el tesorero). Los Estados también poseen la figura de las agencias con el mismo grado de independencia que las que forman parte de la Administración federal. Los Estados tienen unos efectivos de policía reducidos y como singularidad decir que tienen su propia organización militar, denominada Guardia Nacional, compuesta por reservistas remunerados que se forman y reciclan en el arte de la guerra durante los fines de semana y los períodos vacacionales. Los Estados prestan especial importancia a competencias como (se destacan las partidas presupuestarias más relevantes): agricultura, educación (35% de su presupuesto), empleo, servicios sociales (16% de su presupuesto), sanidad, transportes e infraestructuras viarias (8% de su presupuesto). Los gobiernos de los Estados tienen autonomía financiera plena y pueden obtener ingresos y gastarlos como quieran. Cerca del cincuenta por ciento de los ingresos provienen de impuestos (sobre la renta, inmuebles y transacciones), cerca del 20% responde a transferencias financieras de la Administración federal; el resto tiene una procedencia variada.

El nivel local en los Estados Unidos de América está regulado por los Estados por lo que sus características, competencias y sistema de financiación son bastante variables. El nivel local agrupa a los condados (3.043) y a las ciudades y municipalidades (19.272), éstos son los dos niveles más importantes a los que hay que añadir los distritos especiales (29.532), los distritos escolares (14.721) y los municipios (16.691). Se puede apreciar que el Gobierno local en Estados Unidos está muy fragmentado padeciendo, al igual que otros países, de inframunicipalismo ya que el 75% de los condados tiene menos de 50.000 habitantes y el 80% de las entidades municipales tiene menos de 5.000 habitantes.

Los Estados se dividen geográficamente en condados que tienen unas funciones muy concretas: carreteras, protección social, policía y asuntos de carácter jurídico-administrativo. El condado es normalmente una unidad de Administración de las áreas rurales y cuando su territorio posee una ciudad importante transfieren la mayoría de sus competencias a la Administración de la ciudad. Los condados están gobernados por un Consejo de Supervisores o Comisarios que pueden ser elegidos o compuestos por los supervisores de los municipios. Algunos responsables del condado como el fiscal y el inevitable *sheriff* son elegidos directamente por los ciudadanos. Las ciudades y municipalidades tienen, en términos generales, más autonomía que los condados y suelen prestar muchos más servicios (aproximadamente todos los servicios locales que en España prestan los municipios). Existen dos formas de Gobierno de las ciudades y municipalidades: uno vinculado a grandes ciudades que eligen directamente al alcalde y éste se configura en la pieza clave de la institución. Un segundo modelo, asociado a los municipios débiles, es muy parecido al sistema de Gobierno de los municipios en Gran Bretaña: el alcalde es un *primus inter pares* del Consejo y un gerente profesional se encarga de administrar la ciudad bajo la supervisión del Consejo.

En otro nivel hay que mencionar los distritos especiales que pueden superponerse a otras administraciones locales y que tienen como objetivo la prestación de determinados servicios como agua, alcantarillado, electricidad, etc. (serían equivalentes a nuestras mancomunidades de municipios). Los distritos escolares siguen la misma filosofía que los distritos especiales pero enfocados a temas educativos. Finalmente, los municipios (que son 16.691 y no hay que confundir con las ciudades y municipalidades) son un tipo de Administración local en declive presente en sólo una parte del territorio.

5.4. El personal al servicio de la Administración

El personal de las administraciones públicas de Estados Unidos de América representa un 15,5% del total de los empleados de este país (ver tabla VIII.2) y es uno de los más bajos de los países de la OCDE. A pesar de ello, al ser un país tan enorme, sus administraciones públicas agrupan más de 18 millones de empleados públicos (tabla VIII.17). Al ser EE.UU. un sistema federal, la Administración federal es la que posee menor volumen de empleados públicos, el 11% del total (porcentaje muy parecido al de otro Estado federal analizado, Alemania, cuya federación posee algo menos del 10% de todos los empleados públicos del país). Una parte muy importante de los empleados públicos federales, un tercio, trabajan como civiles en las Fuerzas Armadas. Pero el elemento más destacable de la distribución de los recursos humanos en EE.UU. es el escaso peso de los Estados, eje de un sistema federal, que agrupan sólo el 23% de todos los empleados públicos del país (en Alemania los *länder* poseen más del 43%) y las enormes dimensiones de la Administración local que agrupa al 61% de todos los empleados públicos (¡más de 11 millones de empleados públicos!). Porcentaje que es superior al otro modelo localista por excelencia, el Reino Unido, cuya Administración local posee menos del 40% de todos los empleados públicos del país. En definitiva, sorprende el enorme peso de la Administración local en un modelo federal explicable, entre otras variables, por la influencia que ha recibido del sistema administrativo británico y por las enormes dimensiones del país que hacen aconsejable poseer unas administraciones con capacidad autónoma de gestión muy vinculadas a los distintos territorios.

Otro elemento previo a destacar es el crecimiento que han experimentado las administraciones públicas de EE.UU.: en 1950, empleaban sólo 8,5 millones de trabajadores, por los más de 18 que emplean en la actualidad. A pesar que EE.UU. se puede considerar, utilizando la tipología de un apartado anterior de este capítulo, como un *régimen de bienestar residual* ha ido incrementando con el tiempo el nivel de prestación de servicios públicos.

TABLA VIII.17.
PERSONAL DISTRIBUIDO POR NIVELES DE ADMINISTRACIÓN (ESTADOS UNIDOS)

Nivel y ámbito Administración	Volumen personal	%
Federación	2.079.423	11
Estados	4.163.786	23
Administración local	11.276.687	61
Correos	838.307	5
Total	18.358.203	100

Fuente: *OCDE, PUMA (1995).*

Hay tres dimensiones que condicionan y ayudan a comprender la función pública de los EE.UU.: por una parte su tradición historia de seleccionar y cesar a los empleados públicos en función de la confianza política. Mecanismo conocido como *spoils system* (sistema de despojos), parecido a nuestras cesantías en España durante el siglo XIX. A partir de 1876, debido a la oposición del Congreso a este sistema, el modelo de función pública de los EE.UU. fue orientándose paulatinamente hacia un sistema meritocrático. Otro elemento a tener en cuenta es que su función pública se caracteriza por ser un sistema abierto en el que, tras una análisis detallado de los puestos de trabajo, se busca a la persona más especializada para ocupar un puesto determinado. Es «la busca del mejor hombre para cada puesto». Es decir, no se presume, como en la mayoría de los modelos europeos, de polivalencia y los empleados sólo ocupan el puesto para el que están específicamente preparados. El sistema abierto configura una función pública muy distinta al resto de modelos que conocemos y favorece un sistema descentralizado de selección y de carrera administrativa.

Finalmente, la tercera dimensión tiene relación con la mentalidad norteamericana de no percibir como mundos separados las instituciones públicas y las instituciones privadas. Los contemplan como dos esferas con muchos vasos comunicantes e incluso estimulan la relación entre ambos. En este sentido, es normal que un trabajador desarrolle su carrera profesional de forma intermitente entre el sector público y el sector privado.

Cada Administración pública tiene autonomía a la hora de regular su función pública. Por esta razón se va a exponer a continuación únicamente la estructura de la función pública de la Administración federal. Además hay que precisar que no existe una función pública homogénea en la Administración federal ya que muchas agencias poseen una carrera diferenciada.

El proceso de selección de los nuevos empleados públicos es el elemento más vinculado a las especificidades de un modelo abierto: se buscan candidatos que tengan la titulación requerida pero además que demuestren poseer las habilidades prácticas necesarias para ocupar un determinado puesto de trabajo (ver tabla VIII.18). Este requisito hace que sea normal que los candidatos procedan de empresas privadas donde han ido adquiriendo experiencia práctica. Las pruebas de selección son muy prácticas y están relacionadas con una especialidad concreta. No hay formación de entrada ya que se supone que la persona que obtiene el puesto posee ya todos los conocimientos especializados que deberá desempeñar en el futuro.

La estructura y la carrera de la función pública se vertebran en un itinerario con 18 grados por el que discurren los funcionarios bajo el principio de mérito. Hay tres grandes grupos de empleados públicos:

a) Los cargos de designación política que constituyen la escala ejecutiva. Serían los equivalentes a nuestros altos cargos y constituye uno de los pocos espacios en los que ha sobrevivido el espíritu del *spoils system*. En este sentido, este grupo no se puede considerar como funcionarios que forman parte de la función pública sino personal de confianza política con una vinculación temporal.

b) El servicio ejecutivo *senior* que articula a los funcionarios de carrera con posiciones más elevadas (usualmente poseen los grados del 16 al 18) y vienen a configurar una función pública directiva en el que se atienden las especificidades propias de los directivos públicos: retribuciones especiales y movilidad fluida entre departamentos y agencias.

c) La escala general que agrupa al resto de los funcionarios que ocupan los grados de 1 a 16 y que conforman el grueso de la función pública federal.

Los tres grupos anteriores canalizan el sistema retributivo que es bastante complejo ya que hay más de cincuenta sistemas distintos de definición de los salarios. No existe un proceso de negociación colectiva del salario para la mayoría de los servidores públicos del nivel federal (Olmeda, Parrado, 2000: 801).

TABLA VIII.18.
ELEMENTOS BÁSICOS DEL MODELO DE PERSONAL DE ESTADOS UNIDOS

Acceso a la función pública	Basado en las especificidades del puesto a ocupar. Se valora la especialización del candidato y su experiencia profesional. No suele existir formación de entrada.
Carrera administrativa	La carrera está canalizada por 18 grados (categorías profesionales) que se alcanzan por el principio de mérito. Existen especificidades retributivas y de movilidad para el nivel directivo (grados de 16 a 18).
Retribuciones	Retribuciones vinculadas a los grados. Hay más de 50 sistemas retributivos distintos. No existe negociación colectiva de los salarios.

Fuente: Elaboración propia.

6. La Administración de la Unión Europea

La Unión Europea es una organización supranacional que tiene un entramado institucional muy complejo y numeroso: el Consejo Europeo, la Comisión, el Consejo de Ministros, el Parlamento Europeo, el Tribunal Europeo de Justicia, el Tribunal de Cuentas, el Comité de las Regiones y el Comité Económico y Social son sus instituciones.

El Consejo Europeo agrupa a los máximos responsables de los Estados miembros y se encarga de adoptar las decisiones políticas generales de la Unión Europea representando y defendiendo los intereses de los Estados miembros. La Comisión tiene unos miembros nombrados por los Estados y se encarga de desarrollar las propuestas para las leyes y políticas representando y defendiendo los intereses globales de la Unión Europea. El Consejo de Ministros, configurado por los ministros de los gobiernos de los Estados miembros, se encarga de las decisiones finales sobre las propuestas de la Comisión representando los intereses de los Estados miembros. Su función mezcla la decisión y el control de los programas propuestos por la Comisión. El Consejo de Ministros es distinto en función de los ámbitos de gestión que trate configurándose Consejos por sectores donde participan los ministros que se encargan de las políticas concretas objeto de debate. El Parlamento Europeo, que posee 626 parlamentarios elegidos directamente por los ciudadanos europeos, representa los intereses de los ciudadanos de la Unión Europea y ejerce un control y redefinición, junto al Consejo de Ministros, de las propuestas y de la gestión de la Comisión. El Tribunal de Justicia Europeo tiene 15 miembros designados por los gobiernos de los Estados y es el árbitro final en los litigios relacionados con el derecho de la Unión Europea. Este Tribunal se pronuncia sobre aquellos asuntos en los que se dirime si hay incumplimiento de los Estados miembros de sus obligaciones con las directivas europeas. El Tribunal de Cuentas se encarga de auditar los presupuestos y los gastos de los programas y servicios administrativos de la Unión Europea. A estas instituciones hay que añadir el Comité de las Regiones, que representa los intereses regionales y el Comité Económico y Social, que representa los intereses de los trabajadores y de los empresarios. Tanto el Comité de las regiones como el Comité Económico y Social tienen sólo un carácter consultivo.

Este diseño institucional mezcla elementos propios de una organización supranacional, que tiene sus propios objetivos e intereses, con los de una organización internacional, que intenta agregar los diferentes objetivos de los Estados miembros. En todo caso, no puede ser el objeto de este apartado exponer todos los aspectos institucionales y organizativos del conjunto de la Unión Europea. Este apartado se va a limitar a presentar de forma sumaria la estructura administrativa y la estructura del personal de la Comisión que es el órgano ejecutivo de la Unión Europea.

6.1. La organización administrativa de la Unión Europea

La Comisión es un órgano de carácter supranacional que posee la capacidad de iniciar el proceso político y de ejecutar los programas aprobados de la Unión Europea. Está constituida por un órgano político (los comisarios) que funciona como un órgano colegiado y una estructura administrativa formada por empleados públicos (funcionarios y otro tipo de empleados) reclutados con criterios meritocráticos

La Comisión está compuesta por un número variable de comisarios aunque informalmente existe la regla de que haya un comisario por Estado sin que ninguno de éstos posea más de dos comisarios. En la práctica esta norma informal implica que cada Estado tiene un comisario y los Estados con mayores dimensiones de población (Alemania, Reino Unido, Francia, Italia y España) poseen dos. Esto significa que en la actualidad hay 20 comisarios. Los comisarios tienen independencia de los gobiernos de sus respectivos Estados de origen y sólo pueden ser destituidos por el Tribunal de Justicia. La circunstancia que los comisarios no representan lo intereses nacionales asegura el carácter supranacional de la Comisión. El presidente de la comisión es un *primus inter pares*, designado por un período de dos años que tradicionalmente se renueva. No tiene la autoridad para cesar a los comisarios ni puede alterar las competencias de los comisarios. Esta falta de autoridad del presidente de la Comisión refuerza el carácter colegiado de la misma y los comisarios son responsables colectivamente de todas las decisiones y éstas se adoptan mediante un voto mayoritario.

La estructura administrativa de la Comisión descansa en una Secretaría General, en los gabinetes de los comisarios y en las direcciones generales. La Secretaría General, adscrita a la Presidencia de la Comisión (ver tabla VIII.19) se encarga de dar soporte general a la Comisión y de canalizar sus procesos decisionales: el secretario general preside los encuentros semanales de los jefes de los gabinetes que preparan las reuniones de los comisarios (vendría a ser como la Comisión de secretarios de Estado y subsecretarios de nuestra Administración General del Estado que prepara los Consejos de Ministros), asiste a las reuniones de los comisarios y se encarga de las relaciones entre la Comisión y el Parlamento Europeo.

Los comisarios poseen una estructura muy simple configurada por un Gabinete de apoyo y una o varias direcciones generales. Los gabinetes de apoyo a los comisarios se encargan de la información (mantener informado al comisario) y de la coordinación de los programas que impulsa la estructura administrativa que depende del comisario. Finalmente, las direcciones generales son las unidades básicas de la Administración de la Comisión. Hay 24 direcciones generales (ver tablas VIII.19 y VIII.20) que son bastante estables y representan los ámbitos fundamentales de interés de la Unión Europea. La asignación de las direcciones generales a los comisarios es variable en el sentido que pueden cambiar la Dirección General o direcciones generales que se asignan a un comisario (usualmente será una sola Dirección General ya que hay 20 comisarios y sólo 24 direcciones generales). La tabla VIII.19 muestra las vinculaciones actuales entre comisarios y direcciones generales. Esta tabla también muestra los servicios centrales de la Comisión y las direcciones generales clasificadas en función de si su ámbito de actuación es interno o externo.

TABLA VIII.19.
ATRIBUCIONES DE LOS COMISARIOS Y SITUACIÓN CUANTITATIVA DE LOS ALTOS CARGOS DE LA COMISIÓN EUROPEA

Atribuciones de los comisarios	Direcciones generales y servicios de la Comisión	
	Servicios generales e internos	*Políticas internas y externas*
Presidente	*Secretaría General *Servicio Jurídico *Servicio de Prensa y Comunicación	

TABLA VIII.19. CONTINUACIÓN
ATRIBUCIONES DE LOS COMISARIOS Y SITUACIÓN CUANTITATIVA DE LOS ALTOS CARGOS DE LA COMISIÓN EUROPEA

Atribuciones de los comisarios	Direcciones generales y servicios de la Comisión	
	Servicios generales e internos	*Políticas internas y externas*
Vicepresidente, reforma administrativa	*Dirección General de Personal y Administración *Servicio Común Interpretación-Conferencias *Servicio de Traducción *Inspección General	
Vicepresidente, Relaciones con el Parlamento Europeo, Transportes y Energía.		*Dirección General de Energía y Transportes
Competencia		*Dirección General de Competencia
Agricultura, Desarrollo Rural y Pesca		*Dirección General de Agricultura *Dirección General de Pesca
Empresa y Sociedad de la Información		*Dirección general de Empresa *Dirección General de Sociedad de la Información
Mercado Interior		*Dirección General de Mercado Interior *Dirección General de Fiscalidad y Unión Aduanera
Investigación		*Dirección General de Investigación *Centro Común de Investigación
Asuntos Económicos y Monetarios	*Eurostat	

TABLA VIII.19. CONTINUACIÓN ATRIBUCIONES DE LOS COMISARIOS Y SITUACIÓN CUANTITATIVA DE LOS ALTOS CARGOS DE LA COMISIÓN EUROPEA

Atribuciones de los comisarios	Direcciones generales y servicios de la Comisión	
	Servicios generales e internos	*Políticas internas y externas*
		*Dirección General de Economía y Finanzas
Desarrollo y Ayuda Humanitaria		*Dirección General de Desarrollo *Oficina de Ayuda Humanitaria (ECHO)
Ampliación		*Dirección General de Ampliación
Relaciones Exteriores		*Dirección General de Relaciones Exteriores *Servicio Común de Relaciones Exteriores
Comercio		*Dirección General del Comercio
Sanidad y Protección del Consumidor		*Dirección General de Sanidad y Protección de los Consumidores
Política Regional (y responsable para la Conferencia Intergubernamental)		*Dirección general de Política Regional
Educación y Cultura	*Oficina de Publicaciones	
		*Dirección General de Educación y Cultura
Presupuesto	*Dirección General de Presupuestos *Dirección General de Control Financiero *Oficina Europea de Lucha contra el Fraude	

TABLA VIII.19. CONTINUACIÓN
ATRIBUCIONES DE LOS COMISARIOS Y SITUACIÓN CUANTITATIVA DE LOS ALTOS CARGOS DE LA COMISIÓN EUROPEA

Atribuciones de los comisarios	Direcciones generales y servicios de la Comisión	
	Servicios generales e internos	*Políticas internas y externas*
Medio Ambiente		*Dirección General de Medio Ambiente
Justicia y Asuntos de Interior		*Dirección General de Justicia e Interior
Empleo y Asuntos Sociales		*Dirección General de Asuntos Sociales

Fuente: Elaboración propia a partir de información recogida en internet: http://www.europa.eu.int/comm/commisoniers/index_es.htm

TABLA VIII.20.
LAS DIRECCIONES GENERALES DE LA COMISIÓN

DG I	Relaciones Exteriores: Política Comercial, Relaciones con América del Norte, Extremo Oriente, Australia y Nueva Zelanda.
DG IA	Relaciones Exteriores: Europa y Nuevos Estados Independientes, Política Exterior y Seguridad Común, Servicio Exterior.
DG IB	Relaciones Exteriores: Mediterráneo Meridional, Próximo y Medio Oriente, América Latina, Asia Meridional y Sudeste Asiático, y Cooperación Norte-Sur.
DG II	Asuntos Económicos y Financieros.
DG III	Industria.
DG IV	Competencia.
DG V	Empleo, Relaciones Laborales y Asuntos Sociales.
DG VI	Agricultura.
DG VII	Transportes.
DG VIII	Desarrollo: Relaciones Exteriores y de Cooperación al Desarrollo de África, el Caribe y el Pacífico, Convenio de Lomé.
DG IX	Personal y Administración.
DG X	Información, Comunicación, Cultura y Sector Audiovisual.
DG XI	Medio Ambiente, Seguridad Nuclear y Protección Civil.

TABLA VIII.20. CONTINUACIÓN
LAS DIRECCIONES GENERALES DE LA COMISIÓN

DG XII	Ciencia, Investigación y Desarrollo.
DG XIII	Telecomunicaciones, Mercado de la Información.
DG XIV	Política Pesquera.
DG XV	Mercado Interior y Servicios Financieros.
DG XVI	Política Regional y Cohesión.
DG XVII	Energía.
DG XIX	Presupuestos.
DG XXI	Fiscalidad y Unión Aduanera.
DG XXII	Educación, Formación y Juventud.
DG XXIII	Política de Empresa, Comercio, Turismo y Economía Social.
DG XXIV	Política de Consumidores y Protección de la Salud del Consumidor.

Las DGs XVIII y XX no existen.
Fuente: http://www.europa.eu.int/comm/commisoniers/index_es.htm

FIGURA VIII.5.
ORGANIGRAMA TIPO DE UNA DIRECCIÓN GENERAL O SERVICIO DE LA COMISIÓN EUROPEA

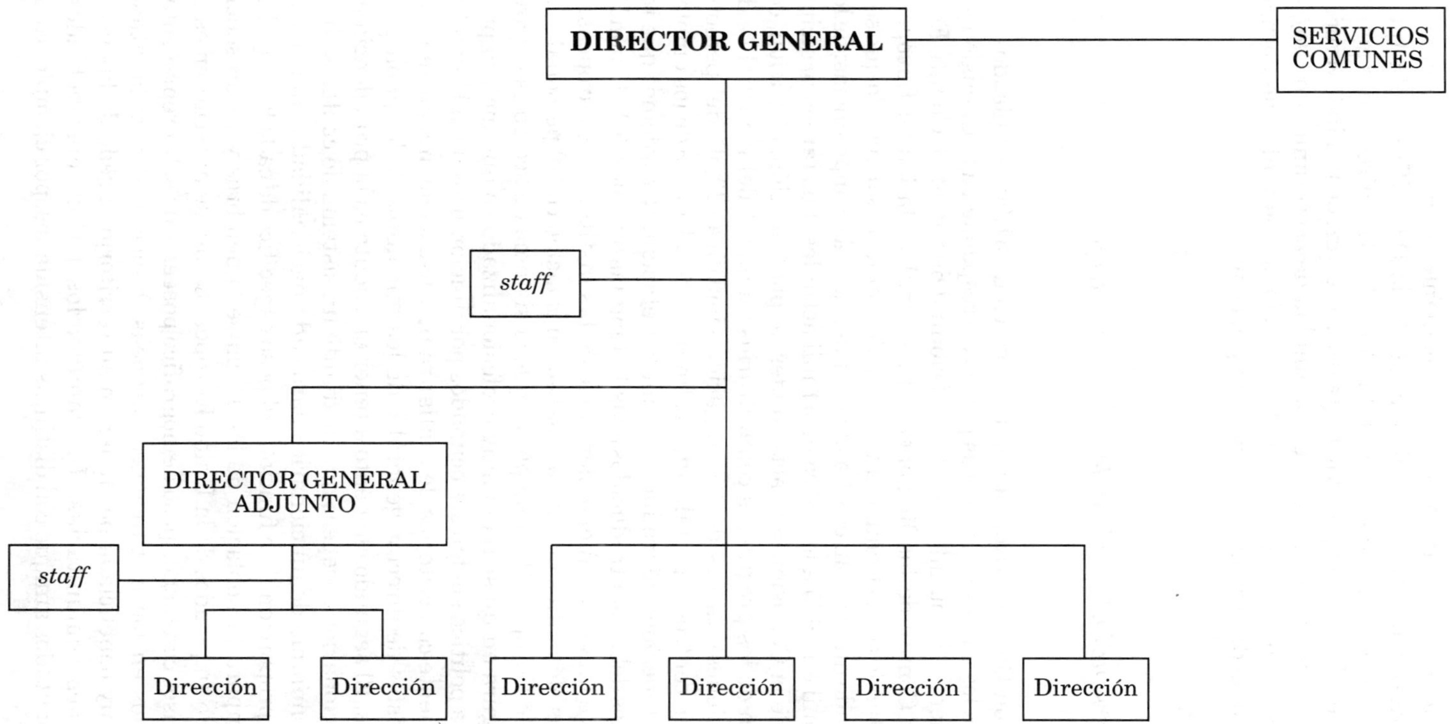

Fuente: Elaboración propia a partir de información recogida en internet:
http://www.europa.eu.int/comm/dgs_es.htm y
http://www.europa.eu.int/comm/commisoniers/index_es.htm

Las direcciones generales se conocen mediante numeración romana que se utiliza para ser identificadas. Si se habla de la D.G. XIV se sabe que se está refiriendo a política pesquera (ver tabla VIII.20). Las direcciones generales se organizan en direcciones y servicios y éstos, a su vez, en unidades (ver la figura VIII.5). El director general posee una unidad de asesoramiento (*staff*) y en la mayoría de las ocasiones tiene un director general adjunto que normalmente dirige algunas direcciones (esto no siempre ocurre).

6.2. El personal al servicio de la Unión Europea

En la Unión Europea trabajan en total cerca de 31.000 empleados (ver tabla VIII.21) de los cuales dos terceras partes corresponden a la Comisión y el resto al Parlamento, Tribunal de Justicia, Tribunal de Cuentas, Comité Económico y Social y Comité de las Regiones. El personal de la Unión Europea ha ido incrementando con el tiempo su volumen de empleados a medida que se han ido incorporando nuevos países y ha ido asumiendo más competencias: de los pocos más de 9 mil en 1970 a los cerca de 31 mil actuales. Las tareas principales del personal de la Comisión son: actividades de planificación, ejecución, control y evaluación de los programas comunitarios (el 62,5% del personal se dedica a estas funciones), tareas de investigación científica (20,5% del personal) que trabajan en centros especializados y, finalmente, el 19,9% de los empleados se dedican a funciones de traducción e interpretación. Recordemos que todos los documentos deben ser traducidos a las 11 lenguas oficiales de la Unión Europea y esto exige un gran esfuerzo por parte de las instituciones europeas.

Hay dos elementos previos a resaltar en relación con el personal al servicio de la Unión Europea. Por una parte, que el sistema de acceso es meritocrático y se configura en un sistema muy profesionalizado ya que incluso puestos de naturaleza política suelen ser ocupados por funcionarios de la Unión Europea, evidentemente con criterios de confianza política, como una parte importante de los puestos de director general y de los miembros de los gabinetes de los comisarios. El segundo elemento a tener en cuenta es la procedencia nacional de los funcionarios europeos que mediante un sistema de cuotas se busca una presencia mínima de funcionarios para cada nacionalidad y una cierta representación proporcional en función del peso específico de cada Estado. La figura VIII.6 compara la población de los 15 países miembros y su presencia en el colectivo de empleados de la Unión Europea. Se puede apreciar en esta figura que los países con menor peso demográfico poseen una sobrerepresentación de funcionarios en las instituciones europeas. Espectacular es la situación de Bélgica muy beneficiada por tener en su territorio la sede de las principales instituciones comunitarias. En cambio, los países más poblados están subrepresentados aunque con distintas intensidades: por ejemplo, Italia tiene una representación bastante alta, el Reino Unido muy baja y, en un punto intermedio dentro de la subrepresentación están Francia y España.

La mayoría de los empleados de la Unión Europea son funcionarios (el 83%) y el resto son temporales para puestos de investigación (11%), personal en prácticas (3%), temporales que ocupan puestos permanentes que están vacantes a la espera de ser cubiertos por funcionarios (1%), temporales que ocupan puestos temporales para desarrollar programas especiales que tienen fecha de caducidad (1%) y temporales que ocupan puestos de consulta, fundamentalmente de confianza política, como por ejemplo algunos puestos en los gabinetes de los comisarios (1%).

El proceso de selección de los funcionarios europeos consiste en superar unas pruebas (oposición) una vez que se ha acreditado que se posee el título necesario para la categoría que se desea ocupar. Cuando se ha superado la prueba objetiva (hay temarios específicos para cada categoría e institución) no supone automáticamente la ocupación de una vacante ya que el jurado publica una lista de los admitidos con un número superior de aprobados al número de plazas que deben ser cubiertas. A partir de este momento los distintos servicios pueden hacer una oferta de trabajo a los candidatos que han superado las pruebas y pueden transcurrir varios meses para que este «mercado» consiga ocupar los candidatos en los puestos de trabajo. Este sistema que puede parecer extraño persigue dos objetivos: primero, conseguir la mayor sincronía entre los puestos de trabajo vacantes y los perfiles de los candidatos y, segundo, dar tiempo a que se reajusten los equilibrios en cuanto a la presencia de las distintas nacionalidades en los diferentes ámbitos de gestión.

El personal de la Comisión Europea está estructurado en categorías, y dentro de ellas en grados y escalones. La división en categorías responde al nivel de estudios exigidos para el acceso a las mismas así como las funciones que le son propias. Son cuatro: A (y LA para interpretación y traducción), para aquellos que hayan cursado los estudios universitarios de licenciado o equivalente para desarrollar funciones de estudio y concepción (A) y de interpretación y traducción (LA); B, para quienes hayan cursado los estudios previos a la enseñanza universitaria, para desarrollar funciones de ejecución; C, para quienes tengan cursados los estudios de enseñanza media, para encargarse de funciones de gestión; D, para quienes tengan estudios primarios, para asumir trabajos manuales. La distribución actual de los funcionarios de la Comisión por categorías es: 35%, A; 9%, LA; 21%, B; 31% C; y 4%, D.

La carrera administrativa consiste en ir subiendo grados dentro de cada categoría. Por ejemplo una persona que accede tras la oposición dentro de la categoría B se le asigna el grado B5 y puede culminar su carrera con el grado B1. En el caso que alguien acceda en la categoría A ocupa inicialmente el grado A8 y culmina su carrera meritocrática con el A4. Para conseguir los máximos grados A1, A2 y A3 se utilizan los criterios de confianza política (ver tabla VIII.22) ya que estas categorías corresponden respectivamente a los puestos de director general, director general adjunto, director y consejero. Dentro de cada uno de los grados hay escalones, hay entre 8 y 2 escalones en función de los grados. Los escalones fijan el nivel retributivo. El paso de un escalón retributivo a otro superior es automático cada dos años. En cambio, el cambio de grado, que significa ascenso en la carrera administrativa, se lleva a cabo mediante méritos.

TABLA VIII.21.
EVOLUCIÓN DEL PERSONAL DE LAS INSTITUCIONES BÁSICAS DE LA UNIÓN EUROPEA

	1970	*1980*	*1990*	*2000*
Parlamento	532	2.573	3.482	4.126
Comisión Personal de:				
Funcionamiento	5.201	8.885	12.887	17.087
Investigación (y a partir de 1990) también de desarrollo tecnológico	2.501	2.736	3.285	3.704
Oficina de Publicaciones	99	265	424	522
Otros órganos (a partir de 1980)	–	61	124	166
Oficina Europea de Lucha contra el Fraude (sólo para el año 2000)	–	–	–	224
Total	7.801	11.947	16.720	21.703
Tribunal de Justicia	114	363	752	1.066
Tribunal de Cuentas	26	259	379	552
Comité Económico y Social (y Comité de las Regiones)	144	339	501	742
Total	9.235	17.080	24.018	30.777

Fuente: Elaboración propia a partir de SYSPER a 01/01/2000.

FIGURA VIII.6.
POBLACIÓN Y PERSONAL DE LA COMISIÓN EUROPEA PARA CADA PAÍS DE LA UE

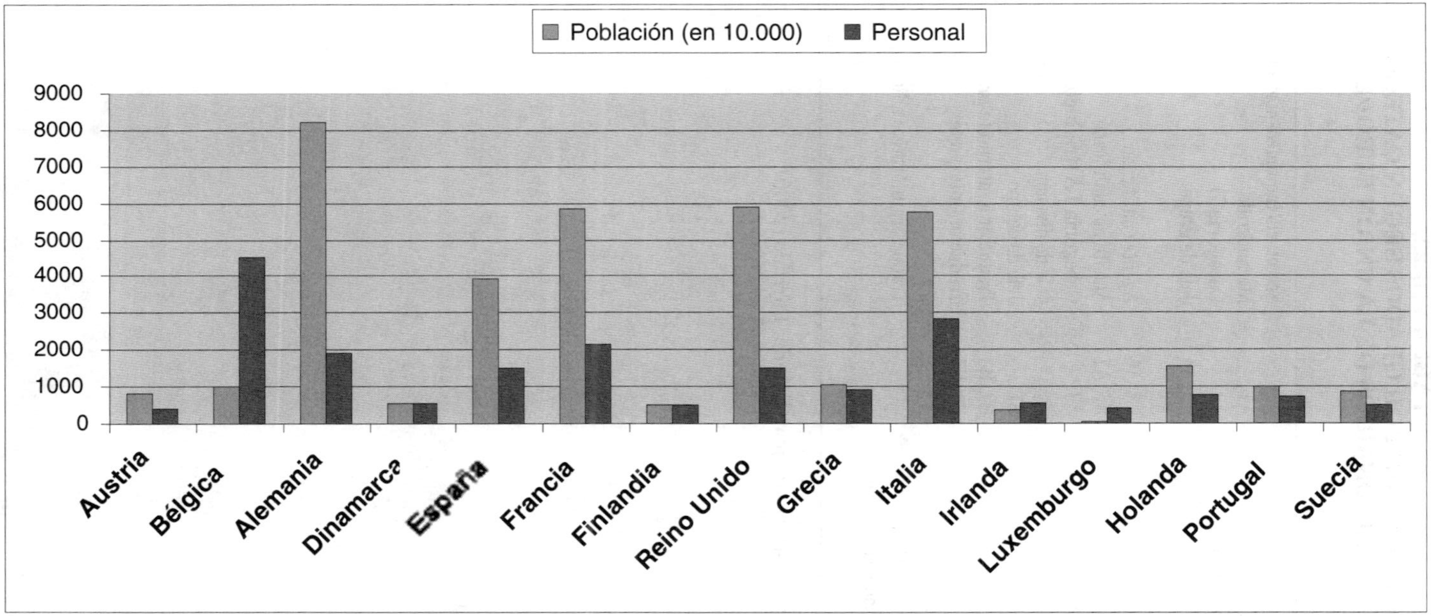

Fuente: Para los datos de la Población: *Eurostat Annuaire 2000. Vue statistique sur l'Europe. Dones 1988-1998.* Los datos son de 1998. Para los datos del Personal: SYSPER a 01/01/2000

TABLA VIII.22.
LA ESTRUCTURACIÓN POR GRADOS SEGÚN CATEGORÍA DE LOS FUNCIONARIOS DE LA UNIÓN EUROPEA

Categoría A		Secretario taquimecanógrafo	C2, C3
Director general (DG adjunto)	A1	Mecanógrafo	C4, C5
Director (consejero principal)	A2	**Categoría D**	
Consejero	A3, A4 A5	Jefe de grupo	D1
Administrador principal	A4, A5	Agente cualificado	D2, D3
Administrador	A6, A7	Agente no cualificado	D4
Administrador adjunto	A8	**Categoría LA (traductores)**	
Categoría B		Jefe de división	LA3
Asistente principal	B1	Jefe de equipo	LA4
Asistente	B2, B3	Traductor o intérprete pral.	LA5
Asistente adjunto	B4, B5	Traductor, intérprete	LA6 LA7
Categoría C		Traductor, intérprete adjunto	LA8
Secretario de dirección, secretario principal	C1		

Fuente: Bodiguel (1994), citado por Olmeda, Parrado (2000).

IX. LA ACTUACIÓN DE LA ADMINISTRACIÓN: LAS POLÍTICAS PÚBLICAS

SUMARIO

1. Introducción

Las políticas públicas son los distintos tipos de acción que puede adoptar un Gobierno para tratar con problemas sociales o públicos. En realidad, la mayor parte de la acción colectiva surge de los acuerdos voluntarios entre las personas, las asociaciones cívicas, las organizaciones privadas y las relaciones de intercambio que se establecen entre todas ellas. Sin embargo, el análisis de las políticas públicas tiene que ver fundamentalmente con la acción colectiva en la que interviene el legítimo poder o autoridad de los gobiernos y de las administraciones públicas: las políticas públicas distribuyen servicios, incentivan comportamientos, prohiben acciones privadas o imponen costes con el objeto de evitar, compensar o garantizar determinadas consecuencias.

La economía parte de la identificación de varias situaciones a las que se refiere como fallos de mercado que violan el presupuesto básico de una economía competitiva ideal en la que los bienes y servicios se producen y distribuyen de forma eficiente. El mercado falla en los supuestos de los bienes públicos, las externalidades, los monopolios naturales y las situaciones de asimetría en la información lo que justifica la intervención pública con la provisión de bienes y servicios o la regulación de los mercados. Esta aproximación nos parece adecuada para entender el porqué de determinados instrumentos (desgravaciones fiscales, subvenciones, provisión directa) que utilizan las políticas públicas. Esta es además la aproximación que siguen las principales escuelas de *policy analysis* en Estados Unidos, la *Graduate School of Public Policy* de la Universidad de California en Berkeley y la *Kennedy School of Government* de la Universidad de Harvard en Cambridge.

Sin embargo, queremos poner de relieve un punto que nos parece central en esta discusión: tanto los decisores públicos (parlamentarios, altos cargos elegidos, directivos públicos, representantes de intereses sociales y privados) como los ciudadanos en general, como individuos con plenitud de derechos políticos o como contribuyentes, pueden decidir que están dispuestos a sacrificar eficiencia económica para proteger vidas humanas, para conseguir un mayor nivel de equidad en la distribución final de bienes y servicios o fomentar la justicia en la forma de gestionar un problema social. Ello nos lleva al terreno político y a la necesidad por parte de los gestores de las políticas o de los analistas de considerar los conflictos entre los valores presentes al elaborar, implementar o simplemente analizar una política.

Así, en este capítulo, se presenta en primer lugar la racionalidad de la política pública desde la perspectiva económica sobre la base de desarrollar la idea de los fallos de mercado en el supuesto de los bienes públicos. Esta forma de plantear el tema se puede encontrar con mayor detalle en un libro ampliamente utilizado para la enseñanza del análisis de las políticas: *Policy analysis: concepts and practice* de David. L. Weimer y Aidan R. Vining (1992). A continuación siguiendo una forma de presentación más europea, se presenta el concepto de política pública y se discuten la variedad de formas que las políticas públicas pueden adoptar, agrupando los instrumentos previamente presentados en una tipología básica de las políticas.

Tradicionalmente, se solía dividir el proceso de elaboración de las políticas en distintas fases consecutivas. Sin embargo, dado que en la realidad raramente se produce esta secuencia lógica de las distintas etapas, se ha optado por tratar, desde una perspectiva politológica, los dos temas fundamentales: uno, cómo se adopta una determinada política en relación con un problema y dos, cuáles son las principales dificultades que puedan encontrar las instituciones de gobierno o de acción colectiva cuando han decidido hacer algo y entran en la etapa de implementación o puesta en práctica de una determinada política en un contexto concreto y sobre la base de instrumentos específicos.

En todo el capítulo se adopta una visión general de las políticas. A partir de la familiaridad con las políticas generales es posible adaptar las alternativas genéricas a las circunstancias específicas con el objeto de producir respuestas viables y concretas a los problemas que se plantean en cada contexto. Con el propósito de ilustrar esta idea se describen numerosos ejemplos, tanto de políticas generales como de programas concretos en ámbitos sectoriales específicos.

2. *Bases económicas para la comprensión de las políticas públicas*

2.1. *Fallos del mercado: la racionalidad de la intervención pública*

Según la teoría general del equilibrio en economía, el modelo básico competitivo produce una distribución eficiente de los productos. Esto es, el comportamiento maximizador de la utilidad individual y el comportamiento maximizador del beneficio de las empresas, a través de la «mano invisible» del mercado, distribuye los bienes y servicios de una forma en que nadie podría estar mejor sin que alguien estuviera peor. Cuando se da esta condición, que se conoce como el principio de Pareto, las acciones voluntarias de las personas no requieren la intervención pública.

Pero la economía real nunca se corresponde perfectamente con los presupuestos básicos del modelo competitivo. En particular en una serie de situaciones conocidas como de fallo del mercado, el comportamiento individual no lleva a una situación de eficiencia de Pareto. Los fallos del mercado (que han sido ampliamente estudiados en la literatura económica) suponen otras tantas justificaciones desde la perspectiva de la economía para la participación del sector público en la vida privada. A continuación se desarrolla los bienes públicos con mayor detalle para ilustrar esta lógica de reflexión entorno a las políticas públicas.

2.1.A. Bienes públicos

La manera más simple de presentar los bienes públicos es a partir de su contraste con los bienes privados[1]. Hay dos características que definen a los

[1] Esta clasificación y terminología de los bienes se debe a los teóricos de la hacienda pública y, en particular, a Samuelson (1954). En ciencia política, la obra de referencia es la de Olson (1965). Otros autores como Snidal o Taylor Ward, traducidos por Colomer (1991) o un trabajo nuestro (Ballart, 1993) plantean problemas de acción colectiva en términos similares.

bienes privados: la rivalidad en su consumo y la capacidad de excluir a las personas de su propiedad o uso. Rivalidad en el consumo significa que lo que consume una persona no puede ser consumido por otra. Capacidad de exclusión significa que un individuo tiene un poder exclusivo de control sobre el bien. Por ejemplo, mi ordenador personal es un bien privado porque cuando lo utilizo nadie más puedo utilizarlo (hay rivalidad en el consumo). Además dado que es de mi propiedad, decido quien puede utilizarlo por un espacio de tiempo determinado. La capacidad de exclusión tiene dos atributos: uno físico y otro legal. La capacidad de exclusión legal deriva del derecho a la propiedad y consiste en el derecho del propietario a controlar la utilización de un bien (Weimer y Vining, 1992).

Los bienes públicos son aquellos que tienen en alguna medida las características de no rivalidad en el consumo e incapacidad de exclusión de su uso. Así, se puede considerar público, cualquier bien que no es puramente privado. Un bien no tiene la característica de rivalidad en el consumo cuando más de una persona puede obtener beneficios de él a partir de una cierta oferta de este bien. Un ejemplo clásico es la defensa nacional. Todos los ciudadanos (incluidos los ciudadanos contrarios al gasto público en defensa) se benefician de este bien sin que ello reduzca el beneficio de otros. Un nuevo ciudadano obtiene los mismos beneficios sin reducir los de aquellos que ya son objeto de defensa. Por otra parte, un bien no tiene la característica de la capacidad de exclusión si es físicamente o legalmente imposible para una persona mantener un control exclusivo sobre su utilización. Un ejemplo igualmente clásico son los peces en el mar que se mueven libremente de una zona a otra donde distintas personas de diferentes países pueden tener la oportunidad de pescarlos.

La tabla IX.1 presenta la clasificación básica de los bienes públicos con la distinción entre los supuestos en que se da o no rivalidad en el consumo (en las columnas) y la distinción entre las situaciones en que es posible excluir de su uso o no (en las filas).

La casilla superior izquierda define a los bienes privados que se caracterizan por la rivalidad en el consumo y la capacidad de exclusión de su uso. Cualquiera de las cosas que normalmente compramos en el mercado y sobre las que tenemos un derecho de propiedad son bienes privados. En esta «casilla», las acciones interesadas de los consumidores y de las empresas distribuyen estos bienes de forma eficiente de manera que la intervención pública debería justificarse por algún otro motivo que no sea la eficiencia.

TABLA IX.1.
TIPOS DE BIENES

	Rivalidad	*No rivalidad*
	Rivalidad y exclusión	No rivalidad pero exclusión
Exclusión	Bienes privados Ej. Naranjas, zapatos, ordenadores	Bienes de peaje Ej. Túnel, autopista, parque natural
	Rivalidad y no exclusión	No rivalidad y no exclusión
No exclusión	Bienes comunes Ej. Pescado en el mar, agua de un acuífero	Bienes públicos Ej. Aire puro

Fuente: Elaboración propia.

La casilla superior derecha incluye aquellos bienes que se caracterizan por la no rivalidad en el consumo y por la capacidad de exclusión. Un ejemplo clásico es un puente, un túnel o una carretera que, una vez construidos, pueden llevar una carga significativa de tráfico rodado sin llegar a la congestión. Otros ejemplos son los parques naturales. Dado que la exclusión es factible a través de un peaje o de una barrera artificial, un inversor privado puede estar interesado en la provisión de este tipo de bienes. Este caso presenta algunos problemas cuando se produce congestión a partir de un cierto nivel de demanda. Sería, por ejemplo, el caso de una autopista de peaje en determinadas fechas.

La casilla inferior derecha se refiere a aquellos bienes que reúnen las características de no rivalidad en el consumo y donde la exclusión no es posible. Esta es la casilla de los bienes públicos puros. Los ejemplos clásicos son la defensa nacional o una farola en una calle. Este tipo de bienes son los que no se distribuirán por el mercado privado. El número de personas que se pueden beneficiar de estos bienes puede variar mucho dependiendo del bien: desde toda la nación en el caso de la defensa a unos pocos ciudadanos que vivan o pasen por la calle iluminada. Durante mucho tiempo se ha considerado muchos bienes relacionados con el medio ambiente como bienes públicos puros. El aire o el agua potable parecían no tener límite en la medida que son proporcionados por la naturaleza. El consumo de aire puro no presenta rivalidad. La exclusión de su consumo no es posible. Sin embargo, el consumo de aire no puro si se produce vía contaminantes, algo que puede ser más fácilmente apreciable en el ejemplo del agua. La contaminación de estos bienes naturales obliga a replantear la naturaleza de estos bienes cuando sí se produce rivalidad en su consumo a pesar de que normalmente no es posible la exclusión dado que son accesibles desde muchos lugares distintos.

La casilla inferior izquierda incluye a los bienes cuyo consumo experimenta rivalidad, pero donde la exclusión no es económicamente factible. En otras palabras: existe un acceso sin limitación o abierto al bien como en el caso del agua de un acuífero o de los bancos de peces en el mar. En los casos de una oferta limitada de estos bienes se produce el problema de los bienes comunes. Esta denominación proviene de los bienes comunales que todavía se pueden encontrar en muchas localidades de montaña donde una comunidad local comparte la explotación de un bosque o unos pastos para alimentar el ganado. En estos casos, el fallo del mercado se produce como consecuencia de la incapacidad de exclusión. Se produce una situación de sobre explotación por aquellos que tienen acceso al bien dado que cada individuo percibe que lo que no consuma será consumido por otro con igual derecho. Todos tienen un incentivo para consumir el bien lo más rápido posible y, en consecuencia, se produce una situación de irracionalidad colectiva que acaba con la capacidad de reposición natural del bien como en los casos de la deforestación, de la sobre explotación del pescado o de la extinción de algunas especies animales (Hardin, 1968).

Respecto a esta última categoría es interesante señalar como la intervención pública sobre la base de distribuir derechos de «propiedad» sobre cuotas de pesca, sobre cuotas de agua de un acuífero o sobre animales salvajes en peligro de extinción, por poner algunos ejemplos, encuentra algunas dificultades, a veces insalvables, dado el carácter no estático de los bienes o su extensión por debajo de distintas propiedades.

2.1.B. Otros fallos del mercado

Otras circunstancias en las que la «mano invisible» del mercado falla y en las que por tanto se producen oportunidades para mejorar la eficiencia a través de la acción colectiva son las externalidades, los llamados monopolios naturales y la información asimétrica (Weimer y Vining, 1992):

– Las externalidades son los impactos que resultan de una acción que afecta a alguien que no dio su consentimiento. Pueden afectar tanto a las actividades de las empresas como a las actividades de otros consumidores o de cualquier persona o grupo en una sociedad y pueden ser positivas o negativas. Un ejemplo de externalidad en la que una actividad productiva afecta a otra actividad productiva es el calentamiento del agua en una central nuclear lo que puede ser utilizado por una empresa piscícola río abajo (efecto positivo) o puede dañar la venta comercial de pescado en una zona costera próxima debido a la contaminación (efecto negativo).

– Los monopolios naturales se producen cuando los costes fijos de producción son altos en relación con los costes variables de manera que el coste medio declina sobre el intervalo relevante de producto demandado. En estos casos, salvo que exista una regulación pública, los bienes son producidos por una única empresa que no podría sobrevivir si produjera al nivel de la eficiencia económica. Un ejemplo de monopolio natural es la red de alta tensión para la transmisión de electricidad o las redes de telefonía local si bien el aumento del consumo o los cambios en la tecnología podrían determinar que dejaran de serlo.

– La información tiene las características de los bienes públicos, como mínimo en lo que respecta a la no rivalidad en su consumo. Sin embargo, pueden darse situaciones en las que la cantidad o la calidad de la información sobre un bien no sean iguales para las distintas partes en un contrato o para el que genera o recibe el impacto de una externalidad. Existen bienes para los que es difícil determinar su calidad antes de consumirlos (el ejemplo clásico son los automóviles de ocasión) o incluso hasta después de empezar a consumirlos (por ejemplo cuando recibimos asesoramiento legal).

2.2. Políticas públicas: instrumentos

En todos estos supuestos y aún en muchos otros que identifica la literatura económica (por ejemplo en situaciones de elevado riesgo, o cuando se producen problemas intergeneracionales en relación con fuertes inversiones de capital) existe una justificación para la intervención pública que se argumenta en base al criterio de la eficiencia. Desde esta perspectiva, la política pública persigue restablecer una condición que se considera socialmente insatisfactoria y esto se consigue con instrumentos de naturaleza muy variada cuya revisión con detenimiento requeriría muchas páginas. De forma sintética, y sobre la base del trabajo de Weimer y Vining (1992) cabe distinguir seis grandes categorías de instrumentos de políticas públicas para hacer frente a las situaciones de fallo del mercado. La ilustración IX.3, al final de este apartado, presenta un listado de estos instrumentos y algunos ejemplos.

a) Desregular, legalizar, privatizar, crear y simular mercados:

Desde la perspectiva económica, el mercado competitivo constituye el principal parámetro para medir la eficiencia de cualquier mecanismo institucional de producción y distribución de bienes y servicios. Ello explica que el restablecimiento de un mercado abierto y competitivo suele ser la primera alternativa a considerar para la solución de un problema de «fallo del mercado». Como se ha dicho más arriba, otros criterios que no sean la eficiencia pueden aconsejar rechazar esta solución, pero dejar que el mercado solucione el problema permitiendo las transacciones privadas o creando un mercado viable son las hipótesis de referencia. Las principales ideas con relación a este primer grupo de soluciones o de políticas son las de desregular un mercado, facilitar el desarrollo de un mercado viable o simular un mercado.

Existe una gran variedad de términos para referirse a este tipo de políticas. Generalmente se utiliza la expresión *desregulación* y se refiere a la política consistente en eliminar interferencias públicas en los asuntos privados en aquellos mercados donde no se produce un fallo del mercado en términos de eficiencia. Un ejemplo ampliamente difundido es la política de desregulación de la industria aeronáutica o de las telecomunicaciones en Europa. La ilustración IX.1 explica la evolución reciente de la política del mercado de trabajo en España como ejemplo de un importante ámbito sectorial que ha sido objeto de cambios en su regulación. En términos generales, la política seguida ha sido la de flexibilización y eliminación de imposiciones externas.

En otros casos se trata de *legalizar* un mercado antes prohibido o simplemente descriminalizar las conductas sobre la base de no sancionar penalmente a las personas o empresas. Este ha sido el caso, por ejemplo, de la prostitución en algunos países. También se discute socialmente la oportunidad de legalizar el consumo de algunas drogas. En ambos casos, el primer paso hacia una cambio en las actitudes sociales ante estos problemas ha sido el de aligerar la persecución policial y el castigo asociado a estos comportamientos.

El término *privatizar* también se suele utilizar en este contexto con varias acepciones. Normalmente significa la venta de empresas públicas al sector privado como ha ocurrido de forma intensiva en varios países de la UE durante el proceso de unión monetaria. En otros casos, el Gobierno permite que entren algunas empresas privadas en un sector que antes era un monopolio público. Ello se ha hecho en Europa a partir de la privatización de algunos monopolios públicos y la apertura incremental del mercado a un número limitado de empresas.

ILUSTRACIÓN IX.1.
LAS REFORMAS DEL MERCADO DE TRABAJO EN ESPAÑA.
UN EJEMPLO DE POLÍTICA REGULATIVA

Desde el final de la dictadura, el mercado de trabajo en España ha pasado por tres cambios importantes: en primer lugar, la aprobación del Estatuto de los Trabajadores en 1980 que reconocía los derechos de los trabajadores en la nueva situación democrática; en segundo lugar, la reforma de 1984, primer gran intento de flexibilización del mercado laboral mediante la ampliación de las modalidades de contratación y, finalmente, la reforma de 1994 que se enfrentó de forma global al funcionamiento del mercado de trabajo.

La reforma de 1984 básicamente tenía dos objetivos: a) facilitar la adaptación de las empresas al ciclo económico (hacer más flexible la organización interna del trabajo) y b) favorecer la adquisición de experiencia laboral de los jóvenes sin cualificación. Para el primer objetivo, la figura clave de la reforma fue el contrato temporal de fomento del empleo (CTFE), un contrato a término no causal (máximo de tres años) con unos costes de rescisión muy pequeños (12 días por año trabajado). El segundo objetivo se consiguió con los contratos en prácticas y de formación, ambos a plazo fijo,

**ILUSTRACIÓN IX.1. CONTINUACIÓN
LAS REFORMAS DEL MERCADO DE TRABAJO EN ESPAÑA.
UN EJEMPLO DE POLÍTICA REGULATIVA**

con salarios inferiores a los de un puesto equivalente con contrato indefinido e indemnización nula.
Los resultados de la reforma en términos de la elasticidad del empleo al crecimiento del PIB fueron muy buenos, pues prácticamente se duplicó, pero todo ello, a costa de aumentar la temporalidad de los contratos de trabajo. La reforma de 1984 permitió un importante aumento del nivel de ocupación en la segunda mitad de los ochenta pero con una contribución de la contratación temporal en el crecimiento del número de ocupados muy acusada. Los contratos temporales entre 1984 y 1994 se duplicaron, hasta llegar incluso al 34% de los asalariados en 1997, mientras que en este mismo período prácticamente no se firmaron contratos indefinidos, lo que creó una dicotomía muy fuerte entre los trabajadores con contrato temporal y aquellos con uno indefinido.
Los contratos en prácticas y de formación sirvieron para abaratar la contratación de jóvenes sin experiencia pero dificultaron la inversión en capital humano, en la mejora de la cualificación de los trabajadores y en la relación trabajador/empresario, pues se concentraron en actividades como la agricultura, la construcción o en empresas de tamaño pequeño.
Ante la importante dualidad entre los trabajadores con un contrato fijo y los temporales, y la discriminación de unos respecto a otros en el mercado de trabajo, el gobierno socialista se vio en la necesidad de modificar las normas que regulaban las contrataciones. La reforma de 1994 se concentró en medidas de flexibilización interna para aumentar el marco de competencias de la negociación colectiva en detrimento de la administrativa y de flexibilización externa, centrada en los procesos de entrada y salida del mercado laboral.

Flexibilización interna:
Se flexibiliza la forma de cómputo del tiempo de trabajo y de descanso referenciándola anualmente y permitiendo en el convenio colectivo su distribución temporal, de esta forma se permite repartir el tiempo de trabajo según las necesidades de la empresa.
Se abre a la negociación colectiva el sistema cerrado y jerárquico de las categorías profesionales, existentes todavía de la época franquista, de las que dependen las mejoras salariales y profesionales de los trabajadores.
Desaparece el esquema de los complementos salariales ligados a la evolución del salario base, para que, empresario y trabajador puedan negociar nuevas condiciones.

Flexibilización externa:
Se elimina el monopolio del INEM a favor de las agencias de colocación sin ánimo de lucro.
Se autoriza el funcionamiento de las empresas de trabajo temporal.
Se crea un nuevo contrato en prácticas (CP) que sustituye a los anteriores contratos en prácticas y de formación, destinados a titulados con grado medio o superior, por un período entre seis meses y dos años en un intento de reforzar los aspectos formativos de la política de empleo.

ILUSTRACIÓN IX.1. CONTINUACIÓN LAS REFORMAS DEL MERCADO DE TRABAJO EN ESPAÑA. UN EJEMPLO DE POLÍTICA REGULATIVA

Aparece un nuevo contrato, llamado contrato de aprendizaje, para jóvenes entre 16 y 25 años de edad que no pueden acceder al CP por falta de formación. Se fija para un período entre seis meses y tres años y su retribución se establece entre un 70 y un 90% del salario mínimo interprofesional según el año. No tienen protección por desempleo, de forma que los costes de la Seguridad Social sean muy bajos.

Se fomenta los contratos a tiempo parcial.

Los CTFE son sustituidos por la contratación temporal causal de forma que se reoriente la contratación temporal únicamente hacia aquellos motivos que justifiquen la temporalidad de la relación laboral. Las modalidades que se aceptan en esta contratación temporal son: a) por circunstancias de la producción, b) por contrato de obra o servicio determinado, c) de interinidad, y d) de lanzamiento de nueva actividad.

La extinción de los contratos de duración determinada no tiene coste alguno para el empresario.

Se rebaja la indemnización por despido improcedente a 45 días por año trabajado y si el despido se declara procedente no existe coste alguno para el empresario.

Reconoce, además de las causas económicas y tecnológicas como justificativas del despido procedente, las causas organizativas y de producción. Y se establece un tipo de despido procedente por causas objetivas con una indemnización de 20 días por año trabajado.

Fuente: Julio Segura en *EL País*, 13/1/97 y A. Pedreño y C. Ródenas, (1995) «Mercado de trabajo», en J.L. García Delgado, *Lecciones de economía española*, Madrid: Civitas, pp. 337-370.

Cuando el mercado no existe previamente, la idea central es facilitar la creación de un nuevo mercado sobre la base de establecer derechos de propiedad sobre bienes que ya existían o creando nuevos bienes y servicios que se puedan vender y comprar. El establecimiento de derechos de propiedad sobre el agua es una opción en la discusión sobre política del agua si bien en muchos casos la naturaleza pública del bien no lo facilita (por ejemplo en el caso de un acuífero).

La simulación de un mercado se produce en aquellos supuestos en los que un mercado eficiente no puede operar pero es posible estimular la competencia por hacerse con el mercado a través de una subasta. Este es el mecanismo utilizado en los concursos nacionales para el servicio de telefonía móvil o de televisión por cable. En estos casos se vende el derecho a la provisión del bien. En otros casos se vende el derecho de explotación de un recurso escaso.

b) Incentivar con subsidios e impuestos, bonos y deducciones:

Un instrumento más intervencionista consiste en distribuir subsidios o grabar con impuestos con el propósito de inducir un determinado comportamiento en los actores privados. Normalmente, la alternativa a los subsidios e impuestos es la regulación directa por el Gobierno y la Administración. Sin embargo, desde la perspectiva económica que toma el libre mercado como referencia esta opción es preferida por entenderse menos intervencionista. En cualquier caso, los subsidios y los impuestos también requieren una regulación pública que establece los incentivos oportunos para facilitar la producción de determinados bienes y servicios o penalizar las consecuencias negativas que puedan derivarse de la producción o el consumo de otros.

La primera opción de política es la imposición de una tasa o impuesto a determinadas consecuencias socialmente negativas (externalidades) dejando, sin embargo, que sean los decisores privados los que opten por limitar su producción en función de la carga impuesta. Los aranceles y tasas a la importación de productos o de tecnologías son otras tantas maneras de limitar el efecto que se estima puedan tener en la producción propia.

Otra forma de incentivar determinados comportamientos es a través de las subvenciones. En este caso se trata de dar un subsidio directo a los productores de bienes y servicios que tienen externalidades positivas, ya sean empresas privadas u otras administraciones. En muchas ocasiones, la Administración incentiva los comportamientos esperados con desgravaciones fiscales y deducciones en el pago de impuestos. El «perdón» de una deuda es, en este sentido, equivalente a un subsidio.

Los incentivos también pueden orientarse al consumo. En algunos casos, la Administración incentiva el consumo de un producto a través de la distribución de un bono intercambiable por este producto. Este sería el caso de los «tickets» restaurante o de los «tickets» servicios sociales que se utilizan en Francia y España. Los bonos son distribuidos a determinados grupos de población a un precio inferior al que tienen impreso. Los proveedores de los servicios cobran posteriormente los bonos al precio que marcan.

Igualmente orientadas al consumo, las deducciones fiscales son utilizadas por la Administración para incentivar la demanda de vivienda o de servicios de sanidad privados, por ejemplo. En el mismo sentido, las deducciones por pago de alquileres o por el pago de servicios educativos como las guarderías u otros pagos a organizaciones culturales o de cooperación internacional. Las deducciones fiscales tienen el efecto de reducir el precio, «después de impuestos» de los servicios o bienes consumidos.

Finalmente, los impuestos sobre el consumo de productos con externalidades negativas, como el alcohol o el tabaco suponen un freno a este tipo de consumo no deseado. En otros casos, se trata de poner un precio al consumo de un bien público como, por ejemplo, una carretera, un parque natural o un recurso natural escaso como el agua y la Administración utiliza términos como tasa, peaje o simplemente precio público.

c) Regular directamente el comportamiento:

La actividad social en democracia necesita de la reglamentación de las actividades sociales y económicas para poder funcionar. El derecho constituye el marco necesario para cualquier actividad. El mismo mercado necesita de la regulación pública para que se mantenga abierto y competitivo. Dada la omnipresencia de las reglamentaciones a todos los niveles, puede considerarse arbitrario distinguir la regulación de los comportamientos individuales de los demás instrumentos de políticas considerados hasta ahora, en la medida que también son fruto de la regulación por el Estado. En este apartado, sin embargo, nos referimos a la regulación con propósitos directamente coercitivos por encima de otro tipo de consideraciones como la idea de dejar que el mercado opere libremente o inducir un determinado comportamiento.

La idea central de una regulación es la de ordenar o prohibir un determinado comportamiento y controlar su cumplimiento penalizando la infracción. Las posibilidades en este campo son infinitas. Se puede obligar a instalar un mecanismo de seguridad o a pasar una inspección periódica, a reducir el impacto de una infraestructura o de una actividad productiva en el medio, a vender a un determinado precio, a no superar una cierta cuota o nivel. Se puede prohibir la conducción bajo el efecto del alcohol, comprar y vender órganos humanos, la venta de especialidades farmacéuticas, el juego, el tabaco o bañarse en un lago cuando no hay un socorrista. En todos estos casos, el incumplimiento y la probabilidad de que éste sea detectado y sancionado determina la eficacia real de la regulación.

En los casos de asimetría en la información, la política más simple y directa consiste en obligar a proporcionar la información a aquella parte que no la tiene. En algunas ocasiones es la Administración la que avisa al ciudadano, por ejemplo en las cajetillas de tabaco, mientras que en otros casos es la misma empresa productora del bien la que se encarga de avisar al consumidor, por ejemplo en los juguetes para niños. Recientemente, los productores privados de bienes se han visto obligados a proporcionar información más amplia sobre la calidad de sus productos en las etiquetas, sobre cuidado de la ropa, composición química del producto, valor nutritivo, fechas de caducidad... En el caso de los servicios, el proceso de certificación pública del proveedor es la principal garantía de la profesionalidad del servicio. La certificación obliga a la empresa o profesional a presentar información pública sobre su formación, capacidad, estructura y procedimientos. La idea de la certificación es la que se ha adoptado en la provisión de servicios sociales para personas mayores en Francia y España.

d) Producir directamente los servicios:

La provisión pública de los servicios por la Administración y sus empleados es la fórmula tradicional y característica del sector público a la que se dedica la parte principal de este libro. Los servicios de la Administración cubren todo tipo de actividades: educación, sanidad, servicios sociales, construcción de infraestructuras, investigación, cultura...

Como se ha señalado, durante las últimas décadas, se ha producido una importante reforma en el sector público consistente en la fragmentación de su Administración nuclear para crear organismos autónomos y empresas públicas a los que se encarga gestionar importantes servicios bajo la responsabilidad directa de los gobiernos. Algunos de estos organismos autónomos y empresas generan sus propios ingresos a través de la venta de sus servicios mientras que otros reciben importantes subvenciones. Todos ellos están bajo la responsabilidad política del ejecutivo y del legislativo pero pueden gozar de una autonomía considerable en la gestión de sus operaciones y hasta en la toma de decisiones estratégicas en su ámbito de actividad.

e) Contratar externamente:

La Administración pública puede contratar externamente servicios que necesita para su propia actividad y funcionamiento, como por ejemplo la compra y el mantenimiento de los equipos informáticos, y también puede contratar la provisión de servicios para los beneficiarios de sus políticas a empresa privadas y a otras organizaciones que no buscan el lucro. La posibilidad de contratar externamente la provisión de un servicio depende, en gran medida, de la capacidad de la Administración para controlar con posterioridad la cantidad y la calidad de los servicios prestados (es más fácil, por ejemplo, con la recogida de basuras que con servicios educativos). Por otra parte, las asociaciones y en general las organizaciones que no buscan el lucro presentan algunas ventajas sobre las empresas privadas cuando resulta difícil controlar su actividad en la medida que generalmente, las organizaciones del tercer sector tienen más credibilidad por su compromiso con una causa o por el simple hecho de tener prohibido repartir beneficios.

La ilustración IX.2 sintetiza la evolución de la política educativa en España como ejemplo de política de provisión directa e indirecta, en el caso de las escuelas concertadas.

ILUSTRACIÓN IX.2.
LA POLÍTICA EDUCATIVA ESPAÑOLA, 1970-1996. UN EJEMPLO DE POLÍTICA DE PROVISIÓN PÚBLICA

La política educativa española entre 1970 y 1996 puede explicarse en cuatro etapas desde la reforma educativa de los últimos años del franquismo hasta la aprobación de la LOGSE por el gobierno socialista.

ILUSTRACIÓN IX.2. CONTINUACIÓN
LA POLÍTICA EDUCATIVA ESPAÑOLA, 1970-1996. UN EJEMPLO DE POLÍTICA DE PROVISIÓN PÚBLICA

Primera etapa

En la década de 1960, el régimen del general Franco se vio en la necesidad de introducir una serie de reformas en la política educativa con el objeto de dar una imagen de sociedad capitalista moderna. La Ley General de Educación en 1970 estableció la escolaridad obligatoria hasta los 14 años y la unificación del bachillerato. La reforma terminaría en fracaso ya en los primeros años setenta por las presiones del sector privado, por la inexistencia de financiación y la rápida masificación de la enseñanza superior.

Segunda etapa

La segunda etapa se inicia con la firma de los Pactos de la Moncloa en 1978 y el artículo 27 de la Constitución que establecieron la base de la política educativa española: a) el derecho a la educación; b) el desarrollo de la personalidad humana en el respeto a los principios democráticos y de los derechos y libertades fundamentales; c) la gratuidad y obligatoriedad de la educación básica; d) el reconocimiento de los poderes públicos como responsables de la educación a través de la homologación y de la inspección; y, e) la autonomía de las universidades.

Esta etapa, entre 1978 y 1982, estuvo claramente marcada por el conflicto entre los partidos de derecha que entendían la libertad de enseñanza como la única forma de llegar a la plena escolarización frente a los de izquierda, a favor del principio de igualdad. Para la izquierda, primaba la necesidad de una mayor prestación pública y de una mayor regulación de los centros privados ayudados con fondos públicos, mientras que la derecha, defendía la obligación del sector público de apoyar al privado. El conflicto terminó con el reconocimiento del sector privado como gran provisor de oferta escolar. El gobierno de UCD aprobó un programa de inversiones extraordinarias en construcciones escolares pero, al mismo tiempo, aumentó las subvenciones a centros privados año tras año durante todo su mandato.

Tercera etapa

Con la llegada del PSOE al poder en 1982 se abrió un período marcado por una fuerte oposición del sector privado a la aprobación de la Ley Orgánica de Derecho a la Educación (LODE, 8/1985) y por las presiones de los partidos nacionalistas a favor de mayores competencias de las comunidades autónomas.

El discurso de la política educativa del PSOE se fundamentaba en la igualdad de oportunidades y se centró en la ampliación de servicios y en la regulación de programas específicos.

Entre las medidas dirigidas a mejorar la equidad educativa cabe destacar las siguientes:

– el aumento del número de centros públicos y la disminución de la ratio profesores/alumnos;

– la garantía por parte de los poderes públicos de la gratuidad de la enseñanza obligatoria de forma que aquellas escuelas que tuvieran un concierto con la Administración pública no podían exigir cuotas a las familias en la enseñanza obligatoria;

ILUSTRACIÓN IX.2. CONTINUACIÓN
LA POLÍTICA EDUCATIVA ESPAÑOLA, 1970-1996. UN EJEMPLO DE POLÍTICA DE PROVISIÓN PÚBLICA

– la escolarización obligatoria hasta los 16 años para que coincidiera con la edad mínima de entrada al mercado laboral en un intento de evitar la división entre la enseñanza académica y la formación profesional, motivo de importantes desigualdades educativas;
– el establecimiento de los criterios para la financiación pública de centros privados para impedir la subvención indiscriminada a centros sobre los que el Estado no pudiera ejercer ningún control;
– y, la definición de las condiciones de admisión del alumnado a los centros sostenidos con fondos públicos (criterios de renta familiar, de proximidad, número de hermanos en el centro...) con el propósito de ayudar a las clases más desfavorecidas.

Entre los programas de educación compensatoria podríamos señalar:
la medidas de atención educativa al fracaso escolar de niños y jóvenes;
la creación de centros de recursos y servicios de apoyo en zonas rurales necesitadas;
la atención a minorías culturales (por ejemplo, la población gitana);
los programas para la incorporación de jóvenes a la vida laboral;
y los programas de educación permanente, formación de adultos, y formación ocupacional

Cuarta etapa
En la segunda mitad de los ochenta, el discurso socialista ya no se centró tanto en la igualdad de oportunidades sino que pasó a poner un mayor énfasis en la calidad de los centros educativos, en los contenidos y en los métodos de la enseñanza.
El mayor esfuerzo, en este sentido, se hizo con un importante desarrollo experimental y posterior aprobación de la reforma de las enseñanzas medias. La LOGSE, aprobada en octubre de 1990, significó la revisión de todos los contenidos de la enseñanza no universitaria. Ante los problemas de formación del profesorado, el gobierno socialista también aprobó reformas en los planes de estudio de las escuelas de formación del profesorado y nuevos programas de formación permanente.

Fuente: Bonal, X. (1998): «La política educativa» en Goma, R., J. Subirats, *Políticas públicas en España,* Barcelona: Ariel.

f) Proporcionar un seguro o ayudas ante la adversidad:

Algunas políticas públicas proporcionan seguridad ante determinadas contingencias que pueden ocurrir con una cierta probabilidad. En algunos casos estas contingencias se producen con regularidad en la vida de una persona (enfermedad, accidentes, maternidad, viudedad) mientras que en otros casos se trata de situaciones catastróficas más difíciles de prever como los terremotos, las inundaciones o los aludes de nieve.

El principio básico de un seguro es la reducción del riesgo individual a través de la creación de un fondo común. La seguridad social pública opera de forma que se transfieren recursos de los que tienen más ingresos a los que tienen menos y de los trabajadores activos a los trabajadores del pasado y actuales pensionistas. Los seguros pueden comprarse en el mercado privado. Sin embargo, el mercado privado puede crear situaciones de inseguridad ante la falta de cobertura de determinados grupos de población o de determinados riesgos. Además, las personas individuales pueden equivocarse en la estimación de un riesgo para su persona o familia. Por ello, el Estado obliga a los trabajadores a cotizar en un sistema público de Seguridad Social o, en su caso, permite que los trabajadores o empresarios obligados a procurarse un seguro, lo hagan acudiendo al mercado privado.

En algunos casos, el Estado aporta directamente recursos económicos a personas individuales o a familias para aumentar su nivel de renta o para ayudarles a sufragar los gastos que supone el mantenimiento de una persona con alguna discapacidad física o psíquica grave que la imposibilita para llevar una vida normal. Las políticas de ingreso mínimo o de salario social han sido contestadas desde la perspectiva de la eficiencia económica porque dependiendo de cómo se articulen pueden desincentivar la búsqueda de trabajo u otros comportamientos no deseados como, en el caso de los jóvenes, buscar la independencia de la familia a través de las ayudas sociales.

Otra forma de aportar seguridad consiste en acumular y guardar un bien cuando se generan excedentes, en previsión por si se produce una situación de escasez en un futuro próximo. Esta es la función que tienen las reservas de agua, naturales o artificiales, o las reservas de petróleo. En algunas ocasiones el almacenamiento o la reserva de los productos agrícolas se produce como consecuencia de la abundancia de aquel bien. Las políticas públicas, en este contexto, se dirigen a la compra o retirada del mercado de una parte de la producción para evitar que caigan los precios por debajo de un determinado nivel.

La racionalidad de la intervención pública desde la perspectiva de la eficiencia económica es sólo uno de los criterios que cabe adoptar en el análisis de las políticas. Las intervenciones públicas pueden obedecer a otros criterios políticamente relevantes como se ha dicho en la introducción de este capítulo. Antes de proceder al análisis de los procesos de formulación e implementación de las políticas, hemos considerado oportuno recapitular y formular una definición por partes de la política pública.

ILUSTRACIÓN IX.3.
INSTRUMENTOS DE POLÍTICAS PÚBLICAS

Instrumentos de políticas públicas	*Ejemplos*
Intervenir sobre los mercados con:	
Desregulación	Telecomunicaciones. Transporte aéreo
Legalización	Drogas
Privatización	Producción de electricidad, gas o petróleo
Creación de nuevos mercados	Mercados del agua
Simulación de un mercado	Subasta de los derechos de explotación de un parque
Incentivar con:	
Subsidios	Producción agrícola
Impuestos	Tasa ecológica, consumo de tabaco
Bonos	Tickets restaurante, tickets servicios sociales
Deducciones fiscales	Deducciones por gastos de guardería
Regular el comportamiento:	
Ordenar	Inspección de instalaciones industriales, uso del casco, uso del cinturón de seguridad
Prohibir una acción	Composición química de un producto, riesgo que contrae el fumador
Obligar a informar	
Producir un servicio:	
Producir directamente un servicio	Educación o sanidad pública
Producir indirectamente un servicio	Educación o sanidad concertada
Proporcionar un seguro público:	
Obligar a cotizar	Seguridad social
Proporcionar ayudas a afectados por una situación	Ingreso mínimo, ayudas por catástrofe natural
Comprar o acumular excedentes	Retirada de productos agrícolas

Fuente: Elaboración propia

3. Definición de política pública

Las políticas públicas son las decisiones y las acciones que toman las instituciones colectivas ante un problema[2]. Cualquier organización con autoridad para tomar decisiones sobre un ámbito competencial es emisora de políticas. Las comunidades de propietarios de los edificios donde vivimos, por ejemplo, pueden adoptar una política de limitación del ruido a partir de las diez de la noche con el objeto de evitar molestias a los vecinos. Nuestras universidades pueden establecer una política sobre el idioma en el que pueden o deben impartir sus clases los profesores. Los gobiernos de una ciudad, de una comunidad autónoma, del Estado o de las instituciones europeas pueden adoptar políticas sobre múltiples aspectos que directa o indirectamente, a través de impuestos o por el mero hecho de ser ciudadano de pleno derecho, acaban por afectarnos.

Dado que en este libro nos centramos en el estudio de la Administración pública, vamos a limitar el concepto de política pública a aquellas decisiones y acciones que adoptan organizaciones públicas. En estos casos, una política pública puede definirse a partir de los elementos siguientes:

– Las políticas públicas tienen una misión fundamental en cuyo contexto sus responsables persiguen objetivos más concretos.

– Las políticas públicas son portadoras de valores, reflejan distintas visiones del mundo.

– Las políticas públicas son el resultado e influyen en los procesos políticos de lucha partidista.

– Las políticas públicas consisten en una serie de acciones y decisiones.

– Las políticas públicas pueden analizarse sobre la base de la decisión estratégica o del programa de tratamiento de un problema específico.

– Las políticas públicas pueden utilizar una gran variedad de instrumentos que van desde la creación o simulación de mercados hasta la provisión puramente pública.

1. *Las políticas públicas tienen una misión básica que justifica su existencia y que se explica por la forma en que ha sido concebido un problema. Generalmente, la formulación de objetivos consiste en la priorización de unos resultados que se persiguen en el marco de esta misión fundamental. De la misma manera que se formula una misión y unos objetivos básicos para la política, existen objetivos del sistema que operan como condicionantes de la intervención pública.*

Así, por ejemplo, la política del ingreso mínimo de inserción tiene una doble misión: garantizar una renta mínima a toda persona que esté ubicada por

2 Las definiciones de política pública varían poco respecto a esta idea esencial. Puede verse, por ejemplo, el libro de Meny y Thoenig (1995) para un desarrollo similar del concepto.

debajo de un determinado nivel de renta y facilitar la inserción laboral de las personas que se encuentran en esta situación.

Los objetivos son aquellas ideas fuerza o resultados que se persiguen con acciones concretas en el contexto de una política (cuando no hay acciones concretas, los objetivos son puramente formales o retóricos). En el ejemplo de la política social, los objetivos podrían relacionarse con: conseguir una cierta cobertura entre la población que tiene esta necesidad, conseguir una mejora de la calidad de vida de los beneficiarios, dar educación básica y/o formación profesional a los usuarios del programa y conseguir trabajo para estas personas en unas condiciones profesionales y contractuales aceptables para la Administración. Algunos de estos objetivos son directamente operativos en la medida que pueden ser medidos de una forma concreta. Por ejemplo, la cobertura del programa. Otros objetivos reflejan ideas cualitativamente importantes pero difíciles de medir como, por ejemplo, la mejora de la calidad de vida de los usuarios o de su educación.

De forma general, se puede afirmar que existe una relación inversa entre el interés de un objetivo de una política y la capacidad para medirlo. Esto es, resulta relativamente fácil controlar los usuarios de un programa formativo pero es mucho más difícil determinar si se produce un proceso de aprendizaje o si este aprendizaje cambia de forma significativa la probabilidad de encontrar un trabajo.

Todas las políticas públicas tienen objetivos contextuales en la medida que una serie de principios propios del sector público operan como condicionantes de la actuación de los gestores de esta política o de los servicios a los que de lugar. Así, el principio de la eficiencia (y, por tanto, la idea de mantener en el nivel más bajo posible el coste de una unidad de producto) o el de la equidad en el trato de las personas con igual condición o el de la justicia distributiva, suponen otras tantas limitaciones (y al mismo tiempo objetivos del sistema), que no podemos dejar de considerar al analizar esta política.

2. *La política pública tiene que ver con unas finalidades y unas preferencias. Por tanto, está orientada a satisfacer unos determinados intereses y es portadora de unos valores específicos. Las políticas públicas no son neutrales ni responden únicamente a una racionalidad técnico-económica al margen de la política y de las ideologías.*

Así, por ejemplo, en política social, tradicionalmente se ha producido una división de opiniones entre la izquierda y la derecha o los partidos socialistas y los partidos conservadores. Para los primeros, el Estado debe participar activamente en la formación de las personas sin empleo y en la creación de puestos de trabajo porque las personas que se encuentran en una situación de desempleo desean trabajar y lo harían si se les da la formación adecuada y oportunidades de trabajo. Mientras que para los partidos liberales y algunos partidos conservadores, la idea de ayudar a las personas en paro se justifica cuando hay una contrapartida en forma de trabajo para la comunidad, prácticas en una empresa o alguna otra forma de compromiso que suponga un esfuerzo de parte de la persona que recibe los beneficios o ayudas. Esta posición se fundamenta en la visión de las ayudas sociales como un error en la medida que se conviertan en una solución atractiva para personas poco predispuestas a trabajar. De hecho, estas dos visiones tienen en la actualidad una «tercera vía» en aquellos que ven en las ayudas sociales a las personas en situación de desempleo como un derecho pero entienden que deberían darse de tal manera que se incentive la autosuficiencia y se desincentive la dependencia del Estado durante un largo período de tiempo.

3. *Las «políticas» tienen que ver con la «política», con la lucha por el poder, con la concurrencia de intereses que representan partidos, asociaciones, organizaciones no gubernamentales, grupos de interés, individuos y empresas.*

Las políticas tienen unos destinatarios directos, individuos o grupos que pueden verse beneficiados o perjudicados por las decisiones que toman las instituciones de gobierno. Pero las políticas tienen unos afectados indirectos que van mucho más allá de los usuarios directos: todos aquellos ciudadanos que indirectamente se ven afectados, en primer lugar, porque como ciudadanos tienen opiniones políticas sobre la oportunidad o la eficacia de la intervención pública en cada caso en concreto y, en segundo lugar, porque cuando se utilizan recursos públicos, como contribuyentes, pueden considerar que se está haciendo una utilización adecuada de los recursos públicos o, por el contrario, que se está malgastando el dinero público en una política que, desde su punto de vista, no se justifica ante otras posibles alternativas (ver la tabla IX.2).

TABLA IX.2.
IMPACTO DE LAS POLÍTICAS EN LAS PERSONAS

Afectado directo y positivo	*Afectado directo y negativo*
Beneficiario. Ej. Política de subvenciones directas como las pensiones.	Perjudicado u obligado. Ej. Política que impone una obligación como llevar un casco o pagar un impuesto.
Afectado indirecto y positivo	*Afectado indirecto y negativo*
Ciudadano-contribuyente que estima acertada y justificada la intervención pública.	Ciudadano-contribuyente que estima no acertada ni justificada la intervención pública.

Fuente: Elaboración propia.

En el sistema democrático competitivo se considera a los representantes políticos como los que están mejor situados para interpretar la opinión pública en relación con cada caso en concreto y en cada momento. En este sentido, se entiende que los gobiernos y sus administraciones deben utilizar la autoridad que tienen atribuida por el hecho de ocupar una determinada posición institucional para defender el interés general y encontrar una posición de equilibrio entre los intereses de las partes (afectados directos) y los del resto de ciudadanos contribuyentes con distintas visiones de cada tema.

Las políticas suelen ser adoptadas por las instituciones político-administrativas y se expresan a través de las múltiples formas por las que se suelen manifestar las instituciones públicas: una ley, una decisión ejecutiva de un Gobierno o una sentencia judicial. Pero las políticas también pueden ser el resultado de la acción colectiva de los actores sociales y políticos como se ha argumentado anteriormente (Meny y Thoenig, 1995).

4. *Normalmente, las políticas consisten en una serie de acciones y decisiones que determinan un curso de acción. En algunas ocasiones, la política se expresa en una sola decisión lo que puede suponer además un elevado riesgo para el decisor, pero lo más habitual es que las políticas consistan en un conjunto de decisiones y acciones que se adoptan en distintos niveles de Gobierno.*

Así, por ejemplo, en temas de seguridad industrial o de protección ambiental, la política del Gobierno puede fundamentarse en medidas coercitivas que obliguen o prohiban determinados comportamientos individuales o de las empresas. La actividad de la Administración en este contexto es el control en sus dos facetas: de fiscalización y sancionadora. La política también puede consistir en incentivar determinados comportamientos que de forma preventiva eviten llegar a una situación en la que la Administración tenga que actuar de forma coercitiva, buscando, por tanto, la cooperación de los actores privados. En un determinado momento, la Administración puede combinar acciones de fomento de una cultura de la seguridad industrial o ambiental, otorgando subvenciones a las empresas para que modifiquen sus procesos de producción y, al mismo tiempo, mantener su programa de inspección tradicional con el que controla y sanciona cuando se dan las circunstancias definidas por la ley.

Si el conjunto de acciones y decisiones son coherentes, se puede hablar de una política como marco de acción o estructura relativamente permanente de referencia. Sin embargo, las decisiones y acciones que se toman en la práctica pueden ser contradictorias entre sí. En particular, esta contradicción puede darse entre distintos niveles de Gobierno: entre el nivel de las decisiones estratégicas y el nivel de la gestión operativa de los recursos a través de programas locales o sectoriales específicos.

5. La *política pública puede referirse a distintos niveles de actuación de los poderes públicos: desde el nivel estratégico orientador de un conjunto de intervenciones en un ámbito de actividad política hasta un programa concreto, esto es, la aplicación de unos recursos humanos y materiales a actividades específicas con metodologías conocidas con el objeto de conseguir unos objetivos.*

Así, por ejemplo, la política de prevención y extinción de incendios es una política de segundo nivel que junto con otras integran la política de conservación del medio natural, de primer nivel. A su vez, sin embargo, la política de prevención y extinción de incendios integra una serie de acciones y programas concretos que en sí mismos podrían ser analizados en tanto que políticas concretas ante un problema específico. Concretamente, los programas de actuación pueden responder a distintas maneras de concebir el problema dando lugar a distintas fórmulas de intervención.

El análisis de las políticas puede tomar como objeto políticas de cualquier nivel, si bien, de forma general, la evaluación de políticas resulta más factible cuanto mejor definidos sean los objetivos, los instrumentos y la tecnología de intervención. A menudo, la política pública en su nivel más elevado de abstracción persigue efectos o impactos de carácter genérico o abstracto, por lo que resulta difícil establecer la relación entre acciones concretas, productos, efectos e impactos. Así, la inversión en investigación y desarrollo (I+D) persigue la mejora de la calidad de vida de la sociedad, pero no hay necesariamente una relación lineal o directa entre invertir en el proyecto concreto de un equipo investigador en microbiología y la mejora en unos puntos de la calidad de vida de la sociedad que financia aquel proyecto con sus impuestos. En el mismo sentido, resulta difícil relacionar la inversión en educación con la mejora de los conocimientos académicos o el cambio de actitudes y de valores en la sociedad. Sin embargo, sí existe una relación más directa entre obligar a ponerse el casco y evitar accidentes mortales o entre una terapia para dejar de fumar y la reducción en la incidencia del cáncer de pulmón. Evaluar programas en tanto que «paquetes» de recursos definidos con los que se pretende cambiar un aspecto de un problema mayor resulta más factible que evaluar políticas generales que pretenden cambiar una situación social que no nos agrada.

6. *Las políticas públicas ofrecen una variedad de formas de intervención sobre los problemas. Pero cabe reducir el catálogo de instrumentos a dos grandes categorías de políticas: las políticas redistributivas y las políticas regulativas.*

Así, por ejemplo, en la política de prevención y extinción de los incendios forestales, los instrumentos de intervención son, de hecho, muy variados: a) Provisión directa: inversión en equipos, vehículos y personal (bomberos, agentes forestales, pilotos), inversión en infraestructuras (cortafuegos), limpieza de los márgenes de las vías públicas; b) Regulación: prohibición de encender fuegos en determinadas épocas o días, reglamentación de vertederos, torres de alta tensión, urbanizaciones en el bosque, reglamentación de las actividades que causan erosión natural; c) Subsidios y ayudas: subvenciones a las familias que se trasladen a vivir en casas de campo abandonadas, subvenciones a los propietarios de bosques para que planten especies no pirófitas, subvenciones a las asociaciones de voluntarios para la lucha contra el fuego, desgravaciones fiscales en la venta de madera quemada.

Todos estos instrumentos y herramientas que utilizan las políticas son clasificables en dos grandes categorías o clases de políticas: las políticas regulativas y las políticas redistributivas. Estas dos categorías proceden de la tipología de Lowi que ya en 1964 distinguía entre estos dos tipos de políticas y las políticas distributivas. En un artículo posterior en 1974 añadiría las llamadas políticas constituyentes.

Las políticas regulativas son aquellas que contienen decisiones gubernamentales que afectan las opciones de decisión privada sobre el ejercicio de derechos o la utilización de recursos. Su impacto tiene un reflejo directo en la elevación de costes o en la ampliación de las opciones individuales. La decisión pública supone una elección directa sobre quien se verá beneficiado o perjudicado a corto plazo. Por ejemplo en los casos de regulación urbanística del suelo, regulación de la higiene y seguridad en el trabajo o regulación de los derechos de explotación del agua.

Las políticas redistributivas, por su parte, son aquellas que suponen una transferencia de recursos entre grupos sociales amplios a través de, por un lado, cobrar impuestos y, por otro lado, producir y distribuir servicios públicos. A largo plazo, todas las políticas son redistributivas dado que a través del tiempo algunas personas acaban pagando más impuestos que lo que reciben en servicios públicos. Son ejemplos de esta categoría la política de construcción de pisos protegidos para enfermos mentales, las universidades públicas, los hospitales públicos, la construcción de carreteras o el sistema de pensiones público.

Las políticas distributivas de Lowi resultan de considerar el corto plazo o un entorno local en la medida que algunas administraciones distribuyen beneficios individuales sin considerar la limitación de los recursos que se da en el sistema. Las políticas constituyentes se refieren a las reformas institucionales y, por tanto, a los cambios en la ordenación constitucional en tanto que marco en el que se desarrolla la política y la actividad de las administraciones públicas.

La ilustración IX.4. ofrece información sobre la política de planificación hidrológica en España. Sin duda este es un tema en el que se pueden ver reflejados todos y cada uno de los elementos propuestos para la definición de una política pública.

ILUSTRACIÓN IX.4.
LA PLANIFICACIÓN HIDROLÓGICA: EL DEBATE SOBRE EL AGUA

La política hidrológica en España se ha convertido, a menudo, en un encendido debate no sólo entre partidos políticos, autoridades municipales y autonómicas, sino también entre los ciudadanos. La realidad del agua en España se caracteriza por un reparto muy desigual de recursos con una zona húmeda al norte y una zona semiárida en el centro y sur del territorio con graves problemas de abastecimiento urbano y agrario.

La misión principal de la política hidrológica es garantizar el abastecimiento en todo el territorio y homogeneizar en la medida de lo posible el acceso al agua de toda la

ILUSTRACIÓN IX.4. CONTINUACIÓN
LA PLANIFICACIÓN HIDROLÓGICA: EL DEBATE SOBRE EL AGUA

población. Otros objetivos consisten en modernizar los regadíos, disminuir el riesgo frente a inundaciones, aumentar la capacidad de reutilización de las aguas residuales, de depuración de vertidos y de desalación de agua de mar. Todo ello, además, de acuerdo con una política de desarrollo sostenible del territorio y de protección del ecosistema.

Probablemente, el tema más polémico en el debate de la política hidrológica española ha sido los trasvases, esto es: la interconexión física de las cuencas hidrográficas que permite utilizar los excedentes de unas para compensar el déficit en otras. En este sentido, la falta de consenso ha sido muy importante pues con los trasvases, a menudo, se crea un sentimiento de agravio entre territorios y es necesario vencer muchas resistencias de los intereses locales.

Otra tema que ha suscitado polémica entre diferentes partidos políticos ha sido la posibilidad de modificar el régimen económico del agua, o sea, un cambio en la estrategia de precio del agua. Hasta hoy, se ha garantizado a los usuarios la gratuidad del agua, de forma que se repercute a los españoles únicamente el coste de las infraestructuras hidráulicas. Se paga, pues, por el continente pero no por el contenido, de ahí que se hayan alzado voces a favor de cambiar este régimen y establecer un precio sobre el agua como bien escaso que es.

Para las administraciones, una parte de la solución al problema pasa por concienciar a la población de la necesidad de ahorrar y racionalizar el consumo de agua, ya sea a través de campañas publicitarias en los medios de comunicación o mediante la aplicación de impuestos ecológicos. Experiencias de este tipo han tenido un gran éxito en Dinamarca por ejemplo, donde, a pesar de no sufrir problemas de escasez, se ha conseguido ahorrar grandes cantidades de agua a partir de la aplicación de una tasa ecológica sobre el consumo.

Fuente: Elaboración propia a partir de *El País*, 6/9/93 y 26/6/95.

4. Formulación de las políticas públicas

La formulación de las políticas se refiere a dos cuestiones fundamentales para comprender una política pública: el proceso de inclusión de un tema o problema en la agenda de las instituciones y el proceso de consideración de distintas alternativas de acción publica en relación con este problema y de opción por una de ellas. Este es el objeto central de un conocido libro de Kingdon (1995), *Agendas, alternatives and public policies*, que nos servirá para explicar estos dos puntos. En este apartado queremos exponer la propuesta de Kingdon en la medida que entendemos que constituye el estudio académico mejor elaborado y más completo sobre este tema.

En primer lugar, es preciso definir *agenda*. La agenda está formada por la lista de temas o problemas a los que los responsables del Gobierno, los parlamentarios, los altos cargos de la Administración y algunas otras personas y grupos estrechamente relacionados con aquellos, prestan atención en cada momento. Por supuesto, como señala Kingdon, existe una agenda del presidente y del Gobierno, con las principales cuestiones de política internacional, de política económica y de política interior, objeto de proyectos legislativos o de decisiones en el seno del Consejo Ejecutivo. Pero también existen agendas especializadas en cada uno de los sectores de intervención pública. Así, por ejemplo, en política sanitaria habrá una agenda propia en la medida que existe una lista de cuestiones que ocupan una posición destacada y captan la atención de las personas que dentro y fuera de la Administración gestionan programas y organizaciones sanitarias.

La distinción más común es aquella que distingue la agenda del sistema o de la sociedad en general de la agenda decisional del Gobierno y de la Administración. La agenda del sistema está compuesta por todos los temas que reciben atención en la sociedad, mientras que la agenda decisional del Gobierno es una lista más reducida de temas que están a punto de ser objeto de una decisión pública y, por tanto, son susceptibles de recibir recursos o de afectar a personas concretas de alguna manera.

La cuestión que se plantea es como se produce la transferencia de los temas desde una agenda a la otra: desde la agenda del sistema a la agenda gubernamental. Sobre está cuestión, interesa saber quienes son los actores y, por tanto, fuente principal de temas y de políticas: ¿son los presidentes y ministros quienes movilizan a la opinión pública?, ¿se produce una difusión de ideas en los círculos profesionales o entre las élites burocráticas?, ¿en qué medida los cambios en la agenda se deben a cambios en el control del partido político o a nuevos equilibrios ideológicos como consecuencia de los resultados electorales? Pero también interesa saber qué debe ocurrir para que un tema sea objeto de atención por la Administración y el Gobierno opte por una determinada forma de intervención.

La contribución más importante de Kingdon consiste en distinguir tres corrientes (*streams* en inglés) cuya coincidencia en el tiempo abre sus conocidas ventanas de oportunidad (*policy windows*). Estas corrientes tienen que ver con tres procesos: el reconocimiento social de un problema, la elaboración de una propuesta de solución o alternativa técnica para intervenir en el tema por parte de la Administración (si no hay solución, no hay problema) y una serie de cambios políticos que deben acompañar a los anteriores procesos de forma necesaria para que se produzca una decisión pública.

Para Kingdon, las *ventanas* se abren por la presión de un problema o por cambios que se producen en el entorno político. Las agendas están, por tanto, determinadas por los problemas y por la política (en el sentido clásico del término). Pero, a la vez, es necesario que la segunda corriente haya producido una solución acabada y directamente aplicable.

4.1. Definición de los problemas: ¿cómo llegan los problemas a captar la atención pública?

4.1.A. Definición de los problemas

La literatura sobre formulación de las políticas distingue entre condición y problema. El mal tiempo, una disminución física o el fanatismo son una condición. Se entiende que solamente a partir del momento en que creemos en la necesidad de hacer algo en relación con aquella condición, tenemos un problema. Para Kingdon querer hacer algo es suficiente. No es necesario tener la solución al problema dado que muchos problemas se mantienen en la agenda pública durante mucho tiempo sin que aparentemente exista una solución. Por ejemplo, la delincuencia, la xenofobia o la pobreza extrema.

En la definición del problema son importantes los valores y la concepción que cada uno tenga del estado ideal de las cosas. De la disociación entre la imagen de lo que debería ser y la observación empírica de una condición emerge el problema. Lógicamente, no todas las personas estarán de acuerdo en que una determinada condición representa un problema. Así por ejemplo, debe existir un nivel de acuerdo muy elevado en que una parte importante de la población tiene un problema de drogodependencia. Pero solamente los que creen que el Estado y la Administración deberían intervenir para ayudar a estas personas a salir de su condición, entienden que esta situación es un problema. Para los que creen que el Estado no debería intervenir en esta cuestión por tratarse de un problema personal o familiar que no compete a los poderes públicos, la drogodependencia es una condición, o como diría Kingdon, «no es una condición adecuada para la acción pública».

En la definición de los problemas, también son importantes los intereses de los actores. Cuando las cosas van bien a un actor, su argumentación irá en la línea de afirmar que no existe un problema. En el supuesto de que las cosas se tuerzan, la tendencia es a desplazar la carga y el coste de los cambios necesarios hacia otros actores.

Así, por ejemplo, durante la preparación de los Juegos Olímpicos en Barcelona 1992, el Ayuntamiento de la ciudad preveía una falta de plazas hoteleras y entendía que la infraestructura hotelera de la ciudad tenía problemas de calidad. Para el Ayuntamiento, la ciudad necesitaba más plazas hoteleras y de mejor calidad para afrontar el reto de los Juegos Olímpicos y para poder dar un salto cualitativo en su estrategia y convertirse en un destino turístico de primer orden más allá de la ciudad de ferias y negocios que había sido hasta aquel momento. Para el gremio hotelero, que disfrutaba de altas tasas de ocupación y de unos precios altos por el nivel de calidad ofertada, no existía ningún problema de hoteles en Barcelona. Los cambios que proponía el Ayuntamiento, un aumento significativo de la oferta y de la calidad hotelera, con la probable presencia de nuevas grandes corporaciones hoteleras españolas y extranjeras sí representaban un problema dado que podía producirse un exceso de oferta después de los Juegos y por tanto de derrumbe de los precios y de las tasas de ocupación.

4.1.B. ¿Cómo llegan los problemas a captar la atención pública?

Los decisores públicos solamente pueden atender a un número limitado de problemas. Las administraciones prestan atención a algunos problemas públicos y se ven obligadas a ignorar otros por razones presupuestarias, por las limitaciones en la capacidad de producción de todo equipo humano o por falta de información. La primera corriente de Kingdon se centra en descubrir los procesos por los que algunos problemas llegan a captar la atención de estas personas y cómo se definen en cada caso, en la medida que ello tiene importantes consecuencias para la opción entre soluciones alternativas.

a) Indicadores:

Muchos problemas llegan a captar la atención de la Administración porque algunos indicadores muestran de forma clara y sistemática que existen. Estos indicadores están muy presentes en nuestras vidas dado que algunas administraciones públicas y algunas organizaciones privadas o no gubernamentales los producen y difunden para toda la sociedad. Así, por ejemplo, tenemos información puntual y actualizada sobre:

- La tasa de desempleo.
- El número de muertos por accidente en carretera.
- El índice de precios al consumo.
- La incidencia del SIDA.
- El número de muertos y heridos por accidentes de trabajo.
- Los días de espera para determinadas operaciones quirúrgicas en el sistema de la Seguridad Social.
- El nivel de ocupación media de los hoteles en las ciudades.

Algunos indicadores, por ejemplo, el número de muertos y heridos por accidentes de trabajo, son menos conocidos que otros, por ejemplo, la misma medida para los accidentes en carretera. A pesar de ello, vemos como la presencia pública de un indicador varía con el tiempo lo que facilita las políticas dirigidas al problema al que se refiere.

Una característica interesante de los indicadores es que ayudan a los problemas por el hecho de hacer de éstos una materia contable. El problema contable tiene mayor fuerza que el que no tiene esta característica. Se pueden contar camas de hospital vacías, días de espera o coste por paciente. Sin embargo resulta casi imposible ofrecer una medida adecuada de la oportunidad de las intervenciones quirúrgicas practicadas.

b) Estudios específicos:

Además de los indicadores que producen los servicios de estadística del Ministerio de Economía u otras administraciones públicas, se suelen realizar estudios sobre problemas concretos elaborados por la Administración o por equipos de investigadores independientes de la Universidad u otros centros de investigación que contribuyen a dar visibilidad a un problema. Estos estudios permiten determinar la magnitud de un problema y controlar su evolución a lo largo del tiempo.

Así, por ejemplo, la idea de que algunas fachadas de una ciudad puedan necesitar reparaciones puede arraigar en la población y en la Administración a partir de que se produzcan algunos incidentes graves. Sin embargo, será necesario un estudio técnico del Colegio de Arquitectos para estimar la magnitud del problema y la urgencia que requiere su tratamiento. A partir de que se difunde el estudio de una ciudad resulta difícil para los responsables políticos y técnicos de otras ciudades no preocuparse de cómo está este tema en su propio municipio.

c) Crisis y accidentes:

A menudo se produce una crisis o un accidente que señala con fuerza la emergencia de un problema. Así, el accidente de un avión o de un tren, la rotura de una presa, un huracán en Centroamérica o el desplome de una vivienda con aluminosis. En algunos casos, se producen desgracias humanas, en otros casos, los primeros síntomas son suficientes para alertar a los responsables de aquel tema. En estos casos, la Administración actúa de forma reactiva cuando los hechos ponen de relieve el problema de forma radical o simplemente confirman una impresión que ya se tenía. A menudo, es necesario que se repita una señal varias veces para que no pueda ser ignorada. En el caso de las grandes crisis y de los accidentes, estos sucesos pueden convertirse en el símbolo del resultado que debe evitarse a toda costa y actúa como un revulsivo para los servicios que rutinizan en exceso sus operaciones. Así, por ejemplo, el hundimiento de una barcaza de paseo en el lago de Banyoles (Girona) con graves consecuencias para más de una veintena de pensionistas franceses, actuó como recordatorio de la misión de los servicios de inspección de una Administración y del resultado que se pretende evitar con la inspección.

Según Kingdon, en este proceso de focalización en un problema influyen varios factores como, por ejemplo, la medida en que este problema ya había aparecido y amenazado con provocar uno mayor o la experiencia personal o familiar de los decisores públicos. La confirmación de una crisis anunciada deja menos espacio a la Administración para no actuar. En el mismo sentido, si un problema afecta a diario a los decisores públicos, como por ejemplo los retrasos en los aeropuertos, es más probable que éstos presionen para buscar una salida al mismo con una cierta celeridad.

En la ilustración IX.5 se plantea el problema de la decisión sobre permisos penitenciarios a reclusos peligrosos y la dificultad de evitar consecuencias muy graves a través del análisis anticipatorio.

ILUSTRACIÓN IX.5.
LOS PERMISOS PENITENCIARIOS. UN EJEMPLO DE LA IMPORTANCIA DEL ANÁLISIS EN LA FORMULACIÓN DE POLÍTICAS

El debate social en torno a los permisos penitenciarios se reabre una y otra vez cuando los medios de comunicación nos informan de un nuevo delito cometido por algún recluso que se encontraba disfrutando de unos días de libertad. Entonces, hay quienes llegan incluso a proponer la eliminación de estos permisos.

Está claro que hacer un diagnóstico del grado de riesgo que corre la sociedad cuando en una prisión se da un permiso penitenciario a un recluso no es nada fácil. Los equipos de tratamiento (criminólogos, psiquiatras, pedagogos, psicólogos, endocrinólogos y sociólogos) elaboran informes sobre los reclusos que servirán para que la Administración penitenciaria y los jueces de vigilancia penitenciaria decidan conceder o no un permiso.

Parece que buena parte de los errores se podrían corregir con la mejora de la capacidad de predicción de los equipos de tratamiento, ya sea a través de un seguimiento más personalizado de los reclusos, o a través de la mejora de los instrumentos de predicción que usa la Administración penitenciaria.

Uno de los instrumentos que se ha utilizado a menudo es el uso de las tablas de predicción, que incluyen variables de riesgo de comportamiento que pueden orientar a la Administración penitenciaria a la hora de conceder un permiso pero en ningún caso sustituir la decisión de los profesionales que tratan día a día con los reclusos.

Cabría, por tanto, intuir que dotando a los equipos de tratamiento de los recursos necesarios y facilitándoles el mayor número de referencias criminológicas posible, se podría disminuir el grado de error en las predicciones de comportamiento de los reclusos en libertad.

Fuente: Elaboración propia.

d) *Feedback* del sistema:

Los responsables políticos y técnicos de la Administración reciben regularmente información sobre incidencias y problemas en la operación rutinaria de sus servicios. Pueden recibir información de naturaleza financiera y contable, sobre problemas relacionados con la micro implementación de las políticas o simplemente quejas de los usuarios de los servicios. Este tipo de informaciones que llega de forma sistemática puede agregadamente descubrir problemas importantes en la gestión de los servicios públicos.

En algunos casos, la respuesta de la Administración puede consistir en encargar un estudio para completar esta información y tener una visión más global de los problemas. En otros casos, los sistemas de control de gestión y de recogida de información sistemática constituyen una respuesta formalizada a la necesidad que tienen los directivos públicos de conocer la realidad de sus programas, en la práctica.

Según Kingdon, los principales tipos de problemas que suelen aparecer con la información que va produciendo el sistema tienen que ver con alguna de las cuestiones siguientes:

1) problemas de implementación y, por tanto, como se verá más adelante, de desviación de la realidad del programa respecto a la intención de la Administración que inicialmente lo impulsó;

2) problemas de ineficacia final en el sentido de detectar que no se están consiguiendo los objetivos que se habían propuesto; y

3) problemas de costes por encima de lo previsto inicialmente y, por tanto, de financiación de las operaciones para continuar.

Algunos problemas pueden acabar por desaparecer de la agenda porque no consiguen mantenerse en un lugar relevante. En algunos casos, la sociedad puede tener la impresión de que el problema ya se está solucionando. Así, tenemos un sistema de Seguridad Social que se ocupa de los problemas de salud y que está alcanzando algunos de sus objetivos. Cada día se construyen y reparan kilómetros de carreteras y se aprueban leyes y otras formas de regulación normativa que pueden contribuir a dar la impresión de que un tema está siendo atendido y, por tanto, está en vías de solución. En muchos casos, la Administración puede argumentar que ha hecho un esfuerzo notable en términos presupuestarios y que no es posible dedicar recursos públicos por encima del nivel alcanzado.

Los defensores de una política tampoco pueden mantener la presión a un nivel muy alto durante mucho tiempo dado que ello requeriría un esfuerzo organizativo, personal y financiero por encima de sus posibilidades. La capacidad de movilización de las personas en defensa de una causa es limitada y, en función de la expectativa de éxito de una acción, sus defensores pueden llegar a la conclusión de que es mejor dedicar sus esfuerzos, tiempo y dinero a otra causa. Finalmente, algunos temas pierden actualidad o simplemente dejan de interesar a la población.

4.2. El proceso de elaboración de soluciones

Una segunda corriente, de las tres propuestas por Kingdon, consiste en la elaboración de soluciones y, por tanto, de propuestas concretas elaboradas y técnicamente factibles con las que tratar aquella situación no deseada. Para Kingdon el proceso de elaboración de las alternativas se asemeja a un proceso de selección natural en el que solamente algunas ideas perduran y consiguen sobrevivir porque reúnen una serie de características que les permiten mantenerse *vivas* a lo largo del tiempo. En este proceso de producción de ideas y de combinación de estas ideas hasta convertirse en una solución viable intervienen una serie de elementos que se explican a continuación.

4.2.A. La comunidad de expertos sobre un tema

Las llamadas *policy communities* están compuestas por los especialistas en un tema. Para cada sector (la sanidad, los servicios sociales, los incendios forestales, el tráfico, la inmigración) existen una serie de especialistas que se encuentran distribuidos en distintas organizaciones, dentro de la Administración y fuera de ella. Para cada área de políticas, podemos encontrar parlamentarios, altos cargos con responsabilidades ejecutivas, funcionarios profesionales que trabajan en los departamentos correspondientes de la Administración o en agencias, organismos autónomos y empresas públicas, profesores de Universidad, investigadores, consultores, representantes de grupos de interés privados y representantes de asociaciones, entre otros.

El conjunto de estas personas tiene en común su interés en un tema y en las políticas referidas a aquel tema. Cabe esperar que estas personas conozcan respectivamente las posiciones y el trabajo de las demás e incluso que se conozcan personalmente. En ocasiones, el entorno de la comunidad de especialistas es local. En otras ocasiones puede ser nacional o internacional. Así, de la misma manera que existe una comunidad de especialistas sobre temas relacionados con el agua en el nivel autonómico, habrá otras mesas y plataformas en las que se encuentren especialistas en el tema del agua en el nivel europeo o internacional.

En función del ámbito sectorial y de cómo se delimite, la comunidad de especialistas puede incluir a personas y grupos con una visión más o menos homogénea sobre las políticas que deberían aplicarse a un problema El hecho de compartir la definición del problema y sus posibles soluciones facilita la adopción de acuerdos y el avance en la elaboración de las políticas. Por el contrario, las visiones encontradas y la fragmentación suelen traducirse en dificultades de comprensión mutua y en el estancamiento en la búsqueda de soluciones a los problemas. «No hablamos el mismo lenguaje» sería una expresión que define con claridad los contratiempos que se producen a menudo entre los especialistas con distintas maneras de ver.

4.2.B. Ideas que van y vienen

La biología utiliza la expresión «*primeval soup*» para referirse a las moléculas que flotaban en el ambiente antes de que emergiera la vida. Kingdon utiliza esta misma expresión para referirse a una serie de ideas que están *flotando* en el ambiente en cada ámbito sectorial. Sobre cada problema público (qué hacer con los incendios forestales o con el problema de la falta de agua, por ejemplo) hay muchas ideas posibles. Algunas se mantendrán a lo largo del tiempo hasta llegar a dotar de contenido a algunas políticas mientras que otras simplemente desaparecen. De hecho, se produce una mutación y recombinación de ideas constantemente si bien, algunas tienen más éxito que otras porque conectan con una determinada manera de pensar en cada momento o simplemente porque resultan más atractivas o inteligentes a la comunidad de especialistas en aquella política.

La discusión sobre las ideas es importante porque de ella depende el contenido de las políticas. Las ideas deben tener un cierto nivel de receptividad entre los especialistas pero también entre la población en general. La familiarización con una idea y la aceptación de ésta por los afectados es importante. Normalmente requiere tiempo y se produce mientras esta idea es discutida y obtiene un cierto nivel de atención pública. En nuestro país, el informe de un antiguo rector de Universidad ha sido utilizado recientemente para que la comunidad universitaria empezara a hablar de la reforma universitaria. En el mismo sentido, una de las primeras propuestas del gobierno popular en sanidad planteaba la introducción de un *ticket* moderador (el pago de una cantidad simbólica) para frenar la utilización excesiva de los recursos sanitarios. Cualquiera de estas ideas necesita de un clima y de un tiempo para que tengan alguna posibilidad de convertirse en políticas. En la ilustración IX.6 se recogen ideas en torno al problema de la vivienda en España.

ILUSTRACIÓN IX.6.
LA POLÍTICA DE VIVIENDA EN ESPAÑA. UN EJEMPLO DE PRODUCCIÓN DE IDEAS EN RELACIÓN CON UN TEMA

La política de vivienda en España ha cambiado a lo largo de las tres últimas décadas en estrecha relación con las transformaciones sociales y económicas ocurridas en España.

Durante los años setenta y principios de los ochenta, el principal objetivo de la política era fomentar la construcción para paliar el alto nivel de desempleo y garantizar un determinado número de viviendas protegidas. A mediados de los ochenta, sin embargo, la recuperación económica cambió radicalmente este objetivo. En 1987 se inició una etapa caracterizada por el aumento de la demanda de vivienda, que dio lugar a un importante crecimiento de los precios y una reactivación del sector que terminaría en un auténtico *boom* inmobiliario a finales de los ochenta.

En la década de los noventa, el fomento de la construcción dejó de ser una prioridad de la política de vivienda que pasó a centrarse en las dificultades de acceso de los individuos y familias de renta media y baja en un mercado libre cuyos precios habían aumentado un 148% entre 1985 y 1990. Además, se calculaba en 355.000 el déficit de viviendas protegidas de obra nueva y terminadas y en un 15% el porcentaje de

ILUSTRACIÓN IX.6. CONTINUACIÓN
LA POLÍTICA DE VIVIENDA EN ESPAÑA. UN EJEMPLO DE PRODUCCIÓN DE IDEAS EN RELACIÓN CON UN TEMA

viviendas desocupadas. Ante esta situación que afectaba a jóvenes, pensionistas e inmigrantes, el Gobierno designó un comité de expertos para que dieran una nueva orientación a la política de vivienda. Algunas de las ideas recogidas en el *Informe para una nueva política de vivienda V90* (MOPT, 1992) y que han sido el punto de partida de la política de vivienda en la década de los noventa son las siguientes:

Crear fondos de garantía con carácter público para los préstamos destinados a familias con bajos niveles de ingresos.

Impulsar la oferta de viviendas de alquiler protegiendo a sus inquilinos mediante una nueva Ley de Arrendamientos Urbanos y concediendo desgravaciones para aquellos que no sean propietarios.

Fomentar las inversiones de los promotores en viviendas de alquiler de forma que obtengan una consideración fiscal especial.

Incrementar la oferta pública del régimen de vivienda en alquiler.

Aumentar la promoción de suelo edificable.

Ampliar las ayudas en la primera compra de una vivienda mediante subvenciones específicas.

Establecer el régimen de protección oficial en la rehabilitación de viviendas.

Estimular la rehabilitación con ayudas directas al promotor de hasta el 30% del coste total de la actuación.

Favorecer en el IRPF a las viviendas alquiladas frente a las desocupadas.

Fomentar el ahorro-vivienda.

Construir 100.000 viviendas protegidas al año sobre suelo de titularidad pública, con un mayor esfuerzo presupuestario por parte de la Administración General del Estado pero con la colaboración del resto de las administraciones.

Fuente: E. García y M. Tatjer (1998): «La política de vivienda», en R. Gomà y J. Subirats. *Políticas públicas en España*, Barcelona: Ariel.

4.2.C. Empresarios políticos

En el proceso de formulación de las políticas, podemos encontrarnos con auténticos emprendedores o «empresarios» políticos que se ocupan de mantener una idea en una posición de preeminencia y defender de forma activa una solución. Se trata de actores políticos que pueden encontrarse en el seno de la Administración o fuera de ella y se caracterizan por estar dispuestos a invertir dinero, tiempo y esfuerzos en la defensa de una opción que satisface sus intereses.

Normalmente, cabría esperar que los actores políticos percibieran que existe un problema y que defendieran una solución razonable. Sin embargo, es bastante común la situación inversa en la que algunos actores tienen una solución, un programa que ha sido elaborado en otro contexto y se dedican a su promoción para lo que necesitan encontrar un lugar donde se produzca el problema.

Para Kingdon, los motivos que mueven a los empresarios políticos a defender sus posiciones respecto a un tema pueden ser de dos tipos: por un lado, los incentivos pueden ser personales, de crecimiento de una unidad en la Administración, de su presupuesto o de su personal. En el caso de un político, los incentivos pueden estar relacionados con intereses electorales en el desarrollo de una determinada política. En otros casos, los incentivos pueden ser materiales dado que la adopción de una política puede traducirse en beneficios directos para algunas personas. Otro tipo de incentivos supera el interés personal y pueden estar relacionados con la voluntad de un conjunto de individuos de influir en la política y promover determinados valores que se estiman óptimos para la gestión de un problema social. Las ideologías políticas juegan aquí un papel importante en la definición del modelo de sociedad a través de las políticas sectoriales.

4.2.D. Criterios que deben satisfacer las ideas para su supervivencia

La imagen de las ideas flotando en el ambiente sugiere un mundo caótico de iniciativas, de ideas y propuestas que son objeto de transformaciones a lo largo del tiempo. Este mundo se ordena de forma bastante sistemática al definir los criterios que determinan que una idea perdure y tenga éxito. Para Kingdon, sólo las propuestas que sean técnicamente factibles, compatibles con los valores de los especialistas y que tengan un coste razonable serán consideradas como viables.

En primer lugar, una propuesta debe ser técnicamente factible. Esto supone que debe desarrollarse hasta el máximo detalle posible todos los aspectos relacionados con su implementación operativa. Una propuesta poco articulada en el plano técnico no es viable y mientras no sea viable requerirá más tiempo de trabajo en ella para que pueda hacerse realidad. La decisión sobre los proveedores para el primer tren de alta velocidad español se encontró con un problema interesante al detectarse que los sistemas tecnológicos de las dos grandes empresas contratadas (una francesa y otra alemana, una para material rodante y otra para materiales y equipos relacionados con las infraestructuras viarias) no eran compatibles con lo que parecía frustrarse la opción política de dividir el contrato entre empresas de estas dos naciones europeas.

En segundo lugar, las políticas propuestas deben ser compatibles con los valores de los especialistas. Ello resulta más difícil cuando entre los especialistas existe una gran disparidad de posiciones ideológicas. La defensa de una política se fundamenta, a menudo, en principios ideológicos y en valores públicos como la justicia social, la igualdad de acceso a determinados beneficios o la equidad. Por ejemplo, es moralmente inaceptable que un niño no reciba educación porque sus padres no tengan dinero o que una persona no tenga asistencia médica por no poderla pagar. Sin embargo, en otras ocasiones no existe el mismo nivel de consenso, por ejemplo en relación con el nivel de asistencia pública que merecen los fumadores o sobre la oportunidad de transplantar un órgano a una persona con SIDA.

En tercer lugar, las políticas propuestas deben tener un coste razonable dado que en caso contrario el nivel político no aceptará dedicar una suma desproporcionada de recursos públicos a una acción cuyos beneficios no guardan una cierta proporción con aquella inversión de dinero público. Este es el tipo de problemas que se plantean con la asistencia sanitaria cuando se utilizan tecnologías muy costosas. Si bien se plantean dudas morales, también es cierto que existe una conciencia de coste que lleva a pensar que no se puede plantear las cuestiones sin poner algunos límites económicos.

En cuarto lugar, una política debe encontrar receptividad entre los decisores públicos en tanto que éstos son considerados como los «supremos interpretes» del sentir de la sociedad y están sujetos a la lucha electoral por los votos de los ciudadanos. Muchas ideas son rechazadas porque simplemente no son viables políticamente y nunca serían aceptadas por una mayoría en el Parlamento o por los altos cargos que dirigen la Administración. Estos podrían aceptar algunas ideas que, sin embargo, no serían aceptables para la población que les vota. En la medida que se produce un mayor nivel de consenso entre especialistas, cargos electos y población será más probable la adopción de una política.

Cuando en una idea concurren estas cuatro circunstancias, la política está preparada, «está a punto» con un elevado nivel de especificación técnica, para ser aprobada y puesta en práctica. Sin embargo, no hay bastante con tener un problema y una posible solución. Tienen que concurrir además determinadas circunstancias de naturaleza política.

4.3. La política en el proceso de elaboración de políticas

Independientemente de los problemas y de sus posibles soluciones está la política. Para Kingdon, *política* se refiere aquí a factores bastante concretos como el impulso de los intereses organizados, la victoria electoral de un partido y de una ideología en unas elecciones o que una determinada persona ocupe un cargo... en la medida que este tipo de cuestiones son las que acaban por determinar la suerte de algunas propuestas.

En los procesos políticos se construyen los consensos necesarios para que avancen las políticas. Para ello es precisa la negociación. La formación de coaliciones de apoyo explica el éxito de algunas propuestas. La participación en estas coaliciones por parte de los actores puede producirse como consecuencia de los beneficios directos que supone la política o simplemente porque se considera que es mejor participar de un movimiento o proceso en marcha que mantenerse a la contra.

4.3.A. El clima político

Para Kingdon, el clima político determina la receptividad en una sociedad de determinadas propuestas de políticas, facilitando unas y haciendo inviables otras. Los especialistas dentro y alrededor del Gobierno sienten un clima político y hablan de cambios en la opinión pública o de movimientos sociales en sentido amplio. La idea fundamental es que muchas personas piensan de forma similar en un momento determinado y solamente las ideas que conecten bien con esta forma de pensar tienen alguna oportunidad de prosperar. Así, históricamente, hubo una década, la de los sesenta y parte de los setenta, en la que el clima era favorable al crecimiento del gasto público en políticas sociales, mientras que en la década de los ochenta, se abre un período más propicio a la reducción del sector público, a la desregulación y a la liberación de los mercados.

Sin embargo, las encuestas a la opinión pública ponen de relieve que la población puede mayoritariamente expresar una opinión favorable a determinadas políticas regulativas en un contexto de desregulación o de fuerte intervención pública en un entorno de reducción del sector público y privatización de los servicios. En el mismo sentido, los ciclos que son válidos para la mayoría de los países europeos puede que no lo sean para uno en concreto por razones históricas o porque la ideología política de sus gobiernos es de signo distinto a aquella que aporta las principales ideas que contribuyen a crear un determinado clima.

Los considerados «supremos intérpretes del sentir popular» son los encargados de valorar cual es el clima político en cada momento y de apostar por políticas que tengan receptividad social. En algunos casos de liderazgo fuerte por parte de algunos presidentes o de gobiernos con una base popular amplia, su ideología política y su visión del papel que debe tener el Estado en la sociedad suelen ser interpretados como una señal de la dirección que esta tomando aquella y del tipo de políticas que en el nuevo contexto serán viables políticamente.

4.3.B. La organización de los intereses

Los intereses organizados en torno a una política, ya sean partidos políticos, grupos de interés, élites políticas u otras asociaciones explican en términos de ciencia política clásica el avance o el retroceso de determinadas propuestas. En la medida en que se produce el consenso entre los actores en relación con una política, será más factible su progreso y su eventual aprobación. En sentido contrario, en la medida que se produce un conflicto entre los actores con visiones contrapuestas sobre un mismo tema, resulta más probable que la Administración y el Gobierno interpreten que las soluciones alternativas no están suficientemente claras y que se necesita más tiempo para tomar una decisión u optar por una alternativa.

La intensidad y no únicamente la dirección de los intereses también es relevante en la medida que si los decisores públicos reciben mucha presión de una parte y relativamente poca de la otra, pueden llegar a la conclusión de que el equilibrio se encuentra del lado de los primeros. La utilización de los recursos políticos por parte de los actores, su capacidad de cohesión y de movilización o su mayor influencia política puede afectar las percepciones sobre la fortaleza de las posiciones. El cálculo de las intensidades para Kingdon es importante en último término para interpretar hasta cuantos se van a molestar por el hecho de aprobar una determinada alternativa.

La Administración, su personal y sus clientelas también juegan un importante papel como interés organizado. La inercia derivada del hecho de haber invertido en el pasado en una determinada línea se alimenta de los grupos que obtienen beneficios directos de la política. Los técnicos de la Administración y los beneficiarios de los programas no solamente defienden sus servicios sino que además pueden representar un obstáculo importante para la innovación y los cambios de política. Ello no significa que esta oposición no pueda superarse, en particular cuando la reforma no se limita al recorte del gasto en lo existente, sino que plantea un cambio de orientación en la política que puede, en algunos casos, ir acompañada de más recursos.

4.3.C. Cambios de personas en puestos clave o de Administración competente

Los cambios de criterio entre los responsables políticos y aún más, los cambios de personas en los puestos con autoridad para la toma de decisiones pueden cambiar de forma radical las posibilidades de éxito de una alternativa. Las ventanas de oportunidad pueden cerrarse o abrirse en función de quien esté presidiendo una comisión o de quien salga elegido en una votación. Por supuesto que los individuos no explican por sí solos los cambios, pero la presencia de determinadas personas puede suponer un cambio de prioridades que ayude o, en su caso, hunda en lo más profundo de la agenda una cuestión o su posible solución.

En algunas ocasiones se producen cambios en la Administración con competencias sobre un tema. Algunas políticas pasan a depender de la Administración local o, al revés, son objeto de una mayor centralización cuando las unidades centrales recuperan para sí los aspectos relacionados con la definición de la política o un control más estricto de su financiación. En otras ocasiones se producen conflictos de competencias entre administraciones que reclaman su derecho a regular una determinada materia o simplemente entre unidades de una misma Administración cuya división de tareas y responsabilidades presenta ambigüedades. Los altos funcionarios públicos suelen defender con agresividad su terreno y los conflictos de competencia se traducen en una mayor dificultad para el avance de soluciones alternativas en la medida que retrasan la adopción de decisiones. Kingdon señala, sin embargo, un caso curioso: algunos temas y algunas políticas nunca reciben la atención de los decisores políticos simplemente porque nadie reconoce como suya la competencia.

5. Implementación de las políticas públicas

El estudio de las políticas públicas ha desarrollado dos metodologías para la descripción y el análisis de los procesos de implementación: *top-down* y *bottom-up* (Mathan, 1995). Los teóricos del *top-down* ven a los decisores políticos que aprueban y financian una política como los actores centrales y concentran su atención en los factores que pueden ser manipulados a nivel central para conseguir que las políticas sean aplicadas tal y como fueron concebidas. Por el contrario, los teóricos del *bottom-up* creen que la población directamente afectada por la política y los técnicos de la Administración son los que deberían centrar la atención dado que la política «se hace» en el nivel local. Sin embargo, en la actualidad existe un cierto nivel de consenso entre estas dos perspectivas sobre la base de diferenciar claramente los supuestos en que cada una de ellas tiene mayor sentido.

5.1. Los modelos top-down

Los modelos *top-down* de Van Meter y Van Horn (1975) y de Mazmanian y Sabatier (1981, 1983, 1989) definen el problema de implementación como la medida en que las acciones sobre el terreno de las administraciones coinciden con los objetivos que se expresaron en el momento en que se tomó la decisión de financiar una determinada intervención. El punto de partida desde esta perspectiva es la decisión originaria que autorizó una determinada utilización de los recursos públicos con unos objetivos concretos.

Para Mazmanian y Sabatier, la preocupación principal es identificar y controlar aquellos factores que determinan la probabilidad de que una implementación se desarrolle con éxito. El sentido de los estudios de implementación es el de dar consejo a la Administración sobre qué debe hacer para que la implementación de una política sea un éxito. Los consejos que dan estos teóricos a las administraciones son del tipo:

a) Formular objetivos de forma clara y coherente.

b) Minimizar el número de actores que intervienen en la implementación de una política.

c) Delegar la gestión de la política a una Administración que participe de su filosofía y crea en los objetivos de la misma.

d) Limitar los cambios en la medida de lo posible.

Esta visión de la implementación ha encontrado bastantes críticas que se acaban agrupando en torno a tres grupos de factores distintos:

En primer lugar, la visión *top-down* parte de la decisión por la que se aprueba una determinada política. De esta forma, no se considera lo ocurrido con anterioridad a su adopción. El proceso de formulación de la política es, sin embargo, importante para ver la intensidad de las demandas, el grado de consenso entre los actores afectados y los objetivos más amplios que se persiguen.

En segundo lugar, la visión *top-down* ha sido criticada por su concepción de la implementación como un mero proceso administrativo, intentado, en muchas ocasiones, no ver los aspectos políticos (Berman, 1978). Las ideas de claridad, seguimiento de los procedimientos y control central recuerdan a la concepción racional-burocrática del funcionario que toma decisiones sobre la base de criterios técnicos al margen de consideraciones políticas. Sin embargo, como se ocupan de recordar los críticos, es prácticamente imposible separar la política de la administración.

En tercer lugar, los modelos *top-down* han sido criticados por su excesiva focalización en los objetivos de los decisores centrales ya sean legisladores o altos cargos de la Administración que impulsa una política. Por un lado, se argumenta que las administraciones locales o las organizaciones que asumen la gestión de la política suelen tener experiencia y, por tanto, conocen mejor los problemas reales, mientras que el enfoque *top-down* los ve como obstáculos a la puesta en práctica de la política diseñada por las instituciones centrales. Por otro lado, se argumenta que la discrecionalidad de los prestadores finales suele ser lo bastante amplia como para que deba considerarse poco realista la expectativa de que los diseñadores de la política puedan controlar sus acciones.

5.2. Los modelos bottom-up

Los teóricos que defienden la visión *bottom-up* como Berman (1978, 1980), Hjern y Porter (1981), Hjern (1982), Hull y Hjern (1987) argumentan que es mucho más realista estudiar la implementación desde la perspectiva de los usuarios finales y de los técnicos y profesionales que acaban transformando en acciones concretas la política. Estos autores distinguen dos niveles: el nivel macro de la implementación, en el que los actores de la Administración central conciben una intervención y el nivel micro, en el que organizaciones locales sobre el terreno reaccionan a los planes macro, desarrollan su propia política a partir de la anterior y la aplican a los casos concretos.

Desde esta perspectiva, se entiende que los decisores centrales sólo pueden influir indirectamente en la realidad local y, por ello, lo más normal será que se encuentren con realidades muy diversas en las que una misma política será puesta en práctica de formas distintas.

Para estos teóricos es necesario comprender los objetivos, estrategias, actividades y contexto de los actores implicados en el proceso de micro implementación local para poder comprender el proceso de implementación de una política. Dado que es en el nivel local donde el programa afecta a personas concretas y que la implementación es el resultado de la interacción entre política y entorno en el que se desarrolla, no tendría sentido que una sola teoría de la implementación fuera válida para distintos contextos. La estrategia de Hjern es estudiar el problema sobre la base de preguntar a los actores locales cuales son sus objetivos, qué hacen en realidad, con qué problemas se encuentran y cómo se relacionan con las demás administraciones. Para Hjern, el éxito de las políticas depende de la capacidad de las personas responsables en las estructuras locales para adaptar el programa a las condiciones del entorno.

El principal resultado de esta orientación es la descripción de los factores que suponen una dificultad para alcanzar los objetivos fijados. Sin embargo, dado que estos factores varían de un lugar a otro, resulta difícil formular recomendaciones para las administraciones que impulsaron en primer lugar la política. Las recomendaciones suelen ser de carácter genérico y referirse a la necesidad de flexibilidad central para permitir la adaptación en el nivel local a las características del contexto.

Las principales críticas que ha provocado esta visión de la implementación se relacionan con las dos consideraciones siguientes:

En primer lugar, se argumenta que el hecho de que exista flexibilidad en el nivel local derivada de la discrecionalidad de los empleados públicos o de la capacidad de influir en la forma en que se aplicará una política en el nivel local no significa que ésta deba prescribirse en todos los casos. La flexibilidad y la autonomía son apropiadas cuando los objetivos de los que formularon la política y los que la implementan coinciden. Sin embargo, si los objetivos de unos y otros divergen, la flexibilidad y la autonomía podrían traducirse en la aplicación de unos recursos a unas finalidades que poco o nada tienen que ver con los objetivos iniciales de la política.

En segundo lugar, se critica que la visión *bottom-up* pone un énfasis excesivo en la autonomía local. Si bien la variación en las actividades y en las acciones puede explicarse por las diferencias en el nivel local, todas las acciones y actividades deberían poder circunscribirse entre unos límites que vendrían determinados por la política en su diseño inicial. En este sentido, se defiende la necesidad de que los actores centrales puedan poner límites y determinar los objetivos y las estrategias de los implementadores.

5.3. La combinación de los dos modelos

Desde mediados de los ochenta algunos autores proponen modelos que intentan aproximar ambas perspectivas o establecer las condiciones en las que cada una de estas aproximaciones tiene mayor sentido.

El concepto de «*forward and bakward mapping*» de Elmore (1985) es un ejemplo de combinación de ambas perspectivas:

– «*Forward mapping*» consiste en fijar objetivos, elaborar detallados esquemas de cómo conseguir estos objetivos con unos determinados medios, además de concretar los criterios que deben servir de parámetro para valorar una política en cada etapa de su desarrollo.

– «*Backward mapping*» consiste en definir el comportamiento que debe cambiarse en el nivel más bajo, describiendo el conjunto de operaciones y actividades que pueden garantizar el cambio, repitiendo este procedimiento para atrás hasta llegar al nivel central. De esta manera, los responsables de la política a nivel central pueden descubrir herramientas que no conocían y al mismo tiempo incorporar la visión de los problemas y de sus posibles soluciones que puedan tener los actores en el nivel micro.

La introducción del concepto de «coalición promotora» supone un acercamiento a la visión *bottom-up* por parte de uno de los autores, Sabatier (1988), que en su día contribuyó a definir el modelo *top-down*.

– «Coaliciones promotoras» y «aprendizaje colectivo» a lo largo del tiempo no son nuevos modelos sino nuevos elementos en la teoría de la implementación. La propuesta de Sabatier de la «*advocacy coalition approach*», se refiere a los grupos de defensores de una política, que comparten unos mismos valores y creencias en relación con un problema y sus posibles soluciones. Para Sabatier, lo estable en una política a lo largo del tiempo son las administraciones, los instrumentos legales o hasta las condiciones socioeconómicas mientras que la innovación se produce en el contexto de las llamadas coaliciones promotoras.

Berman, en cambio, analiza en qué contexto los modelos *top-down* y *bottom-up* son más apropiados y define el contexto de la política a partir de una serie de parámetros. Así:

– El modelo *top-down* debería mantenerse para aquellos supuestos en que se producen los cambios de forma incremental, la tecnología o los medios para conseguir los resultados es conocida, el entorno es fundamentalmente estable, el nivel de conflicto sobre los objetivos es bajo y las instituciones tienen bien definidas sus competencias.

– El modelo *bottom-up* parece más adecuado al supuesto contrario de políticas innovadoras, tecnologías poco claras, conflicto sobre los objetivos y necesidad de negociación entre los actores. En estos supuestos, la implementación resultaría más factible sobre la base de delegar capacidad de decisión a los actores en el nivel local.

– Nuevamente, sin embargo, los críticos ponen de relieve que, si bien la factibilidad y el realismo son un criterio importante, otros criterios también deberían considerarse. Así, por razones políticas o económicas, puede interesar mantener el control central y evitar la adaptación de la política a los objetivos de los actores locales, en la medida que éstos puedan ser contrarios a los objetivos de la política definida por la autoridad que la puso en marcha.

En resumen, en la literatura de la implementación, se mantiene la dualidad de enfoques sobre la base de distinguir entre dos visiones:

– Una que se centra en la fidelidad a los deseos de la Administración que diseñó inicialmente la política y que mide el éxito en función de que se produzcan resultados directamente relacionados con las leyes que están en el origen de la política.

– Otra que prefiere observar las actividades que se desarrollan a partir de que hay una decisión pública y que es mucho más abierta en el sentido de valorar cualquier resultado positivo que se produzca independientemente del diseño inicial de la política.

Esta discusión tiene relación con la que se produce al plantear el tema de la evaluación de las políticas. En el fondo, late la pregunta sobre qué cabe considerar como un éxito en la implementación de una política: ¿el cumplimiento de las directivas de la organización central creadora de la política y, en la medida que la intervención sea acertada, la consecución de los objetivos de la Administración central? ¿o la satisfacción de las expectativas de actuación de los actores locales y, en la medida en que estas acciones sean las pertinentes, la realización de los objetivos de estos actores locales?

Varios autores intentan responder a estas cuestiones relacionadas con los parámetros de valoración de una política y de su proceso de implementación, acudiendo a una distinción fundamental sobre las características de las políticas (Mathan, 1995). En la línea de lo señalado por Berman, los defensores de la visión *top-down* tienden a tomar como referencia políticas claras y poco conflictivas mientras que los defensores de la visión *bottom-up* toman como ejemplo políticas ambiguas y más conflictivas. Ciertamente, cabe distinguir las políticas sobre la base de estos dos criterios[3]:

Por una parte, las políticas pueden necesitar mucha negociación dado que se da un elevado nivel de interdependencia entre los actores o, por el contrario, la Administración puede encontrarse con una situación más calmada porque la intervención es percibida como una política distributiva que no genera costes directos a ningún actor.

Por otra parte, las políticas pueden estar muy bien definidas en sus objetivos y en los medios necesarios para conseguirlos, esto es, conocemos la tecnología y, por tanto, el método para conseguir unos determinados resultados. O, por el contrario, puede tratarse de políticas innovadoras con objetivos generales o ambiguos, con elevados niveles de incertidumbre sobre qué acciones pueden

3 La elaboración de un cuadro analítico sobre la base de estos criterios se debe a Mathan (1995). En teoría de la organización, varios autores han utilizado cuadros similares para describir los posibles escenarios de actuación de las administraciones públicas.

contribuir a avanzar en la mejora de una situación que es percibida como problemática.

Curiosamente, existe una relación negativa entre estas dos características, en la medida que la ambigüedad atenúa el conflicto político y, al revés, el conflicto aumenta con la claridad de los objetivos. De manera que la ambigüedad puede ser el resultado de una dificultad en la comprensión de un problema y de la solución técnica que requiere y, a la vez, la ambigüedad puede ser el resultado de una debilidad en la coalición política que apoya una determinada solución. Esta reflexión es válida tanto para los objetivos como para los medios que utiliza la Administración.

De la combinación de estos criterios resultan cuatro posibles categorías de políticas:

Primero las políticas que se caracterizan por niveles bajos tanto de ambigüedad como de conflicto político. Este es el entorno más seguro para la Administración en la que es más factible una aproximación *top-down* y en el que llegar a acuerdos sobre la valoración de una política es más factible[4].

Segundo, las políticas que se caracterizan por niveles altos tanto de ambigüedad como de conflicto político. Este es el entorno más complicado para la Administración en el que es menos factible una aproximación *top-down* y será más necesario el recurso a las habilidades políticas y a la experimentación sobre el terreno para avanzar en la definición de objetivos y medios.

Tercero, las políticas que se caracterizan por niveles elevados de conflicto político pero menor ambigüedad sobre objetivos y formas de actuación de la Administración. Este es un caso mixto en el que la Administración deberá utilizar todos sus recursos políticos para intentar encauzar la implementación hacia aquellos objetivos y medios que estima que entran dentro de los límites de lo permisible desde la perspectiva de los decisores centrales. En este entorno, las decisiones de implementación son el resultado de «batallas políticas» entre los actores sobre objetivos. En algunas ocasiones, el conflicto puede derivar a una discusión sobre recursos lo que permite negociar compensaciones.

Cuarto, las políticas que se caracterizan por niveles elevados de ambigüedad en sus objetivos y medios en un entorno con baja conflictividad política. En la medida que se mantenga esta situación de calma política, será posible un trabajo de cooperación que permita avanzar en el paso de una situación de partida más incierta a otra con un mayor nivel de control frente el problema, sobre lo que se puede hacer en relación con éste y cómo hacerlo. En este contexto se producen oportunidades para los que tienen ideas (empresarios políticos) o para la mutación y combinación de ideas que aparecieron en el proceso de formulación de la política.

4 El primer cuadrante coincide con las condiciones de las decisiones programadas de la decisión racional burocrática. En este contexto, los resultados están garantizados (en la medida que se disponga de recursos suficientes) y la implementación se reduce a un problema operativo de carácter técnico.

TABLA IX.3.
CONFLICTO Y AMBIGÜEDAD EN LAS POLÍTICAS PÚBLICAS

Bajo conflicto, poca ambigüedad	*Elevado conflicto, poca ambigüedad*
Ej. Vacunación.	Ej. Escolarización niños inmigrantes en escuelas concertadas.
Bajo conflicto, elevada ambigüedad	*Elevado conflicto, elevada ambigüedad*
Ej. Nuevos yacimientos de ocupación.	Ej. Lucha contra la degradación de algunos barrios.

Fuente: Elaboración propia a partir de Mathan (1995).

La tabla IX.3 reproduce estas cuatro posibilidades e incluye cuatro ejemplos de políticas cuya implementación admite distintos niveles de control central o, en sentido contrario, necesita distintos niveles de flexibilidad y de autonomía local para su desarrollo.

La vacunación para la prevención de una enfermedad es el ejemplo paradigmático de una política clara en sus objetivos y medios y que no genera conflictividad política en nuestro entorno.

En el segundo cuadrante, la escolarización de niños inmigrantes en escuelas concertadas puede producir una elevada conflictividad política pero no presenta demasiados problemas de definición de la intervención, ni por los medios ni por los objetivos. En la medida que sea posible, la Administración puede aplicar un esquema *top-down*, dado que en este supuesto es posible la imposición coercitiva acudiendo a la policía y al sistema judicial si fuera preciso. En otros casos, la implementación de este tipo de políticas resulta más complicada porque la Administración no puede imponer su solución y se ve obligada a negociar con los actores locales.

La política de generación de nuevos yacimientos de ocupación ha sido percibida como una política distributiva en el nivel local en la medida que, por el momento, ha significado una aportación externa de recursos para tratar el problema del desempleo. La conflictividad política no suele ser muy elevada. Sin embargo, en este caso, por tratarse de una nueva iniciativa resulta difícil tanto en el nivel de implementación macro como en el nivel de implementación micro, definir los objetivos que puedan conseguirse con una inversión limitada de recursos públicos o la manera más eficiente de utilizar estos recursos. En su caso, este esfuerzo de concreción de la política en el nivel local puede generar mayor conflictividad política.

Por último, las políticas urbanas de lucha contra la degradación en barrios con importantes problemas sociales suelen reunir las peores condiciones para el éxito de una política definida en el nivel central dada la dificultad de fijar objetivos y medios (en muchos casos, simplemente resulta complicado y difícil definir qué se puede hacer y aun más cómo hacerlo) y la elevada conflictividad política que no permite actuar sin negociar al margen de la visión que de los problemas y sus soluciones tengan los actores locales.

X. EL CONTROL SOBRE LAS ADMINISTRACIONES PÚBLICAS

SUMARIO

1. Introducción

La Administración pública está sujeta a una amplia variedad de controles a todos los niveles con el objeto de aportar seguridad a la sociedad sobre la legalidad de la actuación de los agentes públicos, la eficiencia en la gestión de los recursos públicos y su aplicación a las finalidades colectivas que deciden ciudadanos y contribuyentes a través de las instituciones democráticas y de las personas que ocupan puestos con autoridad en estas instituciones.

La democracia depende, en buena medida, de la capacidad de las instituciones para dar cuenta de lo realizado por la Administración y los diversos instrumentos de control son los mecanismos que permiten hacer realidad la *accontability*, en tanto que control democrático, no sólo de los resultados de las políticas y de las actividades públicas, sino también de la forma en que actúa la Administración, con el objeto de evitar que se cometan irregularidades, o simplemente, no se utilicen los recursos de la forma más eficiente.

Como se ha comentado en el capítulo anterior, dedicado a las políticas públicas, la Administración está obligada por el sistema político a perseguir objetivos contextuales que actúan como condiciones restrictivas a su capacidad de gestión. Así, por ejemplo, en el contexto público, es importante la equidad territorial en la distribución de un servicio público, la igualdad de acceso de todos los ciudadanos con el mismo derecho o el respeto escrupuloso del principio de mérito individual en la selección de personal. Estos y otros valores impuestos a la Administración, como la justicia distributiva o la misma transparencia en la gestión, refuerzan el papel del control externo e influyen internamente en la estructura organizativa y en los sistemas de gestión que utilizan las administraciones públicas.

De forma general, el control democrático y la obligación de respetar unos determinados valores en la gestión pública se traduce en una fuerte centralización y jerarquización de las estructuras y en el reforzamiento de los mecanismos de control burocrático. A su vez, la inaplicabilidad de los mecanismos de mercado en muchos casos y la complejidad de los objetivos de las organizaciones públicas (en la medida en que se trata de ideas «elevadas» pero difíciles de operativizar, medir y evaluar) explican la focalización de las estructuras y mecanismos de control en el cumplimiento de las «condiciones estipuladas» y el relativo abandono de las cuestiones de fondo. Así, los diversos instrumentos de control sobre la Administración suelen aportar información sobre el gasto ejecutado o sobre la legalidad de la contratación externa pero no sobre el impacto del gasto en el cambio experimentado por un problema.

El objetivo de este capítulo es la descripción y discusión de las formas de control interno y externo a las que están sometidas las administraciones públicas. Para ello se presenta una tabla resumen de los distintos controles y se van explicando uno por uno. Antes, sin embargo, se exponen las ideas de control por el mercado, de control burocrático y de control por los valores en la medida que constituyen las principales alternativas de control de las organizaciones. También se presenta la distinción entre control del comportamiento y control de resultados y se discute porqué las administraciones públicas han desarrollado su función de control anteponiendo algunos criterios y formas de control por encima de otros igualmente importantes pero que, sin embargo, han recibido menos atención.

2. El control en las organizaciones públicas y privadas

2.1. Principales tipos de control de grandes unidades organizativas

William Ouchi (1980), uno de los autores más citados en teoría de la organización, propuso que las organizaciones pueden adoptar tres tipos de estrategias de control que recurren a distintos tipos de información: el control por el mercado, el control burocrático o el control por el *clan* (control por valores).

Estas tres formas de control utilizan distintos tipos de información y se suelen dar simultáneamente en una misma organización, si bien, en la Administración pública, los principales mecanismos de control son burocráticos.

2.1.A. El control por el mercado

El control por el mercado se utiliza cuando existen las condiciones fundamentales de mercado abierto y competencia por el precio. En este contexto, el mecanismo de precios funciona como un sistema de control porque las empresas pueden compararse y evaluar su eficiencia. La aceptación en el mercado de los productos y los informes financieros constituyen la base sobre la que se construye la evaluación del rendimiento o *performance*.

En el contexto público, muchas organizaciones del ámbito empresarial y productor de servicios se están orientando hacia un control por el mercado. En sanidad, los hospitales deben prestar servicios a un precio fijado por la Administración. Hasta no hace muchos años, el precio que pagaba la Administración era el que resultaba de la operación del servicio. Las empresas públicas de transporte urbano deben alcanzar un determinado nivel de cobertura de sus gastos con sus propios ingresos que en la actualidad puede alcanzar hasta un 80% en las principales ciudades españolas. Las universidades y los centros de investigación firman contratos-programas con la Administración con la idea de incentivar la eficiencia dado que las universidades pueden retener cualquier beneficio si el coste es menor que el precio recibido.

El problema del mecanismo de control por el mercado es que no es apropiado para aquellos entornos en los que no se pueden fijar precios o la competición entre los proveedores de servicios es muy limitada.

2.1.B. El control burocrático

En las organizaciones públicas, de la misma manera que ocurre en las organizaciones privadas, las formas de control más comunes son las burocráticas. Cualquier organización de un cierto tamaño necesita controlar los comportamientos y los flujos de información internos (verticales y horizontales) y externos para lo que utiliza documentos, reglamentos, procedimientos, manuales de operaciones, directivas y jerarquías de autoridad. La profusión de elementos de este tipo es percibida como burocrática y de hecho responde a un mecanismo de control que consiste en la estandarización y la supervisión, en ocasiones muy directa, del comportamiento de los empleados.

Las administraciones públicas y las empresas alcanzan un mayor nivel de sofisticación en este ámbito al desarrollar sistemas de control de gestión que producen información sistemática para contrastar actividades y resultados con objetivos fijados y detectar variaciones sobre lo previsto para que los equipos de dirección puedan tomar acciones correctivas. Estos sistemas de control de gestión se centran en los tres elementos siguientes (Daft y Macintosh, 1984):

– el presupuesto o previsión de los recursos humanos y materiales necesarios para alcanzar los objetivos acordados para cada unidad;

– los informes de control de gestión sobre la base de indicadores no financieros (medida de las actividades, del volumen y de la calidad de los servicios que produce cada unidad);

– los informes de evaluación del rendimiento de unidades y de individuos que se realizan en función de los objetivos previstos.

2.1.C. El control por los valores

En algunas organizaciones públicas y privadas, el control por el mercado no es posible y, a pesar de que suele haber reglas y normas de comportamiento, el mecanismo de control más efectivo es la existencia de unos valores compartidos que pueden existir previamente o desarrollarse a través de programas de formación. El compromiso con una misión, la existencia de una cultura organizativa fuerte o la creencia profunda en unos objetivos y en una determinada manera de hacer las cosas actúan como substitutos de las reglas y de los procedimientos en contextos donde estos no funcionan adecuadamente.

El *clan control* sirve de «cemento aglutinador» para los distintos miembros y directivos de empresas familiares, por ejemplo. Lo mismo cabe afirmar respecto al comportamiento de los directivos que ocupan cargos políticos en la Administración. En contextos de elevada incertidumbre y ambigüedad, en los que no hay tiempo para dar instrucciones precisas y asegurar su cumplimiento, la socialización en unos valores y la identificación con un proyecto aportan la cohesión necesaria para que todos los miembros actúen conforme a una misma visión.

En el mismo sentido, en organizaciones pequeñas o en unidades integradas por profesionales muy cualificados como en el campo de la investigación y el desarrollo, el control por los valores puede resultar una importante fuente de estímulo en la medida que la norma dominante sea la que establezca unos altos estándares de rendimiento profesional y el sentido de pertenencia dependa de que se alcance este nivel. En estos contextos, la falta de control burocrático no significa una falta de control y, al contrario, el control burocrático puede substituirse por otras formas de control mucho más efectivas.

2.2. Principales tipos de control en los niveles operativos

El control de los jefes o responsables de unidades sobre sus subordinados se suele fundar en la observación individual y en la llamada supervisión directa.

En la Administración pública y en las empresas privadas de tamaño medio y grande, es además importante la estandarización de los procesos a través de normas y el posterior examen del cumplimiento de estas normas o procedimientos. En aquellos supuestos en los que la tecnología y la naturaleza de los servicios lo permite, cabe pasar de un control de comportamientos individuales a un control de resultados. En realidad, se trata de un control a *posteriori* de lo producido. Este tipo de control es especialmente adecuado para aquellos casos en los que no se sabe muy bien cómo conseguir unos buenos resultados, por lo que resulta difícil prescribir un comportamiento.

Ouchi (1975) relaciona en un cuadro (ver tabla X.1), que ha sido muy utilizado por la literatura, las características del trabajo y los tipos de control susceptibles de aplicación. Las dos dimensiones de su cuadro son la medida en que los resultados son cuantificables y la medida en que el trabajo y las tareas son programables.

TABLA X.1
CARACTERÍSTICAS DEL TRABAJO Y TIPOS DE CONTROL

	Tareas programables	*Tareas no programables*
Resultados medibles	Control del comportamiento individual y control de productos/resultados Ej. Producción de bienes y servicios clásicos como el transporte metropolitano	Control de productos/resultados Ej. Producción de investigación científica
Resultados no medibles	Control del comportamiento individual Ej. Formación de empleados públicos	Control de recursos y actividades Ej. Actividades públicas contra la exclusión social

Fuente: Elaboración propia a partir del cuadro de formas de control de Ouchi (1975)

En el primer cuadrante, cuando los resultados son medibles y las tareas programables, el control no plantea problemas en la medida en que es posible utilizar el control del comportamiento individual y el control de resultados o, en su caso, la simple cuantificación de lo producido. Esta es la posición en la que se encuentran numerosas empresas privadas y algunas organizaciones públicas productoras de bienes y servicios como, por ejemplo, una empresa de transporte público que gestione un autobús urbano o un sistema de ferrocarril o metro.

En el segundo cuadrante, cuando los resultados son medibles pero las tareas no son programables como, por ejemplo, en la investigación científica, no hay otra opción que utilizar el control de resultados o, en su caso, la cuantificación de lo producido. En la medida que se trata de tareas complejas, en las que es preciso aplicar técnicas avanzadas y el buen criterio de un profesional cualificado, nos encontramos con una situación en la que es necesario confiar en la formación de estos profesionales y en sus capacidades personales para desarrollar un buen trabajo que se puede controlar a *posteriori* sobre la base de su penetración en el «mercado». En el caso de la investigación científica, el «mercado» serían las revistas llamadas «de impacto» en las que se publican los resultados de los mejores trabajos científicos, una vez superados rigurosos controles de calidad.

En el tercer cuadrante, cuando los resultados no son medibles pero las tareas sí son programables, es posible el control de los procesos y del comportamiento de las personas en el marco de un procedimiento establecido que se entiende es la mejor manera de realizar aquella tarea. En los programas de formación de los empleados públicos, por ejemplo, resulta difícil determinar impactos para la organización, de la formación recibida en el trabajo. Sin embargo, es posible cuantificar las actividades realizadas y, en particular, si estas actividades se realizaron conforme a la mejor práctica profesional y con un cierto nivel de rigor y competencia técnica.

El cuarto cuadrante se corresponde con las tareas no programables y la imposibilidad de medir resultados. En el sector público, se pueden encontrar algunos ejemplos de intervenciones que se financian con el objeto de explorar la posibilidad de tratar problemas fundamentales como la pobreza, la delincuencia juvenil o el vandalismo de formas innovadoras. En estos casos, no es posible el control sobre el procedimiento, que suele ser innovador y tentativo, ni sobre los resultados, en la medida que el impacto de la intervención sobre un problema de magnitud considerable es marginal. Ello no excluye la posibilidad de controlar los recursos invertidos o las percepciones que sobre la intervención puedan tener sus responsables.

Así pues, todas las organizaciones y, como hemos visto a través de los ejemplos, también las organizaciones públicas, son susceptibles de formas de control por el mercado, por mecanismos que hemos llamado burocráticos (pero que a menudo son el resultado de una buena gestión pública como el presupuesto, el control de gestión o los informes de evaluación del desempeño individual) o por valores. En el nivel operativo, el control puede focalizarse en los comportamientos y en las tareas individuales o en los resultados y en los productos. Otra cuestión a la que nos referimos a continuación es la preeminencia que en la Administración pública y en el sector público ha alcanzado el control de legalidad y la observancia del procedimiento, lo que ha generado una cultura de control no propicia para el desarrollo de una actividad de dirección moderna, sobre la base de la responsabilidad y con el fin de contribuir a que la organización pueda alcanzar los objetivos establecidos.

3. El control en las administraciones públicas

3.1. Criterios y valores presentes en la Constitución

La función de control representa una dimensión clave en el sistema de gobierno de cualquier organización. Pero en el caso de las administraciones publicas la función de control alcanza todavía mas importancia. Las administraciones publicas ejercen autoridad publica, gestionan los recursos públicos y actúan por cuenta de la colectividad en situaciones donde se producen conflictos de intereses. En tanto que representantes de los intereses colectivos y gestoras de la autoridad y los recursos públicos, la necesidad de control es aún superior a la de cualquier otra organización.

La Constitución establece con claridad una serie de principios que deben respetar las administraciones publicas en su actuación. Como se ha señalado en los capítulos correspondientes, las administraciones publicas deben trabajar con eficacia, actuar con objetividad y neutralidad y tener estructuras organizativas descentralizadas, desconcentradas y, a la vez, coordinadas. Para asegurar el control central, la Administración debe mantener una jerarquía y, en todos los casos, debe respetar la ley (artículo 103.1 de la Constitución). En el artículo 105, la Constitución garantiza, además, la participación de los ciudadanos.

ILUSTRACIÓN X.1.
PRINCIPALES CRITERIOS PARA EL CONTROL DE LAS ADMINISTRACIONES PUBLICAS

Legalidad. Todas las actuaciones públicas están sometidas al principio de legalidad de la Administración como base fundamental del Estado de derecho.
Jerarquía. Sometimiento de los órganos inferiores a los superiores. Principio básico que garantiza la subordinación de la Administración al conjunto de instituciones políticas.
Descentralización. Proceso por el que se traspasa el poder de decisión a instancias administrativas más cercanas a los ciudadanos, al tiempo que se facilita la participación de éstos en la gestión de los servicios.
Desconcentración. La teoría jurídica administrativa distingue la desconcentración de la descentralización, para aquellos casos en los que el traspaso de poder se produce a favor de órganos y unidades que forman parte de la misma entidad jurídica y que por tanto no tienen personalidad jurídica diferenciada.
Coordinación. En contextos administrativos complejos, fragmentados y descentralizados, la coordinación permite integrar y facilitar la comunicación entre los diversos componentes de un mismo sistema.
Objetividad. Criterio que refuerza el carácter colectivo, publico y general de los intereses que debe defender la Administración frente a intereses corporativos o particulares.

ILUSTRACIÓN X.1. CONTINUACIÓN
PRINCIPALES CRITERIOS PARA EL CONTROL DE LAS ADMINISTRACIONES PUBLICAS

Eficacia. La Administración debe maximizar el nivel de realización de los objetivos de las decisiones políticas. Eficacia significa alcanzar los resultados e impactos previstos en relación con los problemas reales.
Eficiencia. Criterio que hace referencia a la relación entre la actividad administrativa y los recursos utilizados de manera que la Administración debe intentar reducir al máximo los recursos utilizados para conseguir un determinado nivel de producto, actividad o servicio prestado.
Economía. En la gestión de los servicios, la Administración debe «ahorrar» en el sentido de limitar la cantidad de recursos utilizados en relación con los recursos disponibles.
Equidad. La relación de cualquier ciudadano respecto a las administraciones públicas debe preservar la igualdad en el sentido de no discriminación en el acceso, la gestión o el resultado de la actuación pública.
Participación. El principio democrático tiene su traducción en la gestión de los servicios en la obligatoriedad de impulsar y hacer efectiva la participación de los ciudadanos en todos los asuntos colectivos.

Fuente: Elaboración propia

Estos y otros principios directamente vinculados a ellos como la eficiencia, la economía o la equidad y que se comentan en la ilustración X.1 tienen su garantía en un complejo sistema de controles internos (mecanismos y órganos administrativos cuya función es precisamente hacer efectivos estos principios en cada caso particular) y externos (órganos dependientes del poder legislativo o judicial y, en su caso, el mismo Tribunal Constitucional u otras instancias judiciales supranacionales) a los que están sujetas todas las actuaciones de las administraciones publicas. La descripción más detallada de su organización y funcionamiento nos permitirá ilustrar el tradicional dominio de las formas de control clásico de carácter legal y económico formal en perjuicio de los controles sobre la eficacia, la eficiencia, la equidad u otros valores que, desde el punto de gestión de los servicios, también son importantes. Sin embargo, antes vamos a detenernos en la explicación del porqué se produce esta situación.

3.2. Criterios utilizados para el control de la gestión de los servicios

Eficacia, eficiencia y economía, junto con equidad son los principales criterios que, desde la perspectiva de la literatura sobre gestión pública (Gibert,

1980; Anthony y Young, 1988; Metcalfe y Richards, 1987) deberían utilizarse para el control de la gestión en las administraciones públicas. La figura X.1 presenta de forma gráfica estos conceptos a partir de la relación entre objetivos, recursos y productos. Se parte aquí de la concepción clásica de la producción de un servicio en términos de la aplicación de unos recursos (humanos y materiales o financieros) a la producción de unas actividades con el objetivo de obtener unos resultados que tengan un impacto en una población o problema.

FIGURA X.1
PLANO IDEAL Y PLANO REAL EN LA PRODUCCIÓN DE SERVICIOS

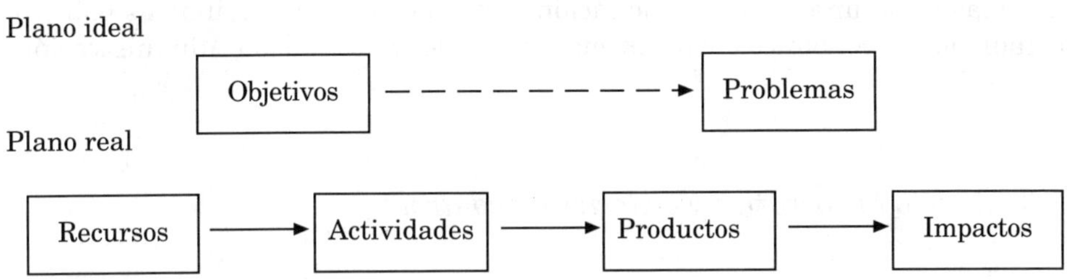

CRITERIOS PARA EL CONTROL DE LA GESTIÓN DE LOS SERVICIOS PÚBLICOS

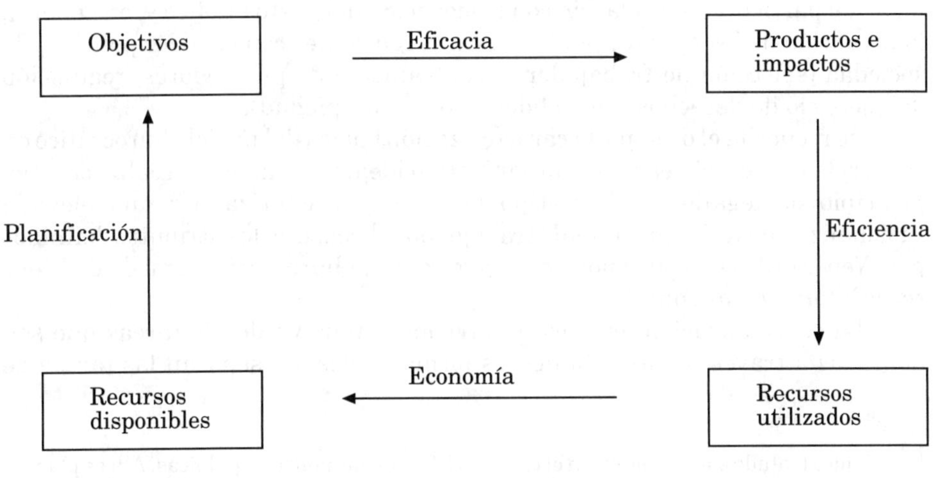

Fuente: Elaboración propia

Pero el control en función de estos criterios es bastante excepcional. La falta de desarrollo de instrumentos de control sobre la base de estos criterios de gestión en el sector público tiene una explicación simple y directa en la complejidad y el esfuerzo que requiere el control de eficacia, de eficiencia, de economía o de equidad de una mayoría de los servicios públicos[1]. El déficit de profesionales especializados en este tipo de tareas con una formación especifica para el sector publico también explicaría la falta de desarrollo de los instrumentos de control y evaluación adecuados para el análisis a *posteriori* de las políticas públicas. Los dos perfiles dominantes entre los profesionales que ejercen funciones de control en el sector público son los de jurista experto en derecho publico y los de auditor contable cuyo trabajo se centra en aspectos relacionados con el respeto de la legislación presupuestaria y de los principios de la contabilidad pública. Por el contrario, no son nada comunes los equipos interdisciplinares con formaciones diversas y con una buena capacitación metodológica para el análisis político, estadístico y económico entre los encargados del control de la Administración.

3.3. Modelo burocrático y criterios de control

La principal explicación del tradicional dominio de los controles de legalidad y económico contables tiene que ver con la necesidad, apuntada mas arriba, de someter la totalidad del sector público a la legalidad bajo el control de las instituciones políticas superiores. El instrumento utilizado históricamente para garantizar este sometimiento ha sido el modelo burocrático clásico, cuya expansión ha reforzado los controles internos y externos de carácter formal y legal, en particular, en relación con la ejecución del gasto público y, en general, la actuación de los agentes públicos en sus relaciones con el poder político y la sociedad (selección de trabajadores, contratación de proveedores, regulación del ejercicio de derechos como el derecho a la propiedad).

Si se recuerda el origen y la caracterización básica del modelo burocrático en Weber, la burocracia es el tipo organizativo ideal para la plena realización del principio de legalidad. Este «tipo ideal» se caracteriza por una elevada racionalización de los procesos de trabajo sobre la base de los atributos definidos por Weber (1964) en su conocido ensayo sobre la burocracia. A modo de breve recordatorio, estos son:

– La especialización, esto es, la división intensiva de las tareas que son definidas a través de procedimientos formalizados. Se separan las tareas de

[1] Hemos tratado esta cuestión en el capítulo IX sobre las políticas públicas. Allí se plantea la dificultad y la necesidad de recurrir al análisis y a la evaluación sistemática y rigurosa de las políticas para substituir la función que de una forma mucho más directa y simple ejerce el mercado en el contexto privado.

planificación de las de ejecución y se diferencia claramente entre unidades según se trate de línea o *staff*.

– La jerarquía, esto es la organización, adopta la característica estructura piramidal en la que cada persona está sometida a la dirección de un responsable o jefe inmediatamente superior ante quien debe responder de su trabajo. Todas las relaciones deben respetar el principio de jerarquía.

– La formalización hace referencia a la regulación normativa de los comportamientos a través de normas escritas con el propósito de evitar el tratamiento diferenciado de los casos particulares y aportar uniformidad, seguridad y consistencia en la actuación administrativa.

– La profesionalidad, en la medida en que los funcionarios públicos son seleccionados por sus méritos y capacidad profesional y avanzan en su carrera administrativa de acuerdo con criterios objetivos fundamentados en sus conocimientos y experiencia profesional.

Si bien en la teoría clásica estos atributos definen el modelo burocrático como el modelo organizativo capaz de garantizar la máxima eficiencia en la utilización de los recursos y de asegurar la regularidad, la seguridad jurídica y la previsibilidad en el comportamiento administrativo, en la práctica, estas características son responsables de importantes disfunciones que afectan de forma general al rendimiento organizativo y en particular a la forma en que se ejerce la función de control.

Así, la primacía de la jerarquía, la especialización y la delimitación de funciones o la formalización de las comunicaciones:

a) refuerzan el control formal del comportamiento individual. La «obsesión por el control» (Mintzberg, 1984) tiende a generar, por reacción, comportamientos de los subordinados (pequeñas contravenciones necesarias para poder funcionar en el día a día) que motivan nuevos controles que sólo sirven para añadir problemas.

b) dificultan la coordinación horizontal e imposibilitan otro control que no sea el control centralizado en un nivel alto de la jerarquía, en la medida en que los problemas de coordinación van ascendiendo en la jerarquía.

A su vez, la propensión a trasladar los problemas «hacia arriba» en la jerarquía sobrecarga a los decisores políticos y a los directivos superiores que, sin embargo, deben actuar con información incompleta o hasta sesgada debido a los numerosos niveles que ésta debe atravesar antes de llegar a la cúspide.

Por el contrario, con el modelo burocrático no se incentiva la cultura de la responsabilidad y la orientación a resultados o a una mayor participación ciudadana. La preocupación por la corrección en el procedimiento, el respeto de la jerarquía y la continuidad del servicio sin interrupciones pasa por delante de la idea de eficacia final, de la conciencia por el coste de las actuaciones o de la innovación en la prestación de los servicios. Si bien no existe ninguna incompatibilidad objetiva entre legalidad y eficacia o cualquiera de los criterios de gestión indicados, en la práctica, la concepción burocrática de la organización del trabajo y los valores dominantes entre el personal al servicio de las administraciones publicas se han traducido en un relativo abandono (dependiendo de los organismos y de las unidades dentro de la Administración) de estos criterios en favor del primero.

4. Controles internos y externos sobre el sector público

La descripción de los múltiples controles a los que se somete el sector público español, incluidos organismos autónomos y empresas, se organiza en función de los órganos e instancias que ejercen el control, a partir de la distinción básica entre controles internos y controles externos (tabla X.2)[2]. Dado que se trata de las mismas instituciones de control a nivel central y autonómico, únicamente se informa de las CCAA que cuentan con estos instrumentos de control, de su denominación y, en su caso, de las diferencias que puedan producirse por tratarse de instituciones más recientes en el ámbito autonómico.

TABLA X.2.
CONTROLES INTERNOS Y EXTERNOS SOBRE LA ADMINISTRACIÓN PÚBLICA

Tipos de control	*Órganos*	*Naturaleza del control*
	Superior jerárquico	Comportamiento individual, tareas
Controles internos	Órganos reguladores del procedimiento	Comportamiento individual, legalidad
	Inspección de servicios	Procedimientos personal y legalidad
	Intervención general	Económico contable
Controles externos	Sociedad y medios de comunicación	Control político

2 No se incluyen practicas de control de gestión sobre la base de indicadores no financieros e informes de evaluación del rendimiento de unidades y de individuos que, sin duda, son habituales en algunos ministerios, departamentos autonómicos, organismos y empresas, pero que por su carácter esporádico y *adhoc* escapan a la lógica de este apartado.

TABLA X.2. CONTINUACIÓN
CONTROLES INTERNOS Y EXTERNOS SOBRE LA ADMINISTRACIÓN PÚBLICA

Controles externos	Parlamento	Control político
	Tribunales de Cuentas	Económico contable
	Defensor del Pueblo	Trato de los ciudadanos y derechos fundamentales
	Tribunales ordinarios	Legalidad
	Tribunal Constitucional	Legalidad, derechos fundamentales

Fuente: Elaboración propia

4.1. Controles internos

4.1.A. El control por el superior jerárquico

El primer nivel de control en la Administración pública es el que ejerce la jerarquía y cada jefe respecto a sus subordinados. En toda organización existe una mínima estructura lo que supone jerarquía y relaciones de dirección de unas personas sobre otras. Las administraciones públicas se caracterizan por la existencia de jerarquías altas con muchos niveles intermedios a cuyo frente se sitúan los responsables de cada unidad y, por tanto, del conjunto de personas que ocupan los puestos de trabajo que integran aquella unidad.

La existencia de una estructura de mando vertical aporta seguridad a la cúpula de la organización en la medida que cada decisión debe traspasar múltiples niveles, de forma que muchas personas en distintos puestos consideran una misma cuestión. La seguridad derivada de la tramitación de los papeles y de la consideración de una misma cuestión por distintas personas tiene su contrapartida en la redundancia excesiva y en la lentitud de los procesos para adoptar decisiones que, en muchos casos, pueden ser poco relevantes o hasta rutinarios. Al mismo tiempo se produce una considerable centralización de los procesos en la medida que una sola persona en la cúspide de la jerarquía asume la obligación de revisar el trabajo de los demás y la responsabilidad de tomar decisiones.

En la Administración pública, ésta es quizás la forma de control más habitual. Sin embargo, dos factores influyen en la relativa ineficacia de esta forma de control del comportamiento de los trabajadores:

– de una parte, la reglamentación extensiva e intensiva de las operaciones y la mecanización de los procesos por medios informáticos hace innecesaria la supervisión directa del trabajo administrativo en una gran mayoría de los casos;

– de otra parte, los jefes administrativos (en particular los de Negociado y Sección dentro de la Administración nuclear) no ejercen de jefes en un sentido tradicional del término y tienden a no aceptar aquella parte de su trabajo que puede comportar problemas de relación con sus subordinados.

Una prueba de ello es la inaplicación general del, por otra parte, extenso y detallado régimen disciplinario. Si bien los jefes tienen reconocida la capacidad de imponer sanciones disciplinarias en los casos de faltas reglamentarias, raramente se aplica potestad disciplinaria alguna salvo que se trate de cuerpos «uniformados» como la policía, los bomberos o los vigilantes penitenciarios o se trate de faltas muy graves (como la adopción de resoluciones manifiestamente injustas o la aceptación de beneficios materiales). Aún en estos casos, la complejidad de los procedimientos obliga a darles un trato excepcional y a nombrar a personas concretas para que asuman la preparación de los expedientes disciplinarios.

4.1.B. El control por los órganos reguladores del procedimiento

Algunas unidades centrales y algunos gabinetes técnicos asociados a direcciones generales, organismos autónomos y empresas constituyen la tecnocracia de la Administración pública en el sentido propuesto por Mintzberg (1984). Es decir, a través de reglamentos, programas informáticos, manuales de operación, directivas y circulares sobre procedimientos determinan la forma de trabajar de la línea y del núcleo de operaciones, no dejando apenas margen a la creatividad dada la elevada especialización que se produce en las administraciones publicas.

Se puede observar una tendencia generalizada, más evidente en el sector privado, hacia el aumento de los sistemas de control sobre la base tecnológica que combinan la potencia de los sistemas de información con la introducción de técnicas de control de gestión, para recoger datos sobre actividades, costes y usuarios de forma sistemática, fiable y continua. En la actualidad, ya no nos sorprende que se mida el tiempo que transcurre antes de que un teléfono de atención al público sea contestado o que se contabilicen el tipo de visitas y el tiempo que dedica a cada una de ellas un profesional de la medicina. Estas técnicas condicionan de forma notable las tareas rutinarias de los empleados públicos.

Existe un punto a partir del cual la mayor capacidad de control sobre el comportamiento individual puede repercutir negativamente en el rendimiento de los trabajadores debido al estrés generado. Si bien la percepción popular es que nuestras administraciones publicas se encuentran lejos de una situación como la descrita, la simple reglamentación de los procesos y la falta de variedad en el contenido del trabajo diario está afectando de forma negativa la motivación de los trabajadores. Ello es aún más perceptible entre los profesionales con elevados niveles de formación que realizan tareas relativamente sencillas previamente programadas.

Por último, los gabinetes jurídicos cumplen una función de apoyo a la Dirección en todo lo relativo a la legalidad de la forma de proceder de la Administración. El control jurídico y el consejo sobre los posibles instrumentos jurídicos que puedan utilizarse en cada caso constituyen una importante manifestación de control que puede cambiar tanto la forma como el contenido de la actuación administrativa. La influencia del personal que ocupa posiciones de asesor en los gabinetes de los altos cargos, en las subsecretarías de la Administración central, en las secretarías generales de los departamentos autonómicos o en los servicios jurídicos de organismos autónomos, empresas y entes locales no es sólo importante por su capacidad de paralizar los asuntos, mientras éstos no se ajusten a las normas y directrices aprobadas por la organización, sino también, por su proximidad a los cargos políticos.

4.1.C. El control por la Inspección General de Servicios

Tanto en la Administración central como en las administraciones autonómicas (Bouzada, 1995), la Inspección General de Servicios (IGS) cumple una función de control clásica en el sector publico. Su misión general es la de velar por el cumplimiento de la legalidad. Para ello cuenta con unos servicios centrales y con equipos de inspectores en cada uno de los ministerios o departamentos y en sus delegaciones provinciales. En las comunidades autónomas, distintas direcciones generales con diferentes nombres, si bien generalmente ubicadas en los departamentos de Presidencia, pueden realizar esta función de control que se concreta en las siguientes actividades:

- control horario de la totalidad de los empleados públicos;
- resolución de las denuncias y reclamaciones que sobre el funcionamiento de cualquier servicio publico y de sus empleados puedan presentar los usuarios, tanto a nivel individual como colectivo;
- archivo general de la documentación administrativa;
- control de las incompatibilidades de los altos cargos.

Junto a estas funciones clásicas, los servicios de las IGS han visto ampliadas sus funciones a nuevas tareas relacionadas con los programas de reforma administrativa y modernización adoptados por la Administración central y algunas administraciones autonómicas y a los que nos hemos referido en los capítulos IV y V. Dentro de este nuevo marco de actuación, las IGS pasan a ser un órgano interno que, junto a las funciones de control estricto, realizan también funciones de impulso y consultoría en relación con la mejora del funcionamiento de la Administración. Estas funciones pueden desarrollarse en tres ámbitos que se describen a continuación:

a) La racionalización e informatización de los procedimientos administrativos

La IGS suele ser la unidad encargada de identificar todos los procedimientos administrativos, de su análisis, racionalización e informatización. Normalmente, ello supone la compra de los productos informáticos necesarios, la formación del personal y el mantenimiento de los sistemas.

Si bien, en muchos casos, los órganos gestores de los servicios son los que toman la iniciativa en la mejora e informatización de sus servicios, la IGS debe autorizar cualquier cambio para garantizar la racionalidad del sistema en su totalidad y la eficiencia económica y operativa de las aplicaciones concretas. La función de negociación con los responsables de los servicios suele ser competencia de los equipos de inspectores en cada uno de los departamentos.

Como se ha comentado en el capítulo IV, el estudio del Ministerio para las Administraciones Públicas *Reflexiones sobre la Modernización de la Administración del Estado,* de 1990, generó una serie de propuestas de reforma entre las que se incluían las llamadas «inspecciones operativas de servicios» (IOS). En el marco de este programa, equipos de inspectores trabajaron en estrecho contacto con los gestores operativos de los servicios para racionalizar procedimientos específicos como, por ejemplo, el procedimiento de expropiación forzosa. Los principales objetivos de las IOS son los característicos de las IGS: recortar etapas administrativas, trámites y tiempos, ahorrar recursos públicos y privados, facilitar mejor información a los usuarios y, en general, dotar a la totalidad del sistema de mayor receptividad a las necesidades de los distintos actores afectados.

b) La información y atención de los ciudadanos

Otra actuación que deriva de los procesos de reforma y modernización administrativa es la creación de una serie de servicios que tienen por objeto facilitar las relaciones entre Administración y ciudadanos. Las IGS han sido el organismo al que normalmente se ha encargado esta misión con el objeto de coordinar los diversos dispositivos de relación y atención ciudadana que se han ido creando. Los principales servicios en este ámbito son:

– los teléfonos de información y atención de los ciudadanos;

– las redes de oficinas y puntos de información ciudadana, tanto en las sedes centrales como en los servicios territoriales de los departamentos;

– las ventanillas únicas para la tramitación de varios permisos en la sede de un único departamento;

– las guías de servicios, directorios de organismos y páginas de información en *internet*.

Esta nueva función de la IGS como instancia de control y coordinadora en el ámbito de la relación con los ciudadanos es compartida con otros organismos responsables de las relaciones públicas y de la imagen de la Administración. Su participación se justifica por razones de seguridad (control del acceso a los procedimientos administrativos y bases de datos de la Administración) y por la necesidad de asegurar la unidad del sistema, la aplicación de tecnologías compatibles y la racionalidad económica del conjunto de los dispositivos.

c) La evaluación del rendimiento individual o por equipos de los empleados públicos

Las IGS tienen otra función de control en la valoración periódica del trabajo realizado por las unidades administrativas o por los empleados públicos individualmente considerados. La llamada evaluación del desempeño individual o por grupos de empleados asignados a un mismo servicio se vincula con la remuneración de la productividad.

Este es un mecanismo de control que, como se ha comentado en el capítulo VII, no se aplica de forma generalizada en las administraciones españolas y que en, en su caso, suele aplicarse con una finalidad de impulso de la comunicación entre los miembros de una misma unidad o con el propósito de mejorar su trabajo sobre la base de detectar problemas y satisfacer necesidades formativas. Salvo en alguna experiencia piloto, no se vincula el resultado de la evaluación del desempeño individual a una variación en la remuneración por productividad.

La participación de la IGS en estos procesos se produce en tres niveles distintos: en el desarrollo de programas experimentales de evaluación del desempeño, en la formación de las comisiones a las que se encarga la evaluación y en la elaboración de informes que acompañan los que producen las comisiones de evaluación. Como en los anteriores casos, su participación se justifica en la medida que la IGS es la responsable de detectar deficiencias en el funcionamiento de la Administración y de producir información específica sobre la aportación concreta de cada unidad y empleado a los servicios que les fueron asignados.

4.1.D. El control por la Intervención General

La Intervención General de la Administración del Estado (IGAE), adscrita al Ministerio de Economía y Hacienda, y la Intervención General de cada una de las administraciones autonómicas, al igual que el interventor en la Administración local, constituyen los órganos encargados del control interno de la gestión económica-financiera del sector público y que se responsabilizan de su sistema de contabilidad.

Todas las administraciones y organismos de titularidad pública están sometidos al régimen de contabilidad pública y deben rendir cuentas de sus operaciones al Tribunal de Cuentas, que es el órgano al que el Parlamento encarga el control externo de la gestión económica-financiera pública. Para ello cuentan con la Intervención General (IG) que se organiza en unos servicios centrales y en unas intervenciones delegadas que se ubican en los distintos departamentos, direcciones y organismos[3]. Las competencias de la IG deben ejercerse por funcionarios del Cuerpo Superior de Inspectores de Finanzas del Estado y por los funcionarios de los cuerpos que a tal efecto pueden crear las CCAA.

La IG realiza dos tipos de control sobre el gasto público (IGAE, 1992):

– La intervención propiamente dicha, un control previo de todos los actos que generan gasto público o que puedan tener consecuencias económicas. El sentido de la intervención es asegurar que la gestión de los recursos públicos se realiza conforme a la legislación vigente. El control previo se aplica a la Administración general, a organismos autónomos y a la Seguridad Social.

– El control financiero, un control que se realiza una vez ya se ha producido el gasto y que tiene por objeto verificar que se ha cumplido la legalidad y que la gestión se ha realizado conforme a los principios y las normas de la contabilidad publica. El control financiero se aplica a la Administración general, a organismos autónomos, a la Seguridad Social, a empresas, corporaciones y otros entes del sector público. De hecho, el control puede extenderse a los particulares y a empresas que perciban subvenciones con cargo a los presupuestos públicos.

Como ha sido afirmado por la literatura, el control previo es un procedimiento decimonónico que persigue el control de legalidad en cada momento de la gestión del gasto. Refleja una profunda desconfianza hacia los funcionarios públicos responsables de los servicios a los que se les tutela a través de los interventores de finanzas del Ministerio de Economía y Hacienda (Fuentes Vega, 1986). La intención del legislador era evitar que las decisiones sobreel gasto quedaran en manos de una única persona. Hasta épocas bastante recientes, el control de la intervención se extendía a todos los órganos de la Administración y a todos los actos que tenían consecuencias económicas para el tesoro público. En la actualidad, la intervención utiliza técnicas de muestreo para el ejercicio del control previo o simplemente substituye este control por otro posterior que se identifica con el control financiero y la auditoria contable a *posteriori*.

A pesar de ello, los órganos administrativos tienen muy regladas las distintas operaciones que deben seguir para efectuar gastos y, en cualquier momento, la intervención puede inspeccionar, no solamente los expedientes y documentos contables sino la realidad física de las personas o empresas receptoras de los pagos, las inversiones materiales o los bienes que adquiere la

3 La IGAE tiene una intervención delegada en cada una de las provincias coordinadas por una Intervención Delegada Regional. También existen intervenciones delegadas en los servicios centrales y periféricos de los organismos autónomos y en la Dirección General del Tesoro Público (Memoria IGAE, 1990).

Administración[4]. Las consecuencias de una intervención en la que la IG detectara lo que se ha venido en llamar «reparos» es la suspensión de la tramitación del expediente. La resolución de estos casos corresponde a los órganos centrales de la IG y, en el supuesto de que se mantuviera la discrepancia, al Consejo de Ministros[5].

El control financiero tiene unas características distintas en el sentido de que se trata de un control a *posteriori* que verifica que no se hayan producido irregularidades en la gestión de los recursos públicos pero que, al mismo tiempo, considera la racionalidad de la forma de proceder de la Administración y, en este sentido, se aproxima a la idea de un control más global de eficiencia en el que una parte importante consiste en la proposición de formas alternativas de gestionar el gasto. Como se ha señalado, el control financiero se aplica a cualquier organismo del sector público y no únicamente a los estrictamente administrativos.

A diferencia de la intervención previa, el control financiero no tiene efectos inmediatos. Su utilidad para la Administración depende, en buena medida, de la receptividad que encuentren sus informes. Estos se unen a los expedientes cuando tienen por objeto actuaciones puntuales. En los demás casos, los informes pueden ser utilizados por el Ministerio de Economía, por el Ministerio de Hacienda o cualquier otro organismo administrativo para justificar la adopción de nuevas políticas en relación con la gestión del gasto público. También pueden ser utilizados por el Tribunal de Cuentas para el ejercicio de sus funciones.

4.2. Controles externos

4.2.A. El control por la sociedad y los medios de comunicación

La sociedad democrática y plural, con capacidad de reacción a las propuestas de los poderes públicos, es probablemente el medio más eficaz de control de la

4 Este control resulta más complejo en el caso de contratos de servicios como, por ejemplo, la limpieza de un edificio o un contrato de consultoría.

5 La gestión del gasto se divide en cuatro fases: 1ª la autorización para realizar el gasto: consiste en la reserva de crédito presupuestario por el gestor del servicio para una actividad o prestación concreta, 2ª el compromiso de gasto: consiste en la asunción de una obligación frente a terceros por un importe concreto, 3ª la obligación de realizar el gasto: consiste en la obligación para la Administración de satisfacer el importe una vez se ha realizado la prestación; la orden de pago: consiste en un mandato expreso de pago contra el tesoro publico; 4ª La intervención puede paralizar un expediente en cualquier momento (IGAE, 1992).

Administración. Este es un control de carácter político que suele centrarse en la oportunidad de las decisiones tomadas en el proceso político pero que a menudo también se centra en aspectos de legalidad o en las consecuencias económicas que puede tener determinadas actuaciones por parte de organismos públicos. Cada iniciativa de la Administración tiene una respuesta de los actores afectados, tanto si interpretan que la actuación de la Administración les beneficia como si entienden que les perjudica. A menudo, estos actores fundamentan sus argumentos en aspectos de procedimiento (por ejemplo, la Administración no ha facilitado suficiente publicidad a sus propuestas o el período de alegaciones debe prolongarse para que los actores puedan informarse y reaccionar adecuadamente). En otros casos, los argumentos se fundamentan en cuestiones de fondo que muestran el acuerdo o el desacuerdo de los distintos actores con las políticas públicas.

Los medios de comunicación, cuando operan en un entorno competitivo, juegan un papel fundamental tanto en la difusión del debate social como en la investigación de nuevos temas que puedan interesar a la sociedad. Para la Administración y para las instituciones políticas representativas, éste es quizás el control más importante en la medida en que es el que más puede afectar a su legitimidad democrática y a su posición institucional. Los gabinetes de prensa de las instituciones tienen una doble misión: informar a los decisores públicos sobre el eco de sus propuestas en la prensa y realizar el seguimiento del tratamiento que reciben en los medios. A menudo, la agenda de los órganos representativos, en su función de control de los órganos ejecutivos, viene determinada por lo que ha publicado la prensa el día anterior. Esta lógica de funcionamiento es positiva para el sistema en la medida que la lucha política y los medios descubren asuntos que escapan a los sistemas de control internos de la Administración, pero, al mismo tiempo, tiene un efecto negativo en la sociedad en la medida que desvía la atención política y social hacia aquellos asuntos más turbios o que sirven a determinados intereses políticos, no dejando espacio para el debate sobre el contenido de las políticas que afectan de forma substantiva a los ciudadanos.

4.2.B. El control por el Parlamento

La teoría de la separación de poderes, fundamento del constitucionalismo moderno, asigna al Parlamento la función de control del Gobierno y de la Administración. Esta es una función de control político general que se recoge en la Constitución y en los estatutos de autonomía. En el mismo sentido, la Constitución y demás leyes institucionales fundamentales establecen que el Gobierno debe responder solidariamente de su gestión ante el poder legislativo[6].

[6] En el nivel local, y pese a la inexistencia de un poder legislativo, el Pleno de las corporaciones locales ejerce esta misma función de control sobre el alcalde y su Administración.

El Parlamento dispone de diversos mecanismos para el ejercicio de la función de control. Las preguntas e interpelaciones permiten a los grupos políticos con representación parlamentaria plantear cuestiones al presidente del Gobierno y a sus ministros sobre la actualidad política o sobre la actuación del Gobierno o de su Administración. La presencia de los medios de comunicación y el escaso tiempo dedicado a cada una de las preguntas han hecho de este instrumento un mecanismo útil para obtener un cierto impacto en los medios de comunicación pero efímero, en la medida que no permite dar continuidad a los temas ni profundizar en la cuestión planteada. Las mociones de censura, la simple reprobación de un ministro y la creación de comisiones de investigación tienen un mayor calado como instrumentos de control. La exigencia de una mayoría de diputados para su iniciativa y aprobación supone, sin embargo, una notable dificultad para aquellos grupos que se encuentran en la oposición en los sistemas parlamentarios.

El Parlamento controla la gestión económica de todo el sector público a través del Tribunal de Cuentas y los posibles abusos que pueda cometer la Administración en su relación con los ciudadanos a través del Defensor del Pueblo. Pero, como veremos a continuación, en el sistema de gobierno parlamentario, el juego de las mayorías supone un límite importante a la capacidad de actuación de estas instituciones como instrumentos independientes o como «brazo armado del legislativo» en su función de control del ejecutivo, como sí sucede en los sistemas con una marcada separación de poderes como en el caso de los Estados Unidos.

En nuestros sistemas parlamentarios, los grupos políticos y los diputados individualmente considerados no tienen ningún apoyo técnico para su función de investigación y control de la actividad del Gobierno y de la Administración. Incluso en un tema tan fundamental como la aprobación del presupuesto y su posterior liquidación, la capacidad de control de los parlamentarios depende única y exclusivamente de los conocimientos técnicos que puedan tener algunos diputados o que puedan recabar de su grupo. Si se compara esta situación con la del legislativo estadounidense donde el presupuesto se discute con la Administración sobre la base de los datos de la *Congressional Budget Office* (un órgano técnico de apoyo al legislativo, formado por una plantilla de profesionales similar a la que pueda tener la oficina que elabora el presupuesto para el presidente) la posición del diputado español en la oposición se asemeja a la de un David que lucha contra Goliat (por ejemplo, el Ministro de Economía con la fuerza que representa tener todo el personal del ministerio que le ofrece apoyo).

4.2.C. El control por el Tribunal de Cuentas

4.2.C.a. Misión y objetivos

La Constitución española en el artículo 136 define al Tribunal de Cuentas como el «supremo órgano fiscalizador de las cuentas y de la gestión económica del Estado y del sector público en general»[7]. Como se puede ver en la tabla X.3, algunas comunidades autónomas han creado órganos equivalentes con el objeto de fiscalizar la gestión económica, financiera y contable del sector público en sus respectivos territorios. En ambos casos son de instituciones con idénticas funciones si bien en el caso del Tribunal de Cuentas estatal se trata de una institución con una larga trayectoria histórica y organizativamente muy compleja, mientras que las instituciones autonómicas son organismos jóvenes que, o bien se encuentran en fase de creación y desarrollo, o bien entran ahora en una temprana madurez tras un período de rodaje de diez a quince años.

La justificación de la existencia de los tribunales de cuentas es que el Parlamento posea un organismo técnico que le ayude a analizar y mejorar las cuentas de la totalidad del sector público, incluidas todas las administraciones, organismos autónomos, corporaciones y empresas. La magnitud y la complejidad de las cuentas públicas justifican la existencia de este órgano de apoyo a quien la legislación encomienda dos funciones: la fiscalización externa de la actividad económico financiera del sector público, y el enjuiciamiento de la responsabilidad contable de los empleados públicos en el manejo de recursos públicos.

La primera función es muy parecida a la de la Intervención General y orienta al Tribunal de Cuentas hacia la realización de un control permanente del respeto de la legalidad por parte de la Administración pública y de la forma en que se lleva la contabilidad pública en tanto que sistema de control que permite obtener de forma sistemática información acerca de cómo se gestionan en cada momento los recursos públicos.

La segunda función es la que históricamente explica el carácter de tribunal de esta institución, si bien en la actualidad el enjuiciamiento se limita a la responsabilidad civil y no excluye el ejercicio de la potestad disciplinaria o la actuación de la jurisdicción penal, por lo que su peso relativo dentro de la actividad del tribunal ha ido disminuyendo a lo largo de los años.

4.2.C.b. Organización y relaciones con el Parlamento

El Tribunal de Cuentas central y los creados por las CCAA tienen una organización muy similar. Son órganos colegiados formados por un número variable de consejeros o síndicos. El Tribunal de Cuentas central[8] se compone de doce

7 Para un análisis de la legislación sobre el Tribunal de Cuentas y de su relación con las demás leyes que tienen que ver con la actividad financiera pública y su control, ver el volumen editado por el Instituto de Estudios Fiscales en 1982, *El Tribunal de Cuentas en España*.

8 El Tribunal de Cuentas está regulado por una ley orgánica 2/1982, de 12 de Mayo y por una ley de funcionamiento 7/1988, de 5 de abril.

consejeros de cuentas que son designados por nueve años, seis por el Congreso de Diputados y seis por el Senado que deben elegirlos por mayorías de tres quintos de cada cámara. Su gobierno se encomienda a un presidente, elegido entre los consejeros, y a una Comisión de Gobierno. El máximo órgano decisor es el Pleno. Se organiza en dos secciones, una de fiscalización y otra de enjuiciamiento. Por tratarse de un tribunal, la ley orgánica establece el nombramiento por el Gobierno de un fiscal entre los funcionarios de la carrera fiscal.

Los tribunales, cámaras y sindicaturas de cuentas de Andalucía, Cataluña y País Vasco están formadas por un órgano colegiado de siete consejeros. El de Canarias tiene cinco y el de Valencia tres. Los de Navarra y Castilla la Mancha son órganos unipersonales. En todos los órganos colegiados, existe un Pleno, un presidente o síndico mayor y una Comisión de Gobierno. Por una sentencia del Tribunal Constitucional de 177/1988 de 17 de octubre, estos tribunales no tienen funciones de enjuiciamiento por lo que sus funciones se limitan a las de fiscalización de las cuentas y contabilidad de los entes del sector público que se encuentren en su territorio (Casamort, 1992).

TABLA X.3
TRIBUNAL DE CUENTAS Y DEFENSOR DEL PUEBLO A NIVE AUTONÓMICO[9]

Comunidad	*Tribunal de Cuentas*	*Defensor del Pueblo*
Andalucía	Cámara de Cuentas de Andalucía	Defensor del Pueblo Andaluz
Aragón		El Justicia de Aragón
Baleares (prevista en la ley)	*Sindicatura de Comptes*	
Canarias	Audiencia de Cuentas	Diputado del Común
Castilla-La Mancha	Sindicatura de Cuentas	
Castilla-León		Procurador del Común
Cataluña	*Sindicatura de Comptes*	*Síndic de Greuges*
Comunidad Valenciana	*Sindicatura de Comptes*	*Síndic de Greuges*
Galicia	*Consello de Contas*	*Velador do Pobo*
Navarra	*Cámara de Comptos*	Defensor del Pueblo (prevista en la ley)
País Vasco	*Herri-Kontuen Euskal Epaitegia*	*Ararteko*

Fuente: Elaboración propia.

[9] Andalucía. La Cámara de Cuentas de Andalucía está formada por siete consejeros, elegidos por el Parlamento andaluz por una mayoría de tres quintos, para un mandato de seis años. Ley 1/1988, de 17 de marzo. El Defensor del Pueblo Andaluz fue creado por la Ley 9/1983, de 1 de diciembre.

Si bien la competencia de fiscalización es compartida entre el tribunal central y los tribunales autonómicos, en la práctica se produce una colaboración que evita duplicidades y permite la integración de los informes autonómicos en el informe anual del tribunal central.

Internamente, los tribunales de cuentas se dividen el trabajo por departamentos o ámbitos a cuyo frente se sitúan los consejeros o síndicos. Los principales ámbitos de control son la cuenta general de la Administración, los ayuntamientos y otros entes locales, los organismos autónomos y las empresas públicas. En cada departamento trabajan equipos de auditores profesionales que reciben una formación específica de auditor financiero-contable y pueden ser funcionarios de la Administración o contratados con experiencia laboral previa en el sector privado. En su actividad profesional, los auditores contables gozan de una notable independencia de criterio si bien deben consensuar sus informes de fiscalización con los consejeros del tribunal (Ballart, 1994).

El carácter colegiado y el sistema de elección de los consejeros o síndicos por mayorías cualificadas en el Parlamento concede a éstos una notable autonomía de decisión en relación a qué entes son fiscalizados o qué parte o tipo de actuación es objeto de un control puntual. La mayoría de los controles rutinarios

Aragón. El Justicia de Aragón fue creado por la Ley 4/1985, de 27 de junio.
Baleares. La Ley 1/1987, de 18 de febrero prevé la creación de la Sindicatura de Cuentas.
Canarias. La Audiencia de Cuentas de Canarias está integrada por cinco auditores elegidos por el Parlamento canario por una mayoría de tres quintos, para un mandato de cinco años. Ley 4/1989, de 2 de mayo. El Diputado del Común fue creado por la Ley 1/1985.
Castilla-La Mancha. La Sindicatura de Cuentas de Castilla-La Mancha es un órgano unipersonal. El Síndico de Cuentas será elegido por el Pleno de las Cortes de Castilla-La Mancha por un período de seis años, pudiendo ser reelegido por una sola vez, Ley 5/1993, de 27 de diciembre.
Castilla León. El Procurador del Común fue creado por la Ley 2/1994, de 9 de marzo.
Cataluña. La *Sindicatura de Comptes* de Cataluña es un órgano colegiado. El Pleno lo componen siete síndicos designados por el Parlamento catalán por una mayoría de tres quintos, para un mandato de seis años. Ley 6/1984, de 5 de marzo. El *Síndic de Greuges* se creó por la Ley 14/84.
Comunidad Valenciana. La *Sindicatura de Comptes* es un órgano colegiado, que se compone de tres síndicos elegidos por las Cortes de Valencia por una mayoría de tres quintos, para un mandato de seis años. Creada por la Ley 6/1985 de 11 de mayo. El Síndic de Greuges fue creado en Valencia por la Ley 126/III.
Galicia. El Consello de Contas fue creado por la Ley 6/1985, de 24 de junio.
Navarra. La *Cámara de Comptos* de Navarra es de carácter unipersonal. Su Presidente es elegido por el Parlamento de Navarra para un mandato de seis años según la Ley Foral 19/1984 de 20 de diciembre. El Defensor del Pueblo de la Comunidad Foral de Navarra fue aprobado por la ley foral de 22 de junio del 2000.
País Vasco. El Tribunal vasco de Cuentas Públicas es un órgano colegiado, compuesto por siete miembros elegidos por el Pleno del Parlamento vasco por mayoría absoluta para un mandato de seis años. Creado por la Ley 1/1988, de 5 de febrero. El País Vasco también cuenta con el Ararteko, Defensor del Pueblo vasco.

son decididos por el Pleno de la institución a instancia de los consejeros. En otras ocasiones, sin embargo, es el Parlamento quien encarga una auditoría contable al Tribunal de Cuentas por entender que se ha producido un problema en la financiación de un ente público o en la subvención de un partido político o de una empresa privada por parte de la Administración.

Las relaciones entre los tribunales de cuentas y los órganos legislativos de los que dependen se articulan a través de una Comisión Parlamentaria ante la cual el presidente o síndico mayor presenta cada año la memoria de la institución y los informes de fiscalización realizados. En una o dos sesiones se debate todo el trabajo producido durante un año. Por lo general no se derivan consecuencias de la comparecencia anual en forma de resoluciones o de seguimiento de las medidas adoptadas por los entes fiscalizados para poner en práctica las recomendaciones contenidas en los informes de fiscalización. Por el carácter técnico de los informes y por la confianza de los grupos parlamentarios en los consejeros nombrados con su apoyo, el trabajo de los tribunales de cuentas no suele suscitar el interés político y social, salvo en aquellos casos de investigaciones propuestas por el Parlamento en relación con problemas de tráfico de influencias o corrupción.

4.2.C.c. Situación actual y retos de futuro

Por imperativo constitucional, el Tribunal de Cuentas debe comprobar que se ha respetado la legalidad presupuestaria y la normativa sobre contabilidad pública. Pero también debe comprobar si se hace un uso eficaz y eficiente de los recursos públicos a partir del análisis del nivel de logro de los objetivos en función de las necesidades públicas y de los recursos invertidos.

En la práctica, todos estos criterios no pueden aplicarse al conjunto del sector público tanto por la escasez de recursos destinados a funciones de control interno y externo como por la dificultad conceptual y técnica para llevar a cabo un control de eficacia, eficiencia o, en su caso, equidad, en relación con algunas políticas públicas. Pero una buena parte de los profesionales integrados en las distintas instancias de control de las cuentas públicas entienden que los tribunales de cuentas deben evolucionar hacia nuevas formas de control que permitan contribuir a la mejora de la gestión pública sobre la base del análisis de la eficacia de determinadas intervenciones públicas y de sus costes y beneficios para la sociedad.

Esta visión de los tribunales de cuentas, más cercana al papel que, junto al tradicional de control de la legalidad presupuestaria, desarrollan instituciones equivalentes en Estados Unidos, en Canadá o en los países nórdicos europeos, choca con la realidad española que se caracteriza por (Ballart, 1994):

– una cierta resistencia a aceptar que el modelo de órganos de control externo propio de un sistema presidencialista como el norteamericano sea extensible a las democracias con sistema de gobierno parlamentario;

– una tendencia histórica al enjuiciamiento y al control de legalidad. La seguridad y la legalidad en la gestión de los recursos públicos es lo que justifica la existencia de las instituciones de control y dado el volumen del sector público y la presión de la sociedad ante los casos de corrupción, esta función llena de contenido las instituciones de control financiero;

– una necesidad de mejorar la contabilidad pública que aún no se lleva bastante bien en el conjunto de las administraciones públicas y en particular en las administraciones locales;

– una concepción de su trabajo como la de auditor que verifica lo realizado por otros. Esta conceptualización parte de la idea de que la responsabilidad última de la implantación de sistemas de control de gestión y de evaluación de las políticas corresponde a los gestores y mientras éstos no desarrollen esta función, difícilmente los tribunales de cuentas podrán incluir este componente en su trabajo.

Por todo ello, la principal actividad de los tribunales de cuentas consiste en la elaboración de informes de fiscalización. Aproximadamente un cincuenta por ciento del trabajo de los auditores se dedica al examen de la cuenta general de la Administración auditada ya sea el Estado, una comunidad autónoma, una Corporación local o cualquier otro ente del sector público. Esta es una tarea de comprobación de los datos globales que deben aportar los entes fiscalizados. La otra gran actividad de estas instituciones de control externo consiste en la elaboración de informes específicos en los que se examina un centro de gestión entero, por ejemplo un Ayuntamiento o una Dirección General, o un aspecto de la gestión financiera, como por ejemplo, la contratación externa, la distribución de subvenciones o el recurso al crédito externo. En ambos casos, los auditores comprueban los estados financieros, la práctica contable y, en la medida de lo posible, incluyen recomendaciones sobre aspectos que cabe mejorar en la gestión del ente auditado.

De esta manera, la filosofía y el discurso del control de la eficacia, la eficiencia, la economía y la equidad ha entrado en nuestros tribunales de cuentas pero éstos todavía no han incorporado nuevas formas de análisis de la actuación administrativa que permitan comentar experiencias concretas de aplicación de esta filosofía. Ello sí sucede en el Tribunal de Cuentas norteamericano. En la ilustración X.2 se presenta una breve síntesis explicativa del proceso de transformación ocurrido en este Tribunal por el que amplió su función básica de control financiero y contable a otras actividades de evaluación de programas y análisis prospectivo de los costes y beneficios de nuevas políticas.

Finalmente, es preciso señalar que las empresas públicas, entes públicos y fundaciones sometidos a derecho privado son, asimismo, objeto de control por auditoría de sus cuentas realizadas por empresas especializadas que poseen la autorización del Ministerio de Economía para el ejercicio de esta actividad profesional.

Las auditorías financieras consisten en la comprobación a *posteriori* de la actividad económico-financiera de la empresa o ente controlado mediante la aplicación de una serie de procedimientos a operaciones y actos determinados por las normas de la profesión. Las empresas pueden someterse a una auditoría global cuando quieren obtener un dictamen sobre si sus cuentas y estados financieros reflejan adecuadamente su situación financiera y patrimonial. La auditoría también puede ser parcial cuando el dictamen se refiere a cuentas u operaciones específicas, al análisis de cambios en la situación financiera o a la liquidación del presupuesto.

Este tipo de control, que es bastante similar al practicado por los auditores de los tribunales de cuentas en su función de control financiero, es una alternativa cada vez más utilizada por todas las administraciones para el sector público empresarial. Algunas administraciones locales argumentan, basándose en el principio de autonomía local, la pertinencia de esta forma de control como mecanismo de control externo de sus finanzas y contabilidad.

ILUSTRACIÓN X.2.
LA ADOPCIÓN DE LA EVALUACIÓN DE POLÍTICAS POR LA GAO DE EE.UU.

A mediados de los años sesenta la *General Accounting Office* (GAO) de los Estados Unidos era una agencia cuyo trabajo se centraba en el control externo de las finanzas y de la contabilidad de las administraciones públicas norteamericanas. A principios de los años 80 se había transformado de forma notable abriendo su campo de actuación al análisis de políticas y a la evaluación de programas. ¿Qué factores explican esta transformación?

Según la propia GAO algunos de los factores que podrían explicar esta transformación tienen que ver con el efecto demostración conseguido con algunos informes, con el desarrollo de técnicas y metodologías por una unidad interna y, con el traspaso de la responsabilidad sobre el control financiero a la Administración de forma que la GAO pudiera redistribuir el trabajo de su personal.

Así, durante la década de los setenta, la GAO tuvo la oportunidad de experimentar nuevos métodos para el análisis de los efectos de las políticas. Esta oportunidad se la brindaron dos tipos de programas. Por una parte, le fue encargada la revisión de los sistemas de compra utilizados por la Administración federal para grandes obras y servicios como el desarrollo de un nuevo sistema de control de tráfico aéreo, el programa del transbordador espacial *Space Shuttle* y la construcción del metro en la ciudad de Washington DC. Por otra parte, pudo aplicar métodos propios de las ciencias sociales al análisis sistemático de los efectos de algunos programas sociales como en el informe *Early Childhood and Family Development Programs Improve the Quality of Life of Low Income Families* (HRD-79-40) donde se combinaban los resultados de investigaciones independientes y de la misma GAO para demostrar que las políticas públicas de ayuda a las familias con niños pequeños tenían un efecto positivo en la reducción de los problemas educativos, sanitarios y sociales de los beneficiarios. O en el informe *War on Organized Crime Faltering-Federal Strike Forces Not Getting the Job Done*

ILUSTRACIÓN X.2. CONTINUACIÓN
LA ADOPCIÓN DE LA EVALUACIÓN DE POLÍTICAS POR LA GAO DE EE.UU.

(GGD-77-17) en el que se analizaban el fracaso de trece acciones distintas de lucha contra la delincuencia.

En 1977 se creó una unidad dentro de la GAO, llamada *Program Analysis Division* dedicada al desarrollo de técnicas y métodos para la evaluación de los resultados de las políticas y para el análisis prospectivo de los costes y beneficios de las políticas propuestas por el legislativo. Esta unidad contribuyó al desarrollo de directivas y métodos para unos auditores que se sentían inseguros frente a los nuevos retos planteados por la Dirección de la organización.

El máximo responsable de la GAO en aquella época, el señor Staats, transmitió de una forma muy clara a la Administración federal y al Congreso que el control financiero y las demás tareas que solían ocupar el noventa por ciento del tiempo de los auditores de la GAO eran responsabilidad de la Administración mientras que, por su parte, el legislativo debía incorporar un requerimiento de evaluación en toda la nueva legislación que aprobara nuevas políticas. Para hacer efectiva esta segunda idea, personal de la GAO y del Consgreso trabajaron conjuntamente en la especificación de objetivos y en las propuestas de evaluación de nuevos programas

Fuente: Adaptación del texto de R.P. Sperry et al. (1981): *GAO An administrative history*, Washington DC: United States General Accounting Office.

4.2.D. El control por el Defensor del Pueblo

4.2.D.a. Misión y objetivos

Las Cortes Generales y algunos parlamentos autonómicos cuentan con una segunda institución especializada para el control externo de la actuación de la Administración. La Constitución española se refiere en su artículo 54 al Defensor del Pueblo como alto comisionado de las Cortes Generales para la defensa de los ciudadanos frente a una conducta impropia de las administraciones públicas o que pudiera vulnerar sus derechos y libertades fundamentales. Con distintas denominaciones que recuperan instituciones históricas propias, las comunidades autónomas de Andalucía, Aragón, Canarias, Castilla y León, Cataluña, Valencia, Galicia, Navarra y País Vasco se han dotado de esta institución que estaba prevista en sus estatutos y desarrolla funciones similares, en su ámbito territorial, a las del Defensor del Pueblo central.

El origen de esta institución de control es el *ombudsman* escandinavo, inicialmente creado como instancia de protección frente a los posibles errores y negligencias de unas administraciones públicas que experimentan un fuerte crecimiento y se hacen más burocráticas en su forma de proceder. En la actualidad, encontramos figuras similares en todos los ámbitos de actividad desde el defensor del lector en un periódico al defensor del cliente de las empresas privadas o el mismo defensor del soldado en la Administración militar. Todas las organizaciones de un cierto tamaño incurren en el peligro de dar un tratamiento inadecuado a sus usuarios y buscan en estas figuras un órgano objetivo e independiente al que el ciudadano, usuario o cliente pueda acudir de forma rápida y sencilla cuando tiene la sensación de que no se le está dando el trato que se merece.

La Constitución y la legislación atribuyen al Defensor del Pueblo una doble misión:

a) la defensa de los derechos y libertades individuales, para la que el defensor del pueblo puede actuar ante el Tribunal Constitucional si lo estima preciso;

b) la supervisión de la actuación de las administraciones y servicios públicos con el propósito de corregir cualquier conducta irregular u omisión de la que pudiera ser objeto un ciudadano.

Esta importante misión puede desarrollarse en cualquier ámbito sectorial de la Administración, ya sea el funcionamiento de los tribunales y el sistema judicial, la Administración de tributos e impuestos, la Administración militar, la educación, la sanidad o la policía en sus relaciones con los ciudadanos, por citar algunos ejemplos de sectores con los que más trabajan los defensores del pueblo central y autonómicos.

En su función de defensa de los derechos y libertades individuales, el defensor del pueblo puede interponer recurso de inconstitucionalidad ante el Tribunal Constitucional cuando estime que una ley podría ser inconstitucional. También puede solicitar el amparo del Tribunal Constitucional para aquellos individuos que entienda han visto vulnerados sus derechos y libertades durante un proceso ante los tribunales ordinarios.

En su función de supervisión y control de las administraciones, el defensor del pueblo recibe quejas de los ciudadanos que pueden presentarlas individual o colectivamente. Su función en estos casos consiste en valorar la queja e iniciar una investigación ante la Administración afectada en aquellos supuestos que estime pudiera haberse producido un trato inadecuado o un funcionamiento irregular de la Administración. Un caso de especial importancia para esta institución es aquel en el se produce una omisión por parte de la Administración y esta falta de actividad perjudica gravemente a un ciudadano. En otras ocasiones, grupos de ciudadanos piden al defensor del pueblo su mediación ante una Administración que les niega lo que entienden es su derecho.

4.2.D.b. Organización y relaciones con el Parlamento

Como ya se ha señalado, el Defensor del Pueblo es un órgano unipersonal. El Defensor del Pueblo Central es nombrado por una mayoría de tres quintos en las dos Cámaras por un período de cinco años. Tiene un estatuto especial en la medida que goza de la inmunidad e inviolabilidad parlamentarias y su régimen de incompatibilidades es muy estricto. Con el objeto de garantizar su independencia, el cargo es incompatible con cualquier otra actividad profesional y con la pertenencia a un partido político o sindicato[10]. La Oficina del Defensor del Pueblo está formada por dos adjuntos que nombra el mismo defensor del pueblo y por personal profesional, asesores, que son los que están en contacto con los ciudadanos que presentan sus quejas y se ocupan de la gestión de los expedientes.

En el caso de las instituciones autonómicas, la organización es muy similar si bien algo menor en tamaño lo que justifica que solamente tengan un adjunto. La gestión del personal y de los servicios necesarios para que pueda funcionar la institución se encarga a una Secretaría General que es ocupada por un funcionario de carrera. Como ocurría con los tribunales de cuentas, la competencia de la institución central y de las autonómicas es compartida si bien las relaciones de colaboración entre todas ellas se traduce en una división del trabajo por la que las instituciones autonómicas se ocupan de las quejas de los ciudadanos sobre su Administración autonómica y local mientras que el Defensor del Pueblo central se ocupa de las quejas que suscita la Administración General del Estado y las demás administraciones de los territorios que no cuentan con una institución similar.

Formalmente, todo el poder de decisión recae en el defensor del pueblo por lo que cualquier decisión que tomen los profesionales de su oficina debe ser autorizada por éste. En la práctica, sin embargo, son los asesores quienes abren los expedientes, recogen información, realizan visitas e inspecciones, formulan una propuesta de actuación que es discutida con los adjuntos para que finalmente sea autorizada por el defensor del pueblo. La división del trabajo entre los asesores reproduce los principales ámbitos de actividad de la Administración donde se producen las quejas. Existe, por tanto, una cierta especialización de los asesores en temas de servicios sociales, de Administración militar, de extranjería, de justicia, de educación o sanidad. Los asesores son profesionales del derecho que normalmente proceden de otros cuerpos de la Administración y de la abogacía. Disfrutan de una considerable autonomía y se espera que tengan un interés y una motivación especial por su trabajo dada la misión humanitaria de la institución. Desde la perspectiva de la formación del personal, son importantes la especialidad en derecho y el conocimiento de la Administración, pero también el conocimiento de la realidad social y las habilidades relacionadas con la atención de las personas, la mediación y la resolución de conflictos.

Por su carácter unipersonal y por la falta de medios con los que producir cambios en el comportamiento de las administraciones, la autoridad personal de aquellos que ocupan el cargo es un importante factor de éxito. Su capacidad

10 El Defensor del Pueblo está regulado por la Ley Orgánica 3/1981, de 6 de Abril.

de relación con las administraciones, con las organizaciones sociales y políticas, con los altos cargos del Gobierno, ministros, diputados y medios de comunicación son determinantes de la audiencia que pueda obtener la institución y de los apoyos que pueda recabar para introducir cambios significativos en la legislación o en el comportamiento de la Administración. Su actuación de oficio ante problemas sociales graves, su labor de mediación ante los poderes públicos y de defensa de los intereses de aquellos colectivos que se encuentran en una situación más precaria, constituyen medios alternativos para que la institución gane en eficacia y no pierda credibilidad social.

El control sobre la institución lo ejerce el Parlamento que ha nombrado al Defensor del Pueblo o síndico y que en su caso, podría cesarlo. El Parlamento incluye en su presupuesto anual la asignación que concede a esta institución e interviene todos sus gastos. El Defensor del Pueblo presenta cada año su informe anual ante la comisión parlamentaria específica que sólo se reúne para recibir este informe. La memoria anual presenta información estadística sobre las actividades realizadas por la institución a lo largo del año, incluyendo quejas tramitadas y resueltas, actuaciones de oficio y de mediación. Asimismo, incluye información sobre las características de las personas que presentan las quejas. La estructura del informe se mantiene a lo largo de los años con pequeñas variaciones. Como se puede apreciar en la ilustración X.3, existen una serie de temas que se mantienen mientras que otros desaparecen de la agenda del Defensor del Pueblo y son substituidos por nuevos problemas.

ILUSTRACIÓN X.3.
VIEJAS Y NUEVAS QUEJAS. INFORMES DEL DEFENSOR DEL PUEBLO DE 1992 Y DE 1998

Informe de 1992. Principales temas:

- Actitudes xenófobas de ciudadanos y Administración.
- Expulsión de extranjeros en los controles fronterizos.
- Malos tratos de los Cuerpos de Seguridad del Estado.
- Problemas con Telefónica, en particular en relación con el cobro por el servicio 903.
- Justicia: lentitud, retrasos y pérdida de objetos y papeles.
- Inadecuación de los programas de reinserción en las cárceles españolas.
- Retraso en el programa de construcción de nuevos centros penitenciarios.
- Falta de hospitales psiquiátricos para pacientes de larga duración o de edad avanzada.
- Lentitud de los registros civiles para solicitudes de nacionalidad española.

Informe de 1998. Temas nuevos:

- Cooficialidad lingüística.
- Tribunal Penal Internacional Permanente.

ILUSTRACIÓN X.3. CONTINUACIÓN
VIEJAS Y NUEVAS QUEJAS. INFORMES DEL DEFENSOR DEL PUEBLO DE 1992 Y DE 1998

La fiscalidad de la familia en el nuevo impuesto sobre la renta de las personas físicas. Contaminación acústica. La calidad de los servicios públicos. La seguridad integral. Inadecuación de las actuaciones expropiatorias de las administraciones públicas a las exigencias contenidas en la Constitución.

Fuente: *El País* y página web del Defensor del Pueblo, 2000.

4.2.D.c. Situación actual y retos de futuro

El mandato que recibe el Defensor del Pueblo es simple y claro. La legitimación de los poderes públicos depende, en última instancia, de su capacidad de dar respuesta a las demandas de los ciudadanos. El Defensor del Pueblo y las demás instituciones autonómicas, cada una en su territorio, contribuyen a que todo ciudadano reciba la respuesta y el trato que se merece. En la práctica, sin embargo, la eficacia de esta institución está condicionada por el elevado volumen de quejas en relación con los recursos de que dispone y por su falta de fuerza coercitiva frente a la Administración.

Efectivamente, se trata de un órgano unipersonal, que cuenta con uno o dos adjuntos según se trate de la institución central o de las autonómicas y un reducido equipo de profesionales para atender a las quejas que puede presentar cualquier ciudadano sobre cualquier servicio público. Como se puede ver en la tabla X.4, el volumen de quejas que gestiona el Defensor del Pueblo en un año es muy elevado. En 1992 fueron 19.713 y seis años más tarde, en 1998, ya eran casi 24.000. Este elevado volumen de quejas recibidas plantea un problema notable dado que el ciudadano que acude a esta institución espera obtener una respuesta en un plazo de tiempo razonable y que el Defensor del Pueblo solucione el problema planteado sin reproducir los vicios que tradicionalmente se asocian con una Administración burocrática. En la medida que el Defensor del Pueblo, debido a la acumulación de quejas, se burocratice, actúe con retraso, de un trato impersonal o simplemente no llegue a solucionar los temas, su legitimación ante la sociedad se verá irremediablemente afectada.

En el mismo sentido, el Defensor del Pueblo no tiene ninguna autoridad para obligar a la Administración a cambiar su comportamiento o para modificar o anular sus actos. Si bien, la legislación obliga a todos los poderes públicos a auxiliar con carácter preferente y urgente al Defensor del Pueblo en sus investigaciones, este deber de colaboración se satisface respondiendo a los requerimientos de información del Defensor del Pueblo con la redacción de informes que deben entregarse en el plazo marcado por la institución de control. Desde la perspectiva del Defensor del Pueblo y de los síndicos autonómicos, la necesidad de la colaboración de las administraciones denunciadas desaconseja una estrategia de confrontación abierta pero, a su vez, el trato formalizado y sin publicidad de los temas puede no ser la mejor estrategia para obtener cambios significativos en la forma de proceder de aquellas administraciones que reciben quejas de forma sistemática todos los años.

TABLA X.4.
VOLUMEN DE TRABAJO DEL DEFENSOR DEL PUEBLO

	1992	*1998*
Número de quejas recibidas	19.713	23.964
Quejas de oficio	114	156
Visitas de inspección	156	72

Fuente: Elaboración propia a partir de *El País* y *web* del Defensor del Pueblo, 2000.

Ambos factores, elevado número de quejas e imposibilidad de forzar cambios en el comportamiento administrativo pueden llevar a que la institución entre en una dinámica de gestión de las quejas recibidas y de presentación de las gestiones realizadas ante el Parlamento y la sociedad, sin marcarse otros objetivos que puedan contribuir a mejorar en el futuro las relaciones de los ciudadanos con las administraciones públicas.

En ocasiones, sin embargo, estas instituciones de control han realizado esfuerzos para actuar de oficio en relación con colectivos de ciudadanos que, por sus bajos niveles de formación o por su situación de exclusión social, no acuden por iniciativa propia a buscar el amparo del Defensor del Pueblo. El acercamiento de la institución a colectivos marginados socialmente a través de organizaciones no gubernamentales y asociaciones de ayuda supone un cambio estratégico en la dirección de estas instituciones de control que contribuye a legitimar su posición en la sociedad y ante los ciudadanos.

4.2.E. El control por los tribunales ordinarios y por el Tribunal Constitucional

Por último, las cuestiones que se plantean en relación con la actividad de la Administración pueden ser substanciadas ante los tribunales cuando existen indicios de una actuación contraria a la legalidad vigente. Concretamente para poder plantear un pleito contra la Administración, es preciso que exista un acto previo y que se haya planteado un recurso ante la misma Administración.

Precisamente para la resolución de los litigios con la Administración nació la jurisdicción contencioso-administrativa que forman los órganos especializados del poder judicial que resuelven los procesos contra la Administración. Concretamente, las salas de lo contencioso-administrativo del Tribunal Supremo, de la Audiencia Nacional y del Tribunal Superior de las CCAA son las que se ocupan de las reclamaciones contra los actos del Gobierno central y de los organismos de ámbito estatal, en los dos primeros casos, y de la Administración autonómica, estatal en el territorio y local, en el último.

El control por el Tribunal Constitucional se produce en aquellos casos en los que se interpone un recurso de amparo por entenderse que se ha producido la violación de los derechos y libertades fundamentales de un individuo. La interposición de este recurso requiere el agotamiento de la vía judicial ordinaria y antes de resolverse, en un acto previo, el Tribunal Constitucional debe decidir si lo acepta en función de sí entiende que es competente.

El control que ejercen estos tribunales es un control de legalidad en el que se trata de determinar si unos hechos o una conducta de la Administración vulneran la legalidad y deben ser rectificados. No cabe por tanto aquí otras consideraciones sobre la eficacia, eficiencia o equidad en los servicios públicos. El principal problema de la jurisdicción contencioso-administrativa es el retraso en los procesos debido a los problemas de gestión que arrastra el poder judicial y a la práctica procesal de los abogados que utilizan estrategias legales para obstaculizar los procesos y evitar la ejecución de las sentencias.

BIBLIOGRAFÍA

Introducción.

BAENA, M. (1992): *Instituciones administrativas*, Madrid: Marcial Pons.
BAENA, M. (1998): *Curso de ciencia de la administración*, Madrid: Tecnos.
BAENA, M. (2000): *Curso de ciencia de la administración*, vol. 1, Madrid: Tecnos.
BALLART, X. (1992): *¿Cómo se evalúan programas y servicios públicos? Aproximación sistemática y estudios de caso*, Madrid: MAP.
BELTRÁN, M. (1964): «Datos para el estudio de los funcionarios públicos en España», *Documentación Administrativa*, núm. 83.
CROZIER, M. (1969): *El fenómeno burocrático*, Buenos Aires: Amorrortu.
DAHL, R. (1947): «The science of public Administration: three Problems», *Public Administration Review*, núm. 7.
DAHL, R. (1961): *Who governs? Democracy and power in an american city*, New Haven: Yale University Press.
EASTON, D. (1969): *A framework for political analysis*, Chicago: University of Chicago Press.
GARCÍA DE ENTERRÍA, E. (1961): *La Administración española*, Madrid, Instituto de Estudios Políticos. Nueva edición 1972: Alianza Editorial.
KICKERT, W.J.M. (1996): «Expansion and diversification of public Administration in the postwar welfare State: the case of The Netherlands», Kickert, et al., «Changing european States, Changing public Administration», *Public Administration Review*, núm. 1 vol. 56.
MAYNTZ, R. (1985): *Sociología de la Administración pública*, Madrid: Alianza Editorial.
NIETO, A. (1976): *La burocracia*, Madrid: Instituto de Estudios Administrativos.
OLMEDA, J.A. y S. PARRADO (2000): *Ciencia de la administración vol. II. Los sistemas administrativos*, Madrid: UNED.
OSTROM, E. (1990): *Governing the commons*, Cambridge: Harvard University Press.
PERRY, J.L. y KRAEMER, K.L. (1990) (eds.): *Public management: public and private perspectives*, Palo Alto: Mayfield.
PRESSMAN, J. y WILDAVSKY (1973): *Implementation*, Berkeley: University of California Press.
RAMIÓ, C. (1999): *Teoría de la organización y Administración pública,* Madrid: Tecnos-UPF.

RAMIÓ, C. y BALLART, X. (1993): *Lecturas de teoría de la organización,* Madrid: MAP.
SIMON, H.A. (1945): *Administrative behavior*, New York: Free Press.
SUBIRATS, J. (1989): *Análisis de políticas públicas y eficacia de la Administración*, Madrid: INAP.
WALDO, D. (1964): *Estudios de la Administración pública*, Madrid: Aguilar.
WALDO, D. (1966): *Teoría política de la Administración pública*, Madrid: Tecnos.
WEBER, M. (1977): *Economía y sociedad*, México: Fondo de Cultura Económica.
WILSON, W. (1887): «The study of Administration», *Political Sience Quarterly*, 2.

Capítulo I.

BAENA, M. (2000): *Curso de ciencia de la administración,* Madrid: Tecnos.
BERMAN, H.J. (1983): *Law and revolution. The formation of the western legal tradition*, Cambridge: Cambridge University Press.
BOUZA, F. (1996): *Los Austrias mayores,* Madrid: Temas de Hoy.
CHEVALIER, J. y LOSHACK (1987): *La science administrative*, París: Presses Universitaires de France.
CROZIER, M. (1995): «La posición del Estado ante los otros actores», *Gestión y Análisis de Políticas Públicas*, núm. 2.
ELLIOT, J.H. (1982): *Poder y sociedad en la España de los Austrias*, Barcelona: Crítica.
ELLIOT, J.H. y L. BROCKLISS (1999): *El mundo de los validos*, Madrid: Taurus.
ESCUDERO, J.A. (1989): *Los secretarios de estado y de despacho, 1474-1724* Madrid: Instituto de Estudios Administrativos.
FERLIE, E. *et al* (1996): *New public management in action*, Oxford: Oxford University Press.
FERNÁNDEZ, R. (1996): *La España de los Borbones*, Madrid: Temas de Hoy.
GARCÍA CÁRCEL, R., A. *et al* (1991): *La España moderna, siglos XVI y XVII*, Madrid: Historia 16.
GARCÍA PELAYO, M. (1987): *Las transformaciones del Estado contemporáneo,* Madrid: Alianza.
GERTH, H.H. y W. MILLS, C. (1946): *From Max Weber: essays in sociology*, New York: Oxford University Press.
GLADDEN, E.N. (1989): *Una historia de la Administración pública*, México DF: INAP-Fondo de Cultura Económica.
HOOD, C. (1991): «A public management for all seasons?», *Public Administration*, 69: 3-19.
HOOD, C. (1996): «Exploring variations in public management reform of the 1980s», en H. Bekke, J. Perry, y T. Toonen, *Civil service systems*, Bloomington: Indiana University Press.
INGRAHAM, P.W. (1996): «The reform agenda for national civil service systems» en H. Bekke, J. Perry, y T. Toonen, *Civil service systems*, Bloomington, IN: Indiana University Press.
LALINDE ABADÍA, J. (1964): *La institución virreinal en Cataluña, 1471-1716*, Barcelona: Instituto Español de Estudios Mediterráneos.
LUNENFELD, M. (1989): *Los corregidores de Isabel la Católica*, Barcelona: Labor.
MAYNTZ, R. (1985): *Sociología de la Administración pública,* Madrid: Alianza.
MENÉNDEZ PIDAL R. (Director) (1987): *Historia de España*, vol. XXIX, Madrid: Espasa Calpe.
NIETO A. (1996): *Los primeros pasos del Estado constitucional,* Barcelona: Ariel.
OECD (1990): *Public management developments survey,* París: OECD.

OSBORNE., T. GAEBLER (1992): *Reinventing Government*, New York: Adisson-Wesley. En español, editado por Paidos.

PERRY, J. (ed.) (1989): *Handbook of public Administration*, San Francisco: Jossey Bass.

PERRY, J. (1992): «Merit pay in the federal Government», en P. W. Ingraham; D. Rosembloom (eds.), *The promise and paradoz of bureaucratic reform*, Pittsburgh: University of Pittsburgh Press.

RAADSCHELDERS, J. y M.R. RUTGERS (1996): «The evolution of civil service systems», en H. Bekke, J. Perry, y T. Toonen, *Civil service systems*, Bloomington: Indiana University Press.

SÁNCHEZ BELÉN, J.A. (1996): *Los Austrias menores*, Madrid: Temas de Hoy.

SIMÓN TARRÉS, A. (1996): *La Monarquía de los Reyes Católicos,* Madrid: Temas de Hoy.

SIMÓN TARRÉS, A. (1999): *La España del siglo XVII: los Austrias menores*, Madrid: Espasa Calpe.

TOMÁS Y VALIENTE, F. (1982): *Gobierno e instituciones en la España del antiguo régimen*, Madrid.

WALDO, D. (1980): *The enterprise of public Administration: a summary view,* Novato Ca: Chandler and Sharp.

WEBER, M. (1944): *Economía y sociedad*, México DF: Fondo de Cultura Económica.

WRIGHT, V. (1997): «Redefiniendo el Estado: las implicaciones para la Administración pública», *Gestión y Análisis de Políticas Públicas*, núm. 7-8.

Capítulo II.

BAR, A. (1997): «Spain», en J. Blondel; F. Müller-Rommel (eds.), *Cabinets in western Europe*, Londres: MacMillan Press.

BLONDEL, J. (1980): *World leaders,* Londres: Sage.

BLONDEL, J. (1982): *The organization of Governments*, Londres: Sage.

BLONDEL, J. (1985): *Government ministers in the contemporary world,* Londres: Sage.

BLONDEL, J. y F. MÜLLER-ROMMEL (eds.) (1988, 1997): *Cabinets in western Europe*, Londres: MacMillan Press.

BOTELLA, J. (1997): «Parlamento y carreras políticas» en M. Ramírez, *El Parlamento a debate*, Madrid: Trotta.

BROWN, E.C. *et al.* (1984): «An "events" approach to the problem of Cabinet stability», *Comparative Political Studies*, pp. 167-98.

BUDGE, I. y H. KEMAN (1990): *Parties and democracy: coalition formation and functioning in twenty States*, Oxford: Oxford University Press.

CATALÀ, R. M. *et al.* (1997): «Planificación de recursos humanos en la Administración General del Estado: situación actual y líneas de futuro», *Gestión y Análisis de Políticas Públicas*, núm. 9, pp. 35-55.

De SWAAN, A. (1973): *Coalition theories and Cabinet formations.* Amsterdam: Elsevier

DOOD, L. (1984): *Coalitions in parliamentary Government,* Princeton, NJ: Princeton University Press.

FUNDACIÓN ENCUENTRO (1997): *España 1996,* Madrid: Fundación Encuentro.

HOOD, C. (1991): «Reflections on the variations in 1980's public management reform», *paper* no publicado: London School of Economics.

JONES, G.W. (ed.) (1991): *West european prime ministers,* London: Frank Cass.

LAVER, M. y N. SCHOFIELD (1990): *Multy-party Government: the politics of coalition in Europe*, Oxford: Oxford University Press.

LAVER, M. y K.A. SHEPSLE (1995): *Cabinet ministers and parliamentary Government*, Cambridge: Cambridge University Press.
LIJPHART, A. (1984, 1987): *Democracies: patterns of majoritarian and consensus Government in twenty-one countries*. New Haven, Conn.: Yale University Press. En español, *Las democracias contemporáneas*, Barcelona: Ariel.
MACKIE, T.T. y B.W. HOGWOOD (eds.) (1985): *Unlocking the Cabinet*. London: Sage.
MONTABES, J. (1997): «El gobierno» en M. Alcántara; A. Martínez, *Política y Gobierno en España*, Valencia: Tirant lo Blanch.
PUJOL, J. (1998): Entrevista en *Funció Pública*, núm. 14. desembre de 1998, pp. 25-29.
TAYLOR, M. y V. HERMAN (1977): «Party systems and Government stability», *American Political Science Review*, pp. 28-37.
WARWICK, P.V. (1994): *Government survival in parliamentary democracies,* Cambridge, Mas: Cambridge University Press.
WRIGHT, V. (1997): «Redefiniendo el Estado: las implicaciones para la Administración pública» en *Gestión y Análisis de Políticas Públicas*, núm. 7-8, pp. 27-44.

Capítulo III.

BARBER, B. (1998): *A passion for democracy,* Princeton, N.J.: Princeton University Press.
BEHN, R.D. (1991): *Leadership counts: lessons for public managers*, Cambridge, Ma.: Harvard University Press.
BENNIS, W. y B. NANUS (1986): *Leadership: the strategies for taking charge*, New York: Harper and Row.
BLONDEL, J. (1980): *World leaders,* Londres: Sage.
BLONDEL, J. (1982): *The organization of governments,* Londres: Sage.
BLONDEL, J. (1985): *Government ministers in the contemporary world,* Londres: Sage.
BLONDEL, J. (1987): *Political leadership,* Londres: Sage.
BLONDEL, J. y F. MÜLLER-ROMMEL (1988 y 1997): *Cabinets in western Europe,* Londres: Macmillan Press.
EDWARDS III, G.C., S.A.SHULL y N.C. THOMAS (eds): *The presidency and public policy making*. Pittsburgh Phi: University of Pittsburgh Press.
FIORINA, M.P. y K.A. SHEPSLE (1989): «Formal theories of leadership: agents, agenda setters and entrepreneurs» a Bryan D. Jones, (ed.), *Leadership and politics*, Lawrence: University Press of Kansas.
FUNDACIÓN ENCUENTRO (1997): *Informe España 1996. Una interpretación de la realidad social*, Madrid: Fundación Encuentro.
GILMORE, T.N. (1988): *Making a leadership change*, San Francisco: Jossey-Bass.
HARGROVE, E. y J.C. GLIDEWELL (1990): *Impossible jobs in public managment*, Lawrence, Kn: University Press of Kansas.
HEIFETZ, R. (1994): *Leadership without easy answers*, Cambridge, Ma.: Harvard University Press.
KOTTER J.P. (1990): *A force for change: how leadership differs from management*, New York: The Free Press.
LINZ, J. (1997): «El liderazgo innovador en la transición a la democracia y en una nueva democracia», en M. Alcántara; A. Martínez, *Política y Gobierno en España*, Valencia: Tirant lo Blanch.
MARCET, J. (1987): *Convergència Democrática de Catalunya*. Madrid: CIS, 1987.
MONTABES, J. (1997): «El gobierno» a M. Alcántara; A. Martínez, *Política y Gobierno en España*, Valencia: Tirant lo Blanch.

NEUSTADT, R.E. (1960, 1990): *Presidential power: the politics of leadership from FDR to Reagan,* New York: John Wiley and Sons.
RIKER, W.H. (1986): *The art of political manipulation*, New Haven: Yale University Press.
SHEPSLE, K.A. y M.S. BONCHEK (1997): *Analyzing politics, rationality, behaviour, and institutions*, New York and London: Norton.

Sobre Manuel Fraga.

BERNÁLDEZ, J.Mª (1985): *El patrón de la derecha*, Barcelona: Plaza y Janés.
FRAGA, M. (1955): *La crisis del Estado*, Madrid: Biblioteca de Ciencias Sociales.
FRAGA, M. (1970): *La Monarquía como forma de Estado*, Madrid: Estudios de Ciencias Políticas y Sociología.
FRAGA, M. (1980): *Memoria breve de una vida pública*, Barcelona: Planeta.
FRAGA, M. (1987): *En busca del tiempo servido*, Barcelona: Planeta.
FRAGA, M. (1993): *Administración única, una propuesta desde Galicia*, Barcelona: Planeta.
SENTÍS, C. (1977): *Manuel Fraga Iribarne*, Madrid: Cambio 16.
VENCE, A. (1995): *Dr. Fraga y Mr. Iribarne*, Barcelona: Editorial Prensa Ibérica.

Sobre Felipe González.

CERNUDA, P. (1994): *El presidente*, Madrid: Temas de Hoy.
CHAMORRO, E. (1980): *Felipe González, un hombre a la espera*, Barcelona: Planeta.
HERAS, R. (1994): *La guerra de las rosas*, Madrid: Temas de Hoy.
JÁUREGUI, F. (1993): *La metamorfosis*, Madrid: Temas de Hoy.
TUSELL, J. y J. Sinova (1992): *La década socialista*, Madrid: Espasa Calpe.
WERT, J.I. (1992): «La opinión pública en el decenio del cambio» en J. Tusell; J. Sinova, *La década socialista*, Madrid: Espasa Calpe, pp. 77-101.

Sobre Jordi Pujol.

ANTIC, J. (1994): *El virrei*, Barcelona: Planeta.
FERRER, J. et al. (1984): *Jordi Pujol. Un polític per a un poble*, Barcelona: Edicions 62.
PUJOL, J. (1976): *Una política per Catalunya*, Barcelona: Nova Terra, 1976.
PUJOL, J. (1976): *La immigració, problema i esperança de Catalunya*, Barcelona: Edicions 62.
PUJOL, J. (1978 y 1979): *Entre l'acció i l'esperança*, vol. 1, 1978, vol. 2, 1979, Barcelona: Pòrtic
PUJOL, J. (1988): *Als joves de Catalunya*, Barcelona: Edicions 62.
PUJOL, J. (1990): *Quatre conferències*, Barcelona: Edicions 62.
PUJOL, J. (1997): *Tot compromís comporta risc*, Barcelona: Edicions 62.
WIRTH, R. (1981): *Jordi Pujol. Honorable corredor de fondo*, Barcelona: Grijalbo.

Sobre Adolfo Suárez.

AREILZA, Mª (1992): *A lo largo del siglo 1909-1991*, Barcelona: Planeta.
CALVO SOTELO, L. (1990): *Memoria viva de la transición*, Madrid: Plaza y Janés/ Cambio 16.
HERRERO DE MIÑÓN, M. (1993): *Memorias de estío*, Madrid: Temas de Hoy.
MARTÍN VILLA, R. (1984): *Al servicio del Estado*. Barcelona: Planeta.
MORÁN, G. (1979): *Adolfo Suárez historia de una ambición*, Barcelona: Planeta.

ORTÍNEZ, M. (1993): *Una vida entre burgesos*, Barcelona: Edicions 62.
SUÁREZ, A. (1996): *Fue posible la concordia*, Madrid: Espasa Calpe.

Capítulo IV.

ÁLVAREZ CONDE, E. (1993): *Curso de derecho constitucional*, vol. II, Madrid: Tecnos.
ARENILLA, M. (1991): *Modernización de la Administración periférica*, Madrid: INAP.
BAENA, M. (1992): *Instituciones administrativas*, Madrid: Marcial Pons.
BAENA, M. (1998): *Curso de ciencia de la administración*, Madrid: Tecnos.
BAÑÓN, R. y E. CARRILLO (1993): «El Gobierno y la Administración pública en cifras», *Papeles de Trabajo del Instituto Universitario Ortega y Gasset*.
BAÑÓN, R. (1993): «La modernización de la Administración pública española. Balance y perspectivas», *Política y Sociedad*, núm. 13.
BAÑÓN, R. y M. TAMAYO (1995): «Las relaciones intergubernamentales en España: el nuevo papel de la Administración central en el modelo de relaciones intergubernamentales», *Papeles de Trabajo del Instituto Universitario Ortega y Gasset*.
BOE (1999): *Gobierno y Administración: textos legales*, Madrid: BOE.
CALVO SOTELO (1990): *Memoria viva de la transición*, Barcelona: Plaza y Janés/ Cambio 16.
CORAME (1994): *Una nueva organización para una nueva etapa del Gobierno vasco. 47 medidas para renovar la estructura organizativa del Gobierno y la Administración del País Vasco*, Vitoria: IVAP.
ECHEBARRÍA, K. y C. LOSADA (1993): *Institucions i mètodes per millorar el funcionament de l'Administració pública*, Barcelona: Comitè Assessor de la Generalitat de Catalunya.
FERRI, J. (1995): «Las administraciones públicas», Roman, P. (coord.), *Sistema político español*, Madrid: McGraw-Hill.
GARCÍA DE ENTERRÍA, E. (1972): *La Administración española*, Madrid: Alianza Editorial.
JIMÉNEZ ASENSIO, R. (1998): *Altos cargos y directivos públicos*, Oñati: IVAP.
LÓPEZ-NIETO, F. (1989): *La Administración pública en España*, Barcelona: Ariel.
MAP (1993): *Datos de interés sobre recursos humanos, organización y servicios en las administraciones públicas*, Madrid: MAP.
MAP (1990): *Reflexiones sobre la modernización de la Administración del Estado*, Madrid: INAP.
MAP (1996): *Organización de la Administración General del Estado*, Madrid: MAP.
MAP (1997): *Estructuras orgánicas y funciones de la Administración General del Estado*, Madrid: MAP.
MAP (2000): Web del MAP.
OLÍAS DE LIMA, B. (1994): «Los gabinetes de los presidentes de Gobierno en España», *Política y Sociedad*, núm. 16.
OLÍAS DE LIMA, B. (1995): *La gestión de recursos humanos en las administraciones públicas*, Madrid: Editorial Complutense.
OLÍAS DE LIMA, B. (1995): «El Gobierno», Roman (coord.), *Sistema político español*, Madrid: McGraw-Hill.
ORTEGA, L. (1991): «El Gabinete del presidente del Gobierno», *Documentación Administrativa* nº 226.
ORTEGA, L. (1992): «El Gabinete del presidente del Gobierno», García Fernández (ed.), *El arte de gobernar*, Madrid.

PRATS, J. (1987): «Política, gestión y administración de recursos humanos en las administraciones públicas», *Documentación Administrativa*, núm. 210-211.

RAMIÓ, C. (1997): «La Administración pública española», Alcántara, M., Martínez, A. (Eds.), *Política y Gobierno en España*, Valencia: Tirant lo Blanch.

RAMIÓ, C. (1999): *Teoría de la organización y Administración pública*, Madrid: Tecnos-UPF.

SUBIRATS, J. (1990): *Modernizing the spanish public Administration or reform in disguise*, Barcelona: Institut de Ciències Polítiques i Socials.

SUBIRATS, J. (1995): *Evaluación de políticas públicas y proceso presupuestario en un entorno de restricción presupuestaria*, Madrid: Documentos de Trabajo del Instituto de Estudios Fiscales.

VILLORIA, M. (1996): *La modernización de la Administración como instrumento al servicio de la democracia*, Madrid: MAP.

Capítulo V.

AGRANOFF, R. (1993): «Las relaciones interbubernamentales y el Estado de las autonomías», *Política y Sociedad*, núm. 13.

AJA, E. (ed.) (1994): *Informe Pi i Sunyer sobre comunidades autónomas*, Madrid: Cívitas.

ALBERTÍ, E., et al. (1992): *Manual de dret públic de Catalunya*, Barcelona: Institut d'Estudis Autonòmics.

ALFONSO, A. (1992): «Los altos cargos de la Generalitat: ¿administradores o políticos?», *Revista de Estudios Políticos*, núm. 25.

ÁLVAREZ CONDE, E. (1993): *Curso de derecho constitucional*, vol. II, Madrid: Tecnos.

ÁLVAREZ RICO, M. (1984): «La potestad organizatoria de las comunidades autónomas», *Revista de Administración Pública*, núm. 105.

ARENILLA, M. (Direc.) (2000): *El proceso de la modernización en las administraciones públicas. El caso de La Rioja*, Logroño: Gobierno de La Rioja.

ARGULLOL, E. (1979): «Organización administrativa de las comunidades autónomas», *Documentación Administrativa*, núm. 182.

BAENA, M. (1988): «Reflexiones sobre las relaciones entre políticos y altos funcionarios», VV.AA., *Gobierno y Administración en la Constitución*, Madrid: Instituto de Estudios Fiscales.

BAENA, M. (1992): *Instituciones administrativas*, Madrid: Marcial Pons.

BAENA, M. (1998): *Curso de ciencia de la administración*, Madrid: Tecnos.

BALLART, X. y C. RAMIÓ (1996): «Indicadores para el control de la gestión de personal», *Gestión y Análisis de Políticas Públicas*, núm. 5-6.

BAÑÓN, R. y E. CARRILLO (1993): «El Gobierno y la Administración pública en cifras», *Papeles de Trabajo del Instituto Universitario Ortega y Gasset.*

BAÑÓN, R. y M. TAMAYO (1995): «Las relaciones intergubernamentales en España: el nuevo papel de la Administración central en el modelo de relaciones intergubernamentales», *Papeles de Trabajo del Instituto Universitario Ortega y Gasset.*

CASTELLS ARTECHE, J.M. (1988): «Las administraciones autonómicas en la nueva fase», *Revista Vasca de Administración Pública*, núm. 22.

CASTELLS ARTECHE, J.M. (1989): «Proyectos en torno a la reforma administrativa en las comunidades autónomas», *Modernización Administrativa*, Oñati: IVAP.

CASTELLS ARTECHE, J.M. (1996): «El actual proceso de reforma administrativa en la Administración pública vasca», *Revista Vasca de Administración Pública*, núm. 45-II.
CIS (1996): *Estudio 2211*, Madrid: CIS.
CONDE, C. (1995): «Las peculiaridades de las comunidades autónomas», Olías (ed.), *La gestión de recursos humanos en las administraciones públicas*, Madrid: Editorial Complutense.
CORAME (1993): *Una estrategia para la racionalización y mejora de la Administración de la Comunidad Autónoma del País Vasco*, Vitoria: Gobierno del País Vasco.
CUCHILLO, M. (1993): «The autonomous communities and the spanish meso», Sharpe (ed.), *The rise of meso Government in Europe:* Sage.
FEIJÓO, M.J. (1995): *El personal al servei de l'Administració de la Generalitat de Catalunya* (1986-1993), Barcelona: Escola d'Administració Pública de Catalunya.
FONT LLOVET, T. (1983): «Tendencias organizativas en la Administración de las comunidades autónomas», *Revista Vasca de Administración Pública*, núm. 5.
FONT LLOVET, T. (1995): «Organización administrativa de las comunidades autónomas», *Informe Comunidades Autónomas 1994*, Barcelona.
FUNDACIÓN ENCUENTRO (1997): *Informe España 1996. Una interpretación de la realidad social,* Madrid: Fundación Encuentro.
FUNDACIÓN FOESSA (1981): *Informe sociológico sobre el cambio político en España (1975-1981),* Madrid: Euroamérica.
GIMÉNEZ ABAD, M. (1994): «La Administración de la Comunidad de Aragón: organización y funcionamiento», *Autonomías*, núm. 18.
GUTIÉRREZ, F.J. (1995): «La estructura administrativa de la Junta de Andalucía», *Administración de Andalucía. Revista Andaluza de Administración Pública*, núm. 23.
JIMÉNEZ ASENSIO, R. (1991): «Administración y empleo público en la Comunidad Autónoma del País Vasco: Un Balance», VV.AA., *Estudios sobre el Estatuto de Autonomía del País Vasco*, Oñati: IVAP.
JIMÉNEZ ASENSIO, R. (1992): «Política y Administración: los puestos de designación política en las administraciones públicas», *Revista Vasca de Administración Pública*, núm. 32, Oñati.
JIMÉNEZ ASENSIO, R. (1998): *Altos cargos y directivos públicos*, Oñati: IVAP.
JIMÉNEZ ASENSIO, R., MESA, A. (1993): *La libre designación en la función pública vasca*, Bilbao: Manu Robles-Arangiz Institutua.
LLISET, F. (1986): *La funció pública de les comunitats autònomes*, Barcelona: Escola d'Administració Pública de Catalunya.
MARTÍN-RETORTILLO, S. (1989): *Pasado, presente y futuro de las comunidades autónomas*, Madrid: Instituto de Estudios Económicos.
MATAS, J. (1993): «La figura del secretario general de la Administración de la Generalitat de Catalunya», *Autonomies* núm. 17.
MATAS, J. (1995): *Alts càrrecs: política i Administració a la Generalitat de Catalunya*, Barcelona: Escola d'Administració Pública de Catalunya.
MESA, A. (1991): «Datos de estructura y movilidad de los cargos de designación política en la Administración autónoma vasca (1980-1989)», *Estudios sobre el Estatuto de Autonomía del País Vasco*, tomo III, HAEE, Oñati: IVAP.
MESA, A. (1996): «Los cargos de designación política ante el proceso de cambio en la Administración autonómica vasca», *Revista de Estudios Políticos*, núm. 91.
MONTERO, J.R. y M. TORCAL (1990): «Autonomías y comunidades autónomas en España: preferencias, dimensiones y orientaciones políticas», *Revista de Estudios Políticos*, núm. 70.

MORATA, F. (1992): «Institucionalización y rendimiento político del Estado autonómico», *Revista de Estudios Políticos*, núm. 76.
MORATA, F. (1993): «Regions and the European Community: a comparative analysis of four spanish regions», Leonardi (ed.), *The regions and the European Community: the regional response to the single market in the underdeveloped areas*, London: Frank Cass.
MORATA, F. (1997): «El Estado de las autonomías», Alcántara, M., Martínez, A. (Eds.), *Política y Gobierno en España*, Valencia: Tirant Lo Blanch.
MOTA, F. (1996): *La percepción social de las autonomías. Orientaciones, actitudes y evaluación políticas en las comunidades autónomas 1984-1996*, Bellaterra, texto no publicado.
MUÑOZ MACHADO, S. (1984): *Derecho público de las comunidades autónomas*, vol. II, Madrid: Cívitas.
PORRAS, J.A. (1994): «La Administración andaluza entre la modernización y el clientelismo», *Autonomías*, núm. 18.
PRATS, J. (1987): «Política, gestión y administración de recursos humanos en las administraciones públicas», *Documentación Administrativa*, núm. 210-211.
PUTNAM, R.D. (1993): *Para hacer que la democracia funcione. La experiencia italiana en descentralización administrativa*, Caracas: Editorial Galac.
QUERMONNE, J.L. (1994): *La organización administrativa del Estado*, Barcelona: EAPC.
RAMIÓ, C. y J. SUBIRATS (1996): «Los aparatos administrativos de las comunidades autónomas (1980-1995): entre el mimetismo y la diferenciación», *Revista Vasca de Administración Pública*, núm. 45-II.
RAMIÓ, C. (1997): «La Administración pública española», Alcántara, M., Martínez, A. (Eds.), *Política y Gobierno en España*, Valencia: Tirant Lo Blanch.
RAMOS, J.A. (1995): «Comunidades autónomas y cambio político-administrativo: papeles y legitimidad del nivel intermedio de Gobierno en España», *Papeles de Trabajo del Instituto Universitario Ortega y Gasset*.
RODRÍQUEZ, J. (1996): «Reforma administrativa y Estado autonómico», *Actualidad Administrativa*, núm. 23.
SOLOZÁBAL, J.J. (1994): «Estado compuesto y Estado autonómico», *Revista Galega de Administración Pública*, núm. 7.
SUBIRATS, J. (1991): «Evaluación del proceso autonómico. Algunos indicadores», Figueroa, A., Mancisidor, E. (coord.), *Poder político y comunidades autónomas*, Vitoria: Parlamento Vasco.
TORNOS, J., et al. (1989): *Informes sobre las autonomías*, Madrid: Cívitas.
VV.AA. (1986): *Jornadas de estudio sobre la Administración y la función pública en el Estado autonómico*, Oñati: IVAP.
VV.AA. (1987): *Práxis autonómica: modelos comparados y modelo estatal*, Oñati: IVAP.
WEBS (2000): Webs institucionales de las 17 comunidades autónomas.

Capítulo VI.

BAENA, M. (1998): *Curso de ciencia de la administración*, Madrid: Tecnos.
BAENA, M. (1992): *Instituciones administrativas*, Madrid: Marcial Pons.
BELAZA, J.M. y J.A. GARCÍA (1993): *Manual del alcalde. Gestión de recursos humanos y organización interna*, Madrid: Banco de Crédito Local Argentaria.
BRUGUÉ, Q. y R. GOMA (coords.) (1998): *Gobiernos locales y políticas públicas*, Barcelona: Ariel.

BRUGUÉ, Q. (1998): «Gestió pública i democràcia: de l'Administració del vídeo a l'Administració del xip», *Col·lecció Perspectiva,* núm. 8, Barcelona: Diputació de Barcelona.

CALDERÓ, A. y C. ESQUIROL (1996): «L'organització del Govern municipal», *Col·lecció Perspectiva,* núm. 3, Barcelona: Diputació de Barcelona.

CHASE, G. y E.C. REVEAL (1983): *How to manage in the public sector*, Random House.

CIFA (1997): *Mapa dels serveis personals locals. Cap a un model integral, estratègic, comunitari i participatiu*, Barcelona: Patronat Flor de Maig-CIFA-UAB.

FONT, J. (1996): «Los núcleos de intervención participativa (NIP): análisis de tres experiencias», *Gestión y Análisis de Políticas Públicas*, núms. 5-6.

FORN, M. (1995): «Les polítiques locals en el context de l'eficència», *Papers de Formació Municipal*, núm. 16, Barcelona: Diputació de Barcelona.

FUNDACIÓN ENCUENTRO (1998): «Veinte años de ayuntamientos democráticos: el retorno de la política local», *Informe España 1997*, Madrid: Fundación Encuentro.

GINER, E. (1998): «La introducció d'un sistema gerencial: el cas de l'Ajuntament d'Esplugues de Llobregat», *Comunicacions de la Diputació de Barcelona*, Comunicació núm. 13.

GINER, E. (1998): «La introducción de nuevos modelos de gestión mediante el establecimiento de un sistema gerencial y la aplicación de sistemas de calidad en el Ayuntamiento de Esplugues, comunicación presentada en Madrid.

LÓPEZ-NIETO, F. (1989): *La Administación pública en España*, Barcelona: Ariel.

LÓPEZ PULIDO, J.P. (1997): «El gerente municipal. Una aproximación al cambio en la acción de Gobierno y la gestión pública», *Revista de Estudios de la Administración Local y Autonómica*, 274-275.

LOSADA, C. (1988): «El gerents comarcals», *Papers ESADE*, núm. 7.

MAS, J. y C. RAMIÓ (1997): *La auditoría operativa en la práctica. Técnicas de mejora organizativa*, Barcelona: Marcombo-Boixareu Editores.

MORELL, L. (1984): *La Administración local*, Madrid: Tecnos.

RAMIÓ, C. (1997): «Las administraciones públicas», en Alcántara, M., Martínez, A. (Eds.), *Política y Gobierno en España*, Valencia: Tirant lo Blanch.

RAMIÓ, C. (1997): «Poder i conflicte a les organitzacions públiques», *Col·lecció Perspectiva,* núm. 6, Barcelona: Diputació de Barcelona.

RAMIÓ, C. (1999): «Desarrollo organizativo del Ayuntamiento gerencial», en *Gobierno local y modelo gerencial*, Barcelona: Fundació Carles Pi i Sunyer.

RAMIÓ, C. (1999): *Teoría de la organización y Administración pública*, Madrid: Tecnos-UPF.

RAMIÓ, C., Santolaria, J. (2000): *Direcció de l'organització municipal. Instruments de posicionament, direcció i control de les dimensions organitzatives d'un Ajuntament,* Barcelona: Diputació de Barcelona

SISTERNAS, X. (1999): «Manual de formación de agentes de ventas de El Corte Inglés», texto no publicado.

STEWART, KENDALL y COOTE (1994): *Citizens' juries*, London, Institute of Public Policy Research.

SUBIRATS, J. (1996): «Democracia, participación y eficiencia», *Gestión y Análisis de Políticas Públicas*, núms. 5-6.

VALLÈS, J.M. (1988): «Democracia local: el rol de los electos locales», Barcelona, texto no publicado.

VANACLOCHA, F. (1993): *Perspectiva del Gobierno local*, Madrid: BOE.

Capítulo VII.

ARGYRIS, C. (1957): *Personality and organization. The conclict between system and the individual,* New York: Harper & Brothers.

BAENA, M. (1998): *Curso de ciencia de la Administración*, Madrid: Tecnos.

BAENA, M. (1999): *Élites y conjuntos de poder en España (1939-1992)*, Madrid: Tecnos.

BALLART, X. y C. RAMIÓ (1996): «Indicadores para el control de la gestión de personal», *Gestión y Análisis de Políticas Públicas*, núm. 5-6.

BEDEIAN, A.G. (1984): *Organizations. Theory and analysis. Text and cases*, second edition: Holt Saunders.

BEER, M. et al. (1985): *Human resource management,* New York: The Free Press.

BLAU, P.M. (1964): *Exchange and power in social life*, New York: John Wiley&sons.

CASTILLO, A. (1998): *Situación actual y perspectivas de la función pública española*, Granada: Comares.

DAHL, R. (1961): *Who governs? Democracy and power in an american city*, New-Haven-London: Yale University Press.

FERRET, J. (1996): «El sistema español de formación y selección de altos funcionarios», *La función pública a debate: actas del I Congreso Nacional de Función Pública*, Sevilla: Fundación Genesian y Fundación Educación y Futuro.

FRENCH, J. y B. RAVEN (1959): «The bases of social power», en D. Cartweight (comp.), *Studies in social power*, Ann Arbor, University of Michigan: Institute for Social Research.

GÓMEZ-MEJÍA, L.R.; D.B. BALKIN, y L.R. CARDY (1995): *Managing human resources*, New York: Prentice Hall.

HERZBERG, F. (1959): «*Work of the nature of man*», Cleveland: The World Publishing Company.

INE (1997): *Encuesta de población activa: principales resultados*, Madrid: Instituto Nacional de Estadística.

JIMÉNEZ ASENSIO, R. (1998,): *Altos cargos y directivos públicos*, Oñati: Instituto Vasco de Administración Pública.

JODAR, P., J. JORDANA y R. ALÒS (1999): «Public service employment relations since the transitions to democracy», Bach, Bordogna, Della, Winchester (eds.), *Public service employment relations in Europe. Transformation, modernization or inertia*, London: Routledge.

JORDANA, J. (1995): «Trade Unions membership in Spain, 1977-94», *Labour Studies Working Paper* 2, Coventry: Centre for Comparative Studies of University of Warwick.

LOSADA, C., y J. XIRAU (1995): «Evaluación del desempeño. El Plan de evaluación de recursos humanos de la Generalitat de Catalunya», *Gestión y Análisis de Políticas Públicas*, núm. 2.

LANE, L. (1994): «Public sector performance management», *Review of Public Personnel Administration,* XIV, 3: 26-44.

LONGO, F. (1995): «Reforma del empleo público: tótem y tabú» en *Gestión y Análisis de Políticas Públicas*, núm. 2.

MAP (1997): *Modelos de función pública comparada*, Madrid: MAP.

MAP (2000): Web del MAP.

MAS, J. y C. RAMIÓ (1997): *La auditoría operativa en la práctica. Técnicas de mejora organizativa*, Barcelona: Marcombo-Boixareu Editores.

MILKOVICH, G.T. y J.W. BOUDREAU (1994): *Dirección y administración de recursos humanos. Un enfoque de estrategia*: Addison-Wesley Iberoamericana.

MINTZBERG, H. (1992): *El poder en la organización*, Barcelona: Ariel.
MORGAN, G. (1990): *Imágenes de la organización*, Madrid: Rama.
OLÍAS DE LIMA, B. (Coord.) (1995): *La gestión de recursos humanos en las administraciones públicas,* Madrid: Editorial Complutense.
PALOMAR, A. (1996): *Derecho de la función pública*, Madrid: Dykinson.
PEIRÓ, J.M. (1991): *Psicología de la organización*, Madrid: UNED.
PÉREZ GÓMEZ, J.Mª (1997): *Introducción al régimen jurídico de los funcionarios de las adminsitraciones públicas*, Granada: Comares.
PFEFFER, J. (1992): *El poder en las organizaciones. Política e influencia de la empresa*, Madrid: McGraw-Hill.
PRATS, J. (1987): «Política, gestión y administración de recursos humanos en las administraciones públicas», *Documentación Administrativa*, nº 210-211 (mayo-septiembre 1987).
QUERMONNE, J.L. (1994): *La organización administrativa del Estado*, Barcelona: EAPC.
RAMIÓ, C. (1997): «Las administraciones públicas», Alcántara, M., Martínez, A. (Eds.), *Política y Gobierno en España*, Valencia: Tirant lo Blanch.
RAMIÓ, C. (1997): *Poder i conflicte a les organitzacions públiques*, Barcelona: Diputació de Barcelona.
RAMIÓ, C. (1999): *Teoría de la organización y Administración pública*, Madrid: Tecnos-UPF.
RAMIÓ, C. y J. SANTOLARIA (2000): *Manual d'organització municipal*, Barcelona: Diputació de Barcelona.
RODRÍGUEZ, A. (Coord.) (1995): *Los recursos humanos en las administraciones públicas*, Madrid: Tecnos.
SALVADOR, M. (1997): *Polítiques de funció pública: l'avaluació de recursos humans,* Barcelona: Escola d'Administració Pública de Catalunya
SÁNCHEZ MORÓN, M. (1996): *Derecho de la función pública*. Madrid: Tecnos.
SISTERNAS, X. (1997): *Gestió de recursos humans per a uns ajuntaments eficaços,* Barcelona: Diputació de Barcelona.
SISTERNAS, X. (1999): «Introducción a la Administración pública», curso para técnicos en ventas de El Corte Inglés, texto no publicado.
SPECTOR, B. y M. BEER (1985): *Gestión de recursos humanos*, Madrid: Ministerio de Trabajo.
VILLORIA, M. y E. DEL PINO (1997): *Manual de gestión de recursos humanos en las administraciones públicas,* Madrid: Tecnos.
WEINERT, A.B. (1985): *Manual de psicología de la organización*, Barcelona: Editorial Herder.
ZERILLI, A. (1991): *Fundamentos de organización y dirección general*, Bilbao: Deusto.
ZILLER, J. (1993): *Administrations comparées. Les systèmes politico-administratifs de l'Europe des Douze*, París: Monstchrestien.

Capítulo VIII.

ASHFORD, D.E. (1982): Policy and politics in France, *Philadelphia: Temple University Press.*
BAENA, M. (1984): «La descentralización en Francia», *Revista de Administración Pública*, núm. 100-102.
BAENA, M. (2000): *Curso de ciencia de la administración*, vol. 1, Madrid: Tecnos.

BALME, R. (1994): *Le territoire pour politiques: variations européennes*, París: l'Harmattan.

BODIGUEL, J.L. (1994): *Les fonctions publiques dans l'Europe des Douze*, París: L.G.D.J.

CABRERO, E. (1996): «Las políticas descentralizadoras en el ámbito internacional», *Nueva Sociedad*, núm. 142.

CAMASTRA, S. (1993): «Formazione e *grandes écoles* dell'alta dirigenza territoriales francese», *Revista Trimestrale di Scienza dell'Amministrazione*, núm. 2.

CASSESE, S. et al. (1987): *L'Administration europeenne*, Bruselas: Instituto Internacional de Ciencias Administrativas.

CHEHABI, H.E., STEPAN, A. (1995): *Politics, society and democracy: comparative studies boulder*: Westview Press.

COLOMER, J.M. (1995): *La política en Europa. Introducción a las instituciones de quince países,* Barcelona: Ariel.

BENNET, R. (1989): *Territory and Administration in Europe*, New York: Printer.

BODIGUEL, J.L. (1994): *Les fonctions publiques dans l'Europe des Douze*, París: Librarie Génerale de Droit et de Jurisprudence.

DE LA CRUZ FERRER, J. (1984): *La función pública superior en Estados Unidos*, Madrid: INAP.

DREWRY, G. y T. BUTCHER (1991): *The civil service today*, Oxford: Basil Blackwell.

DREYFUS, F. y F. D'ARCY (1993): *Les institucions politiques et administratives de la France*, 4ª edición, París: Ed. Económica.

DUPY, F. y J.C. THOENIG (1983): *Sociologie de l'Administration française*, París: A. Colin.

DWIVEDI, O.P. y K. HENDERSON (eds.) (1990): *Public Administration in world perspective*, Iowa: Iowa State University Press.

ECHEBARRÍA, K. (1993): «La gestión a través de agencias: experiencias europeas», *Ekonomiaz*, núm. 26.

ESPING-ANDERSEN, G (1993): *Los tres mundos del Estado del bienestar,* Valencia: Ediciones Alfons el Magnànim.

GUIDDENS, A. (1999): *La tercera vía. La renovación de la socialdemocracia*, Madrid: Taurus.

HAUSCHILD, C. (1992): «La modernización de la Administración pública de la República Federal de Alemania», *Revista Galega de Administración Pública*, núm. 0.

HEADY, F. (1984): *Public Administration. A comparative perspective*, New York: Dekker.

JOHNSTON, R.J. y C.J. PATTIE (1996): «Local Government in local governance: the 1994-95 restructuring of local Government in England», *International Journal of Urban and Regional Research*, 20.

JORDANA, J., M. LASAGNA y M. SALVADOR (1998): «Descentralización del Estado en América Latina: participación *versus* políticas públicas», *Agenda*, Núm. 1.

JUNQUERA, J. (1986): *La función pública en la Europa de los Doce*, Madrid: INAP.

KEATING, M. y P. HAINSWOERTH (1986): *Descentralisation and change in contemporany France*: Aldershot.

KONIG, K., H. OERTZEN, y F. WAGENET (1993): *L'Administration publique en Republique Federale d'Allemagne*, París: Ed. Económica.

MAYNTZ, R. (1984): «German federal bureaucrats: a functional elite between politics and Administration», Suleiman (ed.), *Bureaucrats and Policy Making*, New York: Holmes&Meier.

METCALFE, L. y S. RICHARDS (1989): *La modernización de la gestión pública*, Madrid: MAP.

MONTRICHER, N. (1995): «Descentralization in France», *Governance*, núm. 3 vol. 8.

OCDE (1995): *La gestion publique en mutation: les reformes dans les pays de l'OCDE*, París: OCDE.

OCDE (1995): *Administración pública: modelos de los países de la OCDE*, París: OCDE.

OLMEDA, J.A. y S. PARRADO (2000): *Ciencia de la administración vol. II. Los sistemas administrativos*, Madrid: UNED.

ORGOGOZO, I. y H. SÉRIEYX (1992): *Cambiar el cambio. Se pueden abolir las burocracias*, Madrid: Summa.

ZILLER, J. (1993): *Administrations comparées. Les systèmes politico-administratifs de l'Europe des Douze*, París: Editions Montchrestien.

Capítulo IX.

BALLART, X. (1993): «Cooperació i racionalitat colectiva. Un cas d'èxit en la preservació d'un recurs natural», *Perspectiva Social*, núm. 32.

BERMAN, P. (1978): «The study of macro and micro implementation», *Public policy*, 23:2:157-184.

ELMORE, R.F. (1985): «Forward and backward mapping», en K. Hanf y T. Toonen (eds.) *Policy implementation in federal and unitary systems*, Dordrecht: Martinus Nijhoff.

GOMÀ, R. y J. SUBIRATS (1998): *Políticas públicas en España*, Barcelona: Ariel.

HARDIN, G. (1968): «The tragedy of the commons», *Science*, vol. 162: 1243-1248.

HJERN, B. y D. PORTER (1981): «Implementation structures: a new unit of administrative analysis», *Organization Studies*, 2: 211-227.

HJERN, B. (1982): «Implementation research-the link gone missing», *Journal of Public Policy*, 2: 301-308.

HULL, C. y B. HERN (1987): *Helping small firms grow: an implementation approach*, Londres: Croom Helm.

KINGDON, J.W. (1995): *Agendas, alternatives and public policies*, New York: Harper Collins.

LOWI, T. (1964): «American business and public policy case studies and political theory», *World Politics*, XVI: 677-715.

LOWI, T. (1972): «Four systems of policy, politics and choice», *Public Administration Review*, 32: 298-310.

MATHAN, R.E. (1995): «Synthesizing the implementation literature: the ambiguity-conflict model of policy implementation», *Journal of Public Administration Research and Theory*, 5:2:145-174.

MAZMANIAN, D.; P.A. SABATIER (1981): *Effective policy implementation*, Lexington, Mass: Lexington Books.

MAZMANIAN, D. y P.A. SABATIER (1983 y 1989): *Implementation and public policy*, Glenview: Ill. Scott Foresman.

MENY, I. y J.C. THOENIG (1992): *Las políticas públicas*, Barcelona: Ariel.

OLSON, M. (1965): *The logic of collective action*, Cambridge, Ma: Harvard University Press.

PRESSMAN, J. y A. WILDAVSKY (1973): *Implementation*, Berkeley: University of California Press.

SABATIER, P.A. (1986): «Top down and bottom up approaches to implementation research», *Journal of Public Policy*, 6, 1: 21-48.

SABATIER, P.A. (1988): «An advocacy coalition framework of policy change and the role of policy oriented learning therein», *Policy Sciences*, 21:3:129-168.
SAMUELSON, O.A. (1954): «The pure of public expenditure», *Review of Economics and Statistics*, vol. 36: 387-389.
SNIDAL, D. (1991): «Bienes públicos, derechos de propiedad y organizaciones políticas», en J.M. Colomer, *Lecturas de teoría positiva*, Madrid: Instituto de Estudios Fiscales.
TAYLER, M. y H. WARD (1991): «Gallinas, ballenas y bienes granulados: modelos alternativos de la provisión de bienes públicos», en J.M. Colomer, *Lecturas de teoría positiva*, Madrid: Instituto de Estudios Fiscales.
VAN METER, D.; C. VAN HORN (1975): «The policy implementation process. A conceptual framework», *Administration and Society*, 6:4:445-488.
WEIMER, D. L. y A.R. VINING (1992): *Policy analysis, concepts and practice*, Englewood Cliffs: Prentice Hall.

Capítulo X.

ANTHONY, R. y D. YOUNG (1988): *Management control in non profit organizations*, Homewod, Ill: Irwin.
BALLART, X. (1994): «Análisis organizativo de la Sindicatura de Cuentas», *Autonomías*, núm. 18.
BOUZADA ROMERO, J. (1995): «El papel de la Inspección General de Servicios en la reforma administrativa de la Xunta de Galicia: especial consideración de la evaluación del rendimiento», *Gestión y Análisis de Políticas Públicas*, núm. 2.
CASAMORT, E. (1992): »Las relaciones entre el Tribunal de Cuentas y los órganos de control externo creados por las comunidades autónomas», *Autonomías*, núm. 10.
DAFT, R.L. y N.B. MACINTOSH (1984): »The nature and use of formal control systems for management control and strategy implementation», *Journal of Management*, vol. 10.
FUENTES, S. (1986): *Realidad y racionalidad en el control del sector público*, Madrid: INAP.
GIBERT, P. (1980): *Le controle de gestion dans les organisations publiques,* París: Les Editions d'Organisation.
INSTITUTO DE ESTUDIOS FISCALES (1982): *El Tribunal de Cuentas en España*, Madrid: Instituto de Estudios Fiscales.
INTERVENCIÓN GENERAL DE LA ADMINISTRACIÓN DEL ESTADO (1992): *Manual de auditoría financiera*, Madrid: MEH.
METCALFE, L. y S. RICHARDS (1987): *Improving public management*, Londres: Sage.
MINISTERIO PARA LAS ADMINISTRACIONES PÚBLICAS (1990): *Reflexiones para la modernización de la Administración del Estado*, Madrid: INAP.
MINTZBERG, H. (1984): *La estructuración de las organizaciones*, Barcelona: Ariel.
OUCHI, W. y M.A. Mc GUIRE (1975): «Organizational control: two functions», *Administrative Science Quarterly*, vol. 20.
OUCHI, W. (1980): «Markets, bureaucracies and clans», *Administrative Science Quarterly*, vol. 25.
WEBER, M. (1964): *Economía y sociedad*, México: Fondo de Cultura Económica.